司法文件选

（2024 年合订本）

最高人民法院研究室　编

人民法院出版社

图书在版编目（CIP）数据

司法文件选. 2024年合订本 / 最高人民法院研究室编. -- 北京 : 人民法院出版社, 2025. 3. --（司法工作丛书）. -- ISBN 978-7-5109-4423-9

Ⅰ. D920.9

中国国家版本馆CIP数据核字第2025XJ1934号

司法文件选（2024 年合订本）

最高人民法院研究室　编

责任编辑	杨　洁	
执行编辑	贾舒琪	
出版发行	人民法院出版社	
地　　址	北京市东城区东交民巷 27 号　　邮编　100745	
电　　话	（010）67550672（责任编辑）　67550558（发行部查询）	
	65223677（读者服务部）	
客 服 QQ	2092078039	
网　　址	http：//www. courtbook. com. cn	
E－mail	courtpress@sohu. com	
印　　刷	三河市国英印务有限公司	
经　　销	新华书店	
开　　本	787 毫米×1092 毫米　1/32	
字　　数	550 千字	
印　　张	24.5	
版　　次	2025 年 3 月第 1 版　2025 年 3 月第 1 次印刷	
书　　号	ISBN 978-7-5109-4423-9	
定　　价	82.00 元	

目　录

第 1 辑

第 2 辑

第 3 辑

第 4 辑

第 5 辑

第 6 辑

第 7 辑

第 8 辑

第9辑

第 10 辑

第 11 辑

第 12 辑

第 1 辑

中华人民共和国粮食安全保障法

（2023 年 12 月 29 日第十四届全国人民代表大会
常务委员会第七次会议通过）

目　　录

1

第一章 总 则

第一条 为了保障粮食有效供给，确保国家粮食安全，提高防范和抵御粮食安全风险能力，维护经济社会稳定和国家安全，根据宪法，制定本法。

第二条 国家粮食安全工作坚持中国共产党的领导，贯彻总体国家安全观，统筹发展和安全，实施以我为主、立足国内、确保产能、适度进口、科技支撑的国家粮食安全战略，坚持藏粮于地、藏粮于技，提高粮食生产、储备、流通、加工能力，确保谷物基本自给、口粮绝对安全。

保障国家粮食安全应当树立大食物观，构建多元化食物供给体系，全方位、多途径开发食物资源，满足人民群众对食物品种丰富多样、品质营养健康的消费需求。

第三条 国家建立粮食安全责任制，实行粮食安全党政同责。县级以上地方人民政府应当承担保障本行政区域粮食安全的具体责任。

县级以上人民政府发展改革、自然资源、农业农村、粮食和储备等主管部门依照本法和规定的职责，协同配合，做好粮食安全保障工作。

第四条 国家加强粮食宏观调控，优化粮食品种结构和区域布局，统筹利用国内、国际的市场和资源，构建科学合理、安全高效的粮食供给保障体系，提升粮食供给能力和质量安全。

国家加强国际粮食安全合作，发挥粮食国际贸易作用。

第五条 县级以上人民政府应当将粮食安全保障纳入国民经济和社会发展规划。县级以上人民政府有关部门应当根据粮食安全保障目标、任务等，编制粮食安全保障相关专项规划，按照程序批准后实施。

第六条　国家建立健全粮食安全保障投入机制，采取财政、金融等支持政策加强粮食安全保障，完善粮食生产、收购、储存、运输、加工、销售协同保障机制，建设国家粮食安全产业带，调动粮食生产者和地方人民政府保护耕地、种粮、做好粮食安全保障工作的积极性，全面推进乡村振兴，促进粮食产业高质量发展，增强国家粮食安全保障能力。

国家引导社会资本投入粮食生产、储备、流通、加工等领域，并保障其合法权益。

国家引导金融机构合理推出金融产品和服务，为粮食生产、储备、流通、加工等提供支持。国家完善政策性农业保险制度，鼓励开展商业性保险业务。

第七条　国家加强粮食安全科技创新能力和信息化建设，支持粮食领域基础研究、关键技术研发和标准化工作，完善科技人才培养、评价和激励等机制，促进科技创新成果转化和先进技术、设备的推广使用，提高粮食生产、储备、流通、加工的科技支撑能力和应用水平。

第八条　各级人民政府及有关部门应当采取多种形式加强粮食安全宣传教育，提升全社会粮食安全意识，引导形成爱惜粮食、节约粮食的良好风尚。

第九条　对在国家粮食安全保障工作中做出突出贡献的单位和个人，按照国家有关规定给予表彰和奖励。

第二章　耕地保护

第十条　国家实施国土空间规划下的国土空间用途管制，统筹布局农业、生态、城镇等功能空间，划定落实耕地和永久基本农田保护红线、生态保护红线和城镇开发边界，严格保护耕地。

国务院确定省、自治区、直辖市人民政府耕地和永久基本农田保护任务。县级以上地方人民政府应当确保本行政区域内耕地和永久基本农田总量不减少、质量有提高。

国家建立耕地保护补偿制度，调动耕地保护责任主体保护耕地的积极性。

第十一条　国家实行占用耕地补偿制度，严格控制各类占用耕地行为；确需占用耕地的，应当依法落实补充耕地责任，补充与所占用耕地数量相等、质量相当的耕地。

省、自治区、直辖市人民政府应当组织本级人民政府自然资源主管部门、农业农村主管部门对补充耕地的数量进行认定、对补充耕地的质量进行验收，并加强耕地质量跟踪评价。

第十二条　国家严格控制耕地转为林地、草地、园地等其他农用地。禁止违规占用耕地绿化造林、挖湖造景等行为。禁止在国家批准的退耕还林还草计划外擅自扩大退耕范围。

第十三条　耕地应当主要用于粮食和棉、油、糖、蔬菜等农产品及饲草饲料生产。县级以上地方人民政府应当根据粮食和重要农产品保供目标任务，加强耕地种植用途管控，落实耕地利用优先序，调整优化种植结构。具体办法由国务院农业农村主管部门制定。

县级以上地方人民政府农业农村主管部门应当加强耕地种植用途管控日常监督。村民委员会、农村集体经济组织发现违反耕地种植用途管控要求行为的，应当及时向乡镇人民政府或者县级人民政府农业农村主管部门报告。

第十四条　国家建立严格的耕地质量保护制度，加强高标准农田建设，按照量质并重、系统推进、永续利用的要求，坚持政府主导与社会参与、统筹规划与分步实施、用养结合与建管并重的原则，健全完善多元投入保障机制，提高建设标准和质量。

第十五条　县级以上人民政府应当建立耕地质量和种植用途监测网络，开展耕地质量调查和监测评价，采取土壤改良、地力培肥、治理修复等措施，提高中低产田产能，治理退化耕地，加强大中型灌区建设与改造，提升耕地质量。

国家建立黑土地保护制度，保护黑土地的优良生产能力。

国家建立健全耕地轮作休耕制度，鼓励农作物秸秆科学还田，加强农田防护林建设；支持推广绿色、高效粮食生产技术，促进生态环境改善和资源永续利用。

第十六条　县级以上地方人民政府应当因地制宜、分类推进撂荒地治理，采取措施引导复耕。家庭承包的发包方可以依法通过组织代耕代种等形式将撂荒地用于农业生产。

第十七条　国家推动盐碱地综合利用，制定相关规划和支持政策，鼓励和引导社会资本投入，挖掘盐碱地开发利用潜力，分区分类开展盐碱耕地治理改良，加快选育耐盐碱特色品种，推广改良盐碱地有效做法，遏制耕地盐碱化趋势。

第三章　粮食生产

第十八条　国家推进种业振兴，维护种业安全，推动种业高质量发展。

国家加强粮食作物种质资源保护开发利用，建设国家农业种质资源库，健全国家良种繁育体系，推进粮食作物种质资源保护与管理信息化建设，提升供种保障能力。

国家加强植物新品种权保护，支持育种基础性、前沿性研究和应用技术研究，鼓励粮食作物种子科技创新和产业化应用，支持开展育种联合攻关，培育具有自主知识产权的优良品种。

第十九条　省级以上人民政府应当建立种子储备制度，主要用于发生灾害时的粮食生产需要及余缺调剂。

第二十条　县级以上人民政府应当统筹做好肥料、农药、农用薄膜等农业生产资料稳定供应工作，引导粮食生产者科学施用化肥、农药，合理使用农用薄膜，增施有机肥料。

第二十一条　国家加强水资源管理和水利基础设施建设，优化水资源配置，保障粮食生产合理用水需求。各级人民政府应当组织做好农田水利建设和运行维护，保护和完善农田灌溉排水体系，因地制宜发展高效节水农业。

县级以上人民政府应当组织开展水土流失综合治理、土壤污染防治和地下水超采治理。

第二十二条　国家推进农业机械产业发展，加强农业机械化作业基础条件建设，推广普及粮食生产机械化技术，鼓励使用绿色、智能、高效的农业机械，促进粮食生产全程机械化，提高粮食生产效率。

第二十三条　国家加强农业技术推广体系建设，支持推广应用先进适用的粮食生产技术，因地制宜推广间作套种等种植方法，鼓励创新推广方式，提高粮食生产技术推广服务水平，促进提高粮食单产。

国家鼓励农业信息化建设，提高粮食生产信息化、智能化水平，推进智慧农业发展。

第二十四条　国家加强粮食生产防灾减灾救灾能力建设。县级以上人民政府应当建立健全农业自然灾害和生物灾害监测预警体系、防灾减灾救灾工作机制，加强干旱、洪涝、低温、高温、风雹、台风等灾害防御防控技术研究应用和安全生产管理，落实灾害防治属地责任，加强粮食作物病虫害防治和植物检疫工作。

国家鼓励和支持开展粮食作物病虫害绿色防控和统防统治。粮食生产者应当做好粮食作物病虫害防治工作，并对各级人民政府及有关部门组织开展的病虫害防治工作予以配合。

第二十五条　国家加强粮食生产功能区和重要农产品生产保护区建设，鼓励农业生产者种植优质农作物。县级以上人民政府应当按照规定组织划定粮食生产功能区和重要农产品生产保护区并加强建设和管理，引导农业生产者种植目标作物。

第二十六条　国家采取措施稳定粮食播种面积，合理布局粮食生产，粮食主产区、主销区、产销平衡区都应当保面积、保产量。

粮食主产区应当不断提高粮食综合生产能力，粮食主销区应当稳定和提高粮食自给率，粮食产销平衡区应当确保粮食基本自给。

国家健全粮食生产者收益保障机制，以健全市场机制为目标完善农业支持保护制度和粮食价格形成机制，促进农业增效、粮食生产者增收，保护粮食生产者的种粮积极性。

省级以上人民政府应当通过预算安排资金，支持粮食生产。

第二十七条　国家扶持和培育家庭农场、农民专业合作社等新型农业经营主体从事粮食生产，鼓励其与农户建立利益联结机制，提高粮食生产能力和现代化水平。

国家支持面向粮食生产者的产前、产中、产后社会化服务，提高社会化服务水平，鼓励和引导粮食适度规模经营，支持粮食生产集约化。

第二十八条　国家健全粮食主产区利益补偿机制，完善对粮食主产区和产粮大县的财政转移支付制度，调动粮食生产积极性。

省、自治区、直辖市人民政府可以根据本行政区域实际情况，建立健全对产粮大县的利益补偿机制，提高粮食安全保障相关指标在产粮大县经济社会发展综合考核中的比重。

第四章 粮食储备

第二十九条 国家建立政府粮食储备体系。政府粮食储备分为中央政府储备和地方政府储备。政府粮食储备用于调节粮食供求、稳定粮食市场、应对突发事件等。

中央政府粮食储备规模和地方政府粮食储备总量规模由国务院确定并实行动态调整。政府粮食储备的品种结构、区域布局按照国务院有关规定确定。

政府粮食储备的收购、销售、轮换、动用等应当严格按照国家有关规定执行。

第三十条 承储政府粮食储备的企业或者其他组织应当遵守法律、法规和国家有关规定，实行储备与商业性经营业务分开，建立健全内部管理制度，落实安全生产责任和消防安全责任，对承储粮食数量、质量负责，实施粮食安全风险事项报告制度，确保政府粮食储备安全。

承储中央政府粮食储备和省级地方政府粮食储备的企业应当剥离商业性经营业务。

政府粮食储备的收购、销售、轮换、动用等应当进行全过程记录，实现政府粮食储备信息实时采集、处理、传输、共享，确保可查询、可追溯。

第三十一条 承储政府粮食储备的企业或者其他组织应当保证政府粮食储备账实相符、账账相符，实行专仓储存、专人保管、专账记载，不得虚报、瞒报政府粮食储备数量、质量、品种。

承储政府粮食储备的企业或者其他组织应当执行储备粮食质量安全检验监测制度，保证政府粮食储备符合规定的质量安全标准、达到规定的质量等级。

第三十二条　县级以上地方人民政府应当根据本行政区域实际情况，指导规模以上粮食加工企业建立企业社会责任储备，鼓励家庭农场、农民专业合作社、农业产业化龙头企业自主储粮，鼓励有条件的经营主体为农户提供粮食代储服务。

第三十三条　县级以上人民政府应当加强粮食储备基础设施及质量检验能力建设，推进仓储科技创新和推广应用，加强政府粮食储备管理信息化建设。

第三十四条　县级以上人民政府应当将政府粮食储备情况列为年度国有资产报告内容，向本级人民代表大会常务委员会报告。

第五章　粮食流通

第三十五条　国家加强对粮食市场的管理，充分发挥市场作用，健全市场规则，维护市场秩序，依法保障粮食经营者公平参与市场竞争，维护粮食经营者合法权益。

国家采取多种手段加强对粮食市场的调控，保持全国粮食供求总量基本平衡和市场基本稳定。县级以上地方人民政府应当采取措施确保国家粮食宏观调控政策的贯彻执行。

第三十六条　县级以上地方人民政府应当加强对粮食仓储、物流等粮食流通基础设施的建设和保护，组织建设与本行政区域粮食收储规模和保障供应要求相匹配，布局合理、功能齐全的粮食流通基础设施，并引导社会资本投入粮食流通基础设施建设。

任何单位和个人不得侵占、损毁、擅自拆除或者迁移政府投资建设的粮食流通基础设施，不得擅自改变政府投资建设的粮食流通基础设施的用途。

第三十七条 从事粮食收购、储存、加工、销售的经营者以及饲料、工业用粮企业，应当按照规定建立粮食经营台账，并向所在地的县级人民政府粮食和储备主管部门报送粮食购进、储存、销售等基本数据和有关情况。

第三十八条 为了保障市场供应、保护粮食生产者利益，必要时国务院可以根据粮食安全形势和财政状况，决定对重点粮食品种在粮食主产区实行政策性收储。

第三十九条 从事粮食收购、加工、销售的规模以上经营者，应当按照所在地省、自治区、直辖市人民政府的规定，执行特定情况下的粮食库存量。

第四十条 粮食供求关系和价格显著变化或者有可能显著变化时，县级以上人民政府及其有关部门可以按照权限采取下列措施调控粮食市场：

（一）发布粮食市场信息；

（二）实行政策性粮食收储和销售；

（三）要求执行特定情况下的粮食库存量；

（四）组织投放储备粮食；

（五）引导粮食加工转化或者限制粮食深加工用粮数量；

（六）其他必要措施。

必要时，国务院和省、自治区、直辖市人民政府可以依照《中华人民共和国价格法》的规定采取相应措施。

第四十一条 国家建立健全粮食风险基金制度。粮食风险基金主要用于支持粮食储备、稳定粮食市场等。

第六章　粮食加工

第四十二条　国家鼓励和引导粮食加工业发展，重点支持在粮食生产功能区和重要农产品生产保护区发展粮食加工业，协调推进粮食初加工、精深加工、综合利用加工，保障粮食加工产品有效供给和质量安全。

粮食加工经营者应当执行国家有关标准，不得掺杂使假、以次充好，对其加工的粮食质量安全负责，接受监督。

第四十三条　国家鼓励和引导粮食加工结构优化，增加优质、营养粮食加工产品供给，优先保障口粮加工，饲料用粮、工业用粮加工应当服从口粮保障。

第四十四条　县级以上地方人民政府应当根据本行政区域人口和经济社会发展水平，科学布局粮食加工业，确保本行政区域的粮食加工能力特别是应急状态下的粮食加工能力。

县级以上地方人民政府应当在粮食生产功能区和重要农产品生产保护区科学规划布局粮食加工能力，合理安排粮食就地就近转化。

第四十五条　国家鼓励粮食主产区和主销区以多种形式建立稳定的产销关系，鼓励粮食主销区的企业在粮食主产区建立粮源基地、加工基地和仓储物流设施等，促进区域粮食供求平衡。

第四十六条　国家支持建设粮食加工原料基地、基础设施和物流体系，支持粮食加工新技术、新工艺、新设备的推广应用。

第七章　粮食应急

第四十七条　国家建立统一领导、分级负责、属地管理为主的粮食应急管理体制。

县级以上人民政府应当加强粮食应急体系建设，健全布局合理、运转高效协调的粮食应急储存、运输、加工、供应网络，必要时建立粮食紧急疏运机制，确保具备与应急需求相适应的粮食应急能力，定期开展应急演练和培训。

第四十八条　国务院发展改革、粮食和储备主管部门会同有关部门制定全国的粮食应急预案，报请国务院批准。省、自治区、直辖市人民政府应当根据本行政区域的实际情况，制定本行政区域的粮食应急预案。

设区的市级、县级人民政府粮食应急预案的制定，由省、自治区、直辖市人民政府决定。

第四十九条　国家建立粮食市场异常波动报告制度。发生突发事件，引起粮食市场供求关系和价格异常波动时，县级以上地方人民政府发展改革、农业农村、粮食和储备、市场监督管理等主管部门应当及时将粮食市场有关情况向本级人民政府和上一级人民政府主管部门报告。

第五十条　县级以上人民政府按照权限确认出现粮食应急状态的，应当及时启动应急响应，可以依法采取下列应急处置措施：

（一）本法第四十条规定的措施；

（二）增设应急供应网点；

（三）组织进行粮食加工、运输和供应；

（四）征用粮食、仓储设施、场地、交通工具以及保障粮食供应的其他物资；

（五）其他必要措施。

必要时，国务院可以依照《中华人民共和国价格法》的规定采取相应措施。

出现粮食应急状态时，有关单位和个人应当服从县级以上人民政府的统一指挥和调度，配合采取应急处置措施，协助维护粮食市场秩序。

因执行粮食应急处置措施给他人造成损失的，县级以上人民政府应当按照规定予以公平、合理补偿。

第五十一条　粮食应急状态消除后，县级以上人民政府应当及时终止实施应急处置措施，并恢复应对粮食应急状态的能力。

第八章　粮食节约

第五十二条　国家厉行节约，反对浪费。县级以上人民政府应当建立健全引导激励与惩戒教育相结合的机制，加强对粮食节约工作的领导和监督管理，推进粮食节约工作。

县级以上人民政府发展改革、农业农村、粮食和储备、市场监督管理、商务、工业和信息化、交通运输等有关部门，应当依照职责做好粮食生产、储备、流通、加工、消费等环节的粮食节约工作。

第五十三条　粮食生产者应当加强粮食作物生长期保护和生产作业管理，减少播种、田间管理、收获等环节的粮食损失和浪费。

禁止故意毁坏在耕地上种植的粮食作物青苗。

国家鼓励和支持推广适时农业机械收获和产地烘干等实用技术，引导和扶持粮食生产者科学收获、储存粮食，改善粮食收获、储存条件，保障粮食品质良好，减少产后损失。

第五十四条　国家鼓励粮食经营者运用先进、高效的粮食储存、运输、加工设施设备，减少粮食损失损耗。

第五十五条　国家推广应用粮食适度加工技术，防止过度加工，提高成品粮出品率。

国家优化工业用粮生产结构，调控粮食不合理加工转化。

第五十六条　粮食食品生产经营者应当依照有关法律、法规的规定，建立健全生产、储存、运输、加工等管理制度，引导消费者合理消费，防止和减少粮食浪费。

公民个人和家庭应当树立文明、健康、理性、绿色的消费理念，培养形成科学健康、物尽其用、杜绝浪费的良好习惯。

第五十七条　机关、人民团体、社会组织、学校、企业事业单位等应当加强本单位食堂的管理，定期开展节约粮食检查，纠正浪费行为。

有关粮食食品学会、协会等应当依法制定和完善节约粮食、减少损失损耗的相关团体标准，开展节约粮食知识普及和宣传教育工作。

第九章　监督管理

第五十八条　县级以上人民政府发展改革、农业农村、粮食和储备、自然资源、水行政、生态环境、市场监督管理、工业和信息化等有关部门应当依照职责对粮食生产、储备、流通、加工等实施监督检查，并建立粮食安全监管协调机制和信息共享机制，加强协作配合。

第五十九条　国务院发展改革、农业农村、粮食和储备主管部门应当会同有关部门建立粮食安全监测预警体系，加强粮食安全风险评估，健全粮食安全信息发布机制。

任何单位和个人不得编造、散布虚假的粮食安全信息。

第六十条　国家完善粮食生产、储存、运输、加工标准体系。粮食生产经营者应当严格遵守有关法律、法规的规定，执行有关标准和技术规范，确保粮食质量安全。

县级以上人民政府应当依法加强粮食生产、储备、流通、加工等环节的粮食质量安全监督管理工作，建立粮食质量安全追溯体系，完善粮食质量安全风险监测和检验制度。

第六十一条　县级以上人民政府有关部门依照职责开展粮食安全监督检查，可以采取下列措施：

（一）进入粮食生产经营场所实施现场检查；

（二）向有关单位和人员调查了解相关情况；

（三）进入涉嫌违法活动的场所调查取证；

（四）查阅、复制有关文件、资料、账簿、凭证，对可能被转移、隐匿或者损毁的文件、资料、账簿、凭证、电子设备等予以封存；

（五）查封、扣押涉嫌违法活动的场所、设施或者财物；

（六）对有关单位的法定代表人、负责人或者其他工作人员进行约谈、询问。

县级以上人民政府有关部门履行监督检查职责，发现公职人员涉嫌职务违法或者职务犯罪的问题线索，应当及时移送监察机关，监察机关应当依法受理并进行调查处置。

第六十二条　国务院发展改革、自然资源、农业农村、粮食和储备主管部门应当会同有关部门，按照规定具体实施对省、自治区、直辖市落实耕地保护和粮食安全责任制情况的考核。

省、自治区、直辖市对本行政区域耕地保护和粮食安全负总责，其主要负责人是本行政区域耕地保护和粮食安全的第一责任人，对本行政区域内的耕地保护和粮食安全目标负责。

县级以上地方人民政府应当定期对本行政区域耕地保护和粮食安全责任落实情况开展监督检查，将耕地保护和粮食安全责任落实情况纳入对本级人民政府有关部门负责人、下级人民政府及其负责人的考核评价内容。

对耕地保护和粮食安全工作责任落实不力、问题突出的地方人民政府，上级人民政府可以对其主要负责人进行责任约谈。被责任约谈的地方人民政府应当立即采取措施进行整改。

第六十三条 外商投资粮食生产经营，影响或者可能影响国家安全的，应当按照国家有关规定进行外商投资安全审查。

第六十四条 县级以上人民政府发展改革、农业农村、粮食和储备等主管部门应当加强粮食安全信用体系建设，建立粮食生产经营者信用记录。

单位、个人有权对粮食安全保障工作进行监督，对违反本法的行为向县级以上人民政府有关部门进行投诉、举报，接到投诉、举报的部门应当按照规定及时处理。

第十章　法律责任

第六十五条 违反本法规定，地方人民政府和县级以上人民政府有关部门不履行粮食安全保障工作职责或者有其他滥用职权、玩忽职守、徇私舞弊行为的，对负有责任的领导人员和直接责任人员依法给予处分。

第六十六条 违反本法规定，种植不符合耕地种植用途管控要求作物的，由县级人民政府农业农村主管部门或者乡镇人民政府给予批评教育；经批评教育仍不改正的，可以不予发放粮食生产相关补贴；对有关农业生产经营组织，可以依法处以罚款。

第六十七条 违反本法规定，承储政府粮食储备的企业或者其他组织有下列行为之一的，依照有关行政法规的规定处罚：

（一）拒不执行或者违反政府粮食储备的收购、销售、轮换、动用等规定；

16

（二）未对政府粮食储备的收购、销售、轮换、动用等进行全过程记录；

（三）未按照规定保障政府粮食储备数量、质量安全。

从事粮食收购、储存、加工、销售的经营者以及饲料、工业用粮企业未按照规定建立粮食经营台账，或者报送粮食基本数据和有关情况的，依照前款规定处罚。

第六十八条 违反本法规定，侵占、损毁、擅自拆除或者迁移政府投资建设的粮食流通基础设施，或者擅自改变其用途的，由县级以上地方人民政府有关部门依照职责责令停止违法行为，限期恢复原状或者采取其他补救措施；逾期不恢复原状、不采取其他补救措施的，对单位处五万元以上五十万元以下罚款，对个人处五千元以上五万元以下罚款。

第六十九条 违反本法规定，粮食应急状态发生时，不服从县级以上人民政府的统一指挥和调度，或者不配合采取应急处置措施的，由县级以上人民政府有关部门依照职责责令改正，给予警告；拒不改正的，对单位处二万元以上二十万元以下罚款，对个人处二千元以上二万元以下罚款；情节严重的，对单位处二十万元以上二百万元以下罚款，对个人处二万元以上二十万元以下罚款。

第七十条 违反本法规定，故意毁坏在耕地上种植的粮食作物青苗的，由县级以上地方人民政府农业农村主管部门责令停止违法行为；情节严重的，可以处毁坏粮食作物青苗价值五倍以下罚款。

第七十一条 违反有关土地管理、耕地保护、种子、农产品质量安全、食品安全、反食品浪费、安全生产等法律、行政法规的，依照相关法律、行政法规的规定处理、处罚。

第七十二条 违反本法规定，给他人造成损失的，依法承担赔偿责任；构成违反治安管理行为的，由公安机关依法给予治安管理处罚；构成犯罪的，依法追究刑事责任。

第十一章 附　则

第七十三条 本法所称粮食，是指小麦、稻谷、玉米、大豆、杂粮及其成品粮。杂粮包括谷子、高粱、大麦、荞麦、燕麦、青稞、绿豆、马铃薯、甘薯等。

油料、食用植物油的安全保障工作参照适用本法。

第七十四条 本法自 2024 年 6 月 1 日起施行。

中华人民共和国刑法修正案（十二）

（2023 年 12 月 29 日第十四届全国人民代表大会
常务委员会第七次会议通过）

一、在刑法第一百六十五条中增加一款作为第二款，将该条修改为："国有公司、企业的董事、监事、高级管理人员，利用职务便利，自己经营或者为他人经营与其所任职公司、企业同类的营业，获取非法利益，数额巨大的，处三年以下有期徒刑或者拘役，并处或者单处罚金；数额特别巨大的，处三年以上七年以下有期徒刑，并处罚金。

"其他公司、企业的董事、监事、高级管理人员违反法律、行政法规规定，实施前款行为，致使公司、企业利益遭受重大损失的，依照前款的规定处罚。"

二、在刑法第一百六十六条中增加一款作为第二款，将该条修改为："国有公司、企业、事业单位的工作人员，利用职务便利，有下列情形之一，致使国家利益遭受重大损失的，处三年以下有期徒刑或者拘役，并处或者单处罚金；致使国家利益遭受特别重大损失的，处三年以上七年以下有期徒刑，并处罚金：

"（一）将本单位的盈利业务交由自己的亲友进行经营的；

"（二）以明显高于市场的价格从自己的亲友经营管理的单位采购商品、接受服务或者以明显低于市场的价格向自己的亲友经营管理的单位销售商品、提供服务的；

"（三）从自己的亲友经营管理的单位采购、接受不合格商品、服务的。

"其他公司、企业的工作人员违反法律、行政法规规定，实施前款行为，致使公司、企业利益遭受重大损失的，依照前款的规定处罚。"

三、在刑法第一百六十九条中增加一款作为第二款，将该条修改为："国有公司、企业或者其上级主管部门直接负责的主管人员，徇私舞弊，将国有资产低价折股或者低价出售，致使国家利益遭受重大损失的，处三年以下有期徒刑或者拘役；致使国家利益遭受特别重大损失的，处三年以上七年以下有期徒刑。

"其他公司、企业直接负责的主管人员，徇私舞弊，将公司、企业资产低价折股或者低价出售，致使公司、企业利益遭受重大损失的，依照前款的规定处罚。"

四、将刑法第三百八十七条第一款修改为："国家机关、国有公司、企业、事业单位、人民团体，索取、非法收受他人财物，为他人谋取利益，情节严重的，对单位判处罚金，并对其直接负责的主管人员和其他直接责任人员，处三年以下有期徒刑或者拘役；情节特别严重的，处三年以上十年以下有期徒刑。"

五、将刑法第三百九十条修改为："对犯行贿罪的，处三年以下有期徒刑或者拘役，并处罚金；因行贿谋取不正当利益，情节严重的，或者使国家利益遭受重大损失的，处三年以上十年以下有期徒刑，并处罚金；情节特别严重的，或者使国家利益遭受特别重大损失的，处十年以上有期徒刑或者无期徒刑，并处罚金或者没收财产。

"有下列情形之一的，从重处罚：

"（一）多次行贿或者向多人行贿的；

"（二）国家工作人员行贿的；

"（三）在国家重点工程、重大项目中行贿的；

"（四）为谋取职务、职级晋升、调整行贿的；

"（五）对监察、行政执法、司法工作人员行贿的；

"（六）在生态环境、财政金融、安全生产、食品药品、防灾救灾、社会保障、教育、医疗等领域行贿，实施违法犯罪活动的；

"（七）将违法所得用于行贿的。

"行贿人在被追诉前主动交待行贿行为的，可以从轻或者减轻处罚。其中，犯罪较轻的，对调查突破、侦破重大案件起关键作用的，或者有重大立功表现的，可以减轻或者免除处罚。"

六、将刑法第三百九十一条第一款修改为："为谋取不正当利益，给予国家机关、国有公司、企业、事业单位、人民团体以财物的，或者在经济往来中，违反国家规定，给予各种名义的回扣、手续费的，处三年以下有期徒刑或者拘役，并处罚金；情节严重的，处三年以上七年以下有期徒刑，并处罚金。"

七、将刑法第三百九十三条修改为："单位为谋取不正当利益而行贿，或者违反国家规定，给予国家工作人员以回扣、手续费，情节严重的，对单位判处罚金，并对其直接负责的主管人员和其他直接责任人员，处三年以下有期徒刑或者拘役，并处罚金；情节特别严重的，处三年以上十年以下有期徒刑，并处罚金。因行贿取得的违法所得归个人所有的，依照本法第三百八十九条、第三百九十条的规定定罪处罚。"

八、本修正案自 2024 年 3 月 1 日起施行。

未成年人网络保护条例

（2023 年 9 月 20 日国务院第 15 次常务会议通过
2023 年 10 月 16 日中华人民共和国国务院令第 766 号公布
自 2024 年 1 月 1 日起施行）

第一章 总 则

第一条 为了营造有利于未成年人身心健康的网络环境，保障未成年人合法权益，根据《中华人民共和国未成年人保护法》、《中华人民共和国网络安全法》、《中华人民共和国个人信息保护法》等法律，制定本条例。

第二条 未成年人网络保护工作应当坚持中国共产党的领导，坚持以社会主义核心价值观为引领，坚持最有利于未成年人的原则，适应未成年人身心健康发展和网络空间的规律和特点，实行社会共治。

第三条 国家网信部门负责统筹协调未成年人网络保护工作，并依据职责做好未成年人网络保护工作。

国家新闻出版、电影部门和国务院教育、电信、公安、民政、文化和旅游、卫生健康、市场监督管理、广播电视等有关部门依据各自职责做好未成年人网络保护工作。

县级以上地方人民政府及其有关部门依据各自职责做好未成年人网络保护工作。

第四条　共产主义青年团、妇女联合会、工会、残疾人联合会、关心下一代工作委员会、青年联合会、学生联合会、少年先锋队以及其他人民团体、有关社会组织、基层群众性自治组织，协助有关部门做好未成年人网络保护工作，维护未成年人合法权益。

第五条　学校、家庭应当教育引导未成年人参加有益身心健康的活动，科学、文明、安全、合理使用网络，预防和干预未成年人沉迷网络。

第六条　网络产品和服务提供者、个人信息处理者、智能终端产品制造者和销售者应当遵守法律、行政法规和国家有关规定，尊重社会公德，遵守商业道德，诚实信用，履行未成年人网络保护义务，承担社会责任。

第七条　网络产品和服务提供者、个人信息处理者、智能终端产品制造者和销售者应当接受政府和社会的监督，配合有关部门依法实施涉及未成年人网络保护工作的监督检查，建立便捷、合理、有效的投诉、举报渠道，通过显著方式公布投诉、举报途径和方法，及时受理并处理公众投诉、举报。

第八条　任何组织和个人发现违反本条例规定的，可以向网信、新闻出版、电影、教育、电信、公安、民政、文化和旅游、卫生健康、市场监督管理、广播电视等有关部门投诉、举报。收到投诉、举报的部门应当及时依法作出处理；不属于本部门职责的，应当及时移送有权处理的部门。

第九条　网络相关行业组织应当加强行业自律，制定未成年人网络保护相关行业规范，指导会员履行未成年人网络保护义务，加强对未成年人的网络保护。

第十条 新闻媒体应当通过新闻报道、专题栏目（节目）、公益广告等方式，开展未成年人网络保护法律法规、政策措施、典型案例和有关知识的宣传，对侵犯未成年人合法权益的行为进行舆论监督，引导全社会共同参与未成年人网络保护。

第十一条 国家鼓励和支持在未成年人网络保护领域加强科学研究和人才培养，开展国际交流与合作。

第十二条 对在未成年人网络保护工作中作出突出贡献的组织和个人，按照国家有关规定给予表彰和奖励。

第二章 网络素养促进

第十三条 国务院教育部门应当将网络素养教育纳入学校素质教育内容，并会同国家网信部门制定未成年人网络素养测评指标。

教育部门应当指导、支持学校开展未成年人网络素养教育，围绕网络道德意识形成、网络法治观念培养、网络使用能力建设、人身财产安全保护等，培育未成年人网络安全意识、文明素养、行为习惯和防护技能。

第十四条 县级以上人民政府应当科学规划、合理布局，促进公益性上网服务均衡协调发展，加强提供公益性上网服务的公共文化设施建设，改善未成年人上网条件。

县级以上地方人民政府应当通过为中小学校配备具有相应专业能力的指导教师、政府购买服务或者鼓励中小学校自行采购相关服务等方式，为学生提供优质的网络素养教育课程。

第十五条 学校、社区、图书馆、文化馆、青少年宫等场所为未成年人提供互联网上网服务设施的，应当通过安排专业人员、招募志愿者等方式，以及安装未成年人网络保护软件或者采取其他安全保护技术措施，为未成年人提供上网指导和安全、健康的上网环境。

第十六条 学校应当将提高学生网络素养等内容纳入教育教学活动，并合理使用网络开展教学活动，建立健全学生在校期间上网的管理制度，依法规范管理未成年学生带入学校的智能终端产品，帮助学生养成良好上网习惯，培养学生网络安全和网络法治意识，增强学生对网络信息的获取和分析判断能力。

第十七条 未成年人的监护人应当加强家庭家教家风建设，提高自身网络素养，规范自身使用网络的行为，加强对未成年人使用网络行为的教育、示范、引导和监督。

第十八条 国家鼓励和支持研发、生产和使用专门以未成年人为服务对象、适应未成年人身心健康发展规律和特点的网络保护软件、智能终端产品和未成年人模式、未成年人专区等网络技术、产品、服务，加强网络无障碍环境建设和改造，促进未成年人开阔眼界、陶冶情操、提高素质。

第十九条 未成年人网络保护软件、专门供未成年人使用的智能终端产品应当具有有效识别违法信息和可能影响未成年人身心健康的信息、保护未成年人个人信息权益、预防未成年人沉迷网络、便于监护人履行监护职责等功能。

国家网信部门会同国务院有关部门根据未成年人网络保护工作的需要，明确未成年人网络保护软件、专门供未成年人使用的智能终端产品的相关技术标准或者要求，指导监督网络相关行业组织按照有关技术标准和要求对未成年人网络保护软件、专门供未成年人使用的智能终端产品的使用效果进行评估。

智能终端产品制造者应当在产品出厂前安装未成年人网络保护软件，或者采用显著方式告知用户安装渠道和方法。智能终端产品销售者在产品销售前应当采用显著方式告知用户安装未成年人网络保护软件的情况以及安装渠道和方法。

未成年人的监护人应当合理使用并指导未成年人使用网络保护软件、智能终端产品等，创造良好的网络使用家庭环境。

第二十条　未成年人用户数量巨大或者对未成年人群体具有显著影响的网络平台服务提供者，应当履行下列义务：

（一）在网络平台服务的设计、研发、运营等阶段，充分考虑未成年人身心健康发展特点，定期开展未成年人网络保护影响评估；

（二）提供未成年人模式或者未成年人专区等，便利未成年人获取有益身心健康的平台内产品或者服务；

（三）按照国家规定建立健全未成年人网络保护合规制度体系，成立主要由外部成员组成的独立机构，对未成年人网络保护情况进行监督；

（四）遵循公开、公平、公正的原则，制定专门的平台规则，明确平台内产品或者服务提供者的未成年人网络保护义务，并以显著方式提示未成年人用户依法享有的网络保护权利和遭受网络侵害的救济途径；

（五）对违反法律、行政法规严重侵害未成年人身心健康或者侵犯未成年人其他合法权益的平台内产品或者服务提供者，停止提供服务；

（六）每年发布专门的未成年人网络保护社会责任报告，并接受社会监督。

前款所称的未成年人用户数量巨大或者对未成年人群体具有

显著影响的网络平台服务提供者的具体认定办法，由国家网信部门会同有关部门另行制定。

第三章　网络信息内容规范

第二十一条　国家鼓励和支持制作、复制、发布、传播弘扬社会主义核心价值观和社会主义先进文化、革命文化、中华优秀传统文化，铸牢中华民族共同体意识，培养未成年人家国情怀和良好品德，引导未成年人养成良好生活习惯和行为习惯等的网络信息，营造有利于未成年人健康成长的清朗网络空间和良好网络生态。

第二十二条　任何组织和个人不得制作、复制、发布、传播含有宣扬淫秽、色情、暴力、邪教、迷信、赌博、引诱自残自杀、恐怖主义、分裂主义、极端主义等危害未成年人身心健康内容的网络信息。

任何组织和个人不得制作、复制、发布、传播或者持有有关未成年人的淫秽色情网络信息。

第二十三条　网络产品和服务中含有可能引发或者诱导未成年人模仿不安全行为、实施违反社会公德行为、产生极端情绪、养成不良嗜好等可能影响未成年人身心健康的信息的，制作、复制、发布、传播该信息的组织和个人应当在信息展示前予以显著提示。

国家网信部门会同国家新闻出版、电影部门和国务院教育、电信、公安、文化和旅游、广播电视等部门，在前款规定基础上确定可能影响未成年人身心健康的信息的具体种类、范围、判断标准和提示办法。

第二十四条　任何组织和个人不得在专门以未成年人为服务

对象的网络产品和服务中制作、复制、发布、传播本条例第二十三条第一款规定的可能影响未成年人身心健康的信息。

网络产品和服务提供者不得在首页首屏、弹窗、热搜等处于产品或者服务醒目位置、易引起用户关注的重点环节呈现本条例第二十三条第一款规定的可能影响未成年人身心健康的信息。

网络产品和服务提供者不得通过自动化决策方式向未成年人进行商业营销。

第二十五条　任何组织和个人不得向未成年人发送、推送或者诱骗、强迫未成年人接触含有危害或者可能影响未成年人身心健康内容的网络信息。

第二十六条　任何组织和个人不得通过网络以文字、图片、音视频等形式，对未成年人实施侮辱、诽谤、威胁或者恶意损害形象等网络欺凌行为。

网络产品和服务提供者应当建立健全网络欺凌行为的预警预防、识别监测和处置机制，设置便利未成年人及其监护人保存遭受网络欺凌记录、行使通知权利的功能、渠道，提供便利未成年人设置屏蔽陌生用户、本人发布信息可见范围、禁止转载或者评论本人发布信息、禁止向本人发送信息等网络欺凌信息防护选项。

网络产品和服务提供者应当建立健全网络欺凌信息特征库，优化相关算法模型，采用人工智能、大数据等技术手段和人工审核相结合的方式加强对网络欺凌信息的识别监测。

第二十七条　任何组织和个人不得通过网络以文字、图片、音视频等形式，组织、教唆、胁迫、引诱、欺骗、帮助未成年人实施违法犯罪行为。

第二十八条　以未成年人为服务对象的在线教育网络产品和服务提供者，应当按照法律、行政法规和国家有关规定，根据不同年龄阶段未成年人身心发展特点和认知能力提供相应的产品和服务。

第二十九条 网络产品和服务提供者应当加强对用户发布信息的管理，采取有效措施防止制作、复制、发布、传播违反本条例第二十二条、第二十四条、第二十五条、第二十六条第一款、第二十七条规定的信息，发现违反上述条款规定的信息的，应当立即停止传输相关信息，采取删除、屏蔽、断开链接等处置措施，防止信息扩散，保存有关记录，向网信、公安等部门报告，并对制作、复制、发布、传播上述信息的用户采取警示、限制功能、暂停服务、关闭账号等处置措施。

网络产品和服务提供者发现用户发布、传播本条例第二十三条第一款规定的信息未予显著提示的，应当作出提示或者通知用户予以提示；未作出提示的，不得传输该信息。

第三十条 国家网信、新闻出版、电影部门和国务院教育、电信、公安、文化和旅游、广播电视等部门发现违反本条例第二十二条、第二十四条、第二十五条、第二十六条第一款、第二十七条规定的信息的，或者发现本条例第二十三条第一款规定的信息未予显著提示的，应当要求网络产品和服务提供者按照本条例第二十九条的规定予以处理；对来源于境外的上述信息，应当依法通知有关机构采取技术措施和其他必要措施阻断传播。

第四章 个人信息网络保护

第三十一条 网络服务提供者为未成年人提供信息发布、即时通讯等服务的，应当依法要求未成年人或者其监护人提供未成年人真实身份信息。未成年人或者其监护人不提供未成年人真实身份信息的，网络服务提供者不得为未成年人提供相关服务。

网络直播服务提供者应当建立网络直播发布者真实身份信息动态核验机制，不得向不符合法律规定情形的未成年人用户提供网络直播发布服务。

第三十二条　个人信息处理者应当严格遵守国家网信部门和有关部门关于网络产品和服务必要个人信息范围的规定，不得强制要求未成年人或者其监护人同意非必要的个人信息处理行为，不得因为未成年人或者其监护人不同意处理未成年人非必要个人信息或者撤回同意，拒绝未成年人使用其基本功能服务。

第三十三条　未成年人的监护人应当教育引导未成年人增强个人信息保护意识和能力、掌握个人信息范围、了解个人信息安全风险，指导未成年人行使其在个人信息处理活动中的查阅、复制、更正、补充、删除等权利，保护未成年人个人信息权益。

第三十四条　未成年人或者其监护人依法请求查阅、复制、更正、补充、删除未成年人个人信息的，个人信息处理者应当遵守以下规定：

（一）提供便捷的支持未成年人或者其监护人查阅未成年人个人信息种类、数量等的方法和途径，不得对未成年人或者其监护人的合理请求进行限制；

（二）提供便捷的支持未成年人或者其监护人复制、更正、补充、删除未成年人个人信息的功能，不得设置不合理条件；

（三）及时受理并处理未成年人或者其监护人查阅、复制、更正、补充、删除未成年人个人信息的申请，拒绝未成年人或者其监护人行使权利的请求的，应当书面告知申请人并说明理由。

对未成年人或者其监护人依法提出的转移未成年人个人信息的请求，符合国家网信部门规定条件的，个人信息处理者应当提供转移的途径。

第三十五条　发生或者可能发生未成年人个人信息泄露、篡改、丢失的，个人信息处理者应当立即启动个人信息安全事件应急预案，采取补救措施，及时向网信等部门报告，并按照国家有关规定将事件情况以邮件、信函、电话、信息推送等方式告知受影响的未成年人及其监护人。

个人信息处理者难以逐一告知的，应当采取合理、有效的方式及时发布相关警示信息，法律、行政法规另有规定的除外。

第三十六条　个人信息处理者对其工作人员应当以最小授权为原则，严格设定信息访问权限，控制未成年人个人信息知悉范围。工作人员访问未成年人个人信息的，应当经过相关负责人或者其授权的管理人员审批，记录访问情况，并采取技术措施，避免违法处理未成年人个人信息。

第三十七条　个人信息处理者应当自行或者委托专业机构每年对其处理未成年人个人信息遵守法律、行政法规的情况进行合规审计，并将审计情况及时报告网信等部门。

第三十八条　网络服务提供者发现未成年人私密信息或者未成年人通过网络发布的个人信息中涉及私密信息的，应当及时提示，并采取停止传输等必要保护措施，防止信息扩散。

网络服务提供者通过未成年人私密信息发现未成年人可能遭受侵害的，应当立即采取必要措施保存有关记录，并向公安机关报告。

第五章　网络沉迷防治

第三十九条　对未成年人沉迷网络进行预防和干预，应当遵守法律、行政法规和国家有关规定。

教育、卫生健康、市场监督管理等部门依据各自职责对从事未成年人沉迷网络预防和干预活动的机构实施监督管理。

第四十条 学校应当加强对教师的指导和培训，提高教师对未成年学生沉迷网络的早期识别和干预能力。对于有沉迷网络倾向的未成年学生，学校应当及时告知其监护人，共同对未成年学生进行教育和引导，帮助其恢复正常的学习生活。

第四十一条 未成年人的监护人应当指导未成年人安全合理使用网络，关注未成年人上网情况以及相关生理状况、心理状况、行为习惯，防范未成年人接触危害或者可能影响其身心健康的网络信息，合理安排未成年人使用网络的时间，预防和干预未成年人沉迷网络。

第四十二条 网络产品和服务提供者应当建立健全防沉迷制度，不得向未成年人提供诱导其沉迷的产品和服务，及时修改可能造成未成年人沉迷的内容、功能和规则，并每年向社会公布防沉迷工作情况，接受社会监督。

第四十三条 网络游戏、网络直播、网络音视频、网络社交等网络服务提供者应当针对不同年龄阶段未成年人使用其服务的特点，坚持融合、友好、实用、有效的原则，设置未成年人模式，在使用时段、时长、功能和内容等方面按照国家有关规定和标准提供相应的服务，并以醒目便捷的方式为监护人履行监护职责提供时间管理、权限管理、消费管理等功能。

第四十四条 网络游戏、网络直播、网络音视频、网络社交等网络服务提供者应当采取措施，合理限制不同年龄阶段未成年人在使用其服务中的单次消费数额和单日累计消费数额，不得向未成年人提供与其民事行为能力不符的付费服务。

第四十五条 网络游戏、网络直播、网络音视频、网络社交等网络服务提供者应当采取措施，防范和抵制流量至上等不良价值倾向，不得设置以应援集资、投票打榜、刷量控评等为主题的网络社区、群组、话题，不得诱导未成年人参与应援集资、投票打榜、刷量控评等网络活动，并预防和制止其用户诱导未成年人实施上述行为。

第四十六条 网络游戏服务提供者应当通过统一的未成年人网络游戏电子身份认证系统等必要手段验证未成年人用户真实身份信息。

网络产品和服务提供者不得为未成年人提供游戏账号租售服务。

第四十七条 网络游戏服务提供者应当建立、完善预防未成年人沉迷网络的游戏规则，避免未成年人接触可能影响其身心健康的游戏内容或者游戏功能。

网络游戏服务提供者应当落实适龄提示要求，根据不同年龄阶段未成年人身心发展特点和认知能力，通过评估游戏产品的类型、内容与功能等要素，对游戏产品进行分类，明确游戏产品适合的未成年人用户年龄阶段，并在用户下载、注册、登录界面等位置予以显著提示。

第四十八条 新闻出版、教育、卫生健康、文化和旅游、广播电视、网信等部门应当定期开展预防未成年人沉迷网络的宣传教育，监督检查网络产品和服务提供者履行预防未成年人沉迷网络义务的情况，指导家庭、学校、社会组织互相配合，采取科学、合理的方式对未成年人沉迷网络进行预防和干预。

国家新闻出版部门牵头组织开展未成年人沉迷网络游戏防治工作，会同有关部门制定关于向未成年人提供网络游戏服务的时段、时长、消费上限等管理规定。

卫生健康、教育等部门依据各自职责指导有关医疗卫生机构、高等学校等，开展未成年人沉迷网络所致精神障碍和心理行为问题的基础研究和筛查评估、诊断、预防、干预等应用研究。

第四十九条　严禁任何组织和个人以虐待、胁迫等侵害未成年人身心健康的方式干预未成年人沉迷网络、侵犯未成年人合法权益。

第六章　法律责任

第五十条　地方各级人民政府和县级以上有关部门违反本条例规定，不履行未成年人网络保护职责的，由其上级机关责令改正；拒不改正或者情节严重的，对负有责任的领导人员和直接责任人员依法给予处分。

第五十一条　学校、社区、图书馆、文化馆、青少年宫等违反本条例规定，不履行未成年人网络保护职责的，由教育、文化和旅游等部门依据各自职责责令改正；拒不改正或者情节严重的，对负有责任的领导人员和直接责任人员依法给予处分。

第五十二条　未成年人的监护人不履行本条例规定的监护职责或者侵犯未成年人合法权益的，由未成年人居住地的居民委员会、村民委员会、妇女联合会，监护人所在单位，中小学校、幼儿园等有关密切接触未成年人的单位依法予以批评教育、劝诫制止、督促其接受家庭教育指导等。

第五十三条　违反本条例第七条、第十九条第三款、第三十八条第二款规定的，由网信、新闻出版、电影、教育、电信、公安、民政、文化和旅游、市场监督管理、广播电视等部门依据各自职责责令改正；拒不改正或者情节严重的，处 5 万元以上 50 万元以下罚款，对直接负责的主管人员和其他直接责任人员处 1 万元以上 10 万元以下罚款。

第五十四条　违反本条例第二十条第一款规定的,由网信、新闻出版、电信、公安、文化和旅游、广播电视等部门依据各自职责责令改正,给予警告,没收违法所得;拒不改正的,并处100万元以下罚款,对直接负责的主管人员和其他直接责任人员处1万元以上10万元以下罚款。

违反本条例第二十条第一款第一项和第五项规定,情节严重的,由省级以上网信、新闻出版、电信、公安、文化和旅游、广播电视等部门依据各自职责责令改正,没收违法所得,并处5000万元以下或者上一年度营业额百分之五以下罚款,并可以责令暂停相关业务或者停业整顿、通报有关部门依法吊销相关业务许可证或者吊销营业执照;对直接负责的主管人员和其他直接责任人员处10万元以上100万元以下罚款,并可以决定禁止其在一定期限内担任相关企业的董事、监事、高级管理人员和未成年人保护负责人。

第五十五条　违反本条例第二十四条、第二十五条规定的,由网信、新闻出版、电影、电信、公安、文化和旅游、市场监督管理、广播电视等部门依据各自职责责令限期改正,给予警告,没收违法所得,可以并处10万元以下罚款;拒不改正或者情节严重的,责令暂停相关业务、停产停业或者吊销相关业务许可证、吊销营业执照,违法所得100万元以上的,并处违法所得1倍以上10倍以下罚款,没有违法所得或者违法所得不足100万元的,并处10万元以上100万元以下罚款。

第五十六条　违反本条例第二十六条第二款和第三款、第二十八条、第二十九条第一款、第三十一条第二款、第三十六条、第三十八条第一款、第四十二条至第四十五条、第四十六条第二款、第四十七条规定的,由网信、新闻出版、电影、教育、电信、公安、文化和旅游、广播电视等部门依据各自职责责令改正，给予警告，没收违法所得，违法所得 100 万元以上的，并处违法所得 1 倍以上 10 倍以下罚款，没有违法所得或者违法所得不足 100 万元的，并处 10 万元以上 100 万元以下罚款，对直接负责的主管人员和其他直接责任人员处 1 万元以上 10 万元以下罚款；拒不改正或者情节严重的，并可以责令暂停相关业务、停业整顿、关闭网站、吊销相关业务许可证或者吊销营业执照。

第五十七条 网络产品和服务提供者违反本条例规定，受到关闭网站、吊销相关业务许可证或者吊销营业执照处罚的，5 年内不得重新申请相关许可，其直接负责的主管人员和其他直接责任人员 5 年内不得从事同类网络产品和服务业务。

第五十八条 违反本条例规定，侵犯未成年人合法权益，给未成年人造成损害的，依法承担民事责任；构成违反治安管理行为的，依法给予治安管理处罚；构成犯罪的，依法追究刑事责任。

第七章 附　　则

第五十九条 本条例所称智能终端产品，是指可以接入网络、具有操作系统、能够由用户自行安装应用软件的手机、计算机等网络终端产品。

第六十条 本条例自 2024 年 1 月 1 日起施行。

最高人民法院
发布《关于修改〈最高人民法院关于知识产权法庭若干问题的规定〉的决定》

法释〔2023〕10号

（2023 年 10 月 16 日最高人民法院审判委员会第 1901 次会议
通过　2023 年 10 月 21 日最高人民法院公告公布
自 2023 年 11 月 1 日起施行）

最高人民法院审判委员会第 1901 次会议决定，对《最高人民法院关于知识产权法庭若干问题的规定》作如下修改：

一、将第二条修改为："知识产权法庭审理下列上诉案件：

（一）专利、植物新品种、集成电路布图设计授权确权行政上诉案件；

（二）发明专利、植物新品种、集成电路布图设计权属、侵权民事和行政上诉案件；

（三）重大、复杂的实用新型专利、技术秘密、计算机软件权属、侵权民事和行政上诉案件；

（四）垄断民事和行政上诉案件。

知识产权法庭审理下列其他案件：

（一）前款规定类型的全国范围内重大、复杂的第一审民事和行政案件；

（二）对前款规定的第一审民事和行政案件已经发生法律效力

的判决、裁定、调解书依法申请再审、抗诉、再审等适用审判监督程序的案件；

（三）前款规定的第一审民事和行政案件管辖权争议，行为保全裁定申请复议，罚款、拘留决定申请复议，报请延长审限等案件；

（四）最高人民法院认为应当由知识产权法庭审理的其他案件。"

二、将第三条修改为："审理本规定第二条所称案件的下级人民法院应当按照规定及时向知识产权法庭移送纸质、电子卷宗。"

三、增加一条，作为第四条："知识产权法庭可以要求当事人披露涉案知识产权相关权属、侵权、授权确权等关联案件情况。当事人拒不如实披露的，可以作为认定其是否遵循诚实信用原则和构成滥用权利等的考量因素。"

四、将第八条改为第七条："知识产权法庭审理的案件的立案信息、合议庭组成人员、审判流程、裁判文书等依法公开。"

五、将第十一条改为第十条，将其中的"本规定第二条第一、二、三项所称第一审案件"改为"本规定第二条第一款规定类型的第一审民事和行政案件"。

六、删除第四条、第五条、第十二条、第十三条、第十四条。

七、其他条文序号作相应调整。

本决定自 2023 年 11 月 1 日起施行。

根据本决定，《最高人民法院关于知识产权法庭若干问题的规定》作相应修改后重新公布。

最高人民法院
关于知识产权法庭若干问题的规定

为进一步统一知识产权案件裁判标准，依法平等保护各类市场主体合法权益，加大知识产权司法保护力度，优化科技创新法治环境，加快实施创新驱动发展战略，根据《中华人民共和国人民法院组织法》《中华人民共和国民事诉讼法》《中华人民共和国行政诉讼法》《全国人民代表大会常务委员会关于专利等知识产权案件诉讼程序若干问题的决定》等法律规定，结合审判工作实际，就最高人民法院知识产权法庭相关问题规定如下。

第一条 最高人民法院设立知识产权法庭，主要审理专利等专业技术性较强的知识产权上诉案件。

知识产权法庭是最高人民法院派出的常设审判机构，设在北京市。

知识产权法庭作出的判决、裁定、调解书和决定，是最高人民法院的判决、裁定、调解书和决定。

第二条 知识产权法庭审理下列上诉案件：

（一）专利、植物新品种、集成电路布图设计授权确权行政上诉案件；

（二）发明专利、植物新品种、集成电路布图设计权属、侵权民事和行政上诉案件；

（三）重大、复杂的实用新型专利、技术秘密、计算机软件权属、侵权民事和行政上诉案件；

（四）垄断民事和行政上诉案件。

知识产权法庭审理下列其他案件：

（一）前款规定类型的全国范围内重大、复杂的第一审民事和行政案件；

（二）对前款规定的第一审民事和行政案件已经发生法律效力的判决、裁定、调解书依法申请再审、抗诉、再审等适用审判监督程序的案件；

（三）前款规定的第一审民事和行政案件管辖权争议，行为保全裁定申请复议，罚款、拘留决定申请复议，报请延长审限等案件；

（四）最高人民法院认为应当由知识产权法庭审理的其他案件。

第三条 审理本规定第二条所称案件的下级人民法院应当按照规定及时向知识产权法庭移送纸质、电子卷宗。

第四条 知识产权法庭可以要求当事人披露涉案知识产权相关权属、侵权、授权确权等关联案件情况。当事人拒不如实披露的，可以作为认定其是否遵循诚实信用原则和构成滥用权利等的考量因素。

第五条 知识产权法庭可以根据案件情况到实地或者原审人民法院所在地巡回审理案件。

第六条 知识产权法庭采取保全等措施，依照执行程序相关规定办理。

第七条 知识产权法庭审理的案件的立案信息、合议庭组成人员、审判流程、裁判文书等依法公开。

第八条 知识产权法庭法官会议由庭长、副庭长和若干资深法官组成，讨论重大、疑难、复杂案件等。

第九条　知识产权法庭应当加强对有关案件审判工作的调研，及时总结裁判标准和审理规则，指导下级人民法院审判工作。

第十条　对知识产权法院、中级人民法院已经发生法律效力的本规定第二条第一款规定类型的第一审民事和行政案件判决、裁定、调解书，省级人民检察院向高级人民法院提出抗诉的，高级人民法院应当告知其由最高人民检察院依法向最高人民法院提出，并由知识产权法庭审理。

第十一条　本规定自2019年1月1日起施行。最高人民法院此前发布的司法解释与本规定不一致的，以本规定为准。

最高人民法院办公厅
印发《最高人民法院关于诉前调解中委托鉴定工作规程（试行）》的通知

2023年7月5日　　　　　　　　法办〔2023〕275号

各省、自治区、直辖市高级人民法院，解放军军事法院，新疆维吾尔自治区高级人民法院生产建设兵团分院：

现将《最高人民法院关于诉前调解中委托鉴定工作规程〈试行〉》印发给你们，请认真贯彻落实。对于使用自建平台的地区，按照即将下发的技术方案要求，加快系统对接工作，确保工作有序运转，促使更多纠纷实质性解决在诉前，做深做实诉源治理，切实减轻当事人诉累。

最高人民法院
关于诉前调解中委托鉴定工作规程（试行）

为规范诉前调解中的委托鉴定工作，促使更多纠纷实质性解决在诉前，做深做实诉源治理，切实减轻当事人诉累，根据《中华人民共和国民事诉讼法》、《人民法院在线调解规则》等法律和司法解释的规定，结合人民法院工作实际，制定本规程。

第一条 在诉前调解过程中，人民法院可以根据当事人申请依托人民法院委托鉴定系统提供诉前委托鉴定服务。

第二条 诉前鉴定应当遵循当事人自愿原则。当事人可以共同申请诉前鉴定。一方当事人申请诉前鉴定的，应当征得其他当事人同意。

第三条 下列纠纷，人民法院可以根据当事人申请委托开展诉前鉴定：

（一）机动车交通事故责任纠纷；

（二）医疗损害责任纠纷；

（三）财产损害赔偿纠纷；

（四）建设工程合同纠纷；

（五）劳务合同纠纷；

（六）产品责任纠纷；

（七）买卖合同纠纷；

（八）生命权、身体权、健康权纠纷；

（九）其他适宜进行诉前鉴定的纠纷。

第四条 有下列情形之一的，人民法院不予接收当事人诉前鉴定申请：

（一）申请人与所涉纠纷没有直接利害关系；

（二）没有明确的鉴定事项、事实和理由；

（三）没有提交鉴定所需的相关材料；

（四）具有其他不适宜委托诉前鉴定情形的。

第五条 人民法院以及接受人民法院委派的调解组织在诉前调解过程中，认为纠纷适宜通过鉴定促成调解，但当事人没有申请的，可以向当事人进行释明，并指定提出诉前鉴定申请的期间。

第六条 诉前鉴定申请书以及相关鉴定材料可以通过人民法院调解平台在线提交。申请人在线提交确有困难的，人民法院以及接受人民法院委派的调解组织可以代为将鉴定申请以及相关材料录入扫描上传至人民法院调解平台。

诉前鉴定申请书应当写明申请人、被申请人的姓名、住所地等身份信息，申请鉴定事项、事实和理由以及有效联系方式。

第七条 主持调解的人员应当在收到诉前鉴定申请五个工作日内对鉴定材料是否齐全、申请事项是否明确进行审核，并组织当事人对鉴定材料进行协商确认。

审核过程中认为需要补充、补正的，应当一次性告知。申请人在指定期间内未补充、补正，或者补充、补正后仍不符合诉前鉴定条件的，予以退回并告知理由。

第八条 主持调解的人员经审核认为符合诉前鉴定条件的，应当报请人民法院同意。人民法院准许委托诉前鉴定的，由主持调解的人员通过人民法院调解平台将鉴定材料推送至人民法院委托鉴定系统。人民法院不予准许的，主持调解的人员应当向申请人进行释明并做好记录。

第九条　人民法院指派法官或者司法辅助人员指导接受委派的调解组织开展诉前鉴定工作，规范审核诉前鉴定申请、组织协商确认鉴定材料等行为。

第十条　人民法院组织当事人协商确定具备相应资格的鉴定机构。当事人协商不成的，通过人民法院委托鉴定系统随机确定。

第十一条　人民法院负责司法技术工作的部门以"诉前调"字号向鉴定机构出具委托书、移送鉴定材料、办理相关手续。

委托书上应当载明鉴定事项、鉴定范围、鉴定目的和鉴定期限。

第十二条　人民法院应当通知申请人在指定期间内向鉴定机构预交鉴定费用。逾期未交纳的，视为申请人放弃申请，由调解组织继续调解。

第十三条　人民法院负责司法技术工作的部门应当督促鉴定机构在诉前鉴定结束后及时将鉴定书上传至人民法院委托鉴定系统。人民法院以及主持调解的人员在线接收后，及时送交给当事人。

鉴定机构在线上传或者送交鉴定书确有困难的，人民法院可以通过线下方式接收。

第十四条　人民法院以及接受委派的调解组织应当督促鉴定机构及时办理诉前委托鉴定事项，并可以通过人民法院委托鉴定系统进行在线催办、督办。

鉴定机构无正当理由未按期提交鉴定书的，人民法院可以依当事人申请另行委托鉴定机构进行诉前鉴定。

第十五条　诉前鉴定过程中，有下列情形之一的，诉前鉴定终止：

（一）申请人逾期未补充鉴定所需的必要材料；

（二）申请人逾期未补交鉴定费用；

（三）申请人无正当理由拒不配合鉴定；

（四）被申请人明确表示不愿意继续进行鉴定；

（五）其他导致诉前鉴定不能进行的情形。

第十六条 当事人对鉴定书内容有异议，但同意诉前调解的，由调解组织继续调解；不同意继续调解并坚持起诉的，由人民法院依法登记立案。

第十七条 经诉前调解未达成调解协议的，调解组织应当将全部鉴定材料连同调解材料一并在线推送至人民法院，由人民法院依法登记立案。

第十八条 当事人无正当理由就同一事项重复提出诉前鉴定申请的，人民法院不予准许。

第十九条 人民法院对于当事人恶意利用诉前鉴定拖延诉前调解时间、影响正常诉讼秩序的行为，应当依法予以规制，并作为审查当事人在诉讼过程中再次提出委托鉴定申请的重要参考。

第二十条 本规程自 2023 年 8 月 1 日起施行。

其他未规定事宜，参照诉讼中鉴定相关规定执行。

最高人民检察院　住房城乡建设部
关于印发《关于在检察公益诉讼中
加强协作配合依法做好城乡历史文化
保护传承工作的意见》的通知

2023 年 9 月 13 日　　高检发办字〔2023〕138 号

各省、自治区、直辖市人民检察院、住房城乡建设（规划）部门，
解放军军事检察院，新疆生产建设兵团人民检察院、住房城乡建
设（规划）部门：

　　为深入学习贯彻党的二十大精神，认真贯彻落实习近平总书
记关于加强城乡历史文化保护传承、坚定文化自信的重要指示批
示精神，落实中共中央办公厅、国务院办公厅《关于在城乡建设
中加强历史文化保护传承的意见》，切实保护、利用、传承好城乡
历史文化遗产，最高人民检察院和住房城乡建设部共同制定了
《关于在检察公益诉讼中加强协作配合依法做好城乡历史文化保护
传承工作的意见》，现印发给你们。请结合本地实际，认真贯彻落
实。执行中遇到的问题，请及时报告。

关于在检察公益诉讼中加强协作配合依法
做好城乡历史文化保护传承工作的意见

　　为深入贯彻落实习近平总书记关于城乡历史文化保护传承的

系列重要指示批示精神，协同落实中共中央办公厅、国务院办公厅《关于在城乡建设中加强历史文化保护传承的意见》，最高人民检察院和住房城乡建设部就在检察公益诉讼中加强协作配合，更好地做好城乡历史文化保护传承工作，形成如下意见。

一、充分认识加强城乡历史文化保护传承与检察公益诉讼协作的重要意义

城乡历史文化遗产是中华优秀传统文化的重要载体，是全社会的财富，也是世界文化多样性的有机组成部分，具备现代"公物"或者"公共信托财产"的核心要素和特征，具有见证历史、促进文化多样性、增进文化认同等公共利益属性。当前，仍然存在城乡历史文化遗产屡遭破坏拆除或面临严重安全风险等突出问题，城乡历史文化遗产的安全面临较大威胁和挑战。

建立健全住房城乡建设（规划）部门行政执法与检察公益诉讼协作机制，推动良性互动，形成行政执法与检察监督保护合力，对于系统保护、利用、传承好城乡历史文化遗产具有积极意义。各级检察机关要依法推进城乡历史文化保护传承领域检察公益诉讼工作，共同维护国家利益和社会公共利益；各级住房城乡建设（规划）部门要依法全面履职，严格规范执法，协同配合检察机关开展公益诉讼工作。

二、明确城乡历史文化保护传承与检察公益诉讼协作的重点领域

推进城乡历史文化保护传承领域检察公益诉讼工作，要坚持问题导向、依法治理、协同治理，充分发挥各自职能作用，聚焦城乡历史文化保护传承领域侵害国家利益或者社会公共利益，特别是情节严重、影响恶劣、拒不整改的违法行为，加大协作力度，优化工作流程，完善技术细则。依据城乡历史文化保护传承相关的法律法规、部门规章、规范性文件以及地方法律法规，确定城乡历史文化保护传承与检察公益诉讼协作的重点领域。

（一）历史城区整体管控。主要包括：破坏历史城区的传统格局、历史风貌和空间尺度，改变与其相互依存的自然景观和环境；开展开山、采石、开矿等破坏传统格局和历史风貌的活动；占用保护规划确定保留的园林绿地、河湖水系、道路等；修建生产、储存爆炸性、易燃性、放射性、毒害性、腐蚀性物品的工厂、仓库等；在历史城区范围内新建、改建建筑超出保护规划确定的建筑高度要求；在城市更新中大拆大建、拆真建假、以假乱真；随意砍伐具有保护价值的大树、老树和古树名木；随意改建具有历史价值的公园，随意更改老地名等。

（二）历史文化街区和历史地段保护。主要包括：从事建设活动对历史文化街区或历史地段的传统格局和历史风貌造成破坏性影响；在历史文化街区核心保护范围内进行必要的基础设施和公共服务设施以外的新建、扩建活动；未经批准在历史文化街区核心保护范围内拆除历史建筑以外的建筑物、构筑物或者其他设施；未在历史文化街区和历史地段的核心保护范围的主要出入口设置保护标志牌，以及擅自设置、移动、涂改或者损毁标志牌；在历史文化街区或历史地段内损毁或拆除具有保护价值的老建筑、古民居；违背群众意愿搬空原住民进行商业、旅游开发等。

（三）历史文化名镇名村保护。主要包括：破坏历史文化名镇名村的传统格局、历史风貌和空间尺度，改变与其相互依存的自然景观和环境；开展开山、采石、开矿等破坏传统格局和历史风貌的活动；占用保护规划确定保留的园林绿地、河湖水系、道路等；修建生产、储存爆炸性、易燃性、放射性、毒害性、腐蚀性物品的工厂、仓库等；在历史文化名镇名村核心保护范围内进行必要的基础设施和公共服务设施以外的新建、扩建活动；未经批准在历史文化名镇名村核心保护范围内拆除历史建筑以外的建筑物、构筑物或者其他设施；未在历史文化名镇名村的核心保护范围的主要出入口设置保护标志牌，以及擅自设置、移动、涂改或者损毁标志牌；在历史文化名镇名村保护范围内出现电线乱搭乱建、消防设施落后、古树被电线缠绕及居民缺乏消防应急处置能力等安全隐患。

（四）历史建筑保护。主要包括：在历史建筑上刻画、涂污；未经批准擅自改变历史建筑原有的高度、体量、外观形象及色彩等；未设置历史建筑保护标志，擅自设置、移动、涂改或者损毁标志牌，未建立历史建筑档案；未按照保护规划的要求对历史建筑进行维护和修缮，造成历史建筑损坏；擅自迁移、拆除历史建筑；未经批准对历史建筑进行外部修缮装饰、添加设施以及改变历史建筑的结构或者使用性质等。

三、建立健全城乡历史文化保护传承与检察公益诉讼协作机制

（一）线索移送。住房城乡建设（规划）部门执法中发现涉及多个行政机关职责、协调处理难度大、执法后不足以弥补国家利益或者社会公共利益损失，以及其他适合检察公益诉讼监督的问题线索，应及时移送有关检察机关。检察机关在履职中发现涉城乡历史文化保护传承领域问题线索，可先行与住房城乡建设（规划）部门磋商，督促依法处理。

（二）会商研判。各级检察机关与各级住房城乡建设（规划）部门共同建立执法情况和公益诉讼交流会商和研判机制，每年双方各组织会商一次，确有需要的，可随时召开。对于涉及城乡历史文化保护传承行政执法及检察公益诉讼的重大案件、事件和舆情，双方应当及时相互通报，共同研究制定处置办法，及时回应社会关切。对城乡历史文化保护传承领域易发、高发问题，检察机关可以集中提出意见建议；对检察公益诉讼办案不规范等问题，住房城乡建设（规划）部门可以提出改进的意见建议。

（三）信息共享。双方应积极参照行政执法与刑事司法衔接信息共享平台的经验做法，逐步实现城乡历史文化保护传承领域相关信息实时共享。积极推动检察机关接入城乡历史文化遗产信息平台，逐步建立城乡历史文化保护传承领域行政监管与检察公益诉讼信息共享平台。根据日常执法司法工作需要，双方应及时共享城乡历史文化保护传承领域的行政处罚信息、有关专项行动中发现的问题和线索信息、相关领域公益诉讼办案情况。

（四）联合专项。住房城乡建设（规划）部门在部署开展城乡历史文化保护传承相关专项工作期间，如历史文化街区划定和历史建筑确定工作、历史文化名城保护专项评估工作等，可邀请检察机关参与专项督查工作，推动形成检察机关与行政执法机关的司法、执法工作合力，共同促进城乡历史文化保护传承领域依法行政。

（五）调查取证。检察机关在调查取证过程中，要加强与行政执法机关的沟通协调。对于重大敏感案件线索，应及时向被监督行政执法机关的上级机关通报情况。检察机关可以采取查阅、调取、复制有关执法卷宗材料，收集相关证据，询问行政机关相关人员等方式调查取证，行政执法机关应积极配合检察机关调查收集证据。调查取证或公益诉讼过程中，发现存在涉嫌犯罪行为的，应当将犯罪线索移送具有侦查、调查职权的机关，依法追究刑事责任。

（六）专业支持。住房城乡建设（规划）部门在调查取证、鉴定评估等方面为检察机关办案提供专业咨询和技术支持，协助做好涉案城乡历史文化遗产损害认定和修复等工作。检察机关办案过程中，对于案件涉及的专门性问题难以鉴定或者鉴定费用过高时，可以结合城乡历史文化遗产性质特点和案件其他证据，并参考城乡历史文化遗产相关主管部门意见、专家意见等予以认定。涉及特别复杂或者跨省级行政区划案件专业技术问题的，可以由省级以上行政主管部门或者遗产管理机构协助提供技术支持或者出具专业意见。检察机关可以根据城乡历史文化遗产相关主管部门执法需要或要求，提供相关法律咨询。公益诉讼案件法庭审理中，应检察机关请求或法庭通知，住房城乡建设（规划）部门应当做出鉴定意见或者提出专业意见，需要出庭作证的应当出庭作证。住房城乡建设（规划）部门对相关法律问题提出咨询或其他法律请求时，检察机关应当依法给予帮助和支持。

（七）案例发布。双方在协作过程中注重培育、发布重点领域具有指导意义的典型案例、指导性案例，对具有工作指引意义的创新成果共同深化研究，适时转化为指导性文件或者长效机制。双方发布城乡历史文化保护传承领域案例时应当相互征求意见，也可以联合发布典型案例。

四、规范城乡历史文化保护传承行政公益诉讼办案工作

（一）坚持制度定位。检察公益诉讼制度目标是促进依法行政、推进法治政府建设。行政机关是公共利益的第一顺位代表，检察机关办理公益诉讼案件中应坚持"不越位、不缺位、不混同"原则，严守检察权边界，不干涉行政执法机关的正常履职和自由

裁量权。行政公益诉讼是督促之诉、协同之诉、共赢之诉，检察机关在办理行政公益诉讼案件中，应与行政机关形成既依法督促又协同履职的关系，共同维护国家利益和社会公共利益，实现双赢多赢共赢。

（二）履职尽责标准。对行政机关不依法履行法定职责的判断和认定，应以法律规定的行政机关法定职责为依据，对照行政机关的执法权力清单和责任清单，以是否采取有效措施制止违法行为、是否全面运用法律法规、规章和规范性文件规定的行政监管手段、国家利益或者社会公共利益是否得到了有效保护为标准。检察机关和行政机关要加强沟通和协调，可通过听证、圆桌会议、磋商、检察建议等形式，争取诉前工作效果最大化。针对实践中存在普遍分歧的，最高人民检察院可以会同住房城乡建设部及时会商研究，明确行政机关履职尽责的司法认定标准。

（三）诉前检察建议回复。行政机关接到检察建议书后应在规定时间内书面反馈，确属履职不到位或存在不作为的，应当积极采取有效措施进行整改；因客观原因难以在规定期限内整改完毕的，应当制作具体可行的整改方案，及时向检察机关说明情况；不存在因行政违法行为导致国家利益或社会公共利益受损情形的，应当及时回复并说明情况。

（四）行政公益诉讼起诉应诉。经过诉前程序，行政机关仍未依法全面履行职责，国家利益或者社会公共利益受侵害状态尚未得到实质性遏制的，人民检察院依法提起行政公益诉讼。行政机关应按照行政应诉规定相关要求积极参加诉讼，做好应诉准备工作，根据诉讼类型和具体请求积极应诉答辩。对于国家利益或者社会公共利益受到损害的情形，在诉讼过程中要继续推动问题整改，力争实质解决。诉讼过程中，行政执法部门依法全面履职使诉讼目的全部实现的，检察机关可以建议人民法院终结诉讼。

五、做好城乡历史文化保护传承行政公益诉讼协作保障

（一）组织保障。各级检察机关、住房城乡建设（规划）部门要加强工作统筹，抓好督促落实，推动构建上下协同、横向协作、完整配套的工作体系，落实协作机制、提升协作水平。双方应明确专门联络部门和专门联络人员，负责日常联络及信息共享等工作。双方可定期或不定期召开联络会议，共同研讨城乡历史文化保护传承领域中存在的执法司法突出难题。对于达成一致的事项，以会议纪要、会签文件、共同出台指导意见等形式予以明确。双方可以在日常工作层面进一步拓宽交流沟通的渠道和方式，建立经常性、多样化的交流沟通机制。

（二）业务交流。双方可定期互派业务骨干挂职，强化实践锻炼，进一步优化干部队伍素质。检察机关可聘请住房城乡建设（规划）部门业务骨干为特邀检察官助理，共同参与公益诉讼办案工作。检察机关和住房城乡建设（规划）部门举办相关培训时，可以为双方预留名额，或邀请双方单位领导和业务骨干介绍情况，定期开展业务交流活动，共同提高行政执法和检察监督能力。

（三）宣传引导。双方要积极利用报刊、广播、电视等传统媒体和网站、移动客户端、微信公众号、直播平台等新媒体，广泛宣传协作情况和工作成效，不断巩固协作成果，扩大协作影响。注重以案释法，发挥办理一案、影响一片、规范一类的法律效果和社会效果。

各省级检察机关、住房城乡建设（规划）部门可以依据本意见，结合本区域实际制定实施细则。

最高人民法院

关于印发《最高人民法院关于优化
法治环境 促进民营经济发展
壮大的指导意见》的通知

2023 年 9 月 25 日　　　　　　法发〔2023〕15 号

各省、自治区、直辖市高级人民法院，解放军军事法院，新疆维吾尔自治区高级人民法院生产建设兵团分院：

现将《最高人民法院关于优化法治环境 促进民营经济发展壮大的指导意见》予以印发，请结合实际认真贯彻执行。执行中遇有问题，请及时报告最高人民法院。

最高人民法院

关于优化法治环境促进民营经济
发展壮大的指导意见

为深入贯彻落实《中共中央、国务院关于促进民营经济发展壮大的意见》，充分发挥人民法院职能作用，全面强化民营经济发展法治保障，持续优化民营经济发展法治环境，结合人民法院审判执行工作实际，提出如下意见。

一、总体要求

坚持以习近平新时代中国特色社会主义思想为指导，深入学习贯彻习近平法治思想，坚决贯彻落实党中央决策部署，坚持"两个毫不动摇"，围绕加快营造市场化、法治化、国际化一流营商环境，找准把握法治保障民营经济发展壮大的结合点和着力点，以高质量审判服务高质量发展。坚持全面贯彻依法平等保护原则，加强对各种所有制经济的平等保护，将确保各类市场主体享有平等的诉讼地位、诉讼权利贯彻到立案、审判、执行全过程各方面，运用法治方式促进民营经济做大做优做强。坚持能动司法理念，围绕"公正与效率"工作主题，依法稳慎审理涉民营企业案件，强化促进民营经济发展壮大的司法政策措施供给，在持续优化民营经济发展法治环境中做实为大局服务、为人民司法。

二、依法保护民营企业产权和企业家合法权益

1. 加强对民营企业产权和企业家合法财产权的保护。依法认定财产权属，加强对民营经济主体的物权、债权、股权、知识产权等合法财产权益的保护。研究制订司法解释，依法加大对民营企业工作人员职务侵占、挪用资金、行贿受贿、背信等腐败行为的惩处力度，加大追赃挽损力度。强化涉企产权案件申诉、再审工作，健全冤错案件有效防范和依法甄别纠正机制。民营企业和企业家因国家机关及其工作人员行使职权侵害其合法权益，依据国家赔偿法申请国家赔偿的，人民法院依法予以支持。

2. 依法保障民营企业和企业家人格权。加强对民营企业名誉权和企业家人身自由、人格尊严以及个人信息、隐私权等人格权益的司法保护，充分发挥人格权侵害禁令制度功能，及时制止侵

害人格权的违法行为。依法惩治故意误导公众、刻意吸引眼球的极端言论行为，推动营造有利于民营经济发展的舆论环境、法治环境。对利用互联网、自媒体、出版物等传播渠道，以侮辱、诽谤或者其他方式对民营企业和企业家进行诋毁、贬损和丑化等侵犯名誉权行为，应当依法判令侵权行为人承担相应的民事责任；因名誉权受到侵害致使企业生产、经营、销售等遭受实际损失的，应当依法判令行为人承担赔偿责任；因编造、传播虚假信息或者误导性信息扰乱企业发行的股票、债券市场交易秩序，给投资者造成损失的，应当依法判令行为人承担赔偿责任。构成犯罪的，依法追究刑事责任。

3. 严格区分经济纠纷与违法犯罪。严格落实罪刑法定、疑罪从无等刑法原则，全面贯彻宽严相济刑事政策，该严则严，当宽则宽。依法认定民营企业正当融资与非法集资、合同纠纷与合同诈骗、参与兼并重组与恶意侵占国有资产等罪与非罪的界限，严格区分经济纠纷、行政违法与刑事犯罪，坚决防止和纠正利用行政或者刑事手段干预经济纠纷，坚决防止和纠正地方保护主义，坚决防止和纠正把经济纠纷认定为刑事犯罪、把民事责任认定为刑事责任。

严格规范采取刑事强制措施的法律程序，切实保障民营企业家的诉讼权利。对被告人采取限制或剥夺人身自由的强制措施时，应当综合考虑被诉犯罪事实、被告人主观恶性、悔罪表现等情况、可能判处的刑罚和有无再危害社会的危险等因素；措施不当的，人民法院应当依法及时撤销或者变更。对涉案财产采取强制措施时，应当加强财产甄别，严格区分违法所得与合法财产、涉案人员个人财产与家庭成员财产等，对与案件无关的财物，应当依法及时解除；对于经营性涉案财物，在保证案件审理的情况下，一般应当允许有关当事人继续合理使用，最大限度减少因案件办理对企业正常办公和生产经营的影响；对于依法不应交由涉案企业保管使用的财物，查封扣押部门要采取合理的保管保值措施，防止财产价值贬损。

4. 健全涉案财物追缴处置机制。对于被告人的合法财产以及与犯罪活动无关的财产及其孳息，符合返还条件的，应当及时返还。涉案财物已被用于清偿合法债务、转让或者设置其他权利负担，善意案外人通过正常的市场交易、支付了合理对价，并实际取得相应权利的，不得追缴或者没收。对于通过违法犯罪活动聚敛、获取的财产形成的投资权益，应当对该投资权益依法进行处置，不得直接追缴投入的财产。

进一步畅通权益救济渠道，被告人或案外人对查封、扣押、冻结的财物及其孳息提出权属异议的，人民法院应当听取意见，必要时可以通知案外人出庭。被告人或案外人以生效裁判侵害其合法财产权益或对是否属于赃款赃物认定错误为由提出申诉的，人民法院应当及时受理审查，确有错误的，应予纠正。

三、维护统一公平诚信的市场竞争环境

5. 依法保障市场准入的统一。依法审理涉及要素配置和市场准入的各类纠纷案件，按照"非禁即入"原则依法认定合同效力，加强市场准入负面清单、涉企优惠政策目录清单等行政规范性文件的附带审查，破除区域壁垒和地方保护，遏制滥用行政权力排除、限制竞争行为，促进市场主体、要素资源、规则秩序的平等统一。

6. 依法打击垄断和不正当竞争行为。完善竞争案件裁判规则，研究出台反垄断民事诉讼司法解释。依法严惩强制"二选一"、大

数据杀熟、低价倾销、强制搭售等破坏公平竞争、扰乱市场秩序行为，引导平台经济向开放、创新、赋能方向发展。依法审理虚假宣传、商业诋毁等不正当竞争纠纷案件，保障和促进民营企业品牌建设。强化商业秘密司法保护，处理好保护商业秘密与自由择业、竞业限制和人才合理流动的关系，在依法保护商业秘密的同时，维护就业创业合法权益。

7. 保护民营企业创新创造。完善算法、商业方法、文化创意等知识产权司法保护规则，促进新经济新业态健康发展。加强民营企业科研人员和科创成果司法保护，依法保护民营企业及其科研人员合法权益，激发原始创新活力和创造潜能。依法运用行为保全等临时措施，积极适用举证妨碍排除规则，保障民营企业和企业家依法维权。依法严惩侵犯知识产权犯罪，正确把握民事纠纷和刑事犯罪界限，对于当事人存有一定合作基础、主观恶性不大的案件，依法稳慎确定案件性质。

8. 加大知识产权保护力度。持续严厉打击商标攀附、仿冒搭车等恶意囤积和恶意抢注行为，依法保护民营企业的品牌利益和市场形象。当事人违反诚信原则，恶意取得、行使权利并主张他人侵权的，依法判决驳回其诉讼请求。被告举证证明原告滥用权利起诉损害其合法权益，请求原告赔偿合理诉讼开支的，依法予以支持。严格落实知识产权侵权惩罚性赔偿制度，坚持侵权代价与其主观恶性和行为危害性相适应，对以侵权为业、获利巨大、危害国家安全、公共利益或者人身健康等情节严重的故意侵权，依法加大赔偿力度。推动知识产权法院审理知识产权刑事案件。推动优化调整知识产权法院管辖案件类型，完善知识产权案件繁简分流机制。

9. 依法遏制恶意"维权"行为。既要依法保护消费者维权行为，发挥公众和舆论监督作用，助力提升食品药品安全治理水平，又要完善对恶意中伤生产经营者、扰乱正常市场秩序行为的认定和惩处制度。对当事人一方通过私藏食品、私放过期食品、伪造或者抹去标签内容等方式恶意制造企业违法生产经营食品、药品虚假事实，恶意举报、恶意索赔，敲诈勒索等构成违法犯罪的，依法予以严惩。

10. 依法严厉惩治虚假诉讼。充分利用信息技术手段，加强对虚假诉讼的甄别、审查和惩治，依法打击通过虚假诉讼逃废债、侵害民营企业和企业家合法权益的行为。当事人一方恶意利用诉讼打击竞争企业，破坏企业和企业家商誉信誉，谋取不正当利益的，依法驳回其诉讼请求；对方反诉请求损害赔偿的，依法予以支持。依法加大虚假诉讼的违法犯罪成本，对虚假诉讼的参与人，依法采取罚款、拘留等民事强制措施，构成犯罪的，依法追究刑事责任。

11. 弘扬诚实守信经营的法治文化。依法审理因"新官不理旧账"等违法失信行为引发的合同纠纷，政府机关、国有企业、事业单位因负责人、承办人变动拒绝履行生效合同义务的，应当依法判令其承担相应的违约责任，依法维护民营企业经营发展的诚信环境。综合运用债的保全制度、股东出资责任、法人人格否认以及破产撤销权等相关制度，依法惩治逃废债务行为。充分发挥司法裁判评价、指引、示范、教育功能作用，加大法治宣传力度，通过发布典型案例等方式促进提高企业家依法维权意识和能力，积极引导企业家在经营活动中遵纪守法、诚实守信、公平竞争，积极履行社会责任，大力培育和弘扬企业家精神。

12. 支持民营企业市场化重整。坚持市场化、法治化原则，完善企业重整识别机制，依托"府院联动"，依法拯救陷入财务困境但有挽救价值的民营企业。引导民营企业充分利用破产重整、和解程序中的中止执行、停止计息、集中管辖等制度功能，及时保全企业财产、阻止债务膨胀，通过公平清理债务获得重生。推进破产配套制度完善，提升市场化重整效益。

13. 营造鼓励创业、宽容失败的创业氛围。不断完善保护和鼓励返乡创业的司法政策，为民营企业在全面推进乡村振兴中大显身手创造良好法治环境。采取发布典型案例、以案说法等方式引导社会公众对破产现象的正确认知，积极营造鼓励创业、宽容失败的创业氛围。完善民营企业市场退出机制，便利产能落后、经营困难、资不抵债的民营企业依法有序退出市场，助力市场要素资源的重新配置。积极推动建立专门的小微企业破产程序和个人债务集中清理制度，探索在破产程序中一体解决企业家为企业债务提供担保问题，有效化解民营企业债务链条，助力"诚实而不幸"的民营企业家东山再起，重新创业。

14. 推动健全监管执法体系。监督支持行政机关强化统一市场监管执法，依法审理市场监管领域政府信息公开案件，修改完善办理政府信息公开案件司法解释，促进行政机关严格依照法定权限和程序公开市场监管规则。依法审理涉市场监管自由裁量、授权委托监管执法、跨行政区域联合执法等行政纠纷案件，监督行政机关遵守妥当性、适当性和比例原则合理行政，以过罚相当的监管措施落实教育与处罚相结合原则。加强与检察机关协作，通过审理行政公益诉讼案件、提出司法建议等方式，共同推动市场监管部门健全权责清晰、分工明确、运行顺畅的监管体系。

四、运用法治方式促进民营企业发展和治理

15. 助力拓宽民营企业融资渠道降低融资成本。依法推动供应链金融健康发展，有效拓宽中小微民营企业融资渠道。对中小微民营企业结合自身财产特点设定的融资担保措施持更加包容的司法态度，依法认定生产设备等动产担保以及所有权保留、融资租赁、保理等非典型担保合同效力和物权效力；对符合法律规定的仓单、提单、汇票、应收账款、知识产权、新类型生态资源权益等权利质押以及保兑仓交易，依法认定其有效。严格落实民法典关于禁止高利放贷的规定，降低民营企业的融资成本，依法规制民间借贷市场"砍头息"、"高息转本"等乱象，金融机构和地方金融组织向企业收取的利息和费用违反监管政策的，诉讼中依法不予支持。

16. 依法保障民营企业人才和用工需求。妥善审理民营企业劳动争议案件，既要鼓励人才的合理流动，也要维护民营企业的正常科研和生产秩序，依法确认民营企业为吸引人才在劳动合同中约定股权激励、年薪制等条款的法律效力。依法规范劳动者解除劳动合同的行为，加大调解力度，引导民营企业与劳动者协商共事、机制共建、效益共创、利益共享，构建和谐劳动关系。

依法保障灵活就业和新就业形态劳动者权益，依法支持劳动者依托互联网平台就业，支持用人单位依法依规灵活用工，实现平台经济良性发展与劳动者权益保护互促共进。畅通仲裁诉讼衔接程序，完善多元解纷机制，依法为新就业形态劳动者提供更加便捷、优质高效的解纷服务。

17. 推动完善民营企业治理结构。严守法人财产独立原则，规范股东行为，依法追究控股股东、实际控制人实施关联交易"掏空"企业、非经营性占用企业资金、违规担保向企业转嫁风险等滥用支配地位行为的法律责任，依法维护股东与公司之间财产相互独立、责任相互分离、产权结构明晰的现代企业产权结构。对股东之间的纠纷，在尊重公司自治的同时，积极以司法手段矫正公司治理僵局，防止内部治理失序拖垮企业生产经营，损害股东和社会利益。

以法治手段破解"代理成本"问题，依法追究民营企业董事、监事、高管违规关联交易、谋取公司商业机会、开展同业竞争等违背忠实义务行为的法律责任，细化勤勉义务的司法认定标准，推动构建企业内部处分、民事赔偿和刑事惩治等多重责任并举的立体追责体系，提高"内部人控制"的违法犯罪成本，维护股东所有权与企业经营权分离的现代企业管理制度。

18. 促进民营企业绿色低碳发展。依法保护合同能源管理节能服务企业、温室气体排放报告技术服务机构等市场主体的合法权益，保障民营企业积极参与推进碳达峰碳中和目标任务。创新惠企纾困司法举措，兼顾当事人意思自治、产业政策和碳排放强度、碳排放总量双控要求，依法明晰交易主体权责，有效化解涉产能置换纠纷案件，助力民营企业有序开展节能降碳技术改造。

19. 助力民营企业积极参与共建"一带一路"。健全"一带一路"国际商事纠纷多元化解决机制，推动最高人民法院国际商事法庭高质量发展，充分发挥国际商事专家委员会作用，进一步深化诉讼、仲裁、调解相互衔接的"一站式"国际商事争端解决机制建设，打造国际商事争端解决优选地，为民营企业"走出去"提供强有力的司法保障。

五、持续提升司法审判保障质效

20. 强化能动司法履职。落实落细抓前端治未病、双赢多赢共赢、案结事了政通人和等司法理念，努力实现涉民营企业案件办理政治效果、社会效果、法律效果有机统一，同时坚持办理与治理并重，积极融入社会治理、市场治理、企业治理，切实增强司法保障民营经济发展壮大的主动性实效性。充分发挥司法定分止争作用，增强实质性化解涉民营企业矛盾纠纷的成效，坚决防止因"程序空转"而加重民营企业诉累。及时总结涉民营企业案件暴露出来的政策落实、行业监管、公司治理等问题，推动建立健全民营企业风险评估和预警机制，积极运用府院联动等机制，充分发挥司法建议作用，促进从源头上预防和解决问题，形成促进民营经济发展壮大的工作合力。充分运用审判质量管理指标体系及配套机制，强化对涉民营企业案件审理的管理调度，持续提升司法审判保障质效。

21. 公正高效办理民刑行交叉案件。不断完善人民法院内部工作机制，统一法律适用，妥善办理涉民营企业的民商事纠纷、行政违法和刑事犯罪交叉案件。积极推动建立和完善人民法院与公安机关、检察机关之间沟通协调机制，解决多头查封、重复查封、相互掣肘等问题，促进案件公正高效办理。

依法受理刑民交叉案件，健全刑事案件线索移送工作机制。如刑事案件与民事案件非"同一事实"，民事案件与刑事案件应分别审理；民事案件无需以刑事案件裁判结果为依据的，不得以刑事案件正在侦查或者尚未审结为由拖延民事诉讼；如果民事案件必须以刑事案件的审理结果为依据，在中止诉讼期间，应当加强工作交流，共同推进案件审理进展，及时有效保护民营经济主体合法权益。

22. 完善拖欠账款常态化预防和清理机制。完善党委领导、多方协作、法院主办的执行工作协调联动机制，依法督促政府机关、事业单位、国有企业及时支付民营企业款项，大型企业及时支付中小微企业款项，及时化解民营企业之间相互拖欠账款问题。严厉打击失信被执行人通过多头开户、关联交易、变更法定代表人等方式规避执行的行为，确保企业及时收回账款。

将拖欠中小微企业账款案件纳入办理拖欠农民工工资案件的快立快审快执"绿色通道"，确保农民工就业比较集中的中小微企业及时回笼账款，及时发放农民工工资。与相关部门协同治理，加大对机关、事业单位拖欠民营企业账款的清理力度，符合纳入失信被执行人名单情形的，依法予以纳入，并将失信信息纳入全国信用信息共享平台。加大平安建设中相关执行工作考评力度，促推执行工作更加有力、有效，及时兑现中小微企业胜诉权益。

23. 严禁超权限、超范围、超数额、超时限查封扣押冻结财产。严格规范财产保全、行为保全程序，依法审查保全申请的合法性和必要性，防止当事人恶意利用保全手段侵害企业正常生产经营。因错误实施保全措施致使当事人或者利害关系人、案外人等财产权利受到侵害的，应当依法及时解除或变更，依法支持当事人因保全措施不当提起的损害赔偿请求。

24. 强化善意文明执行。依法灵活采取查封措施，有效释放被查封财产使用价值和融资功能。在能够实现保全目的的情况下，人民法院应当选择对生产经营活动影响较小的方式。对不宜查封扣押冻结的经营性涉案财物，采取强制措施可能会延误企业生产经营、甚至造成企业停工的，应严格审查执行措施的合法性和必要性。被申请人提供担保请求解除保全措施，经审查认为担保充分有效的，应当裁定准许。

在依法保障胜诉债权人权益实现的同时，最大限度减少对被执行企业权益的影响，严格区分失信与丧失履行能力，对丧失履行能力的，只能采取限制消费措施，不得纳入失信名单。决定纳入失信名单或者采取限制消费措施的，可以给予其一至三个月宽限期，对于信用良好的，应当给予其宽限期，宽限期内暂不发布其失信或者限制消费信息。加快修订相关司法解释，建立健全失信被执行人分类分级惩戒制度及信用修复机制。

25. **高效率低成本实现企业合法权益。**充分考虑中小微民营企业抗风险能力弱的特点，建立小额债权纠纷快速审理机制，切实提升案件审判效率。通过合理确定保全担保数额、引入保全责任险担保等方式，降低中小微民营企业诉讼保全成本。进一步规范审限管理，全面排查梳理违规延长审限、不当扣除审限的行为，切实防止因诉讼拖延影响民营企业生产经营。加强诉讼引导和释明，对当事人依法提出的调查收集、保全证据的申请，应当及时采取措施；对审理案件需要的证据，应当在充分发挥举证责任功能的基础上，依职权调查收集，切实查清案件事实，防止一些中小微民营企业在市场交易中的弱势地位转化为诉讼中的不利地位，实现实体公正与程序公正相统一。

26. **深化涉民营企业解纷机制建设。**持续优化诉讼服务质效，为民营企业提供优质的网上立案、跨域立案、在线鉴定、在线保全等诉讼服务，切实为涉诉企业提供便利。尊重当事人的仲裁约定，依法认定仲裁协议效力，支持民营企业选择仲裁机制解决纠纷。完善仲裁司法审查制度，在统一、严格司法审查标准基础上，营造仲裁友好型的司法环境。坚持和发展新时代"枫桥经验"，坚持把非诉讼纠纷解决机制挺在前面，充分发挥多元解纷效能，加强与相关单位协作配合，依法支持引导相关主体构建协会内和平台内的纠纷解决机制，为民营企业提供低成本、多样化、集约式纠纷解决方式。深化与工商联的沟通联系机制，畅通工商联依法反映民营企业维权诉求渠道。保障商会调解培育培优行动，优化拓展民营企业维权渠道，不断提升民营经济矛盾纠纷多元化解能力水平。

六、加强组织实施

各级人民法院要把强化民营经济法治保障作为重大政治任务，加强组织领导和推进实施，及时研究解决工作落实中的新情况新问题。最高人民法院各审判业务部门要加强条线指导，各地法院要结合本地区经济社会发展实际，细化完善保障措施，确保务实管用见效。要强化对已出台司法政策措施的督促落实，及时听取社会各方面特别是工商联、民营企业家等意见建议，以问题为导向做好整改完善工作。要认真总结人民法院保障民营经济发展的好经验好做法，做好总结、宣传、推广，为民营经济发展壮大营造更加良好的舆论和法治氛围。

第 2 辑

中华人民共和国保守国家秘密法

(1988 年 9 月 5 日第七届全国人民代表大会常务委员会
第三次会议通过　2010 年 4 月 29 日第十一届全国
人民代表大会常务委员会第十四次会议第一
次修订　2024 年 2 月 27 日第十四届全国人
民代表大会常务委员会第八次会议
第二次修订)

目　　录

第一章　总　　则

第一条　为了保守国家秘密，维护国家安全和利益，保障改革开放和社会主义现代化建设事业的顺利进行，根据宪法，制定本法。

第二条　国家秘密是关系国家安全和利益，依照法定程序确定，在一定时间内只限一定范围的人员知悉的事项。

第三条　坚持中国共产党对保守国家秘密（以下简称保密）工作的领导。中央保密工作领导机构领导全国保密工作，研究制定、指导实施国家保密工作战略和重大方针政策，统筹协调国家保密重大事项和重要工作，推进国家保密法治建设。

第四条　保密工作坚持总体国家安全观，遵循党管保密、依法管理，积极防范、突出重点，技管并重、创新发展的原则，既确保国家秘密安全，又便利信息资源合理利用。

法律、行政法规规定公开的事项，应当依法公开。

第五条　国家秘密受法律保护。

一切国家机关和武装力量、各政党和各人民团体、企业事业组织和其他社会组织以及公民都有保密的义务。

任何危害国家秘密安全的行为，都必须受到法律追究。

第六条　国家保密行政管理部门主管全国的保密工作。县级以上地方各级保密行政管理部门主管本行政区域的保密工作。

第七条　国家机关和涉及国家秘密的单位（以下简称机关、单位）管理本机关和本单位的保密工作。

中央国家机关在其职权范围内管理或者指导本系统的保密工作。

第八条　机关、单位应当实行保密工作责任制，依法设置保密工作机构或者指定专人负责保密工作，健全保密管理制度，完善保密防护措施，开展保密宣传教育，加强保密监督检查。

第九条　国家采取多种形式加强保密宣传教育，将保密教育纳入国民教育体系和公务员教育培训体系，鼓励大众传播媒介面向社会进行保密宣传教育，普及保密知识，宣传保密法治，增强全社会的保密意识。

第十条　国家鼓励和支持保密科学技术研究和应用，提升自主创新能力，依法保护保密领域的知识产权。

第十一条　县级以上人民政府应当将保密工作纳入本级国民经济和社会发展规划，所需经费列入本级预算。

机关、单位开展保密工作所需经费应当列入本机关、本单位年度预算或者年度收支计划。

第十二条　国家加强保密人才培养和队伍建设，完善相关激励保障机制。

对在保守、保护国家秘密工作中做出突出贡献的组织和个人，按照国家有关规定给予表彰和奖励。

第二章　国家秘密的范围和密级

第十三条　下列涉及国家安全和利益的事项，泄露后可能损害国家在政治、经济、国防、外交等领域的安全和利益的，应当确定为国家秘密：

（一）国家事务重大决策中的秘密事项；

（二）国防建设和武装力量活动中的秘密事项；

（三）外交和外事活动中的秘密事项以及对外承担保密义务的秘密事项；

（四）国民经济和社会发展中的秘密事项；

（五）科学技术中的秘密事项；

（六）维护国家安全活动和追查刑事犯罪中的秘密事项；

（七）经国家保密行政管理部门确定的其他秘密事项。

政党的秘密事项中符合前款规定的，属于国家秘密。

第十四条 国家秘密的密级分为绝密、机密、秘密三级。

绝密级国家秘密是最重要的国家秘密，泄露会使国家安全和利益遭受特别严重的损害；机密级国家秘密是重要的国家秘密，泄露会使国家安全和利益遭受严重的损害；秘密级国家秘密是一般的国家秘密，泄露会使国家安全和利益遭受损害。

第十五条 国家秘密及其密级的具体范围（以下简称保密事项范围），由国家保密行政管理部门单独或者会同有关中央国家机关规定。

军事方面的保密事项范围，由中央军事委员会规定。

保密事项范围的确定应当遵循必要、合理原则，科学论证评估，并根据情况变化及时调整。保密事项范围的规定应当在有关范围内公布。

第十六条 机关、单位主要负责人及其指定的人员为定密责任人，负责本机关、本单位的国家秘密确定、变更和解除工作。

机关、单位确定、变更和解除本机关、本单位的国家秘密，应当由承办人提出具体意见，经定密责任人审核批准。

第十七条 确定国家秘密的密级，应当遵守定密权限。

中央国家机关、省级机关及其授权的机关、单位可以确定绝密级、机密级和秘密级国家秘密；设区的市级机关及其授权的机关、单位可以确定机密级和秘密级国家秘密；特殊情况下无法按照上述规定授权定密的，国家保密行政管理部门或者省、自治区、直辖市保密行政管理部门可以授予机关、单位定密权限。具体的定密权限、授权范围由国家保密行政管理部门规定。

下级机关、单位认为本机关、本单位产生的有关定密事项属于上级机关、单位的定密权限，应当先行采取保密措施，并立即报请上级机关、单位确定；没有上级机关、单位的，应当立即提请有相应定密权限的业务主管部门或者保密行政管理部门确定。

公安机关、国家安全机关在其工作范围内按照规定的权限确定国家秘密的密级。

第十八条 机关、单位执行上级确定的国家秘密事项或者办理其他机关、单位确定的国家秘密事项，需要派生定密的，应当根据所执行、办理的国家秘密事项的密级确定。

第十九条 机关、单位对所产生的国家秘密事项，应当按照保密事项范围的规定确定密级，同时确定保密期限和知悉范围；有条件的可以标注密点。

第二十条 国家秘密的保密期限，应当根据事项的性质和特点，按照维护国家安全和利益的需要，限定在必要的期限内；不能确定期限的，应当确定解密的条件。

国家秘密的保密期限，除另有规定外，绝密级不超过三十年，机密级不超过二十年，秘密级不超过十年。

机关、单位应当根据工作需要，确定具体的保密期限、解密时间或者解密条件。

机关、单位对在决定和处理有关事项工作过程中确定需要保密的事项，根据工作需要决定公开的，正式公布时即视为解密。

第二十一条 国家秘密的知悉范围，应当根据工作需要限定在最小范围。

国家秘密的知悉范围能够限定到具体人员的，限定到具体人员；不能限定到具体人员的，限定到机关、单位，由该机关、单位限定到具体人员。

国家秘密的知悉范围以外的人员，因工作需要知悉国家秘密的，应当经过机关、单位主要负责人或者其指定的人员批准。原

70

定密机关、单位对扩大国家秘密的知悉范围有明确规定的，应当遵守其规定。

第二十二条　机关、单位对承载国家秘密的纸介质、光介质、电磁介质等载体（以下简称国家秘密载体）以及属于国家秘密的设备、产品，应当作出国家秘密标志。

涉及国家秘密的电子文件应当按照国家有关规定作出国家秘密标志。

不属于国家秘密的，不得作出国家秘密标志。

第二十三条　国家秘密的密级、保密期限和知悉范围，应当根据情况变化及时变更。国家秘密的密级、保密期限和知悉范围的变更，由原定密机关、单位决定，也可以由其上级机关决定。

国家秘密的密级、保密期限和知悉范围变更的，应当及时书面通知知悉范围内的机关、单位或者人员。

第二十四条　机关、单位应当每年审核所确定的国家秘密。

国家秘密的保密期限已满的，自行解密。在保密期限内因保密事项范围调整不再作为国家秘密，或者公开后不会损害国家安全和利益，不需要继续保密的，应当及时解密；需要延长保密期限的，应当在原保密期限届满前重新确定密级、保密期限和知悉范围。提前解密或者延长保密期限的，由原定密机关、单位决定，也可以由其上级机关决定。

第二十五条　机关、单位对是否属于国家秘密或者属于何种密级不明确或者有争议的，由国家保密行政管理部门或者省、自治区、直辖市保密行政管理部门按照国家保密规定确定。

第三章　保密制度

第二十六条　国家秘密载体的制作、收发、传递、使用、复制、保存、维修和销毁，应当符合国家保密规定。

绝密级国家秘密载体应当在符合国家保密标准的设施、设备中保存，并指定专人管理；未经原定密机关、单位或者其上级机关批准，不得复制和摘抄；收发、传递和外出携带，应当指定人员负责，并采取必要的安全措施。

第二十七条　属于国家秘密的设备、产品的研制、生产、运输、使用、保存、维修和销毁，应当符合国家保密规定。

第二十八条　机关、单位应当加强对国家秘密载体的管理，任何组织和个人不得有下列行为：

（一）非法获取、持有国家秘密载体；

（二）买卖、转送或者私自销毁国家秘密载体；

（三）通过普通邮政、快递等无保密措施的渠道传递国家秘密载体；

（四）寄递、托运国家秘密载体出境；

（五）未经有关主管部门批准，携带、传递国家秘密载体出境；

（六）其他违反国家秘密载体保密规定的行为。

第二十九条　禁止非法复制、记录、存储国家秘密。

禁止未按照国家保密规定和标准采取有效保密措施，在互联网及其他公共信息网络或者有线和无线通信中传递国家秘密。

禁止在私人交往和通信中涉及国家秘密。

第三十条　存储、处理国家秘密的计算机信息系统（以下简称涉密信息系统）按照涉密程度实行分级保护。

涉密信息系统应当按照国家保密规定和标准规划、建设、运行、维护，并配备保密设施、设备。保密设施、设备应当与涉密信息系统同步规划、同步建设、同步运行。

涉密信息系统应当按照规定，经检查合格后，方可投入使用，并定期开展风险评估。

第三十一条　机关、单位应当加强对信息系统、信息设备的保密管理，建设保密自监管设施，及时发现并处置安全保密风险隐患。任何组织和个人不得有下列行为：

（一）未按照国家保密规定和标准采取有效保密措施，将涉密信息系统、涉密信息设备接入互联网及其他公共信息网络；

（二）未按照国家保密规定和标准采取有效保密措施，在涉密信息系统、涉密信息设备与互联网及其他公共信息网络之间进行信息交换；

（三）使用非涉密信息系统、非涉密信息设备存储或者处理国家秘密；

（四）擅自卸载、修改涉密信息系统的安全技术程序、管理程序；

（五）将未经安全技术处理的退出使用的涉密信息设备赠送、出售、丢弃或者改作其他用途；

（六）其他违反信息系统、信息设备保密规定的行为。

第三十二条　用于保护国家秘密的安全保密产品和保密技术装备应当符合国家保密规定和标准。

国家建立安全保密产品和保密技术装备抽检、复检制度，由国家保密行政管理部门设立或者授权的机构进行检测。

第三十三条　报刊、图书、音像制品、电子出版物的编辑、出版、印制、发行，广播节目、电视节目、电影的制作和播放，网络信息的制作、复制、发布、传播，应当遵守国家保密规定。

第三十四条　网络运营者应当加强对其用户发布的信息的管理，配合监察机关、保密行政管理部门、公安机关、国家安全机关对涉嫌泄露国家秘密案件进行调查处理；发现利用互联网及其他公共信息网络发布的信息涉嫌泄露国家秘密的，应当立即停止传输该信息，保存有关记录，向保密行政管理部门或者公安机关、国家安全机关报告；应当根据保密行政管理部门或者公安机关、国家安全机关的要求，删除涉及泄露国家秘密的信息，并对有关设备进行技术处理。

第三十五条　机关、单位应当依法对拟公开的信息进行保密审查，遵守国家保密规定。

第三十六条　开展涉及国家秘密的数据处理活动及其安全监管应当符合国家保密规定。

国家保密行政管理部门和省、自治区、直辖市保密行政管理部门会同有关主管部门建立安全保密防控机制，采取安全保密防控措施，防范数据汇聚、关联引发的泄密风险。

机关、单位应当对汇聚、关联后属于国家秘密事项的数据依法加强安全管理。

第三十七条　机关、单位向境外或者向境外在中国境内设立的组织、机构提供国家秘密，任用、聘用的境外人员因工作需要知悉国家秘密的，按照国家有关规定办理。

第三十八条　举办会议或者其他活动涉及国家秘密的，主办单位应当采取保密措施，并对参加人员进行保密教育，提出具体保密要求。

第三十九条　机关、单位应当将涉及绝密级或者较多机密级、秘密级国家秘密的机构确定为保密要害部门，将集中制作、存放、保管国家秘密载体的专门场所确定为保密要害部位，按照国家保密规定和标准配备、使用必要的技术防护设施、设备。

第四十条　军事禁区、军事管理区和属于国家秘密不对外开放的其他场所、部位，应当采取保密措施，未经有关部门批准，不得擅自决定对外开放或者扩大开放范围。

涉密军事设施及其他重要涉密单位周边区域应当按照国家保密规定加强保密管理。

第四十一条 从事涉及国家秘密业务的企业事业单位，应当具备相应的保密管理能力，遵守国家保密规定。

从事国家秘密载体制作、复制、维修、销毁，涉密信息系统集成，武器装备科研生产，或者涉密军事设施建设等涉及国家秘密业务的企业事业单位，应当经过审查批准，取得保密资质。

第四十二条 采购涉及国家秘密的货物、服务的机关、单位，直接涉及国家秘密的工程建设、设计、施工、监理等单位，应当遵守国家保密规定。

机关、单位委托企业事业单位从事涉及国家秘密的业务，应当与其签订保密协议，提出保密要求，采取保密措施。

第四十三条 在涉密岗位工作的人员（以下简称涉密人员），按照涉密程度分为核心涉密人员、重要涉密人员和一般涉密人员，实行分类管理。

任用、聘用涉密人员应当按照国家有关规定进行审查。

涉密人员应当具有良好的政治素质和品行，经过保密教育培训，具备胜任涉密岗位的工作能力和保密知识技能，签订保密承诺书，严格遵守国家保密规定，承担保密责任。

涉密人员的合法权益受法律保护。对因保密原因合法权益受到影响和限制的涉密人员，按照国家有关规定给予相应待遇或者补偿。

第四十四条 机关、单位应当建立健全涉密人员管理制度，明确涉密人员的权利、岗位责任和要求，对涉密人员履行职责情况开展经常性的监督检查。

第四十五条 涉密人员出境应当经有关部门批准，有关机关认为涉密人员出境将对国家安全造成危害或者对国家利益造成重大损失的，不得批准出境。

第四十六条 涉密人员离岗离职应当遵守国家保密规定。机关、单位应当开展保密教育提醒，清退国家秘密载体，实行脱密期管理。涉密人员在脱密期内，不得违反规定就业和出境，不得以任何方式泄露国家秘密；脱密期结束后，应当遵守国家保密规定，对知悉的国家秘密继续履行保密义务。涉密人员严重违反离岗离职及脱密期国家保密规定的，机关、单位应当及时报告同级保密行政管理部门，由保密行政管理部门会同有关部门依法采取处置措施。

第四十七条 国家工作人员或者其他公民发现国家秘密已经泄露或者可能泄露时，应当立即采取补救措施并及时报告有关机关、单位。机关、单位接到报告后，应当立即作出处理，并及时向保密行政管理部门报告。

第四章 监督管理

第四十八条 国家保密行政管理部门依照法律、行政法规的规定，制定保密规章和国家保密标准。

第四十九条 保密行政管理部门依法组织开展保密宣传教育、保密检查、保密技术防护、保密违法案件调查处理工作，对保密工作进行指导和监督管理。

第五十条 保密行政管理部门发现国家秘密确定、变更或者解除不当的，应当及时通知有关机关、单位予以纠正。

第五十一条 保密行政管理部门依法对机关、单位遵守保密法律法规和相关制度的情况进行检查；涉嫌保密违法的，应当及时调查处理或者组织、督促有关机关、单位调查处理；涉嫌犯罪的，应当依法移送监察机关、司法机关处理。

对严重违反国家保密规定的涉密人员，保密行政管理部门应当建议有关机关、单位将其调离涉密岗位。

有关机关、单位和个人应当配合保密行政管理部门依法履行职责。

第五十二条　保密行政管理部门在保密检查和案件调查处理中，可以依法查阅有关材料、询问人员、记录情况，先行登记保存有关设施、设备、文件资料等；必要时，可以进行保密技术检测。

保密行政管理部门对保密检查和案件调查处理中发现的非法获取、持有的国家秘密载体，应当予以收缴；发现存在泄露国家秘密隐患的，应当要求采取措施，限期整改；对存在泄露国家秘密隐患的设施、设备、场所，应当责令停止使用。

第五十三条　办理涉嫌泄露国家秘密案件的机关，需要对有关事项是否属于国家秘密、属于何种密级进行鉴定的，由国家保密行政管理部门或者省、自治区、直辖市保密行政管理部门鉴定。

第五十四条　机关、单位对违反国家保密规定的人员不依法给予处分的，保密行政管理部门应当建议纠正；对拒不纠正的，提请其上一级机关或者监察机关对该机关、单位负有责任的领导人员和直接责任人员依法予以处理。

第五十五条　设区的市级以上保密行政管理部门建立保密风险评估机制、监测预警制度、应急处置制度，会同有关部门开展信息收集、分析、通报工作。

第五十六条　保密协会等行业组织依照法律、行政法规的规定开展活动，推动行业自律，促进行业健康发展。

第五章　法律责任

第五十七条　违反本法规定，有下列情形之一，根据情节轻重，依法给予处分；有违法所得的，没收违法所得：

（一）非法获取、持有国家秘密载体的；

（二）买卖、转送或者私自销毁国家秘密载体的；

（三）通过普通邮政、快递等无保密措施的渠道传递国家秘密载体的；

（四）寄递、托运国家秘密载体出境，或者未经有关主管部门批准，携带、传递国家秘密载体出境的；

（五）非法复制、记录、存储国家秘密的；

（六）在私人交往和通信中涉及国家秘密的；

（七）未按照国家保密规定和标准采取有效保密措施，在互联网及其他公共信息网络或者有线和无线通信中传递国家秘密的；

（八）未按照国家保密规定和标准采取有效保密措施，将涉密信息系统、涉密信息设备接入互联网及其他公共信息网络的；

（九）未按照国家保密规定和标准采取有效保密措施，在涉密信息系统、涉密信息设备与互联网及其他公共信息网络之间进行信息交换的；

（十）使用非涉密信息系统、非涉密信息设备存储、处理国家秘密的；

（十一）擅自卸载、修改涉密信息系统的安全技术程序、管理程序的；

（十二）将未经安全技术处理的退出使用的涉密信息设备赠送、出售、丢弃或者改作其他用途的；

（十三）其他违反本法规定的情形。

有前款情形尚不构成犯罪，且不适用处分的人员，由保密行政管理部门督促其所在机关、单位予以处理。

第五十八条 机关、单位违反本法规定，发生重大泄露国家秘密案件的，依法对直接负责的主管人员和其他直接责任人员给予处分。不适用处分的人员，由保密行政管理部门督促其主管部门予以处理。

机关、单位违反本法规定，对应当定密的事项不定密，对不应当定密的事项定密，或者未履行解密审核责任，造成严重后果的，依法对直接负责的主管人员和其他直接责任人员给予处分。

第五十九条 网络运营者违反本法第三十四条规定的，由公安机关、国家安全机关、电信主管部门、保密行政管理部门按照各自职责分工依法予以处罚。

第六十条 取得保密资质的企业事业单位违反国家保密规定的，由保密行政管理部门责令限期整改，给予警告或者通报批评；有违法所得的，没收违法所得；情节严重的，暂停涉密业务、降低资质等级；情节特别严重的，吊销保密资质。

未取得保密资质的企业事业单位违法从事本法第四十一条第二款规定的涉密业务的，由保密行政管理部门责令停止涉密业务，给予警告或者通报批评；有违法所得的，没收违法所得。

第六十一条 保密行政管理部门的工作人员在履行保密管理职责中滥用职权、玩忽职守、徇私舞弊的，依法给予处分。

第六十二条 违反本法规定，构成犯罪的，依法追究刑事责任。

第六章 附 则

第六十三条 中国人民解放军和中国人民武装警察部队开展保密工作的具体规定，由中央军事委员会根据本法制定。

第六十四条 机关、单位对履行职能过程中产生或者获取的不属于国家秘密但泄露后会造成一定不利影响的事项，适用工作秘密管理办法采取必要的保护措施。工作秘密管理办法另行规定。

第六十五条 本法自 2024 年 5 月 1 日起施行。

最高人民检察院
关于印发最高人民检察院
第四十八批指导性案例的通知

（2023 年 7 月 27 日）

各省、自治区、直辖市人民检察院，解放军军事检察院，新疆生产建设兵团人民检察院：

经 2023 年 6 月 25 日最高人民检察院第十四届检察委员会第七次会议决定，现将广州蒙娜丽莎建材有限公司、广州蒙娜丽莎洁具有限公司与国家知识产权局商标争议行政纠纷诉讼监督案等四件案例（检例第 191—194 号）作为第四十八批指导性案例（知识产权检察综合保护主题）发布，供参照适用。

广州蒙娜丽莎建材有限公司、广州蒙娜丽莎洁具有限公司与国家知识产权局商标争议行政纠纷诉讼监督案

（检例第191号）

【关键词】

知识产权保护　商标争议行政纠纷类似商品　近似商标　延续性注册　类案检索　抗诉

【要旨】

对于类似商品和近似商标的认定，应以商标用于区别商品或者服务来源的核心功能为据，着重审查判断是否易使相关公众混淆、误认。商标注册人对其注册的不同商标享有各自独立的商标专用权，其先后注册的商标之间不当然具有延续关系，司法实务中应严格把握商标延续性注册的适用条件。检察机关办理知识产权案件，一般应当进行类案检索。

【基本案情】

申请人（一审第三人，二审上诉人，再审申请人）：广州蒙娜丽莎建材有限公司（以下简称建材公司），住所地广东省广州市。

申请人（一审第三人，二审上诉人，再审申请人）：广州蒙娜丽莎洁具有限公司（以下简称洁具公司），住所地广东省广州市。

其他当事人（一审原告，二审被上诉人，再审被申请人）：蒙娜丽莎集团股份有限公司（以下简称蒙娜丽莎公司），住所地广东

省佛山市。

其他当事人（一审被告，二审上诉人）：国家知识产权局，住所地北京市。

本案争议商标为第4356344号"M MONALISA及图"商标，系广东蒙娜丽莎新型材料集团有限公司（以下简称新型材料公司，本案二审期间，更名为蒙娜丽莎公司）于2004年11月10日申请注册，2008年9月14日核准注册，核定使用在第11类"灯、烹调器具、高压锅（电加压炊具）、盥洗室（抽水马桶）、坐便器"等商品上。

本案引证商标为第1558842号"蒙娜丽莎Mona Lisa"商标，系广州现代康体设备有限公司1999年12月28日申请注册，2001年4月21日核准注册，核定使用在第11类"蒸气浴设备、桑拿浴设备、浴室装置"等商品上。2012年4月18日转让至建材公司和洁具公司名下。

第1476867号"M MONALISA蒙娜丽莎及图"商标，系南海市樵东陶瓷有限公司1999年7月12日申请注册，2000年11月21日核准注册，核定使用在第19类"非金属地板砖、瓷砖、建筑用非金属墙砖、建筑用嵌砖"等商品上，于2011年6月28日变更注册人为新型材料公司。

2012年3月30日，建材公司、洁具公司针对争议商标向原国家工商行政管理总局商标评审委员会提起争议申请，以争议商标与引证商标、第3541267号"monalisa及图"商标构成类似商品上的近似商标为由，请求撤销争议商标。2013年11月25日，商标评审委员会作出商评字〔2013〕第116692号《关于第4356344号"M MONALISA及图"商标争议裁定书》（以下简称被诉裁定）认为：争议商标核定使用的"烹调器具、高压锅（电加压炊具）、盥洗室（抽水马桶）、坐便器"商品与引证商标核定使用的商品构成类似商品，争议商标与引证商标构成使用在类似商品上的近似商标，违反了 2001 年修正的《中华人民共和国商标法》（以下简称商标法）第二十八条的规定，裁定争议商标在"烹调器具、高压锅（电加压炊具）、盥洗室（抽水马桶）、坐便器"商品上予以撤销，在其余商品上予以维持。

新型材料公司不服，提起行政诉讼。诉讼中，新型材料公司明确表示要求"盥洗室（抽水马桶）、坐便器"两商品予以维持注册，其他不予核准的商品不再要求维持注册。

北京市第一中级人民法院一审认为：第 1476867 号商标系新型材料公司的基础商标，该商标与争议商标在图形、英文呼叫方面完全相同。第 1476867 号商标核定使用的"瓷砖"商品与争议商标核定使用的"盥洗室（抽水马桶）、坐便器"商品应属于类似商品。第 1476867 号商标在"瓷砖"商品上曾被认定为驰名商标，其商业信誉可以在争议商标上延续。争议商标与引证商标在整体视觉效果上区别明显，不构成近似商标。判决撤销被诉裁定，由商标评审委员会重新作出裁定。

商标评审委员会及建材公司、洁具公司不服，上诉至北京市高级人民法院。二审期间，新型材料公司名称变更为蒙娜丽莎公司。2016 年 6 月 8 日，北京市高级人民法院作出二审判决认定，争议商标核定使用的"盥洗室（抽水马桶）、坐便器"商品，与引证商标核定使用的"蒸气浴设备、桑拿浴设备、浴室装置"等商品不构成类似商品；争议商标与引证商标的标志在构成要素和整体外观上存在较大差异，不构成近似商标；第 1476867 号商标在"瓷砖"商品上的商誉可以延续至争议商标，相关公众可以在相关商品上将争议商标与引证商标区别开来，不会对商品的来源产生混淆误认。判决驳回上诉，维持原判。建材公司、洁具公司申请再审，再审申请被驳回。

案涉商标如下：

争议商标　　　　　　引证商标　　　　　　基础商标
（第4356344号）　　　（第1558842号）　　　（第1476867号）

【检察机关履职过程】

受理及审查情况。建材公司、洁具公司不服二审判决，向北京市人民检察院申请监督，该院经审查后提请最高人民检察院抗诉。鉴于本案讼争双方存在数起纠纷，法律关系交织，证据情况复杂，检察机关重点从以下两个方面进行审查：一是梳理双方纠纷。检察机关调阅原审法院卷宗材料，多次听取当事人意见，对相关民事和行政判决予以系统梳理分析，全面了解双方商标的历史沿革和争议背景，对类似商品、近似商标的认定以及本案处理结果对其他案件的影响进行重点分析，初步确定二审判决在类似商品和近似商标的认定上均存在应予监督的情形。二是进行类案检索。通过中国裁判文书网对涉及双方当事人的案件进行类案检索，以与本案涉及同一当事人、同一类似群组的商品、同一法条和商标中含有"蒙娜丽莎""monalisa""蒙娜丽莎画像"设计要素为标准，最终筛选出 12 件与本案高度类似的案件。经对比分析，发现其他案件在类似商品和近似商标的认定上与本案存在明显差异，本案与其他案件存在类案异判情形。

监督意见。2021 年 11 月 11 日，最高人民检察院向最高人民法院提出抗诉，认为本案二审判决认定事实和适用法律均存在错误。主要理由是：争议商标核定使用的"盥洗室（抽水马桶）、坐便器"商品与引证商标核定使用的"浴室装置"商品构成类似商品。争议商标与引证商标在文字构成、呼叫、构成要素等方面相近，构成近似商标。二审判决有关蒙娜丽莎公司第 1476867 号"M MONALISA 蒙娜丽莎及图"商标延伸注册的论述不能成立。且除本案二审判决外，在其他涉及蒙娜丽莎公司申请注册在第 1109 类似群组的"盥洗室（抽水马桶）、坐便器"等商品上以"蒙娜丽莎""monalisa"等为设计要素商标的案件中，法院均认定相关商标与本案引证商标构成使用在类似商品上的近似商标，对蒙娜丽莎公司有关第 1476867 号商标延伸注册的主张不予支持。

处理结果。最高人民法院指令北京市高级人民法院再审。2022 年 6 月 14 日，北京市高级人民法院作出判决，认为争议商标与引证商标构成使用在类似商品上的近似商标。蒙娜丽莎公司所提交的证据尚不足以证明，本案争议商标申请注册时其第 1476867 号商标已经具有较高知名度。且第 1476867 号商标注册在第 19 类商品上，与争议商标和引证商标核定使用的第 11 类商品分属于不同的商品类别，不同商品上的商誉不能当然地延续到其他类别的商品上。蒙娜丽莎公司所提交的证据亦不足以证明，基于其第 1476867 号商标在"瓷砖"商品上的知名度，客观上足以使争议商标在"盥洗室（抽水马桶）、坐便器"商品上与引证商标相区分。因此，争议商标注册在"盥洗室（抽水马桶）、坐便器"商品上违反了商标法第二十八条的规定。北京市高级人民法院再审改判撤销本案二审判决和一审判决，驳回蒙娜丽莎公司的诉讼请求。

【指导意义】

（一）对于类似商品和近似商标的认定，应以商标用于区分商

85

品或者服务来源的核心功能为据，着重审查判断是否易使相关公众混淆、误认。认定商品类似，应以相关公众的一般认识，结合商品的功能、用途、生产部门、销售渠道、消费对象等因素综合审查判断。认定时可以参考《商标注册用商品和服务国际分类》和《类似商品和服务区分表》。如果相关商品在区分表中处在同一类似群组，原则上应认定为类似商品。如认为此种情形不构成类似商品，应有充分理由，不应随意突破区分表的划分。认定商标是否近似，应以相关公众的一般注意力为标准，既要审查商标标志构成要素及其整体的近似程度，也要审查请求保护注册商标的显著性和知名度，同时考量商品的类似程度、已经客观形成的市场格局等因素，综合判断是否容易导致相关公众混淆。

（二）商标注册人对其注册的不同商标享有各自独立的商标专用权，其先后注册的商标之间不当然具有延续关系，司法实务中应严格把握商标延续性注册的适用条件。商标延续性注册是商标权人将经过使用获得一定知名度的商标向新的商品或服务领域拓展，司法实务中常用作商标在先申请原则的抗辩事由。实践中一般应同时满足以下条件：一是商标注册人的基础商标在引证商标申请日前经使用具备一定知名度；二是申请延续注册商标与基础商标构成相同或近似商标；三是申请延续注册商标与基础商标核定使用的商品或服务构成相同或类似；四是相关公众认为使用两商标的商品或服务均来自该商标注册人或存在特定联系，不易与引证商标发生混淆、误认。鉴于延续注册的商标标志客观上同他人在同一种商品或者类似商品上已经注册的或者初步审定的商标相同或者近似，应严格把握商标延续性注册适用条件，综合考虑商标标志的近似程度、商品的类似程度、在先商标的使用情况和知名度、申请人的主观意图等因素，以申请延续注册的商标不易与引证商标发生混淆、误认为原则，全面审查判断延续性注册抗辩是否成立。

（三）检察机关办理知识产权案件，一般应当开展类案检索。类案检索，是对与待决案件的基本事实、争议焦点、法律适用方面具有相似性的生效法律文书进行检索，并参照或参考检索到的类案文书办理案件。知识产权案件往往多个程序交织，且知识产权客体具有非物质性和开放性特点，客观上更易遭受多方侵害，知识产权领域批量维权案件较其他领域更为常见，类案检索的必要性更为突出。检察机关办理知识产权案件，一般应开展类案检索。司法实务中，既要检索最高人民法院、最高人民检察院发布的指导性案例等相关类案，用以参照或参考办案；又要检索涉及同一当事人以及涉及同一知识产权权利客体的关联案件，审查是否存在影响案件审查的在先生效判决、是否存在类案异判情形以及是否存在应中止审查的情形等，在全面掌握案件事实的基础上精准履职，统一司法裁判标准和尺度，确保法律统一正确实施。

【相关规定】

《中华人民共和国商标法》（2001年修正）第二十八条、第四十一条

《中华人民共和国行政诉讼法》（2017年修正）第九十一条、第九十三条第一款

《人民检察院行政诉讼监督规则》（2021年施行）第九十四条

办案检察院：最高人民检察院　北京市人民检察院

承办检察官：宋建立　刘丽

案例撰写人：宋建立　刘玉强

周某某与项某某、李某某著作权权属、侵权纠纷等系列虚假诉讼监督案

（检例第 192 号）

【关键词】

知识产权保护　著作权纠纷　著作权登记　虚假诉讼　数字检察　综合履职

【要旨】

冒充作者身份，以他人创作的作品骗取著作权登记，并以此为主要证据提起诉讼谋取不正当利益，损害他人合法权益，妨害司法秩序的，构成虚假诉讼。检察机关应积极推进数字检察，以大数据赋能创新法律监督模式，破解虚假诉讼监督瓶颈。对于知识产权领域虚假诉讼案件，检察机关应依职权启动监督程序，通过监督民事生效裁判、移送刑事案件线索、提出社会治理意见建议等方式促进综合治理。

【基本案情】

民事诉讼原告周某某。

民事诉讼被告项某某、李某某。

本系列案件共涉及虚假诉讼 64 件，其他案件当事人情况略。

2007 年 10 月，周福仁、陈员兰成立杭州美速版权代理有限公

司（以下简称美速公司），主要经营版权登记和版权维权业务，并先后招募杨保全、王江梅等人为工作人员。其中，周福仁负责公司的日常管理和起诉维权，陈员兰负责公司部分财务和维权取证，杨保全负责宣传和跟客户对接著作权登记，王江梅负责编写花型创作说明、描稿和维权取证。自 2008 年起，美速公司非法诱导绍兴柯桥中国轻纺城市场的部分经营户将他人创作的纺织花型图案交由该公司进行著作权登记，并委托该公司维权。周福仁在明知其客户无实际著作权的情况下，仍指使王江梅等人编造花型创作思路、说明，并将创作日期提前一年，帮助代理著作权登记。在发现市场其他经营户使用该部分花型后，美速公司假借维权之名，以侵犯其客户著作权为由，通过发律师函、提起诉讼等方式要求赔偿，诈骗金额累计人民币 340 余万元。其中涉及虚假诉讼 64 件，周某某与项某某、李某某著作权权属、侵权纠纷案即为其中一例。

2012 年 10 月，周某某通过美速公司从浙江省版权局取得美术作品《婀娜多姿》的著作权登记。2014 年 7 月，周某某以项某某、李某某为被告向浙江省绍兴市柯桥区人民法院（以下简称柯桥区法院）提起诉讼，主张《婀娜多姿》花型系其自己独立创作，诉请判令项某某、李某某立即停止侵权，并赔偿经济损失人民币 2 万元。2014 年 12 月 15 日，柯桥区法院作出（2014）绍柯知初字第 162 号民事判决，查明：周某某于 2012 年 12 月 10 日取得浙江省版权局颁发的美术作品《婀娜多姿》的著作权登记证，登记号为浙作登字 11-2013-F-14787。后周某某发现柯桥区柯桥街道中国轻纺城"现代布艺"门市部销售似《婀娜多姿》花型的窗帘布，遂委托王江梅与公证人员一起，以普通消费者的身份从"现代布艺"门市部购买了该花型的窗帘布。该"现代布艺"门市部当时系项某某经营，项某某销售的该花型窗帘布是从李某某处购买。该院认为，《婀娜多姿》花型系蕴含自然人想象完成的作品，周某某系该美术作品的著作权人，"现代布艺"门市部未经周某某许可销售该花型窗帘布，构成侵权，应承担相应民事责任。因该门市部是个体工商户，其责任由其个体经营者项某某承担。但项某某披露涉案窗帘布系从李某某处购买，具有合法来源。故判决项某某、李某某停止销售印有《婀娜多姿》花型的窗帘布，李某某赔偿周某某经济损失人民币1.4万元。

【检察机关履职过程】

线索发现。2020年初，浙江省绍兴市柯桥区人民检察院（以下简称柯桥区检察院）在履职中发现，柯桥区纺织品市场存在职业化的纺织花样著作权维权现象，怀疑涉及恶意诉讼，遂启动对相关诉讼情况的调查。检察机关主要开展以下工作：一是走访该区窗帘布协会、绣花布协会、印染协会等行业协会，了解花型著作权恶意维权问题。二是通过绍兴市人民检察院"民事裁判文书智慧监督系统"对柯桥区法院审理的"著作权权属、侵权纠纷"类案件进行检索分析，共检索出案件2916件。三是审查案件原告对涉案花型是否享有著作权。柯桥区检察院调取了2916件案件涉及的纺织品花型，并通过纺织品花型"AI智审系统"，对涉案纺织品花型进行数据检索比对，发现涉案的部分花型早已在市场流通，是否系原告独立创作存疑，相关案件可能属于虚假诉讼。四是梳理筛选出由同一律师事务所代理的民事诉讼案件601件。并根据案件处理结果，剔除撤诉结案、驳回诉讼请求案件等481件，进一步将审查重点聚焦在以判决和调解结案的120件案件。五是通过大数据碰撞进一步聚焦线索。经查询部分被告向原告支付侵权赔偿款的银行账号发现，原告收取的侵权赔偿款全部流向了周福仁的银行账号。对该账号进行数据分析，又挖掘出周福仁资金密集关联人员陈员兰、王江梅和杨保全。通过企业工商信息查询系统，确认周福仁系美速公司的实际控制人。

受理及线索移交。2021年1月12日，柯桥区检察院依职权启动对包括本案在内的系列著作权权属、侵权纠纷案件的民事监督程序，并于2021年5月13日将周福仁等人涉嫌犯罪的线索移交绍兴市公安局柯桥分局（以下简称柯桥分局），柯桥分局于当日对周福仁等人以敲诈勒索罪立案侦查。

审查情况。结合相关刑事案件的侦查，检察机关重点围绕周某某著作权的权利基础进行审查。查明，周某某系从市场现有的花型中找出自己需要的花型元素，交由制版公司予以组合、修改，并向其支付相应报酬（人民币300元左右），在既未与制版公司签订委托创作合同，也未约定著作权归属的情况下，以该花型系其自己独立创作为由，委托美速公司从浙江省版权局取得11-2013-F-14787号美术作品《婀娜多姿》的著作权登记。且本案所涉《婀娜多姿》花型系根据已有花型拼凑得来，不符合著作权法关于作品"独创性"的要求，不应认定为著作权法上的作品。周某某冒充作者身份提起本案诉讼，应认定为虚假诉讼。

监督意见。2022年9月26日，绍兴市人民检察院就本案向绍兴市中级人民法院提出抗诉，认为周某某对涉案花型《婀娜多姿》不享有著作权，其冒充作者身份提起诉讼，系捏造事实提起诉讼，妨害司法秩序，损害他人合法权益，构成虚假诉讼。同时，绍兴市人民检察院就另外11件类似情形的虚假诉讼提出抗诉，浙江省人民检察院也就2件案件向浙江省高级人民法院提出抗诉。此前，柯桥区检察院已于2022年4月28日对涉及虚假诉讼的50件案件向柯桥区法院发出再审检察建议书，建议法院再审。

监督结果。绍兴市中级人民法院作出民事裁定书，指令柯桥区法院对本案再审。2022 年 11 月 28 日，柯桥区法院作出（2022）浙 0603 民再 67 号民事判决，采纳检察机关抗诉意见，认定构成虚假诉讼，判决撤销原审判决，驳回周某某诉讼请求。其余 63 件案件再审均认定构成虚假诉讼，改判驳回原审原告的诉讼请求。

办案期间，检察机关对著作权登记环节存在的问题进行梳理分析，积极与版权管理职能部门签署《关于加强版权保护合作备忘录》，建立协同保护长效机制，并将案件办理中发现应予撤销的著作权登记线索移送版权管理职能部门撤销。

刑事案件办理情况。2021 年 8 月至 11 月间，柯桥区检察院对周福仁、陈员兰、杨保全、王江梅等人以诈骗罪批准逮捕。2022 年 4 月 21 日，杨保全、王江梅被取保候审。2022 年 5 月 5 日，柯桥区检察院以诈骗罪对被告人周福仁、陈员兰、杨保全、王江梅向柯桥区法院提起公诉。

庭审中，被告人周福仁及部分辩护人提出如下辩护意见：周福仁等人不明知客户无实际著作权，其没有对作品的独创性和权利归属进行实质审查的专业能力和法律义务；在合作作品、委托作品、职务作品等情形中，部分申请人作为作品的委托人、受让人和合作人，可以申请著作权登记；虚构完成时间及代写创作说明仅意味着申请文件存在瑕疵，利用瑕疵的著作权登记证书进行诉讼，均不能被认定虚构事实、隐瞒真相的诈骗行为。公诉人答辩：涉案花型系申请人通过低价购买或者委托第三方修改、与第三方合作等方式获得，而出售人及第三方则是以简单修改已有公开花型的方式获得，并不具备著作权法上要求的独创性。申请版权登记必须依法提交材料，如果是合作、委托、买卖等，则须附相关合同及作品权属证明材料。周福仁长期从事版权登记代理业务，熟悉当地市场花型创作情况，明知申请人不具备版权登记申请权利情况下，仍指使同案人员编写花型创作思路和说明，伪造创作时间，代签著作权保证书，后申请登记著作权。在获得版权证书后，取得版权登记人的"维权"业务，通过发送律师函、起诉等方式"维权"要求被害人支付赔偿，符合虚构事实、隐瞒真相，骗取他人财产的诈骗罪构成要件。

2022年7月28日，柯桥区法院作出一审判决，以诈骗罪判处被告人周福仁有期徒刑十一年六个月，并处罚金人民币二十万元；判处被告人陈员兰有期徒刑三年，缓刑五年，并处罚金人民币八万元；判处被告人杨保全有期徒刑三年，缓刑五年，并处罚金人民币二万元；判处被告人王江梅有期徒刑三年，缓刑四年，并处罚金人民币一万元。并判处没收电脑、手机等作案工具，被告人共同退赔被害人损失。周福仁、陈员兰、杨保全、王江梅提出上诉。2022年9月13日，绍兴市中级人民法院裁定驳回上诉，维持原判。

【指导意义】

（一）冒充作者身份，以他人创作的作品骗取著作权登记，并以此为主要证据提起诉讼谋取不正当利益，损害他人合法权益、妨害司法秩序的，构成虚假诉讼。著作权登记证书作为著作权权属的初步证明，是著作权权属、侵权纠纷中最常见的证据之一。但是著作权登记时，对相关作品是否系申请人创作、是否具有独创性不做实质审查，客观上难以防范恶意登记著作权行为。故意提交虚假申请材料以他人作品或者公有领域的作品骗取著作权登记，再利用骗取的著作权登记证书提起诉讼谋取不正当利益，是知识产权领域一类比较典型的虚假诉讼。检察机关办理著作权权属、侵权纠纷民事诉讼监督案件,除审查著作权登记证书外,还应重点审查创作底稿、原件等证据材料,并调查核实作品是否为他人创作、在登记证书载明的创作完成日前是否已存在等事实,综合判断著作权权属。

(二)检察机关应积极推进数字检察,以大数据赋能创新法律监督模式,破解虚假诉讼监督瓶颈。知识产权案件专业性强,虚假诉讼线索发现、甄别、认定较其他案件难度更大。司法实践中,检察机关应切实强化数字理念、思维,以大数据赋能法律监督,着力破解虚假诉讼案件办理瓶颈。一方面要做好数据资源的集纳、管理。既要注重各类检察业务数据的汇聚管理,又要通过跨部门大数据协同办案机制等拓宽数据来源渠道,加强对行政执法、司法办案等相关数据的共享。另一方面,要及时总结知识产权领域虚假诉讼办案经验,把握案件特点和规律,构建知识产权案件法律监督模型。具体办案中,对于有虚假诉讼嫌疑的案件或线索,应注重选取诉讼请求,知识产权权属证明,抗辩事由,当事人、代理人信息等要素进行碰撞、比对、分析,精准识别虚假诉讼。

(三)对于知识产权领域虚假诉讼案件,检察机关应依职权启动监督程序,通过监督民事生效裁判、移送刑事案件线索、提出社会治理意见建议等方式促进综合治理。虚假诉讼当事人伪造证据,捏造知识产权侵权关系或者不正当竞争关系,提起民事诉讼以谋取非法利益,损害他人合法权益、妨害司法秩序,应予以依法打击。司法实践中,检察机关发现虚假诉讼案件线索的,应当依职权启动监督程序,综合案件事实认定、法律适用以及案件办理效果等因素,统筹运用抗诉、检察建议等方式进行监督。同时,针对案件办理中发现的刑事犯罪线索,及时移送公安机关;对于案件反映的社会管理漏洞,及时提出社会治理意见建议,强化综合司法保护。

【相关规定】

《中华人民共和国刑法》（1997 年修订）第二百六十六条、第三百零七条之一

《中华人民共和国民事诉讼法》（2021 年修正）第二百一十五条第二款

《中华人民共和国著作权法》（2010 年修正）第十一条

办案检察院：浙江省人民检察院　浙江省绍兴市人民检察院　浙江省绍兴市柯桥区人民检察院

承办检察官：郭雯　曾于生　顾淑婷　谢兴峰　胡成英

案例撰写人：曾于生

梁永平、王正航等十五人侵犯著作权案

（检例第 193 号）

【关键词】

知识产权保护　侵犯著作权罪　信息网络传播　"避风港规则"适用　实质性相似　分层分类处理

【要旨】

办理网络侵犯著作权刑事案件，应当准确理解把握"避风港规则"适用条件，通过审查网络服务提供者是否明知侵权，认定其无罪辩解是否成立。涉案侵权视听作品数量较大的，可通过鉴

定机构抽样鉴定的方式，结合权利人鉴别意见，综合认定作品是否构成实质性相似。对于涉案人员众多的网络知识产权案件，应根据涉案人员在案件中的地位、作用、参与程度以及主观恶性等因素，按照宽严相济刑事政策分层分类处理。

【基本案情】

被告人梁永平，男，1981 年 12 月出生，武汉快译星科技有限公司实际控制人。

被告人王正航等其他 14 名被告人基本情况略。

自 2018 年起，梁永平先后成立武汉链世界科技有限公司、武汉快译星科技有限公司，指使王正航聘用万萌军等人开发、运营"人人影视字幕组"网站及安卓、苹果、TV 等客户端；梁永平又聘用谢明洪等人组织翻译人员，从境外网站下载未经授权的影视作品，翻译、制作、上传至相关服务器，通过所经营的"人人影视字幕组"网站及相关客户端为用户提供在线观看和下载服务。经鉴定及审计，"人人影视字幕组"网站及相关客户端内共有未授权影视作品 32824 部，会员数量共计 683 万余个。为牟取非法利益，梁永平安排谢文翔负责网站和客户端广告招商业务；安排丛军凯负责在网站上销售拷贝有未经授权影视作品的移动硬盘。自 2018 年 1 月至 2021 年 1 月，非法经营数额总计人民币 1200 余万元，其中收取会员费人民币 270 余万元，赚取广告费人民币 880 余万元，销售硬盘获利人民币 100 余万元。

【检察机关履职过程】

审查逮捕及引导取证。2020 年 9 月 8 日，上海市公安机关对"人人影视字幕组"侵犯著作权案立案侦查。鉴于本案有重大社会影响，上海市公安局对主犯梁永平立案侦查，其他同案犯罪嫌疑人由虹口区公安分局（以下简称虹口分局）立案侦查。2021 年 1 月 29 日，上海市虹口区人民检察院（以下简称虹口区检察院）对王正航等 12 名犯罪嫌疑人批准逮捕。同年 2 月 1 日，上海市人民检察院第三分院（以下简称上海三分院）对犯罪嫌疑人梁永平批准逮捕。

公安机关根据检察机关的建议，在执行逮捕后重点开展了以下侦查取证工作：一是研判涉案单位的组织架构、涉案人员的行为性质、分工内容，对团伙重要成员抓捕到案；对于参与程度较低的翻译、校对等非核心人员，以证人身份取证。二是对涉案影视作品与权利人作品是否实质性相似取证。鉴于犯罪嫌疑人主要以完整复制作品方式作案，采用鉴定机构抽样鉴定的方式，结合权利人鉴别意见，综合认定涉案影视作品与权利人作品是否构成实质性相似。由中国版权保护中心版权鉴定委员会在所有影片中随机抽取 50 部进行实质性相似鉴定。同时，综合考虑涉案作品的权属来源、内容类别、网站板块分布，对涉案作品进行分层抽样，抽取电影、电视剧、纪录片等多个种类影片 800 部，由相关权利人通过逐一阅看并截图比对的方式进行鉴别。鉴定和鉴别结果均为构成实质性相似。将结果依法告知梁永平等在案犯罪嫌疑人，各犯罪嫌疑人均认可上述取证方式和结果。三是查明本案非法经营数额、侵权作品数量及涉案网站会员数量。公安机关对"人人影视字幕组"服务器上查获的合计 52683 部影片，去除重复的影片、公益影片及超过 50 年著作权有效期限的影片，统计得出侵权影片数量为 32824 部。另对网站收取的会员费、广告费和售卖拷贝有未授权影视作品的硬盘收入以及会员数量进行审计，得出非法经营数额合计人民币 1200 万余元，会员数量 683 万余个。

审查起诉。根据上海市知识产权案件管辖规定，2021 年 7 月 5 日，上海市公安局将梁永平移送上海三分院审查起诉，虹口分局将另外 14 名犯罪嫌疑人移送虹口区检察院审查起诉。检察机关重点开展以下工作：

一是准确认定犯罪情节和社会危害性。经审查确认非法经营数额、会员数量，认定该案属于"有其他特别严重情节"的情形。

二是及时变更强制措施。审查起诉阶段在犯罪事实基本审定后，虹口区检察院综合考量各犯罪嫌疑人在共同犯罪中的地位和作用、退出违法所得情节、认罪认罚具结情况，对王正航等 14 名犯罪情节较轻的犯罪嫌疑人变更强制措施为取保候审。

2021 年 8 月 20 日，上海三分院以侵犯著作权罪对被告人梁永平向上海市第三中级人民法院提起公诉，虹口区检察院以侵犯著作权罪对被告人王正航等 14 人向上海市杨浦区人民法院（知识产权案件集中管辖法院）提起公诉。

指控与证明犯罪。2021 年 11 月 22 日，上海市第三中级人民法院、上海市杨浦区人民法院分别对两案开庭审理。庭审中，梁永平的辩护人提出：1. 涉案网站的大量作品为用户上传，被告人已尽到"通知—删除"义务，因此适用"避风港规则"，不应认定为侵权；2. 网站接受用户"捐赠"的方式不应认定为非法经营数额。公诉人答辩：第一，涉案网站侵权作品除部分系用户上传外，另有大量侵权作品系同案犯谢明洪等人上传，梁永平明知网站内存在大量侵权作品，仍指使同案犯上传，并放任用户继续上传侵权作品，未采取有效措施遏止侵权作品传播，其"避风港规则"抗辩不成立。第二，被告人梁永平在涉案网站上公布有支付宝"捐赠"二维码，会员"捐赠"以后，能获得包括在线观看、免除部分或全部广告、不同点播次数等会员权益，这是影视类网站平台常见的盈利模式，其本质是以"捐赠"的名义收取会员费，有偿提供视听服务。

处理结果。2021年11月22日，上海市第三中级人民法院以侵犯著作权罪判处被告人梁永平有期徒刑三年六个月，并处罚金人民币一百五十万元；上海市杨浦区人民法院以侵犯著作权罪判处被告人王正航等14名从犯一年六个月至三年不等的有期徒刑，适用缓刑，并处罚金人民币四万元至三十五万元不等。一审判决后，15名被告人均未上诉。

【指导意义】

（一）准确把握"避风港规则"适用条件，通过审查侵权作品来源、网络服务提供者是否明知侵权等因素，认定其无罪辩解是否成立。"避风港规则"通常是指权利人发现网络用户利用网络服务侵害其合法权益、向网络服务提供者发出通知后，网络服务提供者及时采取必要措施的，不承担侵权责任。司法实践中，部分网络服务提供者依据该规则主张不具有侵犯著作权的主观故意，进而提出不构成犯罪的辩解。对此，检察机关应准确把握"避风港规则"适用条件，重点从以下两个方面审查判断其无罪辩解是否成立：一是审查侵权作品来源。网络服务提供者组织上传侵权作品的，属于直接实施侵犯信息网络传播权的行为，不适用"避风港规则"。二是在网络用户上传侵权作品情形下，审查网络服务提供者是否明知侵权。如有证据证实网络服务提供者主观上明知作品侵权仍放任网络用户上传，或者未采取必要措施的，应认定具有主观故意，其无罪辩解不成立。

（二）涉案侵权视听作品数量较大的，可通过鉴定机构抽样鉴定的方式，结合权利人鉴别意见，综合认定作品是否构成实质性相似。基于视听作品创作特性，侵权人大量改编难度较大，且为迎合用户需求，一般采取完整复制作品的手段。检察机关办理涉及作品数量众多的侵犯视听作品著作权案件，可由鉴定机构抽取一定比例的作品开展实质性相似鉴定。同时，组织权利人鉴别。具体操作中，可按照一定标准，如影视作品特点、种类、来源、作案手法等，将涉案作品整体划分为多个互不重复的类别，再分别在每一类别中随机抽样。在此基础上，将抽样方法、鉴定和鉴别方法以及认定意见告知在案犯罪嫌疑人，听取意见。经审查，鉴别意见符合法定要求的，可作为证据使用。

（三）对于涉案人员众多的网络侵犯知识产权犯罪，应根据宽严相济刑事政策对涉案人员分层分类处理。近年来，通过信息网络侵犯知识产权案件呈现出组织化、链条化特征，分工精细、人员结构复杂。检察机关办理涉案人员众多的网络侵犯著作权案件，应严格落实宽严相济刑事政策，依据涉案人员在共同犯罪中的地位、作用、参与程度、主观恶性等因素，区分对象分层分类予以处理。对于具有提起犯意、主导利益分配、组织管理平台等行为的，或者在共同犯罪中起主要作用的主犯，重点打击，从严追究；对于在共同犯罪中参与程度较低、受雇实施犯罪的其他涉案人员可认定为从犯，酌情从宽处理；对于临时招募人员，共犯意思联络较弱、情节轻微、危害不大的，综合考量处理效果，可不予追究刑事责任。

【相关规定】

《中华人民共和国刑法》（1997 年修订）第二百一十七条

《中华人民共和国民法典》（2021 年施行）第一千一百九十五条、第一千一百九十七条

《最高人民法院、最高人民检察院关于办理侵犯知识产权刑事案件具体应用法律若干问题的解释》（2004 年施行）第五条第二款第一项、第十一条

《最高人民法院、最高人民检察院关于办理侵犯知识产权刑事案件具体应用法律若干问题的解释（二）》（2007 年施行）第一条

《最高人民法院、最高人民检察院关于办理侵犯知识产权刑事案件具体应用法律若干问题的解释（三）》（2020 年施行）第二条、第十条

《关于办理侵犯知识产权刑事案件适用法律若干问题的意见》（2011 年实施）第三条

办案检察院：上海市人民检察院第三分院　上海市虹口区人民检察院

承办检察官：谢飞　丁琢之　李丹

案例撰写人：陆川　谢飞　李邦硕

上海某公司、许林、陶伟侵犯著作权案

（检例第 194 号）

【关键词】

知识产权保护　侵犯著作权罪计算机软件　二进制代码　复制发行　避免"二次侵害"

【要旨】

通过反向工程获取芯片中二进制代码后，未经许可以复制二进制代码方式制售权利人芯片的，应认定为复制发行计算机软件行为，违法所得数额较大或有其他严重情节的，以侵犯著作权罪追究刑事责任。对于以复制二进制代码方式制售权利人芯片的，应以二进制代码作为比对客体，综合全案证据认定计算机软件是否构成实质性相似。办案中应完善涉商业秘密证据的取证、鉴定、审查、质证方法，避免知识产权遭受"二次侵害"。

【基本案情】

被告单位上海某公司，住所地上海市徐汇区。

被告人许林，男，1970年6月出生，上海某公司总经理。

被告人陶伟，男，1985年7月出生，上海某公司销售部经理。

南京某公司享有C型芯片内置固件程序软件V3.0计算机软件著作权。该计算机软件应用于南京某公司生产并对外销售的C型芯片中。C型芯片广泛应用于导航仪、扫码枪、3D打印机、教育机器人、POS机等领域。

上海某公司于2003年成立。2016年，陶伟作为上海某公司销售人员，在市场调研和推广中发现南京某公司的C型芯片销量大、市场占有率高，遂从市场获取正版C型芯片用于复制。许林作为上海某公司总经理，负责公司生产经营等全部事务，在明知上海某公司未获得南京某公司授权许可的情况下，委托其他公司对C型芯片进行破解，提取GDS文件（graphic data system，即图形数据系统，是用于集成电路芯片的工业标准数据文件，其中记录了芯片各图层、图层内的平面几何形状、文本标签等信息），再组织生产掩模工具、晶圆并封装，以上海某公司G型芯片对外销售，牟取不法利益。

2016年9月至2019年12月，上海某公司销售G型芯片共计830余万片，非法经营数额人民币730余万元，上述收益均归单位所有。其中，陶伟对外销售侵权芯片780余万片，非法经营数额人民币680余万元。

【检察机关履职过程】

审查逮捕及引导取证。2020年1月19日，江苏省南京市公安局雨花台分局（以下简称雨花台分局）以犯罪嫌疑人许林、陶伟涉嫌销售假冒注册商标的商品罪提请南京市雨花台区人民检察院（以下简称雨花台区检察院）批准逮捕。雨花台区检察院经审查认为，虽然涉案芯片拆解内层上有类似南京某公司的商标，但该标识并非用于标明商品来源，上海某公司没有假冒注册商标的故意，不构成销售假冒注册商标的商品罪，但C型芯片中的固化二进制代码属于计算机软件一种表现形式，该案可能涉嫌侵犯计算机软件著作权犯罪。对许林、陶伟依法作出不批准逮捕决定，同时建议公安机关对二人涉嫌侵犯著作权罪从以下方面补充侦查取证：调取犯罪嫌疑人的聊天记录等电子证据、上海某公司内部会议记录、审批报告、测试报告、对外加工委托合同等书证，查明其是否具有仿制他人芯片的主观明知和客观行为；委托鉴定机构对侵权芯片与正版芯片的内在结构、运行环境、配套软件等技术性内容进行比对鉴定。2020年1月23日，雨花台分局对许林、陶伟取保候审。

审查起诉。2020年12月4日，雨花台分局以许林、陶伟涉嫌侵犯著作权罪移送审查起诉。检察机关重点开展以下工作：一是准确认定罪名。经审查认为，上海某公司未经授权，复制南京某公司享有著作权的二进制代码制造芯片并对外销售，属于对计算机软件的复制发行，复制品数量、非法经营数额均达到情节特别严重，构成侵犯著作权罪。二是审查实质性相似鉴定意见。检察机关在对侦查阶段委托鉴定材料审查时，发现检材来源不明。经与公安机关、鉴定人员充分沟通，由公安机关侦查人员主持，从 5 个地点查扣的 17 万片侵权芯片中随机抽取 10 片送检。经鉴定比对，侵权芯片与南京某公司的正版芯片表层布图 90% 以上相似；生产侵权芯片所使用的 GDS 文件 ROM 层二进制代码与南京某公司源代码经编译转换生成的二进制代码相同，相似度 100%，与南京某公司芯片的 GDS 文件 ROM 层二进制代码相同，相似度 100%，从而认定上海某公司量产的 830 余万片芯片均系侵权产品。三是追加上海某公司为被告单位。鉴于该案以上海某公司名义实施，违法所得归公司所有，检察机关依法追加其为被告单位。四是做好涉案商业秘密保护工作。南京某公司将涉案计算机软件源代码作为商业秘密予以保护，为防止源代码外泄，兼顾权利人的保密诉求，检察机关建议侦查人员在南京某公司内勘验、提取、封存相关电子证据。在后续诉讼程序中，鉴定人员、辩护人及其他诉讼参与人签订保密协议后，在公司专门用于封存证据的保密区域，开展鉴定比对和证据审查、质证工作。

指控与证明犯罪。2021 年 4 月 26 日，雨花台区检察院以侵犯著作权罪对上海某公司、许林、陶伟向江苏省南京市雨花台区人民法院（以下简称雨花台区法院）提起公诉。

庭审过程中，被告人陶伟翻供，辩称自己不知道上海某公司直接复制了其购买的芯片二进制代码。同时，辩护人提出：首先，许林、陶伟在仿制芯片过程中，仅明知可能侵犯集成电路布图设

104

计权，对侵犯内置固件著作权并不明知；其次，芯片固件程序仅占芯片价值的小部分，以芯片销售价格认定犯罪金额依据不足；最后，鉴定意见无法得出 830 万片芯片都是侵权产品的结论。公诉人答辩认为：首先，上海某公司对陶伟购买的 C 型芯片反向破解后，批量生产 G 型芯片，再由陶伟本人以明显低价对外推销，并宣称该产品可完全替代 C 型芯片；许林、陶伟具有芯片专业知识背景，从事芯片行业多年，作案期间许林曾告诉陶伟"不能打南京某公司的标，必须白板出货，防止侵权……一次不要出太多，防止被南京某公司发现"，所以主观不明知侵犯著作权的辩解不成立。其次，芯片的核心价值在于实现产品功能的软件程序，即软件著作权价值为其主要价值构成，应以芯片整体销售价格作为非法经营数额的认定依据，且该案侵权复制品的数量和非法经营数额均达到情节特别严重。最后，对于量产程度高的芯片，在科学抽样基础上进行多重比对均 100% 相似，鉴定方法科学、程序透明、比对充分，被告单位也不能提供原创代码，据此可以认定销售的芯片均为侵权产品。

处理结果。2021 年 7 月 14 日，雨花台区法院以侵犯著作权罪判处被告单位上海某公司罚金人民币四百万元；判处被告人许林有期徒刑四年，并处罚金人民币三十六万元；判处被告人陶伟有期徒刑三年二个月，并处罚金人民币十万元。被告单位及被告人均不服一审判决，提出上诉。2021 年 10 月 28 日，南京市中级人民法院裁定驳回上诉，维持原判。

【指导意义】

（一）注重把握不同罪名认定标准，准确定性涉计算机软件类刑事案件。侵犯计算机软件的知识产权犯罪行为，可能触犯侵犯商标权犯罪、侵犯著作权犯罪和侵犯商业秘密犯罪。检察机关办理此类案件，需要结合案件事实和证据，依据不同罪名的构成要件准确定性，精准打击犯罪行为。司法实践中，对于通过反向工程获取芯片中二进制代码后，未经许可以复制二进制代码方式制售权利人芯片的，应认定为复制发行计算机软件行为，违法所得数额较大或有其他严重情节的，以侵犯著作权罪追究刑事责任。行为人制售的芯片上附着有与他人注册商标相同的标识，但该标识封闭于产品内部，未用于区分商品来源，不构成侵犯商标权犯罪。对于行为人从公开渠道购买芯片并从中提取二进制代码的，应注重审查其反向工程的辩解是否成立，综合认定是否构成侵犯商业秘密罪。

（二）对于以复制二进制代码方式制售权利人芯片的，应以二进制代码作为比对客体，综合全案证据认定计算机软件是否构成实质性相似。计算机软件实质性相似的认定，是办理侵犯著作权刑事案件的难点，司法实践中多通过源代码比对的形式审查认定。在行为人通过复制芯片中的固化二进制代码复制发行计算机软件情形下，无法通过计算机软件源代码比对的方式开展实质性相似鉴定。因同一计算机程序的源程序和目标程序为同一作品，可通过对芯片中二进制代码进行比对的方式，解决计算机软件实质性相似认定问题。对于查获侵权产品数量较大、采用抽样鉴定方式的，应确保样品具有代表性、随机性，规范样品提取、保存、送检流程。

（三）完善涉商业秘密证据的取证、鉴定、审查、质证方法，避免知识产权遭受"二次侵害"。商业秘密是高新技术型企业创新发展的核心竞争力，具有重大商业价值。检察机关在办理涉计算机软件类案件时，如接触到软件源代码等企业核心技术信息，相关信息可能属于商业秘密的，应充分考虑权利人保护知识产权和经营成果的现实需求，会同相关部门，兼顾办案要求与企业实际诉求，根据取证对象特性及时调整固证和审查思路，创新涉软件源代码的电子数据取证、审查、封存、质证方法，避免权利人遭受"二次侵害"，并确保收集固定的案件证据具备合法性、真实性和关联性。检察机关可依据当事人、辩护人、诉讼代理人或者案外人书面申请，或根据办案需要，采取组织诉讼参与人签署保密承诺书等必要保密措施。

【相关规定】

《中华人民共和国刑法》（1997 年修订）第二百一十七条、第二百二十条

《中华人民共和国著作权法》（2010 年修正）第三条、第十条第一款

《最高人民法院、最高人民检察院关于办理侵犯知识产权刑事案件具体应用法律若干问题的解释》（2004 年施行）第五条第二款、第十二条

《最高人民法院、最高人民检察院关于办理侵犯知识产权刑事案件具体应用法律若干问题的解释（二）》（2007 年施行）第四条

《计算机软件保护条例》（2013 年修订）第三条第一款

办案检察院：江苏省南京市人民检察院　江苏省南京市雨花台区人民检察院

承办检察官：张凌燕　黄勇

案例撰写人：张凌燕

107

最高人民检察院

关于印发最高人民检察院
第四十九批指导性案例的通知

（2023 年 10 月 16 日）

各省、自治区、直辖市人民检察院，解放军军事检察院，新疆生产建设兵团人民检察院：

经 2023 年 9 月 22 日最高人民检察院第十四届检察委员会第十三次会议决定，现将罪犯向某假释监督案等五件案例（检例第195—199 号）作为第四十九批指导性案例（假释监督主题）发布，供参照适用。

罪犯向某假释监督案

（检例第 195 号）

【关键词】

大数据监督模型　线索发现　再犯罪危险指标量化评估　优先适用假释　"派驻+巡回"检察机制

【要旨】

人民检察院办理假释监督案件可以充分运用大数据等手段进

行审查，对既符合减刑又符合假释条件的案件，监狱未优先提请假释的，应依法监督监狱优先提请假释。可以对"再犯罪的危险"进行指标量化评估，增强判断的客观性、科学性。对罪犯再犯罪危险的量化评估应以证据为中心，提升假释监督案件的实质化审查水平。注重发挥"派驻+巡回"检察机制优势，充分运用巡回检察成果，以"巡回切入、派驻跟进"的方式，依法推进假释制度适用。

【基本案情】

罪犯向某，男，1991年12月出生，户籍所在地湖北省来凤县绿水镇。

2014年10月28日，向某等三人驾车途中与被害人张某某产生纠纷，在争执过程中发生斗殴，向某持随手捡起的砖块击打被害人张某某头部，张某某经送医抢救无效后死亡。2015年8月25日，向某因犯故意伤害罪被山东省临清市人民法院判处有期徒刑十年六个月，刑期至2025年5月2日止。该犯不服，提出上诉后被法院裁定驳回上诉，维持原判。2016年1月8日，向某被交付山东省聊城监狱执行刑罚。聊城市中级人民法院于2018年7月26日、2020年11月16日分别裁定对向某减刑九个月，刑期至2023年11月2日止。

【检察机关履职过程】

线索发现。2022年4月底，聊城市人民检察院对聊城监狱开展机动巡回检察，重点检察假释案件办理情况。派驻聊城监狱检察室将派驻检察日常履职掌握的涉减刑、假释相关监管信息提供给巡回检察组。巡回检察组将信息输入大数据监督模型，发现向某可能既符合减刑条件又符合假释条件，属于可以依法优先适用假释的情形，鉴于监狱已将向某列入了拟提请减刑对象，遂决定启动对向某进行再犯罪危险评估。

调查核实。聊城市人民检察院坚持以证据为中心，按照假释的有关法律法规及相关司法解释，依据"再犯罪危险系数评估法"，对原罪基本情况（包括前科劣迹、主从犯、既未遂等）、服刑期间表现情况（包括劳动任务完成情况、违规违纪次数、年均计分考核情况等）、罪犯主体情况（包括职业经历、健康程度、技能特长、监管干警和同监室人员评价等）、假释后生活及监管情况（包括婚姻状况、家庭关系、固定住所、出狱后就业途径等）四个方面多项具体指标进行定性定量分析。依据证据对各项指标进行正负面定性评定，以1和-1作为正面负面限值，根据程度轻重或有无计算各指标权重进行定量评定。通过定性定量分析，评定罪犯是否具有"再犯罪的危险"。

聊城市人民检察院依据该评估法，围绕证据的调取及审查运用开展了以下工作：一是调取原案卷宗材料综合评定罪犯主观恶性、人身危险性、社会危害程度。向某虽构成故意伤害罪（致人死亡），但归案后认罪态度较好，一审判决前积极主动赔偿被害人家属并取得谅解。二是审查监狱日常计分考核、劳动改造、教育改造、历次减刑、派驻检察工作记录等客观材料，调取其所在监室、劳动场所监控资料，并与监管民警、罪犯、相关人员进行谈话了解，综合评定其改造表现。三是询问罪犯户籍地和经常居住地相关人员、监管民警、同监室罪犯等，确定其生理、心理、认知正常，人格健全，无成瘾情况。四是征求社区矫正机构、基层组织、家庭成员、有关村民意见，确定假释后生活保障及监管条件。经了解，向某姐夫田某愿意为其提供工作条件并保证稳定收入，当地接纳程度、监管条件较好。五是召开有监狱民警、社区矫正工作人员、心理专家等参与的公开听证会，听证员均认为向某认真遵守监规，接受教育改造，确有悔改表现，认定其没有"再犯罪的危险"证据确实充分，同意检察院对罪犯向某适用假释的建议。

监督意见。聊城市人民检察院依据上述证据材料，综合评定向某各项指标，认为其没有再犯罪的危险，符合假释适用条件，根据相关规定，可依法优先适用假释，遂于2022年6月15日向聊城监狱提出对向某依法提请假释的检察意见。聊城监狱采纳检察机关的意见，于同年7月25日向聊城市中级人民法院提请对向某予以假释。

监督结果。2022年9月15日，聊城市中级人民法院依法对罪犯向某裁定假释，假释考验期至2023年11月2日止。向某假释后，由聊城监狱干警送至湖北省来凤县绿水镇司法所报到。聊城市人民检察院定期与聊城监狱、湖北当地司法所及所在地村委会联系沟通，了解到向某按期接受社区矫正监管教育，与周边村民相处融洽，现已融入正常生活。

此案办理后，聊城市人民检察院与聊城监狱召开联席会议，就假释适用的实体条件及"再犯罪危险系数评估法"达成共识，进一步完善假释适用大数据监督模型，形成常态化筛选机制。监狱依据模型设定的指标进一步完善罪犯具体监管信息，快速筛查出可能符合假释适用条件的罪犯，再结合相关证据材料，作出是否提请假释的决定。检察机关通过该模型开展同步监督。2022年12月至2023年8月，筛选出16件符合假释条件的案件，已由法院裁定假释7件。

【指导意义】

（一）根据相关司法解释精神，对既符合减刑又符合假释条件的罪犯，应当监督刑罚执行机关依法优先提请假释。假释制度能够更好实现刑罚特殊预防功能，促进罪犯更好更快融入社会，司法解释规定，对同时符合法定减刑条件和法定假释条件的罪犯，可以优先适用假释。在办理假释案件过程中，可以将罪犯执行的刑期、服刑期间表现、财产性判项履行等情况作为基本要素，运用大数据监督模型，通过数据比对分析，发现可能既符合减刑又符合假释条件的案件线索。应当注重发挥减刑、假释制度的不同价值功能，通过调查核实，认定罪犯既符合减刑条件又符合假释条件，刑罚执行机关未优先提请的，应当建议其优先提请假释，依法推进假释制度适用。

（二）人民检察院在办理假释监督案件时，可以进行指标量化评估，科学客观认定罪犯是否有"再犯罪的危险"。要依据相关法律法规及司法解释，综合考量假释适用实体条件中的各项要素。在认定罪犯是否有"再犯罪的危险"时，可以将认定标准细化为"原罪基本情况、服刑期间表现情况、罪犯主体情况、假释后生活及监管情况"等方面的具体指标，进行定性定量评估，参考量化分值得出结论，增强假释制度适用的客观性、科学性。要秉持客观公正立场，全面收集、依法审查原审卷宗、自书材料、服刑期间现实表现等主客观证据材料，提升假释案件实质化审查水平。

（三）人民检察院应当充分发挥"派驻+巡回"检察机制优势，依法推进假释制度适用。对假释案件数量少、监狱适用主动性不高等问题，人民检察院可以通过开展机动巡回检察等方式监督监狱予以纠正。通过派驻检察日常监督掌握的涉减刑、假释相关监管信息，以巡回检察与派驻检察的相互协同、相互促进，提升假释案件检察监督质效。

【相关规定】

《中华人民共和国刑法》第八十一条、第八十二条

《人民检察院刑事诉讼规则》第六百三十六条

《最高人民法院关于办理减刑、假释案件具体应用法律的规定》第二十二条、第二十五条、第二十六条

《人民检察院巡回检察工作规定》第十四条

《最高人民法院、最高人民检察院、公安部、司法部关于加强减刑、假释案件实质化审理的意见》第三条

办案检察院：山东省聊城市人民检察院

承办检察官：程仁召　牛贵川　刘舒媛　呼庆鑫

案例撰稿人：刘舒媛

罪犯杨某某假释监督案

（检例第 196 号）

【关键词】

禁止适用假释范围　能动履职再犯罪的危险　抚养未成年子女

【要旨】

人民检察院在日常监督履职中发现罪犯符合假释法定条件而未被提请假释的，应当依法建议刑罚执行机关启动假释提请程序。

要准确把握禁止适用假释的罪犯范围，对于故意杀人罪等严重暴力犯罪罪犯，没有被判处十年以上有期徒刑、无期徒刑且不是累犯的，不属于禁止适用假释的情形，可在综合判断其主观恶性、服刑期间现实表现等基础上，对于符合假释条件的，依法提出适用假释意见。注重贯彻宽严相济刑事政策，对有未成年子女确需本人抚养且配偶正在服刑等特殊情况的罪犯，可以依法提出从宽适用假释的建议。

【基本案情】

罪犯杨某某，女，1984 年 9 月出生，户籍所在地重庆市渝北区木耳镇。

杨某某与被害人周某存在不正当男女关系被丈夫刘某发现。杨某某为摆脱与周某之间的关系，在明知刘某及刘某甲等人欲殴打被害人周某的情况下，将周某邀约至自己家中，周某被刘某及刘某甲等人以菜刀、铁锤、木凳打击的方式故意杀害致死。2014 年 11 月 27 日，杨某某因犯故意杀人罪被重庆市第一中级人民法院判处有期徒刑七年，刑期至 2021 年 2 月 11 日止。2014 年 12 月 23 日，杨某某被交付重庆市女子监狱执行刑罚。2017 年 3 月 30 日，重庆市第五中级人民法院裁定对杨某某减刑九个月，刑期至 2020 年 5 月 11 日止。

【检察机关履职过程】

线索发现。2018 年 3 月，重庆市人民检察院第五分院（以下简称重庆市第五分院）派驻重庆市女子监狱检察室检察官在日常履职过程中，通过与罪犯谈话得知：杨某某家有两名未成年子女确需其抚养，其本人担心家中老人及两个年幼子女的生活学习，希望获得假释，早日出狱承担起母亲和家庭的责任。经了解，监狱已掌握杨某某希望被提请假释的情况，但考虑到杨某某犯故意杀人罪属于重罪罪犯不宜提请假释，故未将其纳入拟提请假释考察对象。重庆市第五分院为查明杨某某是否符合假释适用条件开展调查核实。

调查核实。重庆市第五分院重点围绕杨某某是否符合假释条件开展了以下调查核实工作：一是研判杨某某的违法犯罪情况。杨某某并非犯意提起者，也未直接实施侵害行为，被判处有期徒刑七年，其主观恶性、人身危险性、社会危害性较其配偶刘某有明显区别。同时，杨某某对被害人亲属进行了民事赔偿，并已取得被害人亲属的谅解，本案财产性判项履行完毕。二是评估杨某某服刑期间现实表现。通过询问罪犯、监管民警、查阅计分考核材料等了解到，杨某某服刑以来认罪服法，遵守监规，服从安排，在监狱医院帮助护理病犯，确有悔改表现。三是调查杨某某的家庭经济情况。杨某某的配偶刘某、配偶的父亲刘某甲因共同实施故意杀人罪入狱服刑；家中两个未成年子女小学在读，由体弱多病的婆婆一人照顾，家庭缺乏收入来源，三口人仅依靠低保金生活，经济困难，确需杨某某承担抚养未成年子女等义务。四是评估杨某某个人基本情况和心理状况。杨某某身体健康，监狱提供的评估报告显示其心理状态良好，入狱前从事销售工作，是家庭收入的主要来源，其本人抚养教育子女、承担家庭责任的意愿强烈。五是评估其假释后的监管条件。建议监狱委托杨某某居住地社区矫正机构开展社区矫正调查评估。经调查，该罪犯具备社区矫正监管条件，可以适用社区矫正。综合分析研判全案事实、证据，认定杨某某人身危险性较低、没有再犯罪的危险、服刑期间现实表现较好，假释后能自食其力，具备社区监管条件。

监督意见。2018 年 4 月 6 日，重庆市第五分院建议重庆市女子监狱对罪犯杨某某依法启动假释程序。重庆市女子监狱采纳了检察意见，于同年 5 月 24 日向重庆市第五中级人民法院提请对罪犯杨某某予以假释。

监督结果。2018 年 6 月 29 日，重庆市第五中级人民法院依法裁定对罪犯杨某某予以假释，假释考验期限至 2020 年 5 月 11 日止。经重庆市第五分院跟踪回访，杨某某在社区矫正期间遵守社区矫正各项规定，表现良好，在社区矫正机构帮助下找到稳定工作，家庭生活条件得到较大改善，教育帮扶效果明显，其女儿因成绩优异，被一所重点中学录取。

【指导意义】

（一）人民检察院在日常检察履职过程中发现符合假释法定条件而未被提请假释的罪犯，应依法建议刑罚执行机关提请假释。人民检察院不仅应对提请假释案件的程序、条件是否符合法律规定进行监督，还应当在日常检察履职过程中，注重通过与罪犯谈话、列席假释评审委员会、查阅会议记录等方式发现监督线索，对符合假释条件而未被提请假释的罪犯，应当建议刑罚执行机关提请假释，依法推进假释制度适用。

（二）准确把握刑法第八十一条第二款禁止适用假释的案件范围，结合罪犯的主观恶性、服刑期间的表现等综合判断"再犯罪的危险"。我国刑法第八十一条第二款规定，"对累犯以及因故意杀人、强奸、抢劫、绑架、放火、爆炸、投放危险物质或者有组织的暴力性犯罪被判处十年以上有期徒刑、无期徒刑的犯罪分子，不得假释"。人民检察院在办理假释监督案件时，应准确把握禁止假释的条件和范围。对于故意杀人罪等严重暴力犯罪，没有被判处十年以上有期徒刑、无期徒刑，且不是累犯的，要结合罪犯的主观恶性、犯罪行为的危害程度、在共同犯罪中的作用、服刑期间现实表现、社区监管条件等综合判断有无再犯罪危险，符合假释条件的，可以依法提出适用假释的建议。

（三）对有未成年子女确需本人抚养等特殊情形的罪犯，符合法定假释条件的，要充分考虑案件办理的社会效果，提出依法从宽适用假释的建议。人民检察院对假释案件开展监督时，既要严格按照法律规定的条件、程序规范办理，又要贯彻落实宽严相济刑事政策，对符合假释条件，因配偶正在服刑有未成年子女确需本人抚养，或者父母等因患病、残疾、长期生活不能自理确需本人照顾等特殊情形的罪犯，可以提出依法从宽适用假释的建议。通过依法积极适用假释，既感化罪犯，促使其真诚悔改，又维护家庭、社会和谐稳定，实现假释案件办理政治效果、社会效果和法律效果的有机统一。

【相关规定】

《中华人民共和国刑法》第八十一条、第八十二条

《中华人民共和国刑事诉讼法》（2012 年修正）第二百六十二条（现为 2018 年修正后的第二百七十三条）

《最高人民法院关于办理减刑、假释案件具体应用法律的规定》第二十二条、第二十三条、第二十五条、第二十六条

《人民检察院办理减刑、假释案件规定》第九条

办案检察院：重庆市人民检察院第五分院

承办检察官：柴冬梅

案例撰稿人：柴冬梅　徐旭　欧阳海灵

罪犯刘某某假释监督案

（检例第 197 号）

【关键词】

单位犯罪　直接负责的主管人员假释　财产性判项履行　调查核实　公开听证

【要旨】

人民检察院办理涉及单位犯罪罪犯的假释监督案件，应分别审查罪犯个人和涉罪单位的财产性判项履行情况。对于罪犯个人财产性判项全部履行，涉罪单位财产性判项虽未履行或未全部履行，但不能归责于罪犯个人原因的，一般不影响对罪犯的假释。除实质化审查单位犯罪的罪犯原判刑罚、犯罪情节、刑罚执行中的表现等因素外，还应重点调查核实罪犯假释后对单位财产性判项履行的实际影响，实现假释案件办理"三个效果"有机统一。

【基本案情】

罪犯刘某某，男，1970 年 8 月出生，户籍所在地山东省邹平市青阳镇，案发前为山东某实业有限公司等三家公司实际控制人。

山东某实业有限公司等三家公司为缓解资金压力，公司人员伪造虚假的工业品买卖合同，修改公司财务报表、隐瞒真实财务状况，向银行骗取贷款、票据承兑 5400 万元（判决前，已偿还银行贷款 870 万元）。2019 年 4 月 28 日，山东某实业有限公司等三家公司因单位犯骗取贷款、票据承兑罪，被山东省邹平市人民法院判处罚金共计 11 万元，并追缴三家公司违法所得，刘某某作为单位直接负责的主管人员被判处有期徒刑四年一个月，并处罚金 6 万元，刑期至 2022 年 2 月 26 日止。2019 年 6 月 4 日，刘某某被交付山东省鲁中监狱（以下简称鲁中监狱）执行刑罚。

【检察机关履职过程】

线索发现。2020 年 9 月 9 日，山东省淄博市城郊地区人民检察院（以下简称淄博城郊地区检察院）收到罪犯刘某某妻子林某某的信访材料，请求检察机关监督鲁中监狱为其丈夫刘某某提请假释。淄博城郊地区检察院经与监狱沟通了解到，林某某此前也多次向监狱反映希望对刘某某适用假释的请求，但监狱未对其提请假释。为查明刘某某是否符合假释条件，淄博城郊地区检察院遂决定开展调查核实。

调查核实。为了确保监督意见的准确性，淄博城郊地区检察院重点开展了以下工作：一是加强沟通，找准争议焦点。分别从鲁中监狱和山东省淄博市中级人民法院了解到，两单位均以刘某某实控企业的财产性判项未全部履行为由，认为对刘某某适用假释可能存在风险。二是开展调查核实，各方达成共识。围绕争议焦点，办案人员与涉案企业部分员工进行了座谈，调取了刘某某实控企业资产评估报告，实地走访刘某某实控企业和被害银行，对刘某某实控企业贷款偿还能力和社会影响进行核查。经调查核实，刘某某实控企业在涉案前经营状况良好，提供就业岗位 600 余个，销售收入 60 亿元；现有资产 6230 万元（包括写字楼、苗木等资产），涉罪单位的相关资产已被人民法院依法查控以履行相应财产性判项，但因无法立即变现，尚未完全履行财产性判项。刘某某案发后，其妻子林某某积极提交公司资产状况的材料，偿

119

还部分利息；银行出具谅解书，希望刘某某尽快假释出狱经营公司；刘某某本人表示出狱后会尽心经营公司，尽快偿还所骗贷款。三是全面考察评估，开展实质化审查。通过审查监狱档案材料、法院卷宗材料，查明刘某某具有自首情节，已向法庭提供了大于逾期贷款数额的资产评估报告，取得涉案银行的谅解；在监狱服刑期间认罪悔罪，遵守法律法规和监规纪律，接受教育改造，没有被处罚记录，三次获得表扬奖励，执行期间足额履行财产刑；社区矫正机构对刘某某进行了社会调查评估，认定其不具有社会危险性，对所居住社区未发现有不良影响。四是开展检察听证，以公开促公正。2020年11月20日，淄博城郊地区检察院邀请法学专家、律师、民营企业家等参加听证会，公开听取社会各界意见。各方均认为适用假释能更好地帮助刘某某回归社会、服务社会，充分发挥假释罪犯对涉罪单位财产性判项履行的积极作用。

监督意见。淄博城郊地区检察院认为，对刘某某适用假释能够促进企业恢复生产经营，更好帮助企业履行财产性判项。2020年12月15日，向鲁中监狱提出对罪犯刘某某依法提请假释的检察意见。鲁中监狱采纳了检察意见，于2021年1月18日向淄博市中级人民法院提请对罪犯刘某某予以假释。

监督结果。2021年1月27日，淄博市中级人民法院依法对罪犯刘某某裁定假释，假释考验期限至2022年2月26日止。刘某某假释后认真遵守社区矫正相关规定，积极配合法院对单位财产性判项的执行，并在涉案公司之一山东某生态实业有限公司投入90余万元，聘用员工60余人，企业得以恢复生产经营，避免了企业经营停滞、资产缩水对涉罪单位履行财产性判项造成更大不利影响。

【指导意义】

（一）单位犯罪生效裁判中有财产性判项未履行或未全部履行的，非归责于罪犯个人的原因，一般不影响对罪犯个人适用假释。人民检察院办理涉及单位犯罪罪犯的假释监督案件，应分别审查罪犯个人和涉罪单位的财产性判项履行情况。如果罪犯已经履行个人财产性判项，其主观恶性不大、取得被害人谅解且积极协助履行单位财产性判项的，不宜将单位犯罪财产性判项履行情况作为限制对罪犯个人适用假释的考量因素。如确有证据证实该罪犯滥用对公司支配地位或公司法人独立地位，隐藏、转移、故意毁损财产或者无偿转让财产、以明显不合理的低价转让财产等，妨害单位履行财产性判项的，不应认定该罪犯确有悔改表现，不能适用假释。

（二）人民检察院办理涉及单位犯罪罪犯的假释监督案件，应当重点调查核实罪犯假释后的社会影响，实现"三个效果"有机统一。人民检察院在办理涉单位犯罪罪犯假释案件过程中，除审查罪犯是否符合法定假释条件外，还应当重点审查罪犯假释后是否对单位履行财产性判项存在不利影响、是否影响社会安全稳定等。要充分发挥假释制度激励罪犯积极改造的价值功能，将刑罚执行对企业正常生产经营的负面影响降到最低，确保案件办理政治效果、社会效果和法律效果的有机统一。

【相关规定】

《中华人民共和国刑法》第八十一条、第八十二条
《最高人民法院关于办理减刑、假释案件具体应用法律的规定》第二十二条、第二十三条

121

《人民检察院办理减刑、假释案件规定》第六条、第九条

办案检察院：山东省淄博市城郊地区人民检察院

承办检察官：杜志坚　孙晓慧
案例撰稿人：谢海兵　张倩　杜升刚　徐唱

罪犯邹某某假释监督案

（检例第 198 号）

【关键词】

假释刑期条件　执行原判刑期二分之一　先行羁押　折抵刑期

【要旨】

人民检察院应当准确把握假释罪犯的服刑期限条件，被判处有期徒刑的罪犯"执行原判刑期二分之一以上"的期限，包括罪犯在监狱中服刑刑期和罪犯判决执行前先行羁押期限。注重通过个案办理，推动司法行政机关及时调整不符合法律规定和立法原意的相关规定，保障法律统一正确实施。

【基本案情】

罪犯邹某某，男，1977 年 7 月出生，户籍所在地江苏省江阴市。

邹某某在担任江苏某投资股份有限公司销售部经理、总经理助理、副总经理期间，通过销售、购买沥青等业务，非法索取或者收受客户好处费 318.95465 万元；利用担任该投资公司副总经理的职务便利，通过私自购买空白的收款收据，私刻该投资公司财务专用

章等方式，非法占有供货公司支付给该投资公司的银行承兑汇票贴息现金人民币 21.7908 万元。2017 年 3 月 29 日，邹某某被江苏省无锡市公安局刑事拘留，2019 年 4 月 19 日，因犯非国家工作人员受贿罪、职务侵占罪被江苏省江阴市人民法院判处有期徒刑六年六个月，并处没收财产人民币 30 万元，继续追缴违法所得人民币 318.95465 万元，刑期至 2023 年 9 月 27 日止。该犯不服，提出上诉。2020 年 6 月 2 日，江苏省无锡市中级人民法院作出刑事裁定，驳回上诉，维持原判。后邹某某被交付江苏省浦口监狱执行刑罚。

【检察机关履职过程】

线索发现。2022 年 5 月，江苏省南京市钟山地区人民检察院（以下简称钟山地区检察院）在审查浦口监狱报送的罪犯减刑假释案卷材料时，发现监狱拟对罪犯邹某某不予提请假释存在问题。浦口监狱认为，根据江苏省监狱管理局相关规定，对原判刑期不长、在监狱服刑时间较短的罪犯适用假释时，严格控制假释考验期，在监狱实际服刑时间一般应超过原判刑期的二分之一。罪犯邹某某属于该规定情形，不符合提请假释条件。钟山地区检察院认为，浦口监狱以该规定为依据对邹某某不予提请假释存在问题，应当予以监督纠正。

调查核实。围绕罪犯邹某某是否符合假释条件，钟山地区检察院开展了以下工作：一是调取起诉书、刑事判决书、刑事裁定书、刑事案件执行通知书、罪犯结案登记表等原始档案材料。证实罪犯邹某某在交付浦口监狱执行前，因案情疑难复杂已在无锡市某看守所先行羁押三年五个月，加上在浦口监狱执行的一年八个月，共计执行有期徒刑五年一个月，已执行原判刑期二分之一以上。二是核实罪犯邹某某认罪悔罪表现。通过对该犯奖励审批表、计分考核累计台账、罪犯评审鉴定表、改造小结、认罪悔罪书等材料的审查，认定该犯在浦口监狱服刑期间能够遵守监规，接受教育改造，努力完成劳动任务，财产性判项已全部履行，确有悔改表现。根据无锡市某看守所出具的羁押期间表现情况鉴定表等材料，认定该犯在所期间能遵守相关规定，表现较好。三是审查罪犯出监危险性评估报告、调查评估意见书等材料，证实该犯再犯罪危险性等级为低度，具备家庭监管条件，可适用社区矫正。

监督意见。钟山地区检察院审查后认为，根据《最高人民法院关于办理减刑、假释案件具体应用法律的规定》第二十三条，"被判处有期徒刑的罪犯假释时，执行原判刑期二分之一的时间，应当从判决执行之日起计算，判决执行以前先行羁押的，羁押一日折抵刑期一日"的规定，"执行原判刑期二分之一以上"不仅包括交付监狱实际执行的刑期，也包括判决执行以前先行羁押的期限。江苏省监狱管理局相关规定不符合法律和司法解释，不应当作为办案依据。2022年5月31日，钟山地区检察院综合考虑邹某某犯罪情节、刑罚执行中的一贯表现、假释后监管条件等因素，向浦口监狱提出对其依法提请假释的检察意见。浦口监狱采纳钟山地区检察院的意见，于2022年6月20日向南京市中级人民法院提请对罪犯邹某某予以假释。

监督结果。2022年8月5日，南京市中级人民法院裁定对罪犯邹某某予以假释，假释考验期限至2023年9月27日止。裁定生效后，钟山地区检察院积极与江苏省监狱管理局沟通，建议撤销关于假释执行刑期的相关规定，此后该规定被废止。

【指导意义】

（一）刑法规定适用假释须"执行原判刑期二分之一以上"

的期限，应当包含罪犯在监狱中服刑刑期和判决执行前先行羁押期限。根据刑法规定，"执行原判刑期二分之一以上"是依法适用假释的前提条件。为充分保障罪犯合法权益，按照刑法中刑期折抵的规定，"执行原判刑期二分之一以上"应包含罪犯先行羁押期限。在罪犯符合"执行原判刑期二分之一以上"的刑期条件的基础上，检察机关还要结合罪犯交付执行刑罚后的教育改造情况、认罪悔罪表现、在羁押期间的表现情况、调查评估意见等综合考虑罪犯"再犯罪的危险"，依法提出对罪犯适用假释的检察意见。

（二）人民检察院在对假释案件监督中应当注重通过个案办理推动法律适用的统一规范。人民检察院在办理假释监督案件过程中，要加强对法律、司法解释的正确理解和准确适用，依法实现个案办理公平公正。同时，也要通过个案办理加强类案监督，对执法司法机关出于认识不同可能导致司法适用中出现偏差的相关内部规定、政策性文件等，推动相关机关及时调整修正，保障法律统一正确实施。

【相关规定】

《中华人民共和国刑法》第四十七条、第八十一条、第八十二条

《最高人民法院关于办理减刑、假释案件具体应用法律的规定》第二十三条、第四十条

办案检察院：江苏省南京市钟山地区人民检察院

承办检察官：周倩

案例撰稿人：周垒　魏建军

罪犯唐某假释监督案

（检例第 199 号）

【关键词】

毒品犯罪　虚假证明材料　悔改表现　不适用假释

【要旨】

人民检察院要加强对再犯罪危险性高的罪犯，如毒品犯罪罪犯等假释适用条件的审查把关。要深入开展调查核实工作，注重实质化审查，准确认定涉毒罪犯是否确有悔改表现和有无再犯罪危险。罪犯采取不正当手段获取虚假证明材料意图获得假释的，表明主观上未能真诚悔罪，不能认定其确有悔改表现。在办理假释监督案件过程中，发现违纪违法等问题线索的，应依法移送相关机关办理，延伸监督效果。

【基本案情】

罪犯唐某，男，1988 年 3 月出生，户籍所在地湖南省衡阳县金兰镇。

2017 年 1 月 4 日，唐某因犯贩卖毒品罪被湖南省衡阳县人民法院判处有期徒刑十年，并处罚金人民币 3 万元，刑期至 2024 年11 月 19 日止。唐某提出上诉，2017 年 6 月 7 日，被湖南省衡阳市中级人民法院裁定驳回上诉，维持原判。后唐某被交付湖南省雁南监狱执行刑罚。

【检察机关履职过程】

线索发现。2022年4月，雁南监狱对罪犯唐某拟提请假释征求检察机关意见，衡阳市华新地区人民检察院（以下简称华新地区检察院）进行审查，发现案卷中存在一份衡阳县公安局某派出所于2019年8月19日出具的证实唐某无吸毒史证明材料。案卷中还存在一份该派出所于2021年9月29日出具的上述证明材料作废的《声明》。华新地区检察院针对存在矛盾的两份材料开展调查核实。

调查核实。为查明案件事实，提出精准的监督意见，华新地区检察院重点开展了以下工作：一是对唐某提请假释证据的真实性、合法性进行调查核实。通过询问派出所负责人、公安民警及相关人员，查阅原审判决法律文书，认定唐某的哥哥唐某甲明知唐某有吸毒史，为使其获得假释，到公安派出所开具唐某无吸毒史的证明。二是对唐某是否确有悔改表现进行调查核实。调查发现，虽然唐某在服刑期间基本能够遵守监规纪律，但其明知自己有吸毒史，却多次与哥哥唐某甲通讯、会见，要求唐某甲获取无吸毒史的证明。三是对唐某是否具有再犯罪危险进行调查核实。通过对唐某居住地村委会部分村民、村干部等人进行调查走访，了解到唐某未婚未育，姐姐外嫁，哥哥唐某甲长年在外地工作，经济状况较好。与罪犯唐某谈话，其明确表示出狱后要随唐某甲外出工作和生活。鉴于唐某甲在本案中使用不正当手段获取派出所虚假证明文件，又曾因犯交通肇事罪被检察机关作出不起诉处理，不宜由其承担协助监管唐某的责任。另外，唐某系贩卖毒品案件的主犯，有吸毒史，社会危害程度较高，再犯罪可能性较大。四是对衡阳县公安局某派出所出具的证明材料进行调查核实。经向该派出所负责人和相关民警、辅警了解情况，调阅公安机关出具的相关证明文件，发现派出所出具证明存在审核把关不严、公章使用不规范等问题。

监督意见。2022年10月26日，华新地区检察院向雁南监狱出具不同意对罪犯唐某提请假释的检察意见，并将衡阳县公安局某派出所涉嫌违纪违法线索移送衡阳县纪委监委派驻县公安局纪检监察组。

监督结果。2022年10月28日，雁南监狱采纳了华新地区检察院不同意对罪犯唐某提请假释的意见。衡阳县纪委监委派驻县公安局纪检监察组对检察机关移送的涉嫌违纪违法线索查实后，于2023年5月16日对该所相关人员予以党纪政务处分。

【指导意义】

（一）人民检察院要加强对再犯罪危险性高的罪犯，如毒品犯罪罪犯等假释适用条件的审查把关。人民检察院办理假释监督案件，既要依法推进假释制度适用，对于符合假释条件而监狱未提请的罪犯，依法监督监狱提请假释；又要严格把关，发现不符合假释条件的罪犯，监狱不当提请假释的，坚决依法监督纠正。要把改造难度大、再犯罪危险性高的罪犯作为监督重点。对毒品犯罪罪犯，赌博罪、盗窃罪等犯罪中的常业或者常习犯等，在适用假释时要从严把握，提升假释监督案件办理质效。

（二）人民检察院办理假释监督案件，要深入开展调查核实工作，准确认定涉毒罪犯是否确有悔改表现和有无再犯罪危险。要严格审查涉毒罪犯假释案件相关证据材料。罪犯通过亲属采取不正当手段获取虚假证明材料意图获得假释的，表明其主观上未能真诚悔罪，不能认定其确有悔改表现。对于毒品犯罪罪犯有吸毒史，且家庭成员不具备协助社区矫正机构做好社区矫正工作条件，存在再犯罪危险的，依法不应当适用假释。

（三）人民检察院在办理假释监督案件过程中，发现违纪违法等问题线索的，应依法移送相关机关办理，延伸监督效果。要注重发现假释案件办理中不当履职背后的深层次问题，强化对出具虚假证明材料、社区矫正调查评估弄虚作假等问题的调查核实力度，发现违纪违法或犯罪线索，属于检察机关管辖，构成徇私舞弊假释罪等犯罪的要坚决立案查处；对不属于检察机关管辖的，应依法移送相关机关处理。要与纪检监察机关、公安机关等形成工作合力，延伸法律监督的效果。

【相关规定】

《中华人民共和国刑法》第八十一条、第八十二条

《中华人民共和国刑事诉讼法》（2018年修正）第二百七十六条

《最高人民法院关于办理减刑、假释案件具体应用法律的规定》第三条第二款、第二十二条

《最高人民法院、最高人民检察院、公安部、司法部关于加强减刑、假释案件实质化审理的意见》第三条

办案检察院：湖南省衡阳市华新地区人民检察院

承办检察官：谷齐军

案例撰稿人：李艳红　刘伟　陈文新　谷齐军　凌芝

第 3 辑

中华人民共和国公司法

（1993 年 12 月 29 日第八届全国人民代表大会常务委员会第五次会议通过　根据 1999 年 12 月 25 日第九届全国人民代表大会常务委员会第十三次会议《关于修改〈中华人民共和国公司法〉的决定》第一次修正　根据 2004 年 8 月 28 日第十届全国人民代表大会常务委员会第十一次会议《关于修改〈中华人民共和国公司法〉的决定》第二次修正　2005 年 10 月 27 日第十届全国人民代表大会常务委员会第十八次会议第一次修订　根据 2013 年 12 月 28 日第十二届全国人民代表大会常务委员会第六次会议《关于修改〈中华人民共和国海洋环境保护法〉等七部法律的决定》第三次修正　根据 2018 年 10 月 26 日第十三届全国人民代表大会常务委员会第六次会议《关于修改〈中华人民共和国公司法〉的决定》第四次修正　2023 年 12 月 29 日第十四届全国人民代表大会常务委员会第七次会议第二次修订）

目　录

第一章 总 则

第一条 为了规范公司的组织和行为，保护公司、股东、职工和债权人的合法权益，完善中国特色现代企业制度，弘扬企业家精神，维护社会经济秩序，促进社会主义市场经济的发展，根据宪法，制定本法。

第二条 本法所称公司，是指依照本法在中华人民共和国境内设立的有限责任公司和股份有限公司。

第三条 公司是企业法人，有独立的法人财产，享有法人财产权。公司以其全部财产对公司的债务承担责任。

公司的合法权益受法律保护，不受侵犯。

第四条 有限责任公司的股东以其认缴的出资额为限对公司承担责任；股份有限公司的股东以其认购的股份为限对公司承担责任。

公司股东对公司依法享有资产收益、参与重大决策和选择管理者等权利。

第五条 设立公司应当依法制定公司章程。公司章程对公司、股东、董事、监事、高级管理人员具有约束力。

第六条 公司应当有自己的名称。公司名称应当符合国家有关规定。

公司的名称权受法律保护。

第七条 依照本法设立的有限责任公司，应当在公司名称中标明有限责任公司或者有限公司字样。

依照本法设立的股份有限公司，应当在公司名称中标明股份有限公司或者股份公司字样。

第八条 公司以其主要办事机构所在地为住所。

第九条　公司的经营范围由公司章程规定。公司可以修改公司章程，变更经营范围。

公司的经营范围中属于法律、行政法规规定须经批准的项目，应当依法经过批准。

第十条　公司的法定代表人按照公司章程的规定，由代表公司执行公司事务的董事或者经理担任。

担任法定代表人的董事或者经理辞任的，视为同时辞去法定代表人。

法定代表人辞任的，公司应当在法定代表人辞任之日起三十日内确定新的法定代表人。

第十一条　法定代表人以公司名义从事的民事活动，其法律后果由公司承受。

公司章程或者股东会对法定代表人职权的限制，不得对抗善意相对人。

法定代表人因执行职务造成他人损害的，由公司承担民事责任。公司承担民事责任后，依照法律或者公司章程的规定，可以向有过错的法定代表人追偿。

第十二条　有限责任公司变更为股份有限公司，应当符合本法规定的股份有限公司的条件。股份有限公司变更为有限责任公司，应当符合本法规定的有限责任公司的条件。

有限责任公司变更为股份有限公司的，或者股份有限公司变更为有限责任公司的，公司变更前的债权、债务由变更后的公司承继。

第十三条　公司可以设立子公司。子公司具有法人资格，依法独立承担民事责任。

公司可以设立分公司。分公司不具有法人资格，其民事责任由公司承担。

第十四条 公司可以向其他企业投资。

法律规定公司不得成为对所投资企业的债务承担连带责任的出资人的，从其规定。

第十五条 公司向其他企业投资或者为他人提供担保，按照公司章程的规定，由董事会或者股东会决议；公司章程对投资或者担保的总额及单项投资或者担保的数额有限额规定的，不得超过规定的限额。

公司为公司股东或者实际控制人提供担保的，应当经股东会决议。

前款规定的股东或者受前款规定的实际控制人支配的股东，不得参加前款规定事项的表决。该项表决由出席会议的其他股东所持表决权的过半数通过。

第十六条 公司应当保护职工的合法权益，依法与职工签订劳动合同，参加社会保险，加强劳动保护，实现安全生产。

公司应当采用多种形式，加强公司职工的职业教育和岗位培训，提高职工素质。

第十七条 公司职工依照《中华人民共和国工会法》组织工会，开展工会活动，维护职工合法权益。公司应当为本公司工会提供必要的活动条件。公司工会代表职工就职工的劳动报酬、工作时间、休息休假、劳动安全卫生和保险福利等事项依法与公司签订集体合同。

公司依照宪法和有关法律的规定，建立健全以职工代表大会为基本形式的民主管理制度，通过职工代表大会或者其他形式，实行民主管理。

公司研究决定改制、解散、申请破产以及经营方面的重大问题、制定重要的规章制度时，应当听取公司工会的意见，并通过职工代表大会或者其他形式听取职工的意见和建议。

第十八条 在公司中，根据中国共产党章程的规定，设立中国共产党的组织，开展党的活动。公司应当为党组织的活动提供必要条件。

第十九条 公司从事经营活动，应当遵守法律法规，遵守社会公德、商业道德，诚实守信，接受政府和社会公众的监督。

第二十条 公司从事经营活动，应当充分考虑公司职工、消费者等利益相关者的利益以及生态环境保护等社会公共利益，承担社会责任。

国家鼓励公司参与社会公益活动，公布社会责任报告。

第二十一条 公司股东应当遵守法律、行政法规和公司章程，依法行使股东权利，不得滥用股东权利损害公司或者其他股东的利益。

公司股东滥用股东权利给公司或者其他股东造成损失的，应当承担赔偿责任。

第二十二条 公司的控股股东、实际控制人、董事、监事、高级管理人员不得利用关联关系损害公司利益。

违反前款规定，给公司造成损失的，应当承担赔偿责任。

第二十三条 公司股东滥用公司法人独立地位和股东有限责任，逃避债务，严重损害公司债权人利益的，应当对公司债务承担连带责任。

股东利用其控制的两个以上公司实施前款规定行为的，各公司应当对任一公司的债务承担连带责任。

只有一个股东的公司，股东不能证明公司财产独立于股东自己的财产的，应当对公司债务承担连带责任。

第二十四条　公司股东会、董事会、监事会召开会议和表决可以采用电子通信方式，公司章程另有规定的除外。

第二十五条　公司股东会、董事会的决议内容违反法律、行政法规的无效。

第二十六条　公司股东会、董事会的会议召集程序、表决方式违反法律、行政法规或者公司章程，或者决议内容违反公司章程的，股东自决议作出之日起六十日内，可以请求人民法院撤销。但是，股东会、董事会的会议召集程序或者表决方式仅有轻微瑕疵，对决议未产生实质影响的除外。

未被通知参加股东会会议的股东自知道或者应当知道股东会决议作出之日起六十日内，可以请求人民法院撤销；自决议作出之日起一年内没有行使撤销权的，撤销权消灭。

第二十七条　有下列情形之一的，公司股东会、董事会的决议不成立：

（一）未召开股东会、董事会会议作出决议；

（二）股东会、董事会会议未对决议事项进行表决；

（三）出席会议的人数或者所持表决权数未达到本法或者公司章程规定的人数或者所持表决权数；

（四）同意决议事项的人数或者所持表决权数未达到本法或者公司章程规定的人数或者所持表决权数。

第二十八条　公司股东会、董事会决议被人民法院宣告无效、撤销或者确认不成立的，公司应当向公司登记机关申请撤销根据该决议已办理的登记。

股东会、董事会决议被人民法院宣告无效、撤销或者确认不成立的，公司根据该决议与善意相对人形成的民事法律关系不受影响。

第二章　　公司登记

第二十九条　设立公司，应当依法向公司登记机关申请设立登记。

法律、行政法规规定设立公司必须报经批准的，应当在公司登记前依法办理批准手续。

第三十条　申请设立公司，应当提交设立登记申请书、公司章程等文件，提交的相关材料应当真实、合法和有效。

申请材料不齐全或者不符合法定形式的，公司登记机关应当一次性告知需要补正的材料。

第三十一条　申请设立公司，符合本法规定的设立条件的，由公司登记机关分别登记为有限责任公司或者股份有限公司；不符合本法规定的设立条件的，不得登记为有限责任公司或者股份有限公司。

第三十二条　公司登记事项包括：

（一）名称；

（二）住所；

（三）注册资本；

（四）经营范围；

（五）法定代表人的姓名；

（六）有限责任公司股东、股份有限公司发起人的姓名或者名称。

公司登记机关应当将前款规定的公司登记事项通过国家企业信用信息公示系统向社会公示。

第三十三条　依法设立的公司，由公司登记机关发给公司营业执照。公司营业执照签发日期为公司成立日期。

公司营业执照应当载明公司的名称、住所、注册资本、经营范围、法定代表人姓名等事项。

公司登记机关可以发给电子营业执照。电子营业执照与纸质营业执照具有同等法律效力。

第三十四条 公司登记事项发生变更的，应当依法办理变更登记。

公司登记事项未经登记或者未经变更登记，不得对抗善意相对人。

第三十五条 公司申请变更登记，应当向公司登记机关提交公司法定代表人签署的变更登记申请书、依法作出的变更决议或者决定等文件。

公司变更登记事项涉及修改公司章程的，应当提交修改后的公司章程。

公司变更法定代表人的，变更登记申请书由变更后的法定代表人签署。

第三十六条 公司营业执照记载的事项发生变更的，公司办理变更登记后，由公司登记机关换发营业执照。

第三十七条 公司因解散、被宣告破产或者其他法定事由需要终止的，应当依法向公司登记机关申请注销登记，由公司登记机关公告公司终止。

第三十八条 公司设立分公司，应当向公司登记机关申请登记，领取营业执照。

第三十九条 虚报注册资本、提交虚假材料或者采取其他欺诈手段隐瞒重要事实取得公司设立登记的，公司登记机关应当依照法律、行政法规的规定予以撤销。

第四十条 公司应当按照规定通过国家企业信用信息公示系

统公示下列事项：

（一）有限责任公司股东认缴和实缴的出资额、出资方式和出资日期，股份有限公司发起人认购的股份数；

（二）有限责任公司股东、股份有限公司发起人的股权、股份变更信息；

（三）行政许可取得、变更、注销等信息；

（四）法律、行政法规规定的其他信息。

公司应当确保前款公示信息真实、准确、完整。

第四十一条 公司登记机关应当优化公司登记办理流程，提高公司登记效率，加强信息化建设，推行网上办理等便捷方式，提升公司登记便利化水平。

国务院市场监督管理部门根据本法和有关法律、行政法规的规定，制定公司登记注册的具体办法。

第三章　有限责任公司的设立和组织机构

第一节　设　　立

第四十二条 有限责任公司由一个以上五十个以下股东出资设立。

第四十三条 有限责任公司设立时的股东可以签订设立协议，明确各自在公司设立过程中的权利和义务。

第四十四条 有限责任公司设立时的股东为设立公司从事的民事活动，其法律后果由公司承受。

公司未成立的，其法律后果由公司设立时的股东承受；设立时的股东为二人以上的，享有连带债权，承担连带债务。

设立时的股东为设立公司以自己的名义从事民事活动产生的民事责任，第三人有权选择请求公司或者公司设立时的股东承担。

设立时的股东因履行公司设立职责造成他人损害的，公司或者无过错的股东承担赔偿责任后，可以向有过错的股东追偿。

第四十五条　设立有限责任公司，应当由股东共同制定公司章程。

第四十六条　有限责任公司章程应当载明下列事项：

（一）公司名称和住所；

（二）公司经营范围；

（三）公司注册资本；

（四）股东的姓名或者名称；

（五）股东的出资额、出资方式和出资日期；

（六）公司的机构及其产生办法、职权、议事规则；

（七）公司法定代表人的产生、变更办法；

（八）股东会认为需要规定的其他事项。

股东应当在公司章程上签名或者盖章。

第四十七条　有限责任公司的注册资本为在公司登记机关登记的全体股东认缴的出资额。全体股东认缴的出资额由股东按照公司章程的规定自公司成立之日起五年内缴足。

法律、行政法规以及国务院决定对有限责任公司注册资本实缴、注册资本最低限额、股东出资期限另有规定的，从其规定。

第四十八条　股东可以用货币出资，也可以用实物、知识产权、土地使用权、股权、债权等可以用货币估价并可以依法转让的非货币财产作价出资；但是，法律、行政法规规定不得作为出资的财产除外。

对作为出资的非货币财产应当评估作价，核实财产，不得高估或者低估作价。法律、行政法规对评估作价有规定的，从其规定。

第四十九条　股东应当按期足额缴纳公司章程规定的各自所认缴的出资额。

股东以货币出资的，应当将货币出资足额存入有限责任公司在银行开设的账户；以非货币财产出资的，应当依法办理其财产权的转移手续。

股东未按期足额缴纳出资的，除应当向公司足额缴纳外，还应当对给公司造成的损失承担赔偿责任。

第五十条　有限责任公司设立时，股东未按照公司章程规定实际缴纳出资，或者实际出资的非货币财产的实际价额显著低于所认缴的出资额的，设立时的其他股东与该股东在出资不足的范围内承担连带责任。

第五十一条　有限责任公司成立后，董事会应当对股东的出资情况进行核查，发现股东未按期足额缴纳公司章程规定的出资的，应当由公司向该股东发出书面催缴书，催缴出资。

未及时履行前款规定的义务，给公司造成损失的，负有责任的董事应当承担赔偿责任。

第五十二条　股东未按照公司章程规定的出资日期缴纳出资，公司依照前条第一款规定发出书面催缴书催缴出资的，可以载明缴纳出资的宽限期；宽限期自公司发出催缴书之日起，不得少于六十日。宽限期届满，股东仍未履行出资义务的，公司经董事会决议可以向该股东发出失权通知，通知应当以书面形式发出。自通知发出之日起，该股东丧失其未缴纳出资的股权。

依照前款规定丧失的股权应当依法转让，或者相应减少注册资本并注销该股权；六个月内未转让或者注销的，由公司其他股东按照其出资比例足额缴纳相应出资。

股东对失权有异议的，应当自接到失权通知之日起三十日内，向人民法院提起诉讼。

第五十三条 公司成立后，股东不得抽逃出资。

违反前款规定的，股东应当返还抽逃的出资；给公司造成损失的，负有责任的董事、监事、高级管理人员应当与该股东承担连带赔偿责任。

第五十四条 公司不能清偿到期债务的，公司或者已到期债权的债权人有权要求已认缴出资但未届出资期限的股东提前缴纳出资。

第五十五条 有限责任公司成立后，应当向股东签发出资证明书，记载下列事项：

（一）公司名称；

（二）公司成立日期；

（三）公司注册资本；

（四）股东的姓名或者名称、认缴和实缴的出资额、出资方式和出资日期；

（五）出资证明书的编号和核发日期。

出资证明书由法定代表人签名，并由公司盖章。

第五十六条 有限责任公司应当置备股东名册，记载下列事项：

（一）股东的姓名或者名称及住所；

（二）股东认缴和实缴的出资额、出资方式和出资日期；

（三）出资证明书编号；

（四）取得和丧失股东资格的日期。

记载于股东名册的股东，可以依股东名册主张行使股东权利。

第五十七条 股东有权查阅、复制公司章程、股东名册、股东会会议记录、董事会会议决议、监事会会议决议和财务会计报告。

股东可以要求查阅公司会计账簿、会计凭证。股东要求查阅公司会计账簿、会计凭证的，应当向公司提出书面请求，说明目的。公司有合理根据认为股东查阅会计账簿、会计凭证有不正当目的，可能损害公司合法利益的，可以拒绝提供查阅，并应当自股东提出书面请求之日起十五日内书面答复股东并说明理由。公司拒绝提供查阅的，股东可以向人民法院提起诉讼。

股东查阅前款规定的材料，可以委托会计师事务所、律师事务所等中介机构进行。

股东及其委托的会计师事务所、律师事务所等中介机构查阅、复制有关材料，应当遵守有关保护国家秘密、商业秘密、个人隐私、个人信息等法律、行政法规的规定。

股东要求查阅、复制公司全资子公司相关材料的，适用前四款的规定。

第二节 组织机构

第五十八条 有限责任公司股东会由全体股东组成。股东会是公司的权力机构，依照本法行使职权。

第五十九条 股东会行使下列职权：

（一）选举和更换董事、监事，决定有关董事、监事的报酬事项；

（二）审议批准董事会的报告；

（三）审议批准监事会的报告；

（四）审议批准公司的利润分配方案和弥补亏损方案；

（五）对公司增加或者减少注册资本作出决议；

（六）对发行公司债券作出决议；

（七）对公司合并、分立、解散、清算或者变更公司形式作出决议；

（八）修改公司章程；

（九）公司章程规定的其他职权。

股东会可以授权董事会对发行公司债券作出决议。

对本条第一款所列事项股东以书面形式一致表示同意的，可以不召开股东会会议，直接作出决定，并由全体股东在决定文件上签名或者盖章。

第六十条　只有一个股东的有限责任公司不设股东会。股东作出前条第一款所列事项的决定时，应当采用书面形式，并由股东签名或者盖章后置备于公司。

第六十一条　首次股东会会议由出资最多的股东召集和主持，依照本法规定行使职权。

第六十二条　股东会会议分为定期会议和临时会议。

定期会议应当按照公司章程的规定按时召开。代表十分之一以上表决权的股东、三分之一以上的董事或者监事会提议召开临时会议的，应当召开临时会议。

第六十三条　股东会会议由董事会召集，董事长主持；董事长不能履行职务或者不履行职务的，由副董事长主持；副董事长不能履行职务或者不履行职务的，由过半数的董事共同推举一名董事主持。

董事会不能履行或者不履行召集股东会会议职责的，由监事会召集和主持；监事会不召集和主持的，代表十分之一以上表决权的股东可以自行召集和主持。

第六十四条　召开股东会会议，应当于会议召开十五日前通知全体股东；但是，公司章程另有规定或者全体股东另有约定的除外。

144

股东会应当对所议事项的决定作成会议记录，出席会议的股东应当在会议记录上签名或者盖章。

第六十五条 股东会会议由股东按照出资比例行使表决权；但是，公司章程另有规定的除外。

第六十六条 股东会的议事方式和表决程序，除本法有规定的外，由公司章程规定。

股东会作出决议，应当经代表过半数表决权的股东通过。

股东会作出修改公司章程、增加或者减少注册资本的决议，以及公司合并、分立、解散或者变更公司形式的决议，应当经代表三分之二以上表决权的股东通过。

第六十七条 有限责任公司设董事会，本法第七十五条另有规定的除外。

董事会行使下列职权：

（一）召集股东会会议，并向股东会报告工作；

（二）执行股东会的决议；

（三）决定公司的经营计划和投资方案；

（四）制订公司的利润分配方案和弥补亏损方案；

（五）制订公司增加或者减少注册资本以及发行公司债券的方案；

（六）制订公司合并、分立、解散或者变更公司形式的方案；

（七）决定公司内部管理机构的设置；

（八）决定聘任或者解聘公司经理及其报酬事项，并根据经理的提名决定聘任或者解聘公司副经理、财务负责人及其报酬事项；

（九）制定公司的基本管理制度；

（十）公司章程规定或者股东会授予的其他职权。

公司章程对董事会职权的限制不得对抗善意相对人。

第六十八条 有限责任公司董事会成员为三人以上，其成员中可以有公司职工代表。职工人数三百人以上的有限责任公司，除依法设监事会并有公司职工代表的外，其董事会成员中应当有公司职工代表。董事会中的职工代表由公司职工通过职工代表大会、职工大会或者其他形式民主选举产生。

董事会设董事长一人，可以设副董事长。董事长、副董事长的产生办法由公司章程规定。

第六十九条 有限责任公司可以按照公司章程的规定在董事会中设置由董事组成的审计委员会，行使本法规定的监事会的职权，不设监事会或者监事。公司董事会成员中的职工代表可以成为审计委员会成员。

第七十条 董事任期由公司章程规定，但每届任期不得超过三年。董事任期届满，连选可以连任。

董事任期届满未及时改选，或者董事在任期内辞任导致董事会成员低于法定人数的，在改选出的董事就任前，原董事仍应当依照法律、行政法规和公司章程的规定，履行董事职务。

董事辞任的，应当以书面形式通知公司，公司收到通知之日辞任生效，但存在前款规定情形的，董事应当继续履行职务。

第七十一条 股东会可以决议解任董事，决议作出之日解任生效。

无正当理由，在任期届满前解任董事的，该董事可以要求公司予以赔偿。

第七十二条 董事会会议由董事长召集和主持；董事长不能履行职务或者不履行职务的，由副董事长召集和主持；副董事长不能履行职务或者不履行职务的，由过半数的董事共同推举一名董事召集和主持。

第七十三条　董事会的议事方式和表决程序，除本法有规定的外，由公司章程规定。

董事会会议应当有过半数的董事出席方可举行。董事会作出决议，应当经全体董事的过半数通过。

董事会决议的表决，应当一人一票。

董事会应当对所议事项的决定作成会议记录，出席会议的董事应当在会议记录上签名。

第七十四条　有限责任公司可以设经理，由董事会决定聘任或者解聘。

经理对董事会负责，根据公司章程的规定或者董事会的授权行使职权。经理列席董事会会议。

第七十五条　规模较小或者股东人数较少的有限责任公司，可以不设董事会，设一名董事，行使本法规定的董事会的职权。该董事可以兼任公司经理。

第七十六条　有限责任公司设监事会，本法第六十九条、第八十三条另有规定的除外。

监事会成员为三人以上。监事会成员应当包括股东代表和适当比例的公司职工代表，其中职工代表的比例不得低于三分之一，具体比例由公司章程规定。监事会中的职工代表由公司职工通过职工代表大会、职工大会或者其他形式民主选举产生。

监事会设主席一人，由全体监事过半数选举产生。监事会主席召集和主持监事会会议；监事会主席不能履行职务或者不履行职务的，由过半数的监事共同推举一名监事召集和主持监事会会议。

董事、高级管理人员不得兼任监事。

第七十七条　监事的任期每届为三年。监事任期届满，连选可以连任。

监事任期届满未及时改选，或者监事在任期内辞任导致监事会成员低于法定人数的，在改选出的监事就任前，原监事仍应当依照法律、行政法规和公司章程的规定，履行监事职务。

第七十八条 监事会行使下列职权：

（一）检查公司财务；

（二）对董事、高级管理人员执行职务的行为进行监督，对违反法律、行政法规、公司章程或者股东会决议的董事、高级管理人员提出解任的建议；

（三）当董事、高级管理人员的行为损害公司的利益时，要求董事、高级管理人员予以纠正；

（四）提议召开临时股东会会议，在董事会不履行本法规定的召集和主持股东会会议职责时召集和主持股东会会议；

（五）向股东会会议提出提案；

（六）依照本法第一百八十九条的规定，对董事、高级管理人员提起诉讼；

（七）公司章程规定的其他职权。

第七十九条 监事可以列席董事会会议，并对董事会决议事项提出质询或者建议。

监事会发现公司经营情况异常，可以进行调查；必要时，可以聘请会计师事务所等协助其工作，费用由公司承担。

第八十条 监事会可以要求董事、高级管理人员提交执行职务的报告。

董事、高级管理人员应当如实向监事会提供有关情况和资料，不得妨碍监事会或者监事行使职权。

第八十一条 监事会每年度至少召开一次会议，监事可以提议召开临时监事会会议。

监事会的议事方式和表决程序，除本法有规定的外，由公司章程规定。

监事会决议应当经全体监事的过半数通过。

监事会决议的表决，应当一人一票。

监事会应当对所议事项的决定作成会议记录，出席会议的监事应当在会议记录上签名。

第八十二条 监事会行使职权所必需的费用，由公司承担。

第八十三条 规模较小或者股东人数较少的有限责任公司，可以不设监事会，设一名监事，行使本法规定的监事会的职权；经全体股东一致同意，也可以不设监事。

第四章　有限责任公司的股权转让

第八十四条 有限责任公司的股东之间可以相互转让其全部或者部分股权。

股东向股东以外的人转让股权的，应当将股权转让的数量、价格、支付方式和期限等事项书面通知其他股东，其他股东在同等条件下有优先购买权。股东自接到书面通知之日起三十日内未答复的，视为放弃优先购买权。两个以上股东行使优先购买权的，协商确定各自的购买比例；协商不成的，按照转让时各自的出资比例行使优先购买权。

公司章程对股权转让另有规定的，从其规定。

第八十五条 人民法院依照法律规定的强制执行程序转让股东的股权时，应当通知公司及全体股东，其他股东在同等条件下有优先购买权。其他股东自人民法院通知之日起满二十日不行使优先购买权的，视为放弃优先购买权。

第八十六条　股东转让股权的，应当书面通知公司，请求变更股东名册；需要办理变更登记的，并请求公司向公司登记机关办理变更登记。公司拒绝或者在合理期限内不予答复的，转让人、受让人可以依法向人民法院提起诉讼。

股权转让的，受让人自记载于股东名册时起可以向公司主张行使股东权利。

第八十七条　依照本法转让股权后，公司应当及时注销原股东的出资证明书，向新股东签发出资证明书，并相应修改公司章程和股东名册中有关股东及其出资额的记载。对公司章程的该项修改不需再由股东会表决。

第八十八条　股东转让已认缴出资但未届出资期限的股权的，由受让人承担缴纳该出资的义务；受让人未按期足额缴纳出资的，转让人对受让人未按期缴纳的出资承担补充责任。

未按照公司章程规定的出资日期缴纳出资或者作为出资的非货币财产的实际价额显著低于所认缴的出资额的股东转让股权的，转让人与受让人在出资不足的范围内承担连带责任；受让人不知道且不应当知道存在上述情形的，由转让人承担责任。

第八十九条　有下列情形之一的，对股东会该项决议投反对票的股东可以请求公司按照合理的价格收购其股权：

（一）公司连续五年不向股东分配利润，而公司该五年连续盈利，并且符合本法规定的分配利润条件；

（二）公司合并、分立、转让主要财产；

（三）公司章程规定的营业期限届满或者章程规定的其他解散事由出现，股东会通过决议修改章程使公司存续。

自股东会决议作出之日起六十日内，股东与公司不能达成股权收购协议的，股东可以自股东会决议作出之日起九十日内向人民法院提起诉讼。

公司的控股股东滥用股东权利，严重损害公司或者其他股东利益的，其他股东有权请求公司按照合理的价格收购其股权。

公司因本条第一款、第三款规定的情形收购的本公司股权，应当在六个月内依法转让或者注销。

第九十条　自然人股东死亡后，其合法继承人可以继承股东资格；但是，公司章程另有规定的除外。

第五章　股份有限公司的设立和组织机构

第一节　设　　立

第九十一条　设立股份有限公司，可以采取发起设立或者募集设立的方式。

发起设立，是指由发起人认购设立公司时应发行的全部股份而设立公司。

募集设立，是指由发起人认购设立公司时应发行股份的一部分，其余股份向特定对象募集或者向社会公开募集而设立公司。

第九十二条　设立股份有限公司，应当有一人以上二百人以下为发起人，其中应当有半数以上的发起人在中华人民共和国境内有住所。

第九十三条　股份有限公司发起人承担公司筹办事务。

发起人应当签订发起人协议，明确各自在公司设立过程中的权利和义务。

第九十四条　设立股份有限公司，应当由发起人共同制订公司章程。

第九十五条　股份有限公司章程应当载明下列事项：

（一）公司名称和住所；

（二）公司经营范围；

（三）公司设立方式；

（四）公司注册资本、已发行的股份数和设立时发行的股份数，面额股的每股金额；

（五）发行类别股的，每一类别股的股份数及其权利和义务；

（六）发起人的姓名或者名称、认购的股份数、出资方式；

（七）董事会的组成、职权和议事规则；

（八）公司法定代表人的产生、变更办法；

（九）监事会的组成、职权和议事规则；

（十）公司利润分配办法；

（十一）公司的解散事由与清算办法；

（十二）公司的通知和公告办法；

（十三）股东会认为需要规定的其他事项。

第九十六条 股份有限公司的注册资本为在公司登记机关登记的已发行股份的股本总额。在发起人认购的股份缴足前，不得向他人募集股份。

法律、行政法规以及国务院决定对股份有限公司注册资本最低限额另有规定的，从其规定。

第九十七条 以发起设立方式设立股份有限公司的，发起人应当认足公司章程规定的公司设立时应发行的股份。

以募集设立方式设立股份有限公司的，发起人认购的股份不得少于公司章程规定的公司设立时应发行股份总数的百分之三十五；但是，法律、行政法规另有规定的，从其规定。

第九十八条 发起人应当在公司成立前按照其认购的股份全额缴纳股款。

发起人的出资，适用本法第四十八条、第四十九条第二款关于有限责任公司股东出资的规定。

第九十九条 发起人不按照其认购的股份缴纳股款，或者作为出资的非货币财产的实际价额显著低于所认购的股份的，其他发起人与该发起人在出资不足的范围内承担连带责任。

第一百条 发起人向社会公开募集股份，应当公告招股说明书，并制作认股书。认股书应当载明本法第一百五十四条第二款、第三款所列事项，由认股人填写认购的股份数、金额、住所，并签名或者盖章。认股人应当按照所认购股份足额缴纳股款。

第一百零一条 向社会公开募集股份的股款缴足后，应当经依法设立的验资机构验资并出具证明。

第一百零二条 股份有限公司应当制作股东名册并置备于公司。股东名册应当记载下列事项：

（一）股东的姓名或者名称及住所；

（二）各股东所认购的股份种类及股份数；

（三）发行纸面形式的股票的，股票的编号；

（四）各股东取得股份的日期。

第一百零三条 募集设立股份有限公司的发起人应当自公司设立时应发行股份的股款缴足之日起三十日内召开公司成立大会。发起人应当在成立大会召开十五日前将会议日期通知各认股人或者予以公告。成立大会应当有持有表决权过半数的认股人出席，方可举行。

以发起设立方式设立股份有限公司成立大会的召开和表决程序由公司章程或者发起人协议规定。

第一百零四条 公司成立大会行使下列职权：

（一）审议发起人关于公司筹办情况的报告；

（二）通过公司章程；

（三）选举董事、监事；

（四）对公司的设立费用进行审核；

（五）对发起人非货币财产出资的作价进行审核；

（六）发生不可抗力或者经营条件发生重大变化直接影响公司设立的，可以作出不设立公司的决议。

成立大会对前款所列事项作出决议，应当经出席会议的认股人所持表决权过半数通过。

第一百零五条 公司设立时应发行的股份未募足，或者发行股份的股款缴足后，发起人在三十日内未召开成立大会的，认股人可以按照所缴股款并加算银行同期存款利息，要求发起人返还。

发起人、认股人缴纳股款或者交付非货币财产出资后，除未按期募足股份、发起人未按期召开成立大会或者成立大会决议不设立公司的情形外，不得抽回其股本。

第一百零六条 董事会应当授权代表，于公司成立大会结束后三十日内向公司登记机关申请设立登记。

第一百零七条 本法第四十四条、第四十九条第三款、第五十一条、第五十二条、第五十三条的规定，适用于股份有限公司。

第一百零八条 有限责任公司变更为股份有限公司时，折合的实收股本总额不得高于公司净资产额。有限责任公司变更为股份有限公司，为增加注册资本公开发行股份时，应当依法办理。

第一百零九条 股份有限公司应当将公司章程、股东名册、股东会会议记录、董事会会议记录、监事会会议记录、财务会计报告、债券持有人名册置备于本公司。

第一百一十条 股东有权查阅、复制公司章程、股东名册、股东会会议记录、董事会会议决议、监事会会议决议、财务会计报告，对公司的经营提出建议或者质询。

连续一百八十日以上单独或者合计持有公司百分之三以上股份的股东要求查阅公司的会计账簿、会计凭证的，适用本法第五十七条第二款、第三款、第四款的规定。公司章程对持股比例有较低规定的，从其规定。

股东要求查阅、复制公司全资子公司相关材料的，适用前两款的规定。

上市公司股东查阅、复制相关材料的，应当遵守《中华人民共和国证券法》等法律、行政法规的规定。

第二节　股东会

第一百一十一条　股份有限公司股东会由全体股东组成。股东会是公司的权力机构，依照本法行使职权。

第一百一十二条　本法第五十九条第一款、第二款关于有限责任公司股东会职权的规定，适用于股份有限公司股东会。

本法第六十条关于只有一个股东的有限责任公司不设股东会的规定，适用于只有一个股东的股份有限公司。

第一百一十三条　股东会应当每年召开一次年会。有下列情形之一的，应当在两个月内召开临时股东会会议：

（一）董事人数不足本法规定人数或者公司章程所定人数的三分之二时；

（二）公司未弥补的亏损达股本总额三分之一时；

（三）单独或者合计持有公司百分之十以上股份的股东请求时；

（四）董事会认为必要时；

（五）监事会提议召开时；

（六）公司章程规定的其他情形。

第一百一十四条　股东会会议由董事会召集，董事长主持；

董事长不能履行职务或者不履行职务的，由副董事长主持；副董事长不能履行职务或者不履行职务的，由过半数的董事共同推举一名董事主持。

董事会不能履行或者不履行召集股东会会议职责的，监事会应当及时召集和主持；监事会不召集和主持的，连续九十日以上单独或者合计持有公司百分之十以上股份的股东可以自行召集和主持。

单独或者合计持有公司百分之十以上股份的股东请求召开临时股东会会议的，董事会、监事会应当在收到请求之日起十日内作出是否召开临时股东会会议的决定，并书面答复股东。

第一百一十五条　召开股东会会议，应当将会议召开的时间、地点和审议的事项于会议召开二十日前通知各股东；临时股东会会议应当于会议召开十五日前通知各股东。

单独或者合计持有公司百分之一以上股份的股东，可以在股东会会议召开十日前提出临时提案并书面提交董事会。临时提案应当有明确议题和具体决议事项。董事会应当在收到提案后二日内通知其他股东，并将该临时提案提交股东会审议；但临时提案违反法律、行政法规或者公司章程的规定，或者不属于股东会职权范围的除外。公司不得提高提出临时提案股东的持股比例。

公开发行股份的公司，应当以公告方式作出前两款规定的通知。

股东会不得对通知中未列明的事项作出决议。

第一百一十六条　股东出席股东会会议，所持每一股份有一表决权，类别股股东除外。公司持有的本公司股份没有表决权。

股东会作出决议，应当经出席会议的股东所持表决权过半数通过。

股东会作出修改公司章程、增加或者减少注册资本的决议，以及公司合并、分立、解散或者变更公司形式的决议，应当经出席会议的股东所持表决权的三分之二以上通过。

第一百一十七条 股东会选举董事、监事，可以按照公司章程的规定或者股东会的决议，实行累积投票制。

本法所称累积投票制，是指股东会选举董事或者监事时，每一股份拥有与应选董事或者监事人数相同的表决权，股东拥有的表决权可以集中使用。

第一百一十八条 股东委托代理人出席股东会会议的，应当明确代理人代理的事项、权限和期限；代理人应当向公司提交股东授权委托书，并在授权范围内行使表决权。

第一百一十九条 股东会应当对所议事项的决定作成会议记录，主持人、出席会议的董事应当在会议记录上签名。会议记录应当与出席股东的签名册及代理出席的委托书一并保存。

第三节 董事会、经理

第一百二十条 股份有限公司设董事会，本法第一百二十八条另有规定的除外。

本法第六十七条、第六十八条第一款、第七十条、第七十一条的规定，适用于股份有限公司。

第一百二十一条 股份有限公司可以按照公司章程的规定在董事会中设置由董事组成的审计委员会，行使本法规定的监事会的职权，不设监事会或者监事。

审计委员会成员为三名以上，过半数成员不得在公司担任除董事以外的其他职务，且不得与公司存在任何可能影响其独立客观判断的关系。公司董事会成员中的职工代表可以成为审计委员会成员。

审计委员会作出决议，应当经审计委员会成员的过半数通过。

审计委员会决议的表决，应当一人一票。

审计委员会的议事方式和表决程序，除本法有规定的外，由公司章程规定。

公司可以按照公司章程的规定在董事会中设置其他委员会。

第一百二十二条 董事会设董事长一人，可以设副董事长。董事长和副董事长由董事会以全体董事的过半数选举产生。

董事长召集和主持董事会会议，检查董事会决议的实施情况。副董事长协助董事长工作，董事长不能履行职务或者不履行职务的，由副董事长履行职务；副董事长不能履行职务或者不履行职务的，由过半数的董事共同推举一名董事履行职务。

第一百二十三条 董事会每年度至少召开两次会议，每次会议应当于会议召开十日前通知全体董事和监事。

代表十分之一以上表决权的股东、三分之一以上董事或者监事会，可以提议召开临时董事会会议。董事长应当自接到提议后十日内，召集和主持董事会会议。

董事会召开临时会议，可以另定召集董事会的通知方式和通知时限。

第一百二十四条 董事会会议应当有过半数的董事出席方可举行。董事会作出决议，应当经全体董事的过半数通过。

董事会决议的表决，应当一人一票。

董事会应当对所议事项的决定作成会议记录，出席会议的董事应当在会议记录上签名。

第一百二十五条 董事会会议，应当由董事本人出席；董事因故不能出席，可以书面委托其他董事代为出席，委托书应当载明授权范围。

董事应当对董事会的决议承担责任。董事会的决议违反法律、行政法规或者公司章程、股东会决议，给公司造成严重损失的，参与决议的董事对公司负赔偿责任；经证明在表决时曾表明异议并记载于会议记录的，该董事可以免除责任。

第一百二十六条 股份有限公司设经理，由董事会决定聘任或者解聘。

经理对董事会负责，根据公司章程的规定或者董事会的授权行使职权。经理列席董事会会议。

第一百二十七条 公司董事会可以决定由董事会成员兼任经理。

第一百二十八条 规模较小或者股东人数较少的股份有限公司，可以不设董事会，设一名董事，行使本法规定的董事会的职权。该董事可以兼任公司经理。

第一百二十九条 公司应当定期向股东披露董事、监事、高级管理人员从公司获得报酬的情况。

第四节 监事会

第一百三十条 股份有限公司设监事会，本法第一百二十一条第一款、第一百三十三条另有规定的除外。

监事会成员为三人以上。监事会成员应当包括股东代表和适当比例的公司职工代表，其中职工代表的比例不得低于三分之一，具体比例由公司章程规定。监事会中的职工代表由公司职工通过职工代表大会、职工大会或者其他形式民主选举产生。

监事会设主席一人，可以设副主席。监事会主席和副主席由全体监事过半数选举产生。监事会主席召集和主持监事会会议；监事会主席不能履行职务或者不履行职务的，由监事会副主席召集和主持监事会会议；监事会副主席不能履行职务或者不履行职务的，由过半数的监事共同推举一名监事召集和主持监事会会议。

董事、高级管理人员不得兼任监事。

本法第七十七条关于有限责任公司监事任期的规定，适用于股份有限公司监事。

第一百三十一条 本法第七十八条至第八十条的规定，适用于股份有限公司监事会。

监事会行使职权所必需的费用，由公司承担。

第一百三十二条 监事会每六个月至少召开一次会议。监事可以提议召开临时监事会会议。

监事会的议事方式和表决程序，除本法有规定的外，由公司章程规定。

监事会决议应当经全体监事的过半数通过。

监事会决议的表决，应当一人一票。

监事会应当对所议事项的决定作成会议记录，出席会议的监事应当在会议记录上签名。

第一百三十三条 规模较小或者股东人数较少的股份有限公司，可以不设监事会，设一名监事，行使本法规定的监事会的职权。

第五节 上市公司组织机构的特别规定

第一百三十四条 本法所称上市公司，是指其股票在证券交易所上市交易的股份有限公司。

第一百三十五条 上市公司在一年内购买、出售重大资产或者向他人提供担保的金额超过公司资产总额百分之三十的，应当由股东会作出决议，并经出席会议的股东所持表决权的三分之二以上通过。

第一百三十六条 上市公司设独立董事，具体管理办法由国务院证券监督管理机构规定。

上市公司的公司章程除载明本法第九十五条规定的事项外，还应当依照法律、行政法规的规定载明董事会专门委员会的组成、职权以及董事、监事、高级管理人员薪酬考核机制等事项。

第一百三十七条 上市公司在董事会中设置审计委员会的，董事会对下列事项作出决议前应当经审计委员会全体成员过半数通过：

（一）聘用、解聘承办公司审计业务的会计师事务所；

（二）聘任、解聘财务负责人；

（三）披露财务会计报告；

（四）国务院证券监督管理机构规定的其他事项。

第一百三十八条 上市公司设董事会秘书，负责公司股东会和董事会会议的筹备、文件保管以及公司股东资料的管理，办理信息披露事务等事宜。

第一百三十九条 上市公司董事与董事会会议决议事项所涉及的企业或者个人有关联关系的，该董事应当及时向董事会书面报告。有关联关系的董事不得对该项决议行使表决权，也不得代理其他董事行使表决权。该董事会会议由过半数的无关联关系董事出席即可举行，董事会会议所作决议须经无关联关系董事过半数通过。出席董事会会议的无关联关系董事人数不足三人的，应当将该事项提交上市公司股东会审议。

第一百四十条 上市公司应当依法披露股东、实际控制人的信息，相关信息应当真实、准确、完整。

禁止违反法律、行政法规的规定代持上市公司股票。

第一百四十一条 上市公司控股子公司不得取得该上市公司的股份。

上市公司控股子公司因公司合并、质权行使等原因持有上市公司股份的，不得行使所持股份对应的表决权，并应当及时处分相关上市公司股份。

第六章　股份有限公司的股份发行和转让

第一节　股份发行

第一百四十二条　公司的资本划分为股份。公司的全部股份，根据公司章程的规定择一采用面额股或者无面额股。采用面额股的，每一股的金额相等。

公司可以根据公司章程的规定将已发行的面额股全部转换为无面额股或者将无面额股全部转换为面额股。

采用无面额股的，应当将发行股份所得股款的二分之一以上计入注册资本。

第一百四十三条　股份的发行，实行公平、公正的原则，同类别的每一股份应当具有同等权利。

同次发行的同类别股份，每股的发行条件和价格应当相同；认购人所认购的股份，每股应当支付相同价额。

第一百四十四条　公司可以按照公司章程的规定发行下列与普通股权利不同的类别股：

（一）优先或者劣后分配利润或者剩余财产的股份；

（二）每一股的表决权数多于或者少于普通股的股份；

（三）转让须经公司同意等转让受限的股份；

（四）国务院规定的其他类别股。

公开发行股份的公司不得发行前款第二项、第三项规定的类别股；公开发行前已发行的除外。

公司发行本条第一款第二项规定的类别股的，对于监事或者审计委员会成员的选举和更换，类别股与普通股每一股的表决权数相同。

第一百四十五条 发行类别股的公司，应当在公司章程中载明以下事项：

（一）类别股分配利润或者剩余财产的顺序；

（二）类别股的表决权数；

（三）类别股的转让限制；

（四）保护中小股东权益的措施；

（五）股东会认为需要规定的其他事项。

第一百四十六条 发行类别股的公司，有本法第一百一十六条第三款规定的事项等可能影响类别股股东权利的，除应当依照第一百一十六条第三款的规定经股东会决议外，还应当经出席类别股股东会议的股东所持表决权的三分之二以上通过。

公司章程可以对需经类别股股东会议决议的其他事项作出规定。

第一百四十七条 公司的股份采取股票的形式。股票是公司签发的证明股东所持股份的凭证。

公司发行的股票，应当为记名股票。

第一百四十八条 面额股股票的发行价格可以按票面金额，也可以超过票面金额，但不得低于票面金额。

第一百四十九条 股票采用纸面形式或者国务院证券监督管理机构规定的其他形式。

股票采用纸面形式的，应当载明下列主要事项：

（一）公司名称；

（二）公司成立日期或者股票发行的时间；

（三）股票种类、票面金额及代表的股份数，发行无面额股的，股票代表的股份数。

股票采用纸面形式的，还应当载明股票的编号，由法定代表人签名，公司盖章。

发起人股票采用纸面形式的，应当标明发起人股票字样。

第一百五十条 股份有限公司成立后，即向股东正式交付股票。公司成立前不得向股东交付股票。

第一百五十一条 公司发行新股，股东会应当对下列事项作出决议：

（一）新股种类及数额；

（二）新股发行价格；

（三）新股发行的起止日期；

（四）向原有股东发行新股的种类及数额；

（五）发行无面额股的，新股发行所得股款计入注册资本的金额。

公司发行新股，可以根据公司经营情况和财务状况，确定其作价方案。

第一百五十二条 公司章程或者股东会可以授权董事会在三年内决定发行不超过已发行股份百分之五十的股份。但以非货币财产作价出资的应当经股东会决议。

董事会依照前款规定决定发行股份导致公司注册资本、已发行股份数发生变化的，对公司章程该项记载事项的修改不需再由股东会表决。

第一百五十三条 公司章程或者股东会授权董事会决定发行新股的，董事会决议应当经全体董事三分之二以上通过。

第一百五十四条 公司向社会公开募集股份，应当经国务院证券监督管理机构注册，公告招股说明书。

招股说明书应当附有公司章程，并载明下列事项：

（一）发行的股份总数；

（二）面额股的票面金额和发行价格或者无面额股的发行价格；

（三）募集资金的用途；

（四）认股人的权利和义务；

（五）股份种类及其权利和义务；

（六）本次募股的起止日期及逾期未募足时认股人可以撤回所认股份的说明。

公司设立时发行股份的，还应当载明发起人认购的股份数。

第一百五十五条　公司向社会公开募集股份，应当由依法设立的证券公司承销，签订承销协议。

第一百五十六条　公司向社会公开募集股份，应当同银行签订代收股款协议。

代收股款的银行应当按照协议代收和保存股款，向缴纳股款的认股人出具收款单据，并负有向有关部门出具收款证明的义务。

公司发行股份募足股款后，应予公告。

第二节　股份转让

第一百五十七条　股份有限公司的股东持有的股份可以向其他股东转让，也可以向股东以外的人转让；公司章程对股份转让有限制的，其转让按照公司章程的规定进行。

第一百五十八条　股东转让其股份，应当在依法设立的证券交易场所进行或者按照国务院规定的其他方式进行。

第一百五十九条　股票的转让，由股东以背书方式或者法律、行政法规规定的其他方式进行；转让后由公司将受让人的姓名或者名称及住所记载于股东名册。

股东会会议召开前二十日内或者公司决定分配股利的基准日前五日内，不得变更股东名册。法律、行政法规或者国务院证券监督管理机构对上市公司股东名册变更另有规定的，从其规定。

第一百六十条 公司公开发行股份前已发行的股份，自公司股票在证券交易所上市交易之日起一年内不得转让。法律、行政法规或者国务院证券监督管理机构对上市公司的股东、实际控制人转让其所持有的本公司股份另有规定的，从其规定。

公司董事、监事、高级管理人员应当向公司申报所持有的本公司的股份及其变动情况，在就任时确定的任职期间每年转让的股份不得超过其所持有本公司股份总数的百分之二十五；所持本公司股份自公司股票上市交易之日起一年内不得转让。上述人员离职后半年内，不得转让其所持有的本公司股份。公司章程可以对公司董事、监事、高级管理人员转让其所持有的本公司股份作出其他限制性规定。

股份在法律、行政法规规定的限制转让期限内出质的，质权人不得在限制转让期限内行使质权。

第一百六十一条 有下列情形之一的，对股东会该项决议投反对票的股东可以请求公司按照合理的价格收购其股份，公开发行股份的公司除外：

（一）公司连续五年不向股东分配利润，而公司该五年连续盈利，并且符合本法规定的分配利润条件；

（二）公司转让主要财产；

（三）公司章程规定的营业期限届满或者章程规定的其他解散事由出现，股东会通过决议修改章程使公司存续。

自股东会决议作出之日起六十日内，股东与公司不能达成股份收购协议的，股东可以自股东会决议作出之日起九十日内向人民法院提起诉讼。

公司因本条第一款规定的情形收购的本公司股份，应当在六个月内依法转让或者注销。

第一百六十二条 公司不得收购本公司股份。但是，有下列情形之一的除外：

（一）减少公司注册资本；

（二）与持有本公司股份的其他公司合并；

（三）将股份用于员工持股计划或者股权激励；

（四）股东因对股东会作出的公司合并、分立决议持异议，要求公司收购其股份；

（五）将股份用于转换公司发行的可转换为股票的公司债券；

（六）上市公司为维护公司价值及股东权益所必需。

公司因前款第一项、第二项规定的情形收购本公司股份的，应当经股东会决议；公司因前款第三项、第五项、第六项规定的情形收购本公司股份的，可以按照公司章程或者股东会的授权，经三分之二以上董事出席的董事会会议决议。

公司依照本条第一款规定收购本公司股份后，属于第一项情形的，应当自收购之日起十日内注销；属于第二项、第四项情形的，应当在六个月内转让或者注销；属于第三项、第五项、第六项情形的，公司合计持有的本公司股份数不得超过本公司已发行股份总数的百分之十，并应当在三年内转让或者注销。

上市公司收购本公司股份的，应当依照《中华人民共和国证券法》的规定履行信息披露义务。上市公司因本条第一款第三项、第五项、第六项规定的情形收购本公司股份的，应当通过公开的集中交易方式进行。

公司不得接受本公司的股份作为质权的标的。

第一百六十三条 公司不得为他人取得本公司或者其母公司的股份提供赠与、借款、担保以及其他财务资助，公司实施员工持股计划的除外。

为公司利益，经股东会决议，或者董事会按照公司章程或者股东会的授权作出决议，公司可以为他人取得本公司或者其母公司的股份提供财务资助，但财务资助的累计总额不得超过已发行股本总额的百分之十。董事会作出决议应当经全体董事的三分之二以上通过。

违反前两款规定，给公司造成损失的，负有责任的董事、监事、高级管理人员应当承担赔偿责任。

第一百六十四条 股票被盗、遗失或者灭失，股东可以依照《中华人民共和国民事诉讼法》规定的公示催告程序，请求人民法院宣告该股票失效。人民法院宣告该股票失效后，股东可以向公司申请补发股票。

第一百六十五条 上市公司的股票，依照有关法律、行政法规及证券交易所交易规则上市交易。

第一百六十六条 上市公司应当依照法律、行政法规的规定披露相关信息。

第一百六十七条 自然人股东死亡后，其合法继承人可以继承股东资格；但是，股份转让受限的股份有限公司的章程另有规定的除外。

第七章　国家出资公司组织机构的特别规定

第一百六十八条 国家出资公司的组织机构，适用本章规定；本章没有规定的，适用本法其他规定。

本法所称国家出资公司，是指国家出资的国有独资公司、国有资本控股公司，包括国家出资的有限责任公司、股份有限公司。

第一百六十九条 国家出资公司，由国务院或者地方人民政府分别代表国家依法履行出资人职责，享有出资人权益。国务院或者地方人民政府可以授权国有资产监督管理机构或者其他部门、机构代表本级人民政府对国家出资公司履行出资人职责。

代表本级人民政府履行出资人职责的机构、部门，以下统称为履行出资人职责的机构。

第一百七十条 国家出资公司中中国共产党的组织，按照中国共产党章程的规定发挥领导作用，研究讨论公司重大经营管理事项，支持公司的组织机构依法行使职权。

第一百七十一条 国有独资公司章程由履行出资人职责的机构制定。

第一百七十二条 国有独资公司不设股东会，由履行出资人职责的机构行使股东会职权。履行出资人职责的机构可以授权公司董事会行使股东会的部分职权，但公司章程的制定和修改，公司的合并、分立、解散、申请破产，增加或者减少注册资本，分配利润，应当由履行出资人职责的机构决定。

第一百七十三条 国有独资公司的董事会依照本法规定行使职权。

国有独资公司的董事会成员中，应当过半数为外部董事，并应当有公司职工代表。

董事会成员由履行出资人职责的机构委派；但是，董事会成员中的职工代表由公司职工代表大会选举产生。

董事会设董事长一人，可以设副董事长。董事长、副董事长由履行出资人职责的机构从董事会成员中指定。

第一百七十四条 国有独资公司的经理由董事会聘任或者

解聘。

经履行出资人职责的机构同意，董事会成员可以兼任经理。

第一百七十五条　国有独资公司的董事、高级管理人员，未经履行出资人职责的机构同意，不得在其他有限责任公司、股份有限公司或者其他经济组织兼职。

第一百七十六条　国有独资公司在董事会中设置由董事组成的审计委员会行使本法规定的监事会职权的，不设监事会或者监事。

第一百七十七条　国家出资公司应当依法建立健全内部监督管理和风险控制制度，加强内部合规管理。

第八章　公司董事、监事、高级管理人员的资格和义务

第一百七十八条　有下列情形之一的，不得担任公司的董事、监事、高级管理人员：

（一）无民事行为能力或者限制民事行为能力；

（二）因贪污、贿赂、侵占财产、挪用财产或者破坏社会主义市场经济秩序，被判处刑罚，或者因犯罪被剥夺政治权利，执行期满未逾五年，被宣告缓刑的，自缓刑考验期满之日起未逾二年；

（三）担任破产清算的公司、企业的董事或者厂长、经理，对该公司、企业的破产负有个人责任的，自该公司、企业破产清算完结之日起未逾三年；

（四）担任因违法被吊销营业执照、责令关闭的公司、企业的法定代表人，并负有个人责任的，自该公司、企业被吊销营业执照、责令关闭之日起未逾三年；

（五）个人因所负数额较大债务到期未清偿被人民法院列为失信被执行人。

违反前款规定选举、委派董事、监事或者聘任高级管理人员的，该选举、委派或者聘任无效。

董事、监事、高级管理人员在任职期间出现本条第一款所列情形的，公司应当解除其职务。

第一百七十九条 董事、监事、高级管理人员应当遵守法律、行政法规和公司章程。

第一百八十条 董事、监事、高级管理人员对公司负有忠实义务，应当采取措施避免自身利益与公司利益冲突，不得利用职权牟取不正当利益。

董事、监事、高级管理人员对公司负有勤勉义务，执行职务应当为公司的最大利益尽到管理者通常应有的合理注意。

公司的控股股东、实际控制人不担任公司董事但实际执行公司事务的，适用前两款规定。

第一百八十一条 董事、监事、高级管理人员不得有下列行为：

（一）侵占公司财产、挪用公司资金；

（二）将公司资金以其个人名义或者以其他个人名义开立账户存储；

（三）利用职权贿赂或者收受其他非法收入；

（四）接受他人与公司交易的佣金归为己有；

（五）擅自披露公司秘密；

（六）违反对公司忠实义务的其他行为。

第一百八十二条 董事、监事、高级管理人员，直接或者间接与本公司订立合同或者进行交易，应当就与订立合同或者进行交易有关的事项向董事会或者股东会报告，并按照公司章程的规定经董事会或者股东会决议通过。

董事、监事、高级管理人员的近亲属，董事、监事、高级管理人员或者其近亲属直接或者间接控制的企业，以及与董事、监事、高级管理人员有其他关联关系的关联人，与公司订立合同或者进行交易，适用前款规定。

第一百八十三条　董事、监事、高级管理人员，不得利用职务便利为自己或者他人谋取属于公司的商业机会。但是，有下列情形之一的除外：

（一）向董事会或者股东会报告，并按照公司章程的规定经董事会或者股东会决议通过；

（二）根据法律、行政法规或者公司章程的规定，公司不能利用该商业机会。

第一百八十四条　董事、监事、高级管理人员未向董事会或者股东会报告，并按照公司章程的规定经董事会或者股东会决议通过，不得自营或者为他人经营与其任职公司同类的业务。

第一百八十五条　董事会对本法第一百八十二条至第一百八十四条规定的事项决议时，关联董事不得参与表决，其表决权不计入表决权总数。出席董事会会议的无关联关系董事人数不足三人的，应当将该事项提交股东会审议。

第一百八十六条　董事、监事、高级管理人员违反本法第一百八十一条至第一百八十四条规定所得的收入应当归公司所有。

第一百八十七条　股东会要求董事、监事、高级管理人员列席会议的，董事、监事、高级管理人员应当列席并接受股东的质询。

第一百八十八条　董事、监事、高级管理人员执行职务违反法律、行政法规或者公司章程的规定，给公司造成损失的，应当承担赔偿责任。

第一百八十九条　董事、高级管理人员有前条规定的情形的，有限责任公司的股东、股份有限公司连续一百八十日以上单独或者合计持有公司百分之一以上股份的股东，可以书面请求监事会向人民法院提起诉讼；监事有前条规定的情形的，前述股东可以书面请求董事会向人民法院提起诉讼。

监事会或者董事会收到前款规定的股东书面请求后拒绝提起诉讼，或者自收到请求之日起三十日内未提起诉讼，或者情况紧急、不立即提起诉讼将会使公司利益受到难以弥补的损害的，前款规定的股东有权为公司利益以自己的名义直接向人民法院提起诉讼。

他人侵犯公司合法权益，给公司造成损失的，本条第一款规定的股东可以依照前两款的规定向人民法院提起诉讼。

公司全资子公司的董事、监事、高级管理人员有前条规定情形，或者他人侵犯公司全资子公司合法权益造成损失的，有限责任公司的股东、股份有限公司连续一百八十日以上单独或者合计持有公司百分之一以上股份的股东，可以依照前三款规定书面请求全资子公司的监事会、董事会向人民法院提起诉讼或者以自己的名义直接向人民法院提起诉讼。

第一百九十条　董事、高级管理人员违反法律、行政法规或者公司章程的规定，损害股东利益的，股东可以向人民法院提起诉讼。

第一百九十一条　董事、高级管理人员执行职务，给他人造成损害的，公司应当承担赔偿责任；董事、高级管理人员存在故意或者重大过失的，也应当承担赔偿责任。

第一百九十二条　公司的控股股东、实际控制人指示董事、高级管理人员从事损害公司或者股东利益的行为的，与该董事、高级管理人员承担连带责任。

第一百九十三条 公司可以在董事任职期间为董事因执行公司职务承担的赔偿责任投保责任保险。

公司为董事投保责任保险或者续保后，董事会应当向股东会报告责任保险的投保金额、承保范围及保险费率等内容。

第九章 公司债券

第一百九十四条 本法所称公司债券，是指公司发行的约定按期还本付息的有价证券。

公司债券可以公开发行，也可以非公开发行。

公司债券的发行和交易应当符合《中华人民共和国证券法》等法律、行政法规的规定。

第一百九十五条 公开发行公司债券，应当经国务院证券监督管理机构注册，公告公司债券募集办法。

公司债券募集办法应当载明下列主要事项：

（一）公司名称；

（二）债券募集资金的用途；

（三）债券总额和债券的票面金额；

（四）债券利率的确定方式；

（五）还本付息的期限和方式；

（六）债券担保情况；

（七）债券的发行价格、发行的起止日期；

（八）公司净资产额；

（九）已发行的尚未到期的公司债券总额；

（十）公司债券的承销机构。

第一百九十六条 公司以纸面形式发行公司债券的，应当在债券上载明公司名称、债券票面金额、利率、偿还期限等事项，并由法定代表人签名，公司盖章。

第一百九十七条 公司债券应当为记名债券。

第一百九十八条 公司发行公司债券应当置备公司债券持有人名册。

发行公司债券的，应当在公司债券持有人名册上载明下列事项：

（一）债券持有人的姓名或者名称及住所；

（二）债券持有人取得债券的日期及债券的编号；

（三）债券总额，债券的票面金额、利率、还本付息的期限和方式；

（四）债券的发行日期。

第一百九十九条 公司债券的登记结算机构应当建立债券登记、存管、付息、兑付等相关制度。

第二百条 公司债券可以转让，转让价格由转让人与受让人约定。

公司债券的转让应当符合法律、行政法规的规定。

第二百零一条 公司债券由债券持有人以背书方式或者法律、行政法规规定的其他方式转让；转让后由公司将受让人的姓名或者名称及住所记载于公司债券持有人名册。

第二百零二条 股份有限公司经股东会决议，或者经公司章程、股东会授权由董事会决议，可以发行可转换为股票的公司债券，并规定具体的转换办法。上市公司发行可转换为股票的公司债券，应当经国务院证券监督管理机构注册。

发行可转换为股票的公司债券，应当在债券上标明可转换公司债券字样，并在公司债券持有人名册上载明可转换公司债券的数额。

第二百零三条　发行可转换为股票的公司债券的，公司应当按照其转换办法向债券持有人换发股票，但债券持有人对转换股票或者不转换股票有选择权。法律、行政法规另有规定的除外。

第二百零四条　公开发行公司债券的，应当为同期债券持有人设立债券持有人会议，并在债券募集办法中对债券持有人会议的召集程序、会议规则和其他重要事项作出规定。债券持有人会议可以对与债券持有人有利害关系的事项作出决议。

除公司债券募集办法另有约定外，债券持有人会议决议对同期全体债券持有人发生效力。

第二百零五条　公开发行公司债券的，发行人应当为债券持有人聘请债券受托管理人，由其为债券持有人办理受领清偿、债权保全、与债券相关的诉讼以及参与债务人破产程序等事项。

第二百零六条　债券受托管理人应当勤勉尽责，公正履行受托管理职责，不得损害债券持有人利益。

受托管理人与债券持有人存在利益冲突可能损害债券持有人利益的，债券持有人会议可以决议变更债券受托管理人。

债券受托管理人违反法律、行政法规或者债券持有人会议决议，损害债券持有人利益的，应当承担赔偿责任。

第十章　公司财务、会计

第二百零七条　公司应当依照法律、行政法规和国务院财政部门的规定建立本公司的财务、会计制度。

第二百零八条　公司应当在每一会计年度终了时编制财务会计报告，并依法经会计师事务所审计。

财务会计报告应当依照法律、行政法规和国务院财政部门的规定制作。

第二百零九条 有限责任公司应当按照公司章程规定的期限将财务会计报告送交各股东。

股份有限公司的财务会计报告应当在召开股东会年会的二十日前置备于本公司，供股东查阅；公开发行股份的股份有限公司应当公告其财务会计报告。

第二百一十条 公司分配当年税后利润时，应当提取利润的百分之十列入公司法定公积金。公司法定公积金累计额为公司注册资本的百分之五十以上的，可以不再提取。

公司的法定公积金不足以弥补以前年度亏损的，在依照前款规定提取法定公积金之前，应当先用当年利润弥补亏损。

公司从税后利润中提取法定公积金后，经股东会决议，还可以从税后利润中提取任意公积金。

公司弥补亏损和提取公积金后所余税后利润，有限责任公司按照股东实缴的出资比例分配利润，全体股东约定不按照出资比例分配利润的除外；股份有限公司按照股东所持有的股份比例分配利润，公司章程另有规定的除外。

公司持有的本公司股份不得分配利润。

第二百一十一条 公司违反本法规定向股东分配利润的，股东应当将违反规定分配的利润退还公司；给公司造成损失的，股东及负有责任的董事、监事、高级管理人员应当承担赔偿责任。

第二百一十二条 股东会作出分配利润的决议的，董事会应当在股东会决议作出之日起六个月内进行分配。

第二百一十三条 公司以超过股票票面金额的发行价格发行股份所得的溢价款、发行无面额股所得股款未计入注册资本的金额以及国务院财政部门规定列入资本公积金的其他项目，应当列为公司资本公积金。

第二百一十四条 公司的公积金用于弥补公司的亏损、扩大公司生产经营或者转为增加公司注册资本。

公积金弥补公司亏损，应当先使用任意公积金和法定公积金；仍不能弥补的，可以按照规定使用资本公积金。

法定公积金转为增加注册资本时，所留存的该项公积金不得少于转增前公司注册资本的百分之二十五。

第二百一十五条 公司聘用、解聘承办公司审计业务的会计师事务所，按照公司章程的规定，由股东会、董事会或者监事会决定。

公司股东会、董事会或者监事会就解聘会计师事务所进行表决时，应当允许会计师事务所陈述意见。

第二百一十六条 公司应当向聘用的会计师事务所提供真实、完整的会计凭证、会计账簿、财务会计报告及其他会计资料，不得拒绝、隐匿、谎报。

第二百一十七条 公司除法定的会计账簿外，不得另立会计账簿。

对公司资金，不得以任何个人名义开立账户存储。

第十一章　公司合并、分立、增资、减资

第二百一十八条 公司合并可以采取吸收合并或者新设合并。

一个公司吸收其他公司为吸收合并，被吸收的公司解散。两个以上公司合并设立一个新的公司为新设合并，合并各方解散。

第二百一十九条 公司与其持股百分之九十以上的公司合并，被合并的公司不需经股东会决议，但应当通知其他股东，其他股东有权请求公司按照合理的价格收购其股权或者股份。

公司合并支付的价款不超过本公司净资产百分之十的，可以不经股东会决议；但是，公司章程另有规定的除外。

公司依照前两款规定合并不经股东会决议的，应当经董事会决议。

第二百二十条 公司合并，应当由合并各方签订合并协议，并编制资产负债表及财产清单。公司应当自作出合并决议之日起十日内通知债权人，并于三十日内在报纸上或者国家企业信用信息公示系统公告。债权人自接到通知之日起三十日内，未接到通知的自公告之日起四十五日内，可以要求公司清偿债务或者提供相应的担保。

第二百二十一条 公司合并时，合并各方的债权、债务，应当由合并后存续的公司或者新设的公司承继。

第二百二十二条 公司分立，其财产作相应的分割。

公司分立，应当编制资产负债表及财产清单。公司应当自作出分立决议之日起十日内通知债权人，并于三十日内在报纸上或者国家企业信用信息公示系统公告。

第二百二十三条 公司分立前的债务由分立后的公司承担连带责任。但是，公司在分立前与债权人就债务清偿达成的书面协议另有约定的除外。

第二百二十四条 公司减少注册资本，应当编制资产负债表及财产清单。

公司应当自股东会作出减少注册资本决议之日起十日内通知债权人，并于三十日内在报纸上或者国家企业信用信息公示系统公告。债权人自接到通知之日起三十日内，未接到通知的自公告之日起四十五日内，有权要求公司清偿债务或者提供相应的担保。

公司减少注册资本，应当按照股东出资或者持有股份的比例相应减少出资额或者股份，法律另有规定、有限责任公司全体股东另有约定或者股份有限公司章程另有规定的除外。

第二百二十五条　公司依照本法第二百一十四条第二款的规定弥补亏损后，仍有亏损的，可以减少注册资本弥补亏损。减少注册资本弥补亏损的，公司不得向股东分配，也不得免除股东缴纳出资或者股款的义务。

依照前款规定减少注册资本的，不适用前条第二款的规定，但应当自股东会作出减少注册资本决议之日起三十日内在报纸上或者国家企业信用信息公示系统公告。

公司依照前两款的规定减少注册资本后，在法定公积金和任意公积金累计额达到公司注册资本百分之五十前，不得分配利润。

第二百二十六条　违反本法规定减少注册资本的，股东应当退还其收到的资金，减免股东出资的应当恢复原状；给公司造成损失的，股东及负有责任的董事、监事、高级管理人员应当承担赔偿责任。

第二百二十七条　有限责任公司增加注册资本时，股东在同等条件下有权优先按照实缴的出资比例认缴出资。但是，全体股东约定不按照出资比例优先认缴出资的除外。

股份有限公司为增加注册资本发行新股时，股东不享有优先认购权，公司章程另有规定或者股东会决议决定股东享有优先认购权的除外。

第二百二十八条　有限责任公司增加注册资本时，股东认缴新增资本的出资，依照本法设立有限责任公司缴纳出资的有关规定执行。

股份有限公司为增加注册资本发行新股时，股东认购新股，依照本法设立股份有限公司缴纳股款的有关规定执行。

第十二章　公司解散和清算

第二百二十九条　公司因下列原因解散：

（一）公司章程规定的营业期限届满或者公司章程规定的其他解散事由出现；

（二）股东会决议解散；

（三）因公司合并或者分立需要解散；

（四）依法被吊销营业执照、责令关闭或者被撤销；

（五）人民法院依照本法第二百三十一条的规定予以解散。

公司出现前款规定的解散事由，应当在十日内将解散事由通过国家企业信用信息公示系统予以公示。

第二百三十条　公司有前条第一款第一项、第二项情形，且尚未向股东分配财产的，可以通过修改公司章程或者经股东会决议而存续。

依照前款规定修改公司章程或者经股东会决议，有限责任公司须经持有三分之二以上表决权的股东通过，股份有限公司须经出席股东会会议的股东所持表决权的三分之二以上通过。

第二百三十一条　公司经营管理发生严重困难，继续存续会使股东利益受到重大损失，通过其他途径不能解决的，持有公司百分之十以上表决权的股东，可以请求人民法院解散公司。

第二百三十二条　公司因本法第二百二十九条第一款第一项、第二项、第四项、第五项规定而解散的，应当清算。董事为公司清算义务人，应当在解散事由出现之日起十五日内组成清算组进行清算。

清算组由董事组成，但是公司章程另有规定或者股东会决议另选他人的除外。

清算义务人未及时履行清算义务，给公司或者债权人造成损失的，应当承担赔偿责任。

第二百三十三条 公司依照前条第一款的规定应当清算，逾期不成立清算组进行清算或者成立清算组后不清算的，利害关系人可以申请人民法院指定有关人员组成清算组进行清算。人民法院应当受理该申请，并及时组织清算组进行清算。

公司因本法第二百二十九条第一款第四项的规定而解散的，作出吊销营业执照、责令关闭或者撤销决定的部门或者公司登记机关，可以申请人民法院指定有关人员组成清算组进行清算。

第二百三十四条 清算组在清算期间行使下列职权：

（一）清理公司财产，分别编制资产负债表和财产清单；

（二）通知、公告债权人；

（三）处理与清算有关的公司未了结的业务；

（四）清缴所欠税款以及清算过程中产生的税款；

（五）清理债权、债务；

（六）分配公司清偿债务后的剩余财产；

（七）代表公司参与民事诉讼活动。

第二百三十五条 清算组应当自成立之日起十日内通知债权人，并于六十日内在报纸上或者国家企业信用信息公示系统公告。债权人应当自接到通知之日起三十日内，未接到通知的自公告之日起四十五日内，向清算组申报其债权。

债权人申报债权，应当说明债权的有关事项，并提供证明材料。清算组应当对债权进行登记。

在申报债权期间，清算组不得对债权人进行清偿。

第二百三十六条 清算组在清理公司财产、编制资产负债表和财产清单后，应当制订清算方案，并报股东会或者人民法院确认。

公司财产在分别支付清算费用、职工的工资、社会保险费用和法定补偿金，缴纳所欠税款，清偿公司债务后的剩余财产，有限责任公司按照股东的出资比例分配，股份有限公司按照股东持有的股份比例分配。

清算期间，公司存续，但不得开展与清算无关的经营活动。公司财产在未依照前款规定清偿前，不得分配给股东。

第二百三十七条 清算组在清理公司财产、编制资产负债表和财产清单后，发现公司财产不足清偿债务的，应当依法向人民法院申请破产清算。

人民法院受理破产申请后，清算组应当将清算事务移交给人民法院指定的破产管理人。

第二百三十八条 清算组成员履行清算职责，负有忠实义务和勤勉义务。

清算组成员怠于履行清算职责，给公司造成损失的，应当承担赔偿责任；因故意或者重大过失给债权人造成损失的，应当承担赔偿责任。

第二百三十九条 公司清算结束后，清算组应当制作清算报告，报股东会或者人民法院确认，并报送公司登记机关，申请注销公司登记。

第二百四十条 公司在存续期间未产生债务，或者已清偿全部债务的，经全体股东承诺，可以按照规定通过简易程序注销公司登记。

通过简易程序注销公司登记，应当通过国家企业信用信息公示系统予以公告，公告期限不少于二十日。公告期限届满后，未有异议的，公司可以在二十日内向公司登记机关申请注销公司登记。

公司通过简易程序注销公司登记，股东对本条第一款规定的内容承诺不实的，应当对注销登记前的债务承担连带责任。

第二百四十一条 公司被吊销营业执照、责令关闭或者被撤销，满三年未向公司登记机关申请注销公司登记的，公司登记机关可以通过国家企业信用信息公示系统予以公告，公告期限不少于六十日。公告期限届满后，未有异议的，公司登记机关可以注销公司登记。

依照前款规定注销公司登记的，原公司股东、清算义务人的责任不受影响。

第二百四十二条 公司被依法宣告破产的，依照有关企业破产的法律实施破产清算。

第十三章 外国公司的分支机构

第二百四十三条 本法所称外国公司，是指依照外国法律在中华人民共和国境外设立的公司。

第二百四十四条 外国公司在中华人民共和国境内设立分支机构，应当向中国主管机关提出申请，并提交其公司章程、所属国的公司登记证书等有关文件，经批准后，向公司登记机关依法办理登记，领取营业执照。

外国公司分支机构的审批办法由国务院另行规定。

第二百四十五条 外国公司在中华人民共和国境内设立分支机构，应当在中华人民共和国境内指定负责该分支机构的代表人或者代理人，并向该分支机构拨付与其所从事的经营活动相适应的资金。

对外国公司分支机构的经营资金需要规定最低限额的，由国务院另行规定。

第二百四十六条 外国公司的分支机构应当在其名称中标明该外国公司的国籍及责任形式。

外国公司的分支机构应当在本机构中置备该外国公司章程。

第二百四十七条 外国公司在中华人民共和国境内设立的分支机构不具有中国法人资格。

外国公司对其分支机构在中华人民共和国境内进行经营活动承担民事责任。

第二百四十八条 经批准设立的外国公司分支机构，在中华人民共和国境内从事业务活动，应当遵守中国的法律，不得损害中国的社会公共利益，其合法权益受中国法律保护。

第二百四十九条 外国公司撤销其在中华人民共和国境内的分支机构时，应当依法清偿债务，依照本法有关公司清算程序的规定进行清算。未清偿债务之前，不得将其分支机构的财产转移至中华人民共和国境外。

第十四章　法律责任

第二百五十条 违反本法规定，虚报注册资本、提交虚假材料或者采取其他欺诈手段隐瞒重要事实取得公司登记的，由公司登记机关责令改正，对虚报注册资本的公司，处以虚报注册资本金额百分之五以上百分之十五以下的罚款；对提交虚假材料或者采取其他欺诈手段隐瞒重要事实的公司，处以五万元以上二百万元以下的罚款；情节严重的，吊销营业执照；对直接负责的主管人员和其他直接责任人员处以三万元以上三十万元以下的罚款。

第二百五十一条 公司未依照本法第四十条规定公示有关信息或者不如实公示有关信息的，由公司登记机关责令改正，可以处以一万元以上五万元以下的罚款。情节严重的，处以五万元以上二十万元以下的罚款；对直接负责的主管人员和其他直接责任人员处以一万元以上十万元以下的罚款。

第二百五十二条 公司的发起人、股东虚假出资，未交付或者未按期交付作为出资的货币或者非货币财产的，由公司登记机关责令改正，可以处以五万元以上二十万元以下的罚款；情节严重的，处以虚假出资或者未出资金额百分之五以上百分之十五以下的罚款；对直接负责的主管人员和其他直接责任人员处以一万元以上十万元以下的罚款。

第二百五十三条 公司的发起人、股东在公司成立后，抽逃其出资的，由公司登记机关责令改正，处以所抽逃出资金额百分之五以上百分之十五以下的罚款；对直接负责的主管人员和其他直接责任人员处以三万元以上三十万元以下的罚款。

第二百五十四条 有下列行为之一的，由县级以上人民政府财政部门依照《中华人民共和国会计法》等法律、行政法规的规定处罚：

（一）在法定的会计账簿以外另立会计账簿；

（二）提供存在虚假记载或者隐瞒重要事实的财务会计报告。

第二百五十五条 公司在合并、分立、减少注册资本或者进行清算时，不依照本法规定通知或者公告债权人的，由公司登记机关责令改正，对公司处以一万元以上十万元以下的罚款。

第二百五十六条 公司在进行清算时，隐匿财产，对资产负债表或者财产清单作虚假记载，或者在未清偿债务前分配公司财产的，由公司登记机关责令改正，对公司处以隐匿财产或者未清偿债务前分配公司财产金额百分之五以上百分之十以下的罚款；对直接负责的主管人员和其他直接责任人员处以一万元以上十万元以下的罚款。

　　第二百五十七条　承担资产评估、验资或者验证的机构提供虚假材料或者提供有重大遗漏的报告的，由有关部门依照《中华人民共和国资产评估法》、《中华人民共和国注册会计师法》等法律、行政法规的规定处罚。

　　承担资产评估、验资或者验证的机构因其出具的评估结果、验资或者验证证明不实，给公司债权人造成损失的，除能够证明自己没有过错的外，在其评估或者证明不实的金额范围内承担赔偿责任。

　　第二百五十八条　公司登记机关违反法律、行政法规规定未履行职责或者履行职责不当的，对负有责任的领导人员和直接责任人员依法给予政务处分。

　　第二百五十九条　未依法登记为有限责任公司或者股份有限公司，而冒用有限责任公司或者股份有限公司名义的，或者未依法登记为有限责任公司或者股份有限公司的分公司，而冒用有限责任公司或者股份有限公司的分公司名义的，由公司登记机关责令改正或者予以取缔，可以并处十万元以下的罚款。

　　第二百六十条　公司成立后无正当理由超过六个月未开业的，或者开业后自行停业连续六个月以上的，公司登记机关可以吊销营业执照，但公司依法办理歇业的除外。

　　公司登记事项发生变更时，未依照本法规定办理有关变更登记的，由公司登记机关责令限期登记；逾期不登记的，处以一万元以上十万元以下的罚款。

　　第二百六十一条　外国公司违反本法规定，擅自在中华人民共和国境内设立分支机构的，由公司登记机关责令改正或者关闭，可以并处五万元以上二十万元以下的罚款。

第二百六十二条　利用公司名义从事危害国家安全、社会公共利益的严重违法行为的，吊销营业执照。

第二百六十三条　公司违反本法规定，应当承担民事赔偿责任和缴纳罚款、罚金的，其财产不足以支付时，先承担民事赔偿责任。

第二百六十四条　违反本法规定，构成犯罪的，依法追究刑事责任。

第十五章　附　　则

第二百六十五条　本法下列用语的含义：

（一）高级管理人员，是指公司的经理、副经理、财务负责人，上市公司董事会秘书和公司章程规定的其他人员。

（二）控股股东，是指其出资额占有限责任公司资本总额超过百分之五十或者其持有的股份占股份有限公司股本总额超过百分之五十的股东；出资额或者持有股份的比例虽然低于百分之五十，但依其出资额或者持有的股份所享有的表决权已足以对股东会的决议产生重大影响的股东。

（三）实际控制人，是指通过投资关系、协议或者其他安排，能够实际支配公司行为的人。

（四）关联关系，是指公司控股股东、实际控制人、董事、监事、高级管理人员与其直接或者间接控制的企业之间的关系，以及可能导致公司利益转移的其他关系。但是，国家控股的企业之间不仅因为同受国家控股而具有关联关系。

第二百六十六条　本法自 2024 年 7 月 1 日起施行。

本法施行前已登记设立的公司，出资期限超过本法规定的期限的，除法律、行政法规或者国务院另有规定外，应当逐步调整至本法规定的期限以内；对于出资期限、出资额明显异常的，公司登记机关可以依法要求其及时调整。具体实施办法由国务院规定。

中华人民共和国国务院组织法

（1982 年 12 月 10 日第五届全国人民代表大会第五次会议通过并于同日公布施行　2024 年 3 月 11 日第十四届全国人民代表大会第二次会议修订）

第一条　为了健全国务院的组织和工作制度，保障和规范国务院行使职权，根据宪法，制定本法。

第二条　中华人民共和国国务院，即中央人民政府，是最高国家权力机关的执行机关，是最高国家行政机关。

第三条　国务院坚持中国共产党的领导，坚持以马克思列宁主义、毛泽东思想、邓小平理论、"三个代表"重要思想、科学发展观、习近平新时代中国特色社会主义思想为指导，坚决维护党中央权威和集中统一领导，坚决贯彻落实党中央决策部署，贯彻新发展理念，坚持依法行政，依照宪法和法律规定，全面正确履行政府职能。

国务院坚持以人民为中心、全心全意为人民服务，坚持和发展全过程人民民主，始终同人民保持密切联系，倾听人民的意见和建议，建设人民满意的法治政府、创新政府、廉洁政府和服务型政府。

第四条　国务院对全国人民代表大会负责并报告工作；在全国人民代表大会闭会期间，对全国人民代表大会常务委员会负责并报告工作。

国务院应当自觉接受全国人民代表大会及其常务委员会的监督。

第五条 国务院由总理、副总理、国务委员、各部部长、各委员会主任、中国人民银行行长、审计长、秘书长组成。

国务院实行总理负责制。总理领导国务院的工作。

副总理、国务委员协助总理工作，按照分工负责分管领域工作；受总理委托，负责其他方面的工作或者专项任务；根据统一安排，代表国务院进行外事活动。

第六条 国务院行使宪法和有关法律规定的职权。

第七条 国务院实行国务院全体会议和国务院常务会议制度。国务院全体会议由国务院全体成员组成。国务院常务会议由总理、副总理、国务委员、秘书长组成。总理召集和主持国务院全体会议和国务院常务会议。国务院工作中的重大问题，必须经国务院常务会议或者国务院全体会议讨论决定。

第八条 国务院全体会议的主要任务是讨论决定政府工作报告、国民经济和社会发展规划等国务院工作中的重大事项，部署国务院的重要工作。

国务院常务会议的主要任务是讨论法律草案、审议行政法规草案，讨论、决定、通报国务院工作中的重要事项。

国务院全体会议和国务院常务会议讨论决定的事项，除依法需要保密的外，应当及时公布。

国务院根据需要召开总理办公会议和国务院专题会议。

第九条 国务院发布的行政法规、决定、命令，向全国人民代表大会或者全国人民代表大会常务委员会提出的议案，任免人员，由总理签署。

第十条　国务院秘书长在总理领导下，负责处理国务院的日常工作。

国务院设副秘书长若干人，协助秘书长工作。

国务院设立办公厅，由秘书长领导。

第十一条　国务院组成部门的设立、撤销或者合并，经总理提出，由全国人民代表大会决定；在全国人民代表大会闭会期间，由全国人民代表大会常务委员会决定。国务院组成部门确定或者调整后，由全国人民代表大会或者全国人民代表大会常务委员会公布。

第十二条　国务院组成部门设部长（主任、行长、审计长）一人，副部长（副主任、副行长、副审计长）二至四人；委员会可以设委员五至十人。

国务院组成部门实行部长（主任、行长、审计长）负责制。部长（主任、行长、审计长）领导本部门的工作，召集和主持部务（委务、行务、署务）会议，讨论决定本部门工作的重大问题；签署上报国务院的重要请示、报告和发布的命令、指示。副部长（副主任、副行长、副审计长）协助部长（主任、行长、审计长）工作。

国务院副秘书长、各部副部长、各委员会副主任、中国人民银行副行长、副审计长由国务院任免。

第十三条　国务院可以根据工作需要和优化协同高效精简的原则，按照规定程序设立若干直属机构主管各项专门业务，设立若干办事机构协助总理办理专门事项。每个机构设负责人二至五人，由国务院任免。

第十四条　国务院组成部门工作中的方针、政策、计划和重大行政措施，应当向国务院请示报告，由国务院决定。根据法律和国务院的行政法规、决定、命令，主管部门可以在本部门的权限范围内发布命令、指示。

国务院组成部门和具有行政管理职能的直属机构以及法律规定的机构，可以根据法律和国务院的行政法规、决定、命令，在本部门的权限范围内，制定规章。

第十五条 国务院统一领导全国地方各级国家行政机关的工作。

第十六条 国务院坚持科学决策、民主决策、依法决策，健全行政决策制度体系，规范重大行政决策程序，加强行政决策执行和评估，提高决策质量和效率。

第十七条 国务院健全行政监督制度，加强行政复议、备案审查、行政执法监督、政府督查等工作，坚持政务公开，自觉接受各方面监督，强化对行政权力运行的制约和监督。

第十八条 国务院组成人员应当坚决维护党中央权威和集中统一领导，模范遵守宪法和法律，认真履行职责，带头反对形式主义、官僚主义，为民务实，严守纪律，勤勉廉洁。

第十九条 国务院组成部门、直属机构、办事机构应当各司其职、各负其责、加强协调、密切配合，确保党中央、国务院各项工作部署贯彻落实。

第二十条 本法自公布之日起施行。

第4辑

中华人民共和国关税法

(2024年4月26日第十四届全国人民代表大会
常务委员会第九次会议通过)

目　　录

第一章　总　　则

第一条　为了规范关税的征收和缴纳，维护进出口秩序，促进对外贸易，推进高水平对外开放，推动高质量发展，维护国家主权和利益，保护纳税人合法权益，根据宪法，制定本法。

第二条　中华人民共和国准许进出口的货物、进境物品，由海关依照本法和有关法律、行政法规的规定征收关税。

第三条　进口货物的收货人、出口货物的发货人、进境物品的携带人或者收件人，是关税的纳税人。

从事跨境电子商务零售进口的电子商务平台经营者、物流企业和报关企业，以及法律、行政法规规定负有代扣代缴、代收代缴关税税款义务的单位和个人，是关税的扣缴义务人。

第四条　进出口货物的关税税目、税率以及税目、税率的适用规则等，依照本法所附《中华人民共和国进出口税则》（以下简称《税则》）执行。

第五条　个人合理自用的进境物品，按照简易征收办法征收关税。超过个人合理自用数量的进境物品，按照进口货物征收关税。

个人合理自用的进境物品，在规定数额以内的免征关税。

进境物品关税简易征收办法和免征关税数额由国务院规定，报全国人民代表大会常务委员会备案。

第六条　关税工作坚持中国共产党的领导，贯彻落实党和国家路线方针政策、决策部署，为国民经济和社会发展服务。

第七条　国务院设立关税税则委员会，履行下列职责：

（一）审议关税工作重大规划，拟定关税改革发展方案，并组织实施；

（二）审议重大关税政策和对外关税谈判方案；

（三）提出《税则》调整建议；

（四）定期编纂、发布《税则》；

（五）解释《税则》的税目、税率；

（六）决定征收反倾销税、反补贴税、保障措施关税，实施国务院决定的其他关税措施；

（七）法律、行政法规和国务院规定的其他职责。

国务院关税税则委员会的组成和工作规则由国务院规定。

第八条 海关及其工作人员对在履行职责中知悉的纳税人、扣缴义务人的商业秘密、个人隐私、个人信息，应当依法予以保密，不得泄露或者非法向他人提供。

第二章 税目和税率

第九条 关税税目由税则号列和目录条文等组成。

关税税目适用规则包括归类规则等。进出口货物的商品归类，应当按照《税则》规定的目录条文和归类总规则、类注、章注、子目注释、本国子目注释，以及其他归类注释确定，并归入相应的税则号列。

根据实际需要，国务院关税税则委员会可以提出调整关税税目及其适用规则的建议，报国务院批准后发布执行。

第十条 进口关税设置最惠国税率、协定税率、特惠税率、普通税率。

出口关税设置出口税率。

对实行关税配额管理的进出口货物，设置关税配额税率。

对进出口货物在一定期限内可以实行暂定税率。

第十一条 关税税率的适用应当符合相应的原产地规则。

完全在一个国家或者地区获得的货物，以该国家或者地区为原产地；两个以上国家或者地区参与生产的货物，以最后完成实质性改变的国家或者地区为原产地。国务院根据中华人民共和国缔结或者共同参加的国际条约、协定对原产地的确定另有规定的，依照其规定。

进口货物原产地的具体确定，依照本法和国务院及其有关部门的规定执行。

第十二条 原产于共同适用最惠国待遇条款的世界贸易组织成员的进口货物，原产于与中华人民共和国缔结或者共同参加含有相互给予最惠国待遇条款的国际条约、协定的国家或者地区的进口货物，以及原产于中华人民共和国境内的进口货物，适用最惠国税率。

原产于与中华人民共和国缔结或者共同参加含有关税优惠条款的国际条约、协定的国家或者地区且符合国际条约、协定有关规定的进口货物，适用协定税率。

原产于中华人民共和国给予特殊关税优惠安排的国家或者地区且符合国家原产地管理规定的进口货物，适用特惠税率。

原产于本条第一款至第三款规定以外的国家或者地区的进口货物，以及原产地不明的进口货物，适用普通税率。

第十三条 适用最惠国税率的进口货物有暂定税率的，适用暂定税率。

适用协定税率的进口货物有暂定税率的，从低适用税率；其最惠国税率低于协定税率且无暂定税率的，适用最惠国税率。

适用特惠税率的进口货物有暂定税率的，从低适用税率。

适用普通税率的进口货物，不适用暂定税率。

适用出口税率的出口货物有暂定税率的，适用暂定税率。

第十四条 实行关税配额管理的进出口货物，关税配额内的适用关税配额税率，有暂定税率的适用暂定税率；关税配额外的，其税率的适用按照本法第十二条、第十三条的规定执行。

第十五条 关税税率的调整，按照下列规定执行：

（一）需要调整中华人民共和国在加入世界贸易组织议定书中承诺的最惠国税率、关税配额税率和出口税率的，由国务院关税税则委员会提出建议，经国务院审核后报全国人民代表大会常务委员会决定。

（二）根据实际情况，在中华人民共和国加入世界贸易组织议定书中承诺的范围内调整最惠国税率、关税配额税率和出口税率，调整特惠税率适用的国别或者地区、货物范围和税率，或者调整普通税率的，由国务院决定，报全国人民代表大会常务委员会备案。

（三）特殊情况下最惠国税率的适用，由国务院决定，报全国人民代表大会常务委员会备案。

协定税率在完成有关国际条约、协定的核准或者批准程序后，由国务院关税税则委员会组织实施。

实行暂定税率的货物范围、税率和期限由国务院关税税则委员会决定。

与关税税目调整相关的税率的技术性转换，由国务院关税税则委员会提出建议，报国务院批准后执行。

关税税率依照前四款规定调整的，由国务院关税税则委员会发布。

第十六条　依法对进口货物征收反倾销税、反补贴税、保障措施关税的，其税率的适用按照有关反倾销、反补贴和保障措施的法律、行政法规的规定执行。

第十七条　任何国家或者地区不履行与中华人民共和国缔结或者共同参加的国际条约、协定中的最惠国待遇条款或者关税优惠条款，国务院关税税则委员会可以提出按照对等原则采取相应措施的建议，报国务院批准后执行。

第十八条　任何国家或者地区违反与中华人民共和国缔结或者共同参加的国际条约、协定，对中华人民共和国在贸易方面采取禁止、限制、加征关税或者其他影响正常贸易的措施的，对原产于该国家或者地区的进口货物可以采取征收报复性关税等措施。

征收报复性关税的货物范围、适用国别或者地区、税率、期限和征收办法，由国务院关税税则委员会提出建议，报国务院批准后执行。

第十九条 涉及本法第十六条、第十七条、第十八条规定措施的进口货物，纳税人未提供证明材料，或者提供了证明材料但经海关审核仍无法排除该货物原产于被采取规定措施的国家或者地区的，对该货物适用下列两项税率中较高者：

（一）因采取规定措施对相关货物所实施的最高税率与按照本法第十二条、第十三条、第十四条规定适用的税率相加后的税率；

（二）普通税率。

第二十条 进出口货物、进境物品，应当适用纳税人、扣缴义务人完成申报之日实施的税率。

进口货物到达前，经海关核准先行申报的，应当适用装载该货物的运输工具申报进境之日实施的税率。

第二十一条 有下列情形之一的，应当适用纳税人、扣缴义务人办理纳税手续之日实施的税率：

（一）保税货物不复运出境，转为内销；

（二）减免税货物经批准转让、移作他用或者进行其他处置；

（三）暂时进境货物不复运出境或者暂时出境货物不复运进境；

（四）租赁进口货物留购或者分期缴纳税款。

第二十二条 补征或者退还关税税款，应当按照本法第二十条或者第二十一条的规定确定适用的税率。

因纳税人、扣缴义务人违反规定需要追征税款的，应当适用违反规定行为发生之日实施的税率；行为发生之日不能确定的，适用海关发现该行为之日实施的税率。

第三章　应纳税额

第二十三条　关税实行从价计征、从量计征、复合计征的方式征收。

实行从价计征的，应纳税额按照计税价格乘以比例税率计算。

实行从量计征的，应纳税额按照货物数量乘以定额税率计算。

实行复合计征的，应纳税额按照计税价格乘以比例税率与货物数量乘以定额税率之和计算。

第二十四条　进口货物的计税价格以成交价格以及该货物运抵中华人民共和国境内输入地点起卸前的运输及其相关费用、保险费为基础确定。

进口货物的成交价格，是指卖方向中华人民共和国境内销售该货物时买方为进口该货物向卖方实付、应付的，并按照本法第二十五条、第二十六条规定调整后的价款总额，包括直接支付的价款和间接支付的价款。

进口货物的成交价格应当符合下列条件：

（一）对买方处置或者使用该货物不予限制，但法律、行政法规规定的限制、对货物转售地域的限制和对货物价格无实质性影响的限制除外；

（二）该货物的成交价格没有因搭售或者其他因素的影响而无法确定；

（三）卖方不得从买方直接或者间接获得因该货物进口后转售、处置或者使用而产生的任何收益，或者虽有收益但能够按照本法第二十五条、第二十六条的规定进行调整；

（四）买卖双方没有特殊关系，或者虽有特殊关系但未对成交价格产生影响。

第二十五条　进口货物的下列费用应当计入计税价格：

（一）由买方负担的购货佣金以外的佣金和经纪费；

（二）由买方负担的与该货物视为一体的容器的费用；

（三）由买方负担的包装材料费用和包装劳务费用；

（四）与该货物的生产和向中华人民共和国境内销售有关的，由买方以免费或者以低于成本的方式提供并可以按适当比例分摊的料件、工具、模具、消耗材料及类似货物的价款，以及在中华人民共和国境外开发、设计等相关服务的费用；

（五）作为该货物向中华人民共和国境内销售的条件，买方必须支付的、与该货物有关的特许权使用费；

（六）卖方直接或者间接从买方获得的该货物进口后转售、处置或者使用的收益。

第二十六条　进口时在货物的价款中列明的下列费用、税收，不计入该货物的计税价格：

（一）厂房、机械、设备等货物进口后进行建设、安装、装配、维修和技术服务的费用，但保修费用除外；

（二）进口货物运抵中华人民共和国境内输入地点起卸后的运输及其相关费用、保险费；

（三）进口关税及国内税收。

第二十七条　进口货物的成交价格不符合本法第二十四条第三款规定条件，或者成交价格不能确定的，海关经了解有关情况，并与纳税人进行价格磋商后，依次以下列价格估定该货物的计税价格：

（一）与该货物同时或者大约同时向中华人民共和国境内销售

的相同货物的成交价格；

（二）与该货物同时或者大约同时向中华人民共和国境内销售的类似货物的成交价格；

（三）与该货物进口的同时或者大约同时，将该进口货物、相同或者类似进口货物在中华人民共和国境内第一级销售环节销售给无特殊关系买方最大销售总量的单位价格，但应当扣除本法第二十八条规定的项目；

（四）按照下列各项总和计算的价格：生产该货物所使用的料件成本和加工费用，向中华人民共和国境内销售同等级或者同种类货物通常的利润和一般费用，该货物运抵中华人民共和国境内输入地点起卸前的运输及其相关费用、保险费；

（五）以合理方法估定的价格。

纳税人可以向海关提供有关资料，申请调整前款第三项和第四项的适用次序。

第二十八条 按照本法第二十七条第一款第三项规定估定计税价格，应当扣除下列项目：

（一）同等级或者同种类货物在中华人民共和国境内第一级销售环节销售时通常的利润和一般费用以及通常支付的佣金；

（二）进口货物运抵中华人民共和国境内输入地点起卸后的运输及其相关费用、保险费；

（三）进口关税及国内税收。

第二十九条 出口货物的计税价格以该货物的成交价格以及该货物运至中华人民共和国境内输出地点装载前的运输及其相关费用、保险费为基础确定。

出口货物的成交价格，是指该货物出口时卖方为出口该货物应当向买方直接收取和间接收取的价款总额。

出口关税不计入计税价格。

第三十条 出口货物的成交价格不能确定的，海关经了解有关情况，并与纳税人进行价格磋商后，依次以下列价格估定该货物的计税价格：

（一）与该货物同时或者大约同时向同一国家或者地区出口的相同货物的成交价格；

（二）与该货物同时或者大约同时向同一国家或者地区出口的类似货物的成交价格；

（三）按照下列各项总和计算的价格：中华人民共和国境内生产相同或者类似货物的料件成本、加工费用，通常的利润和一般费用，境内发生的运输及其相关费用、保险费；

（四）以合理方法估定的价格。

第三十一条 海关可以依申请或者依职权，对进出口货物、进境物品的计税价格、商品归类和原产地依法进行确定。

必要时，海关可以组织化验、检验，并将海关认定的化验、检验结果作为确定计税价格、商品归类和原产地的依据。

第四章　税收优惠和特殊情形关税征收

第三十二条 下列进出口货物、进境物品，免征关税：

（一）国务院规定的免征额度内的一票货物；

（二）无商业价值的广告品和货样；

（三）进出境运输工具装载的途中必需的燃料、物料和饮食用品；

（四）在海关放行前损毁或者灭失的货物、进境物品；

（五）外国政府、国际组织无偿赠送的物资；

（六）中华人民共和国缔结或者共同参加的国际条约、协定规定免征关税的货物、进境物品；

（七）依照有关法律规定免征关税的其他货物、进境物品。

第三十三条 下列进出口货物、进境物品，减征关税：

（一）在海关放行前遭受损坏的货物、进境物品；

（二）中华人民共和国缔结或者共同参加的国际条约、协定规定减征关税的货物、进境物品；

（三）依照有关法律规定减征关税的其他货物、进境物品。

前款第一项减征关税，应当根据海关认定的受损程度办理。

第三十四条 根据维护国家利益、促进对外交往、经济社会发展、科技创新需要或者由于突发事件等原因，国务院可以制定关税专项优惠政策，报全国人民代表大会常务委员会备案。

第三十五条 减免税货物应当依法办理手续。需由海关监管使用的减免税货物应当接受海关监管，在监管年限内转让、移作他用或者进行其他处置，按照国家有关规定需要补税的，应当补缴关税。

对需由海关监管使用的减免税进境物品，参照前款规定执行。

第三十六条 保税货物复运出境的，免征关税；不复运出境转为内销的，按照规定征收关税。加工贸易保税进口料件或者其制成品内销的，除按照规定征收关税外，还应当征收缓税利息。

第三十七条 暂时进境或者暂时出境的下列货物、物品，可以依法暂不缴纳关税，但该货物、物品应当自进境或者出境之日起六个月内复运出境或者复运进境；需要延长复运出境或者复运进境期限的，应当根据海关总署的规定向海关办理延期手续：

（一）在展览会、交易会、会议以及类似活动中展示或者使用的货物、物品；

（二）文化、体育交流活动中使用的表演、比赛用品；

（三）进行新闻报道或者摄制电影、电视节目使用的仪器、设备及用品；

（四）开展科研、教学、医疗卫生活动使用的仪器、设备及用品；

（五）在本款第一项至第四项所列活动中使用的交通工具及特种车辆；

（六）货样；

（七）供安装、调试、检测设备时使用的仪器、工具；

（八）盛装货物的包装材料；

（九）其他用于非商业目的的货物、物品。

前款所列货物、物品在规定期限内未复运出境或者未复运进境的，应当依法缴纳关税。

第三十八条 本法第三十七条规定以外的其他暂时进境的货物、物品，应当根据该货物、物品的计税价格和其在境内滞留时间与折旧时间的比例计算缴纳进口关税；该货物、物品在规定期限届满后未复运出境的，应当补足依法应缴纳的关税。

本法第三十七条规定以外的其他暂时出境货物，在规定期限届满后未复运进境的，应当依法缴纳关税。

第三十九条 因品质、规格原因或者不可抗力，出口货物自出口之日起一年内原状复运进境的，不征收进口关税。因品质、规格原因或者不可抗力，进口货物自进口之日起一年内原状复运出境的，不征收出口关税。

特殊情形下，经海关批准，可以适当延长前款规定的期限，具体办法由海关总署规定。

第四十条 因残损、短少、品质不良或者规格不符原因，进出口货物的发货人、承运人或者保险公司免费补偿或者更换的相同货物，进出口时不征收关税。被免费更换的原进口货物不退运出境或者原出口货物不退运进境的，海关应当对原进出口货物重新按照规定征收关税。

纳税人应当在原进出口合同约定的请求赔偿期限内且不超过原进出口放行之日起三年内，向海关申报办理免费补偿或者更换货物的进出口手续。

第五章　征收管理

第四十一条　关税征收管理可以实施货物放行与税额确定相分离的模式。

关税征收管理应当适应对外贸易新业态新模式发展需要，提升信息化、智能化、标准化、便利化水平。

第四十二条　进出口货物的纳税人、扣缴义务人可以按照规定选择海关办理申报纳税。

纳税人、扣缴义务人应当按照规定的期限和要求如实向海关申报税额，并提供相关资料。必要时，海关可以要求纳税人、扣缴义务人补充申报。

第四十三条　进出口货物的纳税人、扣缴义务人应当自完成申报之日起十五日内缴纳税款；符合海关规定条件并提供担保的，可以于次月第五个工作日结束前汇总缴纳税款。因不可抗力或者国家税收政策调整，不能按期缴纳的，经向海关申请并提供担保，可以延期缴纳，但最长不得超过六个月。

纳税人、扣缴义务人未在前款规定的纳税期限内缴纳税款的，自规定的期限届满之日起，按日加收滞纳税款万分之五的滞纳金。

税款尚未缴纳，纳税人、扣缴义务人依照有关法律、行政法规的规定申请提供担保要求放行货物的，海关应当依法办理担保手续。

第四十四条 进出口货物的纳税人在规定的纳税期限内有转移、藏匿其应税货物以及其他财产的明显迹象，或者存在其他可能导致无法缴纳税款风险的，海关可以责令其提供担保；纳税人不提供担保的，经直属海关关长或者其授权的隶属海关关长批准，海关可以实施下列强制措施：

（一）书面通知银行业金融机构冻结纳税人金额相当于应纳税款的存款、汇款；

（二）查封、扣押纳税人价值相当于应纳税款的货物或者其他财产。

纳税人在规定的纳税期限内缴纳税款的，海关应当立即解除强制措施。

第四十五条 自纳税人、扣缴义务人缴纳税款或者货物放行之日起三年内，海关有权对纳税人、扣缴义务人的应纳税额进行确认。

海关确认的应纳税额与纳税人、扣缴义务人申报的税额不一致的，海关应当向纳税人、扣缴义务人出具税额确认书。纳税人、扣缴义务人应当按照税额确认书载明的应纳税额，在海关规定的期限内补缴税款或者办理退税手续。

经海关确认应纳税额后需要补缴税款但未在规定的期限内补缴的，自规定的期限届满之日起，按日加收滞纳税款万分之五的滞纳金。

第四十六条 因纳税人、扣缴义务人违反规定造成少征或者漏征税款的，海关可以自缴纳税款或者货物放行之日起三年内追征税款，并自缴纳税款或者货物放行之日起，按日加收少征或者漏征税款万分之五的滞纳金。

第四十七条　对走私行为，海关追征税款、滞纳金的，不受前条规定期限的限制，并有权核定应纳税额。

第四十八条　海关发现海关监管货物因纳税人、扣缴义务人违反规定造成少征或者漏征税款的，应当自纳税人、扣缴义务人应缴纳税款之日起三年内追征税款，并自应缴纳税款之日起按日加收少征或者漏征税款万分之五的滞纳金。

第四十九条　海关可以对纳税人、扣缴义务人欠缴税款的情况予以公告。

纳税人未缴清税款、滞纳金且未向海关提供担保的，经直属海关关长或者其授权的隶属海关关长批准，海关可以按照规定通知移民管理机构对纳税人或者其法定代表人依法采取限制出境措施。

第五十条　纳税人、扣缴义务人未按照规定的期限缴纳或者解缴税款的，由海关责令其限期缴纳；逾期仍未缴纳且无正当理由的，经直属海关关长或者其授权的隶属海关关长批准，海关可以实施下列强制执行措施：

（一）书面通知银行业金融机构划拨纳税人、扣缴义务人金额相当于应纳税款的存款、汇款；

（二）查封、扣押纳税人、扣缴义务人价值相当于应纳税款的货物或者其他财产，依法拍卖或者变卖所查封、扣押的货物或者其他财产，以拍卖或者变卖所得抵缴税款，剩余部分退还纳税人、扣缴义务人。

海关实施强制执行时，对未缴纳的滞纳金同时强制执行。

第五十一条　海关发现多征税款的，应当及时通知纳税人办理退还手续。

纳税人发现多缴税款的，可以自缴纳税款之日起三年内，向海关书面申请退还多缴的税款。海关应当自受理申请之日起三十日内查实并通知纳税人办理退还手续，纳税人应当自收到通知之日起三个月内办理退还手续。

第五十二条　有下列情形之一的，纳税人自缴纳税款之日起一年内，可以向海关申请退还关税：

（一）已征进口关税的货物，因品质、规格原因或者不可抗力，一年内原状复运出境；

（二）已征出口关税的货物，因品质、规格原因或者不可抗力，一年内原状复运进境，并已重新缴纳因出口而退还的国内环节有关税收；

（三）已征出口关税的货物，因故未装运出口，申报退关。

申请退还关税应当以书面形式提出，并提供原缴款凭证及相关资料。海关应当自受理申请之日起三十日内查实并通知纳税人办理退还手续。纳税人应当自收到通知之日起三个月内办理退还手续。

按照其他有关法律、行政法规规定应当退还关税的，海关应当依法予以退还。

第五十三条　按照规定退还关税的，应当加算银行同期活期存款利息。

第五十四条　对规避本法第二章、第三章有关规定，不具有合理商业目的而减少应纳税额的行为，国家可以采取调整关税等反规避措施。

第五十五条　报关企业接受纳税人的委托，以纳税人的名义办理报关纳税手续，因报关企业违反规定造成海关少征、漏征税款的，报关企业对少征或者漏征的税款及其滞纳金与纳税人承担纳税的连带责任。

报关企业接受纳税人的委托，以报关企业的名义办理报关纳税手续的，报关企业与纳税人承担纳税的连带责任。

第五十六条 除不可抗力外，在保管海关监管货物期间，海关监管货物损毁或者灭失的，对海关监管货物负有保管义务的单位或者个人应当承担相应的纳税责任。

第五十七条 未履行纳税义务的纳税人有合并、分立情形的，在合并、分立前，应当向海关报告，依法缴清税款、滞纳金或者提供担保。纳税人合并时未缴清税款、滞纳金或者未提供担保的，由合并后的法人或者非法人组织继续履行未履行的纳税义务；纳税人分立时未缴清税款、滞纳金或者未提供担保的，分立后的法人或者非法人组织对未履行的纳税义务承担连带责任。

纳税人在减免税货物、保税货物监管期间，有合并、分立或者其他资产重组情形的，应当向海关报告；按照规定需要缴税的，应当依法缴清税款、滞纳金或者提供担保；按照规定可以继续享受减免税、保税的，应当向海关办理变更纳税人的手续。

纳税人未履行纳税义务或者在减免税货物、保税货物监管期间，有解散、破产或者其他依法终止经营情形的，应当在清算前向海关报告。海关应当依法清缴税款、滞纳金。

第五十八条 海关征收的税款优先于无担保债权，法律另有规定的除外。纳税人欠缴税款发生在纳税人以其财产设定抵押、质押之前的，税款应当先于抵押权、质权执行。

纳税人欠缴税款，同时被行政机关处以罚款、没收违法所得，其财产不足以同时支付的，应当先缴纳税款。

第五十九条 税款、滞纳金应当按照国家有关规定及时缴入国库。

退还税款、利息涉及从国库中退库的，按照法律、行政法规有关国库管理的规定执行。

第六十条　税款、滞纳金、利息等应当以人民币计算。

进出口货物、进境物品的价格以及有关费用以人民币以外的货币计算的，按照纳税人完成申报之日的计征汇率折合为人民币计算。

前款所称计征汇率，是指按照海关总署规定确定的日期当日的人民币汇率中间价。

第六十一条　海关因关税征收的需要，可以依法向有关政府部门和机构查询纳税人的身份、账户、资金往来等涉及关税的信息，有关政府部门和机构应当在职责范围内予以协助和配合。海关获取的涉及关税的信息只能用于关税征收目的。

第六章　法律责任

第六十二条　有下列情形之一的，由海关给予警告；情节严重的，处三万元以下的罚款：

（一）未履行纳税义务的纳税人有合并、分立情形，在合并、分立前，未向海关报告；

（二）纳税人在减免税货物、保税货物监管期间，有合并、分立或者其他资产重组情形，未向海关报告；

（三）纳税人未履行纳税义务或者在减免税货物、保税货物监管期间，有解散、破产或者其他依法终止经营情形，未在清算前向海关报告。

第六十三条　纳税人欠缴应纳税款，采取转移或者藏匿财产等手段，妨碍海关依法追征欠缴的税款的，除由海关追征欠缴的税款、滞纳金外，处欠缴税款百分之五十以上五倍以下的罚款。

第六十四条　扣缴义务人应扣未扣、应收未收税款的，由海关向纳税人追征税款，对扣缴义务人处应扣未扣、应收未收税款百分之五十以上三倍以下的罚款。

第六十五条 对本法第六十二条、第六十三条、第六十四条规定以外其他违反本法规定的行为，由海关依照《中华人民共和国海关法》等法律、行政法规的规定处罚。

第六十六条 纳税人、扣缴义务人、担保人对海关确定纳税人、商品归类、货物原产地、纳税地点、计征方式、计税价格、适用税率或者汇率，决定减征或者免征税款，确认应纳税额、补缴税款、退还税款以及加收滞纳金等征税事项有异议的，应当依法先向上一级海关申请行政复议；对行政复议决定不服的，可以依法向人民法院提起行政诉讼。

当事人对海关作出的前款规定以外的行政行为不服的，可以依法申请行政复议，也可以依法向人民法院提起行政诉讼。

第六十七条 违反本法规定，滥用职权、玩忽职守、徇私舞弊或者泄露、非法向他人提供在履行职责中知悉的商业秘密、个人隐私、个人信息的，依法给予处分。

第六十八条 违反本法规定，构成犯罪的，依法追究刑事责任。

第七章 附 则

第六十九条 《中华人民共和国海南自由贸易港法》对海南自由贸易港的关税事宜另有规定的，依照其规定。

第七十条 进口环节海关代征税的征收管理，适用关税征收管理的规定。

船舶吨税的征收，《中华人民共和国船舶吨税法》未作规定的，适用关税征收管理的规定。

第七十一条 从事免税商品零售业务应当经过批准，具体办法由国务院规定。

第七十二条 本法自 2024 年 12 月 1 日起施行。《中华人民共和国进出口关税条例》同时废止。

附：中华人民共和国进出口税则（注：《中华人民共和国进出口税则》由国务院关税税则委员会发布）

中华人民共和国学位法

（2024 年 4 月 26 日第十四届全国人民代表大会
常务委员会第九次会议通过）

目　　录

第一章　总　　则

第一条 为了规范学位授予工作，保护学位申请人的合法权益，保障学位质量，培养担当民族复兴大任的时代新人，建设教育强国、科技强国、人才强国，服务全面建设社会主义现代化国家，根据宪法，制定本法。

212

第二条　国家实行学位制度。学位分为学士、硕士、博士，包括学术学位、专业学位等类型，按照学科门类、专业学位类别等授予。

第三条　学位工作坚持中国共产党的领导，全面贯彻国家的教育方针，践行社会主义核心价值观，落实立德树人根本任务，遵循教育规律，坚持公平、公正、公开，坚持学术自由与学术规范相统一，促进创新发展，提高人才自主培养质量。

第四条　拥护中国共产党的领导、拥护社会主义制度的中国公民，在高等学校、科学研究机构学习或者通过国家规定的其他方式接受教育，达到相应学业要求、学术水平或者专业水平的，可以依照本法规定申请相应学位。

第五条　经审批取得相应学科、专业学位授予资格的高等学校、科学研究机构为学位授予单位，其授予学位的学科、专业为学位授予点。学位授予单位可以依照本法规定授予相应学位。

第二章　学位工作体制

第六条　国务院设立学位委员会，领导全国学位工作。

国务院学位委员会设主任委员一人，副主任委员和委员若干人。主任委员、副主任委员和委员由国务院任免，每届任期五年。

国务院学位委员会设立专家组，负责学位评审评估、质量监督、研究咨询等工作。

第七条　国务院学位委员会在国务院教育行政部门设立办事机构，承担国务院学位委员会日常工作。

国务院教育行政部门负责全国学位管理有关工作。

第八条　省、自治区、直辖市人民政府设立省级学位委员会，在国务院学位委员会的指导下，领导本行政区域学位工作。

省、自治区、直辖市人民政府教育行政部门负责本行政区域学位管理有关工作。

第九条 学位授予单位设立学位评定委员会，履行下列职责：

（一）审议本单位学位授予的实施办法和具体标准；

（二）审议学位授予点的增设、撤销等事项；

（三）作出授予、不授予、撤销相应学位的决议；

（四）研究处理学位授予争议；

（五）受理与学位相关的投诉或者举报；

（六）审议其他与学位相关的事项。

学位评定委员会可以设立若干分委员会协助开展工作，并可以委托分委员会履行相应职责。

第十条 学位评定委员会由学位授予单位具有高级专业技术职务的负责人、教学科研人员组成，其组成人员应当为不少于九人的单数。学位评定委员会主席由学位授予单位主要行政负责人担任。

学位评定委员会作出决议，应当以会议的方式进行。审议本法第九条第一款第一项至第四项所列事项或者其他重大事项的，会议应当有全体组成人员的三分之二以上出席。决议事项以投票方式表决，由全体组成人员的过半数通过。

第十一条 学位评定委员会及分委员会的组成人员、任期、职责分工、工作程序等由学位授予单位确定并公布。

第三章 学位授予资格

第十二条 高等学校、科学研究机构申请学位授予资格，应当具备下列条件：

（一）坚持社会主义办学方向，落实立德树人根本任务；

214

（二）符合国家和地方经济社会发展需要、高等教育发展规划；

（三）具有与所申请学位授予资格相适应的师资队伍、设施设备等教学科研资源及办学水平；

（四）法律、行政法规规定的其他条件。

国务院学位委员会、省级学位委员会可以根据前款规定，对申请相应学位授予资格的条件作出具体规定。

第十三条 依法实施本科教育且具备本法第十二条规定条件的高等学校，可以申请学士学位授予资格。依法实施本科教育、研究生教育且具备本法第十二条规定条件的高等学校、科学研究机构，可以申请硕士、博士学位授予资格。

第十四条 学士学位授予资格，由省级学位委员会审批，报国务院学位委员会备案。

硕士学位授予资格，由省级学位委员会组织审核，报国务院学位委员会审批。

博士学位授予资格，由国务院教育行政部门组织审核，报国务院学位委员会审批。

审核学位授予资格，应当组织专家评审。

第十五条 申请学位授予资格，应当在国务院学位委员会、省级学位委员会规定的期限内提出。

负责学位授予资格审批的单位应当自受理申请之日起九十日内作出决议，并向社会公示。公示期不少于十个工作日。公示期内有异议的，应当组织复核。

第十六条 符合条件的学位授予单位，经国务院学位委员会批准，可以自主开展增设硕士、博士学位授予点审核。自主增设的学位授予点，应当报国务院学位委员会审批。具体条件和办法由国务院学位委员会制定。

第十七条　国家立足经济社会发展对各类人才的需求，优化学科结构和学位授予点布局，加强基础学科、新兴学科、交叉学科建设。

国务院学位委员会可以根据国家重大需求和经济发展、科技创新、文化传承、维护人民群众生命健康的需要，对相关学位授予点的设置、布局和学位授予另行规定条件和程序。

第四章　学位授予条件

第十八条　学位申请人应当拥护中国共产党的领导，拥护社会主义制度，遵守宪法和法律，遵守学术道德和学术规范。

学位申请人在高等学校、科学研究机构学习或者通过国家规定的其他方式接受教育，达到相应学业要求、学术水平或者专业水平的，由学位授予单位分别依照本法第十九条至第二十一条规定的条件授予相应学位。

第十九条　接受本科教育，通过规定的课程考核或者修满相应学分，通过毕业论文或者毕业设计等毕业环节审查，表明学位申请人达到下列水平的，授予学士学位：

（一）在本学科或者专业领域较好地掌握基础理论、专门知识和基本技能；

（二）具有从事学术研究或者承担专业实践工作的初步能力。

第二十条　接受硕士研究生教育，通过规定的课程考核或者修满相应学分，完成学术研究训练或者专业实践训练，通过学位论文答辩或者规定的实践成果答辩，表明学位申请人达到下列水平的，授予硕士学位：

（一）在本学科或者专业领域掌握坚实的基础理论和系统的专

门知识；

（二）学术学位申请人应当具有从事学术研究工作的能力，专业学位申请人应当具有承担专业实践工作的能力。

第二十一条　接受博士研究生教育，通过规定的课程考核或者修满相应学分，完成学术研究训练或者专业实践训练，通过学位论文答辩或者规定的实践成果答辩，表明学位申请人达到下列水平的，授予博士学位：

（一）在本学科或者专业领域掌握坚实全面的基础理论和系统深入的专门知识；

（二）学术学位申请人应当具有独立从事学术研究工作的能力，专业学位申请人应当具有独立承担专业实践工作的能力；

（三）学术学位申请人应当在学术研究领域做出创新性成果，专业学位申请人应当在专业实践领域做出创新性成果。

第二十二条　学位授予单位应当根据本法第十八条至第二十一条规定的条件，结合本单位学术评价标准，坚持科学的评价导向，在充分听取相关方面意见的基础上，制定各学科、专业的学位授予具体标准并予以公布。

第五章　学位授予程序

第二十三条　符合本法规定的受教育者，可以按照学位授予单位的要求提交申请材料，申请相应学位。非学位授予单位的应届毕业生，由毕业单位推荐，可以向相关学位授予单位申请学位。

学位授予单位应当自申请日期截止之日起六十日内审查决定是否受理申请，并通知申请人。

第二十四条　申请学士学位的，由学位评定委员会组织审查，作出是否授予学士学位的决议。

第二十五条　申请硕士、博士学位的，学位授予单位应当在组织答辩前，将学位申请人的学位论文或者实践成果送专家评阅。

经专家评阅，符合学位授予单位规定的，进入答辩程序。

第二十六条　学位授予单位应当按照学科、专业组织硕士、博士学位答辩委员会。硕士学位答辩委员会组成人员应当不少于三人。博士学位答辩委员会组成人员应当不少于五人，其中学位授予单位以外的专家应当不少于二人。

学位论文或者实践成果应当在答辩前送答辩委员会组成人员审阅，答辩委员会组成人员应当独立负责地履行职责。

答辩委员会应当按照规定的程序组织答辩，就学位申请人是否通过答辩形成决议并当场宣布。答辩以投票方式表决，由全体组成人员的三分之二以上通过。除内容涉及国家秘密的外，答辩应当公开举行。

第二十七条　学位论文答辩或者实践成果答辩未通过的，经答辩委员会同意，可以在规定期限内修改，重新申请答辩。

博士学位答辩委员会认为学位申请人虽未达到博士学位的水平，但已达到硕士学位的水平，且学位申请人尚未获得过本单位该学科、专业硕士学位的，经学位申请人同意，可以作出建议授予硕士学位的决议，报送学位评定委员会审定。

第二十八条　学位评定委员会应当根据答辩委员会的决议，在对学位申请进行审核的基础上，作出是否授予硕士、博士学位的决议。

第二十九条　学位授予单位应当根据学位评定委员会授予学士、硕士、博士学位的决议，公布授予学位的人员名单，颁发学位证书，并向省级学位委员会报送学位授予信息。省级学位委员会将本行政区域的学位授予信息报国务院学位委员会备案。

第三十条　学位授予单位应当保存学位申请人的申请材料和学位论文、实践成果等档案资料；博士学位论文应当同时交存国家图书馆和有关专业图书馆。

涉密学位论文、实践成果及学位授予过程应当依照保密法律、行政法规和国家有关保密规定，加强保密管理。

第六章　学位质量保障

第三十一条　学位授予单位应当建立本单位学位质量保障制度，加强招生、培养、学位授予等全过程质量管理，及时公开相关信息，接受社会监督，保证授予学位的质量。

第三十二条　学位授予单位应当为研究生配备品行良好、具有较高学术水平或者较强实践能力的教师、科研人员或者专业人员担任指导教师，建立遴选、考核、监督和动态调整机制。

研究生指导教师应当为人师表，履行立德树人职责，关心爱护学生，指导学生开展相关学术研究和专业实践、遵守学术道德和学术规范、提高学术水平或者专业水平。

第三十三条　博士学位授予单位应当立足培养高层次创新人才，加强博士学位授予点建设，加大对博士研究生的培养、管理和支持力度，提高授予博士学位的质量。

博士研究生指导教师应当认真履行博士研究生培养职责，在培养关键环节严格把关，全过程加强指导，提高培养质量。

博士研究生应当努力钻研和实践，认真准备学位论文或者实践成果，确保符合学术规范和创新要求。

第三十四条　国务院教育行政部门和省级学位委员会应当在各自职责范围内定期组织专家对已经批准的学位授予单位及学位授予点进行质量评估。对经质量评估确认不能保证所授学位质量的，责令限期整改；情节严重的，由原审批单位撤销相应学位授予资格。

自主开展增设硕士、博士学位授予点审核的学位授予单位，研究生培养质量达不到规定标准或者学位质量管理存在严重问题的，国务院学位委员会应当撤销其自主审核资格。

第三十五条　学位授予单位可以根据本单位学科、专业需要，向原审批单位申请撤销相应学位授予点。

第三十六条　国务院教育行政部门应当加强信息化建设，完善学位信息管理系统，依法向社会提供信息服务。

第三十七条　学位申请人、学位获得者在攻读该学位过程中有下列情形之一的，经学位评定委员会决议，学位授予单位不授予学位或者撤销学位：

（一）学位论文或者实践成果被认定为存在代写、剽窃、伪造等学术不端行为；

（二）盗用、冒用他人身份，顶替他人取得的入学资格，或者以其他非法手段取得入学资格、毕业证书；

（三）攻读期间存在依法不应当授予学位的其他严重违法行为。

第三十八条　违反本法规定授予学位、颁发学位证书的，由教育行政部门宣布证书无效，并依照《中华人民共和国教育法》的有关规定处理。

第三十九条　学位授予单位拟作出不授予学位或者撤销学位决定的，应当告知学位申请人或者学位获得者拟作出决定的内容及事实、理由、依据，听取其陈述和申辩。

第四十条　学位申请人对专家评阅、答辩、成果认定等过程中相关学术组织或者人员作出的学术评价结论有异议的，可以向学位授予单位申请学术复核。学位授予单位应当自受理学术复核申请之日起三十日内重新组织专家进行复核并作出复核决定，复核决定为最终决定。学术复核的办法由学位授予单位制定。

第四十一条 学位申请人或者学位获得者对不受理其学位申请、不授予其学位或者撤销其学位等行为不服的，可以向学位授予单位申请复核，或者请求有关机关依照法律规定处理。

学位申请人或者学位获得者申请复核的，学位授予单位应当自受理复核申请之日起三十日内进行复核并作出复核决定。

第七章 附　则

第四十二条 军队设立学位委员会。军队学位委员会依据本法负责管理军队院校和科学研究机构的学位工作。

第四十三条 对在学术或者专门领域、在推进科学教育和文化交流合作方面做出突出贡献，或者对世界和平与人类发展有重大贡献的个人，可以授予名誉博士学位。

取得博士学位授予资格的学位授予单位，经学位评定委员会审议通过，报国务院学位委员会批准后，可以向符合前款规定条件的个人授予名誉博士学位。

名誉博士学位授予、撤销的具体办法由国务院学位委员会制定。

第四十四条 学位授予单位对申请学位的境外个人，依照本法规定的学业要求、学术水平或者专业水平等条件和相关程序授予相应学位。

学位授予单位在境外授予学位的，适用本法有关规定。

境外教育机构在境内授予学位的，应当遵守中国有关法律法规的规定。

对境外教育机构颁发的学位证书的承认，应当严格按照国家有关规定办理。

第四十五条　本法自2025年1月1日起施行。《中华人民共和国学位条例》同时废止。

中华人民共和国消费者
权益保护法实施条例

（2024年2月23日国务院第26次常务会议通过
2024年3月15日中华人民共和国国务院令第778号公布
自2024年7月1日起施行）

第一章　总　则

第一条　根据《中华人民共和国消费者权益保护法》（以下简称消费者权益保护法）等法律，制定本条例。

第二条　消费者权益保护工作坚持中国共产党的领导，坚持以人民为中心，遵循合法、公平、高效的原则。

第三条　国家加大消费者合法权益保护力度，建立和完善经营者守法、行业自律、消费者参与、政府监管和社会监督相结合的消费者权益保护共同治理体系。

第四条　国家统筹推进消费环境建设，营造安全放心的消费环境，增强消费对经济发展的基础性作用。

第五条　国家加强消费商品和服务的标准体系建设，鼓励经营者制定实施严于国家标准或者行业标准的企业标准，不断提升商品和服务质量。

第六条 国家倡导文明、健康、绿色的消费理念和消费方式，反对奢侈浪费。

第二章 消费者的权利和经营者的义务

第七条 消费者在购买商品、使用商品或者接受服务时，依法享有人身和财产安全不受损害的权利。

经营者向消费者提供商品或者服务（包括以奖励、赠送、试用等形式向消费者免费提供商品或者服务），应当保证商品或者服务符合保障人身、财产安全的要求。免费提供的商品或者服务存在瑕疵但不违反法律强制性规定且不影响正常使用性能的，经营者应当在提供商品或者服务前如实告知消费者。

经营者应当保证其经营场所及设施符合保障人身、财产安全的要求，采取必要的安全防护措施，并设置相应的警示标识。消费者在经营场所遇到危险或者受到侵害时，经营者应当给予及时、必要的救助。

第八条 消费者认为经营者提供的商品或者服务可能存在缺陷，有危及人身、财产安全危险的，可以向经营者或者有关行政部门反映情况或者提出建议。

经营者发现其提供的商品或者服务可能存在缺陷，有危及人身、财产安全危险的，应当依照消费者权益保护法第十九条的规定及时采取相关措施。采取召回措施的，生产或者进口商品的经营者应当制定召回计划，发布召回信息，明确告知消费者享有的相关权利，保存完整的召回记录，并承担消费者因商品被召回所支出的必要费用。商品销售、租赁、修理、零部件生产供应、受委托生产等相关经营者应当依法履行召回相关协助和配合义务。

第九条 经营者应当采用通俗易懂的方式，真实、全面地向消费者提供商品或者服务相关信息，不得通过虚构经营者资质、资格或者所获荣誉，虚构商品或者服务交易信息、经营数据，篡改、编造、隐匿用户评价等方式，进行虚假或者引人误解的宣传，欺骗、误导消费者。

经营者不得在消费者不知情的情况下，对同一商品或者服务在同等交易条件下设置不同的价格或者收费标准。

第十条 经营者应当按照国家有关规定，以显著方式标明商品的品名、价格和计价单位或者服务的项目、内容、价格和计价方法等信息，做到价签价目齐全、内容真实准确、标识清晰醒目。

经营者采取自动展期、自动续费等方式提供服务的，应当在消费者接受服务前和自动展期、自动续费等日期前，以显著方式提请消费者注意。

第十一条 消费者享有自主选择商品或者服务的权利。经营者不得以暴力、胁迫、限制人身自由等方式或者利用技术手段，强制或者变相强制消费者购买商品或者接受服务，或者排除、限制消费者选择其他经营者提供的商品或者服务。经营者通过搭配、组合等方式提供商品或者服务的，应当以显著方式提请消费者注意。

第十二条 经营者以商业宣传、产品推荐、实物展示或者通知、声明、店堂告示等方式提供商品或者服务，对商品或者服务的数量、质量、价格、售后服务、责任承担等作出承诺的，应当向购买商品或者接受服务的消费者履行其所承诺的内容。

第十三条 经营者应当在其经营场所的显著位置标明其真实名称和标记。

经营者通过网络、电视、电话、邮购等方式提供商品或者服务的，应当在其首页、视频画面、语音、商品目录等处以显著方式标明或者说明其真实名称和标记。由其他经营者实际提供商品或者服务的，还应当向消费者提供该经营者的名称、经营地址、联系方式等信息。

经营者租赁他人柜台或者场地提供商品或者服务，或者通过宣讲、抽奖、集中式体验等方式提供商品或者服务的，应当以显著方式标明其真实名称和标记。柜台、场地的出租者应当建立场内经营管理制度，核验、更新、公示经营者的相关信息，供消费者查询。

第十四条 经营者通过网络直播等方式提供商品或者服务的，应当依法履行消费者权益保护相关义务。

直播营销平台经营者应当建立健全消费者权益保护制度，明确消费争议解决机制。发生消费争议的，直播营销平台经营者应当根据消费者的要求提供直播间运营者、直播营销人员相关信息以及相关经营活动记录等必要信息。

直播间运营者、直播营销人员发布的直播内容构成商业广告的，应当依照《中华人民共和国广告法》的有关规定履行广告发布者、广告经营者或者广告代言人的义务。

第十五条 经营者不得通过虚假或者引人误解的宣传，虚构或者夸大商品或者服务的治疗、保健、养生等功效，诱导老年人等消费者购买明显不符合其实际需求的商品或者服务。

第十六条 经营者提供网络游戏服务的，应当符合国家关于网络游戏服务相关时段、时长、功能和内容等方面的规定和标准，针对未成年人设置相应的时间管理、权限管理、消费管理等功能，在注册、登录等环节严格进行用户核验，依法保护未成年人身心健康。

第十七条 经营者使用格式条款的，应当遵守消费者权益保护法第二十六条的规定。经营者不得利用格式条款不合理地免除或者减轻其责任、加重消费者的责任或者限制消费者依法变更或者解除合同、选择诉讼或者仲裁解决消费争议、选择其他经营者的商品或者服务等权利。

第十八条　经营者与消费者约定承担退货、更换、修理等义务的有效期限不得低于国家有关规定的要求。有效期限自经营者向消费者交付商品或者提供服务完结之日起计算，需要经营者另行安装的商品，有效期限自商品安装完成之日起计算。经营者向消费者履行更换义务后，承担更换、修理等义务的有效期限自更换完成之日起重新计算。经营者修理的时间不计入上述有效期限。

经营者依照国家有关规定或者与消费者约定履行退货义务的，应当按照发票等购货凭证或者服务单据上显示的价格一次性退清相关款项。经营者能够证明消费者实际支付的价格与发票等购货凭证或者服务单据上显示的价格不一致的，按照消费者实际支付的价格退清相关款项。

第十九条　经营者通过网络、电视、电话、邮购等方式销售商品的，应当遵守消费者权益保护法第二十五条规定，不得擅自扩大不适用无理由退货的商品范围。

经营者应当以显著方式对不适用无理由退货的商品进行标注，提示消费者在购买时进行确认，不得将不适用无理由退货作为消费者默认同意的选项。未经消费者确认，经营者不得拒绝无理由退货。

消费者退货的商品应当完好。消费者基于查验需要打开商品包装，或者为确认商品的品质和功能进行合理调试而不影响商品原有品质、功能和外观的，经营者应当予以退货。

消费者无理由退货应当遵循诚实信用原则，不得利用无理由退货规则损害经营者和其他消费者的合法权益。

第二十条　经营者提供商品或者服务时收取押金的，应当事先与消费者约定退还押金的方式、程序和时限，不得对退还押金设置不合理条件。

消费者要求退还押金，符合押金退还条件的，经营者应当及时退还。

第二十一条　经营者决定停业或者迁移服务场所的，应当提前30日在其经营场所、网站、网店首页等的醒目位置公告经营者的有效联系方式等信息。

第二十二条　经营者以收取预付款方式提供商品或者服务的，应当与消费者订立书面合同，约定商品或者服务的具体内容、价款或者费用、预付款退还方式、违约责任等事项。

经营者收取预付款后，应当按照与消费者的约定提供商品或者服务，不得降低商品或者服务质量，不得任意加价。经营者未按照约定提供商品或者服务的，应当按照消费者的要求履行约定或者退还预付款。

经营者出现重大经营风险，有可能影响经营者按照合同约定或者交易习惯正常提供商品或者服务的，应当停止收取预付款。经营者决定停业或者迁移服务场所的，应当提前告知消费者，并履行本条例第二十一条规定的义务。消费者依照国家有关规定或者合同约定，有权要求经营者继续履行提供商品或者服务的义务，或者要求退还未消费的预付款余额。

第二十三条　经营者应当依法保护消费者的个人信息。经营者在提供商品或者服务时，不得过度收集消费者个人信息，不得采用一次概括授权、默认授权等方式，强制或者变相强制消费者同意收集、使用与经营活动无直接关系的个人信息。

经营者处理包含消费者的生物识别、宗教信仰、特定身份、医疗健康、金融账户、行踪轨迹等信息以及不满十四周岁未成年人的个人信息等敏感个人信息的，应当符合有关法律、行政法规的规定。

第二十四条　未经消费者同意，经营者不得向消费者发送商业性信息或者拨打商业性电话。消费者同意接收商业性信息或者商业性电话的，经营者应当提供明确、便捷的取消方式。消费者选择取消的，经营者应当立即停止发送商业性信息或者拨打商业性电话。

第三章　国家对消费者合法权益的保护

第二十五条　各级人民政府应当加强对消费者权益保护工作的指导，组织、协调、督促有关行政部门落实消费者权益保护工作职责，提升消费者权益保护工作的法治化水平。

第二十六条　消费者与经营者发生消费者权益争议的，可以向市场监督管理部门或者其他有关行政部门投诉。

自然人、法人或者其他组织可以向市场监督管理部门或者其他有关行政部门举报，反映经营者涉嫌违法的线索。

第二十七条　市场监督管理部门或者其他有关行政部门应当畅通和规范消费者投诉、举报渠道，完善投诉、举报处理流程，依法及时受理和处理投诉、举报，加强对投诉、举报信息的分析应用，开展消费预警和风险提示。

投诉、举报应当遵守法律、法规和有关规定，不得利用投诉、举报牟取不正当利益，侵害经营者的合法权益，扰乱市场经济秩序。

第二十八条　市场监督管理部门和其他有关行政部门应当加

强消费者权益保护工作的协同配合和信息共享，依照法律、法规的规定，在各自的职责范围内，对经营者提供的商品和服务实施抽查检验等监管措施，及时查处侵害消费者合法权益的行为。

第二十九条　市场监督管理部门和其他有关行政部门应当加强消费领域信用体系建设，依法公示有关行政许可、行政处罚、抽查检验结果、消费投诉等信息，依法对违法失信经营者实施惩戒。

第三十条　有关行政部门应当加强消费知识的宣传普及，倡导文明、健康、绿色消费，提高消费者依法、理性维权的意识和能力；加强对经营者的普法宣传、行政指导和合规指引，提高经营者依法经营的意识。

第三十一条　国家完善绿色消费的标准、认证和信息披露体系，鼓励经营者对商品和服务作出绿色消费方面的信息披露或者承诺，依法查处虚假信息披露和承诺的行为。

第三十二条　行业协会商会等组织应当加强行业自律，引导、督促经营者守法诚信经营，制定的行业规则、自律规则、示范合同和相关标准等应当有利于保护消费者合法权益。

第三十三条　国家鼓励、支持一切组织和个人对损害消费者合法权益的行为进行社会监督。

大众传播媒介应当真实、客观、公正地报道涉及消费者权益的相关事项，加强消费者维权相关知识的宣传普及，对损害消费者合法权益的行为进行舆论监督。

第四章　消费者组织

第三十四条　消费者协会和其他依法成立的消费者组织应当按照消费者权益保护法的规定履行职责。

第三十五条　各级人民政府应当加强消费者协会组织建设，对消费者协会履行职责予以必要的经费等支持。

第三十六条　有关行政部门应当认真听取消费者协会的意见和建议。对于消费者协会向有关行政部门反映的侵害消费者合法权益的问题，有关行政部门应当及时调查处理并予以回复；对于立案查处的案件，有关行政部门应当将处理结果告知消费者协会。

第三十七条　消费者协会应当加强消费普法宣传和消费引导，向消费者提供消费维权服务与支持，提高消费者维护自身合法权益的能力。

消费者协会应当及时总结、推广保护消费者合法权益的典型案例和经验做法，引导、支持经营者依法合规开展经营活动。

第三十八条　消费者协会可以组织开展比较试验、消费调查、消费评议、投诉信息公示、对投诉商品提请鉴定、发布消费提示警示等，反映商品和服务状况、消费者意见和消费维权情况。

第三十九条　消费者协会可以就消费者权益保护事项向有关经营者、行业组织提出改进意见或者进行指导谈话，加强消费者、经营者、行业组织、专业机构、有关行政部门等各相关方的组织协调，推动解决涉及消费者合法权益保护的重要问题。

第四十条　消费者协会可以就消费者投诉的损害消费者合法权益的行为开展调查，与有关经营者核实情况，约请有关经营者到场陈述事实意见、提供证据资料等。

第四十一条　对侵害众多消费者合法权益的行为，中国消费者协会以及在省、自治区、直辖市设立的消费者协会，可以向人民法院提起诉讼。

第五章　争议的解决

第四十二条　消费者应当文明、理性消费，提高自我保护意识，依法维护自身合法权益，在发生消费争议时依法维权。

第四十三条　各级人民政府市场监督管理部门和其他有关行政部门应当推动、健全消费争议多元化解决机制，引导消费者依法通过协商、调解、投诉、仲裁、诉讼等方式维护自身合法权益。

第四十四条　经营者应当建立便捷、高效的投诉处理机制，及时解决消费争议。

鼓励和引导经营者建立健全首问负责、先行赔付、在线争议解决等制度，及时预防和解决消费争议。

第四十五条　消费者和经营者发生消费争议，请求消费者协会或者依法成立的其他调解组织进行调解的，相关组织应当及时处理。

第四十六条　消费者和经营者发生消费争议向市场监督管理部门或者其他有关行政部门投诉的，应当提供真实身份信息，有明确的被投诉人、具体的投诉请求和事实依据。

有关行政部门应当自收到投诉之日起 7 个工作日内，予以处理并告知消费者。对不符合规定的投诉决定不予受理的，应当告知消费者不予受理的理由和其他解决争议的途径。

有关行政部门受理投诉后，消费者和经营者同意调解的，有关行政部门应当依据职责及时调解，并在受理之日起 60 日内调解完毕；调解不成的应当终止调解。调解过程中需要鉴定、检测的，鉴定、检测时间不计算在 60 日内。

有关行政部门经消费者和经营者同意，可以依法将投诉委托消费者协会或者依法成立的其他调解组织调解。

第四十七条　因消费争议需要对商品或者服务质量进行鉴定、检测的，消费者和经营者可以协商确定鉴定、检测机构。无法协商一致的，受理消费者投诉的市场监督管理部门或者其他有关行政部门可以指定鉴定、检测机构。

对于重大、复杂、涉及众多消费者合法权益的消费争议，可以由市场监督管理部门或者其他有关行政部门纳入抽查检验程序，委托具备相应资质的机构进行鉴定、检测。

第六章　法律责任

第四十八条　经营者提供商品或者服务，违反消费者权益保护法和本条例有关规定，侵害消费者合法权益的，依法承担民事责任。

第四十九条　经营者提供商品或者服务有欺诈行为的，消费者有权根据消费者权益保护法第五十五条第一款的规定要求经营者予以赔偿。但是，商品或者服务的标签标识、说明书、宣传材料等存在不影响商品或者服务质量且不会对消费者造成误导的瑕疵的除外。

通过夹带、掉包、造假、篡改商品生产日期、捏造事实等方式骗取经营者的赔偿或者对经营者进行敲诈勒索的，不适用消费者权益保护法第五十五条第一款的规定，依照《中华人民共和国治安管理处罚法》等有关法律、法规处理；构成犯罪的，依法追究刑事责任。

第五十条　经营者违反本条例第十条至第十四条、第十六条、第十七条、第十九条至第二十一条规定，其他有关法律、法规对处罚机关和处罚方式有规定的，依照法律、法规的规定执行；法律、法规未作规定的，由市场监督管理部门或者其他有关行政部门责令改正，可以根据情节单处或者并处警告、没收违法所得、处以违法所得1倍以上5倍以下的罚款，没有违法所得的，处以30万元以下的罚款；情节严重的，责令停业整顿、吊销营业执照。

经营者违反本条例第二十二条规定的，由有关行政部门责令改正，可以根据情节单处或者并处警告、没收违法所得、处以违法所得1倍以上10倍以下的罚款，没有违法所得的，处以50万元以下的罚款；情节严重的，责令停业整顿、吊销营业执照。

经营者违反本条例其他规定的，依照消费者权益保护法第五十六条的规定予以处罚。

第五十一条 经营者主动消除或者减轻违法行为危害后果的，违法行为轻微并及时改正且没有造成危害后果的，或者初次违法且危害后果轻微并及时改正的，依照《中华人民共和国行政处罚法》的规定从轻、减轻或者不予处罚。

第五十二条 有关行政部门工作人员未按照本条例规定履行消费者权益保护职责，玩忽职守或者包庇经营者侵害消费者合法权益的行为的，依法给予处分；构成犯罪的，依法追究刑事责任。

第七章 附 则

第五十三条 本条例自2024年7月1日起施行。

最高人民检察院
关于印发最高人民检察院
第五十批指导性案例的通知

（2024 年 2 月 22 日）

各省、自治区、直辖市人民检察院，解放军军事检察院，新疆生产建设兵团人民检察院：

经 2023 年 12 月 29 日最高人民检察院第十四届检察委员会第十九次会议决定，现将"隋某某利用网络猥亵儿童，强奸，敲诈勒索，制作、贩卖、传播淫秽物品牟利案"等五件案例（检例第 200—204 号）作为第五十批指导性案例（未成年人网络保护主题）发布，供参照适用。

隋某某利用网络猥亵儿童，强奸，敲诈勒索制作、贩卖、传播淫秽物品牟利案

（检例第 200 号）

【关键词】

未成年人网络保护　　隔空猥亵　　强奸　　阻断传播　　网络保护综合治理

【要旨】

对性侵害未成年人犯罪要依法从严惩处。行为人实施线上猥亵犯罪行为后，又以散布私密照片、视频相要挟，强迫未成年被害人与其发生性关系的，构成两个独立的犯罪行为，应分别认定为猥亵儿童罪和强奸罪。办案中发现未成年被害人私密照片、视频在互联网传播扩散的，检察机关应当及时协调有关部门删除信息、阻断传播。检察机关要能动发挥法律监督职能，积极推动各方协同发力，共同加强未成年人网络保护。

【基本案情】

被告人隋某某，男，2002 年 12 月 6 日出生，无业。

被害人刘某某，女，2009 年 2 月 27 日出生，学生。

2022 年 1 月，隋某某通过网络社交软件添加未成年被害人刘某某为好友，随后多次向刘某某发送淫秽视频，并威胁、诱导刘某某自拍裸照、裸体视频发送其观看。2022 年 2 月 8 日、15 日，隋某某以传播刘某某裸照、裸体视频相威胁，两次强迫刘某某与其发生性关系。隋某某还以传播照片、视频相威胁，先后三次向刘某某索要钱财，共计得款人民币 840 元。2022 年 3 月 5 日，隋某某将编辑后的刘某某视频以 5 元一件的价格出售给王某某等多人，其中 7 人为未成年学生，获利人民币 50 元。

【检察机关履职过程】

审查逮捕。2022 年 3 月 11 日，班主任发现刘某某表现异常后报警。山东省某市公安局某区分局于当日将隋某某抓获。2022 年 4 月 11 日，公安机关以隋某某涉嫌强奸罪，敲诈勒索罪，制作、贩卖、传播淫秽物品牟利罪向山东省某市某区人民检察院提请批准逮捕。公安机关认为，利用网络实施猥亵是犯罪嫌疑人实现强奸犯罪的手段，应按强奸一罪处理。检察机关审查认为，本案系性侵害未成年人犯罪，情节恶劣，严重损害未成年人身心健康，应当依法从严惩处。根据本案证据，隋某某最初系以刺激、满足性欲为目的，要求被害人拍摄裸照、裸体视频发送供其观看。收到被害人照片、视频后，认为被害人易哄骗、好控制，继而又产生与被害人发生性关系的犯罪意图，后实施强奸行为。本案猥亵行为与强奸行为相隔9天，具有明显的时空间隔，猥亵行为和强奸行为给被害人造成两次不同性质和程度的伤害。隋某某的线上猥亵是独立的犯罪行为，因此不宜评价为强奸犯罪的手段，应当认定为猥亵儿童罪。检察机关在依法批准逮捕隋某某的同时，与公安机关及时沟通，明确补充侦查方向，督促进一步查清隋某某实施猥亵儿童犯罪的事实。

审查起诉及处理结果。2022年6月17日，公安机关以隋某某涉嫌猥亵儿童罪，强奸罪，敲诈勒索罪，制作、贩卖、传播淫秽物品牟利罪移送检察机关审查起诉。2022年7月15日，检察机关向人民法院提起公诉。2022年8月11日，人民法院作出判决，对隋某某以猥亵儿童罪判处有期徒刑一年六个月；以强奸罪判处有期徒刑八年六个月；以敲诈勒索罪判处有期徒刑六个月，并处罚金人民币二千元；以制作、贩卖、传播淫秽物品牟利罪判处有期徒刑九个月，并处罚金人民币一千元。数罪并罚，决定执行有期徒刑十年，并处罚金人民币三千元。

被害人权益保护。隋某某将被害人私密视频通过朋友圈售卖，导致视频在被害人所在学校多名学生间传播。为尽可能将犯罪的伤害降到最低，检察机关督促公安机关第一时间查清相关视频传播路径并固定证据后，将视频进行技术性彻底删除。同时，协调职能部门及时追踪、处理与本案有关的不当泄露的信息，阻断被害人照片及视频传播。联合公安机关对购买相关视频的学生开展法治教育，对学生家长制发督促监护令，避免对被害人造成二次伤害。检察机关还联系专门机构指派专业心理咨询师，为被害人提供心理疏导，持续关注被害人状况，帮助其尽快走出心理阴影。

促进综合治理。针对案件反映出的未成年人网络交友不当、防范网络侵害能力不足等问题，检察机关开展专题调研分析后，向涉案学校和教育行政主管部门制发检察建议，督促学校建立预防、处置网络侵害工作机制，落实侵害未成年人案件强制报告制度，采取科学、合理方式培养和提高未成年人网络素养，有效减少侵害发生。针对未成年人遭受网络侵害时不敢说不、不善求助等问题研发网络安全教育主题课程，组织开展"清朗网络进校园"活动，通过专题授课、短视频、网络安全知识问答等多种方式揭露犯罪分子常用伎俩，揭示网络交友中的风险和陷阱，讲授应对网络性侵的正确处理方式，引导学生理性交友，保护自我，及时求助，提升未成年人文明、安全用网的意识和能力。就未成年人网络保护问题，邀请人大代表、政协委员及未成年人保护相关职能部门进行座谈，推动相关职能部门加强涉未成年人网络侵害线索移送，现已报告并移送线索9件。

【指导意义】

（一）实施线上猥亵犯罪行为后，又利用线上猥亵获得的私密照片、视频要挟被害人，实施线下强奸犯罪行为的，应当认定构成猥亵儿童和强奸两个独立犯罪，实行数罪并罚。要依法从严惩处性侵害未成年人犯罪。行为人以满足性刺激为目的，利用网络胁迫、诱骗儿童拍摄裸体、敏感部位照片、视频等供其观看，其行为构成猥亵儿童罪。对儿童实施"隔空猥亵"后，行为人又以传播线上猥亵所获得私密照片、视频相要挟强迫被害人发生性关系的，线上猥亵行为与线下强奸行为在时空上相对独立，分别给被害人的人格尊严、身心健康造成不同程度的伤害，是两个独立的犯罪行为，应分别认定为猥亵儿童罪与强奸罪，数罪并罚。

（二）办理利用网络性侵害未成年人案件，检察机关应及时督促职能部门阻断私密信息传播，从线下到线上全方位保护未成年人免受次生伤害。互联网具有传播速度快、影响范围广的特点，涉案私密照片、视频的网络传播将进一步对未成年被害人身心造成严重伤害，不利于被害人创伤修复。检察机关在从严打击利用网络性侵害未成年人犯罪的同时，应注重审查被害人私密照片、视频是否被传播，发现在网络空间传播扩散的，应当及时督促职能部门快速、精准阻断传播，从线下到线上、从直接接触被害人的群体到网络空间的传播路径，尽量避免被害人遭受次生伤害。

（三）针对未成年人网络保护的复杂性，检察机关应主动发挥法律监督职能，综合履职助推各方形成保护合力。针对未成年人网络风险认知不足、易受侵害的问题，精准开展法治教育，普及辨别、防范、应对网络侵害的知识；针对监护人监护不足的问题，开展家庭教育指导，提升网络安全监护意识和能力；针对职能部门履职不充分的问题，制发社会治理检察建议；召开部门联席会议，推动建立涉未成年人网络侵害线索移送机制，以检察综合履职积极助推家庭、学校、社会协同发力，为未成年人营造健康安全的网络环境，提升未成年人综合保护效果。

【相关规定】

《中华人民共和国刑法》第二百三十六条、第二百三十七条、第二百七十四条、第三百六十三条

《最高人民法院、最高人民检察院关于办理利用互联网、移动通讯终端、声讯台制作、复制、出版、贩卖、传播淫秽电子信息刑事案件具体应用法律若干问题的解释》第六条

《最高人民法院、最高人民检察院关于办理利用互联网、移动通讯终端、声讯台制作、复制、出版、贩卖、传播淫秽电子信息刑事案件具体应用法律若干问题的解释（二）》第一条

姚某某等人网络诈骗案

（检例第 201 号）

【关键词】

未成年人网络保护　网络诈骗　分类处理　分级干预　多部门协作　数字化预防

【要旨】

办理涉及众多未成年人的网络诈骗案件，应注重罪错未成年人分级干预，实现分类处理，精准帮教。依托侦查监督与协作配合机制，建议公安机关在全面收集证据、查清事实基础上，充分考量未成年人的涉案情节，综合判定其主观违法性认识，依法分类处置。在审查起诉时，结合社会调查、心理测评、风险评估等情况，对涉罪未成年人进行分类处理并开展精准帮教。针对未成

年人涉网违法犯罪防治难题，推动多部门搭建数字平台，实现对未成年人涉网违法犯罪的精准预防。

【基本案情】

被告人姚某某，男，1984 年 10 月 5 日出生，初中文化，无业。

未成年被告人赵某某、张某某、邹某等 16 人。

被附条件不起诉人王某、成某、李某某等 12 人。

被不起诉未成年人许某某、王某某、任某某等 41 人。

2018 年 3 月至 2019 年 8 月，姚某某伙同他人组建诈骗团伙，在诈骗团伙中设置团长、师傅、助理、外宣四个层级，通过在网络平台虚构网络兼职、工资待遇等信息，骗取兼职人员缴纳会员费的方式实施诈骗，涉案人员 750 名，犯罪金额达 1300 余万元。在实施诈骗过程中，姚某某拉拢、招募、吸收大量未成年人参与违法犯罪，涉案未成年人达 560 人，其中 450 余人系在校学生。在诈骗团伙中，未成年人赵某某等 4 人担任师傅，承担小组管理职责，犯罪数额为 30 万至 350 万余元不等；王某等 30 人担任助理，协助师傅进行培训指导，犯罪数额为 1 万至 95 万余元不等；许某某、任某某等 35 人担任外宣，负责骗取新成员缴纳会费，犯罪数额为 3 千至 1 万余元不等。

检察机关经审查认定，姚某某为首要分子，应按照诈骗团伙所犯的全部罪行处罚，并且犯罪数额特别巨大。检察机关依法提起公诉后，姚某某被人民法院判处有期徒刑十三年九个月，并处罚金。

【检察机关履职过程】

分类处理。2019 年 7 月，浙江省某市公安局某区分局对姚某某等人涉嫌诈骗罪立案侦查。按照侦查监督与协作配合机制，浙江省某市某区人民检察院介入案件后，认为涉案兼职犯罪模式对未成年人具有迷惑性、诱导性，案件处理的关键在于全面查清案情的基础上，着重从目的、动机等主观方面和参与次数、持续时间、涉及金额等客观方面，对涉案人员区分责任、区别处置。建议公安机关在查清涉案事实和综合判断主观违法性认识后，按照三种情形进行办理：一是对涉案金额未达到诈骗罪数额较大标准的，不认定为犯罪；二是对涉案金额达到或略高于诈骗罪数额较大标准，具有因谋求兼职需要、仅完成团伙规定任务、参与时间短、主动退出犯罪团伙、退赃退赔等情节的，认定为情节显著轻微、危害不大，不认为是犯罪，依法作出相应行政处罚；三是对涉案金额超出诈骗罪数额较大标准，具有主动参与、参与时间长、诈骗次数多等情节的，依法追究刑事责任。最终，公安机关对何某某等 491 名涉案未成年人的行为不作为犯罪处理，对赵某某等69 名涉罪未成年人移送审查起诉。

宽严相济。2019 年 11 月至 2022 年 1 月，公安机关陆续将 69 名涉罪未成年人以诈骗罪移送审查起诉。检察机关受理后，依托社会支持体系对涉罪未成年人及时开展补充社会调查，从个体、家庭、成长经历、帮教条件、社会交往等方面进行综合评估，并结合案件事实依法分类处理：对在共同犯罪中起主要作用、社会危害性大的，依法提起公诉；对在共同犯罪中起次要作用、认罪悔罪态度好、认知行为存在偏差需要矫正，符合附条件不起诉条件的，设置考察条件，作出附条件不起诉决定；对符合不起诉条件的，作出不起诉决定。某区检察院先后对赵某某等 16 人提起公诉，对王某等 12 人作出附条件不起诉决定，对许某某等 41 人作出不起诉决定。赵某某等 16 人均被判处有期徒刑刑罚。

精准帮教。检察机关依托区少年司法一体化社会关护机制，联合公安、法院、司法行政等部门，为涉罪未成年人提供全流程精准帮教。在引导其认识罪错的同时，委托司法社工和心理咨询师、家庭教育指导师对严重行为偏差或存在心理问题的涉案未成年人开展心理危机干预、家庭教育指导、帮扶救助等工作。经过多方帮教，促使涉罪未成年人重回正轨，53名被附条件不起诉和不起诉的涉罪未成年人中有41人顺利考取大专以上院校。

预防治理。针对案件暴露的未成年人涉网违法犯罪高发、频发、面广，使用传统手段无法实现精准、及时预防等问题，区检察院联合公安、民政等多部门搭建数字化平台，预防网络违法犯罪。依托浙江省一体化数字资源系统（IRS），会商公安、民政、卫健、教育等职能部门，形成涵盖酒吧、网吧、旅馆等场所的数据库，通过内嵌于平台的算法和数据模型，发现异常人员和行为，及时向主管部门推送预警，实现未成年人涉网违法犯罪行为早发现、早介入、早阻断。

【指导意义】

（一）办理涉及众多未成年人网络犯罪案件，应在全面查清案件事实基础上，对案件依法分类处理。检察机关办理此类案件，应与公安机关统一执法司法理念，推动公安机关充分考虑网络犯罪手段特殊性和未成年人的身心特点、认知水平，全面审查涉案未成年人的动机、目的、参与次数、持续时间、涉及金额等情节，综合判断涉案未成年人主观违法性认识。对违法但不构成犯罪的，建议公安机关依法作出相应行政处罚。

（二）审查涉及众多未成年人网络犯罪案件时，应落实帮教精准化、处遇个别化。检察机关要立足未成年人保护和预防再犯的

242

立场，在审查起诉时全面审查涉罪未成年人的犯罪事实、地位作用、悔罪表现、监护帮教条件等，结合社会调查、心理测评和风险评估，依法提起公诉或作出附条件不起诉、不起诉决定，落实分级干预。同时根据涉罪未成年人的成长经历、行为习惯、认知和需求、风险等级等因素，选配司法社工、心理咨询师、家庭教育指导师等专业人员，对涉罪未成年人实施个性化帮教矫治。

（三）打破数据壁垒，利用数字化手段推动涉未成年人网络违法犯罪源头治理。针对履职过程中发现未成年人涉网络违法人数多、犯罪防治难度大、犯罪手段隐秘等治理难题，检察机关要充分发挥数字技术对检察业务的支撑和推动作用。对实践中多发的涉及未成年人诸如校园网贷、网络赌博等情形开展风险评估和动态预警，在保障信息安全和维护个人隐私的基础上，及时向职能部门推送保护、救助的预警信息，进而形成部门协作、数据融通、智能分析、精准预警、高效处理的未成年人数字保护新格局。

【相关规定】

《中华人民共和国刑法》第二百六十六条

《中华人民共和国刑事诉讼法》第一百七十七条、第二百七十七条、第二百七十九条、第二百八十二条

《中华人民共和国未成年人保护法》第一百条

《中华人民共和国预防未成年人犯罪法》第二条、第二十八条、第三十八条

《未成年人网络保护条例》第三条、第二十二条、第二十七条、第三十条

康某某利用网络侵犯公民个人信息案

(检例第 202 号)

【关键词】

未成年人网络保护　异常电话卡大数据监督模型　未成年人入网规范

【要旨】

检察机关办理涉未成年人电信网络犯罪案件，发现未成年人异常办卡情况，可以积极运用数字检察监督手段，通过构建大数据模型，推动未成年人涉电信网络犯罪早期预防。针对类案反映出的未成年人一人办多卡等问题，可以运用联席磋商、检察建议等方式，联动相关部门完善长效机制，规范未成年人入网用网，保障未成年人用网环境健康安全。

【基本案情】

被告人康某某，男，2003 年 9 月 26 日出生，初中文化，系某网络科技公司法定代表人。

2022 年 12 月至 2023 年 2 月，康某某以网络科技公司兼职为名招聘刘某某等人（另案处理）帮助其收购电话卡。刘某某系某学院学生，通过微信朋友圈发布兼职招聘信息，招募到 40 多名在校学生，其中未成年人 21 人。在康某某安排下，刘某某等人到指定网点办理电话卡 577 张，人均办卡 14 张。康某某将电话卡出售给上游犯罪行为人，用于注册各类社交 APP 账号，提供有偿引流、点赞服务。部分电话卡在康某某不知情的情况下，被上游犯罪行为人用于实施电信网络诈骗犯罪。

【检察机关履职过程】

刑事案件办理。2023年2月10日，内蒙古自治区某市公安局某区分局以侵犯公民个人信息罪对康某某立案侦查。2023年8月3日，内蒙古自治区某市某区人民检察院对康某某提起公诉。康某某被人民法院以侵犯公民个人信息罪判处刑罚。

构建大数据法律监督模型。某区检察机关办理康某某案件期间，梳理近年来本地发生的类似电信网络犯罪案件，发现出租、出借、出售电话卡是未成年人牵涉电信网络犯罪的主要方式。针对在校学生异常办卡情况，检察机关研究构建"在校学生异常电话卡法律监督模型"，开展在校学生涉电信网络犯罪案件法律监督专项行动。在市大数据中心统筹下，依托在校学生常规数据信息、未成年人办理电话卡数据信息及涉未成年人电信网络犯罪发案数据信息，发现十余名未成年人被裹挟或者被诱骗参与犯罪。

监督模型线索的移送处理。检察机关对依托大数据法律监督模型发现的有关线索进行审查后，依法移送公安机关。根据上述线索，公安机关破获十余起电信网络犯罪案件、缴获多套"无线语音网关"犯罪工具。对于参与电信网络犯罪活动且达到刑事责任年龄的3名未成年人，检察机关根据其犯罪情节、认罪悔罪情况依法处理。对于未达刑事责任年龄、被诱骗办卡卖卡的14名未成年人，检察机关会同公安机关对其开展规范用卡法治教育，并督促职能部门落实监管责任，及时注销异常电话卡。

促进社会治理。针对办案中发现在校学生涉嫌电信网络犯罪的实际情况和突出问题，检察机关形成专题报告报送地方党委、政府，并与区工信和科技局、教育体育局等相关部门联动，建立信息交换机制，加强对批量开卡以及短期内反复开卡、注销、补卡等高风险情形的有效管理；推动区工信和科技局出台《电话卡办理程序规范指引》，明确低龄未成年人需在监护人在场并同意的情况下申请入网。对未成年人加强问询、反诈告知，加大异常卡复核力度。督促区教育体育局向师生发放"出租出借出卖电话卡风险提示函"，将法治教育列入学校就业指导规划。

家庭教育指导。针对涉案未成年人普遍存在的家庭教育缺位或不当问题，检察机关向其监护人发出督促监护令，并邀请专业人员开展家庭教育指导，加强对未成年人入网行为的引导和监督。同时，检察机关联合妇联、团委等多部门成立"家庭教育指导站"和"观护未成年人工作室"，结合办案中发现的家庭监护问题，引入社会力量深度参与家庭教育指导。

【指导意义】

（一）利用数字检察手段，对办理的未成年人涉电信网络犯罪案件进行延伸审查，通过法律监督切实保护未成年人权益。电信网络犯罪非接触性、涉众性、传播广域性导致其存在隐蔽化、查证难等问题，检察机关可以通过建构相关大数据法律监督模型，将办理案件中涉及的有关数据资源进行碰撞比对，把未成年人异常电话卡办理情况等信息与电信网络犯罪发案数据进行串联，准确锁定潜在高风险和已经涉罪未成年人，并从中分析研判未成年人涉电信网络犯罪的关系网，审查发现相关犯罪线索的，依法移送公安机关立案查处。

（二）会同有关部门跟进处置，实现对未成年人涉电信网络犯罪早期预防。未成年人心智尚未成熟、从众心理强，易受到欺骗引诱，及早发现、有效拦截、阻断未成年人违法犯罪尤为重要。检察机关应当充分发挥大数据筛查的优势，精准发现未成年人办理电话卡的异常情况，及时敦促工信等职能部门，跟进处置注销异常电话卡，真正达到犯罪预防和保护未成年人的目的。

（三）推动完善未成年人入网规范，加强未成年人网络保护。未成年人涉嫌电信网络犯罪行为，往往以办理多张电话卡为发端，暴露出未成年人办理电话卡存在的机制问题和监管漏洞。检察机关可以联合相关部门完善未成年人入网规范机制，推动跨部门数据互联互通，督促行业主管部门重视异常账户的跟踪与监管，及早发现未成年人异常办卡情况，保障未成年人用网环境健康安全。

【相关规定】

《中华人民共和国刑法》第二百五十三条之一

《中华人民共和国未成年人保护法》第六十四条、第六十六条、第七十一条、第一百零五条

《中华人民共和国预防未成年人犯罪法》第三十条、第三十一条、第六十一条

《中华人民共和国反电信网络诈骗法》第十条、第十一条、第二十八条、第三十一条、第三十八条

李某某帮助信息网络犯罪活动案

（检例第 203 号）

【关键词】

未成年人网络保护　银行卡　主观明知　附条件不起诉　检察建议

【要旨】

办理未成年人涉嫌使用本人银行卡帮助信息网络犯罪活动罪案件，应当结合涉案未成年人身心特点，重点审查是否明知他人利用信息网络实施上游犯罪并提供帮助。对于主观恶性不大、社会危害较小且自愿认罪认罚的未成年人，坚持以教育、挽救为主，符合附条件不起诉的，依法适用附条件不起诉。对于未成年人银行账户管理存在漏洞，有异常交易风险的，检察机关通过向金融监管机关、商业银行制发检察建议，强化账户源头管理，推动诉源治理。

【基本案情】

被附条件不起诉人李某某，男，2003 年 9 月 5 日出生，在校学生。

2019 年，李某某在某职业中学就读期间，为方便支取生活费，在当地商业银行开设账户，办理了一张单日转账额度最高可为 50 万元人民币的借记卡。2021 年 5 月，李某某的同学卢某某、彭某某（均已满18周岁，另案处理）向其提出"需要将网络赌博平台上汇集的充值资金，使用绑定的银行卡转账，如果愿意提供本人银行卡用于转账，就可以分钱"，并给其看了该赌博平台应用程序的截图。李某某为了能"轻松挣钱"遂表示同意。5月7日至18日，在彭某某的指使下，李某某使用本人借记卡代为转账，并采取变更转账地点的方式规避调查。上述期间内，该借记卡单向流水金额合计人民币420余万元，李某某在分得人民币3000元后，因"感觉容易出事"遂未再参与。

案发后，李某某投案自首。2022年8月，四川省某县人民检察院以帮助信息网络犯罪活动罪决定对李某某附条件不起诉并开展监督考察。2023年2月，考验期满后决定对李某某不起诉。

【检察机关履职过程】

全面审查证据。某县公安局对李某某以涉嫌帮助信息网络犯罪活动罪移送起诉，某县检察院经审查认为，李某某系未成年犯罪嫌疑人，到案后虽作有罪供述，但案件缺乏证明其具备认知能力的证据。同时，侦查机关未查明涉案资金是否属于"犯罪所得及其收益"且李某某是否明知，检察机关遂退回补充侦查。侦查机关补充侦查重新移送后，检察机关经审查，认为侦查机关仅查明部分而非全链条利用网络开设赌场犯罪事实，故李某某代为转账的资金尚不能认定为"犯罪所得及其收益"。通过社会调查发现，李某某智力发育水平正常，接受教育经历连贯，作案时已开始毕业前的离校实习，说明其具有适应工作和社会生活的能力。本案中的转账行为呈现出短时间、高频率、大金额的异常特征，与日常生活开支场景毫无混同的可能。因此，可以认定李某某具备相当的认知能力，主观上明知他人利用信息网络实施犯罪。

依法适用附条件不起诉。李某某主观上明知他人利用信息网络实施犯罪，客观上实施了使用本人银行卡代为转账420余万元的帮助支付结算行为。但李某某提供本人银行卡的行为与"批量出租他人银行卡"相比，情节较轻，社会危害较小；系受引诱参与犯罪，参与时间较短，犯罪后自首且自愿认罪认罚，具有悔罪表现，主观恶性不大；系初犯、偶犯，社会调查表明其具有较大的教育矫治空间。为落实"教育、感化、挽救"方针，在听取公安机关意见后，检察机关依法对李某某适用附条件不起诉。

帮教考察。社会调查发现，李某某追求享乐，法律意识淡薄，父母教育方式不当、家庭教育支持不足，存在重蹈违法犯罪的风险。为此，检察机关联合妇联、司法社工组织等社会力量，制定个性化方案，加强综合教育帮教。针对其存在消费观念问题，通过定制法治教育志愿服务公益项目，帮助其认识到贪图享受的长远危害；针对其法律意识淡薄问题，通过开展线上线下预防网络犯罪教育，促使其主动学习法律知识；针对家庭教育缺失问题，发出督促监护令，加强家庭教育指导。通过帮教，李某某的理性消费观念逐步树立，法律意识逐渐提升，思想认识和行为习惯回归正轨。目前，李某某已经考上大学。

制发检察建议。检察机关办案发现，李某某的银行账户管理存在漏洞。经与人民银行所属支行会商研判，通过走访银行网点、开展座谈交流，促使商业银行查找出未落实未成年人独立开户标准、授权单日转账限额过高、异常交易风险预警不足等问题。检察机关有针对性地向人民银行某县支行制发检察建议后，该县人民银行对7家商业银行的46个网点，涉及120余个未成年人的账户全部进行了清理，对发现的问题立即进行整改。目前，该县未再发生利用未成年人银行卡实施网络犯罪的案件。

省、市检察机关与人民银行等机构会商，推进涉未成年人银行账户分级分类管理等要求在全省范围内得到完善和落实，巩固打击和治理成效。

【指导意义】

（一）检察机关办理未成年人帮助他人利用网络实施犯罪的案件，要坚持主客观相一致原则，重点审查行为人主观方面对上游犯罪是否明知，并提供了客观帮助行为。要综合全案证据和社会调查情况，认为涉罪未成年人知道或者应当知道上游系犯罪活动，自己行为具有帮助作用，可能共同造成危害结果的，应当认定其主观明知。未成年人客观上实施"供卡"等帮助支付结算的行为，符合帮助信息网络犯罪客观要件规定的，应按照主客观相一致原则，认定构成帮助信息网络犯罪活动罪。但如果经全案证据审查，认定未成年犯罪嫌疑人对上游是否系犯罪活动，以及犯罪的危害程度缺乏明确认识，即使在客观上对信息网络犯罪活动起到了帮助作用，因此获利，也不能认定为构成该罪。

（二）对未成年人使用本人银行卡实施的帮助他人利用网络犯罪行为，应当落实宽严相济刑事政策，加强教育、挽救，依法准确适用不起诉、附条件不起诉。对于积极主动参与犯罪、犯罪情节严重的，应依法提起公诉。对被利诱参与犯罪、参与时间较短、违法所得、涉案数额较少，情节显著轻微危害不大的涉案未成年人，检察机关可以根据刑法第十三条的规定，对其不认定为犯罪。对于犯罪情节轻微，依照刑法规定不需要判处刑罚或者免除刑罚的，检察机关应当作出不起诉决定。对于犯罪情节较轻，符合附条件不起诉条件的，检察机关可以依法适用附条件不起诉，同时针对性地开展考察、矫治。

（三）检察机关应当注重运用检察建议，推动诉源治理。办理未成年人帮助信息网络犯罪活动案件，发现银行账户监督、管理、使用存在漏洞的，应当依法开展调查核实，以检察建议的方式督促金融监管机构、商业银行完善制度机制，推动形成办卡审核和风险评估相结合、分类管理和异常预警相结合的未成年人银行卡管理保护模式，努力实现对未成年人参与电信网络犯罪的诉源治理。

【相关规定】

《中华人民共和国刑法》第十三条、第二百八十七条之二

《中华人民共和国刑事诉讼法》第二百七十七条、第二百七十九条、第二百八十二条、第二百八十三条、第二百八十四条

《中华人民共和国未成年人保护法》第一百一十三条、第一百一十五条

《中华人民共和国预防未成年人犯罪法》第五十条、第五十一条

《最高人民法院、最高人民检察院关于办理非法利用信息网络、帮助信息网络犯罪活动等刑事案件适用法律若干问题的解释》第十二条

《人民检察院检察建议工作规定》第十一条

禁止向未成年人租售网络游戏账号检察监督案

（检例第 204 号）

【关键词】

未成年人网络保护　网络游戏账号租售　刑事检察与行政公益诉讼衔接　不良行为干预　综合治理

【要旨】

检察机关办理涉未成年人网络犯罪案件，应当注重审查刑事案件背后是否存在未成年人网络保护职责未落实的监督线索。检察机关发现互联网平台上存在向未成年人租售网络游戏账号的，可以依法督促行政监管部门履职，全面维护未成年人网络权益。发现未成年人因沉迷网络而遭受侵害的，应当同步落实被害修复与不良行为干预措施。检察机关应当促进法律监督与行政监管的配合协作，助推行政监管部门提升未成年人网络保护执法规范化水平。

【基本案情】

被告人孙某，男，2000 年 7 月 19 日生，汉族，中专文化，原系某房地产公司销售人员。

2021 年 1 月，被告人孙某以诈骗为目的，在某互联网平台发布出售网络游戏账号的虚假信息，骗取未成年被害人华某某信任后，向其提供虚假的游戏账号密码，并编造钱款被冻结、需支付保证金、过户费等理由，共骗取华某某人民币 15347 元。

孙某用以出售网络游戏账号的互联网平台是上海某公司开发运营的电子商务应用类平台。该平台上有数十家经营者不经身份核实，向包括未成年人在内的用户提供多款热门网络游戏账号的租售服务，部分经营者的累计订单数已达十万余件。

【检察机关履职过程】

刑事案件办理。2021 年 4 月 2 日，孙某自首。2021 年 11 月 8 日，上海市公安局某区分局以孙某涉嫌诈骗罪向某区检察院移送审查起诉。检察机关在办案过程中，责令孙某向被害人退赔诈骗钱款，弥补财产损失，并向被害人赔礼道歉。2021 年 12 月 6 日，检察机关以孙某犯诈骗罪向人民法院提起公诉。2021 年 12 月 16 日，人民法院以孙某犯诈骗罪判处其有期徒刑七个月，缓刑一年，并处罚金人民币二千元。

行政公益诉讼案件办理。检察机关经调查发现，本案中孙某用以出售网络游戏账号的互联网平台上还有数十家经营者在商品详情中使用"未防沉迷""直接上号"等表述，不经核验身份，向包括未成年人在内的用户提供多款热门网络游戏账号的租售服务。

检察机关认为，该互联网平台上的经营者为未成年人规避网络游戏监管提供便利条件，违反《中华人民共和国未成年人保护法》有关向未成年人提供游戏服务的时间管理限制性规定。该互联网平台未根据《中华人民共和国电子商务法》对相关经营者违规行为予以及时处置、报告，增加了不特定未成年人沉迷网络游戏的潜在风险，损害了社会公共利益。根据未成年人网络保护法律法规，上海市某区网络安全和信息化委员会办公室（以下简称

"网信办") 对未成年人网络保护落实情况有监督管理职责，应当依法查处违规经营者和平台。

2021年9月14日，检察机关向区网信办发出行政公益诉讼诉前检察建议，督促依法查处违法向未成年人提供网络游戏账号租售服务的经营者，并对互联网平台上租售网络游戏账号的情况进行全面检查和监督，压实平台责任。区网信办积极落实检察建议，督促该互联网平台对违法租售账号的经营者进行处理、增设实名购买功能，对平台落实未成年人网络保护规定的情况进行常态化检查督导。该互联网平台共清理违规游戏租号类商品469件，关闭相关店铺26家，对"某某租号"等关键词予以屏蔽；对游戏账号租售商品设置购买实名认证和"上号"二次实名认证环节，有效防止向未成年人租售游戏账号。

不良行为干预。针对未成年被害人华某某沉迷网络游戏的情况，检察机关根据《中华人民共和国预防未成年人犯罪法》关于不良行为干预的相关规定，积极对接学校、街道未成年人保护工作站组建协作干预小组，落实针对性管理教育措施。检察机关针对监护人放任华某某沉迷网络及处分大额钱款等问题，向华某某的监护人制发督促监护令，要求其履行监护职责，并委托家庭教育指导师开展家庭教育指导。目前，华某某已摆脱网络游戏沉迷，并顺利考入大学。

推动综合治理。结合该案办理，检察机关进一步会同区网信办等单位制定了涉未成年人网络保护分类处置的标准化工作流程。在此基础上，上海市人民检察院梳理全市未成年人网络保护案件办理情况，与上海市网信办、上海市文化和旅游局执法总队建立了未成年人网络保护联动工作机制，共同发布《未成年人网络保护风险识别清单》《上海市侵害未成年人身心健康的网络信息执法指南》，细化执法规范和标准。

【指导意义】

（一）互联网平台上的经营者向未成年人租售网络游戏账号而平台未予及时处置、报告的，检察机关可以通过检察建议、公益诉讼等方式，督促行政监管部门采取有效监管措施。检察机关在办理涉未成年人网络刑事案件时，发现互联网平台上的经营者向未成年人提供网络游戏账号租售服务、互联网平台未予以审核监管，为未成年人规避游戏监管提供便利，有造成不特定未成年人沉迷网络、侵害未成年人网络公共利益风险的，检察机关可以通过制发检察建议、开展行政公益诉讼等手段，督促相关行政部门依法履行监管职责，推进互联网平台加强管理和机制建设。

（二）检察机关办理未成年人因沉迷网络而遭受侵害的案件，应当坚持被害修复与不良行为干预并重。检察机关在依法惩治利用网络实施的侵害未成年人犯罪的同时，应当通过积极追赃挽损、促成赔礼道歉、提供法律援助、落实心理疏导等方式，最大限度减少犯罪对未成年人造成的不利影响。同时，检察机关还应当根据《中华人民共和国预防未成年人犯罪法》的相关规定，督促家庭、学校、社会联动对未成年被害人沉迷网络的不良行为进行干预，通过精准管理教育措施引导未成年人安全合理地使用网络。发现被害人的监护人怠于履行职责的，可以通过制发督促监护令、开展家庭教育指导等方式，充分发挥家庭监护在未成年人网络保护中的作用。

（三）检察机关办理涉未成年人网络案件，应当综合履职，促进未成年人网络保护诉源治理。在办理刑事案件、开展行政公益诉讼等工作基础上，检察机关还应当加强与未成年人网络

256

保护行政监管部门配合协作，畅通信息渠道、建立共治机制，提升未成年人网络侵害源头预防实效。结合本地实际，推动完善法律监督与行政监管衔接机制，为未成年人构建健康清朗的网络空间环境。

【相关规定】

《中华人民共和国刑法》第二百六十六条

《中华人民共和国未成年人保护法》第六十六条、第六十七条、第七十四条、第七十五条、第一百零六条、第一百二十七条

《中华人民共和国预防未成年人犯罪法》第二十八条第四项、第二十九条、第三十一条、第三十二条

《中华人民共和国家庭教育促进法》第二十二条、第四十九条

《中华人民共和国行政诉讼法》第二十五条第四款

《中华人民共和国电子商务法》第十三条、第二十九条

《未成年人网络保护条例》第四十六条第二款

第 5 辑

中华人民共和国外国国家豁免法

（2023 年 9 月 1 日第十四届全国人民代表大会常务委员会第五次会议通过　2023 年 9 月 1 日中华人民共和国主席令第十号公布　自 2024 年 1 月 1 日起施行）

第一条　为了健全外国国家豁免制度，明确中华人民共和国的法院对涉及外国国家及其财产民事案件的管辖，保护当事人合法权益，维护国家主权平等，促进对外友好交往，根据宪法，制定本法。

第二条　本法所称的外国国家包括：

（一）外国主权国家；

（二）外国主权国家的国家机关或者组成部分；

（三）外国主权国家授权行使主权权力且基于该项授权从事活动的组织或者个人。

第三条　外国国家及其财产在中华人民共和国的法院享有管辖豁免，本法另有规定的除外。

第四条　外国国家通过下列方式之一明示就特定事项或者案件接受中华人民共和国的法院管辖的，对于就该事项或者案件提起的诉讼，该外国国家在中华人民共和国的法院不享有管辖豁免：

（一）国际条约；

（二）书面协议；

（三）向处理案件的中华人民共和国的法院提交书面文件；

（四）通过外交渠道等方式向中华人民共和国提交书面文件；

（五）其他明示接受中华人民共和国的法院管辖的方式。

第五条 外国国家有下列情形之一的，视为就特定事项或者案件接受中华人民共和国的法院管辖：

（一）作为原告向中华人民共和国的法院提起诉讼；

（二）作为被告参加中华人民共和国的法院受理的诉讼，并就案件实体问题答辩或者提出反诉；

（三）作为第三人参加中华人民共和国的法院受理的诉讼；

（四）在中华人民共和国的法院作为原告提起诉讼或者作为第三人提出诉讼请求时，由于与该起诉或者该诉讼请求相同的法律关系或者事实被提起反诉。

外国国家有前款第二项规定的情形，但能够证明其作出上述答辩之前不可能知道有可主张豁免的事实的，可以在知道或者应当知道该事实后的合理时间内主张管辖豁免。

第六条 外国国家有下列情形之一的，不视为接受中华人民共和国的法院管辖：

（一）仅为主张豁免而应诉答辩；

（二）外国国家的代表在中华人民共和国的法院出庭作证；

（三）同意在特定事项或者案件中适用中华人民共和国的法律。

第七条 外国国家与包括中华人民共和国在内的其他国家的组织或者个人进行的商业活动，在中华人民共和国领域内发生，或者虽然发生在中华人民共和国领域外但在中华人民共和国领域内产生直接影响的，对于该商业活动引起的诉讼，该外国国家在中华人民共和国的法院不享有管辖豁免。

本法所称商业活动是指非行使主权权力的关于货物或者服务的交易、投资、借贷以及其他商业性质的行为。中华人民共和国的法院在认定一项行为是否属于商业活动时，应当综合考虑该行为的性质和目的。

第八条 外国国家为获得个人提供的劳动或者劳务而签订的合同全部或者部分在中华人民共和国领域内履行的，对于因该合同引起的诉讼，该外国国家在中华人民共和国的法院不享有管辖豁免，但有下列情形之一的除外：

（一）获得个人提供的劳动或者劳务是为了履行该外国国家行使主权权力的特定职能；

（二）提供劳动或者劳务的个人是外交代表、领事官员、享有豁免的国际组织驻华代表机构工作人员或者其他享有相关豁免的人员；

（三）提供劳动或者劳务的个人在提起诉讼时具有该外国国家的国籍，并且在中华人民共和国领域内没有经常居所；

（四）该外国国家与中华人民共和国另有协议。

第九条 对于外国国家在中华人民共和国领域内的相关行为造成人身伤害、死亡或者造成动产、不动产损失引起的赔偿诉讼，该外国国家在中华人民共和国的法院不享有管辖豁免。

第十条 对于下列财产事项的诉讼，外国国家在中华人民共和国的法院不享有管辖豁免：

（一）该外国国家对位于中华人民共和国领域内的不动产的任何权益或者义务；

（二）该外国国家对动产、不动产的赠与、遗赠、继承或者因无人继承而产生的任何权益或者义务；

（三）在管理信托财产、破产财产或者进行法人、非法人组织清算时涉及该外国国家的权益或者义务。

第十一条 对于下列知识产权事项的诉讼，外国国家在中华人民共和国的法院不享有管辖豁免：

（一）确定该外国国家受中华人民共和国法律保护的知识产权归属及相关权益；

（二）该外国国家在中华人民共和国领域内侵害受中华人民共和国法律保护的知识产权及相关权益。

第十二条 外国国家与包括中华人民共和国在内的其他国家的组织或者个人之间的商业活动产生的争议，根据书面协议被提交仲裁的，或者外国国家通过国际投资条约等书面形式同意将其与包括中华人民共和国在内的其他国家的组织或者个人产生的投资争端提交仲裁的，对于需要法院审查的下列事项，该外国国家在中华人民共和国的法院不享有管辖豁免：

（一）仲裁协议的效力；

（二）仲裁裁决的承认和执行；

（三）仲裁裁决的撤销；

（四）法律规定的其他由中华人民共和国的法院对仲裁进行审查的事项。

第十三条 外国国家的财产在中华人民共和国的法院享有司法强制措施豁免。

外国国家接受中华人民共和国的法院管辖，不视为放弃司法强制措施豁免。

第十四条 有下列情形之一的，外国国家的财产在中华人民共和国的法院不享有司法强制措施豁免：

（一）外国国家以国际条约、书面协议或者向中华人民共和国的法院提交书面文件等方式明示放弃司法强制措施豁免；

（二）外国国家已经拨出或者专门指定财产用于司法强制措施执行；

（三）为执行中华人民共和国的法院的生效判决、裁定，对外国国家位于中华人民共和国领域内、用于商业活动且与诉讼有联系的财产采取司法强制措施。

第十五条 下列外国国家的财产不视为本法第十四条第三项规定的用于商业活动的财产：

（一）外交代表机构、领事机构、特别使团、驻国际组织代表团或者派往国际会议的代表团用于、意图用于公务的财产，包括银行账户款项；

（二）属于军事性质的财产，或者用于、意图用于军事的财产；

（三）外国和区域经济一体化组织的中央银行或者履行中央银行职能的金融管理机构的财产，包括现金、票据、银行存款、有价证券、外汇储备、黄金储备以及该中央银行或者该履行中央银行职能的金融管理机构的不动产和其他财产；

（四）构成该国文化遗产或者档案的一部分，且非供出售或者意图出售的财产；

（五）用于展览的具有科学、文化、历史价值的物品，且非供出售或者意图出售的财产；

（六）中华人民共和国的法院认为不视为用于商业活动的其他财产。

第十六条 对于外国国家及其财产民事案件的审判和执行程序，本法没有规定的，适用中华人民共和国的民事诉讼法律以及其他相关法律的规定。

第十七条 中华人民共和国的法院向外国国家送达传票或者其他诉讼文书，应当按照下列方式进行：

（一）该外国国家与中华人民共和国缔结或者共同参加的国际条约规定的方式；

（二）该外国国家接受且中华人民共和国法律不禁止的其他方式。

通过前款方式无法完成送达的，可以通过外交照会方式送交该外国国家外交部门，外交照会发出之日视为完成送达。

按照本条第一款、第二款规定的方式进行送达的诉讼文书，应当依照该外国国家与中华人民共和国缔结或者共同参加的国际条约的规定附上有关语言的译本，没有相关国际条约的，附上该外国国家官方语言的译本。

向外国国家送达起诉状副本时，应当一并通知该外国国家在收到起诉状副本后三个月内提出答辩状。

外国国家在对其提起的诉讼中就实体问题答辩后，不得再就诉讼文书的送达方式提出异议。

第十八条 经送达完成，外国国家未在中华人民共和国的法院指定期限内出庭的，法院应当主动查明该外国国家是否享有管辖豁免。对于外国国家在中华人民共和国的法院不享有管辖豁免的案件，法院可以缺席判决，但应当在诉讼文书送达之日的六个月以后。

中华人民共和国的法院对外国国家作出的缺席判决，应当按照本法第十七条的规定送达。

外国国家对中华人民共和国的法院缺席判决提起上诉的期限为六个月，从判决书送达之日起计算。

第十九条　中华人民共和国外交部就以下有关国家行为的事实问题出具的证明文件，中华人民共和国的法院应当采信：

（一）案件中的相关国家是否构成本法第二条第一项中的外国主权国家；

（二）本法第十七条规定的外交照会是否送达以及何时送达；

（三）其他有关国家行为的事实问题。

对于前款以外其他涉及外交事务等重大国家利益的问题，中华人民共和国外交部可以向中华人民共和国的法院出具意见。

第二十条　本法规定不影响外国的外交代表机构、领事机构、特别使团、驻国际组织代表团、派往国际会议的代表团及上述机构的相关人员根据中华人民共和国的法律、中华人民共和国缔结或者参加的国际条约享有的特权与豁免。

本法规定不影响外国国家元首、政府首脑、外交部长及其他具有同等身份的官员根据中华人民共和国的法律、中华人民共和国缔结或者参加的国际条约以及国际习惯享有的特权与豁免。

第二十一条　外国给予中华人民共和国国家及其财产的豁免待遇低于本法规定的，中华人民共和国实行对等原则。

第二十二条　中华人民共和国缔结或者参加的国际条约同本法有不同规定的，适用该国际条约的规定，但中华人民共和国声明保留的条款除外。

第二十三条　本法自 2024 年 1 月 1 日起施行。

最高人民法院
关于综合治理类司法建议工作
若干问题的规定

法释〔2023〕11号

(2023年10月19日最高人民法院审判委员会第1902次
会议通过 2023年11月15日最高人民法院公告公布
自2023年11月16日起施行)

为进一步加强和规范综合治理类司法建议工作，更好发挥审判机关在国家和社会治理中的重要作用，根据《中华人民共和国人民法院组织法》等法律规定，结合人民法院工作实际，制定本规定。

第一条 人民法院在履行审判执行职责时发现社会治理领域中存在引起矛盾纠纷多发高发，影响经济社会发展和人民群众权益保护的突出问题，需要向有关主管机关或者其他有关单位提出改进工作、完善治理的司法建议的，适用本规定。

第二条 人民法院提出司法建议，应当遵循确有必要的原则，确保司法建议的针对性、规范性和实效性。

第三条 人民法院提出司法建议时，应当根据综合治理问题涉及的行业、领域等向相应的主管机关或者其他有关单位提出；向主管机关提出的，一般应当向本院辖区范围内的同级主管机关提出。发现的综合治理问题需要异地主管机关采取措施的，可以提出工作建议，层报相应的上级人民法院决定。

第四条 司法建议应当以人民法院名义提出。

第五条 人民法院提出司法建议前，应当结合审判执行工作中发现的问题充分调查研究，并积极与被建议单位沟通，听取其意见。

第六条 人民法院提出司法建议，应当制作司法建议书。

司法建议书实行统一编号。

第七条 司法建议书起草完成后，应当依照《中华人民共和国人民法院组织法》第三十七条第一款第四项的规定提请审判委员会审议。

司法建议书审议通过后，由院长签发。

第八条 人民法院提出司法建议时，应当告知被建议单位就建议采纳落实情况等予以书面答复。答复期限根据具体情况确定，一般不超过两个月；法律、司法解释另有规定的，依照其规定。

人民法院应当结合审判执行工作支持、配合、督促被建议单位采取相应措施，协同抓好司法建议相关工作的落实。

第九条 司法建议涉及的问题重大，需要引起高度重视的，人民法院可以将司法建议书抄送被建议单位的上级主管机关或者其他有关单位。

第十条 各级人民法院应当确定司法建议工作日常管理机构，完善审核、指导、考核、激励等机制，并将司法建议工作质效纳入绩效考核。

第十一条 各级人民法院应当依照《中华人民共和国人民法院组织法》第九条的规定，将司法建议工作情况列入向同级人民代表大会及其常务委员会报告的事项。

第十二条 人民法院提出综合治理类司法建议以外的其他司

法建议的，依照有关法律、司法解释、其他规范性文件的规定办理。有关法律、司法解释、其他规范性文件没有规定的事项，可以根据本辖区的具体情况和实际需要，参照本规定办理。

第十三条 本规定自 2023 年 11 月 16 日起施行。最高人民法院此前发布的司法解释和其他规范性文件与本规定不一致的，以本规定为准。

附件：1. 人民法院司法建议书制作规范
　　　2. 文书样式
　　　3. 封面样式

附件 1

人民法院司法建议书制作规范

为指导全国法院司法建议书的制作，确保司法建议文书格式统一、要素齐全、结构完整、繁简得当、逻辑严密、用语准确，提高文书质量，制定本规范。

一、基本要素

司法建议书由首部、主文、尾部三部分组成。

二、首部

首部包括标题、司法建议书编号、被建议单位名称。

标题包括法院名称、事由和司法建议书。例如："××人民法院关于××的司法建议书"。

司法建议书实行统一编号。最高人民法院的司法建议书以"法建"＋〔文书年度〕＋文书编号＋"号"形式编号，地方各级人民法院的司法建议书以地名简称+"法建"+〔文书年度〕+文书编号+"号"形式编号。

被建议单位名称应使用该单位全称、规范化简称或者同类型单位统称。

三、主文

简要说明抓好相关领域工作的重要性和被建议单位在该领域已采取的主要举措及成效。然后列明在审判执行工作中发现的该领域需要重视和解决的问题，依据法律法规及政策提出的具体建议，反馈时限，以及其他需要说明的事项。建议与问题应当一一对应。

四、尾部

包括院印、法院名称和日期、联系人姓名和电话、附件和抄送单位名称。

司法建议书如有附件，应当在正文之后、成文日期之前注明附件的顺序号和名称。

抄送单位应当使用该机关全称、规范化简称或者同类型机关统称。

五、封面

1. 法徽图案高 55mm，宽 50mm。上页边距为 60mm，法徽下沿与标题文字上沿之间距离为 40mm。

2. 标题文字为"××人民法院司法建议书"，位于法徽图案下方，字体为小标宋体字；标题分两行或三行排列，法院名称字体大小为 30 磅，司法建议书字体大小为 36 磅。

3. 封面应庄重、美观，页边距、字体大小及行距可适当进行调整。

××人民法院关于×××的司法建议书

××法建〔××××〕×号

××××（被建议单位名称）：

　　……（写明抓好相关领域工作的重要性，被建议单位已采取的主要举措及成效）。

　　我院在审判（执行）工作（或写明××个案，或写明案件类型，或写明司法调研工作）中，发现……（围绕诉源治理、社会治理写明有关主管机关或者其他单位存在的重要问题，内容多的可分项书写）。为此，特建议：

　　……（写明建议的具体事项，建议应当与问题一一对应，内容多的可分项书写）。

　　请你单位在收到本建议书后及时研究，采取有力措施推进××问题治理，并在×个月内向我院书面反馈工作进展情况。（已纳入考核的地区可写明：反馈、落实情况将纳入当地依法治理或平安建设等考核。）我院将积极支持、配合你单位做好相关工作，共同推进××领域的治理工作。

　　附件：（按顺序列明相关裁判文书、调研报告或者其他相关材料）

（院印）
××人民法院
年　月　日

联系人：×××　××××（联系电话）

抄送：××××。(抄送单位名称，如抄送单位较多，名称
　　　需要回行，回行时与冒号后的首字对齐，并在最后一
　　　个抄送单位名称后标句号)

附件3

封面样式

××人民法院

司法建议书

××人民法院监制

最高人民法院
关于审理涉彩礼纠纷案件
适用法律若干问题的规定

法释〔2024〕1号

(2023年11月13日最高人民法院审判委员会第1905次会议通过
2024年1月17日最高人民法院公告公布
自2024年2月1日起施行)

为正确审理涉彩礼纠纷案件，根据《中华人民共和国民法典》、《中华人民共和国民事诉讼法》等法律规定，结合审判实践，制定本规定。

第一条 以婚姻为目的依据习俗给付彩礼后，因要求返还产生的纠纷，适用本规定。

第二条 禁止借婚姻索取财物。一方以彩礼为名借婚姻索取财物，另一方要求返还的，人民法院应予支持。

第三条 人民法院在审理涉彩礼纠纷案件中，可以根据一方给付财物的目的，综合考虑双方当地习俗、给付的时间和方式、财物价值、给付人及接收人等事实，认定彩礼范围。

下列情形给付的财物，不属于彩礼：

（一）一方在节日、生日等有特殊纪念意义时点给付的价值不大的礼物、礼金；

（二）一方为表达或者增进感情的日常消费性支出；

（三）其他价值不大的财物。

第四条 婚约财产纠纷中，婚约一方及其实际给付彩礼的父母可以作为共同原告；婚约另一方及其实际接收彩礼的父母可以作为共同被告。

离婚纠纷中，一方提出返还彩礼诉讼请求的，当事人仍为夫妻双方。

第五条 双方已办理结婚登记且共同生活，离婚时一方请求返还按照习俗给付的彩礼的，人民法院一般不予支持。但是，如果共同生活时间较短且彩礼数额过高的，人民法院可以根据彩礼实际使用及嫁妆情况，综合考虑彩礼数额、共同生活及孕育情况、双方过错等事实，结合当地习俗，确定是否返还以及返还的具体比例。

人民法院认定彩礼数额是否过高，应当综合考虑彩礼给付方所在地居民人均可支配收入、给付方家庭经济情况以及当地习俗等因素。

第六条 双方未办理结婚登记但已共同生活，一方请求返还按照习俗给付的彩礼的，人民法院应当根据彩礼实际使用及嫁妆情况，综合考虑共同生活及孕育情况、双方过错等事实，结合当地习俗，确定是否返还以及返还的具体比例。

第七条 本规定自2024年2月1日起施行。

本规定施行后，人民法院尚未审结的一审、二审案件适用本规定。本规定施行前已经终审、施行后当事人申请再审或者按照审判监督程序决定再审的案件，不适用本规定。

最高人民法院　最高人民检察院
关于执行《中华人民共和国刑法》
确定罪名的补充规定（八）

法释〔2024〕3号

（2024年1月17日最高人民法院审判委员会第1912次会议、
2024年1月3日最高人民检察院第十四届检察委员会
第二十次会议通过　2024年1月30日最高人民
法院、最高人民检察院公告公布
自2024年3月1日起施行）

根据《中华人民共和国刑法修正案（十二）》（以下简称《刑法修正案（十二）》），现对《最高人民法院关于执行〈中华人民共和国刑法〉确定罪名的规定》《最高人民检察院关于适用刑法分则规定的犯罪的罪名的意见》作如下修改：

将《中华人民共和国刑法》第一百六十九条（《刑法修正案（十二）》第三条）的罪名由"徇私舞弊低价折股、出售国有资产罪"修改为"徇私舞弊低价折股、出售公司、企业资产罪"。

本规定自2024年3月1日起施行。

最高人民法院

关于为广州南沙深化面向世界的粤港澳全面合作提供司法服务和保障的意见

2023 年 10 月 11 日　　　　法发〔2023〕16 号

　　为深入贯彻落实党的二十大精神，全面贯彻落实党中央关于推进粤港澳大湾区建设的战略部署，准确实施国务院《广州南沙深化面向世界的粤港澳全面合作总体方案》，充分发挥司法服务保障职能，促进广州南沙在粤港澳大湾区建设中发挥引领带动作用，结合人民法院工作实际，制定以下意见。

一、总体要求

　　1. 指导思想。坚持以习近平新时代中国特色社会主义思想为指导，贯彻落实党的二十大精神，深入践行习近平法治思想，按照党中央决策部署，坚持能动司法，完善司法政策和配套举措，统筹推进粤港澳司法领域深度合作，打造高水平对外开放门户，支持广州南沙在深化面向世界的粤港澳全面合作中探索创新、树立标杆，为支持香港、澳门更好融入国家发展大局提供有力司法保障。

　　2. 主要目标。坚持和加强党对司法工作的绝对领导，坚定不移贯彻"一国两制"方针，提高诉源治理和实质性化解矛盾纠纷能力，推动人民法院主动融入国家治理、社会治理，为科技创新和产业发展提供司法服务保障。持续深化与港澳司法规则衔接机制对接，提升与港澳司法交流合作水平，不断增强人民法院工作在粤港澳大湾区建设中的法治示范作用，为广州南沙进一步完善国际一流的市场化法治化国际化营商环境提供有力司法服务和保障。

二、服务保障科技创新产业合作基地建设

3. 加强科技创新与现代化产业体系司法保护。支持广州南沙高质量建设南沙科学城、中国科学院明珠科学园等重大科技创新平台，服务保障我国南方海洋科技创新中心建设。加大以高新技术产业为主体的现代化产业体系司法保护，加强对关键核心技术和产业变革领域司法保护，支持完善电子工程、计算机科学、海洋科学、人工智能和智慧城市等领域的司法保护规则。支持相关科研设备进口，妥善处理因进口设备买卖、租赁、融资租赁、抵押等产生的纠纷，鼓励和规范设备有效利用流转。妥善处理科技金融产品和服务创新领域各类纠纷，依法保护相关主体合法权益。

4. 强化数字经济发展司法保障。支持广州南沙推进数字产业化和产业数字化，促进数字经济健康规范发展。加快推动完善数据产权司法保护制度，加强数据安全风险防控和个人信息安全保护。支持保障下一代互联网国家工程中心粤港澳大湾区创新中心、南沙（粤港澳）数据服务试验区建设，支持广州互联网法院深化互联网审判创新发展。

5. 加大知识产权司法保护力度。充分发挥知识产权审判对科技创新的激励和保障作用，加大对科技创新成果的知识产权保护力度，完善新技术新业态的知识产权司法保护规则。依法保护科技创新主体合法权益，支持开展赋予科研人员职务科技成果所有权或长期使用权试点。进一步探索明确知识产权侵权损害惩罚性

赔偿适用标准，落实和完善以实现知识产权市场价值为指引，补偿为主、惩罚为辅的侵权损害赔偿制度。支持广州南沙建立健全知识产权行政执法与司法衔接机制，推动健全知识产权多元化纠纷解决机制，构建知识产权大保护工作格局。

6. 加强产权平等保护。坚持各类市场主体诉讼地位平等、法律适用平等、法律责任平等，依法平等保护各类市场主体合法权益，持续助力优化法治化营商环境。严格区分经济纠纷、行政违法与刑事犯罪，坚决防止将经济纠纷当作犯罪处理。严格规范涉案财产的处置，严格区分违法所得与合法财产、个人财产与企业财产、涉案人员个人财产和家庭成员财产，依法维护涉案企业、人员及其家庭成员的合法权益。完善涉企产权案件申诉、重审等机制，健全涉产权冤错案件有效防范纠正机制。

7. 打造国际知识产权争端解决优选地。依法公正审理涉外、涉港澳知识产权案件，加强涉外、涉港澳案例发布和规则研究，发挥指导性案例、典型案例示范指引作用。深化知识产权司法保护国际区际交流协作，着力打造具有较强辐射性和国际影响力的知识产权争端解决优选地。

三、推动建设高水平对外开放门户

8. 加强国际商事审判专业化建设。支持广州法院进一步优化国际商事审判资源配置，有序推进国际商事审判机制创新，加强国际商事纠纷审判组织建设，推动完善涉外民商事案件集中管辖布局，加强涉外审判人才的引进、培养和储备。支持符合条件的港澳台人士担任人民陪审员参与涉外、涉港澳台商事案件审理，构建完善公正、高效、便捷、低成本处理国际商事纠纷的体制机制。

9. 服务保障国际航运物流枢纽建设。深化海事审判改革，加强专业化海事审判机制建设。积极服务保障大湾区航运联合交易中心建设，促进粤港澳大湾区内航运服务资源跨境跨区域整合。妥善审理涉及航运物流、铁水联运、航运金融、邮轮游艇经营、海员权益保护、船舶管理等案件，促进运输往来自由便利。

10. 积极推动落实涉外涉港澳民商事案件管辖制度。结合广州南沙建设发展实际，完善涉外、涉港澳民商事纠纷管辖规则，探索细化当事人在涉外民事纠纷中协议选择管辖法院的具体规则，以及涉外民事纠纷与我国存在适当联系的认定标准。

11. 加大国际区际司法交流力度。积极推动简化跨境司法交流合作、人员往来审批程序，支持广州南沙开展国际区际法律研讨、司法论坛、模拟法庭等交流活动。积极邀请港澳法律专家担任研修学者、专家咨询委员会委员，支持港澳法律专业学生到人民法院实习，探索建立香港、澳门法律人才参与人民法院司法审判研究工作机制，支持建立吸纳港澳地区、海外知名专家学者、行业领军人才的司法智库，着力培养具有国际视野、通晓国际法律规则、熟悉域外法律的涉外法律专业人才。

四、支持促进规则衔接机制对接

12. 完善与港澳地区司法规则衔接。探索优化属实申述、委托当事人送达、证据开示、交叉询问、类案辩论、事实清理等诉讼规则衔接，借鉴不同法域的诉讼证据审查方式确认案件事实，鼓励开展裁判规则比较研究和交流互鉴。支持取得律师执业证书（粤港澳大湾区）的香港法律执业者和澳门执业律师在广州南沙执业。

13. 探索完善涉港澳诉讼程序机制。支持南沙法院简化涉港澳案件诉讼程序，完善港澳诉讼主体资格确认、授权委托见证、送达程序及诉讼证据审查认定程序。适时建立根据当事人申请作出简易裁判文书机制，加快推进简化域外证据公证认证，提高涉港澳民商事案件办理质量效率。支持广州法院健全完善适应涉外、涉港澳案件特点的在线诉讼服务机制和平台，加强授权见证等领域智慧法院建设成果推广应用。加强与港澳诉讼服务协同对接，为境内外当事人提供便捷、高效、优质的纠纷解决服务。加强中国特色区际司法协助体系建设，创新涉港澳民事诉讼程序特别机制，完善粤港澳司法协助执行机制。

14. 健全涉外涉港澳纠纷实质性化解机制。支持广州南沙加强矛盾纠纷实质性化解机制建设，建设优化诉讼、仲裁、调解等多元化纠纷解决方式衔接协作的一站式系统平台和工作机制，总结推广内地、境外调解员"双调解"模式，支持商事调解组织、行业性调解组织、仲裁等法律服务机构提供诉前、诉中解纷服务，实现解决纠纷的社会资源科学合理配置。支持建立高效便捷的仲裁裁决执行机制，支持具备条件的港澳法律服务机构、调解员、律师参与纠纷调解。推动建立调解员执业统一资格认证和调解员职业水平评价体系，鼓励外籍调解员和港澳调解员参与纠纷化解，充分发挥港澳调解员和专家咨询委员等协助解决跨境纠纷优势。

15. 完善域外法律查明机制。进一步完善人民法院审理涉外、涉港澳台案件法律适用规则和工作机制，支持和引导根据区域特点和需求，充分利用各类域外法律查明途径，最大程度准确查明域外法律。合理认定域外法律查明内容和查明不能情形，避免在人民法院有义务查明域外法律情形下，仅以当事人未在合理期限内提供域外法律，或者在当事人有义务提供域外法律的情形下，仅因遗漏查明事项或当事人对提供的域外法律存在争议，认定域外法律无法查明。支持探索创新域外法律适用规则机制，深入调研商事主体依法选择适用域外法律解决商事纠纷有关问题。加强域外法查明统一平台建设，支持广州法院完善域外法查明平台建设机制，深化全国涉外审判裁判文书资源共享，支持广州法院加强域外法律及案例资源库建设。拓展域外法律查明有效途径，建立健全与"一带一路"域外法查明（广州）中心等第三方机构常态化合作机制，支持港澳专家在南沙法院出庭提供法律查明协助。

五、助力打造高质量城市发展标杆

16. 促进青年创业就业平台建设。支持广州南沙优化各类面向粤港澳青年的孵化基地、众创空间等合作平台，支持大力发展国际化人力资源服务。加强对粤港澳青年创新创业过程中产生纠纷的分析研讨，妥善处理激励创新与维护合法权益之间的关系。加强高层次法治人才培养储备，为探索推动南沙事业单位、法定机构、国有企业引进符合条件的港澳青年人才提供司法服务。

17. 加强生态环境司法保护。坚持最严格制度最严密法治，依法严惩破坏生态保护红线、自然岸线、非法排污等违法犯罪行为，加大环境侵权禁止令、惩罚性赔偿等制度运用。全面准确适用民法典绿色原则和绿色条款，加强碳排放领域新业态、新权属法律问题研究，妥善处理碳排放权配额、核证自愿减排量交易、碳交易产品担保等涉碳纠纷，完善碳排放权交易司法保护规则体系。贯彻恢复性司法理念，探索创新补植复绿、增殖放流、劳务代偿、技改抵扣、认购碳汇等裁判执行方式。正确把握生态环境保护与经济社会发展的关系，加强乡土树种、古树名木等自然资源司法保护，支持科学有序的城市更新行动，助力广州南沙创建国家生态文明建设示范区。落实环境司法改革要求，深入推进环境资源审判专业化建设，助力生态环境全方位、立体化和系统性保护。

18. 强化民生权益司法保障。依法惩治刑事犯罪，加大电信网络、投资、贸易、金融等领域跨境犯罪打击力度，营造安全稳定的社会环境。加强教育、就业、医疗、住房、社保等民生领域司法保护，妥善处理引进人才、港澳居民因择业择居等产生的纠纷，依法维护港澳居民在内地就业创业、学习生活权益。依法审理跨境婚姻家事案件，注重保护未成年子女合法权益，有效化解矛盾纠纷，增进社会和谐。

19. 加强智慧法院建设。推动智慧法院和智慧城市深度融合融通，加强互联网、云计算、人工智能等技术在司法领域运用，加快推动智慧法院第五代移动通信（5G）全覆盖，提升智慧法院基础建设整体水平和服务能力。加强司法大数据运用，围绕行业产业发展、社会治理等重点领域开展分析研判，探索推动人民法院与相关部门数据信息共享，促进审判执行现代化，为能动司法服务保障区域经济社会发展提供参考依据。

六、完善组织保障机制

20. 加强调查研究。依托最高人民法院司法研究重大课题等平台，系统研究人民法院服务保障粤港澳大湾区法治建设的重点难点问题。定期研判、准确把握广州南沙建设所涉及各类诉讼案件的特点和规律，适时发布指导性案例、典型案例，制定司法解释、指导意见，统一法律适用，提供政策指引。及时总结推广支持和保障广州南沙深化面向世界的粤港澳全面合作的经验做法，持续提升广州南沙法治建设的软实力和影响力。

21. 完善工作机制。最高人民法院各有关部门加强条线指导，各级人民法院增强做好服务中央重大决策部署的主动性、自觉性和前瞻性。最高人民法院第一巡回法庭、第一国际商事法庭充分利用派驻广东的便利条件，立足司法职能，主动服务广州南沙深化粤港澳全面合作重大战略，持续推进改革进程。广东省高级人民法院和广州市中级人民法院要压实主体责任，强化督促问效、细化落实，积极争取当地党委和有关部门支持，凝聚服务保障合力，推动各项建设和改革任务落地见效。

最高人民法院　最高人民检察院　公安部　司法部关于印发《最高人民法院　最高人民检察院公安部　司法部关于办理醉酒危险驾驶刑事案件的意见》的通知

2023 年 12 月 13 日　　高检发办字〔2023〕187 号

各省、自治区、直辖市高级人民法院、人民检察院、公安厅（局）、司法厅（局），解放军军事法院、军事检察院，军委政法委员会保卫局，新疆维吾尔自治区高级人民法院生产建设兵团分院，新疆生产建设兵团人民检察院、公安局、司法局：

自 2011 年醉驾入刑以来，各地坚持严格执法、公正司法，依法惩治酒驾醉驾违法犯罪行为，有力维护了人民群众生命财产安全和道路交通安全，酒驾醉驾治理取得明显成效。为适应新形势新变化，进一步统一执法司法标准，严格规范、依法办理醉驾案件，最高人民法院、最高人民检察院、公安部、司法部制定了《关于办理醉酒危险驾驶刑事案件的意见》，现印发给你们，请认真贯彻执行。执行中遇到的问题，请及时层报最高人民法院、最高人民检察院、公安部、司法部。

最高人民法院　最高人民检察院　公安部　司法部
关于办理醉酒危险驾驶刑事案件的意见

为维护人民群众生命财产安全和道路交通安全，依法惩治醉酒危险驾驶（以下简称醉驾）违法犯罪，根据刑法、刑事诉讼法等有关规定，结合执法司法实践，制定本意见。

一、总体要求

第一条　人民法院、人民检察院、公安机关办理醉驾案件，应当坚持分工负责，互相配合，互相制约，坚持正确适用法律，坚持证据裁判原则，严格执法，公正司法，提高办案效率，实现政治效果、法律效果和社会效果的有机统一。人民检察院依法对醉驾案件办理活动实行法律监督。

第二条　人民法院、人民检察院、公安机关办理醉驾案件，应当全面准确贯彻宽严相济刑事政策，根据案件的具体情节，实行区别对待，做到该宽则宽，当严则严，罚当其罪。

第三条　人民法院、人民检察院、公安机关和司法行政机关应当坚持惩治与预防相结合，采取多种方式强化综合治理、诉源治理，从源头上预防和减少酒后驾驶行为发生。

二、立案与侦查

第四条　在道路上驾驶机动车，经呼气酒精含量检测，显示血液酒精含量达到80毫克/100毫升以上的，公安机关应当依照刑事诉讼法和本意见的规定决定是否立案。对情节显著轻微、危害不大，不认为是犯罪的，不予立案。

公安机关应当及时提取犯罪嫌疑人血液样本送检。认定犯罪嫌疑人是否醉酒，主要以血液酒精含量鉴定意见作为依据。

犯罪嫌疑人经呼气酒精含量检测，显示血液酒精含量达到80毫克/100毫升以上，在提取血液样本前脱逃或者找人顶替的，可以以呼气酒精含量检测结果作为认定其醉酒的依据。

犯罪嫌疑人在公安机关依法检查时或者发生道路交通事故后，为逃避法律追究，在呼气酒精含量检测或者提取血液样本前故意饮酒的，可以以查获后血液酒精含量鉴定意见作为认定其醉酒的依据。

第五条 醉驾案件中"道路""机动车"的认定适用道路交通安全法有关"道路""机动车"的规定。

对机关、企事业单位、厂矿、校园、居民小区等单位管辖范围内的路段是否认定为"道路"，应当以其是否具有"公共性"，是否"允许社会机动车通行"作为判断标准。只允许单位内部机动车、特定来访机动车通行的，可以不认定为"道路"。

第六条 对醉驾犯罪嫌疑人、被告人，根据案件具体情况，可以依法予以拘留或者取保候审。具有下列情形之一的，一般予以取保候审：

（一）因本人受伤需要救治的；

（二）患有严重疾病，不适宜羁押的；

（三）系怀孕或者正在哺乳自己婴儿的妇女；

（四）系生活不能自理的人的唯一扶养人；

（五）其他需要取保候审的情形。

对符合取保候审条件，但犯罪嫌疑人、被告人不能提出保证人，也不交纳保证金的，可以监视居住。对违反取保候审、监视居住规定的犯罪嫌疑人、被告人，情节严重的，可以予以逮捕。

第七条 办理醉驾案件，应当收集以下证据：

（一）证明犯罪嫌疑人情况的证据材料，主要包括人口信息查询记录或者户籍证明等身份证明；驾驶证、驾驶人信息查询记录；犯罪前科记录、曾因饮酒后驾驶机动车被查获或者行政处罚记录、本次交通违法行政处罚决定书等；

（二）证明醉酒检测鉴定情况的证据材料，主要包括呼气酒精含量检测结果、呼气酒精含量检测仪标定证书、血液样本提取笔录、鉴定委托书或者鉴定机构接收检材登记材料、血液酒精含量鉴定意见、鉴定意见通知书等；

（三）证明机动车情况的证据材料，主要包括机动车行驶证、机动车信息查询记录、机动车照片等；

（四）证明现场执法情况的照片，主要包括现场检查机动车、呼气酒精含量检测、提取与封装血液样本等环节的照片，并应当保存相关环节的录音录像资料；

（五）犯罪嫌疑人供述和辩解。

根据案件具体情况，还应当收集以下证据：

（一）犯罪嫌疑人是否饮酒、驾驶机动车有争议的，应当收集同车人员、现场目击证人或者共同饮酒人员等证人证言、饮酒场所及行驶路段监控记录等；

（二）道路属性有争议的，应当收集相关管理人员、业主等知情人员证言、管理单位或者有关部门出具的证明等；

（三）发生交通事故的，应当收集交通事故认定书、事故路段监控记录、人体损伤程度等鉴定意见、被害人陈述等；

（四）可能构成自首的，应当收集犯罪嫌疑人到案经过等材料；

（五）其他确有必要收集的证据材料。

第八条 对犯罪嫌疑人血液样本提取、封装、保管、送检、鉴定等程序，按照公安部、司法部有关道路交通安全违法行为处理程序、鉴定规则等规定执行。

公安机关提取、封装血液样本过程应当全程录音录像。血液样本提取、封装应当做好标记和编号，由提取人、封装人、犯罪嫌疑人在血液样本提取笔录上签字。犯罪嫌疑人拒绝签字的，应当注明。提取的血液样本应当及时送往鉴定机构进行血液酒精含量鉴定。因特殊原因不能及时送检的，应当按照有关规范和技术标准保管检材并在五个工作日内送检。

鉴定机构应当对血液样品制备和仪器检测过程进行录音录像。鉴定机构应当在收到送检血液样本后三个工作日内，按照有关规范和技术标准进行鉴定并出具血液酒精含量鉴定意见，通知或者送交委托单位。

血液酒精含量鉴定意见作为证据使用的，办案单位应当自收到血液酒精含量鉴定意见之日起五个工作日内，书面通知犯罪嫌疑人、被告人、被害人或者其法定代理人。

第九条 具有下列情形之一，经补正或者作出合理解释的，血液酒精含量鉴定意见可以作为定案的依据；不能补正或者作出合理解释的，应当予以排除：

（一）血液样本提取、封装、保管不规范的；

（二）未按规定的时间和程序送检、出具鉴定意见的；

（三）鉴定过程未按规定同步录音录像的；

（四）存在其他瑕疵或者不规范的取证行为的。

三、刑事追究

第十条 醉驾具有下列情形之一，尚不构成其他犯罪的，从重处理：

（一）造成交通事故且负事故全部或者主要责任的；

（二）造成交通事故后逃逸的；

（三）未取得机动车驾驶证驾驶汽车的；

（四）严重超员、超载、超速驾驶的；

（五）服用国家规定管制的精神药品或者麻醉药品后驾驶的；

（六）驾驶机动车从事客运活动且载有乘客的；

（七）驾驶机动车从事校车业务且载有师生的；

（八）在高速公路上驾驶的；

（九）驾驶重型载货汽车的；

（十）运输危险化学品、危险货物的；

（十一）逃避、阻碍公安机关依法检查的；

（十二）实施威胁、打击报复、引诱、贿买证人、鉴定人等人员或者毁灭、伪造证据等妨害司法行为的；

（十三）二年内曾因饮酒后驾驶机动车被查获或者受过行政处罚的；

（十四）五年内曾因危险驾驶行为被判决有罪或者作相对不起诉的；

（十五）其他需要从重处理的情形。

第十一条 醉驾具有下列情形之一的，从宽处理：

（一）自首、坦白、立功的；

（二）自愿认罪认罚的；

（三）造成交通事故，赔偿损失或者取得谅解的；

（四）其他需要从宽处理的情形。

第十二条 醉驾具有下列情形之一，且不具有本意见第十条规定情形的，可以认定为情节显著轻微、危害不大，依照刑法第十三条、刑事诉讼法第十六条的规定处理：

（一）血液酒精含量不满150毫克/100毫升的；

（二）出于急救伤病人员等紧急情况驾驶机动车，且不构成紧急避险的；

（三）在居民小区、停车场等场所因挪车、停车入位等短距离驾驶机动车的；

（四）由他人驾驶至居民小区、停车场等场所短距离接替驾驶停放机动车的，或者为了交由他人驾驶，自居民小区、停车场等场所短距离驶出的；

（五）其他情节显著轻微的情形。

醉酒后出于急救伤病人员等紧急情况，不得已驾驶机动车，构成紧急避险的，依照刑法第二十一条的规定处理。

第十三条 对公安机关移送审查起诉的醉驾案件，人民检察院综合考虑犯罪嫌疑人驾驶的动机和目的、醉酒程度、机动车类型、道路情况、行驶时间、速度、距离以及认罪悔罪表现等因素，认为属于犯罪情节轻微的，依照刑法第三十七条、刑事诉讼法第一百七十七条第二款的规定处理。

第十四条 对符合刑法第七十二条规定的醉驾被告人，依法宣告缓刑。具有下列情形之一的，一般不适用缓刑：

（一）造成交通事故致他人轻微伤或者轻伤，且负事故全部或者主要责任的；

（二）造成交通事故且负事故全部或者主要责任，未赔偿损失的；

（三）造成交通事故后逃逸的；

（四）未取得机动车驾驶证驾驶汽车的；

（五）血液酒精含量超过 180 毫克/100 毫升的；

（六）服用国家规定管制的精神药品或者麻醉药品后驾驶的；

（七）采取暴力手段抗拒公安机关依法检查，或者实施妨害司法行为的；

（八）五年内曾因饮酒后驾驶机动车被查获或者受过行政处罚的；

（九）曾因危险驾驶行为被判决有罪或者作相对不起诉的；

（十）其他情节恶劣的情形。

第十五条 对被告人判处罚金，应当根据醉驾行为、实际损害后果等犯罪情节，综合考虑被告人缴纳罚金的能力，确定与主刑相适应的罚金数额。起刑点一般不应低于道路交通安全法规定的饮酒后驾驶机动车相应情形的罚款数额；每增加一个月拘役，增加一千元至五千元罚金。

第十六条 醉驾同时构成交通肇事罪、过失以危险方法危害公共安全罪、以危险方法危害公共安全罪等其他犯罪的，依照处罚较重的规定定罪，依法从严追究刑事责任。

醉酒驾驶机动车，以暴力、威胁方法阻碍公安机关依法检查，又构成妨害公务罪、袭警罪等其他犯罪的，依照数罪并罚的规定处罚。

第十七条 犯罪嫌疑人醉驾被现场查获后，经允许离开，再经公安机关通知到案或者主动到案，不认定为自动投案；造成交通事故后保护现场、抢救伤者，向公安机关报告并配合调查的，应当认定为自动投案。

第十八条 根据本意见第十二条第一款、第十三条、第十四条处理的案件，可以将犯罪嫌疑人、被告人自愿接受安全驾驶教育、从事交通志愿服务、社区公益服务等情况作为作出相关处理的考量因素。

第十九条 对犯罪嫌疑人、被告人决定不起诉或者免予刑事处罚的，可以根据案件的不同情况，予以训诫或者责令具结悔过、赔礼道歉、赔偿损失，需要给予行政处罚、处分的，移送有关主管机关处理。

第二十条 醉驾属于严重的饮酒后驾驶机动车行为。血液酒精含量达到80毫克/100毫升以上，公安机关应当在决定不予立案、撤销案件或者移送审查起诉前，给予行为人吊销机动车驾驶证行政处罚。根据本意见第十二条第一款处理的案件，公安机关还应当按照道路交通安全法规定的饮酒后驾驶机动车相应情形，给予行为人罚款、行政拘留的行政处罚。

人民法院、人民检察院依据本意见第十二条第一款、第十三条处理的案件，对被不起诉人、被告人需要予以行政处罚的，应当提出检察意见或者司法建议，移送公安机关依照前款规定处理。公安机关应当将处理情况通报人民法院、人民检察院。

四、快速办理

第二十一条 人民法院、人民检察院、公安机关和司法行政机关应当加强协作配合，在遵循法定程序、保障当事人权利的前提下，因地制宜建立健全醉驾案件快速办理机制，简化办案流程，缩短办案期限，实现醉驾案件优质高效办理。

第二十二条 符合下列条件的醉驾案件，一般应当适用快速办理机制：

（一）现场查获，未造成交通事故的；

（二）事实清楚，证据确实、充分，法律适用没有争议的；

（三）犯罪嫌疑人、被告人自愿认罪认罚的；

（四）不具有刑事诉讼法第二百二十三条规定情形的。

第二十三条　适用快速办理机制办理的醉驾案件，人民法院、人民检察院、公安机关一般应当在立案侦查之日起三十日内完成侦查、起诉、审判工作。

第二十四条　在侦查或者审查起诉阶段采取取保候审措施的，案件移送至审查起诉或者审判阶段时，取保候审期限尚未届满且符合取保候审条件的，受案机关可以不再重新作出取保候审决定，由公安机关继续执行原取保候审措施。

第二十五条　对醉驾被告人拟提出缓刑量刑建议或者宣告缓刑的，一般可以不进行调查评估。确有必要的，应当及时委托社区矫正机构或者有关社会组织进行调查评估。受委托方应当及时向委托机关提供调查评估结果。

第二十六条　适用简易程序、速裁程序的醉驾案件，人民法院、人民检察院、公安机关和司法行政机关可以采取合并式、要素式、表格式等方式简化文书。

具备条件的地区，可以通过一体化的网上办案平台流转、送达电子卷宗、法律文书等，实现案件线上办理。

五、综合治理

第二十七条　人民法院、人民检察院、公安机关和司法行政机关应当积极落实普法责任制，加强道路交通安全法治宣传教育，广泛开展普法进机关、进乡村、进社区、进学校、进企业、进单位、进网络工作，引导社会公众培养规则意识，养成守法习惯。

第二十八条　人民法院、人民检察院、公安机关和司法行政机关应当充分运用司法建议、检察建议、提示函等机制，督促有关部门、企事业单位，加强本单位人员教育管理，加大驾驶培训环节安全驾驶教育，规范代驾行业发展，加强餐饮、娱乐等涉酒场所管理，加大警示提醒力度。

第二十九条 公安机关、司法行政机关应当根据醉驾服刑人员、社区矫正对象的具体情况，制定有针对性的教育改造、矫正方案，实现分类管理、个别化教育，增强其悔罪意识、法治观念，帮助其成为守法公民。

六、附则

第三十条 本意见自 2023 年 12 月 28 日起施行。《最高人民法院 最高人民检察院 公安部关于办理醉酒驾驶机动车刑事案件适用法律若干问题的意见》（法发〔2013〕15 号）同时废止。

国务院
关于进一步规范和监督罚款
设定与实施的指导意见

2024 年 2 月 9 日 国发〔2024〕5 号

各省、自治区、直辖市人民政府，国务院各部委、各直属机构：

行政执法是行政机关履行政府职能、管理经济社会事务的重要方式。行政执法工作面广量大，一头连着政府，一头连着群众，直接关系群众对党和政府的信任、对法治的信心。罚款是较为常见的行政执法行为。为进一步提高罚款规定的立法、执法质量，规范和监督罚款设定与实施，现就行政法规、规章中罚款设定与实施提出以下意见。

一、总体要求

（一）指导思想。以习近平新时代中国特色社会主义思想为指导，深入学习贯彻习近平法治思想，全面贯彻落实党的二十大精神，立足新发展阶段，完整、准确、全面贯彻新发展理念，加快构建新发展格局，严格规范和有力监督罚款设定与实施，强化对违法行为的预防和惩戒作用，提升政府治理能力，维护经济社会秩序，切实保护企业和群众合法权益，优化法治化营商环境，推进国家治理体系和治理能力现代化。

（二）基本原则。坚持党的领导，把坚持和加强党的领导贯穿于规范和监督罚款设定与实施工作的全过程和各方面。坚持以人民为中心，努力让企业和群众在每一个执法行为中都能看到风清气正、从每一项执法决定中都能感受到公平正义。坚持依法行政，按照处罚法定、公正公开、过罚相当、处罚与教育相结合的要求，依法行使权力、履行职责、承担责任。坚持问题导向，着力破解企业和群众反映强烈的乱罚款等突出问题。

（三）主要目标。罚款设定更加科学，罚款实施更加规范，罚款监督更加有力，全面推进严格规范公正文明执法，企业和群众的满意度显著提升。

二、依法科学设定罚款

（四）严守罚款设定权限。法律、法规对违法行为已经作出行政处罚规定但未设定罚款的，规章不得增设罚款。法律、法规已经设定罚款但未规定罚款数额的，或者尚未制定法律、法规，因行政管理迫切需要依法先以规章设定罚款的，规章要在规定的罚款限额内作出具体规定。规章设定的罚款数额不得超过法律、法规对相似违法行为规定的罚款数额，并要根据经济社会发展情况适时调整。鼓励跨行政区域按规定联合制定统一监管制度及标准规范，协同推动罚款数额、裁量基准等相对统一。

（五）科学适用过罚相当原则。行政法规、规章新设罚款和确定罚款数额时，要坚持过罚相当，做到该宽则宽、当严则严，避免失衡。要综合运用各种管理手段，能够通过教育劝导、责令改正、信息披露等方式管理的，一般不设定罚款。实施罚款处罚无法有效进行行政管理时，要依法确定更加适当的处罚种类。设定罚款要结合违法行为的事实、性质、情节以及社会危害程度，统筹考虑经济社会发展水平、行业特点、地方实际、主观过错、获利情况、相似违法行为罚款规定等因素，区分情况、分类处理，确保有效遏制违法、激励守法。制定行政法规、规章时，可以根据行政处罚法第三十二条等规定，对当事人为盲人、又聋又哑的人或者已满75周岁的人等，结合具体情况明确罚款的从轻、减轻情形；根据行政处罚法第三十三条等规定，细化不予、可以不予罚款情形；参考相关法律规范对教唆未成年人等的从重处罚规定，明确罚款的从重情形。

（六）合理确定罚款数额。设定罚款要符合行政处罚法和相关法律规范的立法目的，一般要明确罚款数额，科学采用数额罚、倍数（比例）罚等方法。规定处以一定幅度的罚款时，除涉及公民生命健康安全、金融安全等情形外，罚款的最低数额与最高数额之间一般不超过10倍。各地区、各部门要根据地域、领域等因素，适时调整本地区、本部门规定的适用听证程序的“较大数额罚款”标准。同一行政法规、规章对不同违法行为设定罚款的要相互协调，不同行政法规、规章对同一个违法行为设定罚款的要相互衔接，避免畸高畸低。拟规定较高起罚数额的，要充分听取专家学者等各方面意见，参考不同领域的相似违法行为或者同一领域的不同违法行为的罚款数额。起草法律、行政法规、地方性法规时，需要制定涉及罚款的配套规定的，有关部门要统筹考虑、同步研究。

（七）定期评估清理罚款规定。国务院部门和省、自治区、直辖市人民政府及其有关部门在落实行政处罚定期评估制度、每5年分类分批组织行政处罚评估时，要重点评估设定时间较早、罚款数额较大、社会关注度较高、与企业和群众关系密切的罚款规定。对评估发现有不符合上位法规定、不适应经济社会发展需要、明显过罚不当、缺乏针对性和实用性等情形的罚款规定，要及时按照立法权限和程序自行或者建议有权机关予以修改或者废止。各地区、各部门以行政规范性文件形式对违法所得计算方式作出例外规定的，要及时清理；确有必要保留的，要依法及时通过法律、行政法规、部门规章予以明确。

（八）及时修改废止罚款规定。国务院决定取消行政法规、部门规章中设定的罚款事项的，自决定印发之日起暂时停止适用相关行政法规、部门规章中的有关罚款规定。国务院决定调整行政法规、部门规章中设定的罚款事项的，按照修改后的相关行政法规、部门规章中的有关罚款规定执行。国务院有关部门要自决定印发之日起60日内向国务院报送相关行政法规修改方案，并完成相关部门规章修改或者废止工作，部门规章需要根据修改后的行政法规调整的，要自相关行政法规公布之日起60日内完成修改或者废止工作。因特殊原因无法在上述期限内完成部门规章修改或者废止工作的，可以适当延长，但延长期限最多不得超过30日。罚款事项取消后，有关部门要依法认真研究，严格落实监管责任，着力加强事中事后监管，完善监管方法，规范监管程序，提高监管的科学性、简约性和精准性，进一步提升监管效能。

三、严格规范罚款实施

（九）坚持严格规范执法。要严格按照法律规定和违法事实实施罚款，不得随意给予顶格罚款或者高额罚款，不得随意降低对违法行为的认定门槛，不得随意扩大违法行为的范围。对违法行为的事实、性质、情节以及社会危害程度基本相似的案件，要确保罚款裁量尺度符合法定要求，避免类案不同罚。严禁逐利罚款，严禁对已超过法定追责期限的违法行为给予罚款。加大对重点领域的执法力度，对严重违法行为，要依法落实"处罚到人"要求，坚决维护企业和群众合法权益。行政机关实施处罚时应当责令当事人改正或者限期改正违法行为，不得只罚款而不纠正违法行为。

（十）坚持公正文明执法。国务院部门和省、自治区、直辖市人民政府及其有关部门要根据不同地域、领域等实际情况，科学细化行政处罚法第三十二条、第三十三条规定的适用情形。行政机关实施罚款等处罚时，要统筹考虑相关法律规范与行政处罚法的适用关系，符合行政处罚法第三十二条规定的从轻、减轻处罚或者第三十三条等规定的不予、可以不予处罚情形的，要适用行政处罚法依法作出相应处理。鼓励行政机关制定不予、可以不予、减轻、从轻、从重罚款等处罚清单，依据行政处罚法、相关法律规范定期梳理、发布典型案例，加强指导、培训。制定罚款等处罚清单或者实施罚款时，要统筹考虑法律制度与客观实际、合法性与合理性、具体条款与原则规定，确保过罚相当、法理相融。行政执法人员要文明执法，尊重和保护当事人合法权益，准确使用文明执法用语，注重提升行政执法形象，依法文明应对突发情况。行政机关要根据实际情况，细化对行政执法人员的追责免责相关办法。

（十一）坚持处罚与教育相结合。认真落实"谁执法谁普法"普法责任制，将普法教育贯穿于行政处罚全过程，引导企业和群众依法经营、自觉守法，努力预防和化解违法风险。要充分考虑社会公众的切身感受，确保罚款决定符合法理，并考虑相关事理和情理，优化罚款决定延期、分期履行制度。要依法广泛综合运用说服教育、劝导示范、指导约谈等方式，让执法既有力度又有温度。总结证券等领域经验做法，在部分领域研究、探索运用行政和解等非强制行政手段。鼓励行政机关建立与企业和群众常态化沟通机制，加强跟进帮扶指导，探索构建"预防为主、轻微免罚、重违严惩、过罚相当、事后回访"等执法模式。

（十二）持续规范非现场执法。县级以上地方人民政府有关部门、乡镇人民政府（街道办事处）要在 2024 年 12 月底前完成执法类电子技术监控设备（以下简称监控设备）清理、规范工作，及时停止使用不合法、不合规、不必要的监控设备，清理结果分别报本级人民政府、上级人民政府；每年年底前，县级以上地方人民政府有关部门、乡镇人民政府（街道办事处）要分别向本级人民政府、上级人民政府报告监控设备新增情况，司法行政部门加强执法监督。利用监控设备收集、固定违法事实的，应当经过法制和技术审核，根据监管需要确定监控设备的设置地点、间距和数量等，设置地点要有明显可见的标识，投入使用前要及时向社会公布，严禁为增加罚款收入脱离实际监管需要随意设置。要确保计量准确，未经依法检定、逾期未检定或者检定不合格的，不得使用。要充分运用大数据分析研判，对违法事实采集量、罚款数额畸高的监控设备开展重点监督，违法违规设置或者滥用监

296

控设备的立即停用，限期核查评估整改。

四、全面强化罚款监督

（十三）深入开展源头治理。坚决防止以罚增收、以罚代管、逐利罚款等行为，严格规范罚款，推进事中事后监管法治化、制度化、规范化。对社会关注度较高、投诉举报集中、违法行为频繁发生等罚款事项，要综合分析研判，优化管理措施，不能只罚不管；行政机关不作为的，上级行政机关要加强监督，符合问责规定的，严肃问责。要坚持系统观念，对涉及公共安全和群众生命健康等行业、领域中的普遍性问题，要推动从个案办理到类案管理再到系统治理，实现"办理一案、治理一类、影响一域"。

（十四）持续加强财会审计监督。行政机关要将应当上缴的罚款收入，按照规定缴入国库，任何部门、单位和个人不得截留、私分、占用、挪用或者拖欠。对当事人不及时足额缴纳罚款的，行政机关要及时启动追缴程序，履行追缴职责。坚决防止罚款收入不合理增长，严肃查处罚款收入不真实、违规处置罚款收入等问题。财政部门要加强对罚缴分离、收支两条线等制度实施情况的监督，会同有关部门按规定开展专项监督检查。要依法加强对罚款收入的规范化管理，强化对罚款收入异常变化的监督，同一地区、同一部门罚款收入同比异常上升的，必要时开展实地核查。强化中央与地方监督上下联动，压实财政、审计等部门的监督责任。

（十五）充分发挥监督合力。各地区、各部门要健全和完善重大行政处罚备案制度和行政执法统计年报制度。县级以上地方人民政府司法行政部门要加强案卷评查等行政执法监督工作，对违法或者明显过罚不当的，要督促有关行政机关予以改正；对不及时改正的，要报请本级人民政府责令改正。拓宽监督渠道，建立行政执法监督与 12345 政务服务便民热线等监督渠道的信息共享工作机制。充分发挥行政复议化解行政争议的主渠道作用，促进行政复议案件繁简分流，依法纠正违法或者不当的罚款决定。对罚款决定被依法变更、撤销、确认违法或者确认无效的，有关行政机关和财政部门要及时办理罚款退还等手续。加大规章备案审查力度，审查发现规章违法变更法律、行政法规、地方性法规规定的罚款实施主体、对象范围、行为种类或者数额幅度的，要及时予以纠正，切实维护国家法制统一。要加强分析研判和指导监督，收集梳理高频投诉事项和网络舆情，对设定或者实施罚款中的典型违法问题予以及时通报和点名曝光，依法依规对相关人员给予处分。

各地区、各部门要将规范和监督罚款设定与实施，作为提升政府治理能力、维护公共利益和社会秩序、优化营商环境的重要抓手，认真贯彻实施行政处罚法和《国务院关于进一步贯彻实施〈中华人民共和国行政处罚法〉的通知》（国发〔2021〕26 号）等，系统梳理涉及罚款事项的行政法规、规章，加快修改完善相关制度。司法部要加强统筹协调监督，组织推动完善行政处罚制度、做好有关解释答复工作，指导监督各地区、各部门抓好贯彻实施，重要情况和问题及时报国务院。

最高人民法院

关于发布第 38 批指导性案例的通知

2023 年 10 月 19 日　　　　　　法〔2023〕178 号

各省、自治区、直辖市高级人民法院，解放军军事法院，新疆维吾尔自治区高级人民法院生产建设兵团分院：

经最高人民法院审判委员会讨论决定，现将刘某桂非法采矿刑事附带民事公益诉讼案等五个案例（指导性案例 212—216 号），作为第 38 批指导性案例发布，供审判类似案件时参照。

指导性案例 212 号

刘某桂非法采矿刑事附带民事公益诉讼案

（最高人民法院审判委员会讨论通过　2023 年 10 月 20 日发布）

关键词　刑事　刑事附带民事公益诉讼　非法采矿　非法采砂　跨行政区划集中管辖　生态环境损害赔偿

裁判要点

1. 跨行政区划的非法采砂刑事案件，可以由非法开采行为实施地、矿产品运输始发地、途经地、目的地等与犯罪行为相关的人民法院管辖。

2. 对于采售一体的非法采砂共同犯罪，应当按照有利于查明犯罪事实、便于生态环境修复的原则，确定管辖法院。该共同犯罪中一人犯罪或一环节犯罪属于管辖法院审理的，则该采售一体非法采砂刑事案件均可由该法院审理。

3. 非法采砂造成流域生态环境损害，检察机关在刑事案件中提起附带民事公益诉讼，请求被告人承担生态环境修复责任、赔偿损失和有关费用的，人民法院依法予以支持。

基本案情

2021 年 9 月 5 日，被告人刘某桂（住湖北省武穴市）将其所有的鄂银河 518 号运力船租赁给另案被告人刘某（已判刑，住江西省九江市浔阳区），后二人商定共同在长江盗采江砂。采砂前，刘某与另案被告人何某东（已判刑，住江西省九江市柴桑区）事前通谋，由何某东低价收购刘某盗采的江砂。

2021 年 9 月 10 日至 9 月 26 日期间，被告人刘某桂三次伙同另案被告人刘某、熊某、杨某（均已判刑）在位于湖北省的长江黄梅段横河口水域盗采江砂约 4500 吨，后运至江西省九江市柴桑区某码头出售给何某东，后何某东在江砂中掺杂机制砂后对外出售。采砂期间，熊某明知上述情况，仍为刘某提供驾驶车辆等帮助，一起参与盗采江砂活动，并从中获取非法利益约 15000 元。杨某受刘某雇请在鄂银河 518 号运力船上负责监督卸砂，获取非法利益 3000 余元。

2021 年 9 月 30 日零时许，长江航运公安局水上分局九江派出所接群众举报后，在长江黄梅段横河口水域将正在进行盗采作业的鄂银河 518 号运力船查获。经过磅称重，鄂银河 518 号运力船装有盗采江砂 1443.09 吨。根据《湖北省人民政府关于加强河道采砂管理的通告》规定，湖北省长江中游干流段禁采期定为 6 月 1 日至 9 月 30 日以及相应河段河道水位超警戒水位时。本案非法采砂的作案地点长江黄梅段横河口水域位于长江中游干流湖北省新州水域。

经江西省九江市发展和改革委员会认定，盗采的江砂市场交易价为 80 元/吨。被告人刘某桂与刘某、熊某、何某东、杨某非法采砂 5943.09 吨，价值 475447.2 元。经鉴定，刘某桂、刘某等人非法盗采长江江砂行为对非法采砂区域的生态环境造成的影响分为水环境质量受损、河床结构受损、水源涵养受损和水生生物资源受损。其中，造成的长江生态服务功能损失 35823.41 元，长江生态环境损害所需修复费用 26767.48 元，共计 62590.89 元。

另查明，刘某、熊某、何某东、杨某因非法采矿罪已被江西省瑞昌市人民法院先行判决。被告人刘某桂于 2022 年 6 月 8 日被抓获归案。

九江市中级人民法院指定江西省瑞昌市人民法院审理本案。经江西省瑞昌市人民检察院依法公告，公告期满未有法律规定的机关和有关组织提起民事公益诉讼。瑞昌市人民检察院遂依法向瑞昌市人民法院提起刑事附带民事公益诉讼。

裁判结果

江西省瑞昌市人民法院于 2022 年 12 月 22 日以（2022）赣 0481 刑初 304 号刑事附带民事判决，认定被告人刘某桂犯非法采矿罪，判处有期徒刑三年，并处罚金人民币 110000 元；责令被告人刘某桂在判决生效十日内与刘某、熊某、何某东等人共同退赔国家矿产资源损失 135000 元（已扣除其他被告人赔偿的金额）；被告人刘某桂已退赔的国家矿产资源损失 50000 元上缴国库；附带民事公益诉讼被告刘某桂在判决生效后十日内与刘某、熊某、杨某、何某东连带赔偿因非法采砂造成的长江生态服务功能损失 35823.41 元、长江生态环境损害修复费用 26767.48 元，共计 62590.89 元；附带民事公益诉讼被告刘某桂在判决生效后十日内在九江市市级新闻媒体上刊登公告，向社会公众赔礼道歉。宣判后，没有上诉、抗诉，判决已发生法律效力。

裁判理由

法院生效裁判认为，被告人刘某桂与刘某等人违反矿产资源法规定，未取得采矿许可证，经事先通谋，共同在长江河道禁采期内非法盗采江砂，价值475447.2元，情节特别严重，应当以非法采矿罪追究其刑事责任，且属共同犯罪。公诉机关指控的罪名成立。

关于管辖权问题，经查，被告人刘某桂犯罪行为实施地及其居住地均不在江西省九江市，但共同犯罪中同案犯的行为发生在九江市辖区范围内，且同案犯已先行被江西省瑞昌市人民法院判决。共同犯罪中一人犯罪行为或一环节犯罪属于管辖法院审理的，则该构成共同犯罪的采售一体采砂刑事案件均可由该法院审理。考虑到实践中非法采砂行为的系统破坏性，基于有利于查明犯罪事实、便于生态环境修复的原则，九江市中级人民法院指定本案由瑞昌市人民法院审理，符合法律规定。

被告人刘某桂直接安排实施采砂行为，在共同犯罪中起主要作用。刘某桂在庭审中如实供述了其犯罪事实，具有坦白情节，依法可以从轻处罚。但其曾因非法采矿受过刑事处罚，现又犯非法采矿罪，酌情从重处罚。刘某桂部分退赔国家矿产资源损失，酌情从轻处罚。刘某桂等人在长江非法盗采江砂的犯罪行为，造成国家矿产资源损失，应共同予以退赔。除去同案犯已退赔金额及刘某桂已退赔金额，刘某桂还需退赔矿产资源损失135000元。

同时，非法采矿行为还破坏了长江水域生态环境，损害了社会公共利益，应承担相应的民事侵权责任。绿水青山就是金山银山，长江流域经济社会发展，应当坚持生态优先、绿色发展，共抓大保护、不搞大开发的原则。附带民事公益诉讼被告刘某桂应与另案被告人刘某、熊某、何某东、杨某等人共同承担非法采矿造成的生态功能损失、生态修复费用，并负连带赔偿责任。附带民事公益诉讼起诉人要求上述被告赔偿相关长江生态服务功能损失、生态修复费用的诉请，符合法律规定，予以支持。关于附带民事公益诉讼起诉人要求上述被告在九江市级新闻媒体上向社会公开赔礼道歉的诉请，符合法律规定，予以支持。

相关法条

1.《中华人民共和国长江保护法》第 28 条、第 93 条

2.《中华人民共和国刑事诉讼法》第 25 条

3.《最高人民法院关于适用〈中华人民共和国刑事诉讼法〉的解释》第 2 条

指导性案例 213 号

黄某辉、陈某等 8 人非法捕捞
水产品刑事附带民事公益诉讼案

（最高人民法院审判委员会讨论通过 2023 年 10 月 20 日发布）

关键词 刑事 刑事附带民事公益诉讼 非法捕捞水产品 生态环境修复 从轻处罚 增殖放流

裁判要点

1. 破坏环境资源刑事案件中，附带民事公益诉讼被告具有认罪认罚、主动修复受损生态环境等情节的，可以依法从轻处罚。

2. 人民法院判决生态环境侵权人采取增殖放流方式恢复水生

生物资源、修复水域生态环境的，应当遵循自然规律，遵守水生生物增殖放流管理规定，根据专业修复意见合理确定放流水域、物种、规格、种群结构、时间、方式等，并可以由渔业行政主管部门协助监督执行。

基本案情

2020年9月，被告人黄某辉、陈某共谋后决定在长江流域重点水域禁捕区湖南省岳阳市东洞庭湖江豚自然保护区实验区和东洞庭湖鲤、鲫、黄颡国家级水产种质资源保护区捕鱼。两人先后邀请被告人李某忠、唐某崇、艾某云、丁某德、吴某峰（另案处理）、谢某兵以及丁某勇，在湖南省岳阳县东洞庭湖壕坝水域使用丝网、自制电网等工具捕鱼，其中黄某辉负责在岸上安排人员运送捕获的渔获物并予以销售，陈某、李某忠、唐某崇、艾某云、丁某德负责驾船下湖捕鱼，吴某峰、谢某兵、丁某勇负责使用三轮车运送捕获的渔获物。自2020年10月底至2021年4月13日，八被告人先后参与非法捕捞三四十次，捕获渔获物一万余斤，非法获利十万元。

2021年8月20日，岳阳县人民检察院委托鉴定机构对八被告人非法捕捞水产品行为造成渔业生态资源、渔业资源造成的损害进行评估。鉴定机构于2021年10月21日作出《关于黄某辉等人在禁渔期非法捕捞导致的生态损失评估报告》，评估意见为：涉案非法捕捞行为中2000公斤为电捕渔获，3000公斤为网捕渔获。电捕造成鱼类损失约8000公斤，结合网捕共计11000公斤，间接减少5000000尾鱼种的补充；建议通过以补偿性鱼类放流的方式对破坏的鱼类资源进行生态修复。岳阳县价格认证中心认定，本案鱼类资源损失价值为211000元，建议向东洞庭湖水域放流草、鲤鱼等鱼苗的方式对渔业资源和水域生态环境进行修复。

岳阳县人民检察院于 2021 年 7 月 30 日依法履行公告程序，公告期内无法律规定的机关和有关组织反馈情况或提起诉讼，该院遂以被告人黄某辉、陈某、唐某崇、艾某云、丁某德、李某忠、谢某兵、丁某勇八人涉嫌犯非法捕捞水产品罪向岳阳县人民法院提起公诉，并以其行为破坏长江流域渔业生态资源，影响自然保护区内各类水生动物的种群繁衍，损害社会公共利益为由，向岳阳县人民法院提起刑事附带民事公益诉讼，请求判令上述八被告人在市级新闻媒体上赔礼道歉；判令上述八被告人按照生态损失评估报告提出的生态修复建议确定的放流种类、规格和数量、以及物价鉴定意见，在各自参与非法捕捞渔获物范围内共同购置相应价值的成鱼和苗种，在洞庭湖水域进行放流，修复渔业资源与环境。被告人逾期不履行生态修复义务时，应按照放流种类和数量对应的鱼类市场价格连带承担相应渔业资源和生态修复费用 211000 元；判令上述被告人连带承担本案的生态评估费用 3000 元。

　　被告人黄某辉、陈某、唐某崇、艾某云、丁某德、李某忠、谢某兵、丁某勇对公诉机关指控的罪名及犯罪事实均无异议，自愿认罪；同时对刑事附带民事公益诉讼起诉人提出的诉讼请求和事实理由予以认可，并对向东洞庭湖投放规定品种内价值 211000 元成鱼或鱼苗的方式对渔业资源和水域生态环境进行修复的建议亦无异议，表示愿意承担修复生态环境的责任。

　　裁判结果

　　在案件审理过程中，岳阳县人民法院组织附带民事公益诉讼起诉人和附带民事公益诉讼被告人黄某辉、陈某、唐某崇、艾某云、丁某德、李某忠、谢某兵、丁某勇调解，双方自愿达成了如下协议：1. 由被告人黄某辉、陈某、唐某崇、艾某云、丁某德、李某忠、谢某兵、丁某勇按照生态损失评估报告提出的生态修复建议确定的放流种类、规格和数量以及物价鉴定意见，在各自参与非法捕捞渔获物范围内共同购置符合增殖放流规定的成鱼或鱼苗（具体鱼种以渔政管理部门要求的标准为准），在洞庭湖水域进行放流，修复渔业资源与环境；2. 由八被告人共同承担本案的生态评估费用3000元，直接缴纳给湖南省岳阳县人民检察院；3. 八被告人在市级新闻媒体上赔礼道歉。

调解达成后，湖南省岳阳县人民法院将调解协议内容依法公告，社会公众未提出异议，三十日公告期满后，湖南省岳阳县人民法院经审查认为调解协议的内容不违反社会公共利益，出具了（2021）湘0621刑初244号刑事附带民事调解书，将调解书送达给八被告人及岳阳县人民检察院，并向社会公开。2021年12月21日，在岳阳县东洞庭湖渔政监察执法局监督执行下，根据专业评估意见，被告人李某忠、谢某兵、丁某勇及其他被告人家属在东洞庭湖鹿角码头投放3厘米至5厘米鱼苗446万尾，其中鲢鱼150万尾、鳙鱼150万尾、草鱼100万尾、青鱼46万尾，符合增殖放流的规定。

刑事附带民事调解书执行完毕后，岳阳县人民法院于2022年1月13日以（2021）湘0621刑初244号刑事附带民事判决，认定被告人黄某辉犯非法捕捞水产品罪，判处有期徒刑一年一个月；被告人陈某犯非法捕捞水产品罪，判处有期徒刑一年一个月；被告人唐某崇犯非法捕捞水产品罪，判处有期徒刑一年；被告人艾某云犯非法捕捞水产品罪，判处有期徒刑十一个月；被告人丁某德犯非法捕捞水产品罪，判处有期徒刑九个月；被告人李某忠犯非法捕捞水产品罪，判处拘役三个月，缓刑四个月；被告人谢某兵犯非法捕捞水产品罪，判处拘役三个月，缓刑四个月；被告人丁某勇犯非法捕捞水产品罪，判处拘役三个月，缓刑四个月；对被告人黄某辉、陈某、唐某崇、艾某云、丁某德、李某忠、谢某兵、丁某勇的非法获利十万元予以追缴，上缴国库，等等。

裁判理由

法院生效刑事附带民事调解书认为，被告人黄某辉、陈某、唐某崇、艾某云、丁某德、李某忠、谢某兵、丁某勇非法捕捞水产品的行为破坏了生态环境，损害了社会公共利益，应当承担赔偿责任。附带民事公益诉讼起诉人和附带民事公益诉讼被告人黄某辉、陈某、唐某崇、艾某云、丁某德、李某忠、谢某兵、丁某勇达成的调解协议不违反社会公共利益，人民法院予以确认并出具调解书。

法院生效刑事附带民事判决认为，被告人黄某辉、陈某、唐某崇、艾某云、丁某德、李某忠、谢某兵、丁某勇为谋取非法利益，在禁捕期，使用禁用工具、方法捕捞水产品，情节严重，触犯了《中华人民共和国刑法》第三百四十条之规定，犯罪事实清楚，证据确实、充分，应当分别以非法捕捞水产品罪追究其刑事责任。

在非法捕捞水产品罪的共同犯罪中，被告人黄某辉、陈某、唐某崇、艾某云、丁某德、李某忠起主要作用，系主犯，谢某兵、丁某勇起次要作用，系从犯，应当从轻处罚。八被告人如实供述犯罪事实，属于坦白，可从轻处罚；八被告人自愿认罪认罚，依法从宽处理；八被告人按照法院生效调解书内容积极主动购置成鱼或鱼苗在洞庭湖水域放流，主动履行修复渔业资源和生态的责任，可酌情从轻处罚。被告人李某忠、谢某兵、丁某勇犯罪情节较轻，且有悔罪表现，结合司法行政部门社区矫正调查评估报告意见，被告人李某忠、谢某兵、丁某勇没有再犯罪的危险，判处缓刑对居住的社区没有重大不良影响，依法可以宣告缓刑。公诉机关针对八被告人参与网捕、电捕和运输的次数，结合捕捞数量及参与度，分别提出的量刑建议恰当，法院依法予以采信。八被告人的非法捕捞行为破坏生态环境，损害社会公共利益，应当承担相应的民事责任，刑事附带民事公益诉讼起诉人的诉讼请求，符合法律规定，依法予以支持，对在诉讼过程中就刑事附带民事达成调解已依法予以确认。

相关法条

1. 《中华人民共和国长江保护法》第 53 条、第 93 条

2. 《中华人民共和国刑法》第 340 条

3. 《中华人民共和国民法典》第 1234 条

4. 《最高人民法院、最高人民检察院关于检察公益诉讼案件适用法律若干问题的解释》第 20 条

指导性案例 214 号

上海某某港实业有限公司破产清算转破产重整案

（最高人民法院审判委员会讨论通过 2023 年 10 月 20 日发布）

关键词 民事 申请破产清算 申请破产重整 污染治理
共益债务

裁判要点

1. 人民法院审理涉流域港口码头经营企业破产重整案件，应当将环境污染治理作为实现重整价值的重要考量因素，及时消除影响码头经营许可资质存续的环境污染状态。

2. 港口码头经营企业对相关基础设施建设、维护缺失造成环境污染，不及时治理将影响其破产重整价值的，应当由管理人依

法进行治理。管理人请求将相关环境治理费用作为共益债务由债务人财产随时清偿的，人民法院依法应予支持。

基本案情

上海某某港实业有限公司（以下简称上海某港公司）于 1993 年 9 月设立，主营业务为码头租赁及仓储、装卸服务等。所处位置毗邻长江口，东与上海市外高桥港区、保税区相接，西临黄浦江。2019 年 11 月，经债权人申请，上海市第三中级人民法院裁定受理上海某港公司破产清算案。经管理人调查发现，码头承租方经营管理混乱、设施设备陈旧老化，存在重大环境污染隐患。审理期间，环保、交管部门联合下达整改通知，要求对码头污水及扬尘处理设施进行限期整改，否则上海某港公司名下营运许可资质将被吊销。

上海某港公司名下拥有岸线使用许可证、港口经营许可证等无形资产，并拥有 150 米岸线长度，码头前沿控制线水深 2 ≤ 水深 < 5 米，年货物吞吐量约 200 万吨，为保住上海某港公司营运价值，维护全体债权人利益，法院依申请裁定转入重整程序。

在法院指导下，管理人一方面与环保、交管部门紧急沟通协调，了解具体环保整改要求，另一方面迅速委托第三方进行施工整改，对污水沉砂池、水沟、地坪等设施设备进行施工扩建，确保地面雨水、喷洒水等统一汇集至污水沉砂池，经沉降处理后循环用于港内喷洒，大幅提高港口污水回用率，有效避免污水直排入江。另外加装围墙、增加砂石料围挡遮盖及装车喷水装置，有效管控码头扬尘，防止周边区域大气污染物超标。在接管财产难以支付相关施工、审价费用情况下，由管理人协调第三方先行垫付 587068 元，待重整资金到位后依据《最高人民法院关于适用〈中华人民共和国企业破产法〉若干问题的规定（三）》第二条的规定，按共益债务予以清偿，部分费用以租金抵扣方式协调租户随时整治并支付。

同时，依据《最高人民法院关于适用〈中华人民共和国企业破产法〉若干问题的规定（三）》第十五条第一款的规定，在债权人会议中以专项议案方式充分披露码头经营中的环境问题，说明修复整治费用及其处理方式，并经债权人会议表决同意。以有效地解决环保整改费用不足问题，提高了环境整治效率，确保码头绿色环保运营。在招募投资人过程中，除关注投资人本身资金实力与企业背景外，还关注投资人在码头绿色经营上的意愿和能力。经两轮市场化公开招募，引入投资人投入资金8700余万元，并着重将码头后续环保经营方案纳入重整计划草案。重整后企业将从设施设备改造升级、码头规范智能管理及环保绿色经营三个维度提升码头经营能力，做好外高桥保税区、港区配套服务。经债权人会议表决，出资人组在穷尽送达方式并公告后仍逾期未表决，担保债权组、税务债权组及普通债权组均表决通过了重整计划草案。管理人请求法院裁定批准上海某港公司重整计划草案。

裁判结果

上海市第三中级人民法院于2022年8月10日作出（2019）沪03破320号之六民事裁定：一、批准修订后的《上海某某港实业有限公司重整计划（草案）》；二、终止上海某港公司重整程序。重整计划执行过程中，在法院、管理人协助下，企业顺利解决营业执照到期及港口经营许可证超期问题。

裁判理由

法院生效裁判认为，对重整计划草案的审查批准，要尊重债权人会议意思自治和坚持合法性审查原则，同时也要考虑其能否在利益平衡基础上实现社会价值最大化。本案中，普通债权组清偿率较模拟清算下零清偿有了提高，在上海某港公司已严重资不抵债情况下，重整计划对出资人组权益调整为零的方案公平合理，草案中的经营方案具有可行性，可有效地延续上海某港公司的经营价值，有助于恢复上海某港公司的经营能力。破产管理人的申请，符合法律规定，并有利于实现企业可持续发展和生态环境保护的双重效果，应予准许。人民法院应充分发挥破产审判职能，将绿色发展理念融入重整司法全过程，从环境问题的修复治理、费用安排、重整计划的制定及执行等方面探索建立灵活高效的工作机制，使重整成为助推困境企业绿色低碳转型的有效路径。具体如下：

（一）关于重整企业环境污染治理责任及费用性质。依据《中华人民共和国环境保护法》《中华人民共和国港口法》等相关法律规定，以及"谁污染，谁治理"的原则，企业的环境污染治理责任应延续至其破产受理后。港口码头重整企业对相关基础设施的建设、维护缺失造成环境污染的，应由其作为环境治理责任主体进行整治。管理人作为破产事务的执行者，应负责实施具体的整治行为。该行为使得债务人企业经营资质得以保留，经营价值得以维系，提升了全体债权人的清偿利益。因整治所产生的费用，系为全体债权人利益而产生的费用，管理人请求按照《最高人民法院关于适用〈中华人民共和国企业破产法〉若干问题的规定（三）》第二条的规定认定为共益债务的，人民法院应予支持。

（二）关于重整期间环境污染治理路径。本案所涉码头污染主要集中于水体、大气污染两方面，在法院指导下，管理人依法协同推进环境污染治理与重整程序：一是府院协调。由法院、管理人走访属地街镇、环境监管部门，充分了解所涉码头岸线环保责任要求及后续规划前景。经沟通协调后，相关部门延长整改期限，为环境污染整治争取了时间。二是先行治理。整改通知下达时，管理人未能接管到应收租金及其他资金。为在短时间内完成各项环境污染治理措施，保住企业经营资质，由管理人沟通码头承租企业先行委托第三方专业机构对标整改。通过对污水沉砂池及附属设施的扩建完善，解决雨水及场地污水未经处理渗漏进入环境水体现象，并提高污水回用率；通过加装降尘降噪设备，降低大气粉尘污染，确保空气质量达标，提升长江口岸流域生态环境质量。三是费用落实。主要费用由承租企业先行垫付，待重整资金到位后以共益债务清偿，解决整治资金难问题。四是信息披露。充分尊重债权人知情权、参与权、监督权，依据《最高人民法院关于适用〈中华人民共和国企业破产法〉若干问题的规定（三）》第十五条第一款规定，将环境污染整治事项作为重大财产处分行为进行专项表决，并在重整计划草案中披露环境污染治理经过及费用承担，争取债权人支持配合重整工作。

（三）关于环境污染治理与重整价值维护的关系。本案环境污染治理与企业重整价值密切相关，是决定企业能否实现其重整价值的关键因素。一旦企业违反相关环境污染防治法律法规，面临被剥夺行政许可资质的处罚时，将导致其重整价值丧失，故在港口码头企业破产重整案件审理过程中，应注重将环境污染治理和企业重整价值维护有机结合，及时消除影响码头经营许可资质存续的环境污染状态，将环境污染治理作为实现重整价值的重要考量因素。

（四）关于重整计划的制定、批准及执行。制定重整计划时，应体现绿色发展原则，引导投资人将环保经营方案和环保承诺事项写入计划，注重企业未来能否践行环境责任并促进经济、社会和环境协调发展。对重整计划草案进行审查批准时，应综合考虑企业清算价值、程序合法性等法律因素，以及企业可持续发展、生态环境保护等社会因素。重整计划执行中，应协调解决企业继续经营障碍。通过探索破产审判与生态环境司法保护协同推进的新机制，实现长江流域减污降碳源头治理和企业绿色低碳转型，促进生态环境保护、企业重生、债权人利益最大化的有机统一。

相关法条

1. 《中华人民共和国长江保护法》第 73 条
2. 《中华人民共和国企业破产法》第 42 条、第 43 条

指导性案例 215 号

昆明闽某纸业有限责任公司等
污染环境刑事附带民事公益诉讼案

（最高人民法院审判委员会讨论通过　2023 年 10 月 20 日发布）

关键词　刑事　刑事附带民事公益诉讼　环境污染　单位犯罪
　　　　　环境侵权债务　公司法人人格否认　股东连带责任

裁判要点

公司股东滥用公司法人独立地位、股东有限责任，导致公司不能履行其应当承担的生态环境损害修复、赔偿义务，国家规定的机关或者法律规定的组织请求股东对此依照《中华人民共和国公司法》第二十条的规定承担连带责任的，人民法院依法应当予以支持。

基本案情

被告单位昆明闽某纸业有限公司（以下简称闽某公司）于

2005年11月16日成立，公司注册资本100万元。黄某海持股80%，黄某芬持股10%，黄某龙持股10%。李某城系闽某公司后勤厂长。闽某公司自成立起即在长江流域金沙江支流螳螂川河道一侧埋设暗管，接至公司生产车间的排污管道，用于排放生产废水。经鉴定，闽某公司偷排废水期间，螳螂川河道内水质指标超基线水平13.0倍至239.1倍，上述行为对螳螂川地表水环境造成污染，共计减少废水污染治理设施运行支出3009662元，以虚拟治理成本法计算，造成环境污染损害数额为10815021元，并对螳螂川河道下游金沙江流域生态功能造成一定影响。

闽某公司生产经营活动造成生态环境损害的同时，其股东黄某海、黄某芬、黄某龙还存在如下行为：1. 股东个人银行卡收公司应收资金共计124642613.1元，不作财务记载。2. 将属于公司财产的9套房产（市值8920611元）记载于股东及股东配偶名下，由股东无偿占有。3. 公司账簿与股东账簿不分，公司财产与股东财产、股东自身收益与公司盈利难以区分。闽某公司自案发后已全面停产，对公账户可用余额仅为18261.05元。

云南省昆明市西山区人民检察院于2021年4月12日公告了本案相关情况，公告期内未有法律规定的机关和有关组织提起民事公益诉讼。昆明市西山区人民检察院遂就上述行为对闽某公司、黄某海、李某城等提起公诉，并对该公司及其股东黄某海、黄某芬、黄某龙等人提起刑事附带民事公益诉讼，请求否认闽某公司独立地位，由股东黄某海、黄某芬、黄某龙对闽某公司生态环境损害赔偿承担连带责任。

裁判结果

云南省昆明市西山区人民法院于2022年6月30日以（2021）云0112刑初752号刑事附带民事公益诉讼判决，认定被告单位昆

314

明闽某纸业有限公司犯污染环境罪，判处罚金人民币 2000000 元；被告人黄某海犯污染环境罪，判处有期徒刑三年六个月，并处罚金人民币 500000 元；被告人李某城犯污染环境罪，判处有期徒刑三年六个月，并处罚金人民币 500000 元；被告单位昆明闽某纸业有限公司在判决生效后十日内承担生态环境损害赔偿人民币 10815021 元，以上费用付至昆明市环境公益诉讼救济专项资金账户用于生态环境修复；附带民事公益诉讼被告昆明闽某纸业有限公司在判决生效后十日内支付昆明市西山区人民检察院鉴定检测费用合计人民币 129500 元。附带民事公益诉讼被告人黄某海、黄某芬、黄某龙对被告昆明闽某纸业有限公司负担的生态环境损害赔偿和鉴定检测费用承担连带责任。

宣判后，没有上诉、抗诉，一审判决已发生法律效力。案件进入执行程序，目前可供执行财产价值已覆盖执行标的。

裁判理由

法院生效裁判认为：企业在生产经营过程中，应当承担合理利用资源、采取措施防治污染、履行保护环境的社会责任。被告单位闽某公司无视企业环境保护社会责任，违反国家法律规定，在无排污许可的前提下，未对生产废水进行有效处理并通过暗管直接排放，严重污染环境，符合《中华人民共和国刑法》第三百三十八条之规定，构成污染环境罪。被告人黄某海、李某城作为被告单位闽某公司直接负责的主管人员和直接责任人员，在单位犯罪中作用相当，亦应以污染环境罪追究其刑事责任。闽某公司擅自通过暗管将生产废水直接排入河道，造成高达 10815021 元的生态环境损害，并对下游金沙江流域生态功能也造成一定影响，其行为构成对环境公共利益的严重损害，不仅需要依法承担刑事责任，还应承担生态环境损害赔偿民事责任。

附带民事公益诉讼被告闽某公司在追求经济效益的同时，漠视对环境保护的义务，致使公司生产经营活动对环境公共利益造成严重损害后果，闽某公司承担的赔偿损失和鉴定检测费用属于公司环境侵权债务。

由于闽某公司自成立伊始即与股东黄某海、黄某芬、黄某龙之间存在大量、频繁的资金往来，且三人均有对公司财产的无偿占有，与闽某公司已构成人格高度混同，可以认定属《中华人民共和国公司法》第二十条第三款规定的股东滥用公司法人独立地位和股东有限责任的行为。现闽某公司所应负担的环境侵权债务合计 10944521 元，远高于闽某公司注册资本 1000000 元，且闽某公司自案发后已全面停产，对公账户可用余额仅为 18261.05 元。上述事实表明黄某海、黄某芬、黄某龙与闽某公司的高度人格混同已使闽某公司失去清偿其环境侵权债务的能力，闽某公司难以履行其应当承担的生态环境损害赔偿义务，符合《中华人民共和国公司法》第二十条第三款规定的股东承担连带责任之要件，黄某海、黄某芬、黄某龙应对闽某公司的环境侵权债务承担连带责任。

相关法条

1. 《中华人民共和国长江保护法》第 93 条
2. 《中华人民共和国民法典》第 83 条、第 1235 条
3. 《中华人民共和国公司法》第 20 条

睢宁县人民检察院诉睢宁县环境保护局
不履行环境保护监管职责案

（最高人民法院审判委员会讨论通过　2023 年 10 月 20 日发布）

关键词　行政　行政公益诉讼　环境保护监管职责　不履责
　　　　　　代处置

裁判要点

危险废物污染环境且污染者不能处置的，危险废物所在地的生态环境主管部门应履行组织代为处置的法定职责，处置费用依法由污染者承担。生态环境主管部门以危险废物的来源或产生单位不在其辖区范围内为由进行不履责抗辩的，人民法院不予支持。

基本案情

2017 年 9、10 月份，冯某康等人将从浙江省舟山市嘉达清舱有限公司等处非法收购的危险废物船舶清舱油泥委托他人运至江苏省睢宁县岚山镇陈集村一砖瓦厂内非法倾倒。案发后，睢宁县环境保护局将清理出的油泥及油泥污染物 130 余吨转运至一停车场内。2018 年 7 月，徐州铁路运输检察院就被告人冯某康等人犯污染环境罪一案向徐州铁路运输法院提起公诉，并于同年 11 月提起刑事附带民事公益诉讼。徐州铁路运输法院发现涉案油泥被长期不规范贮存，为避免二次污染，要求睢宁县环境保护局及时对涉案油泥组织代为处置。因睢宁县环境保护局迟迟未对涉案油泥进行代处置，且已有部分油泥渗漏对周边环境造成二次污染，睢宁县人民检察院于 2019 年 5 月 27 日向睢宁县环境保护局发出检察建议，要求其依法履行环境保护监管职责，对涉案油泥进行依法规范贮存并及时移交有危废处置资质单位依法进行处置。睢宁县环境保护局于 2019 年 7 月 2 日作出回复，认为涉案油泥的产生单位非在其辖区，其没有代为处置的法定职责，涉案油泥应由产废单位所在地环境保护主管部门进行代处置。

睢宁县人民检察院于 2019 年 7 月 19 日以睢宁县环境保护局不履行环境保护监管职责为由提起行政公益诉讼，请求确认睢宁县环境保护局对涉案危险废物的贮存不履行监管职责的行为违法，并责令其将涉案危险废物尽快移交有危废处置资质单位依法处置。案件审理期间，睢宁县环境保护局于 2019 年 10 月将涉案油泥及其污染物交由有资质单位进行依法处置。睢宁县人民检察院经审查认为睢宁县环境保护局已经履行涉案危废代处置职责，遂申请将原诉讼请求变更为确认睢宁县环境保护局对涉案危险废物的贮存不履行监管职责的行为违法。

裁判结果

徐州铁路运输法院于 2019 年 11 月 15 日作出（2019）苏 8601 行初 1207 号行政判决：确认睢宁县环境保护局对涉案危险废物的贮存未全面及时履行环境保护行政监管职责的行为违法。宣判后，双方当事人均未提起上诉，判决已发生法律效力。

裁判理由

法院生效判决认为：

一、睢宁县环境保护局对涉案危险废物的贮存、处置具有法定监督管理职责。《中华人民共和国环境保护法》第十条第一款规定，县级以上地方人民政府环境保护主管部门，对本行政区域环境保护工作实施统一监督管理；《中华人民共和国固体废物污染环境防治法》（2016 年修正）第十条第二款规定，县级以上人民政

318

府环境保护主管部门对本行政区域内固体废物污染环境的防治工作实施统一监督管理；该法第十七条第一款、第五十二条、第五十五条均对环境保护主管部门对危险废物贮存和处置所负有的监管职责进行了具体规定。

涉案危险废物在睢宁县环境保护局行政辖区范围内，故其对该危险废物负有依法贮存和及时代为处置的法定职责。危险废物一般具有腐蚀性、毒性、感染性等危害特性，对生态环境和人民群众生命财产安全具有极大威胁，贮存和处置不当将造成不可估量的危害后果。《中华人民共和国固体废物污染环境防治法》（2016 年修正）第五十五条之所以规定产生危险废物的单位逾期不处置危险废物或者处置危险废物不符合国家有关规定的，由环境保护行政主管部门指定单位按照国家有关规定代为处置，目的在于及时消除危险废物污染风险，预防因污染扩散造成新的损害，从而有效保护生态环境和人民群众生命健康安全。本案中，冯某康等人因涉嫌刑事犯罪被公安机关采取强制措施，客观上不具备处置涉案危险废物的实际条件，危险废物所在地生态环境主管部门理应履行属地环境保护监管职责，及时组织对涉案危险废物进行代处置，该监管职责并不应因危险废物的来源和产生单位不在其行政辖区而免除。

二、睢宁县环境保护局未依法履行涉案环境保护监管职责。第一，睢宁县环境保护局在明知涉案油泥系具有毒性、易燃性危险废物需依法规范贮存并及时处置的情况下，对涉案油泥未依法寻找符合规定的场所进行规范贮存；涉案油泥贮存过程中未采取任何防流失、防渗漏等污染防治措施；涉案油泥的包装物及存放场所亦未依法设置相关危废识别、警示标志；涉案油泥贮存期间未进行有效的日常管护，在存放容器出现破损以致油泥出现流淌、

319

渗漏已造成二次污染的情况下，亦未及时采取污染防治应急处理措施，上述情形均违反《中华人民共和国环境保护法》《中华人民共和国固体废物污染环境防治法》的相关规定，明显存在行政监管缺失。第二，被告作为环境保护行政主管机关，明知涉案危险废物的特性及二次污染的危害，应当对涉案危险废物及时妥善处置，做好污染风险管控，使社会公共利益免受侵害。但其未依法积极履职作为，在涉案油泥存在滴落、流淌、渗漏已造成新的环境污染后果，且经审判机关多次风险提示、检察机关发出检察建议后，仍未对涉案油泥进行规范贮存并及时组织代处置，放任污染后果持续扩大，导致社会公共利益长期处于受侵害状态，应确认其不履行法定职责行为违法。诉讼期间，睢宁县环境保护局履行了对涉案油泥的代处置职责，睢宁县人民检察院申请撤回涉及危险废物处置的有关诉求，人民法院依法对睢宁县环境保护局之前的不履职行为确认违法。

相关法条

1. 《中华人民共和国环境保护法》第 10 条

2. 《中华人民共和国固体废物污染环境防治法》（2016 年修正）第 10 条、第 55 条

3. 《中华人民共和国固体废物污染环境防治法》（2020 年修正）第 9 条第 2 款、第 113 条

第6辑

最高人民法院　最高人民检察院
关于办理危害税收征管刑事案件
适用法律若干问题的解释

法释〔2024〕4号

（2024年1月8日最高人民法院审判委员会第1911次会议、2024年2月22日最高人民检察院第十四届检察委员会第二十五次会议通过　2024年3月15日最高人民法院、最高人民检察院公告公布　自2024年3月20日起施行）

为依法惩治危害税收征管犯罪，根据《中华人民共和国刑法》《中华人民共和国刑事诉讼法》的有关规定，现就办理此类刑事案件适用法律的若干问题解释如下：

第一条　纳税人进行虚假纳税申报，具有下列情形之一的，应当认定为刑法第二百零一条第一款规定的"欺骗、隐瞒手段"：

（一）伪造、变造、转移、隐匿、擅自销毁账簿、记账凭证或者其他涉税资料的；

（二）以签订"阴阳合同"等形式隐匿或者以他人名义分解收入、财产的；

（三）虚列支出、虚抵进项税额或者虚报专项附加扣除的；

（四）提供虚假材料，骗取税收优惠的；

（五）编造虚假计税依据的；

（六）为不缴、少缴税款而采取的其他欺骗、隐瞒手段。

具有下列情形之一的，应当认定为刑法第二百零一条第一款规定的"不申报"：

（一）依法在登记机关办理设立登记的纳税人，发生应税行为而不申报纳税的；

（二）依法不需要在登记机关办理设立登记或者未依法办理设立登记的纳税人，发生应税行为，经税务机关依法通知其申报而不申报纳税的；

（三）其他明知应当依法申报纳税而不申报纳税的。

扣缴义务人采取第一、二款所列手段，不缴或者少缴已扣、已收税款，数额较大的，依照刑法第二百零一条第一款的规定定罪处罚。扣缴义务人承诺为纳税人代付税款，在其向纳税人支付税后所得时，应当认定扣缴义务人"已扣、已收税款"。

第二条 纳税人逃避缴纳税款十万元以上、五十万元以上的，应当分别认定为刑法第二百零一条第一款规定的"数额较大"、"数额巨大"。

扣缴义务人不缴或者少缴已扣、已收税款"数额较大"、"数额巨大"的认定标准，依照前款规定。

第三条 纳税人有刑法第二百零一条第一款规定的逃避缴纳税款行为，在公安机关立案前，经税务机关依法下达追缴通知后，在规定的期限或者批准延缓、分期缴纳的期限内足额补缴应纳税款，缴纳滞纳金，并全部履行税务机关作出的行政处罚决定的，不予追究刑事责任。但是，五年内因逃避缴纳税款受过刑事处罚或者被税务机关给予二次以上行政处罚的除外。

纳税人有逃避缴纳税款行为，税务机关没有依法下达追缴通知的，依法不予追究刑事责任。

第四条　刑法第二百零一条第一款规定的"逃避缴纳税款数额"，是指在确定的纳税期间，不缴或者少缴税务机关负责征收的各税种税款的总额。

刑法第二百零一条第一款规定的"应纳税额"，是指应税行为发生年度内依照税收法律、行政法规规定应当缴纳的税额，不包括海关代征的增值税、关税等及纳税人依法预缴的税额。

刑法第二百零一条第一款规定的"逃避缴纳税款数额占应纳税额的百分比"，是指行为人在一个纳税年度中的各税种逃税总额与该纳税年度应纳税总额的比例；不按纳税年度确定纳税期的，按照最后一次逃税行为发生之日前一年中各税种逃税总额与该年应纳税总额的比例确定。纳税义务存续期间不足一个纳税年度的，按照各税种逃税总额与实际发生纳税义务期间应纳税总额的比例确定。

逃税行为跨越若干个纳税年度，只要其中一个纳税年度的逃税数额及百分比达到刑法第二百零一条第一款规定的标准，即构成逃税罪。各纳税年度的逃税数额应当累计计算，逃税额占应纳税额百分比应当按照各逃税年度百分比的最高值确定。

刑法第二百零一条第三款规定的"未经处理"，包括未经行政处理和刑事处理。

第五条　以暴力、威胁方法拒不缴纳税款，具有下列情形之一的，应当认定为刑法第二百零二条规定的"情节严重"：

（一）聚众抗税的首要分子；

（二）故意伤害致人轻伤的；

（三）其他情节严重的情形。

实施抗税行为致人重伤、死亡，符合刑法第二百三十四条或者第二百三十二条规定的，以故意伤害罪或者故意杀人罪定罪处罚。

第六条 纳税人欠缴应纳税款，为逃避税务机关追缴，具有下列情形之一的，应当认定为刑法第二百零三条规定的"采取转移或者隐匿财产的手段"：

（一）放弃到期债权的；

（二）无偿转让财产的；

（三）以明显不合理的价格进行交易的；

（四）隐匿财产的；

（五）不履行税收义务并脱离税务机关监管的；

（六）以其他手段转移或者隐匿财产的。

第七条 具有下列情形之一的，应当认定为刑法第二百零四条第一款规定的"假报出口或者其他欺骗手段"：

（一）使用虚开、非法购买或者以其他非法手段取得的增值税专用发票或者其他可以用于出口退税的发票申报出口退税的；

（二）将未负税或者免税的出口业务申报为已税的出口业务的；

（三）冒用他人出口业务申报出口退税的；

（四）虽有出口，但虚构应退税出口业务的品名、数量、单价等要素，以虚增出口退税额申报出口退税的；

（五）伪造、签订虚假的销售合同，或者以伪造、变造等非法手段取得出口报关单、运输单据等出口业务相关单据、凭证，虚构出口事实申报出口退税的；

（六）在货物出口后，又转入境内或者将境外同种货物转入境内循环进出口并申报出口退税的；

（七）虚报出口产品的功能、用途等，将不享受退税政策的产品申报为退税产品的；

（八）以其他欺骗手段骗取出口退税款的。

第八条 骗取国家出口退税款数额十万元以上、五十万元以上、五百万元以上的，应当分别认定为刑法第二百零四条第一款规定的"数额较大"、"数额巨大"、"数额特别巨大"。

具有下列情形之一的，应当认定为刑法第二百零四条第一款规定的"其他严重情节"：

（一）两年内实施虚假申报出口退税行为三次以上，且骗取国家税款三十万元以上的；

（二）五年内因骗取国家出口退税受过刑事处罚或者二次以上行政处罚，又实施骗取国家出口退税行为，数额在三十万元以上的；

（三）致使国家税款被骗取三十万元以上并且在提起公诉前无法追回的；

（四）其他情节严重的情形。

具有下列情形之一的，应当认定为刑法第二百零四条第一款规定的"其他特别严重情节"：

（一）两年内实施虚假申报出口退税行为五次以上，或者以骗取出口退税为主要业务，且骗取国家税款三百万元以上的；

（二）五年内因骗取国家出口退税受过刑事处罚或者二次以上行政处罚，又实施骗取国家出口退税行为，数额在三百万元以上的；

（三）致使国家税款被骗取三百万元以上并且在提起公诉前无法追回的；

（四）其他情节特别严重的情形。

第九条 实施骗取国家出口退税行为，没有实际取得出口退税款的，可以比照既遂犯从轻或者减轻处罚。

从事货物运输代理、报关、会计、税务、外贸综合服务等中介组织及其人员违反国家有关进出口经营规定，为他人提供虚假证明文件，致使他人骗取国家出口退税款，情节严重的，依照刑法第二百二十九条的规定追究刑事责任。

第十条 具有下列情形之一的，应当认定为刑法第二百零五条第一款规定的"虚开增值税专用发票或者虚开用于骗取出口退税、抵扣税款的其他发票"：

（一）没有实际业务，开具增值税专用发票、用于骗取出口退税、抵扣税款的其他发票的；

（二）有实际应抵扣业务，但开具超过实际应抵扣业务对应税款的增值税专用发票、用于骗取出口退税、抵扣税款的其他发票的；

（三）对依法不能抵扣税款的业务，通过虚构交易主体开具增值税专用发票、用于骗取出口退税、抵扣税款的其他发票的；

（四）非法篡改增值税专用发票或者用于骗取出口退税、抵扣税款的其他发票相关电子信息的；

（五）违反规定以其他手段虚开的。

为虚增业绩、融资、贷款等不以骗抵税款为目的，没有因抵扣造成税款被骗损失的，不以本罪论处，构成其他犯罪的，依法以其他犯罪追究刑事责任。

第十一条 虚开增值税专用发票、用于骗取出口退税、抵扣税款的其他发票，税款数额在十万元以上的，应当依照刑法第二百零五条的规定定罪处罚；虚开税款数额在五十万元以上、五百万元以上的，应当分别认定为刑法第二百零五条第一款规定的"数额较大"、"数额巨大"。

具有下列情形之一的，应当认定为刑法第二百零五条第一款规定的"其他严重情节"：

（一）在提起公诉前，无法追回的税款数额达到三十万元以上的；

（二）五年内因虚开发票受过刑事处罚或者二次以上行政处罚，又虚开增值税专用发票或者虚开用于骗取出口退税、抵扣税款的其他发票，虚开税款数额在三十万元以上的；

（三）其他情节严重的情形。

具有下列情形之一的，应当认定为刑法第二百零五条第一款规定的"其他特别严重情节"：

（一）在提起公诉前，无法追回的税款数额达到三百万元以上的；

（二）五年内因虚开发票受过刑事处罚或者二次以上行政处罚，又虚开增值税专用发票或者虚开用于骗取出口退税、抵扣税款的其他发票，虚开税款数额在三百万元以上的；

（三）其他情节特别严重的情形。

以同一购销业务名义，既虚开进项增值税专用发票、用于骗取出口退税、抵扣税款的其他发票，又虚开销项的，以其中较大的数额计算。

以伪造的增值税专用发票进行虚开，达到本条规定标准的，应当以虚开增值税专用发票罪追究刑事责任。

第十二条 具有下列情形之一的，应当认定为刑法第二百零五条之一第一款规定的"虚开刑法第二百零五条规定以外的其他发票"：

（一）没有实际业务而为他人、为自己、让他人为自己、介绍他人开具发票的；

（二）有实际业务，但为他人、为自己、让他人为自己、介绍他人开具与实际业务的货物品名、服务名称、货物数量、金额等不符的发票的；

（三）非法篡改发票相关电子信息的；

（四）违反规定以其他手段虚开的。

第十三条　具有下列情形之一的，应当认定为刑法第二百零五条之一第一款规定的"情节严重"：

（一）虚开发票票面金额五十万元以上的；

（二）虚开发票一百份以上且票面金额三十万元以上的；

（三）五年内因虚开发票受过刑事处罚或者二次以上行政处罚，又虚开发票，票面金额达到第一、二项规定的标准60%以上的。

具有下列情形之一的，应当认定为刑法第二百零五条之一第一款规定的"情节特别严重"：

（一）虚开发票票面金额二百五十万元以上的；

（二）虚开发票五百份以上且票面金额一百五十万元以上的；

（三）五年内因虚开发票受过刑事处罚或者二次以上行政处罚，又虚开发票，票面金额达到第一、二项规定的标准60%以上的。

以伪造的发票进行虚开，达到本条第一款规定的标准的，应当以虚开发票罪追究刑事责任。

第十四条　伪造或者出售伪造的增值税专用发票，具有下列情形之一的，应当依照刑法第二百零六条的规定定罪处罚：

（一）票面税额十万元以上的；

（二）伪造或者出售伪造的增值税专用发票十份以上且票面税额六万元以上的；

（三）违法所得一万元以上的。

伪造或者出售伪造的增值税专用发票票面税额五十万元以上的，或者五十份以上且票面税额三十万元以上的，应当认定为刑法第二百零六条第一款规定的"数量较大"。

五年内因伪造或者出售伪造的增值税专用发票受过刑事处罚或者二次以上行政处罚，又实施伪造或者出售伪造的增值税专用发票行为，票面税额达到本条第二款规定的标准60%以上的，或者违法所得五万元以上的，应当认定为刑法第二百零六条第一款规定的"其他严重情节"。

伪造或者出售伪造的增值税专用发票票面税额五百万元以上的，或者五百份以上且票面税额三百万元以上的，应当认定为刑法第二百零六条第一款规定的"数量巨大"。

五年内因伪造或者出售伪造的增值税专用发票受过刑事处罚或者二次以上行政处罚，又实施伪造或者出售伪造的增值税专用发票行为，票面税额达到本条第四款规定的标准60%以上的，或者违法所得五十万元以上的，应当认定为刑法第二百零六条第一款规定的"其他特别严重情节"。

伪造并出售同一增值税专用发票的，以伪造、出售伪造的增值税专用发票罪论处，数量不重复计算。

变造增值税专用发票的，按照伪造增值税专用发票论处。

第十五条 非法出售增值税专用发票的，依照本解释第十四条的定罪量刑标准定罪处罚。

第十六条 非法购买增值税专用发票或者购买伪造的增值税专用发票票面税额二十万元以上的，或者二十份以上且票面税额十万元以上的，应当依照刑法第二百零八条第一款的规定定罪处罚。

非法购买真、伪两种增值税专用发票的，数额累计计算，不实行数罪并罚。

购买伪造的增值税专用发票又出售的，以出售伪造的增值税专用发票罪定罪处罚；非法购买增值税专用发票用于骗取抵扣税款或者骗取出口退税款，同时构成非法购买增值税专用发票罪与虚开增值税专用发票罪、骗取出口退税罪的，依照处罚较重的规定定罪处罚。

第十七条 伪造、擅自制造或者出售伪造、擅自制造的用于骗取出口退税、抵扣税款的其他发票，具有下列情形之一的，应当依照刑法第二百零九条第一款的规定定罪处罚：

（一）票面可以退税、抵扣税额十万元以上的；

（二）伪造、擅自制造或者出售伪造、擅自制造的发票十份以上且票面可以退税、抵扣税额六万元以上的；

（三）违法所得一万元以上的。

伪造、擅自制造或者出售伪造、擅自制造的可以用于骗取出口退税、抵扣税款的其他发票票面可以退税、抵扣税额五十万元以上的，或者五十份以上且票面可以退税、抵扣税额三十万元以上的，应当认定为刑法第二百零九条第一款规定的"数量巨大"；伪造、擅自制造或者出售伪造、擅自制造的可以用于骗取出口退税、抵扣税款的其他发票票面可以退税、抵扣税额五百万元以上的，或者五百份以上且票面可以退税、抵扣税额三百万元以上的，应当认定为刑法第二百零九条第一款规定的"数量特别巨大"。

伪造、擅自制造或者出售伪造、擅自制造刑法第二百零九条第二款规定的发票，具有下列情形之一的，应当依照该款的规定

330

定罪处罚：

（一）票面金额五十万元以上的；

（二）伪造、擅自制造或者出售伪造、擅自制造发票一百份以上且票面金额三十万元以上的；

（三）违法所得一万元以上的。

伪造、擅自制造或者出售伪造、擅自制造刑法第二百零九条第二款规定的发票，具有下列情形之一的，应当认定为"情节严重"：

（一）票面金额二百五十万元以上的；

（二）伪造、擅自制造或者出售伪造、擅自制造发票五百份以上且票面金额一百五十万元以上的；

（三）违法所得五万元以上的。

非法出售用于骗取出口退税、抵扣税款的其他发票的，定罪量刑标准依照本条第一、二款的规定执行。

非法出售增值税专用发票、用于骗取出口退税、抵扣税款的其他发票以外的发票的，定罪量刑标准依照本条第三、四款的规定执行。

第十八条　具有下列情形之一的，应当认定为刑法第二百一十条之一第一款规定的"数量较大"：

（一）持有伪造的增值税专用发票或者可以用于骗取出口退税、抵扣税款的其他发票票面税额五十万元以上的；或者五十份以上且票面税额二十五万元以上的；

（二）持有伪造的前项规定以外的其他发票票面金额一百万元以上的，或者一百份以上且票面金额五十万元以上的。

持有的伪造发票数量、票面税额或者票面金额达到前款规定的标准五倍以上的，应当认定为刑法第二百一十条之一第一款规定的"数量巨大"。

第十九条 明知他人实施危害税收征管犯罪而仍为其提供账号、资信证明或者其他帮助的，以相应犯罪的共犯论处。

第二十条 单位实施危害税收征管犯罪的定罪量刑标准，依照本解释规定的标准执行。

第二十一条 实施危害税收征管犯罪，造成国家税款损失，行为人补缴税款、挽回税收损失，可以从宽处罚；犯罪情节轻微不需要判处刑罚的，可以不起诉或者免予刑事处罚；情节显著轻微危害不大的，不作为犯罪处理。

对于实施本解释规定的相关行为被不起诉或者免予刑事处罚，需要给予行政处罚、政务处分或者其他处分的，依法移送有关主管机关处理。有关主管机关应当将处理结果及时通知人民检察院、人民法院。

第二十二条 本解释自 2024 年 3 月 20 日起施行。《最高人民法院关于适用〈全国人民代表大会常务委员会关于惩治虚开、伪造和非法出售增值税专用发票犯罪的决定〉的若干问题的解释》（法发〔1996〕30 号）、《最高人民法院关于审理骗取出口退税刑事案件具体应用法律若干问题的解释》（法释〔2002〕30 号）、《最高人民法院关于审理偷税、抗税刑事案件具体应用法律若干问题的解释》（法释〔2002〕33 号）同时废止；最高人民法院、最高人民检察院以前发布的司法解释与本解释不一致的，以本解释为准。

最高人民法院　最高人民检察院　公安部　司法部
关于印发《法律援助法实施
工作办法》的通知

2023 年 11 月 20 日　　　司发通〔2023〕68 号

各省、自治区、直辖市高级人民法院、人民检察院、公安厅
(局)、司法厅（局），新疆维吾尔自治区高级人民法院生产建设
兵团分院、新疆生产建设兵团人民检察院、公安局、司法局：

　　为全面贯彻实施《中华人民共和国法律援助法》，加强法律援
助案件办理过程中人民法院、人民检察院、公安机关、司法行政
机关等部门的协作配合，依法为经济困难公民和符合法定条件的
其他当事人提供更加优质高效的法律援助服务，有力维护群众合
法权益、保障法律正确实施、维护社会公平正义，最高人民法院、
最高人民检察院、公安部、司法部制定了《法律援助法实施工作
办法》，现印发你们，请结合实际认真贯彻执行。

法律援助法实施工作办法

　　第一条　为规范和促进法律援助工作，保障法律正确实施，根
据《中华人民共和国法律援助法》等有关法律规定，制定本办法。

　　第二条　法律援助工作坚持中国共产党领导，坚持以人民为
中心，尊重和保障人权，遵循公开、公平、公正的原则，实行国

家保障与社会参与相结合。

第三条　司法部指导、监督全国的法律援助工作。县级以上司法行政机关指导、监督本行政区域的法律援助工作。

第四条　人民法院、人民检察院、公安机关应当在各自职责范围内保障当事人依法获得法律援助，为法律援助人员开展工作提供便利。

人民法院、人民检察院、公安机关、司法行政机关应当建立健全沟通协调机制，做好权利告知、申请转交、案件办理等方面的衔接工作，保障法律援助工作正常开展。

第五条　司法行政机关指导、监督法律援助工作，依法履行下列职责：

（一）组织贯彻法律援助法律、法规和规章等，健全法律援助制度，加强信息化建设、人员培训、普法宣传等工作；

（二）指导监督法律援助机构和法律援助工作人员，监督管理法律援助服务质量和经费使用等工作；

（三）协调推进高素质法律援助队伍建设，统筹调配法律服务资源，支持和规范社会力量参与法律援助工作；

（四）对在法律援助工作中做出突出贡献的组织、个人，按照有关规定给予表彰、奖励；

（五）受理和调查处理管辖范围内的法律援助异议、投诉和举报；

（六）建立法律援助信息公开制度，依法向社会公布法律援助相关法律法规、政策公告、案件质量监督管理情况等信息，接受社会监督；

（七）其他依法应当履行的职责。

第六条　人民法院、人民检察院、公安机关在办理案件或者相关事务中，依法履行下列职责：

（一）及时告知有关当事人有权依法申请法律援助，转交被羁押的犯罪嫌疑人、被告人提出的法律援助申请；

（二）告知没有委托辩护人，法律援助机构也没有指派律师为其提供辩护的犯罪嫌疑人、被告人有权约见值班律师，保障值班律师依法提供法律帮助；

（三）刑事案件的犯罪嫌疑人、被告人属于《中华人民共和国法律援助法》规定应当通知辩护情形的，通知法律援助机构指派符合条件的律师担任辩护人；

（四）为法律援助人员依法了解案件有关情况、阅卷、会见等提供便利；

（五）其他依法应当履行的职责。

第七条 看守所、监狱、强制隔离戒毒所等监管场所依法履行下列职责：

（一）转交被羁押的犯罪嫌疑人、被告人、服刑人员，以及强制隔离戒毒人员等提出的法律援助申请；

（二）为法律援助人员依法了解案件有关情况、会见等提供便利；

（三）其他依法应当履行的职责。

第八条 法律援助机构组织实施法律援助工作，依法履行下列职责：

（一）通过服务窗口、电话、网络等多种方式提供法律咨询服务，提示当事人享有依法申请法律援助的权利，并告知申请法律援助的条件和程序；

（二）受理、审查法律援助申请，及时作出给予或者不给予法律援助的决定；

（三）指派或者安排法律援助人员提供符合标准的法律援助服务；

（四）支付法律援助补贴；

（五）根据工作需要设置法律援助工作站或者联络点；

（六）定期向社会公布法律援助资金使用、案件办理、质量考核工作等信息，接受社会监督；

（七）其他依法应当履行的职责。

第九条　人民法院、人民检察院、公安机关依法履行如下告知义务：

（一）公安机关、人民检察院在第一次讯问犯罪嫌疑人或者对犯罪嫌疑人采取强制措施的时候，应当告知犯罪嫌疑人有权委托辩护人，并告知其如果符合法律援助条件，本人及其近亲属可以向法律援助机构申请法律援助；

（二）人民检察院自收到移送审查起诉的案件材料之日起三日内，应当告知犯罪嫌疑人有权委托辩护人，并告知其如果符合法律援助条件，本人及其近亲属可以向法律援助机构申请法律援助，应当告知被害人及其法定代理人或者近亲属有权委托诉讼代理人，并告知其如果符合法律援助条件，可以向法律援助机构申请法律援助；

（三）人民法院自受理案件之日起三日内，应当告知案件当事人及其法定代理人或者近亲属有权依法申请法律援助；

（四）当事人不服司法机关生效裁判或者决定提出申诉或者申请再审，人民法院决定、裁定再审或者人民检察院提出抗诉的，应当自决定、裁定再审或者提出抗诉之日起三日内履行相关告知职责；

（五）犯罪嫌疑人、被告人具有《中华人民共和国法律援助法》第二十五条规定情形的，人民法院、人民检察院、公安机关应当告知其如果不委托辩护人，将依法通知法律援助机构为其指派辩护人。

第十条 告知可以采取口头或者书面方式，告知的内容应当易于被告知人理解。当面口头告知的，应当制作笔录，由被告知人签名；电话告知的，应当记录在案；书面告知的，应当将送达回执入卷。对于被告知人当场表达申请法律援助意愿的，应当记录在案。

第十一条 被羁押的犯罪嫌疑人、被告人、服刑人员，以及强制隔离戒毒人员等提出法律援助申请的，人民法院、人民检察院、公安机关及监管场所应当在收到申请后二十四小时内将申请转交法律援助机构，并于三日内通知申请人的法定代理人、近亲属或者其委托的其他人员协助向法律援助机构提供有关证件、证明等材料。因申请人原因无法通知其法定代理人、近亲属或者其委托的其他人员的，应当在转交申请时一并告知法律援助机构，法律援助机构应当做好记录。

对于犯罪嫌疑人、被告人申请法律援助的案件，法律援助机构可以向人民法院、人民检察院、公安机关了解案件办理过程中掌握的犯罪嫌疑人、被告人是否具有经济困难等法定法律援助申请条件的情况。

第十二条 人民法院、人民检察院、公安机关发现犯罪嫌疑人、被告人属于《中华人民共和国法律援助法》规定应当通知辩护情形的，应当自发现之日起三日内，通知法律援助机构指派律师。

人民法院、人民检察院、公安机关通知法律援助机构指派律师担任辩护人的，应当将法律援助通知文书、采取强制措施决定书或者起诉意见书、起诉书副本、判决书等文书材料送交法律援助机构。

法律援助通知文书应当载明犯罪嫌疑人或者被告人的姓名、涉嫌的罪名、羁押场所或者住所、通知辩护的理由和依据、办案机关联系人姓名和联系方式等。

第十三条 人民法院自受理强制医疗申请或者发现被告人符合强制医疗条件之日起三日内，对于被申请人或者被告人没有委托诉讼代理人的，应当向法律援助机构送交法律援助通知文书，通知法律援助机构指派律师担任被申请人或者被告人的诉讼代理人，为其提供法律援助。

人民检察院提出强制医疗申请的，人民法院应当将强制医疗申请书副本一并送交法律援助机构。

法律援助通知文书应当载明被申请人或者被告人的姓名、法定代理人的姓名和联系方式、办案机关及联系人姓名和联系方式。

第十四条 值班律师依法为没有辩护人的犯罪嫌疑人、被告人提供法律咨询、程序选择建议、申请变更强制措施、对案件处理提出意见等法律帮助。

人民法院、人民检察院、公安机关应当在确定的法律帮助日期前三个工作日，将法律帮助通知书送达法律援助机构，或者直接送达现场值班律师。该期间没有安排现场值班律师的，法律援助机构应当自收到法律帮助通知书之日起两个工作日内确定值班律师，并通知人民法院、人民检察院、公安机关。

第十五条 当事人以人民法院、人民检察院、公安机关给予国家司法救助的决定或者人民法院给予司法救助的决定为依据，向法律援助机构申请法律援助的，法律援助机构免予核查经济困难状况。

第十六条 法律援助机构应当自收到法律援助申请之日起七日内进行审查，作出是否给予法律援助的决定。决定给予法律援助的，应当自作出决定之日起三日内指派法律援助人员为受援人提供法律援助；决定不给予法律援助的，应当书面告知申请人，并说明理由。

法律援助机构应当自收到人民法院、人民检察院、公安机关的法律援助通知文书之日起三日内，指派律师并函告人民法院、人民检察院、公安机关，法律援助公函应当载明承办律师的姓名、所属单位及联系方式。

第十七条 法律援助人员应当遵守有关法律、法规、规章和规定，根据案件情况做好会见、阅卷、调查情况、收集证据、参加庭审、提交书面意见等工作，依法为受援人提供符合标准的法律援助服务。

第十八条 人民法院确定案件开庭日期时，应当为法律援助人员出庭预留必要的准备时间，并在开庭三日前通知法律援助人员，但法律另有规定的除外。

人民法院决定变更开庭日期的，应当在开庭三日前通知法律援助人员，但法律另有规定的除外。法律援助人员有正当理由不能按时出庭的，可以申请人民法院延期开庭。人民法院同意延期开庭的，应当及时通知法律援助人员。

第十九条 人民法院、人民检察院、公安机关对犯罪嫌疑人、被告人变更强制措施或者羁押场所的，应当及时告知承办法律援助案件的律师。

第二十条 对于刑事法律援助案件，公安机关在撤销案件或者移送审查起诉后，人民检察院在作出提起公诉、不起诉或者撤销案件决定后，人民法院在终止审理或者作出裁决后，以及公安机关、人民检察院、人民法院将案件移送其他机关办理后，应当在五日内将相关法律文书副本或者复印件送达承办法律援助案件的律师。

公安机关的起诉意见书，人民检察院的起诉书、不起诉决定书，人民法院的判决书、裁定书等法律文书，应当载明作出指派的法律援助机构名称、承办律师姓名以及所属单位等情况。

第二十一条　法律援助人员应当及时接收所承办案件的判决书、裁定书、调解书、仲裁裁决书、行政复议决定书等相关法律文书，并按规定提交结案归档材料。

第二十二条　具有《中华人民共和国法律援助法》第四十八条规定情形之一的，法律援助机构应当作出终止法律援助决定，制作终止法律援助决定书送达受援人，并自作出决定之日起三日内函告人民法院、人民检察院、公安机关。

人民法院、人民检察院、公安机关在案件办理过程中发现有前款规定情形的，应当及时函告法律援助机构。

第二十三条　被告人拒绝法律援助机构指派的律师为其辩护，坚持自己行使辩护权，人民法院依法准许的，法律援助机构应当作出终止法律援助的决定。

对于应当通知辩护的案件，犯罪嫌疑人、被告人拒绝指派的律师为其辩护的，人民法院、人民检察院、公安机关应当查明原因。理由正当的，应当准许，但犯罪嫌疑人、被告人应当在五日内另行委托辩护人；犯罪嫌疑人、被告人未另行委托辩护人的，人民法院、人民检察院、公安机关应当在三日内通知法律援助机构另行指派律师为其提供辩护。

第二十四条　法律援助人员的人身安全和职业尊严受法律保护。

对任何干涉法律援助人员履行职责的行为，法律援助人员有权拒绝，并按照规定如实记录和报告。对于侵犯法律援助人员权利的行为，法律援助人员有权提出控告。

法律援助人员因依法履行职责遭受不实举报、诬告陷害、侮辱诽谤，致使名誉受到损害的，依法追究相关单位或者个人的责任。

第二十五条　人民法院、人民检察院、公安机关、司法行政机关应当加强信息化建设，建立完善法律援助信息交换平台，实现业务协同、信息互联互通，运用现代信息技术及时准确传输交换有关法律文书，提高法律援助信息化水平，保障法律援助工作有效开展。

第二十六条　法律援助机构应当综合运用庭审旁听、案卷检查、征询司法机关意见和回访受援人等措施，督促法律援助人员提升服务质量。

人民法院、人民检察院、公安机关应当配合司法行政机关、法律援助机构做好法律援助服务质量监督相关工作，协助司法行政机关、法律援助机构调查核实投诉举报情况，回复征询意见。

第二十七条　人民法院、人民检察院、公安机关在案件办理过程中发现法律援助人员有违法违规行为的，应当及时向司法行政机关、法律援助机构通报有关情况，司法行政机关、法律援助机构应当将调查处理结果反馈通报单位。

第二十八条　国家安全机关、军队保卫部门、中国海警局、监狱办理刑事案件，除法律有特别规定的以外，适用本办法中有关公安机关的规定。

第二十九条　本办法所称法律援助人员，是指接受法律援助机构的指派或者安排，依法为经济困难公民和符合法定条件的其他当事人提供法律援助服务的律师、基层法律服务工作者、法律援助志愿者以及法律援助机构中具有律师资格或者法律职业资格的工作人员等。

第三十条　本办法自发布之日起施行。

最高人民法院

关于发布第 39 批指导性案例的通知

2023 年 12 月 7 日　　　　　　　法〔2023〕230 号

各省、自治区、直辖市高级人民法院，解放军军事法院，新疆维吾尔自治区高级人民法院生产建设兵团分院：

经最高人民法院审判委员会讨论决定，现将慈溪市博某塑料制品有限公司诉×××市联某工贸有限公司、浙江天某网络有限公司等侵害实用新型专利权纠纷案等八个案例（指导性案例 217—224号），作为第 39 批指导性案例发布，供审判类似案件时参照。

指导性案例 217 号

慈溪市博某塑料制品有限公司诉永康市联某工贸有限公司、浙江天某网络有限公司等侵害实用新型专利权纠纷案

（最高人民法院审判委员会讨论通过　2023 年 12 月 15 日发布）

关键词　民事诉讼　侵害实用新型专利权　反向行为保全
　　　　　担保数额　固定担保金　动态担保金

裁判要点

1. 涉电子商务平台的知识产权侵权纠纷案件中，被诉侵权人向人民法院申请行为保全，请求责令电子商务平台经营者恢复链

接或者服务的，人民法院应当予以审查。

2. 被诉侵权人因涉嫌侵害专利权被采取断开链接或者暂停服务等措施后，涉案专利权被宣告无效但相关专利确权行政诉讼尚未终结期间，被诉侵权人申请采取行为保全措施以恢复链接或者服务，其初步证明或者合理说明，不予恢复将导致其遭受市场竞争优势、商业机会严重丧失等无法弥补的损害，采取恢复链接或者服务的行为保全措施对权利人可能造成的损害不会超过不采取行为保全措施对被诉侵权人造成的损害，且不损害社会公共利益的，人民法院可以裁定准许。

3. 人民法院采取前述行为保全措施，可以责令被诉侵权人在本案判决生效前不得提取其通过电子商务平台销售被诉侵权产品的收款账户中一定数额款项作为担保。提供担保的数额应当综合考虑权利人的赔偿请求额、采取保全措施错误可能给权利人造成的损失、采取保全措施后被诉侵权人的可得利益等情况合理确定。担保金可以采取固定担保金加动态担保金的方式。

基本案情

慈溪市博某塑料制品有限公司（以下简称博某公司）系"具有新型桶体结构的平板拖把清洁工具"实用新型专利（以下简称涉案专利）及"一种用于平板拖把挤水和清洗的拖把桶"实用新型专利（以下简称180.2号专利）的专利权人。博某公司认为永康市联某工贸有限公司（以下简称联某公司）在浙江天某网络有限公司（以下简称天某公司）经营的"天某网"上销售的拖把神器构成对上述两专利权的侵犯，故向浙江省宁波市中级人民法院（以下简称宁波中院）提起本案及另案案号为（2019）浙02知民初368号（以下简称368号案）两起诉讼。宁波中院依博某公司的财产保全申请两案各冻结联某公司支付宝账户余额316万元。

因博某公司向天某公司发起投诉，联某公司向天某公司申诉，并出具《知识产权保证金承诺函》，同意缴存 100 万元保证金于其支付宝账户内，并同意支付宝公司及天某公司冻结其网店自 2019 年 11 月 10 日 22 点起的全店所有销售收入。

宁波中院一审认定本案侵权成立，判令联某公司等停止侵权、连带赔偿损失，天某公司立即删除、断开被诉侵权产品的销售链接。同日，博某公司再次就被诉侵权产品向天某公司发起投诉。随后，天某公司删除了被诉侵权产品在"天某网"上的销售链接。

联某公司等向最高人民法院提起上诉。二审中，涉案专利权被国家知识产权局宣告全部无效，博某公司表示将就此提起行政诉讼。2020 年 11 月 5 日，联某公司向最高人民法院提出反向行为保全申请，请求法院责令天某公司立即恢复申请人在"天某网"上的产品销售链接。并称被诉侵权产品系其"爆款产品"，"双十一"即将来临，不恢复链接将使其遭受难以弥补的损失。截至行为保全申请提出之日，368 号案尚在一审审理中，其所涉 180.2 号专利仍处于有效状态；联某公司支付宝账户余额共被冻结 1560 万元，其中 828 万元为联某公司同意冻结的其网店自 2019 年 11 月 10 日 22 点起的全店所有销售收入。

裁判结果

最高人民法院于 2020 年 11 月 6 日作出（2020）最高法知民终 993 号民事裁定：一、天某公司立即恢复联某公司在"天某网"购物平台上的被诉侵权产品销售链接；二、冻结联某公司名下的支付宝账户余额 632 万元，期限至本案判决生效之日；三、自恢复被诉侵权产品销售链接之日起至本案判决生效之日，如联某公司恢复链接后被诉侵权产品的销售总额的 50% 超过 632 万元，则应将超出部分的销售额的 50% 留存在其支付宝账户内，不得提取。

裁判理由

最高人民法院认为：

一、关于联某公司作为被诉侵权人是否具有提起行为保全申请的主体资格

电子商务平台经营者在收到知识产权权利人含有侵权初步证据的通知时，具有采取删除、屏蔽、断开链接、终止交易和服务等必要措施的法定义务。而对于电子商务平台经营者在何种情况下可以应平台内经营者的申请采取恢复链接等措施，我国法律没有相关规定。民事诉讼法第一百条所规定的行为保全措施的申请人并不限于原告。在涉电子商务平台知识产权侵权纠纷中，允许被诉侵权的平台内经营者在符合民事诉讼法第一百条规定的条件下申请行为保全，要求电子商务平台经营者采取恢复链接等行为保全措施，对于合理平衡知识产权权利人、电子商务平台经营者和平台内经营者的合法利益，促进电子商务市场健康发展具有重要意义。

由于专利权等通过行政授权取得权利的知识产权在民事侵权诉讼过程中，可能因被宣告无效、提起行政诉讼等程序而使权利处于不确定状态，且平台内经营者的经营状况等在诉讼过程中也可能发生重大变化。此时，平台内经营者因情况紧急，不恢复链接将会使其合法利益受到难以弥补的损害，向人民法院申请行为保全，要求电子商务平台经营者采取恢复链接等行为保全措施的，人民法院应当予以受理，并依据民事诉讼法第一百条及相关司法解释的规定进行审查。本案中，涉案专利在二审中被国家知识产权局宣告无效，其有效性因权利人即将提起行政诉讼而处于不确定状态。作为被删除产品链接的联某公司具有提起恢复链接行为保全申请的主体资格。

二、关于本案应否采取恢复链接行为保全措施

在确定是否依被诉侵权人的申请采取恢复链接行为保全措施时应主要考虑以下因素：申请人的请求是否具有事实基础和法律依据；不恢复链接是否会对申请人造成难以弥补的损害；恢复链接对专利权人可能造成的损害是否会超过不恢复链接对被诉侵权人造成的损害；恢复链接是否会损害社会公共利益；是否存在不宜恢复链接的其他情形。具体到本案：

（一）联某公司的请求是否具有事实基础和法律依据。本案为侵害实用新型专利权纠纷。我国实用新型专利的授权并不经过实质审查，其权利稳定性较弱。为了平衡专利权人的利益及同业竞争者、社会公众的利益，维护正常、有序的网络运营环境，专利权人要求电子商务平台经营者删除涉嫌侵害实用新型专利权的产品销售链接时，应当提交由专利行政部门作出的专利权评价报告。专利权人无正当理由不提交的，电子商务平台经营者可以拒绝删除链接，但法院经审理后认定侵权的除外。本案中，天某公司在原审法院认定侵权成立后及时删除了被诉侵权产品的销售链接，但二审中涉案专利权已被国家知识产权局因缺乏新颖性而被宣告全部无效，博某公司即将提起行政诉讼，专利有效性处于不确定状态。联某公司因本案诉讼及 368 号案，截至 2020 年 11 月 5 日支付宝账户余额共被冻结 1560 万元，正常生产经营受到严重影响。在此情况下，联某公司要求天某公司恢复产品链接具有事实与法律依据。

（二）不恢复链接是否会对申请人造成难以弥补的损害。在涉电子商务平台知识产权侵权纠纷中，删除、屏蔽、断开商品销售链接不仅将使该商品无法在电子商务平台上销售，而且还将影响该商品之前累积的访问量、搜索权重及账户评级，进而降低平台

内经营者的市场竞争优势。因此，确定"难以弥补的损害"应考量是否存在以下情形之一：1. 不采取行为保全措施是否会使申请人的商誉等人身性质的权利受到无法挽回的损害；2. 不采取行为保全措施是否会导致申请人市场竞争优势或商业机会严重丧失，导致即使因错误删除链接等情况可以请求金钱赔偿，但损失非常大或者非常复杂以至于无法准确计算其数额。

本案中，被诉侵权产品主要通过联某公司在"天某网"上的涉案网店进行销售，且根据原审查明的事实，2019 年 11 月 13 日被诉侵权产品累计销量为 283693 件；2019 年 12 月 4 日，原审法院组织各方当事人进行证据交换时的累计销量为 352996 件；2020 年 1 月 13 日，原审庭审时的累计销量为 594347 件。这一方面说明被诉侵权产品的销量大，另一方面也说明其累计的访问量及搜索权重较大，断开销售链接对其网络销售利益影响较大。特别是在"双十一"等特定销售时机，是否恢复链接将对被诉侵权人的商业利益产生巨大影响。在涉案专利权效力处于不确定状态的情况下，通过恢复链接行为保全措施使平台内经营者能够在"双十一"等特定销售时机正常上线经营，能够避免其利益受到不可弥补的损害。

（三）恢复链接对专利权人可能造成的损害是否会超过不恢复链接对被诉侵权人造成的损害。被诉侵权产品与涉案专利产品虽为同类产品，但市场上类似产品众多，并不会导致博某公司的专利产品因恢复链接而被完全替代。而且，法院已经考虑到因恢复链接可能给博某公司带来的损失，并将冻结联某公司支付宝账户相应金额及恢复链接后继续销售的部分可得利益，联某公司也明确表示同意。在此情况下，相较于不恢复链接对联某公司正常经营的影响，恢复链接对博某公司可能造成的损害较小。

（四）恢复链接是否会损害社会公共利益。在专利侵权纠纷中，社会公共利益一般考量的是公众健康、环保以及其他重大社会利益。本案被诉侵权产品系用于家庭日常生活的拖把桶，恢复链接时考量的重要因素是否会对公众健康、环保造成影响，特别是需要考虑是否会对消费者的人身财产造成不应有的损害，而本案无证据表明被诉侵权产品存在上述可能损害公共利益的情形。

（五）是否存在不宜恢复链接的其他情形。本案被诉侵权产品除涉嫌侵害涉案专利权外，还在 368 号案中涉嫌侵害博某公司 180.2 号专利，且 180.2 号专利目前仍处于有效状态。首先，368 号案尚在一审审理中，被诉侵权产品是否侵权、现有技术抗辩是否成立尚不确定。其次，368 号案中博某公司赔偿损失的诉讼请求已经通过冻结联某公司支付宝账户余额 316 万元的财产保全措施予以保障。最后，在确定本案行为保全担保金额时，已考虑 368 号案的情况酌情提高了联某公司的担保金额并将冻结联某公司恢复链接后继续销售的部分可得利益。因本行为保全措施系针对本案诉讼，担保金额冻结至本案判决生效之日，届时，如果 368 号案仍在审理中，博某公司可以在该案中通过申请行为保全等措施维护自身合法权益，由法院根据该案情况决定是否采取行为保全措施。因此，不存在博某公司就 180.2 号专利所享有的权利难以得到保障的情况。被诉侵权产品还因涉嫌侵害 180.2 号专利权而涉诉的事实不影响本案行为保全措施的采取。

三、关于担保金额的确定

行为保全担保金额的确定既要合理又要有效。既要考虑行为保全措施实施后对被申请人可能造成的损害，也要防止过高的担保金额对申请人的生产经营造成不合理影响。在涉电子商务平台专利侵权纠纷中，恢复链接行为保全措施担保金额的确定，一方面应考虑恢复链接后可能给权利人造成的损害，确保权利人就该损害另行主张赔偿的权利得到充分保障；另一方面也应合理确定申请人恢复链接后的可得利益，避免因冻结过多的销售收入不合理影响其资金回笼和后续经营。本案中，博某公司在本案及368号案中均要求被诉侵权人赔偿经济损失316万元，原审法院均已采取财产保全措施。但考虑到被诉侵权产品在删除链接前销售数额较大、恢复链接将可能导致博某公司的损失扩大等因素，为最大限度保护专利权人的利益，将综合博某公司在两案中的赔偿主张、恢复链接后联某公司的可得利益等因素酌定担保金额。鉴于联某公司的可得利益将随产品销售而不断增加，除固定担保金外，本案将增加动态担保金。由于联某公司的销售收入中还含有成本、管理费用等，为防止过高的担保金额对联某公司的生产经营造成不合理影响，在考虑本案及368号案所涉专利贡献率的情况下，酌情将动态担保金确定为联某公司销售额的50%。

相关法条

《中华人民共和国民事诉讼法》（2023年修正）第103条（本案适用的是2017年修正的《中华人民共和国民事诉讼法》第100条）

指导性案例218号

苏州赛某电子科技有限公司诉深圳裕某科技有限公司等侵害集成电路布图设计专有权纠纷案

（最高人民法院审判委员会讨论通过 2023年12月15日发布）

关键词 民事 侵害集成电路布图设计专有权 登记 保护对象 保护范围 独创性

裁判要点

1. 集成电路布图设计登记的目的在于确定保护对象，而非公开设计内容。公开布图设计内容并非取得集成电路布图设计专有权的条件。

2. 集成电路布图设计专有权的保护范围，一般可以根据申请登记时提交的布图设计复制件或者图样确定。对于无法从复制件或者图样识别的布图设计内容，可以依据与复制件或者图样具有一致性的样品确定。

3. 取得集成电路布图设计登记，并不当然意味着登记的布图设计内容具有独创性，权利人仍应当对其主张权利的布图设计的独创性作出合理解释或者说明。被诉侵权人不能提供充分反证推翻该解释或者说明的，可以认定有关布图设计具备独创性。

基本案情

苏州赛某电子科技有限公司（以下简称赛某公司）于 2012 年 4 月 22 日申请登记了名称为"集成控制器与开关管的单芯片负极保护的锂电池保护芯片"的集成电路布图设计，并于 2012 年 6 月 8 日公告，该集成电路布图设计专有权至今处于有效状态。深圳准某电子有限公司（以下简称准某公司，已注销）未经许可，复制、销售的芯片与涉案集成电路布图设计实质相同。深圳裕某科技有限公司（以下简称裕某公司）为准某公司的销售行为代开发票。被诉侵权行为发生时，户某欢为准某公司的唯一股东，持有裕某公司 51% 的股权，并同时担任两公司的法定代表人。户某欢后将准某公司股权转让给黄某东、黄某亮。在一审诉讼期间，黄某东、黄某亮注销了准某公司。

赛某公司认为，准某公司、裕某公司共同侵害了涉案集成电路布图设计专有权，户某欢、黄某东、黄某亮应对准某公司承担连带责任。故诉至法院请求判令停止侵权，裕某公司、户某欢、黄某东、黄某亮连带赔偿经济损失。

裁判结果

广东省深圳市中级人民法院于 2019 年 6 月 19 日作出（2015）深中法知民初字第 1106 号民事判决：一、裕某公司在判决生效之日起十日内赔偿赛某公司经济损失 50 万元；二、户某欢、黄某东、黄某亮对上述赔偿金额承担连带责任；三、驳回赛某公司其余诉讼请求。宣判后，裕某公司、户某欢、黄某东、黄某亮向最高人民法院提起上诉。最高人民法院于 2020 年 10 月 16 日作出（2019）最高法知民终 490 号民事判决：驳回上诉，维持原判。

裁判理由

最高人民法院认为：

一、关于能否以样品剖片确定涉案布图设计的保护范围

1. 复制件或图样的纸件、样品能否用以确定布图设计的保护范围。在布图设计登记时，向登记部门提交的材料中包含布图设计内容的有：复制件或者图样的纸件、复制件或者图样的电子版本、样品。其中，复制件或者图样的纸件是必须提交的；样品在布图设计已经投入商业利用的情况下提交；复制件或者图样的电子版本是基于自愿提交的，还特别要求电子文档应当包含该布图设计的全部信息，并注明文件的数据格式。可见，复制件或图样的纸件是获得登记必须提交的文件。在确定布图设计的保护范围时，一般应根据复制件或图样的纸件进行。随着半导体行业的发展，布图设计能在更小的半导体基片上完成更为复杂的布图设计，其集成度大幅提高。即使按照《集成电路布图设计保护条例实施细则》第十四条规定"复制件或者图样的纸件至少放大到该布图设计生产的集成电路的 20 倍以上"，仍然存在复制件或者图样的

纸件放大倍数尚不足以完整、清晰地反映布图设计内容的情况。此时，在样品与复制件或图样的纸件具有一致性的前提下，可以采用样品剖片，通过技术手段精确还原出芯片样品包含的布图设计的详细信息，提取其中的三维配置信息，确定纸件中无法识别的布图设计细节，用以确定布图设计的内容。

2. 是否只能以登记时已经公开的内容确定保护范围。不同于专利法对发明创造采取公开换保护的制度设计，《集成电路布图设计保护条例》对布图设计的保护并不以权利人公开布图设计为条件。国家知识产权局在布图设计的登记审查时，对纸件的要求是至少放大到 20 倍，对电子版本的要求是包含布图设计的全部信息。登记公告后，公众可以请求查阅的是纸件，对于已经投入商业利用的布图设计纸件中涉及的保密信息，除侵权诉讼或行政处理程序的需要，不得查阅或复制；对于电子版本，同样除侵权诉讼或行政处理程序需要外，任何人不得查阅或复制。从上述规定内容可以看出，无论在登记过程中还是登记公告后，对含有布图设计全部信息的电子版本和已投入商业利用的布图设计纸件中的保密信息均没有对公众无条件全部公开的要求。

《集成电路布图设计保护条例》在布图设计的保护上采取的是专门法模式。布图设计的保护没有采用类似对发明创造的专利保护规则，即并非通过登记公开布图设计内容以换取专用权。同时，条例对布图设计的保护也与著作权法对作品的保护不完全相同。布图设计的登记是确定保护对象的过程，是获得布图设计专有权的条件，而不是公开布图设计内容的过程，也不是以公开布图设计为对价而获得专有权保护。

二、关于涉案布图设计是否具有独创性

关于布图设计的独创性。首先，集成电路布图设计专有权保护的是集成电路中元件和三维配置，不延及思想等。在体现布图设计的功能层次上由于不含有元件和线路的三维配置，不给予保护。在这个层次之下，独创性的体现逐步增强，对元件分配、布置，各元部件间的互联，信息流向关系，组合效果等可以给予保护。其次，受保护的独创性部分应能够相对独立地执行某种电子功能。受保护的布图设计的独创性，可以体现在布图设计任何具有独创性的部分中，也可以体现在布图设计整体中。布图设计中任何具有独创性的部分均受法律保护，而不论其在整体设计中是否占据主要部分，是否能够实现整体设计的核心性能。如果一项布图设计是由公认的常规设计组合而成，则其组合作为整体应具有独创性。同时，如果权利人提出的是具有独创性的部分，则该部分应当能够相对独立地执行某种电子功能。最后，独创性是布图设计受保护的前提条件。布图设计的独创性包含两层含义：一是自己设计完成；二是不属于创作时公认的常规设计。在侵权诉讼中，当被诉侵权人对布图设计的独创性提出异议时，人民法院应当根据双方的主张、提交的证据对布图设计的独创性进行认定。对于专有权人选择布图设计中具有独创性的部分，围绕权利人提出的部分进行独创性判断时，应从两个层面逐次进行：一是受保护的布图设计属于为执行某种电子功能而对元件、线路所作的三维配置，否则不能受布图设计专有权保护；二是上述部分含有的三维配置在其创作时不是公认的常规设计。

权利人在提出独创性部分的同时，可以对独创性部分进行说明，权利人的独创性说明可能是从不同角度对独创性部分的概括或者抽象，而不一定包括对三维配置内容的描述，但在对上述权利人指明的部分进行独创性判断时，应根据权利人的独创性说明，将权利人指明部分中含有的元件和线路的具体三维配置作为判断对象。

对权利人提出的独创性部分进行证明的过程中，不能以经过登记备案而当然认为布图设计的整体或任何部分具有独创性。但对于独创性的证明，不能过分加重权利人的举证责任，要求其穷尽一切手段证明布图设计的独创性。相对而言，被诉侵权人只要能够提供一份已经公开的常规布图设计就能推翻权利人主张的独创性部分。因此，对独创性的举证责任分配应充分考虑集成电路布图设计的特点、目前我国集成电路布图设计的登记现状、双方的举证能力等因素，以权利人提出的独创性部分为依据，首先要求权利人对其主张的独创性部分进行充分说明或初步证明，然后由被诉侵权人就不具有独创性提出相反证据，在综合考虑上述事实、证据的基础上进行判断。

相关法条

《集成电路布图设计保护条例》第4条第1款、第8条

指导性案例219号

广州天某高新材料股份有限公司、九江天某高新材料有限公司诉安徽纽某精细化工有限公司等侵害技术秘密纠纷案

（最高人民法院审判委员会讨论通过 2023年12月15日发布）

关键词 民事 侵害技术秘密 以侵害知识产权为业 惩罚性赔偿 损害赔偿数额

裁判要点

1. 判断侵害知识产权行为是否构成情节严重并适用惩罚性赔

偿时，可以综合考量被诉侵权人是否以侵害知识产权为业、是否受到刑事或者行政处罚、是否构成重复侵权、诉讼中是否存在举证妨碍行为，以及侵权行为造成的损失或者侵权获利数额、侵权规模、侵权持续时间等因素。

2. 行为人明知其行为构成侵权，已实际实施侵权行为且构成其主营业务的，可以认定为以侵害知识产权为业。对于以侵害知识产权为业，长期、大规模实施侵权行为的，可以依法从高乃至顶格适用惩罚性赔偿倍数确定损害赔偿数额。

基本案情

2000 年 6 月 6 日，广州天某高新材料股份有限公司（以下简称广州天某公司）登记成立。2007 年 10 月 30 日，九江天某高新材料有限公司（以下简称九江天某公司）登记成立，独资股东是广州天某公司。两天某公司为证明两者之间存在卡波技术的许可使用关系，提交了两份授权书。第一份授权书于 2008 年 9 月 30 日出具，记载：现将广州天某公司自主研发的卡波姆产品生产技术及知识产权授予九江天某公司无偿使用，授权期限为十年，从 2008 年 10 月 1 日至 2018 年 9 月 30 日止。在授权期间内，九江天某公司拥有该项技术的使用权，其权利包括但不限于：利用该技术生产、制造、销售产品，利用该技术改善其目前的产业流程，对该技术成果进行后续改进形成新的技术成果等。未经双方书面同意与确认，广州天某公司和九江天某公司不得将该项技术授予其他任何单位或个人使用。授权期满后，授予的使用权将归还广州天某公司所有。第二份授权书于 2018 年 9 月 15 日出具，授权期限自 2018 年 10 月 1 日至 2028 年 9 月 30 日，授权内容同第一份授权书。本案案涉产品即为卡波，也称卡波姆（Carbomer），中文别名聚丙烯酸、羧基乙烯共聚物，中和后的卡波是优秀的凝胶基质，广泛应用于乳液、膏霜、凝胶中。

2011年8月29日，安徽纽某精细化工有限公司（以下简称安徽纽某公司）登记成立，成立时法定代表人是刘某，刘某出资比例为70%，后法定代表人变更为吴某成。

华某于2004年3月30日入职广州天某公司，2013年11月8日离职。2007年12月30日至离职，华某先后与广州天某公司签订《劳动合同》及《商业保密、竞业限制协议》《员工手册》《专项培训协议》等文件，就商业秘密的保密义务、竞业限制等方面进行了约定。朱某良、胡某春曾就职于广州天某公司，在职期间均与广州天某公司签订了《劳动合同》《商业保密、竞业限制协议》《商业技术保密协议》等。2012年至2013年期间，华某利用其卡波产品研发负责人的身份，以撰写论文为由向九江天某公司的生产车间主任李某某索取了卡波生产工艺技术的反应釜和干燥机设备图纸，还违反广州天某公司管理制度，多次从其在广州天某公司的办公电脑里将卡波生产项目工艺设备的资料复制到外部存储介质中。华某非法获取两天某公司卡波生产技术中的生产工艺资料后，先后通过U盘复制或电子邮件发送的方式将两天某公司的卡波生产工艺原版图纸、文件发送给刘某、朱某良、胡某春等人，并且华某、刘某、朱某良、胡某春对两天某公司卡波生产工艺技术的原版图纸进行了使用探讨。在此过程中，胡某春与朱某良均提出是否会侵犯九江天某公司的相关权利，华某则要求胡某春根据两天某公司卡波生产工艺技术的原版图设计安徽纽某公司的生产工艺，并交代胡某春设计时不要与两天某公司做得一模一样等。于是胡某春按照华某的要求对广州天某公司卡波工艺设计图进行修改，最后将修改后的图纸委托山东某工程设计有限公司合肥分院作出设计，委托江苏某机械有限公司制造反应釜，并向与两天某公司有合作关系的上海某粉体机械制造公司订购与两天某公司一样的粉碎机械设备，再委托江苏无锡某搅拌设备有限公司根据江苏某机械有限公司的技术方案设计总装图，进而按照总装图生产搅拌器。

至迟自2014年起，安徽纽某公司利用华某从两天某公司非法获取的卡波生产工艺、设备技术生产卡波产品，并向国内外公司销售，销售范围多达二十余个国家和地区。生产卡波产品为安徽纽某公司的主要经营业务，无证据证明其还生产其他产品。2018年1月，安徽纽某公司原法定代表人刘某等因侵犯商业秘密罪被追究刑事责任，在相关刑事判决已经认定华某、刘某等实施了侵犯权利人技术秘密行为的情况下，安徽纽某公司仍未停止侵权。依据相关证据，安徽纽某公司自2014年起，直至2019年8月，始终持续销售卡波产品。

广州天某公司、九江天某公司于2017年以安徽纽某公司、华某、刘某、胡某春、朱某良等侵害其卡波技术秘密为由诉至法院，请求判令各被告停止侵权、赔偿损失、赔礼道歉。

裁判结果

广州知识产权法院于2019年7月19日作出（2017）粤73民初2163号民事判决：一、华某、刘某、胡某春、朱某良、安徽纽某公司于本判决生效之日起立即停止侵害广州天某公司、九江天某公司涉案技术秘密，并销毁记载涉案技术秘密的工艺资料。二、安徽纽某公司于本判决生效之日起十日内赔偿广州天某公司、九江天某公司经济损失3000万元及合理开支40万元，华某、刘某、胡某春、朱某良对前述赔偿数额分别在500万元、500万元、100万元、100万元范围内承担连带责任。三、驳回广州天某公司、九江天某公司其他诉讼请求。一审宣判后，广州天某公司、九江天某公司、安徽纽某公司、华某、刘某向最高人民法院提起上诉。

最高人民法院于 2020 年 11 月 24 日作出（2019）最高法知民终 562 号民事判决：一、维持广州知识产权法院（2017）粤 73 民初 2163 号民事判决第一项、第三项。二、变更广州知识产权法院（2017）粤 73 民初 2163 号民事判决第二项为：安徽纽某公司于本判决生效之日起十日内赔偿广州天某公司、九江天某公司经济损失 3000 万元及合理开支 40 万元，华某、刘某、胡某春、朱某良对前述赔偿数额分别在 500 万元、3000 万元、100 万元、100 万元范围内承担连带责任。三、驳回广州天某公司、九江天某公司的其他上诉请求。四、驳回华某、刘某、安徽纽某公司的上诉请求。二审宣判后，安徽纽某公司、华某、刘某向最高人民法院提起再审申请。

最高人民法院于 2021 年 10 月 12 日作出（2021）最高法民申 4025 号民事裁定：驳回华某、刘某、安徽纽某公司的再审申请。

裁判理由

最高人民法院认为：《中华人民共和国反不正当竞争法》（以下简称反不正当竞争法）第十七条第三款规定，因不正当竞争行为受到损害的经营者的赔偿数额，按照其因被侵权所受到的实际损失确定；实际损失难以计算的，按照侵权人因侵权所获得的利益确定。经营者恶意实施侵犯商业秘密行为，情节严重的，可以按照上述方法确定数额的一倍以上五倍以下确定赔偿数额。赔偿数额还应当包括经营者为制止侵权行为所支付的合理开支。

本案中，两天某公司的实际损失无法查清，故根据已查明的安徽纽某公司的部分销售情况进行计算得出其侵权获利。安徽纽某公司生产的卡波产品，其工艺、流程和部分设备侵害了两天某公司的涉案技术秘密，但其卡波配方并未被认定侵害两天某公司

358

的技术秘密。原审法院在确定侵权获利时未考虑涉案技术秘密在卡波生产中的作用，同时也未充分考虑除涉案技术秘密信息之外的其他生产要素在卡波产品生产过程中的作用，以安徽纽某公司自认的3700余万元销售额乘以精细化工行业毛利率32.26%，得到安徽纽某公司可以查实的部分侵权获利近1200万元。现综合考虑涉案被侵害技术秘密在卡波产品生产过程中所起的作用，酌情确定涉案技术秘密的贡献程度为50%，因此对于安徽纽某公司的侵权获利相应酌减取整数确定为600万元。关于利润率的选择，由于安徽纽某公司未根据法院要求提供原始会计凭证、账册、利润表，也未举证证明其卡波产品的利润率，应承担举证不利的法律后果，故按照广州天某公司年报公布的精细化工行业毛利率确定其产品利润率。

安徽纽某公司虽在二审阶段向法院提交营业执照等证据佐证其经营范围不止卡波产品的生产。但营业执照记载的经营范围系安徽纽某公司申请注册成立时的选择，其实际经营范围既可能大于也可能小于营业执照记载的经营范围。且根据已查明的事实，安徽纽某公司除卡波产品外，并没有生产其他产品，安徽纽某公司也未进一步举证证明其除卡波产品以外生产其他产品的事实。本案中，华某被诉披露技术秘密的侵权行为发生于2012年至2013年期间，安徽纽某公司利用华某从两天某公司非法获取的卡波生产工艺、设备技术生产卡波产品，并向国内外销售。此外，安徽纽某公司明确陈述其所生产的卡波产品均为相同设备所产。界定行为人是否以侵权为业，可从主客观两方面进行判断。就客观方面而言，行为人已实际实施侵害行为，并且系其公司的主营业务、构成主要利润来源；从主观方面看，行为人包括公司实际控制人及管理层等，明知其行为构成侵权而仍予以实施。本案中安徽纽某公司以及刘某等人的行为，即属此类情形。

反不正当竞争法第十七条第三款规定了判处惩罚性赔偿的条件以及惩罚性赔偿的倍数范围。可见，若经营者存在恶意侵害他人商业秘密的行为且情节严重的，权利人可请求侵权人承担赔偿金额相应倍数的惩罚性赔偿。因此，本案应在判断安徽纽某公司是否存在恶意侵权、情节是否严重的基础上确定是否适用惩罚性赔偿。根据本案业已查明的事实，安徽纽某公司自成立以来，便以生产卡波产品为经营业务，其虽辩称也生产其他产品，但并未提交证据加以佐证，且其所生产的卡波产品名称虽有差别，但均由同一套设备加工完成。此外，当其前法定代表人刘某因侵犯商业秘密罪被追究刑事责任，被认定实施了侵犯权利人技术秘密行为后，安徽纽某公司仍未停止生产，销售范围多至二十余个国家和地区，同时在本案原审阶段无正当理由拒不提供相关会计账册和原始凭证，构成举证妨碍，足见其侵权主观故意之深重、侵权情节之严重。鉴于本案被诉侵权行为跨越反不正当竞争法修改施行的 2019 年 4 月 23 日前后，安徽纽某公司拒绝提供财务账册等资料构成举证妨碍，所认定的侵权获利系基于安徽纽某公司自认的销售额确定，仅系其部分侵权获利；侵权人在本案中并未提交证据证明其法律修改前后的具体获利情况，导致无法以 2019 年 4 月 23 日为界进行分段计算；现有证据显示安徽纽某公司在一审判决之后并未停止侵权行为，其行为具有连续性，其侵权规模巨大、持续时间长。鉴于此，导致依据在案证据客观上难以分段计算赔偿数额。反不正当竞争法设立惩罚性赔偿制度的初衷在于强化法律威慑力，打击恶意严重侵权行为，威慑、阻吓未来或潜在侵权人，有效保护创新活动，对长期恶意从事侵权活动应从重处理，故本案可以依据所认定的安徽纽某公司侵权获利从高确定本案损害赔偿数额。

相关法条

《中华人民共和国反不正当竞争法》（2019 年 4 月 23 日修正）第 17 条第 3 款

指导性案例 220 号

嘉兴市中某化工有限责任公司、上海欣某新技术有限公司诉王某集团有限公司、宁波王某科技股份有限公司等侵害技术秘密纠纷案

（最高人民法院审判委员会讨论通过　2023 年 12 月 15 日发布）

关键词　民事　侵害技术秘密　使用全部技术秘密　故意侵害技术秘密　损害赔偿数额

裁判要点

1. 权利人举证证明被诉侵权人非法获取了完整的产品工艺流程、成套生产设备资料等技术秘密且已实际生产出相同产品的，人民法院可以认定被诉侵权人使用了全部技术秘密，但被诉侵权人提供相反证据足以推翻的除外。

2. 被诉侵权人构成故意侵害技术秘密的，人民法院可以被诉侵权人相关产品销售利润为基础，计算损害赔偿数额；销售利润难以确定的，可以依据权利人相关产品销售价格及销售利润率乘以被诉侵权人相关产品销售数量为基础，计算损害赔偿数额。

基本案情

嘉兴市中某化工有限责任公司（以下简称嘉兴中某化工公司）

系全球主要的香兰素制造商，具有较强的技术优势。上海欣某新技术有限公司（以下简称上海欣某公司）成立于1999年11月5日，经营范围为生物、化工专业领域内的技术服务、技术咨询、技术开发、技术转让及新产品的研制。2002年开始嘉兴中某化工公司与上海欣某公司共同研发了乙醛酸法制备香兰素的新工艺，包括缩合、中和、氧化、脱羧等反应过程，还包括愈创木酚、甲苯、氧化铜和乙醇的循环利用过程。嘉兴中某化工公司与上海欣某公司主张的技术秘密包括六个秘密点，上述技术秘密载体为涉及58个非标设备的设备图287张（包括主图及部件图）、工艺管道及仪表流程图（第三版）25张。嘉兴中某化工公司与上海欣某公司之间签订的《技术开发合同》《技术转让合同》《关于企业长期合作的特别合同》均有保密条款的约定。

傅某根自1991年进入嘉兴中某化工公司工作，2008年起担任香兰素车间副主任，主要负责香兰素生产设备维修维护工作。自2003年起，嘉兴中某化工公司先后制定了文件控制程序、记录控制程序、食品安全、质量和环境管理手册、设备/设施管理程序等文件。嘉兴中某化工公司就其内部管理规定对员工进行了培训，傅某根于2007年参加了管理体系培训、环境管理体系培训、宣传教育培训、贯标培训。2010年3月25日，嘉兴中某化工公司制定《档案与信息化管理安全保密制度》。2010年4月起，嘉兴中某化工公司与员工陆续签订保密协议，对商业秘密的范围和员工的保密义务作了约定，傅某根以打算辞职为由拒绝签订保密协议。

王某集团有限公司（以下简称王某集团公司）成立于1995年6月8日，经营范围为食品添加剂山梨酸钾的研发、生产，化工产品（除危险化学品）的制造、销售等，王某军任监事。宁波王某科技股份有限公司（以下简称王某科技公司）成立于2009年10

月 21 日，由王某军与王某集团公司共同出资成立，王某军任法定代表人。宁波王某香精香料有限公司成立于 2015 年 11 月 20 日，由王某科技公司以实物方式出资 8000 万元成立，经营范围为实用香精香料（食品添加剂）的研发、生产等，主要产品为香兰素，王某军任法定代表人。2017 年宁波王某香精香料有限公司企业名称变更为某孚狮王某香料（宁波）有限公司（以下简称某孚狮王某公司）。

2010 年春节前后，冯某义与傅某根、费某良开始商议并寻求香兰素生产技术的交易机会。同年 4 月 12 日，三人前往王某集团公司与王某军洽谈香兰素生产技术合作事宜，以嘉兴市智某工程技术咨询有限公司（以下简称嘉兴智某公司）作为甲方，王某集团公司香兰素分厂作为乙方，签订《香兰素技术合作协议》。同日，王某集团公司向嘉兴智某公司开具 100 万元银行汇票，冯某义通过背书转让后支取 100 万元现金支票，从中支付给傅某根 40 万元、费某良 24 万元。随后，傅某根交给冯某义一个 U 盘，其中存有香兰素生产设备图 200 张、工艺管道及仪表流程图 14 张、主要设备清单等技术资料，冯某义转交给了王某军。同年 4 月 15 日，傅某根向嘉兴中某化工公司提交辞职报告，同年 5 月傅某根从嘉兴中某化工公司离职，随即与冯某义、费某良进入王某科技公司香兰素车间工作。2011 年 3 月 15 日，浙江省宁波市环境保护局批复同意王某科技公司生产香兰素等建设项目环境影响报告书，批准香兰素年产量为 5000 吨。同年 6 月，王某科技公司开始生产香兰素。某孚狮王某公司自成立时起持续使用王某科技公司作为股权出资的香兰素生产设备生产香兰素。

2018 年嘉兴中某化工公司、上海欣某公司向浙江省高级人民法院起诉，认为王某集团公司、王某科技公司、某孚狮王某公司、傅某根、王某军侵害其享有的香兰素技术秘密。

裁判结果

浙江省高级人民法院于 2020 年 4 月 24 日作出（2018）浙民初 25 号民事判决：一、王某集团公司、王某科技公司、某孚狮王某公司、傅某根立即停止侵害涉案技术秘密的行为，即停止以不正当手段获取、披露、使用、允许他人使用涉案设备图和工艺管道及仪表流程图记载的技术秘密；该停止侵害的时间持续到涉案技术秘密已为公众所知悉时止。二、王某集团公司、王某科技公司、傅某根自本判决生效之日起十日内连带赔偿嘉兴中某化工公司、上海欣某公司经济损失 300 万元、合理维权费用 50 万元，共计 350 万元；某孚狮王某公司对其中的 7%（即 24.5 万元）承担连带赔偿责任。三、驳回嘉兴中某化工公司、上海欣某公司的其他诉讼请求。除王某军外，本案各方当事人均不服一审判决，向最高人民法院提出上诉。

最高人民法院于 2021 年 2 月 19 日作出（2020）最高法知民终 1667 号民事判决：一、撤销浙江省高级人民法院（2018）浙民初 25 号民事判决。二、王某集团公司、王某科技公司、某孚狮王某公司、傅某根、王某军立即停止侵害嘉兴中某化工公司、上海欣某公司技术秘密的行为，即停止以不正当手段获取、披露、使用、允许他人使用涉案设备图和工艺管道及仪表流程图记载的技术秘密，该停止侵害的时间持续到涉案技术秘密为公众所知悉时止。三、王某集团公司、王某科技公司、傅某根、王某军自本判决生效之日起十日内连带赔偿嘉兴中某化工公司、上海欣某公司经济损失 155829455.20 元，合理维权费用 3492216 元，共计 159321671.20 元，某孚狮王某公司对其中的 7%（即 11152516.98元）承担连带赔偿责任。四、驳回嘉兴中某化工公司、上海欣某公司的其他诉讼请求。五、驳回王某集团公司、王某科技公司、某孚狮王某公司、傅某根的上诉请求。二审宣判后，王某集团公司、王某科技公司、某孚狮王某公司、傅某根、王某军不服，向最高人民法院申请再审。

最高人民法院于 2021 年 10 月 19 日作出（2021）最高法民申 3890 号民事裁定：驳回王某集团公司、王某科技公司、某孚狮王某公司、傅某根、王某军的再审申请。

裁判理由

最高人民法院认为：王某集团公司等被诉侵权人已经实际制造了香兰素产品，故其必然具备制造香兰素产品的完整工艺流程和相应装置设备。嘉兴中某化工公司与上海欣某公司主张的技术秘密包括六个秘密点，涉及 58 个非标设备的设备图 287 张和工艺管道及仪表流程图 25 张。被诉侵权技术信息载体为王某集团公司等被诉侵权人获取的 200 张设备图和 14 张工艺流程图，经比对其中有 184 张设备图与涉案技术秘密中设备图的结构型式、大小尺寸、设计参数、制造要求均相同，设备名称和编号、图纸编号、制图单位等也相同，共涉及 40 个非标设备；有 14 张工艺流程图与嘉兴中某化工公司的工艺管道及仪表流程图的设备位置和连接关系、物料和介质连接关系、控制内容和参数等均相同，其中部分图纸标注的图纸名称、项目名称、设计单位也相同。同时，王某科技公司提供给浙江杭某容器有限公司（以下简称杭某公司）的脱甲苯冷凝器设备图、王某科技公司环境影响报告书附 15 氧化单元氧化工艺流程图虽然未包含在冯某义提交的图纸之内，但均属于涉案技术秘密的范围。鉴于王某科技公司已在设备加工和环评申报中加以使用，可以确定王某科技公司获取了该两份图纸。本案中，涉案技术秘密的载体为 287 张设备图和 25 张工艺管道及仪表流程图，王某集团公司等被诉侵权人非法获取了其中的185张设备图和15张工艺流程图。考虑到王某集团公司等被诉侵权人获取涉案技术秘密图纸后完全可以做一些针对性的修改，故虽有4项与涉案技术秘密中的对应技术信息存在些许差异，但根据本案具体侵权情况，完全可以认定这些差异是因王某集团公司等被诉侵权人在获取涉案技术秘密后进行规避性或者适应性修改所导致，故可以认定这4项依然使用了涉案技术秘密。在此基础上，可以进一步认定王某集团公司等被诉侵权人实际使用了其已经获取的全部185张设备图和15张工艺流程图。具体理由是：第一，香兰素生产设备和工艺流程通常具有配套性，其生产工艺及相关装置相对明确固定，王某集团公司等被诉侵权人已经实际建成香兰素项目生产线并进行规模化生产，故其必然具备制造香兰素产品的完整工艺流程和相应装置设备。第二，王某集团公司等被诉侵权人拒不提供有效证据证明其对香兰素产品的完整工艺流程和相应装置设备进行了研发和试验，且其在极短时间内上马香兰素项目生产线并实际投产，王某科技公司的香兰素生产线从启动到量产仅用了一年左右的时间。与之相比，嘉兴中某化工公司涉案技术秘密从研发到建成生产线至少用了长达四年多的时间。第三，王某集团公司等被诉侵权人未提交有效证据证明其对被诉技术方案及相关设备进行过小试和中试，且其又非法获取了涉案技术图纸，同时王某科技公司的环境影响报告书及其在向杭某公司购买设备的过程中均已使用了其非法获取的设备图和工艺流程图。综合考虑技术秘密案件的特点及本案实际情况，同时结合王某集团公司等被诉侵权人未提交有效相反证据的情况，可以认定王某集团公司等被诉侵权人使用了其非法获取的全部技术秘密。第四，虽然王某集团公司、王某科技公司的香兰素生产工艺流程和相应装置

366

设备与涉案技术秘密在个别地方略有不同，但其未提交证据证明这种不同是基于其自身的技术研发或通过其他正当途径获得的技术成果所致。同时现有证据表明，王某集团公司等被诉侵权人是在获取了涉案技术秘密后才开始组建工厂生产香兰素产品，即其完全可能在获得涉案技术秘密后对照该技术秘密对某些生产工艺或个别配件装置做规避性或者适应性修改。这种修改本身也是实际使用涉案技术秘密的方式之一。综上所述，认定王某集团公司等被诉侵权人从嘉兴中某化工公司处非法获取的涉案技术秘密，即185张设备图和15张工艺流程图均已被实际使用。

傅某根长期在嘉兴中某化工公司工作，负责香兰素车间设备维修，能够接触到涉案技术秘密。2010年4月12日，冯某义、傅某根等三人前往王某集团公司与王某军洽谈香兰素生产技术合作事宜，迅速达成《香兰素技术合作协议》，约定由冯某义、傅某根等人以香兰素新工艺技术入股王某集团公司香兰素分厂。傅某根根据该协议获得40万元的对价，随后将含有涉案技术秘密的U盘经冯某义转交给王某军。傅某根从嘉兴中某化工公司辞职后即加入王某科技公司，负责香兰素生产线建设，王某科技公司在很短时间内完成香兰素生产线建设并进行工业化生产，全面使用了嘉兴中某化工公司和上海欣某公司的设备图和工艺流程图。以上事实足以证明傅某根实施了获取及披露涉案技术秘密给王某集团公司、王某科技公司并允许其使用涉案技术秘密的行为。王某集团公司、王某科技公司均系从事香兰素生产销售的企业，与嘉兴中某化工公司具有直接竞争关系，应当知悉傅某根作为嘉兴中某化工公司员工对该公司香兰素生产设备图和工艺流程图并不享有合法权利。但是，王某集团公司仍然通过签订《香兰素技术合作协议》，向傅某根、冯某义等支付报酬的方式，直接获取嘉兴中某化工公司的涉案技术秘密，并披露给王某科技公司使用。王某科技公司雇用傅某根并使用其非法获取的技术秘密进行生产，之后又通过设备出资方式将涉案技术秘密披露并允许某孚狮王某公司继续使用，以上行为均侵害了嘉兴中某化工公司与上海欣某公司的技术秘密。某孚狮王某公司自成立起持续使用王某科技公司作为技术出资的香兰素生产线，构成侵害涉案技术秘密。

王某集团公司等被诉侵权人非法获取并持续、大量使用商业价值较高的涉案技术秘密，手段恶劣，具有侵权恶意，其行为冲击香兰素全球市场，且王某集团公司等被诉侵权人存在举证妨碍、不诚信诉讼等情节，王某集团公司、王某科技公司、某孚狮王某公司、傅某根拒不执行原审法院的生效行为保全裁定，法院根据上述事实依法决定按照销售利润计算本案侵权损害赔偿数额。由于王某集团公司、王某科技公司及某孚狮王某公司在本案中拒不提交与侵权行为有关的账簿和资料，法院无法直接依据其实际销售数据计算销售利润。考虑到嘉兴中某化工公司香兰素产品的销售价格及销售利润率可以作为确定王某集团公司、王某科技公司及某孚狮王某公司相关销售价格和销售利润率的参考，为严厉惩处恶意侵害技术秘密的行为，充分保护技术秘密权利人的合法利益，人民法院决定以嘉兴中某化工公司香兰素产品 2011 年至 2017 年期间的销售利润率来计算本案损害赔偿数额，即以 2011 年至 2017 年期间王某集团公司、王某科技公司及某孚狮王某公司生产和销售的香兰素产量乘以嘉兴中某化工公司香兰素产品的销售价格及销售利润率计算赔偿数额。

相关法条

1. 《中华人民共和国民法典》第 1168 条（本案适用的是自 2010 年 7 月 1 日起施行的《中华人民共和国侵权责任法》第 8 条）

2.《中华人民共和国反不正当竞争法》（2019 年修正）第 9
条、第 17 条（本案适用 2017 年修订的《中华人民共和国反不正
当竞争法》第 9 条、第 17 条）

指导性案例 221 号

张某勋诉宜宾恒某投资集团有限公司、四川省宜宾市吴某建材工业有限责任公司等垄断纠纷案

（最高人民法院审判委员会讨论通过　2023 年 12 月 15 日发布）

关键词　民事　垄断　横向垄断协议　垄断行为实施者　赔
偿损失

裁判要点

任何人均不能因其违法行为而获益。横向垄断协议明显属于
违法行为，参与横向垄断协议的经营者以参与该协议的其他经营
者为被告，依据《中华人民共和国反垄断法》有关民事责任的规
定请求赔偿其参与和履行协议期间的损失的，人民法院不予支持。

基本案情

2010 年 3 月，四川省宜宾市民政局经审核批准成立宜宾市某
协会（以下简称某协会），属行业性社会团体。曹某均为会长、阮
某成为副会长、陈某钦为秘书长。发起人及发起单位分别为曹某
均及宜宾市恒某集团有限责任公司、李某高及四川省宜宾市吴某
建材工业有限责任公司（以下简称吴某公司）、阮某成及宜宾县四
某建材有限责任公司（以下简称四某公司）。某协会会员单位最初
共 50 余家，其中包括张某勋名下的宜宾市某店机制砖厂（以下简

称某砖厂）。

2009年7月，"宜宾市制砖行业工作会"召开，《会议纪要》载明：标题栏为"供过于求、物多则贱……供求平衡、物稀为贵……"；具体方案为成立砖协理事会、砖协协调办。该活动范围包括宜宾市翠屏区及30公里内砖厂、柏溪及其方圆15公里内砖厂。协调配合宜宾市仁某贸易有限责任公司（以下简称仁某公司）在周边县区开展成立属地砖协，防止外围产品进入本区域。关停方案为拟停产50%产量的砖厂，由生产砖厂补助停产砖厂。仁某公司出面会同砖协协调办与停产厂签订租赁承包合同及生产厂签订合作协议。停产厂家在仁某公司每月领取租赁承包费（即生产方交的管理费用的一部分），生产厂家向仁某公司支付市场管理及技术指导费。另，还规定："砖厂关停调整须经砖协议定，任何厂方不得擅自调整，调整厂定为违约，违约金一次惩20万元现金，由协调办和仁某公司负责诉收。""停产砖厂停火后不得销售库存砖，无条件进行一刀切……私销者定为违约，违约处罚按售一罚十的原则。"同期，某协会的前身某分会制定《宜宾市建材行业协会某分会暂行管理办法》（以下简称《暂行管理办法》），明确提出"外防产品进入、内控砖瓦产量"的具体安排，将本地砖瓦企业划分为生产企业和停产企业。2009年7月，某分会与某砖厂等砖瓦厂家签订了《停产整改合同》《技术服务合同》等协议。根据《宜宾市砖厂（生产厂家）核定产量明细表》的记载，生产厂家共19家。根据《宜宾市砖厂（停产厂家）核定产量明细表》的记载，停产厂家共31家，其中包括某砖厂。

2011年3月31日，四川省宜宾市经济和信息化委员会（以下简称宜宾市经济和信息化委员会）作出《关于责令宜宾市某协会暂停活动的通知》，其上载明："我委最近接到群众反映，你会在开展活动时，没有严格按照协会章程操作，有超越协会章程规定范围的行为。根据行业协会管理工作的要求，现责令你会立即暂时停止协会的一切活动，进行全面整顿，并将整顿情况以书面形式报告我委。"2011年4月18日，某协会向宜宾市经济和信息化委员会出具《关于清理整顿工作的汇报及要求恢复某协会正常活动的请示》，其上载明："由于协会主要领导履职不充分……导致个别砖厂虚高报价并制造虚假的紧张供求信息……我们认为导致这样的结果砖协有不可推卸的责任，必须迅速予以纠正……""明确了目标：一是必须无条件满足市场需求……二是必须在符合市场合理价格的情况下供货（经有关部门核准确认目前指导价格为：出厂价不超过0.33元/块标砖），不允许会员单位高于协会指导价供货；三是必须确保质量……"2011年9月，某协会停止发放停产扶持经费。

2013年3月6日，四川省工商行政管理局针对某协会作出《行政处罚决定书》，认为某协会组织具有竞争关系的会员单位达成的《暂行管理办法》，约定部分企业停产，从而控制宜宾砖瓦市场砖的生产数量，控制停产会员单位直接退出宜宾市砖瓦市场的竞争，严重限制了市场竞争，属于限制商品生产数量的垄断协议。当事人组织会员单位达成并实施垄断协议的行为，破坏了宜宾砖瓦市场公平、有序的竞争秩序。

后张某勋诉至人民法院，称其根据《停产整改合同》停止生产，且仅在2011年9月前获得了少量的停产扶持费。上述行为实质上起到了排除张某勋参与竞争的效果，构成垄断行为，侵害了张某勋的合法权益，主张判令吴某公司、四某公司、宜宾恒某投资集团有限公司、某协会、曹某均等连带赔偿其经济损失33.6万元及合理开支8万元。

裁判结果

四川省成都市中级人民法院于 2019 年 12 月 24 日作出（2018）川 01 民初 855 号民事判决：一、自判决生效之日起十五日内，吴某公司、四某公司、曹某均、某协会向张某勋连带赔偿经济损失 336000 元、合理开支 5000 元。二、驳回张某勋的其他诉讼请求。宣判后，吴某公司、曹某均、某协会不服，向最高人民法院提起上诉。最高人民法院于 2020 年 11 月 6 日作出（2020）最高法知民终 1382 号民事判决：一、撤销四川省成都市中级人民法院（2018）川 01 民初 855 号民事判决。二、驳回张某勋的全部诉讼请求。

裁判理由

最高人民法院认为：张某勋作为本案横向垄断协议的实施者之一，对其是否有权要求该垄断协议的其他实施者赔偿其所谓经济损失，应结合反垄断法第五十条的立法目的、被诉垄断行为的特点、损害赔偿的法律效果等因素予以考量。

首先，反垄断法第五十条的立法目的。反垄断法第五十条规定，经营者实施垄断行为，给他人造成损失的，依法承担民事责任。该条的立法目的在于，为制止和打击垄断行为提供民事司法渠道，对因垄断行为而受到损害的主体提供民事救济。如果原告并非反垄断法所规制的垄断行为的受害者，而是该垄断行为的实施者，其主张损害赔偿，实质上是要求瓜分垄断利益，因而其并非反垄断法所意图救济的对象。本案中，张某勋系其所指控的本案横向垄断协议参与者和实施者之一，且因参与和实施本案被诉垄断行为在一定期间内获得了垄断利益的分享，其非反垄断法所意图救济的垄断行为受害者。其次，请求损害赔偿救济者，其行为必须正当合法。自身参与和实施违法行为的主体，即便因参与和实施该违法行为而受到损失，该损失亦因该主体自身行为的不正当性而不应获得救济。张某勋在《停产整改合同》中自愿接受停产整改，参与并实施本案横向垄断协议，其行为自身具有违法性，其因此所受损害不应获得救济。最后，给予垄断行为实施者以损害赔偿会产生鼓励和支持相关垄断行为的消极法律效果。本案中，张某勋所主张的因垄断行为所受损失，实质上是要求强制执行本案横向垄断协议，根据该垄断协议关于垄断利益分配的约定瓜分群体垄断所得。如果支持张某勋的诉讼主张，则无异于维持和鼓励该违法行为。

综上所示，横向垄断协议的实施者无权依据反垄断法要求该垄断协议的其他实施者赔偿其所谓经济损失。张某勋作为涉案横向垄断协议的实施者，其无权因自身的违法行为获得利益，人民法院对其关于赔偿损失的诉讼请求不予支持。

相关法条

《中华人民共和国反垄断法》（2022 年修正）第 60 条第 1 款（本案适用的是 2008 年施行的《中华人民共和国反垄断法》第 50 条）

指导性案例 222 号

广州德某水产设备科技有限公司诉广州宇某水产科技有限公司、南某水产研究所财产损害赔偿纠纷案

（最高人民法院审判委员会讨论通过 2023 年 12 月 15 日发布）

关键词 民事诉讼 财产损害赔偿 未缴纳专利年费 专利权终止 赔偿损失

裁判要点

登记的专利权人在专利权权属争议期间负有善意维护专利权效力的义务，因其过错致使专利权终止、无效或者丧失，损害真正权利人合法权益的，构成对真正权利人财产权的侵害，应当承担赔偿损失的民事责任。

基本案情

专利号为 ZL200910192778.6、名称为"一种多功能循环水处理设备"发明专利（以下简称涉案专利）的专利权人为南某水产研究所、广州宇某水产科技有限公司（以下简称宇某公司），发明人为姜某平、李某厚、颉某勇。涉案专利申请日为 2009 年 9 月 28 日，授权日为 2012 年 5 月 30 日，因未及时缴费，涉案专利的专利权于 2012 年 9 月 28 日被终止。

广州德某水产设备科技有限公司（以下简称德某公司）认为，姜某平曾是德某公司员工，其离职后成了宇某公司的股东，李某厚、颉某勇是南某水产研究所的员工。涉案专利是姜某平的职务发明，专利的申请权应该属于德某公司。德某公司曾分别于 2010 年、2011 年就涉案专利申请权纠纷起诉南某水产研究所、宇某公司等，请求判令涉案专利申请权归德某公司所有。涉案专利权因未缴费而终止失效时，相关权属纠纷正在审理中。故德某公司以宇某公司和南某水产研究所故意未缴纳该专利年费，致使该专利权终止失效，给德某公司造成了无法挽回的损失为由诉至法院，请求判令各被告赔偿经济损失及维权合理开支共计 150 万元。

裁判结果

广州知识产权法院于 2019 年 7 月 12 日作出（2016）粤 73 民初 803 号民事判决：一、宇某公司、南某水产研究所应于本判决发生法律效力之日起十日内赔偿德某公司经济损失及合理维权费用共 50 万元；二、驳回德某公司的其他诉讼请求。宣判后，宇某公司、南某水产研究所向最高人民法院提起上诉。最高人民法院于 2020 年 4 月 1 日作出（2019）最高法知民终 424 号民事判决，在变更本案案由的基础上，驳回上诉，维持原判。

裁判理由

最高人民法院认为：

一、关于本案案由的确定

专利法第十一条第一款规定，发明和实用新型专利权被授予后，除本法另有规定的以外，任何单位或者个人未经专利权人许可，都不得实施其专利，即不得为生产经营目的制造、使用、许诺销售、销售、进口其专利产品，或者使用其专利方法以及使用、许诺销售、销售、进口依照该专利方法直接获得的产品。根据该规定，侵害发明专利权的行为仅限于以生产经营为目的的制造、使用、许诺销售、销售、进口专利产品的行为和使用专利方法以及使用、许诺销售、销售、进口依照该专利方法直接获得的产品的行为。也即，专利法实行专利侵权行为法定原则，除法律明确规定为侵害专利权的行为外，其他行为即使与专利权有关，也不属于侵害专利权的行为。在登记的专利权人不是专利技术所有人的情况下，如登记的专利权人故意不缴纳专利年费导致专利权终止失效而给专利技术所有人造成经济损失，那么该损失实际上是与该专利技术有关的财产损失。故意不缴纳专利年费导致专利权终止失效的行为应当属于一般侵权行为，该种案件案由可以确定为财产损害赔偿纠纷。本案中，根据德某公司的主张，其认为南某水产研究所、宇某公司将归其所有的职务发明申请专利，之后却故意不缴纳专利年费导致专利权终止失效，致使该技术进入公有领域，失去了专利权的保护，损害了其本应该基于涉案专利获

375

得的市场独占利益，因此德某公司主张的侵权行为不是侵害专利权的行为，其主张的经济损失实际上是与该专利技术有关的财产损失，故本案应当属于财产损害赔偿纠纷，而非侵害发明专利权纠纷。原审判决将本案案由确定为侵害发明专利权纠纷，显属不当，应予纠正。

二、南某水产研究所、宇某公司是否应当对涉案专利权终止失效承担赔偿责任，应否赔偿德某公司50万元的经济损失与合理费用

诚实信用原则是民法的基本原则，它要求民事主体在民事活动中恪守诺言，诚实不欺，在不损害他人利益和社会利益的前提下追求自己的利益，从而在当事人之间的利益关系和当事人与社会之间的利益关系中实现平衡，并维持市场道德秩序。专利权是经国家行政审查后授予的有期限的知识产权，其在权利保护期内有效存续需要专利权人持续缴纳专利年费、不主动放弃等。当事人无论基于何种原因对专利申请权、专利权权属发生争议时，基于诚实信用原则，登记的专利权人通常应当负有使已经获得授权的专利权维持有效的善良管理责任，包括持续缴纳专利年费等，因为专利权一旦终止失效，专利技术通常情况下即会进入公有领域，从而使专利技术所有人丧失市场独占利益，损害到专利技术所有人的合法权益。登记的专利权人未尽到该善良管理责任，给专利技术所有人造成损失的，应当负有赔偿责任。本案中，在2010年、2011年德某公司已经两次以专利申请权权属纠纷为由起诉南某水产研究所、宇某公司，尤其是德某公司主张涉案发明是职务发明的第二次诉讼正在进行的情况下，作为登记的专利权人，南某水产研究所、宇某公司应当负有在涉案专利授权以后维持其持续有效的善良管理责任，包括持续缴纳专利年费，以避免可能

给德某公司造成损害。但南某水产研究所、宇某公司却未缴纳专利年费，导致涉案专利权于 2012 年 9 月 28 日被终止失效，侵害了德某公司的合法权益，其显然未尽到善良管理责任，违背了诚实信用原则，应当赔偿因此给德某公司造成的损失。对于赔偿损失的具体数额，本案应当根据涉案专利权终止失效时的市场价格确定具体赔偿数额。鉴于双方均未提供证据证明涉案专利权在终止失效时的市场价格，综合考虑到涉案专利为发明专利、涉案专利权在授权公告当年即被终止失效、南某水产研究所和宇某公司过错严重、德某公司历时较长的维权情况等，即便考虑德某公司也存在一定过失，原审判决确定的经济损失及合理费用共计 50 万元的赔偿也并无不妥。

相关法条

《中华人民共和国民法典》第 1165 条、第 1173 条（本案适用的是 2010 年 7 月 1 日施行的《中华人民共和国侵权责任法》第 6 条、第 26 条）

指导性案例 223 号

张某龙诉北京某蝶文化传播有限公司、程某、马某侵害作品信息网络传播权纠纷案

（最高人民法院审判委员会讨论通过　2023 年 12 月 15 日发布）

关键词　民事诉讼　侵害作品信息网络传播权　管辖　侵权行为地

裁判要点

侵害作品信息网络传播权的侵权结果发生地具有不确定性，不应作为确定管辖的依据。在确定侵害作品信息网络传播权民事纠纷案件的管辖时，应当适用《最高人民法院关于审理侵害信息网络传播权民事纠纷案件适用法律若干问题的规定》第十五条的规定，即由侵权行为地或者被告住所地人民法院管辖。

基本案情

原告张某龙以被告北京某蝶文化传播有限公司、程某、马某擅自在相关网站上发布、使用其享有著作权的写真艺术作品，侵害其作品信息网络传播权为由，向其住所地的河北省秦皇岛市中级人民法院提起诉讼。被告马某以本案应当适用《最高人民法院关于审理侵害信息网络传播权民事纠纷案件适用法律若干问题的规定》（以下简称《信息网络传播权规定》）第十五条的规定确定管辖，秦皇岛市为原告住所地，不是侵权行为地或被告住所地为由，对本案管辖权提出异议，请求将本案移送侵权行为地和被告住所地的北京互联网法院审理。

裁判结果

河北省秦皇岛市中级人民法院于 2021 年 6 月 2 日作出（2021）冀 03 知民初 27 号民事裁定，驳回马某提出的管辖权异议。马某不服一审裁定，提起上诉。河北省高级人民法院于 2021 年 8 月 24 日作出（2021）冀民辖终 66 号民事裁定，撤销一审裁定，将本案移送北京互联网法院审理。北京互联网法院、北京市高级人民法院经审查认为，河北省高级人民法院将本案移送北京互联网法院审理不当，遂报请最高人民法院指定管辖。最高人民法院于 2022 年 8 月 22 日作出（2022）最高法民辖 42 号民事裁定，确定本案由北京互联网法院审理。

裁判理由

最高人民法院认为，《最高人民法院关于适用〈中华人民共和国民事诉讼法〉的解释》第二十五条规定："信息网络侵权行为实施地包括实施被诉侵权行为的计算机等信息设备所在地，侵权结果发生地包括被侵权人住所地。"该规定中的"信息网络侵权行为"针对的是通过信息网络对一般民事权利实施的侵权行为。但"信息网络传播权"，是《中华人民共和国著作权法》第十条第一款规定的著作权人享有的法定权利，即"以有线或者无线方式向公众提供作品，使公众可以在其个人选定的时间和地点获得作品的权利。"基于信息网络传播权的性质和特点，侵害信息网络传播权的行为一旦发生，随之导致"公众可以在其个人选定的时间和地点获得作品"，其侵权行为涉及的地域范围具有不确定性。故《信息网络传播权规定》第十五条规定："侵害信息网络传播权民事纠纷案件由侵权行为地或者被告住所地人民法院管辖。侵权行为地包括实施被诉侵权行为的网络服务器、计算机终端等设备所在地。侵权行为地和被告住所地均难以确定或者在境外的，原告发现侵权内容的计算机终端等设备所在地可以视为侵权行为地。"因此，《信息网络传播权规定》第十五条是针对信息网络传播权这一特定类型的民事权利，对侵害信息网络传播权纠纷民事案件的管辖作出的特别规定。在确定侵害信息网络传播权民事纠纷案件的管辖时，应当以《信息网络传播权规定》第十五条为依据。

本案中，秦皇岛市为原告住所地，不属于《信息网络传播权规定》第十五条规定的侵权行为地或被告住所地。本案也不存在《信息网络传播权规定》第十五条规定的"侵权行为地和被告住所地均难以确定或者在境外"的例外情形。因此，河北省秦皇岛市中级人民法院对于本案没有管辖权，河北省高级人民法院将本案移送北京互联网法院并无不当。

相关法条

《中华人民共和国民事诉讼法》第 29 条

《最高人民法院关于适用〈中华人民共和国民事诉讼法〉的解释》第 24 条、第 25 条

《最高人民法院关于审理侵害信息网络传播权民事纠纷案件适用法律若干问题的规定》第 15 条

指导性案例 224 号

某美(天津)图像技术有限公司诉河南某庐蜂业有限公司侵害作品信息网络传播权纠纷案

(最高人民法院审判委员会讨论通过 2023 年 12 月 15 日发布)

关键词 民事诉讼 侵害作品信息网络传播权 权属 举证责任

裁判要点

在著作权权属有争议的情况下,不能仅凭水印或权利声明认定作品著作权权属,主张著作权的当事人应进一步举证证明,否则应当承担不利的法律后果。

基本案情

案外人 G＊公司授权某美(天津)图像技术有限公司(以下简称某美图像公司)在中国境内展示、销售和许可他人使用该公司的"getty Images"品牌图片,且某美图像公司有权以自己的名义对侵权行为提起诉讼。某美图像公司发现,河南某庐蜂业有限

公司（以下简称某庐蜂业公司）未经许可使用了 4 张上述品牌图片。某美图像公司遂以侵害著作权为由提起诉讼，请求判令某庐蜂业公司赔偿经济损失及维权合理开支。为支持其诉请，某美图像公司提交了 G＊公司出具的授权确认书、网站权利声明等证据，涉案图片上有"getty Images®"内容的水印。某庐蜂业公司抗辩认为，涉案图片水印右上角为商标注册标记"®"，不是表明创作者身份的作者署名，水印下方另有摄影师署名和其他品牌名称，显示图片著作权属于作者而不是某美图像公司或 G＊公司。某庐蜂业公司还就涉案图片权属问题通过电子邮件询问 G＊公司，得到的答复是，涉案图片由摄影师投稿，该公司以自己的名义对外销售后向摄影师支付版税，但摄影师保留图片的著作权。某庐蜂业公司据此认为，因投稿人保留著作权，G＊公司、某美图像公司均不享有涉案图片的著作权，某美图像公司的诉讼请求应予驳回。

裁判结果

天津市第三中级人民法院于 2019 年 9 月 17 日作出（2019）津 03 知民初 73 号民事判决，判令某庐蜂业公司赔偿某美图像公司经济损失及合理开支共计 8000 元；驳回某美图像公司的其他诉讼请求。某庐蜂业公司不服一审判决，提起上诉。天津市高级人民法院于 2020 年 7 月 16 日作出（2020）津民终 311 号民事判决，驳回上诉，维持原判。某庐蜂业公司不服，向最高人民法院申请再审。最高人民法院裁定提审本案，并于 2021 年 12 月 20 日作出（2021）最高法民再 355 号民事判决，撤销一审、二审判决，驳回某美图像公司的全部诉讼请求。

裁判理由

最高人民法院认为，涉案图片除标注"getty Images®"水印外，还分别标注有摄影师署名和其他品牌名称，而且"getty Images"之后紧接商标注册标记"®",因此,仅以此水印不能认定涉案图片的著作权属于 G＊公司。此外,某美图像公司还提交了 G＊公司出具的授权确认书、网站权利声明,但授权确认书只能证明 G＊公司向某美图像公司进行授权的事实,并非 G＊公司对涉案图片享有著作权的证据。权利声明属于单方陈述,在缺乏其他证据印证的情况下,仅以权利声明不能确定著作权归属。在此情况下,某美图像公司应进一步承担 G＊公司享有涉案图片著作权的举证证明责任,但其未能举证证明。相反,根据某庐蜂业公司提交的 G＊公司回复邮件等反驳证据,G＊公司确认投稿的摄影师仍然保留涉案图片的著作权。故某美图像公司关于 G＊公司拥有涉案图片著作权的主张不能成立,其在本案中提出的相关诉讼请求不应予以支持。

相关法条

《中华人民共和国著作权法》(2020 年修正)第 12 条(本案适用的是 2010 年修正的《中华人民共和国著作权法》第 11 条)

《最高人民法院关于审理著作权民事纠纷案件适用法律若干问题的解释》(2020 年修正)第 7 条

《最高人民法院关于适用〈中华人民共和国民事诉讼法〉的解释》(2022 年修正)第 90 条(本案适用的是 2020 年修正的《最高人民法院关于适用〈中华人民共和国民事诉讼法〉的解释》第 90 条)

第7辑

中华人民共和国突发事件应对法

（2007年8月30日第十届全国人民代表大会常务委员会
第二十九次会议通过 2024年6月28日第十四届全国
人民代表大会常务委员会第十次会议修订）

目　　录

第一章　总　　则

第一条　为了预防和减少突发事件的发生，控制、减轻和消除突发事件引起的严重社会危害，提高突发事件预防和应对能力，规范突发事件应对活动，保护人民生命财产安全，维护国家安全、公共安全、生态环境安全和社会秩序，根据宪法，制定本法。

第二条 本法所称突发事件，是指突然发生，造成或者可能造成严重社会危害，需要采取应急处置措施予以应对的自然灾害、事故灾难、公共卫生事件和社会安全事件。

突发事件的预防与应急准备、监测与预警、应急处置与救援、事后恢复与重建等应对活动，适用本法。

《中华人民共和国传染病防治法》等有关法律对突发公共卫生事件应对作出规定的，适用其规定。有关法律没有规定的，适用本法。

第三条 按照社会危害程度、影响范围等因素，突发自然灾害、事故灾难、公共卫生事件分为特别重大、重大、较大和一般四级。法律、行政法规或者国务院另有规定的，从其规定。

突发事件的分级标准由国务院或者国务院确定的部门制定。

第四条 突发事件应对工作坚持中国共产党的领导，坚持以马克思列宁主义、毛泽东思想、邓小平理论、"三个代表"重要思想、科学发展观、习近平新时代中国特色社会主义思想为指导，建立健全集中统一、高效权威的中国特色突发事件应对工作领导体制，完善党委领导、政府负责、部门联动、军地联合、社会协同、公众参与、科技支撑、法治保障的治理体系。

第五条 突发事件应对工作应当坚持总体国家安全观，统筹发展与安全；坚持人民至上、生命至上；坚持依法科学应对，尊重和保障人权；坚持预防为主、预防与应急相结合。

第六条 国家建立有效的社会动员机制，组织动员企业事业单位、社会组织、志愿者等各方力量依法有序参与突发事件应对工作，增强全民的公共安全和防范风险的意识，提高全社会的避险救助能力。

第七条 国家建立健全突发事件信息发布制度。有关人民政府和部门应当及时向社会公布突发事件相关信息和有关突发事件应对的决定、命令、措施等信息。

任何单位和个人不得编造、故意传播有关突发事件的虚假信息。有关人民政府和部门发现影响或者可能影响社会稳定、扰乱社会和经济管理秩序的虚假或者不完整信息的，应当及时发布准确的信息予以澄清。

第八条 国家建立健全突发事件新闻采访报道制度。有关人民政府和部门应当做好新闻媒体服务引导工作，支持新闻媒体开展采访报道和舆论监督。

新闻媒体采访报道突发事件应当及时、准确、客观、公正。

新闻媒体应当开展突发事件应对法律法规、预防与应急、自救与互救知识等的公益宣传。

第九条 国家建立突发事件应对工作投诉、举报制度，公布统一的投诉、举报方式。

对于不履行或者不正确履行突发事件应对工作职责的行为，任何单位和个人有权向有关人民政府和部门投诉、举报。

接到投诉、举报的人民政府和部门应当依照规定立即组织调查处理，并将调查处理结果以适当方式告知投诉人、举报人；投诉、举报事项不属于其职责的，应当及时移送有关机关处理。

有关人民政府和部门对投诉人、举报人的相关信息应当予以保密，保护投诉人、举报人的合法权益。

第十条 突发事件应对措施应当与突发事件可能造成的社会危害的性质、程度和范围相适应；有多种措施可供选择的，应当选择有利于最大程度地保护公民、法人和其他组织权益，且对他人权益损害和生态环境影响较小的措施，并根据情况变化及时调整，做到科学、精准、有效。

第十一条　国家在突发事件应对工作中，应当对未成年人、老年人、残疾人、孕产期和哺乳期的妇女、需要及时就医的伤病人员等群体给予特殊、优先保护。

第十二条　县级以上人民政府及其部门为应对突发事件的紧急需要，可以征用单位和个人的设备、设施、场地、交通工具等财产。被征用的财产在使用完毕或者突发事件应急处置工作结束后，应当及时返还。财产被征用或者征用后毁损、灭失的，应当给予公平、合理的补偿。

第十三条　因依法采取突发事件应对措施，致使诉讼、监察调查、行政复议、仲裁、国家赔偿等活动不能正常进行的，适用有关时效中止和程序中止的规定，法律另有规定的除外。

第十四条　中华人民共和国政府在突发事件的预防与应急准备、监测与预警、应急处置与救援、事后恢复与重建等方面，同外国政府和有关国际组织开展合作与交流。

第十五条　对在突发事件应对工作中做出突出贡献的单位和个人，按照国家有关规定给予表彰、奖励。

第二章　管理与指挥体制

第十六条　国家建立统一指挥、专常兼备、反应灵敏、上下联动的应急管理体制和综合协调、分类管理、分级负责、属地管理为主的工作体系。

第十七条　县级人民政府对本行政区域内突发事件的应对管理工作负责。突发事件发生后，发生地县级人民政府应当立即采取措施控制事态发展，组织开展应急救援和处置工作，并立即向上一级人民政府报告，必要时可以越级上报，具备条件的，应当进行网络直报或者自动速报。

突发事件发生地县级人民政府不能消除或者不能有效控制突发事件引起的严重社会危害的，应当及时向上级人民政府报告。上级人民政府应当及时采取措施，统一领导应急处置工作。

法律、行政法规规定由国务院有关部门对突发事件应对管理工作负责的，从其规定；地方人民政府应当积极配合并提供必要的支持。

第十八条　突发事件涉及两个以上行政区域的，其应对管理工作由有关行政区域共同的上一级人民政府负责，或者由各有关行政区域的上一级人民政府共同负责。共同负责的人民政府应当按照国家有关规定，建立信息共享和协调配合机制。根据共同应对突发事件的需要，地方人民政府之间可以建立协同应对机制。

第十九条　县级以上人民政府是突发事件应对管理工作的行政领导机关。

国务院在总理领导下研究、决定和部署特别重大突发事件的应对工作；根据实际需要，设立国家突发事件应急指挥机构，负责突发事件应对工作；必要时，国务院可以派出工作组指导有关工作。

县级以上地方人民政府设立由本级人民政府主要负责人、相关部门负责人、国家综合性消防救援队伍和驻当地中国人民解放军、中国人民武装警察部队有关负责人等组成的突发事件应急指挥机构，统一领导、协调本级人民政府各有关部门和下级人民政府开展突发事件应对工作；根据实际需要，设立相关类别突发事件应急指挥机构，组织、协调、指挥突发事件应对工作。

第二十条　突发事件应急指挥机构在突发事件应对过程中可

以依法发布有关突发事件应对的决定、命令、措施。突发事件应急指挥机构发布的决定、命令、措施与设立它的人民政府发布的决定、命令、措施具有同等效力，法律责任由设立它的人民政府承担。

第二十一条 县级以上人民政府应急管理部门和卫生健康、公安等有关部门应当在各自职责范围内做好有关突发事件应对管理工作，并指导、协助下级人民政府及其相应部门做好有关突发事件的应对管理工作。

第二十二条 乡级人民政府、街道办事处应当明确专门工作力量，负责突发事件应对有关工作。

居民委员会、村民委员会依法协助人民政府和有关部门做好突发事件应对工作。

第二十三条 公民、法人和其他组织有义务参与突发事件应对工作。

第二十四条 中国人民解放军、中国人民武装警察部队和民兵组织依照本法和其他有关法律、行政法规、军事法规的规定以及国务院、中央军事委员会的命令，参加突发事件的应急救援和处置工作。

第二十五条 县级以上人民政府及其设立的突发事件应急指挥机构发布的有关突发事件应对的决定、命令、措施，应当及时报本级人民代表大会常务委员会备案；突发事件应急处置工作结束后，应当向本级人民代表大会常务委员会作出专项工作报告。

第三章 预防与应急准备

第二十六条 国家建立健全突发事件应急预案体系。

国务院制定国家突发事件总体应急预案，组织制定国家突发事件专项应急预案；国务院有关部门根据各自的职责和国务院相关应急预案，制定国家突发事件部门应急预案并报国务院备案。

地方各级人民政府和县级以上地方人民政府有关部门根据有关法律、法规、规章、上级人民政府及其有关部门的应急预案以及本地区、本部门的实际情况，制定相应的突发事件应急预案并按国务院有关规定备案。

第二十七条 县级以上人民政府应急管理部门指导突发事件应急预案体系建设，综合协调应急预案衔接工作，增强有关应急预案的衔接性和实效性。

第二十八条 应急预案应当根据本法和其他有关法律、法规的规定，针对突发事件的性质、特点和可能造成的社会危害，具体规定突发事件应对管理工作的组织指挥体系与职责和突发事件的预防与预警机制、处置程序、应急保障措施以及事后恢复与重建措施等内容。

应急预案制定机关应当广泛听取有关部门、单位、专家和社会各方面意见，增强应急预案的针对性和可操作性，并根据实际需要、情势变化、应急演练中发现的问题等及时对应急预案作出修订。

应急预案的制定、修订、备案等工作程序和管理办法由国务院规定。

第二十九条 县级以上人民政府应当将突发事件应对工作纳入国民经济和社会发展规划。县级以上人民政府有关部门应当制定突发事件应急体系建设规划。

第三十条 国土空间规划等规划应当符合预防、处置突发事件的需要，统筹安排突发事件应对工作所必需的设备和基础设施建设，合理确定应急避难、封闭隔离、紧急医疗救治等场所，实现日常使用和应急使用的相互转换。

第三十一条 国务院应急管理部门会同卫生健康、自然资源、住房城乡建设等部门统筹、指导全国应急避难场所的建设和管理工作，建立健全应急避难场所标准体系。县级以上地方人民政府负责本行政区域内应急避难场所的规划、建设和管理工作。

第三十二条 国家建立健全突发事件风险评估体系，对可能发生的突发事件进行综合性评估，有针对性地采取有效防范措施，减少突发事件的发生，最大限度减轻突发事件的影响。

第三十三条 县级人民政府应当对本行政区域内容易引发自然灾害、事故灾难和公共卫生事件的危险源、危险区域进行调查、登记、风险评估，定期进行检查、监控，并责令有关单位采取安全防范措施。

省级和设区的市级人民政府应当对本行政区域内容易引发特别重大、重大突发事件的危险源、危险区域进行调查、登记、风险评估，组织进行检查、监控，并责令有关单位采取安全防范措施。

县级以上地方人民政府应当根据情况变化，及时调整危险源、危险区域的登记。登记的危险源、危险区域及其基础信息，应当按照国家有关规定接入突发事件信息系统，并及时向社会公布。

第三十四条 县级人民政府及其有关部门、乡级人民政府、街道办事处、居民委员会、村民委员会应当及时调解处理可能引发社会安全事件的矛盾纠纷。

第三十五条 所有单位应当建立健全安全管理制度，定期开展危险源辨识评估，制定安全防范措施；定期检查本单位各项安全防范措施的落实情况，及时消除事故隐患；掌握并及时处理本单位存在的可能引发社会安全事件的问题，防止矛盾激化和事态扩大；对本单位可能发生的突发事件和采取安全防范措施的情况，应当按照规定及时向所在地人民政府或者有关部门报告。

第三十六条 矿山、金属冶炼、建筑施工单位和易燃易爆物品、危险化学品、放射性物品等危险物品的生产、经营、运输、储存、使用单位，应当制定具体应急预案，配备必要的应急救援器材、设备和物资，并对生产经营场所、有危险物品的建筑物、构筑物及周边环境开展隐患排查，及时采取措施管控风险和消除隐患，防止发生突发事件。

第三十七条 公共交通工具、公共场所和其他人员密集场所的经营单位或者管理单位应当制定具体应急预案，为交通工具和有关场所配备报警装置和必要的应急救援设备、设施，注明其使用方法，并显著标明安全撤离的通道、路线，保证安全通道、出口的畅通。

有关单位应当定期检测、维护其报警装置和应急救援设备、设施，使其处于良好状态，确保正常使用。

第三十八条 县级以上人民政府应当建立健全突发事件应对管理培训制度，对人民政府及其有关部门负有突发事件应对管理职责的工作人员以及居民委员会、村民委员会有关人员定期进行培训。

第三十九条 国家综合性消防救援队伍是应急救援的综合性常备骨干力量，按照国家有关规定执行综合应急救援任务。县级以上人民政府有关部门可以根据实际需要设立专业应急救援队伍。

县级以上人民政府及其有关部门可以建立由成年志愿者组成的应急救援队伍。乡级人民政府、街道办事处和有条件的居民委员会、村民委员会可以建立基层应急救援队伍，及时、就近开展应急救援。单位应当建立由本单位职工组成的专职或者兼职应急救援队伍。

国家鼓励和支持社会力量建立提供社会化应急救援服务的应急救援队伍。社会力量建立的应急救援队伍参与突发事件应对工作应当服从履行统一领导职责或者组织处置突发事件的人民政府、突发事件应急指挥机构的统一指挥。

县级以上人民政府应当推动专业应急救援队伍与非专业应急救援队伍联合培训、联合演练，提高合成应急、协同应急的能力。

第四十条 地方各级人民政府、县级以上人民政府有关部门、有关单位应当为其组建的应急救援队伍购买人身意外伤害保险，配备必要的防护装备和器材，防范和减少应急救援人员的人身伤害风险。

专业应急救援人员应当具备相应的身体条件、专业技能和心理素质，取得国家规定的应急救援职业资格，具体办法由国务院应急管理部门会同国务院有关部门制定。

第四十一条 中国人民解放军、中国人民武装警察部队和民兵组织应当有计划地组织开展应急救援的专门训练。

第四十二条 县级人民政府及其有关部门、乡级人民政府、街道办事处应当组织开展面向社会公众的应急知识宣传普及活动和必要的应急演练。

居民委员会、村民委员会、企业事业单位、社会组织应当根据所在地人民政府的要求，结合各自的实际情况，开展面向居民、村民、职工等的应急知识宣传普及活动和必要的应急演练。

第四十三条 各级各类学校应当把应急教育纳入教育教学计划，对学生及教职工开展应急知识教育和应急演练，培养安全意识，提高自救与互救能力。

教育主管部门应当对学校开展应急教育进行指导和监督，应急管理等部门应当给予支持。

第四十四条 各级人民政府应当将突发事件应对工作所需经费纳入本级预算，并加强资金管理，提高资金使用绩效。

第四十五条 国家按照集中管理、统一调拨、平时服务、灾时应急、采储结合、节约高效的原则，建立健全应急物资储备保障制度，动态更新应急物资储备品种目录，完善重要应急物资的监管、生产、采购、储备、调拨和紧急配送体系，促进安全应急产业发展，优化产业布局。

国家储备物资品种目录、总体发展规划，由国务院发展改革部门会同国务院有关部门拟订。国务院应急管理等部门依据职责制定应急物资储备规划、品种目录，并组织实施。应急物资储备规划应当纳入国家储备总体发展规划。

第四十六条 设区的市级以上人民政府和突发事件易发、多发地区的县级人民政府应当建立应急救援物资、生活必需品和应急处置装备的储备保障制度。

县级以上地方人民政府应当根据本地区的实际情况和突发事件应对工作的需要，依法与有条件的企业签订协议，保障应急救援物资、生活必需品和应急处置装备的生产、供给。有关企业应当根据协议，按照县级以上地方人民政府要求，进行应急救援物资、生活必需品和应急处置装备的生产、供给，并确保符合国家有关产品质量的标准和要求。

国家鼓励公民、法人和其他组织储备基本的应急自救物资和生活必需品。有关部门可以向社会公布相关物资、物品的储备指南和建议清单。

第四十七条 国家建立健全应急运输保障体系，统筹铁路、公路、水运、民航、邮政、快递等运输和服务方式，制定应急运输保障方案，保障应急物资、装备和人员及时运输。

县级以上地方人民政府和有关主管部门应当根据国家应急运输保障方案，结合本地区实际做好应急调度和运力保障，确保运输通道和客货运枢纽畅通。

国家发挥社会力量在应急运输保障中的积极作用。社会力量参与突发事件应急运输保障，应当服从突发事件应急指挥机构的统一指挥。

第四十八条　国家建立健全能源应急保障体系，提高能源安全保障能力，确保受突发事件影响地区的能源供应。

第四十九条　国家建立健全应急通信、应急广播保障体系，加强应急通信系统、应急广播系统建设，确保突发事件应对工作的通信、广播安全畅通。

第五十条　国家建立健全突发事件卫生应急体系，组织开展突发事件中的医疗救治、卫生学调查处置和心理援助等卫生应急工作，有效控制和消除危害。

第五十一条　县级以上人民政府应当加强急救医疗服务网络的建设，配备相应的医疗救治物资、设施设备和人员，提高医疗卫生机构应对各类突发事件的救治能力。

第五十二条　国家鼓励公民、法人和其他组织为突发事件应对工作提供物资、资金、技术支持和捐赠。

接受捐赠的单位应当及时公开接受捐赠的情况和受赠财产的使用、管理情况，接受社会监督。

第五十三条　红十字会在突发事件中，应当对伤病人员和其他受害者提供紧急救援和人道救助，并协助人民政府开展与其职责相关的其他人道主义服务活动。有关人民政府应当给予红十字会支持和资助，保障其依法参与应对突发事件。

慈善组织在发生重大突发事件时开展募捐和救助活动，应当在有关人民政府的统筹协调、有序引导下依法进行。有关人民政府应当通过提供必要的需求信息、政府购买服务等方式，对慈善组织参与应对突发事件、开展应急慈善活动予以支持。

第五十四条 有关单位应当加强应急救援资金、物资的管理，提高使用效率。

任何单位和个人不得截留、挪用、私分或者变相私分应急救援资金、物资。

第五十五条 国家发展保险事业，建立政府支持、社会力量参与、市场化运作的巨灾风险保险体系，并鼓励单位和个人参加保险。

第五十六条 国家加强应急管理基础科学、重点行业领域关键核心技术的研究，加强互联网、云计算、大数据、人工智能等现代技术手段在突发事件应对工作中的应用，鼓励、扶持有条件的教学科研机构、企业培养应急管理人才和科技人才，研发、推广新技术、新材料、新设备和新工具，提高突发事件应对能力。

第五十七条 县级以上人民政府及其有关部门应当建立健全突发事件专家咨询论证制度，发挥专业人员在突发事件应对工作中的作用。

第四章 监测与预警

第五十八条 国家建立健全突发事件监测制度。

县级以上人民政府及其有关部门应当根据自然灾害、事故灾难和公共卫生事件的种类和特点，建立健全基础信息数据库，完善监测网络，划分监测区域，确定监测点，明确监测项目，提供必要的设备、设施，配备专职或者兼职人员，对可能发生的突发事件进行监测。

第五十九条 国务院建立全国统一的突发事件信息系统。

县级以上地方人民政府应当建立或者确定本地区统一的突发事件信息系统,汇集、储存、分析、传输有关突发事件的信息,并与上级人民政府及其有关部门、下级人民政府及其有关部门、专业机构、监测网点和重点企业的突发事件信息系统实现互联互通,加强跨部门、跨地区的信息共享与情报合作。

第六十条 县级以上人民政府及其有关部门、专业机构应当通过多种途径收集突发事件信息。

县级人民政府应当在居民委员会、村民委员会和有关单位建立专职或者兼职信息报告员制度。

公民、法人或者其他组织发现发生突发事件,或者发现可能发生突发事件的异常情况,应当立即向所在地人民政府、有关主管部门或者指定的专业机构报告。接到报告的单位应当按照规定立即核实处理,对于不属于其职责的,应当立即移送相关单位核实处理。

第六十一条 地方各级人民政府应当按照国家有关规定向上级人民政府报送突发事件信息。县级以上人民政府有关主管部门应当向本级人民政府相关部门通报突发事件信息,并报告上级人民政府主管部门。专业机构、监测网点和信息报告员应当及时向所在地人民政府及其有关主管部门报告突发事件信息。

有关单位和人员报送、报告突发事件信息,应当做到及时、客观、真实,不得迟报、谎报、瞒报、漏报,不得授意他人迟报、谎报、瞒报,不得阻碍他人报告。

第六十二条 县级以上地方人民政府应当及时汇总分析突发事件隐患和监测信息,必要时组织相关部门、专业技术人员、专家学者进行会商，对发生突发事件的可能性及其可能造成的影响进行评估；认为可能发生重大或者特别重大突发事件的，应当立即向上级人民政府报告，并向上级人民政府有关部门、当地驻军和可能受到危害的毗邻或者相关地区的人民政府通报，及时采取预防措施。

第六十三条 国家建立健全突发事件预警制度。

可以预警的自然灾害、事故灾难和公共卫生事件的预警级别，按照突发事件发生的紧急程度、发展势态和可能造成的危害程度分为一级、二级、三级和四级，分别用红色、橙色、黄色和蓝色标示，一级为最高级别。

预警级别的划分标准由国务院或者国务院确定的部门制定。

第六十四条 可以预警的自然灾害、事故灾难或者公共卫生事件即将发生或者发生的可能性增大时，县级以上地方人民政府应当根据有关法律、行政法规和国务院规定的权限和程序，发布相应级别的警报，决定并宣布有关地区进入预警期，同时向上一级人民政府报告，必要时可以越级上报；具备条件的，应当进行网络直报或者自动速报；同时向当地驻军和可能受到危害的毗邻或者相关地区的人民政府通报。

发布警报应当明确预警类别、级别、起始时间、可能影响的范围、警示事项、应当采取的措施、发布单位和发布时间等。

第六十五条 国家建立健全突发事件预警发布平台，按照有关规定及时、准确向社会发布突发事件预警信息。

广播、电视、报刊以及网络服务提供者、电信运营商应当按照国家有关规定，建立突发事件预警信息快速发布通道，及时、准确、无偿播发或者刊载突发事件预警信息。

公共场所和其他人员密集场所，应当指定专门人员负责突发事件预警信息接收和传播工作，做好相关设备、设施维护，确保突发事件预警信息及时、准确接收和传播。

第六十六条　发布三级、四级警报，宣布进入预警期后，县级以上地方人民政府应当根据即将发生的突发事件的特点和可能造成的危害，采取下列措施：

（一）启动应急预案；

（二）责令有关部门、专业机构、监测网点和负有特定职责的人员及时收集、报告有关信息，向社会公布反映突发事件信息的渠道，加强对突发事件发生、发展情况的监测、预报和预警工作；

（三）组织有关部门和机构、专业技术人员、有关专家学者，随时对突发事件信息进行分析评估，预测发生突发事件可能性的大小、影响范围和强度以及可能发生的突发事件的级别；

（四）定时向社会发布与公众有关的突发事件预测信息和分析评估结果，并对相关信息的报道工作进行管理；

（五）及时按照有关规定向社会发布可能受到突发事件危害的警告，宣传避免、减轻危害的常识，公布咨询或者求助电话等联络方式和渠道。

第六十七条　发布一级、二级警报，宣布进入预警期后，县级以上地方人民政府除采取本法第六十六条规定的措施外，还应当针对即将发生的突发事件的特点和可能造成的危害，采取下列一项或者多项措施：

（一）责令应急救援队伍、负有特定职责的人员进入待命状态，并动员后备人员做好参加应急救援和处置工作的准备；

（二）调集应急救援所需物资、设备、工具，准备应急设施和应急避难、封闭隔离、紧急医疗救治等场所，并确保其处于良好状态、随时可以投入正常使用；

（三）加强对重点单位、重要部位和重要基础设施的安全保卫，维护社会治安秩序；

（四）采取必要措施，确保交通、通信、供水、排水、供电、供气、供热、医疗卫生、广播电视、气象等公共设施的安全和正常运行；

（五）及时向社会发布有关采取特定措施避免或者减轻危害的建议、劝告；

（六）转移、疏散或者撤离易受突发事件危害的人员并予以妥善安置，转移重要财产；

（七）关闭或者限制使用易受突发事件危害的场所，控制或者限制容易导致危害扩大的公共场所的活动；

（八）法律、法规、规章规定的其他必要的防范性、保护性措施。

第六十八条　发布警报，宣布进入预警期后，县级以上人民政府应当对重要商品和服务市场情况加强监测，根据实际需要及时保障供应、稳定市场。必要时，国务院和省、自治区、直辖市人民政府可以按照《中华人民共和国价格法》等有关法律规定采取相应措施。

第六十九条　对即将发生或者已经发生的社会安全事件，县级以上地方人民政府及其有关主管部门应当按照规定向上一级人民政府及其有关主管部门报告，必要时可以越级上报，具备条件的，应当进行网络直报或者自动速报。

第七十条　发布突发事件警报的人民政府应当根据事态的发展，按照有关规定适时调整预警级别并重新发布。

有事实证明不可能发生突发事件或者危险已经解除的，发布警报的人民政府应当立即宣布解除警报，终止预警期，并解除已经采取的有关措施。

第五章　应急处置与救援

第七十一条　国家建立健全突发事件应急响应制度。

突发事件的应急响应级别，按照突发事件的性质、特点、可能造成的危害程度和影响范围等因素分为一级、二级、三级和四级，一级为最高级别。

突发事件应急响应级别划分标准由国务院或者国务院确定的部门制定。县级以上人民政府及其有关部门应当在突发事件应急预案中确定应急响应级别。

第七十二条　突发事件发生后，履行统一领导职责或者组织处置突发事件的人民政府应当针对其性质、特点、危害程度和影响范围等，立即启动应急响应，组织有关部门，调动应急救援队伍和社会力量，依照法律、法规、规章和应急预案的规定，采取应急处置措施，并向上级人民政府报告；必要时，可以设立现场指挥部，负责现场应急处置与救援，统一指挥进入突发事件现场的单位和个人。

启动应急响应，应当明确响应事项、级别、预计期限、应急处置措施等。

履行统一领导职责或者组织处置突发事件的人民政府，应当建立协调机制，提供需求信息，引导志愿服务组织和志愿者等社会力量及时有序参与应急处置与救援工作。

第七十三条　自然灾害、事故灾难或者公共卫生事件发生后，履行统一领导职责的人民政府应当采取下列一项或者多项应急处置措施：

（一）组织营救和救治受害人员，转移、疏散、撤离并妥善安

400

置受到威胁的人员以及采取其他救助措施；

（二）迅速控制危险源，标明危险区域，封锁危险场所，划定警戒区，实行交通管制、限制人员流动、封闭管理以及其他控制措施；

（三）立即抢修被损坏的交通、通信、供水、排水、供电、供气、供热、医疗卫生、广播电视、气象等公共设施，向受到危害的人员提供避难场所和生活必需品，实施医疗救护和卫生防疫以及其他保障措施；

（四）禁止或者限制使用有关设备、设施，关闭或者限制使用有关场所，中止人员密集的活动或者可能导致危害扩大的生产经营活动以及采取其他保护措施；

（五）启用本级人民政府设置的财政预备费和储备的应急救援物资，必要时调用其他急需物资、设备、设施、工具；

（六）组织公民、法人和其他组织参加应急救援和处置工作，要求具有特定专长的人员提供服务；

（七）保障食品、饮用水、药品、燃料等基本生活必需品的供应；

（八）依法从严惩处囤积居奇、哄抬价格、牟取暴利、制假售假等扰乱市场秩序的行为，维护市场秩序；

（九）依法从严惩处哄抢财物、干扰破坏应急处置工作等扰乱社会秩序的行为，维护社会治安；

（十）开展生态环境应急监测，保护集中式饮用水水源地等环境敏感目标，控制和处置污染物；

（十一）采取防止发生次生、衍生事件的必要措施。

第七十四条　社会安全事件发生后，组织处置工作的人民政府应当立即启动应急响应，组织有关部门针对事件的性质和特点，依照有关法律、行政法规和国家其他有关规定，采取下列一项或者多项应急处置措施：

（一）强制隔离使用器械相互对抗或者以暴力行为参与冲突的当事人，妥善解决现场纠纷和争端，控制事态发展；

（二）对特定区域内的建筑物、交通工具、设备、设施以及燃料、燃气、电力、水的供应进行控制；

（三）封锁有关场所、道路，查验现场人员的身份证件，限制有关公共场所内的活动；

（四）加强对易受冲击的核心机关和单位的警卫，在国家机关、军事机关、国家通讯社、广播电台、电视台、外国驻华使领馆等单位附近设置临时警戒线；

（五）法律、行政法规和国务院规定的其他必要措施。

第七十五条 发生突发事件，严重影响国民经济正常运行时，国务院或者国务院授权的有关主管部门可以采取保障、控制等必要的应急措施，保障人民群众的基本生活需要，最大限度地减轻突发事件的影响。

第七十六条 履行统一领导职责或者组织处置突发事件的人民政府及其有关部门，必要时可以向单位和个人征用应急救援所需设备、设施、场地、交通工具和其他物资，请求其他地方人民政府及其有关部门提供人力、物力、财力或者技术支持，要求生产、供应生活必需品和应急救援物资的企业组织生产、保证供给，要求提供医疗、交通等公共服务的组织提供相应的服务。

履行统一领导职责或者组织处置突发事件的人民政府和有关主管部门，应当组织协调运输经营单位，优先运送处置突发事件所需物资、设备、工具、应急救援人员和受到突发事件危害的人员。

履行统一领导职责或者组织处置突发事件的人民政府及其有关部门，应当为受突发事件影响无人照料的无民事行为能力人、限制民事行为能力人提供及时有效帮助；建立健全联系帮扶应急救援人员家庭制度，帮助解决实际困难。

第七十七条　突发事件发生地的居民委员会、村民委员会和其他组织应当按照当地人民政府的决定、命令，进行宣传动员，组织群众开展自救与互救，协助维护社会秩序；情况紧急的，应当立即组织群众开展自救与互救等先期处置工作。

第七十八条　受到自然灾害危害或者发生事故灾难、公共卫生事件的单位，应当立即组织本单位应急救援队伍和工作人员营救受害人员，疏散、撤离、安置受到威胁的人员，控制危险源，标明危险区域，封锁危险场所，并采取其他防止危害扩大的必要措施，同时向所在地县级人民政府报告；对因本单位的问题引发的或者主体是本单位人员的社会安全事件，有关单位应当按照规定上报情况，并迅速派出负责人赶赴现场开展劝解、疏导工作。

突发事件发生地的其他单位应当服从人民政府发布的决定、命令，配合人民政府采取的应急处置措施，做好本单位的应急救援工作，并积极组织人员参加所在地的应急救援和处置工作。

第七十九条　突发事件发生地的个人应当依法服从人民政府、居民委员会、村民委员会或者所属单位的指挥和安排，配合人民政府采取的应急处置措施，积极参加应急救援工作，协助维护社会秩序。

第八十条　国家支持城乡社区组织健全应急工作机制，强化城乡社区综合服务设施和信息平台应急功能，加强与突发事件信息系统数据共享，增强突发事件应急处置中保障群众基本生活和服务群众能力。

第八十一条　国家采取措施，加强心理健康服务体系和人才队伍建设，支持引导心理健康服务人员和社会工作者对受突发事件影响的各类人群开展心理健康教育、心理评估、心理疏导、心理危机干预、心理行为问题诊治等心理援助工作。

第八十二条　对于突发事件遇难人员的遗体，应当按照法律和国家有关规定，科学规范处置，加强卫生防疫，维护逝者尊严。对于逝者的遗物应当妥善保管。

第八十三条　县级以上人民政府及其有关部门根据突发事件应对工作需要，在履行法定职责所必需的范围和限度内，可以要求公民、法人和其他组织提供应急处置与救援需要的信息。公民、法人和其他组织应当予以提供，法律另有规定的除外。县级以上人民政府及其有关部门对获取的相关信息，应当严格保密，并依法保护公民的通信自由和通信秘密。

第八十四条　在突发事件应急处置中，有关单位和个人因依照本法规定配合突发事件应对工作或者履行相关义务，需要获取他人个人信息的，应当依照法律规定的程序和方式取得并确保信息安全，不得非法收集、使用、加工、传输他人个人信息，不得非法买卖、提供或者公开他人个人信息。

第八十五条　因依法履行突发事件应对工作职责或者义务获取的个人信息，只能用于突发事件应对，并在突发事件应对工作结束后予以销毁。确因依法作为证据使用或者调查评估需要留存或者延期销毁的，应当按照规定进行合法性、必要性、安全性评估，并采取相应保护和处理措施，严格依法使用。

第六章　事后恢复与重建

第八十六条　突发事件的威胁和危害得到控制或者消除后，

履行统一领导职责或者组织处置突发事件的人民政府应当宣布解除应急响应，停止执行依照本法规定采取的应急处置措施，同时采取或者继续实施必要措施，防止发生自然灾害、事故灾难、公共卫生事件的次生、衍生事件或者重新引发社会安全事件，组织受影响地区尽快恢复社会秩序。

第八十七条　突发事件应急处置工作结束后，履行统一领导职责的人民政府应当立即组织对突发事件造成的影响和损失进行调查评估，制定恢复重建计划，并向上一级人民政府报告。

受突发事件影响地区的人民政府应当及时组织和协调应急管理、卫生健康、公安、交通、铁路、民航、邮政、电信、建设、生态环境、水利、能源、广播电视等有关部门恢复社会秩序，尽快修复被损坏的交通、通信、供水、排水、供电、供气、供热、医疗卫生、水利、广播电视等公共设施。

第八十八条　受突发事件影响地区的人民政府开展恢复重建工作需要上一级人民政府支持的，可以向上一级人民政府提出请求。上一级人民政府应当根据受影响地区遭受的损失和实际情况，提供资金、物资支持和技术指导，组织协调其他地区和有关方面提供资金、物资和人力支援。

第八十九条　国务院根据受突发事件影响地区遭受损失的情况，制定扶持该地区有关行业发展的优惠政策。

受突发事件影响地区的人民政府应当根据本地区遭受的损失和采取应急处置措施的情况，制定救助、补偿、抚慰、抚恤、安置等善后工作计划并组织实施，妥善解决因处置突发事件引发的矛盾纠纷。

第九十条　公民参加应急救援工作或者协助维护社会秩序期间，其所在单位应当保证其工资待遇和福利不变，并可以按照规定给予相应补助。

第九十一条　县级以上人民政府对在应急救援工作中伤亡的人员依法落实工伤待遇、抚恤或者其他保障政策，并组织做好应急救援工作中致病人员的医疗救治工作。

第九十二条　履行统一领导职责的人民政府在突发事件应对工作结束后，应当及时查明突发事件的发生经过和原因，总结突发事件应急处置工作的经验教训，制定改进措施，并向上一级人民政府提出报告。

第九十三条　突发事件应对工作中有关资金、物资的筹集、管理、分配、拨付和使用等情况，应当依法接受审计机关的审计监督。

第九十四条　国家档案主管部门应当建立健全突发事件应对工作相关档案收集、整理、保护、利用工作机制。突发事件应对工作中形成的材料，应当按照国家规定归档，并向相关档案馆移交。

第七章　法律责任

第九十五条　地方各级人民政府和县级以上人民政府有关部门违反本法规定，不履行或者不正确履行法定职责的，由其上级行政机关责令改正；有下列情形之一，由有关机关综合考虑突发事件发生的原因、后果、应对处置情况、行为人过错等因素，对负有责任的领导人员和直接责任人员依法给予处分：

（一）未按照规定采取预防措施，导致发生突发事件，或者未采取必要的防范措施，导致发生次生、衍生事件的；

（二）迟报、谎报、瞒报、漏报或者授意他人迟报、谎报、瞒报以及阻碍他人报告有关突发事件的信息，或者通报、报送、公布虚假信息，造成后果的；

（三）未按照规定及时发布突发事件警报、采取预警期的措施，导致损害发生的；

（四）未按照规定及时采取措施处置突发事件或者处置不当，造成后果的；

（五）违反法律规定采取应对措施，侵犯公民生命健康权益的；

（六）不服从上级人民政府对突发事件应急处置工作的统一领导、指挥和协调的；

（七）未及时组织开展生产自救、恢复重建等善后工作的；

（八）截留、挪用、私分或者变相私分应急救援资金、物资的；

（九）不及时归还征用的单位和个人的财产，或者对被征用财产的单位和个人不按照规定给予补偿的。

第九十六条　有关单位有下列情形之一，由所在地履行统一领导职责的人民政府有关部门责令停产停业，暂扣或者吊销许可证件，并处五万元以上二十万元以下的罚款；情节特别严重的，并处二十万元以上一百万元以下的罚款：

（一）未按照规定采取预防措施，导致发生较大以上突发事件的；

（二）未及时消除已发现的可能引发突发事件的隐患，导致发生较大以上突发事件的；

（三）未做好应急物资储备和应急设备、设施日常维护、检测工作，导致发生较大以上突发事件或者突发事件危害扩大的；

（四）突发事件发生后，不及时组织开展应急救援工作，造成严重后果的。

其他法律对前款行为规定了处罚的，依照较重的规定处罚。

第九十七条　违反本法规定，编造并传播有关突发事件的虚假信息，或者明知是有关突发事件的虚假信息而进行传播的，责令改正，给予警告；造成严重后果的，依法暂停其业务活动或者吊销其许可证件；负有直接责任的人员是公职人员的，还应当依法给予处分。

第九十八条　单位或者个人违反本法规定，不服从所在地人民政府及其有关部门依法发布的决定、命令或者不配合其依法采取的措施的，责令改正；造成严重后果的，依法给予行政处罚；负有直接责任的人员是公职人员的，还应当依法给予处分。

第九十九条　单位或者个人违反本法第八十四条、第八十五条关于个人信息保护规定的，由主管部门依照有关法律规定给予处罚。

第一百条　单位或者个人违反本法规定，导致突发事件发生或者危害扩大，造成人身、财产或者其他损害的，应当依法承担民事责任。

第一百零一条　为了使本人或者他人的人身、财产免受正在发生的危险而采取避险措施的，依照《中华人民共和国民法典》、《中华人民共和国刑法》等法律关于紧急避险的规定处理。

第一百零二条　违反本法规定，构成违反治安管理行为的，依法给予治安管理处罚；构成犯罪的，依法追究刑事责任。

第八章　附　　则

第一百零三条　发生特别重大突发事件，对人民生命财产安全、国家安全、公共安全、生态环境安全或者社会秩序构成重大威胁，采取本法和其他有关法律、法规、规章规定的应急处置措施不能消除或者有效控制、减轻其严重社会危害，需要进入紧急状态的，由全国人民代表大会常务委员会或者国务院依照宪法和其他有关法律规定的权限和程序决定。

紧急状态期间采取的非常措施，依照有关法律规定执行或者由全国人民代表大会常务委员会另行规定。

　　第一百零四条　中华人民共和国领域外发生突发事件，造成或者可能造成中华人民共和国公民、法人和其他组织人身伤亡、财产损失的，由国务院外交部门会同国务院其他有关部门、有关地方人民政府，按照国家有关规定做好应对工作。

　　第一百零五条　在中华人民共和国境内的外国人、无国籍人应当遵守本法，服从所在地人民政府及其有关部门依法发布的决定、命令，并配合其依法采取的措施。

　　第一百零六条　本法自 2024 年 11 月 1 日起施行。

中华人民共和国农村集体经济组织法

（2024 年 6 月 28 日第十四届全国人民代表大会
常务委员会第十次会议通过）

目　　录

第一章 总 则

第一条 为了维护农村集体经济组织及其成员的合法权益，规范农村集体经济组织及其运行管理，促进新型农村集体经济高质量发展，巩固和完善农村基本经营制度和社会主义基本经济制度，推进乡村全面振兴，加快建设农业强国，促进共同富裕，根据宪法，制定本法。

第二条 本法所称农村集体经济组织，是指以土地集体所有为基础，依法代表成员集体行使所有权，实行家庭承包经营为基础、统分结合双层经营体制的区域性经济组织，包括乡镇级农村集体经济组织、村级农村集体经济组织、组级农村集体经济组织。

第三条 农村集体经济组织是发展壮大新型农村集体经济、巩固社会主义公有制、促进共同富裕的重要主体，是健全乡村治理体系、实现乡村善治的重要力量，是提升中国共产党农村基层组织凝聚力、巩固党在农村执政根基的重要保障。

第四条 农村集体经济组织应当坚持以下原则：

（一）坚持中国共产党的领导，在乡镇党委、街道党工委和村党组织的领导下依法履职；

（二）坚持社会主义集体所有制，维护集体及其成员的合法权益；

（三）坚持民主管理，农村集体经济组织成员依照法律法规和农村集体经济组织章程平等享有权利、承担义务；

（四）坚持按劳分配为主体、多种分配方式并存，促进农村共同富裕。

第五条 农村集体经济组织依法代表成员集体行使所有权，履行下列职能：

（一）发包农村土地；

（二）办理农村宅基地申请、使用事项；

（三）合理开发利用和保护耕地、林地、草地等土地资源并进行监督；

（四）使用集体经营性建设用地或者通过出让、出租等方式交由单位、个人使用；

（五）组织开展集体财产经营、管理；

（六）决定集体出资的企业所有权变动；

（七）分配、使用集体收益；

（八）分配、使用集体土地被征收征用的土地补偿费等；

（九）为成员的生产经营提供技术、信息等服务；

（十）支持和配合村民委员会在村党组织领导下开展村民自治；

（十一）支持农村其他经济组织、社会组织依法发挥作用；

（十二）法律法规和农村集体经济组织章程规定的其他职能。

第六条 农村集体经济组织依照本法登记，取得特别法人资格，依法从事与其履行职能相适应的民事活动。

农村集体经济组织不适用有关破产法律的规定。

农村集体经济组织可以依法出资设立或者参与设立公司、农民专业合作社等市场主体，以其出资为限对其设立或者参与设立的市场主体的债务承担责任。

第七条 农村集体经济组织从事经营管理和服务活动，应当遵守法律法规，遵守社会公德、商业道德，诚实守信，承担社会责任。

第八条 国家保护农村集体经济组织及其成员的合法权益，任何组织和个人不得侵犯。

农村集体经济组织成员集体所有的财产受法律保护，任何组织和个人不得侵占、挪用、截留、哄抢、私分、破坏。

妇女享有与男子平等的权利，不得以妇女未婚、结婚、离婚、丧偶、户无男性等为由，侵害妇女在农村集体经济组织中的各项权益。

第九条 国家通过财政、税收、金融、土地、人才以及产业政策等扶持措施，促进农村集体经济组织发展，壮大新型农村集体经济。

国家鼓励和支持机关、企事业单位、社会团体等组织和个人为农村集体经济组织提供帮助和服务。

对发展农村集体经济组织事业做出突出贡献的组织和个人，按照国家规定给予表彰和奖励。

第十条 国务院农业农村主管部门负责指导全国农村集体经济组织的建设和发展。国务院其他有关部门在各自职责范围内负责有关的工作。

县级以上地方人民政府农业农村主管部门负责本行政区域内农村集体经济组织的登记管理、运行监督指导以及承包地、宅基地等集体财产管理和产权流转交易等的监督指导。县级以上地方人民政府其他有关部门在各自职责范围内负责有关的工作。

乡镇人民政府、街道办事处负责本行政区域内农村集体经济组织的监督管理等。

县级以上人民政府农业农村主管部门应当会同有关部门加强对农村集体经济组织工作的综合协调，指导、协调、扶持、推动农村集体经济组织的建设和发展。

地方各级人民政府和县级以上人民政府农业农村主管部门应当采取措施，建立健全集体财产监督管理服务体系，加强基层队伍建设，配备与集体财产监督管理工作相适应的专业人员。

第二章 成　　员

第十一条　户籍在或者曾经在农村集体经济组织并与农村集体经济组织形成稳定的权利义务关系，以农村集体经济组织成员集体所有的土地等财产为基本生活保障的居民，为农村集体经济组织成员。

第十二条　农村集体经济组织通过成员大会，依据前条规定确认农村集体经济组织成员。

对因成员生育而增加的人员，农村集体经济组织应当确认为农村集体经济组织成员。对因成员结婚、收养或者因政策性移民而增加的人员，农村集体经济组织一般应当确认为农村集体经济组织成员。

确认农村集体经济组织成员，不得违反本法和其他法律法规的规定。

农村集体经济组织应当制作或者变更成员名册。成员名册应当报乡镇人民政府、街道办事处和县级人民政府农业农村主管部门备案。

省、自治区、直辖市人民代表大会及其常务委员会可以根据本法，结合本行政区域实际情况，对农村集体经济组织的成员确认作出具体规定。

第十三条　农村集体经济组织成员享有下列权利：

（一）依照法律法规和农村集体经济组织章程选举和被选举为成员代表、理事会成员、监事会成员或者监事；

（二）依照法律法规和农村集体经济组织章程参加成员大会、成员代表大会，参与表决决定农村集体经济组织重大事项和重要事务；

（三）查阅、复制农村集体经济组织财务会计报告、会议记录等资料，了解有关情况；

（四）监督农村集体经济组织的生产经营管理活动和集体收益的分配、使用，并提出意见和建议；

（五）依法承包农村集体经济组织发包的农村土地；

（六）依法申请取得宅基地使用权；

（七）参与分配集体收益；

（八）集体土地被征收征用时参与分配土地补偿费等；

（九）享受农村集体经济组织提供的服务和福利；

（十）法律法规和农村集体经济组织章程规定的其他权利。

第十四条 农村集体经济组织成员履行下列义务：

（一）遵守法律法规和农村集体经济组织章程；

（二）执行农村集体经济组织依照法律法规和农村集体经济组织章程作出的决定；

（三）维护农村集体经济组织合法权益；

（四）合理利用和保护集体土地等资源；

（五）参与、支持农村集体经济组织的生产经营管理活动和公益活动；

（六）法律法规和农村集体经济组织章程规定的其他义务。

第十五条 非农村集体经济组织成员长期在农村集体经济组织工作，对集体做出贡献的，经农村集体经济组织成员大会全体成员四分之三以上同意，可以享有本法第十三条第七项、第九项、第十项规定的权利。

第十六条 农村集体经济组织成员提出书面申请并经农村集体经济组织同意的，可以自愿退出农村集体经济组织。

农村集体经济组织成员自愿退出的，可以与农村集体经济组织协商获得适当补偿或者在一定期限内保留其已经享有的财产权益，但是不得要求分割集体财产。

第十七条 有下列情形之一的，丧失农村集体经济组织成员身份：

（一）死亡；

（二）丧失中华人民共和国国籍；

（三）已经取得其他农村集体经济组织成员身份；

（四）已经成为公务员，但是聘任制公务员除外；

（五）法律法规和农村集体经济组织章程规定的其他情形。

因前款第三项、第四项情形而丧失农村集体经济组织成员身份的，依照法律法规、国家有关规定和农村集体经济组织章程，经与农村集体经济组织协商，可以在一定期限内保留其已经享有的相关权益。

第十八条 农村集体经济组织成员不因就学、服役、务工、经商、离婚、丧偶、服刑等原因而丧失农村集体经济组织成员身份。

农村集体经济组织成员结婚，未取得其他农村集体经济组织成员身份的，原农村集体经济组织不得取消其成员身份。

第三章　组织登记

第十九条 农村集体经济组织应当具备下列条件：

（一）有符合本法规定的成员；

（二）有符合本法规定的集体财产；

（三）有符合本法规定的农村集体经济组织章程；

（四）有符合本法规定的名称和住所；

（五）有符合本法规定的组织机构。

符合前款规定条件的村一般应当设立农村集体经济组织，村民小组可以根据情况设立农村集体经济组织；乡镇确有需要的，可以设立农村集体经济组织。

设立农村集体经济组织不得改变集体土地所有权。

第二十条 农村集体经济组织章程应当载明下列事项：

（一）农村集体经济组织的名称、法定代表人、住所和财产范围；

（二）农村集体经济组织成员确认规则和程序；

（三）农村集体经济组织的机构；

（四）集体财产经营和财务管理；

（五）集体经营性财产收益权的量化与分配；

（六）农村集体经济组织的变更和注销；

（七）需要载明的其他事项。

农村集体经济组织章程应当报乡镇人民政府、街道办事处和县级人民政府农业农村主管部门备案。

国务院农业农村主管部门根据本法和其他有关法律法规制定农村集体经济组织示范章程。

第二十一条 农村集体经济组织的名称中应当标明"集体经济组织"字样，以及所在县、不设区的市、市辖区、乡、民族乡、镇、村或者组的名称。

农村集体经济组织以其主要办事机构所在地为住所。

第二十二条 农村集体经济组织成员大会表决通过本农村集体经济组织章程、确认本农村集体经济组织成员、选举本农村集体经济组织理事会成员、监事会成员或者监事后，应当及时向县级以上地方人民政府农业农村主管部门申请登记，取得农村集体经济组织登记证书。

农村集体经济组织登记办法由国务院农业农村主管部门制定。

第二十三条 农村集体经济组织合并的，应当在清产核资的基础上编制资产负债表和财产清单。

农村集体经济组织合并的，应当由各自的成员大会形成决定，经乡镇人民政府、街道办事处审核后，报县级以上地方人民政府批准。

农村集体经济组织应当在获得批准合并之日起十日内通知债权人，债权人可以要求农村集体经济组织清偿债务或者提供相应担保。

合并各方的债权债务由合并后的农村集体经济组织承继。

第二十四条 农村集体经济组织分立的，应当在清产核资的基础上分配财产、分解债权债务。

农村集体经济组织分立的，应当由成员大会形成决定，经乡镇人民政府、街道办事处审核后，报县级以上地方人民政府批准。

农村集体经济组织应当在获得批准分立之日起十日内通知债权人。

农村集体经济组织分立前的债权债务，由分立后的农村集体经济组织享有连带债权，承担连带债务，但是农村集体经济组织分立时已经与债权人或者债务人达成清偿债务的书面协议的，从其约定。

第二十五条 农村集体经济组织合并、分立或者登记事项变动的，应当办理变更登记。

农村集体经济组织因合并、分立等原因需要解散的，依法办理注销登记后终止。

第四章　组织机构

第二十六条　农村集体经济组织成员大会由具有完全民事行为能力的全体成员组成，是本农村集体经济组织的权力机构，依法行使下列职权：

（一）制定、修改农村集体经济组织章程；

（二）制定、修改农村集体经济组织内部管理制度；

（三）确认农村集体经济组织成员；

（四）选举、罢免农村集体经济组织理事会成员、监事会成员或者监事；

（五）审议农村集体经济组织理事会、监事会或者监事的工作报告；

（六）决定农村集体经济组织理事会成员、监事会成员或者监事的报酬及主要经营管理人员的聘任、解聘和报酬；

（七）批准农村集体经济组织的集体经济发展规划、业务经营计划、年度财务预决算、收益分配方案；

（八）对农村土地承包、宅基地使用和集体经营性财产收益权份额量化方案等事项作出决定；

（九）对集体经营性建设用地使用、出让、出租方案等事项作出决定；

（十）决定土地补偿费等的分配、使用办法；

（十一）决定投资等重大事项；

（十二）决定农村集体经济组织合并、分立等重大事项；

（十三）法律法规和农村集体经济组织章程规定的其他职权。

需由成员大会审议决定的重要事项，应当先经乡镇党委、街道党工委或者村党组织研究讨论。

第二十七条　农村集体经济组织召开成员大会，应当将会议召开的时间、地点和审议的事项于会议召开十日前通知全体成员，有三分之二以上具有完全民事行为能力的成员参加。成员无法在现场参加会议的，可以通过即时通讯工具在线参加会议，或者书面委托本农村集体经济组织同一户内具有完全民事行为能力的其他家庭成员代为参加会议。

成员大会每年至少召开一次，并由理事会召集，由理事长、副理事长或者理事长指定的成员主持。

成员大会实行一人一票的表决方式。成员大会作出决定，应当经本农村集体经济组织成员大会全体成员三分之二以上同意，本法或者其他法律法规、农村集体经济组织章程有更严格规定的，从其规定。

第二十八条　农村集体经济组织成员较多的，可以按照农村集体经济组织章程规定设立成员代表大会。

设立成员代表大会的，一般每五户至十五户选举代表一人，代表人数应当多于二十人，并且有适当数量的妇女代表。

成员代表的任期为五年，可以连选连任。

成员代表大会按照农村集体经济组织章程规定行使本法第二十六条第一款规定的成员大会部分职权，但是第一项、第三项、第八项、第十项、第十二项规定的职权除外。

成员代表大会实行一人一票的表决方式。成员代表大会作出决定，应当经全体成员代表三分之二以上同意。

第二十九条　农村集体经济组织设理事会，一般由三至七名单数成员组成。理事会设理事长一名，可以设副理事长。理事长、副理事长、理事的产生办法由农村集体经济组织章程规定。理事会成员之间应当实行近亲属回避。理事会成员的任期为五年，可以连选连任。

理事长是农村集体经济组织的法定代表人。

乡镇党委、街道党工委或者村党组织可以提名推荐农村集体经济组织理事会成员候选人，党组织负责人可以通过法定程序担任农村集体经济组织理事长。

第三十条　理事会对成员大会、成员代表大会负责，行使下列职权：

（一）召集、主持成员大会、成员代表大会，并向其报告工作；

（二）执行成员大会、成员代表大会的决定；

（三）起草农村集体经济组织章程修改草案；

（四）起草集体经济发展规划、业务经营计划、内部管理制度等；

（五）起草农村土地承包、宅基地使用、集体经营性财产收益权份额量化，以及集体经营性建设用地使用、出让或者出租等方案；

（六）起草投资方案；

（七）起草年度财务预决算、收益分配方案等；

（八）提出聘任、解聘主要经营管理人员及决定其报酬的建议；

（九）依照法律法规和农村集体经济组织章程管理集体财产和财务，保障集体财产安全；

（十）代表农村集体经济组织签订承包、出租、入股等合同，监督、督促承包方、承租方、被投资方等履行合同；

（十一）接受、处理有关质询、建议并作出答复；

（十二）农村集体经济组织章程规定的其他职权。

第三十一条　理事会会议应当有三分之二以上的理事会成员

出席。

理事会实行一人一票的表决方式。理事会作出决定，应当经全体理事的过半数同意。

理事会的议事方式和表决程序由农村集体经济组织章程具体规定。

第三十二条 农村集体经济组织设监事会，成员较少的可以设一至二名监事，行使监督理事会执行成员大会和成员代表大会决定、监督检查集体财产经营管理情况、审核监督本农村集体经济组织财务状况等内部监督职权。必要时，监事会或者监事可以组织对本农村集体经济组织的财务进行内部审计，审计结果应当向成员大会、成员代表大会报告。

监事会或者监事的产生办法、具体职权、议事方式和表决程序等，由农村集体经济组织章程规定。

第三十三条 农村集体经济组织成员大会、成员代表大会、理事会、监事会或者监事召开会议，应当按照规定制作、保存会议记录。

第三十四条 农村集体经济组织理事会成员、监事会成员或者监事与村党组织领导班子成员、村民委员会成员可以根据情况交叉任职。

农村集体经济组织理事会成员、财务人员、会计人员及其近亲属不得担任监事会成员或者监事。

第三十五条 农村集体经济组织理事会成员、监事会成员或者监事应当遵守法律法规和农村集体经济组织章程，履行诚实信用、勤勉谨慎的义务，为农村集体经济组织及其成员的利益管理集体财产，处理农村集体经济组织事务。

农村集体经济组织理事会成员、监事会成员或者监事、主要经营管理人员不得有下列行为：

（一）侵占、挪用、截留、哄抢、私分、破坏集体财产；

（二）直接或者间接向农村集体经济组织借款；

（三）以集体财产为本人或者他人债务提供担保；

（四）违反法律法规或者国家有关规定为地方政府举借债务；

（五）以农村集体经济组织名义开展非法集资等非法金融活动；

（六）将集体财产低价折股、转让、租赁；

（七）以集体财产加入合伙企业成为普通合伙人；

（八）接受他人与农村集体经济组织交易的佣金归为己有；

（九）泄露农村集体经济组织的商业秘密；

（十）其他损害农村集体经济组织合法权益的行为。

第五章　财产经营管理和收益分配

第三十六条　集体财产主要包括：

（一）集体所有的土地和森林、山岭、草原、荒地、滩涂；

（二）集体所有的建筑物、生产设施、农田水利设施；

（三）集体所有的教育、科技、文化、卫生、体育、交通等设施和农村人居环境基础设施；

（四）集体所有的资金；

（五）集体投资兴办的企业和集体持有的其他经济组织的股权及其他投资性权利；

（六）集体所有的无形资产；

（七）集体所有的接受国家扶持、社会捐赠、减免税费等形成的财产；

（八）集体所有的其他财产。

集体财产依法由农村集体经济组织成员集体所有，由农村集体经济组织依法代表成员集体行使所有权，不得分割到成员个人。

第三十七条　集体所有和国家所有依法由农民集体使用的耕地、林地、草地以及其他依法用于农业的土地，依照农村土地承包的法律实行承包经营。

集体所有的宅基地等建设用地，依照法律、行政法规和国家有关规定取得、使用、管理。

集体所有的建筑物、生产设施、农田水利设施，由农村集体经济组织按照国家有关规定和农村集体经济组织章程使用、管理。

集体所有的教育、科技、文化、卫生、体育、交通等设施和农村人居环境基础设施，依照法律法规、国家有关规定和农村集体经济组织章程使用、管理。

第三十八条　依法应当实行家庭承包的耕地、林地、草地以外的其他农村土地，农村集体经济组织可以直接组织经营或者依法实行承包经营，也可以依法采取土地经营权出租、入股等方式经营。

第三十九条　对符合国家规定的集体经营性建设用地，农村集体经济组织应当优先用于保障乡村产业发展和乡村建设，也可以依法通过出让、出租等方式交由单位或者个人有偿使用。

第四十条　农村集体经济组织可以将集体所有的经营性财产的收益权以份额形式量化到本农村集体经济组织成员，作为其参与集体收益分配的基本依据。

集体所有的经营性财产包括本法第三十六条第一款第一项中可以依法入市、流转的财产用益物权和第二项、第四项至第七项的财产。

国务院农业农村主管部门可以根据本法制定集体经营性财产收益权量化的具体办法。

第四十一条　农村集体经济组织可以探索通过资源发包、物业出租、居间服务、经营性财产参股等多样化途径发展新型农村集体经济。

第四十二条　农村集体经济组织当年收益应当按照农村集体经济组织章程规定提取公积公益金，用于弥补亏损、扩大生产经营等，剩余的可分配收益按照量化给农村集体经济组织成员的集体经营性财产收益权份额进行分配。

第四十三条　农村集体经济组织应当加强集体财产管理，建立集体财产清查、保管、使用、处置、公开等制度，促进集体财产保值增值。

省、自治区、直辖市可以根据实际情况，制定本行政区域农村集体财产管理具体办法，实现集体财产管理制度化、规范化和信息化。

第四十四条　农村集体经济组织应当按照国务院有关部门制定的农村集体经济组织财务会计制度进行财务管理和会计核算。

农村集体经济组织应当根据会计业务的需要，设置会计机构，或者设置会计人员并指定会计主管人员，也可以按照规定委托代理记账。

集体所有的资金不得存入以个人名义开立的账户。

第四十五条　农村集体经济组织应当定期将财务情况向农村集体经济组织成员公布。集体财产使用管理情况、涉及农村集体经济组织及其成员利益的重大事项应当及时公布。农村集体经济组织理事会应当保证所公布事项的真实性。

第四十六条　农村集体经济组织应当编制年度经营报告、年度财务会计报告和收益分配方案，并于成员大会、成员代表大会召开十日前，提供给农村集体经济组织成员查阅。

第四十七条　农村集体经济组织应当依法接受审计监督。

县级以上地方人民政府农业农村主管部门和乡镇人民政府、街道办事处根据情况对农村集体经济组织开展定期审计、专项审计。审计办法由国务院农业农村主管部门制定。

审计机关依法对农村集体经济组织接受、运用财政资金的真实、合法和效益情况进行审计监督。

第四十八条　农村集体经济组织应当自觉接受有关机关和组织对集体财产使用管理情况的监督。

第六章　扶持措施

第四十九条　县级以上人民政府应当合理安排资金，支持农村集体经济组织发展新型农村集体经济、服务集体成员。

各级财政支持的农业发展和农村建设项目，依法将适宜的项目优先交由符合条件的农村集体经济组织承担。国家对欠发达地区和革命老区、民族地区、边疆地区的农村集体经济组织给予优先扶助。

县级以上人民政府有关部门应当依法加强对财政补助资金使用情况的监督。

第五十条　农村集体经济组织依法履行纳税义务，依法享受税收优惠。

农村集体经济组织开展生产经营管理活动或者因开展农村集体产权制度改革办理土地、房屋权属变更，按照国家规定享受税收优惠。

第五十一条　农村集体经济组织用于集体公益和综合服务、保障村级组织和村务运转等支出，按照国家规定计入相应成本。

第五十二条　国家鼓励政策性金融机构立足职能定位，在业务范围内采取多种形式对农村集体经济组织发展新型农村集体经济提供多渠道资金支持。

国家鼓励商业性金融机构为农村集体经济组织及其成员提供多样化金融服务，优先支持符合条件的农村集体经济发展项目，支持农村集体经济组织开展集体经营性财产股权质押贷款；鼓励融资担保机构为农村集体经济组织提供融资担保服务；鼓励保险机构为农村集体经济组织提供保险服务。

第五十三条　乡镇人民政府编制村庄规划应当根据实际需要合理安排集体经济发展各项建设用地。

土地整理新增耕地形成土地指标交易的收益，应当保障农村集体经济组织和相关权利人的合法权益。

第五十四条　县级人民政府和乡镇人民政府、街道办事处应当加强农村集体经济组织经营管理队伍建设，制定农村集体经济组织人才培养计划，完善激励机制，支持和引导各类人才服务新型农村集体经济发展。

第五十五条　各级人民政府应当在用水、用电、用气以及网络、交通等公共设施和农村人居环境基础设施配置方面为农村集体经济组织建设发展提供支持。

第七章　争议的解决和法律责任

第五十六条　对确认农村集体经济组织成员身份有异议，或者农村集体经济组织因内部管理、运行、收益分配等发生纠纷的，当事人可以请求乡镇人民政府、街道办事处或者县级人民政府农业农村主管部门调解解决；不愿调解或者调解不成的，可以向农村土地承包仲裁机构申请仲裁，也可以直接向人民法院提起诉讼。

确认农村集体经济组织成员身份时侵害妇女合法权益，导致社会公共利益受损的，检察机关可以发出检察建议或者依法提起公益诉讼。

第五十七条 农村集体经济组织成员大会、成员代表大会、理事会或者农村集体经济组织负责人作出的决定侵害农村集体经济组织成员合法权益的，受侵害的农村集体经济组织成员可以请求人民法院予以撤销。但是，农村集体经济组织按照该决定与善意相对人形成的民事法律关系不受影响。

受侵害的农村集体经济组织成员自知道或者应当知道撤销事由之日起一年内或者自该决定作出之日起五年内未行使撤销权的，撤销权消灭。

第五十八条 农村集体经济组织理事会成员、监事会成员或者监事、主要经营管理人员有本法第三十五条第二款规定行为的，由乡镇人民政府、街道办事处或者县级人民政府农业农村主管部门责令限期改正；情节严重的，依法给予处分或者行政处罚；造成集体财产损失的，依法承担赔偿责任；构成犯罪的，依法追究刑事责任。

前款规定的人员违反本法规定，以集体财产为本人或者他人债务提供担保的，该担保无效。

第五十九条 对于侵害农村集体经济组织合法权益的行为，农村集体经济组织可以依法向人民法院提起诉讼。

第六十条 农村集体经济组织理事会成员、监事会成员或者监事、主要经营管理人员执行职务时违反法律法规或者农村集体经济组织章程的规定，给农村集体经济组织造成损失的，应当依法承担赔偿责任。

前款规定的人员有前款行为的，农村集体经济组织理事会、监事会或者监事应当向人民法院提起诉讼；未及时提起诉讼的，十名以上具有完全民事行为能力的农村集体经济组织成员可以书面请求监事会或者监事向人民法院提起诉讼。

监事会或者监事收到书面请求后拒绝提起诉讼或者自收到请求之日起十五日内未提起诉讼的，前款规定的提出书面请求的农村集体经济组织成员可以为农村集体经济组织的利益，以自己的名义向人民法院提起诉讼。

第六十一条　农村集体经济组织章程或者农村集体经济组织成员大会、成员代表大会所作的决定违反本法或者其他法律法规规定的，由乡镇人民政府、街道办事处或者县级人民政府农业农村主管部门责令限期改正。

第六十二条　地方人民政府及其有关部门非法干预农村集体经济组织经营管理和财产管理活动或者未依法履行相应监管职责的，由上级人民政府责令限期改正；情节严重的，依法追究相关责任人员的法律责任。

第六十三条　农村集体经济组织对行政机关的行政行为不服的，可以依法申请行政复议或者提起行政诉讼。

第八章　附　　则

第六十四条　未设立农村集体经济组织的，村民委员会、村民小组可以依法代行农村集体经济组织的职能。

村民委员会、村民小组依法代行农村集体经济组织职能的，讨论决定有关集体财产和成员权益的事项参照适用本法的相关规定。

第六十五条　本法施行前已经按照国家规定登记的农村集体经济组织及其名称，本法施行后在法人登记证书有效期限内继续有效。

第六十六条 本法施行前农村集体经济组织开展农村集体产权制度改革时已经被确认的成员，本法施行后不需要重新确认。

第六十七条 本法自 2025 年 5 月 1 日起施行。

中华人民共和国国境卫生检疫法

(1986 年 12 月 2 日第六届全国人民代表大会常务委员会第十八次会议通过 根据 2007 年 12 月 29 日第十届全国人民代表大会常务委员会第三十一次会议《关于修改〈中华人民共和国国境卫生检疫法〉的决定》第一次修正 根据 2009 年 8 月 27 日第十一届全国人民代表大会常务委员会第十次会议《关于修改部分法律的决定》第二次修正 根据 2018 年 4 月 27 日第十三届全国人民代表大会常务委员会第二次会议《关于修改〈中华人民共和国国境卫生检疫法〉等六部法律的决定》第三次修正 2024 年 6 月 28 日第十四届全国人民代表大会常务委员会第十次会议修订)

第一章 总 则

第一条 为了加强国境卫生检疫工作，防止传染病跨境传播，保障公众生命安全和身体健康，防范和化解公共卫生风险，根据宪法，制定本法。

第二条 国境卫生检疫及相关活动，适用本法。

在中华人民共和国对外开放的口岸（以下简称口岸），海关依照本法规定履行检疫查验、传染病监测、卫生监督和应急处置等国境卫生检疫职责。

第三条 本法所称传染病，包括检疫传染病、监测传染病和其他需要在口岸采取相应卫生检疫措施的新发传染病、突发原因不明的传染病。

检疫传染病目录，由国务院疾病预防控制部门会同海关总署编制、调整，报国务院批准后公布。监测传染病目录，由国务院疾病预防控制部门会同海关总署编制、调整并公布。

检疫传染病目录、监测传染病目录应当根据境内外传染病暴发、流行情况和危害程度及时调整。

第四条 国境卫生检疫工作坚持中国共产党的领导，坚持风险管理、科学施策、高效处置的原则，健全常态和应急相结合的口岸传染病防控体系。

第五条 海关总署统一管理全国国境卫生检疫工作。国务院卫生健康主管部门、国务院疾病预防控制部门和其他有关部门依据各自职责做好国境卫生检疫相关工作。

口岸所在地县级以上地方人民政府应当将国境卫生检疫工作纳入传染病防治规划，加大对国境卫生检疫工作的支持力度。

海关、卫生健康、疾病预防控制和其他有关部门在国境卫生检疫工作中应当密切配合，建立部门协调机制，强化信息共享和协同联动。

国家依法强化边境管控措施，严密防范非法入境行为导致的传染病输入风险。

第六条 海关依法履行国境卫生检疫职责，有关单位和个人应当予以配合，不得拒绝或者阻碍。

海关履行国境卫生检疫职责，应当依法保护商业秘密、个人隐私和个人信息，不得侵犯有关单位和个人的合法权益。

第七条 国家采取多种措施，加强口岸公共卫生能力建设，不断提升国境卫生检疫工作水平。

第八条 国家加强与其他国家或者地区以及有关国际组织在国境卫生检疫领域的交流合作。

第二章 检疫查验

第九条 进境出境的人员、交通运输工具，集装箱等运输设备、货物、行李、邮包等物品及外包装（以下统称货物、物品），应当依法接受检疫查验，经海关准许，方可进境出境。

享有外交、领事特权与豁免等相关待遇的人员，以及享有外交、领事特权与豁免等相关待遇的机构和人员的物品进境出境，在不影响其依法享有特权与豁免的前提下，应当依法接受检疫查验。

第十条 进境出境的人员、交通运输工具、货物、物品，应当分别在最先到达的口岸和最后离开的口岸接受检疫查验；货物、物品也可以在海关指定的其他地点接受检疫查验。

来自境外的交通运输工具因不可抗力或者其他紧急原因停靠、降落在境内口岸以外地区的，交通运输工具负责人应当立即向就近的海关报告，接到报告的海关应当立即派员到场处理，必要时可以请求当地人民政府疾病预防控制部门予以协助；除避险等紧急情况外，未经海关准许，该交通运输工具不得装卸货物、物品，不得上下引航员以外的人员。

第十一条 对进境出境人员，海关可以要求如实申报健康状况及相关信息，进行体温检测、医学巡查，必要时可以查阅旅行证件。

除前款规定的检疫查验措施外，海关还可以根据情况对有关进境出境人员实施下列检疫查验措施：

（一）要求提供疫苗接种证明或者其他预防措施证明并进行核查；

（二）进行流行病学调查、医学检查；

（三）法律、行政法规规定的其他检疫查验措施。

进境的外国人拒绝接受本条规定的检疫查验措施的，海关可以作出不准其进境的决定，并同时通知移民管理机构。

第十二条 海关依据检疫医师提供的检疫查验结果，对判定为检疫传染病染疫人、疑似染疫人的，应当立即采取有效的现场防控措施，并及时通知口岸所在地县级以上地方人民政府疾病预防控制部门。接到通知的疾病预防控制部门应当及时组织将检疫传染病染疫人、疑似染疫人接送至县级以上地方人民政府指定的医疗机构或者其他场所实施隔离治疗或者医学观察。有关医疗机构和场所应当及时接收。

对可能患有监测传染病的人员，海关应当发给就诊方便卡，并及时通知口岸所在地县级以上地方人民政府疾病预防控制部门。对持有就诊方便卡的人员，医疗机构应当优先诊治。

第十三条 进境出境交通运输工具负责人应当按照规定向海关如实申报与检疫查验有关的事项。

第十四条 海关可以登临交通运输工具进行检疫查验，对符合规定条件的，可以采取电讯方式进行检疫查验。

除避险等紧急情况外，进境的交通运输工具在检疫查验结束前、出境的交通运输工具在检疫查验结束后至出境前，未经海关准许，不得驶离指定的检疫查验地点，不得装卸货物、物品，不得上下引航员以外的人员。

第十五条 进境出境交通运输工具有下列情形之一的，应当实施卫生处理，并接受海关监督；必要时，海关可以会同有关部门对交通运输工具实施隔离：

（一）受到检疫传染病污染；

（二）发现与人类健康有关的病媒生物；

（三）存在传播检疫传染病风险的其他情形。

外国交通运输工具的负责人拒绝实施卫生处理的，除特殊情况外，海关应当责令该交通运输工具在其监督下立即离境。

第十六条 海关依据检疫医师提供的检疫查验结果，对没有传播检疫传染病风险或者已经实施有效卫生处理的交通运输工具，签发进境检疫证或者出境检疫证。

第十七条 已经实施检疫查验的交通运输工具在口岸停留期间，发现检疫传染病染疫人、疑似染疫人或者有人非因意外伤害死亡且死因不明的，交通运输工具负责人应当立即向海关报告，海关应当依照本法规定采取相应的措施。

第十八条 海关对过境的交通运输工具不实施检疫查验，但有证据表明该交通运输工具存在传播检疫传染病风险的除外。

过境的交通运输工具在中国境内不得装卸货物、物品或者上下人员；添加燃料、饮用水、食品和供应品的，应当停靠在指定地点，在海关监督下进行。

第十九条 进境出境货物、物品的收发货人、收寄件人、携运人（携带人）、承运人或者其代理人应当按照规定向海关如实申报与检疫查验有关的事项。

第二十条 对有本法第十五条第一款规定情形的货物、物品，应当实施卫生处理，并接受海关监督；卫生处理完成前，相关货物、物品应当单独存放，未经海关准许不得移运或者提离。

对有本法第十五条第一款规定情形但无法实施有效卫生处理

的货物、物品，海关可以决定不准其进境或者出境，或者予以退运、销毁；对境内公共卫生安全可能造成重大危害的，海关可以暂停相关货物的进口。

第二十一条　托运尸体、骸骨进境出境的，托运人或者其代理人应当按照规定向海关如实申报，经检疫查验合格后，方可进境出境。

因患检疫传染病死亡的，尸体应当就近火化。

第二十二条　血液等人体组织、病原微生物、生物制品等关系公共卫生安全的货物、物品进境出境，除纳入药品、兽药、医疗器械管理的外，应当由海关事先实施卫生检疫审批，并经检疫查验合格后方可进境出境。

第二十三条　海关根据检疫查验需要，可以请求有关部门和单位协助查询进境出境的人员、交通运输工具、货物、物品等的相关信息，有关部门和单位应当予以协助。海关对查询所获得的信息，不得用于卫生检疫以外的用途。

第二十四条　海关总署应当根据境内外传染病监测和风险评估情况，不断优化检疫查验流程。

第三章　传染病监测

第二十五条　海关总署会同国务院疾病预防控制部门，建立跨境传播传染病监测制度，制定口岸传染病监测规划和方案。

海关总署在国际公共卫生合作框架下，完善传染病监测网络布局，加强对境外传染病疫情的监测。

第二十六条　各地海关应当按照口岸传染病监测规划和方案，结合对进境出境的人员、交通运输工具、货物、物品等实施检疫查验，系统持续地收集、核对和分析相关数据，对可能跨境传播的传染病的发生、流行及影响因素、发展趋势等进行评估。

海关开展传染病监测，应当充分利用现代信息技术，拓宽监测渠道，提升监测效能。

第二十七条　各地海关发现传染病，应当采取相应的控制措施，并及时向海关总署报告，同时向口岸所在地县级以上地方人民政府疾病预防控制部门以及移民管理机构通报。县级以上地方人民政府疾病预防控制部门发现传染病，应当及时向当地海关、移民管理机构通报。

任何单位和个人发现口岸或者进境出境的人员、交通运输工具、货物、物品等存在传播传染病风险的，应当及时向就近的海关或者口岸所在地疾病预防控制机构报告。

第二十八条　海关总署、国务院卫生健康主管部门、国务院疾病预防控制部门应当依据职责及时互相通报传染病相关信息。

国务院有关部门根据我国缔结或者参加的国境卫生检疫国际条约，依据职责与有关国家或者地区、国际组织互相通报传染病相关信息。

第二十九条　海关总署应当根据境外传染病监测情况，对境外传染病疫情风险进行评估，并及时发布相关风险提示信息。

第四章　卫生监督

第三十条　海关依照本法以及有关法律、行政法规和国家规定的卫生标准，对口岸和停留在口岸的进境出境交通运输工具的卫生状况实施卫生监督，履行下列职责：

（一）开展病媒生物监测，监督和指导有关单位和人员对病媒生物的防除；

（二）监督食品生产经营、饮用水供应、公共场所的卫生状况以及从业人员健康状况；

（三）监督固体、液体废弃物和船舶压舱水的处理；

（四）法律、行政法规规定的其他卫生监督职责。

第三十一条 口岸运营单位应当建立健全并严格落实相关卫生制度，保证口岸卫生状况符合法律、行政法规和国家规定的卫生标准的要求。

进境出境交通运输工具负责人应当采取有效措施，保持交通运输工具清洁卫生，保持无污染状态。

第三十二条 在口岸内从事食品生产经营、饮用水供应服务、公共场所经营的，由海关依法实施卫生许可；食品生产经营者取得卫生许可的，无需另行取得食品生产经营许可。

第三十三条 海关实施卫生监督，发现口岸或者进境出境交通运输工具的卫生状况不符合法律、行政法规和国家规定的卫生标准要求的，有权要求有关单位和个人进行整改，必要时要求其实施卫生处理。

第五章　应急处置

第三十四条 发生重大传染病疫情，需要在口岸采取应急处置措施的，适用本章规定。

第三十五条 发生重大传染病疫情，需要在口岸采取应急处置措施的，海关总署、国务院卫生健康主管部门、国务院疾病预防控制部门应当提请国务院批准启动应急响应。海关总署、国务院卫生健康主管部门、国务院疾病预防控制部门和其他有关部门应当依据各自职责，密切配合开展相关的应急处置工作。

口岸所在地县级以上地方人民政府应当为应急处置提供场所、设施、设备、物资以及人力和技术等支持。

第三十六条 根据重大传染病疫情应急处置需要，经国务院决定，可以采取下列措施：

（一）对来自特定国家或者地区的人员实施采样检验；

（二）禁止特定货物、物品进境出境；

（三）指定进境出境口岸；

（四）暂时关闭有关口岸或者暂停有关口岸部分功能；

（五）暂时封锁有关国境；

（六）其他必要的应急处置措施。

采取前款规定的应急处置措施，应当事先公布。

第三十七条 采取本章规定的应急处置措施，应当根据重大传染病疫情防控的实际情况，及时调整或者解除，并予以公布。

第六章　保障措施

第三十八条 海关总署会同国务院有关部门制定并组织实施口岸公共卫生能力建设规划。

国务院有关部门、口岸所在地县级以上地方人民政府、口岸运营单位以及其他有关单位应当积极支持口岸公共卫生能力建设。

第三十九条 国家将国境卫生检疫工作纳入传染病防治体系。

国境卫生检疫工作所需经费纳入预算，口岸重大传染病疫情应急处置所需物资纳入国家公共卫生应急物资保障体系。

第四十条 国境卫生检疫基础设施建设应当统筹兼顾国境卫生检疫日常工作和重大传染病疫情应急处置的需要。

国境卫生检疫基础设施建设应当纳入口岸建设规划。新建、改建、扩建口岸应当统筹建设国境卫生检疫基础设施，有关建设方案应当经海关审核同意。

国境卫生检疫基础设施应当符合规定的建设标准，不符合建设标准的，不得投入使用。国境卫生检疫基础设施建设标准和管理办法由海关总署会同国务院有关部门制定。海关对国境卫生检疫基础设施建设标准的执行实施监督。

第四十一条 国家鼓励、支持国境卫生检疫领域的科学研究、技术创新和信息化建设，推动新技术、新设备、新产品和信息化成果的应用，提高国境卫生检疫工作的技术和信息化水平。

第四十二条 海关应当加强国境卫生检疫技术机构建设，为国境卫生检疫工作提供技术和服务支撑。

第四十三条 国境卫生检疫工作人员应当具备与履行职责相适应的专业知识和业务技能。

海关应当加强国境卫生检疫队伍建设，组织开展继续教育和职业培训，持续提升国境卫生检疫工作人员的专业知识和业务技能水平。

第七章 法律责任

第四十四条 违反本法规定，进境出境人员不如实申报健康状况、相关信息或者拒绝接受检疫查验的，由海关责令改正，可以给予警告或者处一万元以下的罚款；情节严重的，处一万元以上五万元以下的罚款。

第四十五条 违反本法规定，有下列情形之一的，对交通运输工具负责人，由海关责令改正，给予警告，可以并处五万元以下的罚款；情节严重的，并处五万元以上三十万元以下的罚款：

（一）未按照规定向海关申报与检疫查验有关的事项或者不如实申报有关事项；

（二）拒绝接受对交通运输工具的检疫查验或者拒绝实施卫生处理；

（三）未取得进境检疫证或者出境检疫证，交通运输工具擅自进境或者出境；

（四）未经海关准许，交通运输工具驶离指定的检疫查验地点，装卸货物、物品或者上下人员；

（五）已经实施检疫查验的交通运输工具在口岸停留期间，发现检疫传染病染疫人、疑似染疫人或者有人非因意外伤害死亡且死因不明的，未立即向海关报告；

（六）过境的交通运输工具在中国境内装卸货物、物品或者上下人员，或者添加燃料、饮用水、食品和供应品不接受海关监督。

有下列情形之一的，依照前款规定给予处罚：

（一）进境出境货物、物品的收发货人、收寄件人、携运人（携带人）、承运人或者其代理人未按照规定向海关申报与检疫查验有关的事项或者不如实申报有关事项，或者拒绝接受检疫查验、拒绝实施卫生处理，或者未经海关准许移运或者提离货物、物品；

（二）托运尸体、骸骨进境出境的托运人或者其代理人未按照规定向海关申报或者不如实申报，或者未经检疫查验合格擅自进境出境。

第四十六条 违反本法规定，血液等人体组织、病原微生物、生物制品等关系公共卫生安全的货物、物品进境出境未经检疫审批或者未经检疫查验合格擅自进境出境的，由海关责令改正，给予警告，没收违法所得，并处一万元以上五十万元以下的罚款；情节严重的，并处五十万元以上二百万元以下的罚款。

第四十七条 违反本法规定，未经许可在口岸从事食品生产经营、饮用水供应服务、公共场所经营的，由海关依照《中华人民共和国食品安全法》等有关法律、行政法规的规定给予处罚。

违反本法有关卫生监督的其他规定，或者拒绝接受卫生监督的，由海关责令改正，给予警告，可以并处十万元以下的罚款；情节严重的，并处十万元以上三十万元以下的罚款。

第四十八条　使用买卖、出借或者伪造、变造的国境卫生检疫单证的，由海关责令改正，处二万元以上十万元以下的罚款。

第四十九条　海关等有关部门、地方人民政府及其工作人员在国境卫生检疫工作中玩忽职守、滥用职权、徇私舞弊的，由上级机关或者所在单位责令改正，对负有责任的领导人员和直接责任人员依法给予处分。

第五十条　违反本法规定，构成违反治安管理行为的，由公安机关依法给予治安管理处罚；构成犯罪的，依法追究刑事责任。

第八章　附　则

第五十一条　本法中下列用语的含义：

（一）检疫查验，是指对进境出境的人员、交通运输工具、货物、物品、尸体、骸骨等采取检查措施、实施医学措施。

（二）医学巡查，是指检疫医师在口岸进境出境旅客通道，观察进境出境人员是否有传染病临床症状，并对有临床症状的人员进行询问的活动。

（三）医学检查，是指检疫医师对进境出境人员检查医学证明文件，实施必要的体格检查、采样检验的活动。

（四）卫生处理，是指消毒、杀虫、灭鼠、除污等措施。

第五十二条　中华人民共和国缔结或者参加的有关卫生检疫的国际条约同本法有不同规定的，适用该国际条约的规定，但中华人民共和国声明保留的条款除外。

第五十三条　从口岸以外经国务院或者国务院授权的部门批准的地点进境出境的人员、交通运输工具、货物、物品的卫生检疫，我国与有关国家或者地区有双边协议的，按照协议办理；没有协议的，按照国家有关规定办理。

第五十四条 经国务院批准，海关总署可以根据境内外传染病监测和风险评估情况，对有关口岸的卫生检疫措施作出便利化安排。

第五十五条 国境卫生检疫及相关活动，本法未作规定的，适用《中华人民共和国传染病防治法》等有关法律、行政法规的规定。

第五十六条 中国人民解放军、中国人民武装警察部队的人员、交通运输工具和装备物资进境出境的卫生检疫工作，依照本法和国务院、中央军事委员会的有关规定办理。

第五十七条 本法自 2025 年 1 月 1 日起施行。

生态保护补偿条例

（2024 年 2 月 23 日国务院第 26 次常务会议通过
2024 年 4 月 6 日中华人民共和国国务院令第 779 号公布
自 2024 年 6 月 1 日起施行）

第一章 总 则

第一条 为了保护和改善生态环境，加强和规范生态保护补偿，调动各方参与生态保护积极性，推动生态文明建设，根据有关法律，制定本条例。

第二条 在中华人民共和国领域及管辖的其他海域开展生态保护补偿及其相关活动，适用本条例。法律、行政法规另有规定的，依照其规定。

本条例所称生态保护补偿，是指通过财政纵向补偿、地区间横向补偿、市场机制补偿等机制，对按照规定或者约定开展生态保护的单位和个人予以补偿的激励性制度安排。生态保护补偿可以采取资金补偿、对口协作、产业转移、人才培训、共建园区、购买生态产品和服务等多种补偿方式。

前款所称单位和个人，包括地方各级人民政府、村民委员会、居民委员会、农村集体经济组织及其成员以及其他应当获得补偿的单位和个人。

第三条 生态保护补偿工作坚持中国共产党的领导，坚持政府主导、社会参与、市场调节相结合，坚持激励与约束并重，坚持统筹协同推进，坚持生态效益与经济效益、社会效益相统一。

第四条 县级以上人民政府应当加强对生态保护补偿工作的组织领导，将生态保护补偿工作纳入国民经济和社会发展规划，构建稳定的生态保护补偿资金投入机制。

县级以上人民政府依法可以通过多种方式拓宽生态保护补偿资金渠道。

第五条 国务院发展改革、财政、自然资源、生态环境、水行政、住房城乡建设、农业农村、林业草原等部门依据各自职责，负责生态保护补偿相关工作。

第六条 县级以上地方人民政府应当建立健全生态保护补偿工作的相关机制，督促所属部门和下级人民政府开展生态保护补偿工作。县级以上地方人民政府有关部门依据各自职责，负责生态保护补偿相关工作。

第七条 对在生态保护补偿工作中作出显著成绩的单位和个人，按照国家有关规定给予表彰和奖励。

第二章　财政纵向补偿

第八条　国家通过财政转移支付等方式，对开展重要生态环境要素保护的单位和个人，以及在依法划定的重点生态功能区、生态保护红线、自然保护地等生态功能重要区域开展生态保护的单位和个人，予以补偿。

第九条　对开展重要生态环境要素保护的单位和个人，中央财政按照下列分类实施补偿（以下称分类补偿）：

（一）森林；

（二）草原；

（三）湿地；

（四）荒漠；

（五）海洋；

（六）水流；

（七）耕地；

（八）法律、行政法规和国家规定的水生生物资源、陆生野生动植物资源等其他重要生态环境要素。

前款规定的补偿的具体范围、补偿方式应当统筹考虑地区经济社会发展水平、财政承受能力、生态保护成效等因素分类确定，并连同补偿资金的使用及其监督管理等事项依法向社会公布。中央财政分类补偿的具体办法由国务院主管部门会同其他有关部门分领域制定。

第十条　在中央财政分类补偿的基础上，按照中央与地方财政事权和支出责任划分原则，有关地方人民政府可以结合本地区实际建立分类补偿制度，对开展重要生态环境要素保护的单位和个人加大补偿力度。

法律、行政法规或者国务院规定要求由中央财政和地方财政共同出资实施分类补偿或者由地方财政出资实施分类补偿的，有关地方人民政府应当按照规定及时落实资金。

第十一条　中央财政安排重点生态功能区转移支付，结合财力状况逐步增加转移支付规模。根据生态效益外溢性、生态功能重要性、生态环境敏感性和脆弱性等特点，在重点生态功能区转移支付中实施差异化补偿，加大对生态保护红线覆盖比例较高地区支持力度。

国务院财政部门制定重点生态功能区转移支付管理办法，明确转移支付的范围和转移支付资金的分配方式。

第十二条　国家建立健全以国家公园为主体的自然保护地体系生态保护补偿机制。中央财政和地方财政对开展自然保护地保护的单位和个人分类分级予以补偿，根据自然保护地类型、级别、规模和管护成效等合理确定转移支付规模。

第十三条　地方人民政府及其有关部门获得的生态保护补偿资金应当按照规定用途使用。

地方人民政府及其有关部门应当按照规定将生态保护补偿资金及时补偿给开展生态保护的单位和个人，不得截留、占用、挪用或者拖欠。

由地方人民政府统筹使用的生态保护补偿资金，应当优先用于自然资源保护、生态环境治理和修复等。

生态保护地区所在地有关地方人民政府应当按照国家有关规定，稳步推进不同渠道生态保护补偿资金统筹使用，提高生态保护整体效益。

第三章　地区间横向补偿

第十四条　国家鼓励、指导、推动生态受益地区与生态保护地区人民政府通过协商等方式建立生态保护补偿机制，开展地区间横向生态保护补偿。

根据生态保护实际需要，上级人民政府可以组织、协调下级人民政府之间开展地区间横向生态保护补偿。

第十五条　地区间横向生态保护补偿针对下列区域开展：

（一）江河流域上下游、左右岸、干支流所在区域；

（二）重要生态环境要素所在区域以及其他生态功能重要区域；

（三）重大引调水工程水源地以及沿线保护区；

（四）其他按照协议开展生态保护补偿的区域。

第十六条　对在生态功能特别重要的跨省、自治区、直辖市和跨自治州、设区的市重点区域开展地区间横向生态保护补偿的，中央财政和省级财政可以给予引导支持。

对开展地区间横向生态保护补偿取得显著成效的，国务院发展改革、财政等部门可以在规划、资金、项目安排等方面给予适当支持。

第十七条　开展地区间横向生态保护补偿，有关地方人民政府应当签订书面协议（以下称补偿协议），明确下列事项：

（一）补偿的具体范围；

（二）生态保护预期目标及其监测、评判指标；

（三）生态保护地区的生态保护责任；

（四）补偿方式以及落实补偿的相关安排；

（五）协议期限；

（六）违反协议的处理；

（七）其他事项。

确定补偿协议的内容，应当综合考虑生态保护现状、生态保护成本、生态保护成效以及地区经济社会发展水平、财政承受能力等因素。

生态保护地区获得的生态保护补偿资金，应当用于本地区自然资源保护、生态环境治理和修复、经济社会发展和民生改善等。需要直接补偿给单位和个人的，应当按照规定及时补偿，不得截留、占用、挪用或者拖欠。

第十八条 有关地方人民政府应当严格履行所签订的补偿协议。生态保护地区应当按照协议落实生态保护措施，生态受益地区应当按照约定积极主动履行补偿责任。

因补偿协议履行产生争议的，有关地方人民政府应当协商解决；协商不成的，报请共同的上一级人民政府协调解决，必要时共同的上一级人民政府可以作出决定，有关地方人民政府应当执行。

第十九条 有关地方人民政府在补偿协议期限届满后，根据实际需要续签补偿协议，续签补偿协议时可以对有关事项重新协商。

第四章 市场机制补偿

第二十条 国家充分发挥市场机制在生态保护补偿中的作用，推进生态保护补偿市场化发展，拓展生态产品价值实现模式。

第二十一条 国家鼓励企业、公益组织等社会力量以及地方人民政府按照市场规则，通过购买生态产品和服务等方式开展生态保护补偿。

第二十二条　国家建立健全碳排放权、排污权、用水权、碳汇权益等交易机制，推动交易市场建设，完善交易规则。

第二十三条　国家鼓励、支持生态保护与生态产业发展有机融合，在保障生态效益前提下，采取多种方式发展生态产业，推动生态优势转化为产业优势，提高生态产品价值。

发展生态产业应当完善农村集体经济组织和农村居民参与方式，建立持续性惠益分享机制，促进生态保护主体利益得到有效补偿。

地方各级人民政府应当根据实际需要，加快培育生态产品市场经营开发主体，充分发挥其在整合生态资源、统筹实施生态保护、提供专业技术支撑、推进生态产品供需对接等方面的优势和作用。

第二十四条　国家鼓励、引导社会资金建立市场化运作的生态保护补偿基金，依法有序参与生态保护补偿。

第五章　保障和监督管理

第二十五条　政府及其有关部门应当按照规定及时下达和核拨生态保护补偿资金，确保补偿资金落实到位。

政府及其有关部门应当加强对资金用途的监督管理，按照规定实施生态保护补偿资金预算绩效管理，完善生态保护责任落实的激励约束机制。

第二十六条　国家推进自然资源统一确权登记，完善生态保护补偿监测支撑体系，建立生态保护补偿统计体系，完善生态保护补偿标准体系，为生态保护补偿工作提供技术支撑。

第二十七条　国家完善与生态保护补偿相配套的财政、金融等政策措施，发挥财政税收政策调节功能，完善绿色金融体系。

第二十八条　国家建立健全统一的绿色产品标准、认证、标识体系，推进绿色产品市场建设，实施政府绿色采购政策，建立绿色采购引导机制。

第二十九条　政府和有关部门应当通过多种形式，加强对生态保护补偿政策和实施效果的宣传，为生态保护补偿工作营造良好社会氛围。

第三十条　政府和有关部门应当依法及时公开生态保护补偿工作情况，接受社会监督和舆论监督。

审计机关对生态保护补偿资金的管理使用情况依法进行审计监督。

第三十一条　截留、占用、挪用、拖欠或者未按照规定使用生态保护补偿资金的，政府和有关主管部门应当责令改正；逾期未改正的，可以缓拨、减拨、停拨或者追回生态保护补偿资金。

以虚假手段骗取生态保护补偿资金的，由政府和有关主管部门依法依规处理、处罚；构成犯罪的，依法追究刑事责任。

第三十二条　政府和有关部门及其工作人员在生态保护补偿工作中有失职、渎职行为的，依法依规追究责任。

第六章　附　　则

第三十三条　本条例自 2024 年 6 月 1 日起施行。

第 8 辑

最高人民法院
关于审理垄断民事纠纷案件
适用法律若干问题的解释

法释〔2024〕6 号

(2024 年 2 月 4 日最高人民法院审判委员会第 1915 次会议通过
2024 年 6 月 24 日最高人民法院公告公布
自 2024 年 7 月 1 日起施行)

为维护市场公平竞争秩序,依法公正高效审理垄断民事纠纷案件,根据《中华人民共和国民法典》、《中华人民共和国反垄断法》、《中华人民共和国民事诉讼法》等有关法律规定,制定本解释。

一、程序规定

第一条 本解释所称垄断民事纠纷案件,是指自然人、法人或者非法人组织因垄断行为受到损失以及因合同内容或者经营者团体的章程、决议、决定等违反反垄断法而发生争议,依据反垄断法向人民法院提起民事诉讼的案件。

本解释所称经营者团体，包括行业协会等由两个以上经营者为了实现共同目的而组成的结合体或者联合体。

第二条　原告依据反垄断法直接向人民法院提起民事诉讼，或者在反垄断执法机构认定构成垄断行为的处理决定作出后向人民法院提起民事诉讼，且符合法律规定的受理条件的，人民法院应予受理。

原告起诉仅请求人民法院确认被告的特定行为构成垄断，而不请求被告承担民事责任的，人民法院不予受理。

第三条　一方当事人向人民法院提起垄断民事诉讼，另一方当事人以双方之间存在合同关系且有仲裁协议为由，主张人民法院不应受理的，人民法院不予支持。

第四条　第一审垄断民事纠纷案件，由知识产权法院和最高人民法院指定的中级人民法院管辖。

第五条　垄断民事纠纷案件的地域管辖，根据案件具体情况，依照民事诉讼法及相关司法解释有关侵权纠纷、合同纠纷等的管辖规定确定。

第六条　原告依据反垄断法对在中华人民共和国境内没有住所的被告提起民事诉讼，主张被告在中华人民共和国境外的垄断行为对境内市场竞争产生排除、限制影响的，根据民事诉讼法第二百七十六条的规定确定管辖法院。

第七条　案件立案时的案由并非垄断民事纠纷，人民法院受理后经审查发现属于垄断民事纠纷，但受诉人民法院并无垄断民事纠纷案件管辖权的，应当将案件移送有管辖权的人民法院。

第八条　两个以上原告因同一垄断行为向有管辖权的同一人民法院分别提起诉讼的，人民法院可以合并审理。

两个以上原告因同一垄断行为向有管辖权的不同人民法院分

别提起诉讼的，后立案的人民法院发现其他有管辖权的人民法院已先立案的，应当裁定将案件移送先立案的人民法院；受移送的人民法院可以合并审理。

人民法院可以要求当事人提供与被诉垄断行为相关的行政执法、仲裁、诉讼等情况。当事人拒不如实提供的，可以作为认定其是否遵循诚信原则和构成滥用权利等的考量因素。

第九条 原告无正当理由而根据影响地域、持续时间、实施场合、损害范围等因素对被告的同一垄断行为予以拆分，分别提起数个诉讼的，由最先受理诉讼的人民法院合并审理。

第十条 反垄断执法机构认定构成垄断行为的处理决定在法定期限内未被提起行政诉讼或者已为人民法院生效裁判所确认，原告在相关垄断民事纠纷案件中据此主张该处理决定认定的基本事实为真实的，无需再行举证证明，但有相反证据足以推翻的除外。

必要时，人民法院可以要求作出处理决定的反垄断执法机构对该处理决定的有关情况予以说明。反垄断执法机构提供的信息、材料等尚未公开的，人民法院应当依职权或者依申请采取合理保护措施。

第十一条 当事人可以向人民法院申请一至二名具有案件所涉领域、经济学等专门知识的人员出庭，就案件的专门性问题进行说明。

当事人可以向人民法院申请委托专业机构或者专业人员就案件的专门性问题提出市场调查或者经济分析意见。该专业机构或者专业人员可以由双方当事人协商确定；协商不成的，由人民法院指定。人民法院可以参照民事诉讼法及相关司法解释有关鉴定意见的规定，对该专业机构或者专业人员提出的市场调查或者经济分析意见进行审查判断。

一方当事人就案件的专门性问题自行委托有关专业机构或者专业人员提出市场调查或者经济分析意见，该意见缺乏可靠的事实、数据或者其他必要基础资料佐证，或者缺乏可靠的分析方法，或者另一方当事人提出证据或者理由足以反驳的，人民法院不予采信。

第十二条 经营者实施垄断行为损害社会公共利益，设区的市级以上人民检察院依法提起民事公益诉讼的，适用与公益诉讼有关的法律和司法解释的规定，但本解释另有规定的除外。

第十三条 反垄断执法机构对被诉垄断行为已经立案调查的，人民法院可以根据案件具体情况，裁定中止诉讼。

二、相关市场界定

第十四条 原告主张被诉垄断行为违反反垄断法的，一般应当界定反垄断法第十五条第二款所称的相关市场并提供证据或者充分说明理由。

原告以被告在相关市场的市场份额为由主张其具有市场支配地位或者显著的市场力量的，应当界定相关市场并提供证据或者充分说明理由。

原告提供证据足以直接证明下列情形之一的，可以不再对相关市场界定进一步承担举证责任：

（一）被诉垄断协议的经营者具有显著的市场力量；

（二）被诉滥用市场支配地位的经营者具有市场支配地位；

（三）被诉垄断行为具有排除、限制竞争效果。

原告主张被诉垄断行为属于反垄断法第十七条第一项至第五项和第十八条第一款第一项、第二项规定情形的，可以不对相关市场界定提供证据。

第十五条 人民法院界定经营者在一定时期内就特定商品或者服务（以下统称商品）进行竞争的相关商品市场和相关地域市场，可以根据案件具体情况，以被诉垄断行为直接涉及的特定商品为基础，从需求者角度进行需求替代分析；供给替代对经营者行为产生的竞争约束类似于需求替代的，还可以从供给者角度进行供给替代分析。

人民法院进行需求替代或者供给替代分析时，可以采用假定垄断者测试的分析方法，一般选择使用价格上涨的假定垄断者测试方法；经营者之间的竞争主要表现为质量、多样性、创新等非价格竞争的，可以选择质量下降、成本上升等假定垄断者测试方法。

第十六条 人民法院从需求替代的角度分析界定相关商品市场时，一般根据需求者对于商品特性、功能和用途的需求、质量的认可、价格的接受以及获取的难易程度等因素，确定由需求者认为具有较为紧密替代关系的一组或者一类商品所构成的市场为相关商品市场。从供给替代的角度分析界定相关商品市场时，可以综合考虑其他经营者进入市场的意图和能力、承担的成本与风险、克服的市场障碍、需要的时间等因素。

分析界定互联网平台（以下称平台）所涉相关商品市场时，结合被诉垄断行为的特点、产生或者可能产生排除、限制竞争效果的具体情况、平台的类型等因素，一般可以根据该平台与被诉垄断行为最相关一边的商品界定相关商品市场，也可以根据被诉垄断行为所涉及的多边商品分别界定多个相关商品市场，必要时也可以根据特定平台整体界定相关商品市场。特定平台存在跨边网络效应，并给该平台经营者施加了足够的竞争约束的，可以根据该平台整体界定相关商品市场，也可以根据跨边网络效应所涉及的多边商品分别界定多个相关商品市场，并考虑各个相关商品市场之间的相互关系和影响。

第十七条 人民法院从需求替代的角度分析界定相关地域市场时，可以综合考虑需求者因商品价格或者其他竞争因素的变化而转向其他地域购买商品的情况、商品的运输成本和运输特征、多数需求者选择商品的实际区域和主要经营者的商品销售分布、地域间的市场障碍、特定区域需求者偏好等因素。从供给替代的角度分析界定相关地域市场时，可以综合考虑其他地域的经营者对商品价格等竞争因素的变化作出的反应、其他地域的经营者供应或者销售相关商品的及时性和可行性等因素。

分析界定平台所涉相关地域市场，可以重点考虑多数需求者选择商品的实际区域、需求者的语言偏好和消费习惯、相关法律法规的要求、其他地域竞争者的现状及其进入相关地域市场的及时性等因素。

三、垄断协议

第十八条 人民法院认定反垄断法第十六条规定的其他协同行为，应当综合考虑下列因素：

（一）经营者的市场行为是否具有一致性；

（二）经营者之间是否进行过意思联络、信息交流或者传递；

（三）相关市场的市场结构、竞争状况、市场变化等情况；

（四）经营者能否对行为一致性作出合理解释。

原告提供前款第一项和第二项的初步证据，或者第一项和第三项的初步证据，能够证明经营者存在协同行为的可能性较大的，被告应当提供证据或者进行充分说明，对其行为一致性作出合理解释；不能作出合理解释的，人民法院可以认定协同行为成立。

本条所称合理解释，包括经营者系基于市场和竞争状况变化等而独立实施相关行为。

第十九条 反垄断法第十七条规定的具有竞争关系的经营者，是指在商品生产经营过程中处于同一阶段、提供具有较为紧密替代关系的商品、独立经营决策并承担法律责任的两个以上的实际经营者或者可能进入同一相关市场进行竞争的潜在经营者。

特定经营者取得对其他经营者的控制权或者能够对其他经营者施加决定性影响，或者两个以上经营者被同一第三方控制或者施加决定性影响，应当视为一个经济实体的，不构成前款所称具有竞争关系的经营者。

第二十条 原告有证据证明仿制药申请人与被仿制药专利权利人达成、实施的协议同时具备下列条件，主张该协议构成反垄断法第十七条规定的垄断协议的，人民法院可予支持：

（一）被仿制药专利权利人给予或者承诺给予仿制药申请人明显不合理的金钱或者其他形式的利益补偿；

（二）仿制药申请人承诺不质疑被仿制药专利权的有效性或者延迟进入被仿制药相关市场。

被告有证据证明前款所称的利益补偿仅系为弥补被仿制药专利相关纠纷解决成本或者具有其他正当理由，或者该协议符合反垄断法第二十条规定，主张其不构成反垄断法第十七条规定的垄断协议的，人民法院应予支持。

第二十一条 被诉垄断行为属于反垄断法第十八条第一款第一项、第二项规定的垄断协议的，应当由被告对该协议不具有排除、限制竞争效果承担举证责任。

第二十二条 人民法院依照反垄断法第十八条第一款和第二

款的规定审查认定被诉垄断协议是否具有排除、限制竞争效果时，可以综合考虑下列因素：

（一）被告在相关市场的市场力量和协议对相关市场类似不利竞争效果的累积作用；

（二）协议是否具有提高市场进入壁垒、阻碍更有效率的经营者或者经营模式、限制品牌间或者品牌内竞争等不利竞争效果；

（三）协议是否具有防止搭便车、促进品牌间竞争、维护品牌形象、提升售前或者售后服务水平、促进创新等有利竞争效果，且为实现该效果所必需；

（四）其他可以考虑的因素。

在案证据足以证明的有利竞争效果明显超过不利竞争效果的，人民法院应当认定协议不具有排除、限制竞争效果。

第二十三条 被诉垄断协议具有下列情形之一，原告依据反垄断法第十八条第一款的规定主张被告应当承担法律责任的，人民法院不予支持：

（一）协议属于经营者与相对人之间的代理协议，且代理商不承担任何实质性商业或者经营风险；

（二）被告在相关市场的市场份额低于国务院反垄断执法机构规定的标准并符合国务院反垄断执法机构规定的其他条件。

第二十四条 经营者利用数据、算法、技术等手段进行意思联络、信息交流或者传递，或者利用数据、算法、技术、平台规则等手段实现行为一致性，达成、实施被诉垄断协议的，人民法院可以依照反垄断法第十七条的规定审查认定。

经营者利用数据、算法、技术、平台规则等手段实现限定或者自动化设定转售商品价格等，达成、实施被诉垄断协议的，人民法院可以依照反垄断法第十八条的规定审查认定。

第二十五条　平台经营者与平台内经营者的协议要求平台内经营者在该平台上提供与其他交易渠道相同或者更优惠交易条件的，根据原告的诉讼请求和具体案情，人民法院可以区别下列情形作出处理：

（一）平台经营者与平台内经营者之间具有竞争关系的，依照反垄断法第十七条的规定审查认定；

（二）平台经营者与平台内经营者之间不具有竞争关系的，依照反垄断法第十八条或者第十九条的规定审查认定；

（三）原告主张平台经营者滥用市场支配地位的，依照反垄断法第二十二条、电子商务法第二十二条的规定审查认定；

（四）原告主张平台经营者违反电子商务法第三十五条的规定的，依照该条规定处理。

第二十六条　经营者、经营者团体等组织其他经营者达成、实施垄断协议，给原告造成损失，原告依据民法典第一千一百六十八条的规定主张实施组织行为的经营者、经营者团体等与达成、实施垄断协议的其他经营者承担连带责任的，人民法院应当予以支持。

经营者、经营者团体等为其他经营者达成、实施垄断协议提供实质性帮助，给原告造成损失，原告依据民法典第一千一百六十九条第一款的规定主张提供帮助行为的经营者、经营者团体等与达成、实施垄断协议的其他经营者承担连带责任的，人民法院应当予以支持。但是，经营者、经营者团体等能够证明其不知道且不应当知道其他经营者达成、实施有关协议的除外。

前款所称实质性帮助，是指对垄断协议达成或者实施具有直接、重要促进作用的引导产生违法意图、提供便利条件、充当信息渠道、帮助实施惩罚等行为。

第二十七条　被告依据反垄断法第二十条第一款第一项至第五项的规定提出抗辩的，应当提供证据证明如下事实：

（一）被诉垄断协议能够实现相关目的或者效果；

（二）被诉垄断协议为实现相关目的或者效果所必需；

（三）被诉垄断协议不会严重限制相关市场的竞争；

（四）消费者能够分享由此产生的利益。

四、滥用市场支配地位

第二十八条　原告主张被诉垄断行为属于反垄断法第二十二条第一款规定的滥用市场支配地位的，应当对被告在相关市场内具有支配地位和被告滥用市场支配地位承担举证责任。被告以其行为具有正当性为由抗辩的，应当承担举证责任。

第二十九条　原告有证据证明经营者具有下列情形之一的，人民法院可以根据具体案件中相关市场的结构和实际竞争状况，结合相关市场经济规律等经济学知识，初步认定经营者在相关市场具有支配地位，但有相反证据足以反驳的除外：

（一）经营者在较长时间内维持明显高于市场竞争水平的价格，或者在较长时间内商品质量明显下降却未见大量用户流失，且相关市场明显缺乏竞争、创新和新进入者；

（二）经营者在较长时间内维持明显超过其他经营者的较高市场份额，且相关市场明显缺乏竞争、创新和新进入者。

被告对外发布的信息可以作为原告证明被告具有市场支配地位的初步证据，但有相反证据足以反驳的除外。

第三十条　反垄断法第二十三条和第二十四条所称的"经营者在相关市场的市场份额"，可以根据被诉垄断行为发生时经营者一定时期内的相关商品交易金额、交易数量、生产能力或者其他指标在相关市场所占的比例确定。

人民法院认定平台经营者在相关市场的市场份额时，可以采用能够反映相关市场实际竞争状况的交易金额、活跃用户数量、企业用户数量、用户使用时长、访问量、点击量、数据资产数量或者其他指标作为计算基准。

第三十一条　原告主张公用企业或者其他依法具有独占地位的经营者滥用市场支配地位的，人民法院可以根据市场结构和竞争状况的具体情况，认定被告在相关市场具有支配地位，但有相反证据足以反驳的除外。

第三十二条　人民法院依照反垄断法第二十三条的规定认定平台经营者的市场支配地位，可以重点考虑下列因素：

（一）平台的商业模式及平台经营者实际受到的竞争约束；

（二）平台经营者在相关市场的市场份额及该市场份额的持续时间；

（三）平台经营是否存在显著的网络效应、规模效应、范围效应等；

（四）平台经营者掌握的相关数据、算法、技术等情况；

（五）平台经营者对相邻市场的影响；

（六）用户或者平台内经营者对平台经营者的依赖程度及制衡能力、锁定效应、使用习惯、同时使用多个平台的情况、转向其他平台经营者的成本等；

（七）其他经营者进入相关市场的意愿、能力及所面临的规模要求、技术要求、政策法律限制等市场进入障碍；

（八）相关市场的创新和技术变化情况；

（九）其他需要考虑的与平台经营相关的因素。

第三十三条　人民法院依照反垄断法第二十三条的规定认定

被诉滥用知识产权的经营者的市场支配地位，可以重点考虑下列因素：

（一）相关市场内特定知识产权客体的可替代性、替代性客体的数量及转向替代性客体的成本；

（二）利用该特定知识产权所提供的商品的可替代性及该商品的市场份额；

（三）交易相对人对拥有该特定知识产权的经营者的制衡能力；

（四）相关市场的创新和技术变化情况；

（五）其他需要考虑的与知识产权行使相关的因素。

经营者主张不能仅根据其拥有知识产权而推定具有市场支配地位的，人民法院应予支持。

第三十四条　依据反垄断法第二十四条第一款第二项、第三项被推定共同具有市场支配地位的经营者，有证据证明具有下列情形之一，反驳上述推定的，人民法院应予支持：

（一）该两个以上经营者之间不具有行为一致性且存在实质性竞争；

（二）该两个以上经营者作为整体在相关市场受到来自其他经营者的有效竞争约束。

第三十五条　经营者同时具备下列条件的，人民法院可以认定其构成反垄断法第二十二条规定的滥用市场支配地位行为：

（一）在相关市场具有支配地位；

（二）实施了被诉垄断行为；

（三）被诉垄断行为具有排除、限制竞争效果；

（四）实施被诉垄断行为缺乏正当理由。

第三十六条　人民法院认定反垄断法第二十二条第一款第一

460

项规定的经营者"以不公平的高价销售商品或者以不公平的低价购买商品",可以综合考虑下列因素：

（一）该商品的收益率是否明显偏离竞争性市场中的合理收益率；

（二）该商品的价格是否明显偏离其成本与竞争条件下的合理利润之和；

（三）经营者向交易相对人销售或者购买商品的价格是否明显高于或者低于该经营者在上下游市场中销售或者购买相同商品或者可比商品的价格；

（四）经营者向交易相对人销售或者购买商品的价格是否明显高于或者低于其他经营者在相同或者相似条件下销售或者购买相同商品或者可比商品的价格；

（五）经营者向交易相对人销售或者购买商品的价格是否明显高于或者低于该经营者在相同或者相似条件下在其他地域市场销售或者购买相同商品或者可比商品的价格；

（六）经营者向交易相对人销售商品的价格增长幅度是否明显高于该经营者成本增长幅度，或者购买商品的价格降低幅度明显高于交易相对人成本降低幅度；

（七）该高价或者低价的持续时间；

（八）其他可以考虑的因素。

认定前款第四项、第五项所称相同或者相似条件，可以考虑经营模式、交易渠道、供求状况、监管环境、交易环节、成本结构、交易情况、平台类型等因素。

第三十七条　具有市场支配地位的经营者，具有下列情形之一的，人民法院可以初步认定其构成反垄断法第二十二条第一款第二项规定的"以低于成本的价格销售商品"：

（一）经营者在较长时间内持续以低于平均可变成本或者平均可避免成本的价格销售商品；

（二）经营者在较长时间内持续以高于平均可变成本或者平均可避免成本，但低于平均总成本的价格销售商品，且有其他证据证明其具有排除、限制同等效率的其他经营者在相关市场开展有效竞争的明确意图。

依照前款规定认定平台经营者以低于成本的价格销售商品，还应当考虑该平台涉及的多边市场中各相关市场之间的成本关联情况及其合理性。

具有下列情形之一的，人民法院可以认定构成反垄断法第二十二条第一款第二项规定的正当理由：

（一）低价处理鲜活商品、季节性商品、淘汰商品、即将超过有效期限的商品或者积压商品等；

（二）因清偿债务、转产、歇业等低价销售商品；

（三）为推广新商品、发展新业务、吸引新用户在合理期限内低价促销；

（四）能够证明行为具有正当性的其他理由。

第三十八条 具有市场支配地位的经营者，同时具备下列条件的，人民法院可以初步认定其构成反垄断法第二十二条第一款第三项规定的"拒绝与交易相对人进行交易"：

（一）经营者直接拒绝与交易相对人交易，提出交易相对人明显难以接受的交易条件，或者不合理地拖延交易，致使未能达成交易；

（二）经营者与交易相对人进行交易在经济、技术、法律和安全上具有可行性；

（三）拒绝交易行为排除、限制上游市场或者下游市场的

462

竞争。

具有市场支配地位的经营者没有正当理由，拒绝将其商品、平台或者软件系统等与其他经营者提供的特定商品、平台或者软件系统等相兼容，拒绝开放其技术、数据、平台接口，或者拒绝许可其知识产权的，人民法院依照反垄断法第二十二条第一款第三项的规定予以认定时，可以综合考虑下列因素：

（一）该经营者实施兼容、开放或者许可在经济、技术、法律和安全上的可行性；

（二）该商品、平台或者软件系统、技术、数据、知识产权等的可替代性及重建成本；

（三）其他经营者在上游市场或者下游市场开展有效竞争对该经营者商品、平台或者软件系统、技术、数据、知识产权等的依赖程度；

（四）拒绝兼容、开放或者许可对创新以及推出新商品的影响；

（五）实施兼容、开放或者许可对该经营者自身经营活动和合法权益的影响；

（六）拒绝兼容、开放或者许可是否实质性地排除、限制相关市场的有效竞争；

（七）其他可以考虑的因素。

具有下列情形之一的，人民法院可以认定构成反垄断法第二十二条第一款第三项规定的正当理由：

（一）因不可抗力、情势变更等客观原因无法进行交易或者导致交易条件、结果明显不公平；

（二）交易相对人具有经营状况严重恶化、转移财产或者抽逃资金以逃避债务等丧失或者可能丧失履行交易能力的情形，或者具有不良信用记录、丧失商业信誉、实施违法犯罪等情形，影响交易安全；

（三）交易相对人拒绝接受适当的交易条件，或者不遵守经营者提出的合理要求；

（四）与交易相对人交易将严重减损该经营者的正当利益；

（五）能够证明行为具有正当性的其他理由。

第三十九条 具有市场支配地位的经营者，同时具备下列条件的，人民法院可以初步认定其构成反垄断法第二十二条第一款第四项规定的"限定交易相对人只能与其进行交易或者只能与其指定的经营者进行交易"：

（一）经营者直接限定或者以设定交易条件、提供交易指南等方式变相限定交易相对人只能与其进行交易或者只能与其指定的经营者进行交易，或者限定交易相对人不得与特定经营者进行交易；

（二）限定交易行为排除、限制相关市场的竞争。

认定限定交易行为是否具有排除、限制竞争效果，可以综合考虑下列因素：

（一）限定交易的范围、程度及持续时间；

（二）限定交易是否提高市场进入壁垒或者增加竞争对手的成本而产生市场封锁效应；

（三）被告为平台经营者的，限定交易所针对的平台内经营者的可替代性和平台用户使用多个替代性平台的情况及其转向其他平台的成本；

（四）限定交易是否实质剥夺交易相对人的自主选择权；

（五）其他需要考虑的因素。

具有下列情形之一的，人民法院可以认定构成反垄断法第二十二条第一款第四项规定的正当理由：

（一）为保护交易相对人和消费者利益所必需；

（二）为满足商品安全要求所必需；

（三）为保护知识产权或者数据安全所必需；

（四）为保护针对交易进行的特定投入所必需；

（五）为维护平台合理的商业模式所必需；

（六）为防止对平台整体具有消极影响的不当行为所必需；

（七）能够证明行为具有正当性的其他理由。

第四十条 具有市场支配地位的经营者，同时具备下列条件的，人民法院可以初步认定其构成反垄断法第二十二条第一款第五项规定的"搭售商品"：

（一）经营者将可以单独销售的不同商品捆绑销售；

（二）交易相对人违背意愿接受被搭售商品；

（三）搭售行为排除、限制相关市场的竞争。

反垄断法第二十二条第一款第五项规定的"附加其他不合理的交易条件"，包括下列情形：

（一）对交易达成、服务方式、付款方式、销售地域及对象、售后保障等附加不合理限制；

（二）在交易对价之外索取缺乏合理依据的费用或者利益；

（三）附加与所涉交易缺乏关联性的交易条件；

（四）强制收集非必要的用户信息或者数据；

（五）附加限制交易相对人改进技术、研究开发新产品等不竞争义务。

具有下列情形之一的，人民法院可以认定构成反垄断法第二十二条第一款第五项规定的正当理由：

（一）符合正当的交易习惯、消费习惯或者商业惯例；

（二）为保护交易相对人和消费者利益所必需；

（三）为满足商品安全要求所必需；

（四）为正常实施特定技术所必需；

（五）为维护平台正常运行所必需；

（六）能够证明行为具有正当性的其他理由。

第四十一条　具有市场支配地位的经营者，同时具备下列条件的，人民法院可以初步认定其构成反垄断法第二十二条第一款第六项规定的"对条件相同的交易相对人在交易价格等交易条件上实行差别待遇"：

（一）经营者就相同商品对交易相对人在交易价格等交易条件上实行差别待遇；

（二）与经营者的其他交易相对人相比，该交易相对人在交易安全、交易成本、规模和能力、信用状况、所处交易环节、交易持续时间等方面不存在影响交易的实质性差异；

（三）差别待遇行为排除、限制相关市场的竞争。

具有市场支配地位的经营者向交易相对人销售或者购买商品的价格高于或者低于该经营者在上下游市场中销售或者购买相同商品的价格，形成对交易相对人的利润挤压，足以排除、限制同等效率的交易相对人在相关市场开展有效竞争的，人民法院可以初步认定该经营者构成前款所称差别待遇。

认定差别待遇是否具有排除、限制竞争效果，可以综合考虑下列因素：

（一）是否排除、限制经营者与竞争对手之间的竞争；

（二）是否致使交易相对人处于不利竞争地位，并排除、限制其所在相关市场的竞争；

（三）是否损害消费者利益和社会公共利益；

（四）其他可以考虑的因素。

具有下列情形之一的，人民法院可以认定构成反垄断法第二十二条第一款第六项规定的正当理由：

（一）根据交易相对人的实际需求实行差别待遇且符合正当的交易习惯、消费习惯或者商业惯例；

（二）针对新用户的首次交易在合理期限内开展优惠活动；

（三）基于公平、合理、无歧视的平台规则实施的随机性交易；

（四）能够证明行为具有正当性的其他理由。

第四十二条　平台内经营者作为原告提起诉讼，主张平台经营者利用数据、算法、技术、平台规则等实施滥用市场支配地位或者其他违法行为，根据原告的诉讼请求和具体案情，人民法院可以区别下列情形作出处理：

（一）平台经营者通过惩罚性或者激励性措施等限定平台内经营者交易、对平台内经营者附加不合理的交易条件、对条件相同的平台内经营者在交易价格等交易条件上实行差别待遇等，原告主张该平台经营者滥用市场支配地位的，依照反垄断法第二十二条、电子商务法第二十二条的规定审查认定；

（二）原告主张实施前项行为的平台经营者违反电子商务法第三十五条的规定的，依照该条规定处理。

五、民事责任

第四十三条　被告实施垄断行为，给原告造成损失的，根据原告的诉讼请求和查明的事实，人民法院可以依法判令被告承担停止侵害、赔偿损失等民事责任。

判令被告停止被诉垄断行为尚不足以消除排除、限制竞争效果的，根据原告的诉讼请求和具体案情，人民法院可以判令被告承担作出必要行为以恢复竞争的法律责任。

第四十四条 原告因被诉垄断行为受到的损失包括直接损失和相对于该行为未发生条件下减少的可得利益。

确定原告因被诉垄断行为受到的损失，可以考虑下列因素：

（一）被诉垄断行为实施之前或者结束以后与实施期间相关市场的商品价格、经营成本、利润、市场份额等；

（二）未受垄断行为影响的可比市场的商品价格、经营成本、利润等；

（三）未受垄断行为影响的可比经营者的商品价格、经营成本、利润、市场份额等；

（四）其他可以合理证明原告因被诉垄断行为所受损失的因素。

原告有证据证明被诉垄断行为已经给其造成损失，但难以根据前款规定确定具体损失数额的，人民法院可以根据原告的主张和案件证据，考虑被诉垄断行为的性质、程度、持续时间、获得的利益等因素，酌情确定合理的赔偿数额。

第四十五条 根据原告的诉讼请求和具体案情，人民法院可以将原告因调查、制止垄断行为所支付的合理开支，包括合理的市场调查费用、经济分析费用、律师费用等，计入损失赔偿范围。

第四十六条 多个被诉垄断行为相互关联，在同一相关市场或者多个相关市场给原告造成难以分割的整体性损失的，人民法院在确定损失时应当整体考虑。

多个被诉垄断行为各自独立，在不同的相关市场给原告造成损失的，人民法院在确定损失时可以分别考虑。

第四十七条 横向垄断协议的经营者以达成、实施该协议的其他经营者为被告，依据反垄断法第六十条的规定请求赔偿其参与该协议期间的损失的，人民法院不予支持。

第四十八条　当事人主张被诉垄断行为所涉合同或者经营者团体的章程、决议、决定等因违反反垄断法或者其他法律、行政法规的强制性规定而无效的，人民法院应当依照民法典第一百五十三条的规定审查认定。

被诉垄断行为所涉合同或者经营者团体的章程、决议、决定中的部分条款因违反反垄断法或者其他法律、行政法规的强制性规定而无效，当事人主张与该部分条款具有紧密关联、不具有独立存在意义或者便利被诉垄断行为实施的其他条款一并无效的，人民法院可予支持。

第四十九条　因垄断行为产生的损害赔偿请求权诉讼时效期间，从原告知道或者应当知道权益受到损害以及义务人之日起计算。

原告向反垄断执法机构举报被诉垄断行为的，诉讼时效从其举报之日起中断。反垄断执法机构决定不立案、撤销案件或者决定终止调查的，诉讼时效期间从原告知道或者应当知道该事由之日起重新计算。

反垄断执法机构调查后认定构成垄断行为的，诉讼时效期间从原告知道或者应当知道反垄断执法机构认定构成垄断行为的处理决定确定发生法律效力之日起重新计算。

六、附则

第五十条　人民法院审理垄断民事纠纷案件，适用被诉垄断行为发生时施行的反垄断法。被诉垄断行为发生在修改后的反垄断法施行之前，行为持续至或者损害后果出现在修改后的反垄断法施行之后的，适用修改后的反垄断法。

　　第五十一条　本解释自2024年7月1日起施行。《最高人民法院关于审理因垄断行为引发的民事纠纷案件应用法律若干问题的规定》（法释〔2012〕5号）同时废止。

　　本解释施行后，人民法院正在审理的第一审、第二审案件适用本解释；本解释施行前已经作出生效裁判，当事人申请再审或者依照审判监督程序再审的案件，不适用本解释。

最高人民法院
关于适用《中华人民共和国公司法》
时间效力的若干规定

法释〔2024〕7号

（2024年6月27日最高人民法院审判委员会第1922次会议通过
2024年6月29日最高人民法院公告公布
自2024年7月1日起施行）

　　为正确适用2023年12月29日第十四届全国人民代表大会常务委员会第七次会议第二次修订的《中华人民共和国公司法》，根据《中华人民共和国立法法》《中华人民共和国民法典》等法律规定，就人民法院在审理与公司有关的民事纠纷案件中，涉及公司法时间效力的有关问题作出如下规定。

　　第一条　公司法施行后的法律事实引起的民事纠纷案件，适用公司法的规定。

　　公司法施行前的法律事实引起的民事纠纷案件，当时的法律、司法解释有规定的，适用当时的法律、司法解释的规定，但是适用公司法更有利于实现其立法目的，适用公司法的规定：

（一）公司法施行前，公司的股东会召集程序不当，未被通知参加会议的股东自决议作出之日起一年内请求人民法院撤销的，适用公司法第二十六条第二款的规定；

（二）公司法施行前的股东会决议、董事会决议被人民法院依法确认不成立，对公司根据该决议与善意相对人形成的法律关系效力发生争议的，适用公司法第二十八条第二款的规定；

（三）公司法施行前，股东以债权出资，因出资方式发生争议的，适用公司法第四十八条第一款的规定；

（四）公司法施行前，有限责任公司股东向股东以外的人转让股权，因股权转让发生争议的，适用公司法第八十四条第二款的规定；

（五）公司法施行前，公司违反法律规定向股东分配利润、减少注册资本造成公司损失，因损害赔偿责任发生争议的，分别适用公司法第二百一十一条、第二百二十六条的规定；

（六）公司法施行前作出利润分配决议，因利润分配时限发生争议的，适用公司法第二百一十二条的规定；

（七）公司法施行前，公司减少注册资本，股东对相应减少出资额或者股份数量发生争议的，适用公司法第二百二十四条第三款的规定。

第二条 公司法施行前与公司有关的民事法律行为，依据当时的法律、司法解释认定无效而依据公司法认定有效，因民事法律行为效力发生争议的下列情形，适用公司法的规定：

（一）约定公司对所投资企业债务承担连带责任，对该约定效力发生争议的，适用公司法第十四条第二款的规定；

（二）公司作出使用资本公积金弥补亏损的公司决议，对该决议效力发生争议的，适用公司法第二百一十四条的规定；

（三）公司与其持股百分之九十以上的公司合并，对合并决议效力发生争议的，适用公司法第二百一十九条的规定。

第三条 公司法施行前订立的与公司有关的合同，合同的履行持续至公司法施行后，因公司法施行前的履行行为发生争议的，适用当时的法律、司法解释的规定；因公司法施行后的履行行为发生争议的下列情形，适用公司法的规定：

（一）代持上市公司股票合同，适用公司法第一百四十条第二款的规定；

（二）上市公司控股子公司取得该上市公司股份合同，适用公司法第一百四十一条的规定；

（三）股份有限公司为他人取得本公司或者母公司的股份提供赠与、借款、担保以及其他财务资助合同，适用公司法第一百六十三条的规定。

第四条 公司法施行前的法律事实引起的民事纠纷案件，当时的法律、司法解释没有规定而公司法作出规定的下列情形，适用公司法的规定：

（一）股东转让未届出资期限的股权，受让人未按期足额缴纳出资的，关于转让人、受让人出资责任的认定，适用公司法第八十八条第一款的规定；

（二）有限责任公司的控股股东滥用股东权利，严重损害公司或者其他股东利益，其他股东请求公司按照合理价格收购其股权的，适用公司法第八十九条第三款、第四款的规定；

（三）对股份有限公司股东会决议投反对票的股东请求公司按照合理价格收购其股份的，适用公司法第一百六十一条的规定；

（四）不担任公司董事的控股股东、实际控制人执行公司事务

472

的民事责任认定，适用公司法第一百八十条的规定；

（五）公司的控股股东、实际控制人指示董事、高级管理人员从事活动损害公司或者股东利益的民事责任认定，适用公司法第一百九十二条的规定；

（六）不明显背离相关当事人合理预期的其他情形。

第五条 公司法施行前的法律事实引起的民事纠纷案件，当时的法律、司法解释已有原则性规定，公司法作出具体规定的下列情形，适用公司法的规定：

（一）股份有限公司章程对股份转让作了限制规定，因该规定发生争议的，适用公司法第一百五十七条的规定；

（二）对公司监事实施挪用公司资金等禁止性行为、违法关联交易、不当谋取公司商业机会、经营限制的同类业务的赔偿责任认定，分别适用公司法第一百八十一条、第一百八十二条第一款、第一百八十三条、第一百八十四条的规定；

（三）对公司董事、高级管理人员不当谋取公司商业机会、经营限制的同类业务的赔偿责任认定，分别适用公司法第一百八十三条、第一百八十四条的规定；

（四）对关联关系主体范围以及关联交易性质的认定，适用公司法第一百八十二条、第二百六十五条第四项的规定。

第六条 应当进行清算的法律事实发生在公司法施行前，因清算责任发生争议的，适用当时的法律、司法解释的规定。

应当清算的法律事实发生在公司法施行前，但至公司法施行日未满十五日的，适用公司法第二百三十二条的规定，清算义务人履行清算义务的期限自公司法施行日重新起算。

第七条 公司法施行前已经终审的民事纠纷案件，当事人申请再审或者人民法院按照审判监督程序决定再审的，适用当时的法律、司法解释的规定。

第八条 本规定自 2024 年 7 月 1 日起施行。

最高人民法院
关于印发《最高人民法院"一站式"
国际商事纠纷多元化解决平台工作
指引（试行）》的通知

2023 年 12 月 22 日　　　　　　　法〔2023〕247 号

各省、自治区、直辖市高级人民法院，解放军军事法院，新疆维吾尔自治区高级人民法院生产建设兵团分院；本院各单位：

为深入学习贯彻习近平总书记关于加强涉外法制建设的重要讲话精神，进一步贯彻落实中共中央办公厅、国务院办公厅《关于建立"一带一路"国际商事争端解决机制和机构的意见》，完善诉讼与调解、仲裁有机衔接的"一站式"国际商事纠纷多元化解决机制，方便当事人运用信息化平台解决国际商事纠纷，最高人民法院依照《中华人民共和国民事诉讼法》、《最高人民法院关于设立国际商事法庭若干问题的规定》等法律及司法解释相关规定，制定了《最高人民法院"一站式"国际商事纠纷多元化解决平台工作指引（试行）》，现予以印发。

本通知自 2024 年 1 月 30 日起执行。

最高人民法院"一站式"国际商事
纠纷多元化解决平台工作指引（试行）

为方便当事人运用最高人民法院"一站式"国际商事纠纷多元化解决平台，公正高效便捷地解决国际商事纠纷，依照《中华人民共和国民事诉讼法》、《最高人民法院关于设立国际商事法庭若干问题的规定》等法律及司法解释相关规定，制定本指引。

第一条 "一站式"国际商事纠纷多元化解决平台（以下简称"一站式"平台）是指最高人民法院国际商事法庭在其官方网站（http：//cicc.court.gov.cn）设立，并与"一站式"国际商事纠纷多元化解决机制内的国际商事调解机构、国际商事仲裁机构以及最高人民法院国际商事专家委员会专家委员（以下简称专家委员）有机衔接的全流程在线服务平台，支持和便利当事人通过选择中立评估、调解、仲裁或者诉讼等多元化方式解决国际商事纠纷。

"一站式"平台设置"调解服务"、"仲裁服务"、"诉讼服务"、"辅助服务"等功能，根据案件流程的进展相应生成、发送、接收、存储、交换相关材料，并将相关材料及节点信息同步发送给相关当事人、平台机构以及专家委员。

第二条 当事人可以依照《最高人民法院关于设立国际商事法庭若干问题的规定》第二条第一项、第三项、第四项的规定，就争议标的额为人民币 3 亿元以上或者其他有重大影响的国际商事纠纷，通过"一站式"平台申请中立评估、调解、仲裁或者提起诉讼。

第三条 当事人选择"一站式"平台解决国际商事纠纷的，根据平台提示填写手机号码或者电子邮箱等必要信息，完成注册登记。

第四条 当事人在提交调解、仲裁或者诉讼前申请中立评估的，应当在"一站式"平台的"辅助服务"选择中立评估功能，填写中立评估申请书，载明意向选择的专家委员，并提交身份证明材料和有关证据材料。

国际商事法庭在收到当事人的中立评估申请材料后，认为所涉纠纷符合本指引第二条适用范围的，应当在三个工作日内向被申请人征求是否同意开展中立评估的意见。被申请人同意的，应当提交同意中立评估的书面意见。

第五条 专家委员被选定为中立评估员后，可以通过"一站式"平台组织召开评估会议，听取当事人陈述，就评估相关问题向当事人提问，并根据当事人的陈述以及有关证据，对证据效力、事实认定、法律适用等进行分析评估，出具中立评估意见。中立评估的期限一般不超过二十个工作日。当事人一致同意延长中立评估期限的，可予适当延长。

中立评估不公开进行，中立评估员应当对当事人提供的信息保密，未经一方当事人许可，不得向另一方当事人透露。中立评估意见不具有法律效力，不能在后续程序中作为证据使用。

当事人可以根据中立评估意见自行和解，也可以申请参与中立评估的专家委员主持调解。参与评估的专家委员可以按照本指引规定进行调解，但不参与除调解以外的其他任何程序。

中立评估费用由专家委员和当事人协商确定。

第六条 当事人申请调解的，可以通过国际商事法庭"一站式"平台"调解服务"，进入"人民法院调解平台"并登录，申请由国际商事调解机构或者专家委员进行调解。

国际商事调解机构调解应当依照相关法律法规以及该机构的调解规则进行。

专家委员调解依照相关法律法规、《最高人民法院国际商事法庭程序规则（试行）》、《最高人民法院国际商事专家委员会工作规则（试行）》、《人民法院在线调解规则》以及本指引进行。

第七条 当事人申请调解的，应当提交以下材料：

（一）调解申请书，载明各方当事人的姓名或名称、地址、电话、传真、电子邮件以及其他联系方式，争议事实和调解请求；

（二）有关证据材料；

（三）身份证明资料；

（四）委托律师或者其他人代理的，应当提交授权委托书、代理人身份证明；

（五）《送达地址、送达方式确认书》。

第八条 国际商事法庭在收到当事人的调解申请材料后，认为所涉纠纷符合本指引第二条适用范围的，应当在三个工作日内向被申请人征求是否同意调解。被申请人同意的，应当提交同意调解的书面意见。

第九条 当事人未申请调解的，国际商事法庭可以询问当事人是否接受立案前委派调解。当事人有调解意愿并在《审前分流程序征询意见表》中表示同意立案前调解的，由国际商事法庭联络委派调解事宜。

国际商事法庭受理案件后，当事人有调解意愿的，由国际商事法庭联络委托调解事宜。

第十条 国际商事法庭委派/委托国际商事调解机构调解的，

应当在当事人选定或者国际商事法庭指定国际商事调解机构后，将《审前分流程序征询意见表》、《委派/委托调解征询意见函》和相关案件材料移送相应机构。

国际商事调解机构在收到《委派/委托调解征询意见函》后三个工作日内回复。

国际商事调解机构接受选定或者指定的，国际商事法庭应当在三个工作日内出具《委派/委托调解书》，并通过"一站式"平台告知当事人。

国际商事调解机构未在上述规定期限内回复的，视为不接受委派/委托调解。

第十一条　当事人均同意由专家委员进行调解的，国际商事法庭应当在七个工作日内组织当事人在专家委员名录中共同选定一至三名专家委员担任调解员。

国际商事法庭应当及时与选定的专家委员联系，安排推进相关调解工作，并将《审前分流程序征询意见表》、《委派/委托调解征询意见函》和相关案件材料移送相应专家委员。

专家委员在收到《委派/委托调解征询意见函》后七个工作日内予以回复。

专家委员接受选定的，国际商事法庭应当在三个工作日内出具《委派/委托调解书》，并通过"一站式"平台告知当事人。

专家委员未在上述规定期限内回复的，视为不接受委派/委托调解。

第十二条　专家委员主持调解前，应当签署保证独立、公正调解的声明书。专家委员主持调解时知悉存在可能导致当事人对其独立性、公正性产生合理怀疑情形的，应当及时向国际商事法庭书面披露。

国际商事法庭应当在收到专家委员的披露材料后三个工作日内通过"一站式"平台告知当事人。

第十三条 当事人以对专家委员的公正性或者独立性产生合理怀疑为由申请更换专家委员的，应当在知悉专家委员应予更换事由或者收到专家委员披露材料后三个工作日内书面提出。逾期没有申请更换的，视为放弃申请。

国际商事法庭应当在收到当事人书面申请三个工作日内进行审查并决定是否更换专家委员。审查期间，不停止调解工作的进行。

第十四条 专家委员主持调解的期限自接受委派/委托调解之日起算，一般不超过二十个工作日。当事人一致同意延长调解期限的，可予适当延长。

第十五条 调解不公开进行。调解应当形成调解情况记录，并由当事人和主持调解的专家委员或者国际商事调解机构的调解员签名。

调解记录及当事人为达成调解协议作出妥协而认可的事实，不得在仲裁或者诉讼程序中作为对当事人不利的根据，但法律另有规定或者当事人均同意的除外。

第十六条 经国际商事调解机构或者专家委员主持调解，当事人达成调解协议的，应当签署书面调解协议。

根据当事人申请，国际商事法庭依法对调解协议进行审查，并制作民事调解书；当事人请求国际商事法庭制作判决书的，国际商事法庭可以制作民事判决书。

第十七条 调解过程中，有以下情形之一，视为调解不成：

（一）任何一方当事人书面要求终止调解程序的；

（二）当事人在商定的调解期限内未能达成调解协议的，但当事人一致同意延长调解期限的除外；

（三）国际商事调解机构认为不宜继续调解或者因其他原因终止调解的；

（四）专家委员无法履行、无法继续履行或者不适合履行调解职责且不能另行选定专家委员的；

（五）其他情形。

委派/委托调解不成的，国际商事调解机构或者专家委员应当在三个工作日内将《调解情况表》及案件相关材料送交国际商事法庭。国际商事法庭收到材料后，应当及时立案；已经立案的，继续推进审理，并将相关信息通过"一站式"平台告知当事人。

第十八条 当事人自愿选择由国际商事调解机构调解的，适用该机构的收费办法和收费标准。

当事人自愿选择由专家委员调解的，可以参照适用"一站式"平台中的国际商事调解机构的收费办法和收费标准。

第十九条 当事人选择通过"一站式"平台申请仲裁的，可以在"仲裁服务"中"申请仲裁"项下选择国际商事仲裁机构，并按照该机构的要求提交申请仲裁的相关材料。

第二十条 当事人申请仲裁保全的，可以通过"一站式"平台中的"仲裁服务"选择"申请仲裁保全"，向国际商事仲裁机构提交如下申请材料：

（一）仲裁保全申请书；

（二）仲裁协议；

（三）身份证明材料；

（四）委托律师或者其他人代理的，应当提交授权委托书、代理人身份证明；

（五）有关证据材料；

（六）提供担保的相关文件。

第二十一条 仲裁保全申请书应当载明下列事项：

（一）申请人与被申请人的基本情况、送达地址、联系方式；

（二）请求事项和所根据的事实与理由；

（三）申请保全的财产数额、证据或者争议标的物；

（四）明确的被保全财产、证据信息或者具体线索；

（五）为保全提供担保的财产信息或者资信证明，或者不需要提供担保的理由；

（六）是否已在其他法院提出申请的情况；

（七）其他需要载明的事项。

第二十二条 国际商事仲裁机构收到当事人提交的保全申请材料后，审查认为所涉纠纷符合本指引第二条适用范围的，应当通过"一站式"平台向国际商事法庭出具转递函。

国际商事法庭收到转递函及仲裁保全申请材料后，认为所涉纠纷符合本指引第二条适用范围的，应当予以立案并在五日内作出裁定。需要当事人补充保全材料的，在仲裁保全申请材料补充完毕后五日内作出裁定；需要询问当事人的，在询问后五日内作出裁定。

国际商事法庭裁定采取保全措施的，可以交由被申请人住所地、被保全财产所在地或者证据所在地的人民法院执行。

国际商事法庭作出的裁定书送达当事人后，应当通过"一站式"平台告知国际商事仲裁机构。

第二十三条 国际商事仲裁机构就本指引第二条规定的国际商事纠纷作出的仲裁裁决，当事人向国际商事法庭申请撤销内地仲裁裁决或者认可和执行境外仲裁裁决的，可以通过国际商事法庭"一站式"平台"诉讼服务"，进入"最高人民法院诉讼服务网"提交如下材料：

（一）申请书，载明当事人的基本情况，请求事项和所根据的事实与理由，以及是否已在其他法院提出申请和申请情况等事项；

（二）仲裁裁决书；

（三）身份证明材料；

（四）委托律师或者其他人代理的，应当提交授权委托书、代理人身份证明；

（五）有关证据材料；

（六）国际商事法庭要求的其他材料。

第二十四条 国际商事法庭收到当事人关于申请撤销内地仲裁裁决或者认可和执行境外仲裁裁决的材料后，认为所涉纠纷符合本指引第二条适用范围的，应予立案。

国际商事法庭受理案件后，应当组成合议庭审理，并询问当事人。根据审理案件的需要，国际商事法庭可以要求国际商事仲裁机构作出说明或者向相关仲裁机构调阅仲裁案卷。

国际商事法庭应当在受理案件之日起两个月内作出裁定，并在裁定书送达当事人后，通过"一站式"平台告知国际商事仲裁机构。

第二十五条 当事人提起诉讼的，可以通过国际商事法庭"一站式"平台"诉讼服务"，进入"最高人民法院诉讼服务网"，提交起诉状及相关诉讼材料。

当事人也可以通过电子邮件、邮寄、现场提交或国际商事法庭许可的其他方式提交起诉状及相关诉讼材料。

当事人以邮寄方式或现场提交的，应当提供纸质文件并按对方当事人人数提供副本，附光盘或者其他可携带的移动存储设备。

第二十六条 当事人向国际商事法庭提起诉讼，应当提交以下材料：

（一）起诉状；

（二）选择最高人民法院管辖的书面协议；

（三）身份证明材料；

（四）委托律师或者其他人代理诉讼的，应当提交授权委托书、代理人身份证明；

（五）支持诉讼请求的相关证据材料；

（六）《送达地址、送达方式确认书》；

（七）《审前分流程序征询意见表》。

第二十七条 国际商事法庭收到当事人提交的起诉材料后，认为符合《最高人民法院关于设立国际商事法庭若干问题的规定》第二条规定的受理案件范围的，予以在线立案，并通过"一站式"平台向当事人发送《受理案件通知书》等诉讼材料。

第二十八条 国际商事法庭依照《中华人民共和国民事诉讼法》、《最高人民法院关于设立国际商事法庭若干问题的规定》、《人民法院在线诉讼规则》等法律和司法解释以及《最高人民法院国际商事法庭程序规则（试行）》审理案件。

第二十九条 当事人应当按照《诉讼费用交纳办法》的规定交纳案件受理费和其他诉讼费用。

当事人可以凭交款码到最高人民法院公布的代理银行各分支机构交纳案件受理费和其他诉讼费用。

第三十条 "一站式"平台严格执行隐私保护相关法律规定，说明平台收集、存储、利用当事人相关信息的情况，以及确保调解、仲裁保密性的相关措施。

第三十一条 "一站式"平台在其显著位置提供平台说明、工作指引、网络环境要求等，为当事人申请利用平台服务提供便利。

本指引中的中立评估是指纠纷提交调解、仲裁或者诉讼前，当事人共同选择中立第三方的专家委员根据案件情况提供专业评估意见，使当事人获得足够信息判断可能出现的诉讼结果并选择最适合的纠纷解决方式，从而引导和促进当事人优先选择调解的纠纷解决机制。

本指引中的身份证明材料是指当事人为自然人时，应当提交的身份证复印件（外国自然人应当提交护照复印件；港澳特区居民应当提交港澳特区身份证复印件或者港澳居民居住证复印件、港澳居民来往内地通行证复印件；台湾地区居民应当提交台湾地区身份证复印件或者台湾居民居住证复印件、台湾居民来往大陆通行证复印件等）。

当事人为法人或者非法人组织时，应当提交注册登记证书复印件以及法定代表人或者负责人身份证复印件。外国企业或者组织应提交经其所在国公证机关公证、我国驻该国使领馆认证或者履行我国与该国缔结或者共同缔结的有关条约中规定的证明手续的商业登记、代表人或者负责人身份证明等主体资格证明材料。

第三十二条 本指引自 2024 年 1 月 30 日起施行。

最高人民法院　中国残疾人联合会
印发《关于为残疾人提供更加优质
诉讼服务的十条意见》的通知

2024 年 2 月 26 日　　　　　法〔2024〕40 号

各省、自治区、直辖市高级人民法院、残联，解放军军事法院，新疆维吾尔自治区高级人民法院生产建设兵团分院，新疆生产建设兵团残联：

现将《最高人民法院、中国残疾人联合会关于为残疾人提供更加优质诉讼服务的十条意见》予以印发，请认真贯彻落实，加快诉讼服务中心无障碍环境建设工作，更好维护残疾人合法权益。执行中遇到的重大问题，请分别报告最高人民法院、中国残疾人联合会。

最高人民法院　中国残疾人联合会
关于为残疾人提供更加优质诉讼服务的十条意见

为认真贯彻落实《中华人民共和国残疾人保障法》、《中华人民共和国无障碍环境建设法》，以新时代能动司法理念推进诉讼服务工作，切实保障残疾人平等、充分、便捷地参与诉讼活动，提升预防化解涉残疾人矛盾纠纷法治化水平，更好维护残疾人合法权益，现就为残疾人提供更加优质诉讼服务工作提出如下意见。

一、完善无障碍设施建设。各级人民法院新建的诉讼服务场所和服务设施应当符合《人民法院诉讼服务中心无障碍环境建设规范》（见附件），既有诉讼服务场所和服务设施不符合上述建设规范的，应当进行必要改造。鼓励有条件的人民法院建设专门的无障碍法庭、无障碍调解室。地方残疾人联合会为人民法院无障碍设施建设和改造提供协助和支持。

二、加强无障碍信息交流。各级人民法院应当在诉讼服务场所为不同残疾类别的残疾人提供语音、大字、同步字幕等无障碍信息交流服务。加强人民法院在线服务等平台无障碍建设，逐步符合无障碍网站设计标准和国家信息无障碍标准，更加方便残疾人全流程在线办理诉讼事项。地方残疾人联合会应当协助人民法院建立诉讼辅助服务人员名册，方便人民法院联系预约专业人士提供盲文、手语翻译等诉讼辅助服务。

三、提供精细化诉讼服务。各级人民法院依托"厅网线巡"诉讼服务渠道，为残疾人提供精细化诉讼服务。对现场能够自主办理诉讼事项的，引导至绿色服务窗口，由工作人员耐心沟通、指导办理；对现场不能自主办理的，安排专人提供代办、帮办服务；对无法来院办理的，引导残疾人通过人民法院在线服务等平台、12368诉讼服务热线等便利方式办理，或者提供预约立案、上门立案等服务。对符合条件的残疾人依法提供缓、减、免诉讼费等司法救助。

四、充分保障残疾人诉权。各级人民法院应当保障涉残疾人案件依法及时立案，对符合受理条件的起诉，做到"有案必立、有诉必理"。鼓励有条件的人民法院开辟绿色通道，对涉残疾人案件进行专门标识，实现优先立案、优先审判、优先执行。对符合适用小额诉讼程序、督促程序、简易程序的，在充分尊重残疾当事人意愿基础上，做好案件繁简分流，切实提高审判质量和效率，保障残疾人合法权益尽快实现。

五、建立"总对总"在线多元解纷机制。最高人民法院会同中国残疾人联合会建立"总对总"在线多元解纷机制。地方人民法院邀请残疾人联合会工作人员以及其他符合条件且愿意参与涉残疾人矛盾纠纷调解工作的组织或人员入驻人民法院调解平台，单独或者联合开展涉残疾人矛盾纠纷调解工作。

六、创新调解化解模式。地方人民法院可以会同残疾人联合会设立调解工作室或者诉讼服务站点，由法官、残疾人联合会工作人员等通过线上线下相结合的方式开展法律咨询、诉讼引导、调解化解等工作。对于交通事故致残、工伤致残、医疗致残等涉残疾人纠纷，可以在公安机关交通管理部门、劳动保障部门、医疗卫生部门等探索设立巡回办案点，联合就地化解纠纷。

七、建立涉法涉诉信访事项联动化解机制。残疾人联合会定期对残疾人反映的涉法涉诉信访事项进行梳理分析。对诉求具有一定合理性的涉诉信访事项，按照调解优先、诉访分离原则，积极引导残疾人诉前化解纠纷。对化解不成且属于人民法院受理范围的事项，协助残疾人向有管辖权的人民法院申请依法解决。残疾人所在地的残疾人联合会应当为残疾人在本地和异地人民法院的和解、调解和诉讼提供支持，促进纠纷实质性化解。

八、做实诉源治理工作。各级人民法院和残疾人联合会应当主动融入党委领导、政府主导的诉源治理格局，携手"抓前端、治未病"。各级人民法院在开展纠纷化解调解或者提供诉讼服务时，发现有关单位维护残疾人权益工作不到位或者存在侵犯残疾人合法权益情况的，应当及时向当地政府主管部门、残疾人联合会等进行报告，必要时可以向该单位发送司法建议，提出针对性治理建议，从源头预防和减少涉残疾人矛盾纠纷。

九、加强联合普法宣传。各级人民法院和残疾人联合会要针对残疾人特点和需求，创新普法宣传形式，制作普法宣传产品，联合开展以案释法、普法宣传等工作，积极引导残疾人尊法学法守法用法、增强法治观念，提高运用法治思维和法治方式解决矛盾纠纷能力水平。

十、建立沟通协调机制。各级人民法院和残疾人联合会应当加强沟通协调，定期对各地落实本意见情况进行交流会商，共同协调解决推进过程中的困难问题，通过定期情况通报、数据信息共享、召开联席会议、联合开展调研、发布典型案例等方式，持续提升诉讼服务能力水平。

附件

人民法院诉讼服务中心无障碍环境建设规范

1. 目的

为推动全国法院诉讼服务中心无障碍环境建设规范化、标准化、人性化，全面提升人民法院诉讼服务中心无障碍环境建设水平，制定本规范。

2. 定义

诉讼服务中心无障碍环境建设是指人民法院为残疾人、老年人等群体在诉讼服务中心自主安全地出入、通行，使用附属设施，获取、使用、交流信息，获得诉讼服务提供便利。

3. 适用范围

本规范为全国法院诉讼服务中心开展无障碍环境建设的统一

规范，适用于人民法院诉讼服务中心新建、改建、扩建工程。

对既有诉讼服务场所的改造应当参照本规范执行。

4. 规范性文件引用

《中华人民共和国无障碍环境建设法》

《无障碍环境建设条例》

《最高人民法院、中国残疾人联合会关于在审判执行工作中切实维护残疾人合法权益的意见》

《最高人民法院、最高人民检察院、公安部、司法部、中国残疾人联合会关于深入学习贯彻习近平法治思想 切实加强残疾人司法保护的意见》

5. 建设原则

人民法院诉讼服务中心无障碍环境建设，应当以符合残疾人诉讼服务需求为原则，坚持从实际出发，做到因地制宜、功能适用。

6. 无障碍通行设施

诉讼服务中心应当设置以下无障碍通行设施：

（1）诉讼服务中心应当设置无障碍出入口、无障碍通道，方便残疾人出入，无障碍通道有地面高差时，应当设置轮椅坡道或缘石坡道；

（2）诉讼服务中心在建筑物二层以上的，应当设置无障碍楼梯或者无障碍电梯；

（3）诉讼服务中心出入口建有公共盲道的，应当设置室外盲道，室外盲道应当与公共盲道相连接；

（4）诉讼服务中心建有停车场的，应当设置至少一个无障碍机动车停车位。

7. 无障碍服务设施

诉讼服务中心应当设置以下无障碍服务设施：

（1）低位服务设施，包括低位导诉台、低位服务窗口、低位自助服务设备等；

（2）满足无障碍要求的厕所，或者在方便残疾人进出的男、女厕所各设置至少一个无障碍厕位；

（3）可以根据场地实际和用途在诉讼服务大厅、调解室、审判法庭等区域设置轮椅席位。

8. 无障碍标识

诉讼服务中心的无障碍设施处均应设置无障碍标识及文字说明。

9. 无障碍辅助设备

诉讼服务中心应当根据实际为不同残疾类别、等级的残疾人配备以下无障碍辅助设备：

（1）为肢体残疾人提供拐杖、轮椅等移动辅助设备；

（2）为视力残疾人提供放大镜等视力辅助设备；

（3）为听力残疾人提供无线辅听系统等听力辅助设备；

（4）为言语残疾人提供手写板等信息沟通辅助设备。

10. 无障碍诉讼资料

诉讼服务中心应当根据实际配备有声、大字、电子、盲文等无障碍版本的诉讼资料，包括诉前调解指南、立案、应诉、申请执行须知、人民法院在线服务等平台应用手册等：

（1）诉讼资料以纸质版提供的，字体字号设置应当不小于小三号，并设置合适的行间距，方便残疾人识别和使用；

（2）诉讼资料以电子版提供的，应当具备语音识别、页面字体放大或缩小等功能；

（3）诉讼资料以盲文版提供的，应当符合《国家通用盲文方案》的规范要求。

11. 人员培训管理

人民法院应当在诉讼服务中心推广使用残疾人联合会及专门协会单位制定的无障碍服务使用手册，加强对诉讼服务人员、立案人员、驻院调解员等培训及考核，进一步提高人民法院无障碍服务水平。

12. 建设标准

诉讼服务中心无障碍环境建设应当符合《建筑与市政工程无障碍通用规范》（GB 55019-2021）等国家无障碍环境建设标准的规定。

最高人民法院　最高人民检察院　公安部
印发《关于办理医保骗保刑事案件若干问题的指导意见》的通知

2024 年 2 月 28 日　　　　　　　　法发〔2024〕6 号

各省、自治区、直辖市高级人民法院、人民检察院、公安厅（局），解放军军事法院、军事检察院，新疆维吾尔自治区高级人民法院生产建设兵团分院，新疆生产建设兵团人民检察院、公安局：

为依法惩治医保骗保犯罪，切实维护医疗保障基金安全，维护人民群众医疗保障合法权益，结合工作实际，最高人民法院、最高人民检察院、公安部现联合印发《关于办理医保骗保刑事案件若干问题的指导意见》，请认真贯彻执行。执行中遇到的重大问题，请分别报告最高人民法院、最高人民检察院、公安部。

最高人民法院 最高人民检察院 公安部
关于办理医保骗保刑事案件若干问题的指导意见

为依法惩治医保骗保犯罪，维护医疗保障基金安全，维护人民群众合法权益，根据《中华人民共和国刑法》、《中华人民共和国刑事诉讼法》等有关规定，现就办理医保骗保刑事案件若干问题提出如下意见。

一、全面把握总体要求

1. 深刻认识依法惩治医保骗保犯罪的重大意义。医疗保障基金是人民群众的"看病钱"、"救命钱"，事关人民群众切身利益，事关医疗保障制度健康持续发展，事关国家长治久安。要切实提高政治站位，深刻认识依法惩治医保骗保犯罪的重大意义，持续深化医保骗保问题整治，依法严惩医保骗保犯罪，切实维护医疗保障基金安全，维护人民群众医疗保障合法权益，促进医疗保障制度健康持续发展，不断提升人民群众获得感、幸福感、安全感。

2. 坚持严格依法办案。坚持以事实为根据、以法律为准绳，坚持罪刑法定、证据裁判、疑罪从无等法律原则，严格按照证据证明标准和要求，全面收集、固定、审查和认定证据，确保每一起医保骗保刑事案件事实清楚，证据确实、充分，定罪准确，量刑适当，程序合法。切实贯彻宽严相济刑事政策和认罪认罚从宽制度，该宽则宽，当严则严，宽严相济，罚当其罪，确保罪责刑相适应，实现政治效果、法律效果和社会效果的统一。

3. 坚持分工负责、互相配合、互相制约。公安机关、人民检察院、人民法院要充分发挥侦查、起诉、审判职能作用，加强协作配合，建立长效工作机制，形成工作合力，依法、及时、有效惩治医保骗保犯罪。坚持以审判为中心，强化证据意识、程序意识、裁判意识，充分发挥庭审在查明事实、认定证据、保护诉权、公正裁判中的决定性作用，有效加强法律监督，确保严格执法、公正司法，提高司法公信力。

二、准确认定医保骗保犯罪

4. 本意见所指医保骗保刑事案件，是指采取欺骗手段，骗取医疗保障基金的犯罪案件。

医疗保障基金包括基本医疗保险（含生育保险）基金、医疗救助基金、职工大额医疗费用补助、公务员医疗补助、居民大病保险资金等。

5. 定点医药机构（医疗机构、药品经营单位）以非法占有为目的，实施下列行为之一，骗取医疗保障基金支出的，对组织、策划、实施人员，依照刑法第二百六十六条的规定，以诈骗罪定罪处罚；同时构成其他犯罪的，依照处罚较重的规定定罪处罚：

（1）诱导、协助他人冒名或者虚假就医、购药，提供虚假证明材料，或者串通他人虚开费用单据；

（2）伪造、变造、隐匿、涂改、销毁医学文书、医学证明、会计凭证、电子信息、检测报告等有关资料；

（3）虚构医药服务项目、虚开医疗服务费用；

（4）分解住院、挂床住院；

（5）重复收费、超标准收费、分解项目收费；

（6）串换药品、医用耗材、诊疗项目和服务设施；

（7）将不属于医疗保障基金支付范围的医药费用纳入医疗保

障基金结算；

（8）其他骗取医疗保障基金支出的行为。

定点医药机构通过实施前款规定行为骗取的医疗保障基金应当予以追缴。

定点医药机构的国家工作人员，利用职务便利，实施第一款规定的行为，骗取医疗保障基金，依照刑法第三百八十二条、第三百八十三条的规定，以贪污罪定罪处罚。

6. 行为人以非法占有为目的，实施下列行为之一，骗取医疗保障基金支出的，依照刑法第二百六十六条的规定，以诈骗罪定罪处罚；同时构成其他犯罪的，依照处罚较重的规定定罪处罚：

（1）伪造、变造、隐匿、涂改、销毁医学文书、医学证明、会计凭证、电子信息、检测报告等有关资料；

（2）使用他人医疗保障凭证冒名就医、购药；

（3）虚构医药服务项目、虚开医疗服务费用；

（4）重复享受医疗保障待遇；

（5）利用享受医疗保障待遇的机会转卖药品、医用耗材等，接受返还现金、实物或者获得其他非法利益；

（6）其他骗取医疗保障基金支出的行为。

参保人员个人账户按照有关规定为他人支付在定点医疗机构就医发生的由个人负担的医疗费用，以及在定点零售药店购买药品、医疗器械、医用耗材发生的由个人负担的费用，不属于前款第（2）项规定的冒名就医、购药。

7. 医疗保障行政部门及经办机构工作人员利用职务便利，骗取医疗保障基金支出的，依照刑法第三百八十二条、第三百八十三条的规定，以贪污罪定罪处罚。

8. 以骗取医疗保障基金为目的，购买他人医疗保障凭证（社会保障卡等）并使用，同时构成买卖身份证件罪、使用虚假身份证件罪、诈骗罪的，以处罚较重的规定定罪处罚。

盗窃他人医疗保障凭证（社会保障卡等），并盗刷个人医保账户资金，依照刑法第二百六十四条的规定，以盗窃罪定罪处罚。

9. 明知系利用医保骗保购买的药品而非法收购、销售的，依照刑法第三百一十二条和相关司法解释的规定，以掩饰、隐瞒犯罪所得罪定罪处罚；指使、教唆、授意他人利用医保骗保购买药品，进而非法收购、销售，依照刑法第二百六十六条的规定，以诈骗罪定罪处罚。

利用医保骗保购买药品的行为人是否被追究刑事责任，不影响对非法收购、销售有关药品的行为人定罪处罚。

对第一款规定的主观明知，应当根据药品标志、收购渠道、价格、规模及药品追溯信息等综合认定。具有下列情形之一的，可以认定行为人具有主观明知，但行为人能够说明药品合法来源或作出合理解释的除外：

（1）药品价格明显异于市场价格的；

（2）曾因实施非法收购、销售利用医保骗保购买的药品，受过刑事或行政处罚的；

（3）以非法收购、销售基本医疗保险药品为业的；

（4）长期或多次向不特定交易对象收购、销售基本医疗保险药品的；

（5）利用互联网、邮寄等非接触式渠道多次收购、销售基本医疗保险药品的；

（6）其他足以认定行为人主观明知的。

三、依法惩处医保骗保犯罪

10. 依法从严惩处医保骗保犯罪，重点打击幕后组织者、职业骗保人等，对其中具有退赃退赔、认罪认罚等从宽情节的，也要从严把握从宽幅度。

具有下列情形之一的，可以从重处罚：

（1）组织、指挥犯罪团伙骗取医疗保障基金的；

（2）曾因医保骗保犯罪受过刑事追究的；

（3）拒不退赃退赔或者转移财产的；

（4）造成其他严重后果或恶劣社会影响的。

11. 办理医保骗保刑事案件，要同步审查洗钱、侵犯公民个人信息等其他犯罪线索，实现全链条依法惩治。要结合常态化开展扫黑除恶斗争，发现、识别医保骗保团伙中可能存在的黑恶势力，深挖医保骗保犯罪背后的腐败和"保护伞"，并坚决依法严惩。

12. 对实施医保骗保的行为人是否追究刑事责任，应当综合骗取医疗保障基金的数额、手段、认罪悔罪、退赃退赔等案件具体情节，依法决定。

对于涉案人员众多的，要根据犯罪的事实、犯罪的性质、情节和对于社会的危害程度，以及在共同犯罪中的地位、作用、具体实施的行为区别对待、区别处理。对涉案不深的初犯、偶犯从轻处罚，对认罪认罚的医务人员、患者可以从宽处罚，其中，犯罪情节轻微的，可以依法不起诉或者免除处罚；情节显著轻微、危害不大的，不作为犯罪处理。

13. 依法正确适用缓刑，要综合考虑犯罪情节、悔罪表现、再犯罪的危险以及宣告缓刑对所居住社区的影响，依法作出决定。对犯罪集团的首要分子、职业骗保人、曾因医保骗保犯罪受过刑事追究，毁灭、伪造、隐藏证据，拒不退赃退赔或者转移财产逃避责任的，一般不适用缓刑。对宣告缓刑的犯罪分子，根据犯罪情况，可以同时禁止其在缓刑考验期限内从事与医疗保障基金有关的特定活动。

14. 依法用足用好财产刑，加大罚金、没收财产力度，提高医保骗保犯罪成本，从经济上严厉制裁犯罪分子。要综合考虑犯罪数额、退赃退赔、认罪认罚等情节决定罚金数额。

四、切实加强证据的收集、审查和判断

15. 医保骗保刑事案件链条长、隐蔽深、取证难，公安机关要加强调查取证工作，围绕医保骗保犯罪事实和量刑情节收集固定证据，尤其注重收集和固定处方、病历等原始证据材料及证明实施伪造骗取事实的核心证据材料，深入查明犯罪事实，依法移送起诉。对重大、疑难、复杂和社会影响大、关注度高的案件，必要时可以听取人民检察院的意见。

16. 人民检察院要依法履行法律监督职责，强化以证据为核心的指控体系构建，加强对医保骗保刑事案件的提前介入、证据审查、立案监督等工作，积极引导公安机关开展侦查活动，完善证据体系。

17. 人民法院要强化医保骗保刑事案件证据的审查、判断，综合运用证据，围绕与定罪量刑有关的事实情节进行审查、认定，确保案件事实清楚，证据确实、充分。认为需要补充证据的，应当依法建议人民检察院补充侦查。

18. 医疗保障行政部门在监督检查和调查中收集的物证、书证、视听资料、电子数据等证据材料，经法庭查证属实，且收集程序符合有关法律、行政法规规定的，可以作为定案的根据。

19. 办理医保骗保刑事案件，确因证人人数众多等客观条件限制，无法逐一收集证人证言的，可以结合已收集的证人证言，以及经查证属实的银行账户交易记录、第三方支付结算凭证、账户交易记录、审计报告、医保信息系统数据、电子数据等证据，综合认定诈骗数额等犯罪事实。

20. 公安机关、人民检察院、人民法院对依法查封、扣押、冻结的涉案财产，应当全面收集、审查证明其来源、性质、用途、权属及价值大小等有关证据，根据查明的事实依法处理。经查明确实与案件无关的，应予返还。

公安机关、人民检察院应当对涉案财产审查甄别。在移送起诉、提起公诉时，应当对涉案财产提出处理意见。

21. 对行为人实施医保骗保犯罪所得一切财物，应当依法追缴或者责令退赔。确有证据证明存在依法应当追缴的财产，但无法查明去向，或者价值灭失，或者与其他合法财产混合且不可分割的，可以追缴等值财产或者混合财产中的等值部分。等值财产的追缴数额限于依法查明应当追缴违法所得数额，对已经追缴或者退赔的部分应予扣除。

对于证明前款各种情形的证据，应当及时调取。

22. 公安机关、人民检察院、人民法院要把追赃挽损贯穿办理案件全过程和各环节，全力追赃挽损，做到应追尽追。人民法院在执行涉案财物过程中，公安机关、人民检察院及有关职能部门应当配合，切实履行协作义务，综合运用多种手段，做好涉案财物清运、财产变现、资金归集和财产返还等工作，最大程度减少医疗保障基金损失，最大限度维护人民群众利益。

五、建立健全协同配合机制

23. 公安机关、人民检察院对医疗保障行政部门在调查医保骗保行为或行政执法过程中，认为案情重大疑难复杂，商请就追诉标准、证据固定等问题提出咨询或参考意见的，应当及时提出意见。

公安机关对医疗保障行政部门移送的医保骗保犯罪线索要及时调查，必要时可请相关部门予以协助并提供相关证据材料，对涉嫌犯罪的及时立案侦查。医疗保障行政部门或有关行政主管部门及医药机构应当积极配合办案机关调取相关证据，做好证据的固定和保管工作。

公安机关、人民检察院、人民法院对不构成犯罪、依法不起诉或免予刑事处罚的医保骗保行为人，需要给予行政处罚、政务处分或者其他处分的，应当依法移送医疗保障行政部门等有关机关处理。

24. 公安机关、人民检察院、人民法院与医疗保障行政部门要加强协作配合，健全医保骗保刑事案件前期调查、立案侦查、审查起诉、审判执行等工作机制，完善线索发现、核查、移送、处理和反馈机制，加强对医保骗保犯罪线索的分析研判，及时发现、有效预防和惩治犯罪。公安机关与医疗保障行政部门要加快推动信息共享，构建实时分析预警监测模型，力争医保骗保问题"发现在早、打击在早"，最大限度减少损失。

公安机关、人民检察院、人民法院应当将医保骗保案件处理结果及生效文书及时通报医疗保障行政部门。

25. 公安机关、人民检察院、人民法院在办理医保骗保刑事案件时，可商请医疗保障行政部门或有关行政主管部门指派专业人员配合开展工作，协助查阅、复制有关专业资料或核算医疗保障基金损失数额，就案件涉及的专业问题出具认定意见。涉及需要行政处理的事项，应当及时移送医疗保障行政部门或者有关行政主管部门依法处理。

26. 公安机关、人民检察院、人民法院要积极能动履职，进一步延伸办案职能，根据情况适时发布典型案例、开展以案释法，加强法治宣传教育，推动广大群众知法、守法，共同维护医疗保障基金正常运行和医疗卫生秩序。结合办理案件发现医疗保障基金使用、监管等方面存在的问题，向有关部门发送提示函、检察建议书、司法建议书，并注重跟踪问效，建立健全防范医保骗保违法犯罪长效机制，彻底铲除医保骗保违法犯罪的滋生土壤。

人民法院案例库建设运行工作规程

2024 年 4 月 29 日   法〔2024〕92 号

第一章　一般规定

第一条　为做好人民法院案例库的建设和使用工作，促进法律正确统一适用，深化诉源治理，提升公正与效率，结合审判工作实际，制定本规程。

第二条　人民法院案例库是由最高人民法院统一建设的案例资源库。最高人民法院各审判业务部门负责案例收集、编选及审查等工作。最高人民法院研究室负责统筹人民法院案例库建设、案例审核等工作。

第三条　人民法院案例库收录最高人民法院发布的指导性案

例和经最高人民法院审核入库的参考案例，供各级人民法院和社会公众查询、使用、学习、研究。

以审判业务领域为标准，入库案例分为刑事、民事、行政、国家赔偿、执行五种类型。根据工作需要，人民法院案例库设置相关特色专栏。

第四条 人民法院案例库收录的参考案例，应当是裁判已经发生法律效力，且对类案审判具有参考示范价值的案例。

针对同一具体法律适用问题收录的参考案例一般不超过两件。

第五条 参考案例统一编号，体例格式一般包括标题、副标题、关键词、基本案情、裁判理由、裁判要旨、关联索引。

指导性案例按照发布时的文本直接入库，保留原编号并增加入库编号。

第六条 参考案例的报送、审查、审核等工作应当在人民法院案例库平台上开展。

第七条 对于案例是否符合入库标准、是否应当出库存在重大争议的，可以提交审判委员会讨论决定。

第二章　参考案例的入库流程

第八条 中级、基层人民法院对本院已经发生法律效力的裁判，认为符合入库标准的，应当及时按照格式要求编写案例，经分管院领导审批，层报高级人民法院。

第九条 高级人民法院审判业务部门负责收集、编选、审查本院和辖区法院案例，经专业法官会议讨论，认为符合参考案例入库标准的，经分管院领导审批后送本院研究室。高级人民法院研究室审核后，根据最高人民法院审判业务条线分工，报送至最高人民法院相关审判业务部门。

第十条 最高人民法院各巡回法庭、国家法官学院（司法案例研究院）、中国应用法学研究所、人民法院新闻传媒总社等可以结合工作实际编写案例，推荐至最高人民法院相关审判业务部门。

最高人民法院各审判业务部门、研究室可以自行收集、编写案例，按照本章规定的流程审查入库。

第十一条 最高人民法院各审判业务部门负责审查本部门编写，最高人民法院各巡回法庭、国家法官学院（司法案例研究院）、中国应用法学研究所、人民法院新闻传媒总社等推荐，以及高级人民法院报送的案例。

第十二条 最高人民法院各审判业务部门对案例的事实认定、法律适用、裁判说理、价值导向等进行全面审查，经专业法官会议讨论，分别作出以下处理：

（一）认为符合入库标准的，报分管院领导审批后送研究室审核；

（二）认为基本符合入库标准，但需要修改完善的，可以直接作出修改，或者提出明确意见后退回修改；

（三）认为不符合入库标准的，终止审查并说明理由。

第十三条 最高人民法院研究室在对案例材料是否齐全、体例格式是否符合要求等进行审核的基础上，重点对案例是否符合入库标准进行审核。审核过程中，可以视情将案例送交院内外相关专家研提意见，相关工作可与案例推送部门沟通。

第十四条 最高人民法院研究室经审核，对案例分别作出以下处理：

（一）认为符合入库标准的，经文字核校后入库；

（二）认为基本符合入库标准，但需要修改完善的，可以直接作出修改，或者提出明确意见后退回修改；

（三）认为不符合入库标准的，终止审核并说明理由。

第十五条　最高人民法院研究室自行收集、编写的案例，应当征求相关审判业务部门的意见。

第三章　社会推荐参考案例的入库流程

第十六条　国家机关、法学院校、律师协会等单位，专家学者、律师及其他公民个人，可以向人民法院案例库推荐参考案例。

前款规定的单位和个人推荐参考案例的，可以通过人民法院案例库平台推荐，也可以通过信函等方式推荐。

第十七条　对于社会推荐的参考案例，一般由作出生效裁判的人民法院进行审查。

对于中央国家机关、全国性社会组织等推荐的参考案例，由最高人民法院直接审查。

对于地方国家机关、地方社会组织等推荐的参考案例，参照本条第二款的规定，由有关地方人民法院进行审查。

第十八条　社会推荐案例经审查审核入库的，最高人民法院应当向推荐人颁发证书。

第四章　入库案例的检索使用

第十九条　各级人民法院审理案件时，应当检索人民法院案例库，严格依照法律和司法解释、规范性文件，并参考入库类似案例作出裁判。

第二十条　各级人民法院审理案件时，经检索发现人民法院案例库未收录类似案例，而正在审理的案件所涉法律适用问题疑难、复杂的，可以就相关法律适用问题提出请示，或者报请提级管辖；由本院继续审理的，应当提交审判委员会讨论决定。

各级人民法院审理案件时，经检索发现人民法院案例库收录有类似案例，但认为正在审理的案件具有特殊情况，不宜参考入库案例的，应当提交审判委员会讨论决定。

前两款规定的案件对类案审判具有参考示范价值的，作出生效裁判的人民法院应当在裁判作出后三十日内编写案例，按照本规程第二章规定的流程入库。

第二十一条　各级人民法院审理案件时参考入库类似案例的，可以将类似案例的裁判理由、裁判要旨作为本案裁判考量、理由参引，但不作为裁判依据。

公诉机关、当事人及其辩护人、诉讼代理人等提交入库案例作为控（诉）辩理由的，人民法院应当在裁判文书说理中予以回应。

第二十二条　各级人民法院应当将参考入库案例作出裁判的情况作为案件质量评查内容。

第五章　参考案例的动态调整

第二十三条　人民法院案例库实行动态调整机制。

地方各级人民法院认为参考案例在法律适用方面存在不当，或者裁判理念等应当有发展、完善，不宜作为参考案例的，应当提出意见并说明理由，参照本规程第二章规定的流程层报最高人民法院相关审判业务部门审查；有适宜案例可资替换的，应当同时报送。

最高人民法院相关审判业务部门认为参考案例需要出库的，应当提出意见并说明理由，报分管院领导审批后，送研究室办理；有适宜案例可资替换的，应当同时送研究室审核。

最高人民法院研究室认为参考案例需要出库的，商相关审判业务部门处理。

第二十四条　各级人民法院认为参考案例需要作重要修改完善的，参照上述程序办理。

第六章　其他规定

第二十五条　最高人民法院研究室定期分析、通报人民法院案例库建设、使用工作情况。

各高级人民法院研究室应当定期就参与人民法院案例库建设、检索使用人民法院案例库等情况，向本院党组作出专题汇报。

第二十六条　人民法院出版社具体负责人民法院案例库建设、运行维护等工作。人民法院信息技术服务中心负责为人民法院案例库建设、运行维护提供软硬件环境基础支持。

第二十七条　根据工作需要，国家法官学院（司法案例研究院）开展入库案例检索使用等培训、教材编写和研究等工作；中国应用法学研究所加强入库案例研究工作，为入库案例的检索使用提供理论支持。

第二十八条　各级人民法院应当结合工作实际，将本院各部门及审判人员参与人民法院案例库建设工作情况纳入绩效考核。

第二十九条　指导性案例的遴选、审查、审议、使用等，适用《最高人民法院关于案例指导工作的规定》（法发〔2010〕51号）的有关规定。

第三十条　本规程自2024年5月8日起施行。以前发布的文件与本规程不一致的，以本规程为准。

最高人民法院　最高人民检察院　公安部
关于印发《最高人民法院 最高人民检察院
公安部关于办理跨境电信网络诈骗等刑事
案件适用法律若干问题的意见》的通知

（2024 年 6 月 26 日）

各省、自治区、直辖市高级人民法院、人民检察院、公安厅
（局），解放军军事法院、军事检察院，新疆维吾尔自治区高级人
民法院生产建设兵团分院，新疆生产建设兵团人民检察院、公
安局：

　　为全面贯彻习近平法治思想，依法严厉惩治跨境电信网络诈
骗等犯罪活动，最高人民法院、最高人民检察院、公安部联合制
定了《关于办理跨境电信网络诈骗等刑事案件适用法律若干问题
的意见》，现予印发，请结合实际认真贯彻执行。在贯彻执行中遇
到的新情况、新问题，请及时分别报告最高人民法院、最高人民
检察院、公安部。

最高人民法院　最高人民检察院　公安部
关于办理跨境电信网络诈骗等刑事案件
适用法律若干问题的意见

为依法严厉惩治跨境电信网络诈骗等犯罪活动，根据《中华人民共和国刑法》《中华人民共和国刑事诉讼法》等法律及有关司法解释等规定，结合工作实际，制定本意见。

一、总体要求

1. 跨境电信网络诈骗等犯罪活动严重侵害人民群众生命财产安全，社会危害极大，人民群众反映强烈。人民法院、人民检察院、公安机关要坚持以人民为中心，坚持系统治理、依法治理、源头治理，依法从严惩处，全力追赃挽损，坚决维护人民群众切身利益。依法重点打击犯罪集团及其组织者、策划者、指挥者和骨干成员；重点打击为跨境电信网络诈骗等犯罪活动提供庇护的组织；重点打击犯罪集团实施的故意杀人、故意伤害、绑架、强奸、强迫卖淫、非法拘禁等犯罪行为；重点打击为跨境电信网络诈骗等犯罪集团招募成员而实施组织、运送他人偷越国（边）境的犯罪行为。

2. 人民法院、人民检察院、公安机关要严格依法办案，坚持以证据为中心，贯彻证据裁判原则，全面收集、审查证据，严禁刑讯逼供和以威胁、引诱、欺骗等非法手段收集证据，充分保障犯罪嫌疑人、被告人诉讼权利，准确认定事实，正确适用法律，依法公正办理。

3. 人民法院、人民检察院、公安机关要认真贯彻落实宽严相济刑事政策，充分考虑行为人的一贯表现、主观恶性和人身危险性，做到区别对待、宽严并用、罚当其罪。对于应当重点打击的犯罪分子，坚持总体从严，严格掌握取保候审范围，严格掌握不起诉标准，严格掌握从轻、减轻处罚或者缓刑的适用范围和幅度，充分运用财产刑，不让犯罪分子在经济上得利。对于主动投案、认罪认罚、积极退赃退赔，积极配合办案机关追查相关犯罪、抓捕首要分子和骨干成员、追缴涉案财物起到重要作用的，以及未成年人、在校学生和被诱骗或者被胁迫参与犯罪的人员，坚持宽以济严，依法从宽处罚。

二、依法惩治跨境电信网络诈骗等犯罪

4. 通过提供犯罪场所、条件保障、武装庇护、人员管理等方式管理控制犯罪团伙实施跨境电信网络诈骗、敲诈勒索等犯罪活动，抽成分红或者收取相关费用，有明确的组织者、领导者，骨干成员基本固定，符合刑法第二十六条第二款规定的，应当认定为犯罪集团。

组织者、领导者未到案或者因死亡等法定情形未被追究刑事责任的，不影响犯罪集团的认定。

5. 对于跨境实施的电信网络诈骗、敲诈勒索等犯罪，确因客观条件限制无法查明被害人的，可以依据账户交易记录、通讯群组聊天记录等证据，结合犯罪嫌疑人、被告人供述，综合认定犯罪数额。

对于犯罪集团的犯罪数额，可以根据该犯罪集团从其管理控

508

制的犯罪团伙抽成分红或者收取费用的数额和方式折算。对于无法折算的，抽成分红或者收取费用的数额可以认定为犯罪数额。

6. 犯罪嫌疑人、被告人参加犯罪集团或犯罪团伙，实施电信网络诈骗、敲诈勒索等犯罪行为，犯罪集团或犯罪团伙的犯罪数额已经查证，但因客观条件限制无法查明犯罪嫌疑人、被告人具体犯罪数额的，应当综合考虑其在犯罪集团、犯罪团伙中的地位作用、参与时间、与犯罪事实的关联度，以及主观恶性和人身危险性等，准确认定其罪责。

7. 犯罪嫌疑人、被告人参加境外诈骗犯罪集团或犯罪团伙，实施电信网络诈骗犯罪行为，犯罪嫌疑人、被告人及所在犯罪集团、犯罪团伙的犯罪数额均难以查证，但犯罪嫌疑人、被告人一年内出境赴境外犯罪窝点累计时间30日以上或者多次出境赴境外犯罪窝点的，应当认定为刑法第二百六十六条规定的"其他严重情节"，以诈骗罪依法追究刑事责任。但有证据证实其出境从事正当活动的除外。

8. 本意见第7条规定的"犯罪窝点"，是指实施电信网络诈骗犯罪活动的作案场所。对于为招募电信网络诈骗犯罪团伙而建设，或者入驻的主要是电信网络诈骗犯罪团伙的整栋建筑物、企业园区、产业园区、开发区等，可以认定为"犯罪窝点"。

"一年内出境赴境外犯罪窝点累计时间30日以上"，应当从犯罪嫌疑人、被告人实际加入境外犯罪窝点的时间起算。犯罪嫌疑人、被告人实际加入境外犯罪窝点的确切时间难以查证，但能够查明其系非法出境的，可以以出境时间起算，合理路途时间应当扣除。确因客观条件限制无法查明出境时间的，可以结合犯罪嫌疑人、被告人的行踪轨迹等最后出现在国（边）境附近的时间，扣除合理路途时间后综合认定。合理路途时间可以参照乘坐公共交通工具所需时间认定。犯罪嫌疑人、被告人就路途时间提出合理辩解并经查证属实的，应当予以采信。

9. 认定犯罪嫌疑人、被告人实施偷越国（边）境行为，可以根据其出入境证件、出入境记录、行踪轨迹、移交接收人员证明等，结合犯罪嫌疑人、被告人供述综合认定。

犯罪嫌疑人、被告人以旅游、探亲、求学、务工、经商等为由申领出入境证件，但出境后即前往电信网络诈骗、敲诈勒索等犯罪窝点的，属于《最高人民法院 最高人民检察院关于办理妨害国（边）境管理刑事案件应用法律若干问题的解释》第六条第（四）项规定的使用以虚假的出入境事由骗取的出入境证件出入国（边）境情形，应当认定为偷越国（边）境行为。

10. 具有下列情形之一的，应当认定为《最高人民法院 最高人民检察院关于办理妨害国（边）境管理刑事案件应用法律若干问题的解释》第五条第（二）项规定的"结伙"：

（1）犯罪嫌疑人、被告人就偷越国（边）境的路线、交通方式、中途驻留地点、规避检查方式等进行商议或者以实际行为相互帮助的；

（2）犯罪嫌疑人、被告人之间代为支付交通、住宿等偷越国（边）境过程中产生的相关费用的；

（3）有犯罪嫌疑人、被告人负责与组织、运送偷越国（边）境的犯罪团伙或者个人联系，并带领其他人员一起偷越国（边）境的。

11. 能够查明被害人的身份，但确因客观条件限制无法当面询问的，可由两名以上办案人员通过视频等远程方式询问，并当场制作笔录，经被害人核对无误后，办案人员逐页签名确认，并注明与询问内容一致。询问、核对笔录、签名过程应当全程同步录音录像。询问过程有翻译人员参加的，翻译人员应当在询问笔录上逐页签名确认。

12. 犯罪嫌疑人、被告人辩解在境外受胁迫实施电信网络诈骗、敲诈勒索等犯罪活动的，应当对其提供的线索或者材料进行调查核实，综合认定其是否属于刑法第二十八条规定的"被胁迫参加犯罪"。

犯罪嫌疑人、被告人在境外实施电信网络诈骗、敲诈勒索等犯罪活动期间，能够与外界保持自由联络，或者被胁迫后又积极主动实施犯罪的，一般不认定为胁从犯。

13. 实施跨境电信网络诈骗、敲诈勒索等犯罪的人员，主动或者经亲友劝说后回国投案，并如实供述自己罪行的，应当认定为自首，依法可以从轻或者减轻处罚。其中，犯罪较轻的，可以免除处罚。

14. 犯罪嫌疑人、被告人在境外实施电信网络诈骗、敲诈勒索等犯罪，犯罪情节轻微，依照法律规定不起诉或者免予刑事处罚的，由主管部门依法予以行政处罚。

三、全面加强追赃挽损

15. 公安机关、人民检察院、人民法院应当全面调查、审查跨境电信网络诈骗、敲诈勒索等犯罪集团、犯罪团伙及其成员的财产状况，依法及时查询、查封、扣押、冻结涉案账户资金、房产、车辆、贵金属等涉案财物。对于依法查封、扣押、冻结的涉案财物，公安机关应当全面收集证明其来源、性质、权属、价值，以及是否应予追缴、没收或者责令退赔等证据材料，并在移送审查起诉时随案移送。人民检察院应当对涉案财物的证据材料进行审查，在提起公诉时提出处理意见。人民法院应当在判决书中对涉案财物作出处理。

16. 犯罪嫌疑人、被告人逃匿境外的电信网络诈骗犯罪案件，犯罪嫌疑人、被告人在通缉一年后不能到案，或者犯罪嫌疑人、被告人死亡的，应当依照法定程序没收其违法所得及其他涉案财产。

第 9 辑

最高人民法院
关于内地与香港特别行政区法院
相互认可和执行民商事案件判决的安排

法释〔2024〕2 号

(2019 年 1 月 14 日最高人民法院审判委员会第 1759 次会议通过
2024 年 1 月 25 日最高人民法院公告公布
自 2024 年 1 月 29 日起施行)

根据《中华人民共和国香港特别行政区基本法》第九十五条的规定,最高人民法院与香港特别行政区政府经协商,现就民商事案件判决的相互认可和执行问题作出如下安排。

第一条 内地与香港特别行政区法院民商事案件生效判决的相互认可和执行,适用本安排。

刑事案件中有关民事赔偿的生效判决的相互认可和执行,亦适用本安排。

第二条 本安排所称"民商事案件"是指依据内地和香港特别行政区法律均属于民商事性质的案件,不包括香港特别行政区法院审理的司法复核案件以及其他因行使行政权力直接引发的案件。

第三条　本安排暂不适用于就下列民商事案件作出的判决：

（一）内地人民法院审理的赡养、兄弟姐妹之间扶养、解除收养关系、成年人监护权、离婚后损害责任、同居关系析产案件，香港特别行政区法院审理的应否裁判分居的案件；

（二）继承案件、遗产管理或者分配的案件；

（三）内地人民法院审理的有关发明专利、实用新型专利侵权的案件，香港特别行政区法院审理的有关标准专利（包括原授专利）、短期专利侵权的案件，内地与香港特别行政区法院审理的有关确认标准必要专利许可费率的案件，以及有关本安排第五条未规定的知识产权案件；

（四）海洋环境污染、海事索赔责任限制、共同海损、紧急拖航和救助、船舶优先权、海上旅客运输案件；

（五）破产（清盘）案件；

（六）确定选民资格、宣告自然人失踪或者死亡、认定自然人限制或者无民事行为能力的案件；

（七）确认仲裁协议效力、撤销仲裁裁决案件；

（八）认可和执行其他国家和地区判决、仲裁裁决的案件。

第四条　本安排所称"判决"，在内地包括判决、裁定、调解书、支付令，不包括保全裁定；在香港特别行政区包括判决、命令、判令、讼费评定证明书，不包括禁诉令、临时济助命令。

本安排所称"生效判决"：

（一）在内地，是指第二审判决，依法不准上诉或者超过法定期限没有上诉的第一审判决，以及依照审判监督程序作出的上述判决；

（二）在香港特别行政区，是指终审法院、高等法院上诉法庭及原讼法庭、区域法院以及劳资审裁处、土地审裁处、小额钱债审裁处、竞争事务审裁处作出的已经发生法律效力的判决。

第五条 本安排所称"知识产权"是指《与贸易有关的知识产权协定》第一条第二款规定的知识产权，以及《中华人民共和国民法典》第一百二十三条第二款第七项、香港《植物品种保护条例》规定的权利人就植物新品种享有的知识产权。

第六条 本安排所称"住所地"，当事人为自然人的，是指户籍所在地或者永久性居民身份所在地、经常居住地；当事人为法人或者其他组织的，是指注册地或者登记地、主要办事机构所在地、主要营业地、主要管理地。

第七条 申请认可和执行本安排规定的判决：

（一）在内地，向申请人住所地或者被申请人住所地、财产所在地的中级人民法院提出；

（二）在香港特别行政区，向高等法院提出。

申请人应当向符合前款第一项规定的其中一个人民法院提出申请。向两个以上有管辖权的人民法院提出申请的，由最先立案的人民法院管辖。

第八条 申请认可和执行本安排规定的判决，应当提交下列材料：

（一）申请书；

（二）经作出生效判决的法院盖章的判决副本；

（三）作出生效判决的法院出具的证明书，证明该判决属于生效判决，判决有执行内容的，还应当证明在原审法院地可以执行；

（四）判决为缺席判决的，应当提交已经合法传唤当事人的证明文件，但判决已经对此予以明确说明或者缺席方提出认可和执行申请的除外；

（五）身份证明材料：

1. 申请人为自然人的，应当提交身份证件复印件；

2. 申请人为法人或者其他组织的，应当提交注册登记证书的复印件以及法定代表人或者主要负责人的身份证件复印件。

上述身份证明材料，在被请求方境外形成的，应当依据被请求方法律规定办理证明手续。

向内地人民法院提交的文件没有中文文本的，应当提交准确的中文译本。

第九条 申请书应当载明下列事项：

（一）当事人的基本情况：当事人为自然人的，包括姓名、住所、身份证件信息、通讯方式等；当事人为法人或者其他组织的，包括名称、住所及其法定代表人或者主要负责人的姓名、职务、住所、身份证件信息、通讯方式等；

（二）请求事项和理由；申请执行的，还需提供被申请人的财产状况和财产所在地；

（三）判决是否已在其他法院申请执行以及执行情况。

第十条 申请认可和执行判决的期间、程序和方式，应当依据被请求方法律的规定。

第十一条 符合下列情形之一，且依据被请求方法律有关诉讼不属于被请求方法院专属管辖的，被请求方法院应当认定原审法院具有管辖权：

（一）原审法院受理案件时，被告住所地在该方境内；

（二）原审法院受理案件时，被告在该方境内设有代表机构、分支机构、办事处、营业所等不属于独立法人的机构，且诉讼请求是基于该机构的活动；

（三）因合同纠纷提起的诉讼，合同履行地在该方境内；

（四）因侵权行为提起的诉讼，侵权行为实施地在该方境内；

（五）合同纠纷或者其他财产权益纠纷的当事人以书面形式约定由原审法院地管辖，但各方当事人住所地均在被请求方境内的，原审法院地应系合同履行地、合同签订地、标的物所在地等与争议有实际联系地；

（六）当事人未对原审法院提出管辖权异议并应诉答辩，但各方当事人住所地均在被请求方境内的，原审法院地应系合同履行地、合同签订地、标的物所在地等与争议有实际联系地。

前款所称"书面形式"是指合同书、信件和数据电文（包括电报、电传、传真、电子数据交换和电子邮件）等可以有形地表现所载内容的形式。

知识产权侵权纠纷案件以及内地人民法院审理的《中华人民共和国反不正当竞争法》第六条规定的不正当竞争纠纷民事案件、香港特别行政区法院审理的假冒纠纷案件，侵权、不正当竞争、假冒行为实施地在原审法院地境内，且涉案知识产权权利、权益在该方境内依法应予保护的，才应当认定原审法院具有管辖权。

除第一款、第三款规定外，被请求方法院认为原审法院对于有关诉讼的管辖符合被请求方法律规定的，可以认定原审法院具有管辖权。

第十二条 申请认可和执行的判决，被申请人提供证据证明有下列情形之一的，被请求方法院审查核实后，应当不予认可和执行：

（一）原审法院对有关诉讼的管辖不符合本安排第十一条规定的；

（二）依据原审法院地法律，被申请人未经合法传唤，或者虽经合法传唤但未获得合理的陈述、辩论机会的；

（三）判决是以欺诈方法取得的；

（四）被请求方法院受理相关诉讼后，原审法院又受理就同一争议提起的诉讼并作出判决的；

（五）被请求方法院已经就同一争议作出判决，或者已经认可其他国家和地区就同一争议作出的判决的；

（六）被请求方已经就同一争议作出仲裁裁决，或者已经认可其他国家和地区就同一争议作出的仲裁裁决的。

内地人民法院认为认可和执行香港特别行政区法院判决明显违反内地法律的基本原则或者社会公共利益，香港特别行政区法院认为认可和执行内地人民法院判决明显违反香港特别行政区法律的基本原则或者公共政策的，应当不予认可和执行。

第十三条 申请认可和执行的判决，被申请人提供证据证明在原审法院进行的诉讼违反了当事人就同一争议订立的有效仲裁协议或者管辖协议的，被请求方法院审查核实后，可以不予认可和执行。

第十四条 被请求方法院不能仅因判决的先决问题不属于本安排适用范围，而拒绝认可和执行该判决。

第十五条 对于原审法院就知识产权有效性、是否成立或者存在作出的判项，不予认可和执行，但基于该判项作出的有关责任承担的判项符合本安排规定的，应当认可和执行。

第十六条 相互认可和执行的判决内容包括金钱判项、非金钱判项。

判决包括惩罚性赔偿的，不予认可和执行惩罚性赔偿部分，但本安排第十七条规定的除外。

第十七条 知识产权侵权纠纷案件以及内地人民法院审理的《中华人民共和国反不正当竞争法》第六条规定的不正当竞争纠纷

民事案件、香港特别行政区法院审理的假冒纠纷案件，内地与香港特别行政区法院相互认可和执行判决的，限于根据原审法院地发生的侵权行为所确定的金钱判项，包括惩罚性赔偿部分。

有关商业秘密侵权纠纷案件判决的相互认可和执行，包括金钱判项（含惩罚性赔偿）、非金钱判项。

第十八条 内地与香港特别行政区法院相互认可和执行的财产给付范围，包括判决确定的给付财产和相应的利息、诉讼费、迟延履行金、迟延履行利息，不包括税收、罚款。

前款所称"诉讼费"，在香港特别行政区是指讼费评定证明书核定或者命令支付的费用。

第十九条 被请求方法院不能认可和执行判决全部判项的，可以认可和执行其中的部分判项。

第二十条 对于香港特别行政区法院作出的判决，一方当事人已经提出上诉，内地人民法院审查核实后，中止认可和执行程序。经上诉，维持全部或者部分原判决的，恢复认可和执行程序；完全改变原判决的，终止认可和执行程序。

内地人民法院就已经作出的判决裁定再审的，香港特别行政区法院审查核实后，中止认可和执行程序。经再审，维持全部或者部分原判决的，恢复认可和执行程序；完全改变原判决的，终止认可和执行程序。

第二十一条 被申请人在内地和香港特别行政区均有可供执行财产的，申请人可以分别向两地法院申请执行。

应对方法院要求，两地法院应当相互提供本方执行判决的情况。

两地法院执行财产的总额不得超过判决确定的数额。

第二十二条 在审理民商事案件期间，当事人申请认可和执行另一地法院就同一争议作出的判决的，应当受理。受理后，有关诉讼应当中止，待就认可和执行的申请作出裁定或者命令后，再视情终止或者恢复诉讼。

第二十三条 审查认可和执行判决申请期间，当事人就同一争议提起诉讼的，不予受理；已经受理的，驳回起诉。

判决全部获得认可和执行后，当事人又就同一争议提起诉讼的，不予受理。

判决未获得或者未全部获得认可和执行的，申请人不得再次申请认可和执行，但可以就同一争议向被请求方法院提起诉讼。

第二十四条 申请认可和执行判决的，被请求方法院在受理申请之前或者之后，可以依据被请求方法律规定采取保全或者强制措施。

第二十五条 法院应当尽快审查认可和执行的申请，并作出裁定或者命令。

第二十六条 被请求方法院就认可和执行的申请作出裁定或者命令后，当事人不服的，在内地可以于裁定送达之日起十日内向上一级人民法院申请复议，在香港特别行政区可以依据其法律规定提出上诉。

第二十七条 申请认可和执行判决的，应当依据被请求方有关诉讼收费的法律和规定交纳费用。

第二十八条 本安排签署后，最高人民法院和香港特别行政区政府经协商，可以就第三条所列案件判决的认可和执行以及第四条所涉保全、临时济助的协助问题签署补充文件。

本安排在执行过程中遇有问题或者需要修改的，由最高人民法院和香港特别行政区政府协商解决。

第二十九条 内地与香港特别行政区法院自本安排生效之日

起作出的判决，适用本安排。

第三十条　本安排生效之日，《最高人民法院关于内地与香港特别行政区法院相互认可和执行当事人协议管辖的民商事案件判决的安排》同时废止。

本安排生效前，当事人已签署《最高人民法院关于内地与香港特别行政区法院相互认可和执行当事人协议管辖的民商事案件判决的安排》所称"书面管辖协议"的，仍适用该安排。

第三十一条　本安排生效后，《最高人民法院关于内地与香港特别行政区法院相互认可和执行婚姻家庭民事案件判决的安排》继续施行。

第三十二条　本安排自 2024 年 1 月 29 日起施行。

最高人民法院
关于办理减刑、假释案件审查财产性判项执行问题的规定

法释〔2024〕5 号

（2024 年 1 月 3 日最高人民法院审判委员会第 1910 次会议通过
2024 年 4 月 29 日最高人民法院公告公布
自 2024 年 5 月 1 日起施行）

为确保依法公正办理减刑、假释案件，正确处理减刑、假释与财产性判项执行的关系，根据《中华人民共和国刑法》、《中华人民共和国刑事诉讼法》等法律规定，结合司法实践，制定本规定。

第一条　人民法院办理减刑、假释案件必须审查原生效刑事或者刑事附带民事裁判中财产性判项的执行情况，以此作为判断罪犯是否确有悔改表现的因素之一。

财产性判项是指生效刑事或者刑事附带民事裁判中确定罪犯承担的被依法追缴、责令退赔、罚金、没收财产判项，以及民事赔偿义务等判项。

第二条　人民法院审查财产性判项的执行情况，应将执行法院出具的结案通知书、缴付款票据、执行情况说明等作为审查判断的依据。

人民法院判决多名罪犯对附带民事赔偿承担连带责任的，只要其中部分人履行全部赔偿义务，即可认定附带民事赔偿判项已经执行完毕。

罪犯亲属代为履行财产性判项的，视为罪犯本人履行。

第三条　财产性判项未执行完毕的，人民法院应当着重审查罪犯的履行能力。

罪犯的履行能力应根据财产性判项的实际执行情况，并结合罪犯的财产申报、实际拥有财产情况，以及监狱或者看守所内消费、账户余额等予以判断。

第四条　罪犯有财产性判项履行能力的，应在履行后方可减刑、假释。

罪犯确有履行能力而不履行的，不予认定其确有悔改表现，除法律规定情形外，一般不予减刑、假释。

罪犯确无履行能力的，不影响对其确有悔改表现的认定。

罪犯因重大立功减刑的，依照相关法律规定处理，一般不受财产性判项履行情况的影响。

第五条　财产性判项未执行完毕的减刑、假释案件，人民法院在受理时应当重点审查下列材料：

（一）执行裁定、缴付款票据、有无拒不履行或者妨害执行行为等有关财产性判项执行情况的材料；

（二）罪犯对其个人财产的申报材料；

（三）有关组织、单位对罪犯实际拥有财产情况的说明；

（四）不履行财产性判项可能承担不利后果的告知材料；

（五）反映罪犯在监狱、看守所内消费及账户余额情况的材料；

（六）其他反映罪犯财产性判项执行情况的材料。

上述材料不齐备的，应当通知报请减刑、假释的刑罚执行机关在七日内补送，逾期未补送的，不予立案。

第六条 财产性判项未履行完毕，具有下列情形之一的，应当认定罪犯确有履行能力而不履行：

（一）拒不交代赃款、赃物去向的；

（二）隐瞒、藏匿、转移财产的；

（三）妨害财产性判项执行的；

（四）拒不申报或者虚假申报财产情况的。

罪犯采取借名、虚报用途等手段在监狱、看守所内消费的，或者无特殊原因明显超出刑罚执行机关规定额度标准消费的，视为其确有履行能力而不履行。

上述情形消失或者罪犯财产性判项执行完毕六个月后方可依法减刑、假释。

第七条 罪犯经执行法院查控未发现有可供执行财产，且不具有本规定第六条所列情形的，应认定其确无履行能力。

第八条 罪犯被判处的罚金被执行法院裁定免除的，其他财产性判项未履行完毕不影响对其确有悔改表现的认定，但罪犯确有履行能力的除外。

判决确定分期缴纳罚金，罪犯没有出现期满未缴纳情形的，不影响对其确有悔改表现的认定。

第九条 判处没收财产的，判决生效后，应当立即执行，所执行财产为判决生效时罪犯个人合法所有的财产。除具有本规定第六条第一款所列情形外，没收财产判项执行情况一般不影响对罪犯确有悔改表现的认定。

第十条 承担民事赔偿义务的罪犯，具有下列情形之一的，不影响对其确有悔改表现的认定：

（一）全额履行民事赔偿义务，附带民事诉讼原告人下落不明或者拒绝接受，对履行款项予以提存的；

（二）分期履行民事赔偿义务，没有出现期满未履行情形的；

（三）附带民事诉讼原告人对罪犯表示谅解，并书面放弃民事赔偿的。

第十一条 因犯罪行为造成损害，受害人单独提起民事赔偿诉讼的，人民法院办理减刑、假释案件时应对相关生效民事判决确定的赔偿义务判项执行情况进行审查，并结合本规定综合判断罪犯是否确有悔改表现。

承担民事赔偿义务的罪犯，同时被判处罚金或者没收财产的，应当先承担民事赔偿义务。对财产不足以承担全部民事赔偿义务及罚金、没收财产的罪犯，如能积极履行民事赔偿义务的，在认定其是否确有悔改表现时应予以考虑。

第十二条 对职务犯罪、破坏金融管理秩序和金融诈骗犯罪、组织（领导、参加、包庇、纵容）黑社会性质组织犯罪等罪犯，不积极退赃、协助追缴赃款赃物、赔偿损失的，不认定其确有悔改表现。

第十三条　人民法院将罪犯交付执行刑罚时，对生效裁判中有财产性判项的，应当将财产性判项实际执行情况的材料一并移送刑罚执行机关。

执行财产性判项的人民法院收到刑罚执行机关核实罪犯财产性判项执行情况的公函后，应当在七日内出具相关证明，已经执行结案的，应当附有关法律文书。

执行财产性判项的人民法院在执行过程中，发现财产性判项未执行完毕的罪犯具有本规定第六条第一款第（一）（二）（三）项所列情形的，应当及时将相关情况通报刑罚执行机关。

第十四条　人民法院办理减刑、假释案件中发现罪犯确有履行能力而不履行的，裁定不予减刑、假释，或者依法由刑罚执行机关撤回减刑、假释建议。

罪犯被裁定减刑、假释后，发现其确有履行能力的，人民法院应当继续执行财产性判项；发现其虚假申报、故意隐瞒财产，情节严重的，人民法院应当撤销该减刑、假释裁定。

第十五条　本规定自 2024 年 5 月 1 日起施行，此前发布的司法解释与本规定不一致的，以本规定为准。

最高人民法院　最高人民检察院
关于办理洗钱刑事案件适用法律
若干问题的解释

法释〔2024〕10 号

（2023 年 3 月 20 日最高人民法院审判委员会第 1880 次会议、2024 年 3 月 29 日最高人民检察院第十四届检察委员会第二十八次会议通过　2024 年 8 月 19 日最高人民法院、最高人民检察院公告公布自 2024 年 8 月 20 日起施行）

为依法惩治洗钱犯罪活动，根据《中华人民共和国刑法》、《中华人民共和国刑事诉讼法》的规定，现就办理洗钱刑事案件适用法律的若干问题解释如下：

第一条　为掩饰、隐瞒本人实施刑法第一百九十一条规定的上游犯罪的所得及其产生的收益的来源和性质，实施该条第一款规定的洗钱行为的，依照刑法第一百九十一条的规定定罪处罚。

第二条　知道或者应当知道是他人实施刑法第一百九十一条规定的上游犯罪的所得及其产生的收益，为掩饰、隐瞒其来源和性质，实施该条第一款规定的洗钱行为的，依照刑法第一百九十一条的规定定罪处罚。

第三条　认定"知道或者应当知道"，应当根据行为人所接触、接收的信息，经手他人犯罪所得及其收益的情况，犯罪所得及其收益的种类、数额，犯罪所得及其收益的转移、转换方式，交易行为、资金账户等异常情况，结合行为人职业经历、与上游犯罪人员之间的关系以及其供述和辩解，同案人指证和证人证言等情况综合审查判断。有证据证明行为人确实不知道的除外。

将刑法第一百九十一条规定的某一上游犯罪的犯罪所得及其收益，认作该条规定的上游犯罪范围内的其他犯罪所得及其收益的，不影响"知道或者应当知道"的认定。

第四条 洗钱数额在五百万元以上的，且具有下列情形之一的，应当认定为刑法第一百九十一条规定的"情节严重"：

（一）多次实施洗钱行为的；

（二）拒不配合财物追缴，致使赃款赃物无法追缴的；

（三）造成损失二百五十万元以上的；

（四）造成其他严重后果的。

二次以上实施洗钱犯罪行为，依法应予刑事处理而未经处理的，洗钱数额累计计算。

第五条 为掩饰、隐瞒实施刑法第一百九十一条规定的上游犯罪的所得及其产生的收益的来源和性质，实施下列行为之一的，可以认定为刑法第一百九十一条第一款第五项规定的"以其他方法掩饰、隐瞒犯罪所得及其收益的来源和性质"：

（一）通过典当、租赁、买卖、投资、拍卖、购买金融产品等方式，转移、转换犯罪所得及其收益的；

（二）通过与商场、饭店、娱乐场所等现金密集型场所的经营收入相混合的方式，转移、转换犯罪所得及其收益的；

（三）通过虚构交易、虚设债权债务、虚假担保、虚报收入等方式，转移、转换犯罪所得及其收益的；

（四）通过买卖彩票、奖券、储值卡、黄金等贵金属等方式，转换犯罪所得及其收益的；

（五）通过赌博方式，将犯罪所得及其收益转换为赌博收益的；

（六）通过"虚拟资产"交易、金融资产兑换方式，转移、转换犯罪所得及其收益的；

（七）以其他方式转移、转换犯罪所得及其收益。

第六条 掩饰、隐瞒刑法第一百九十一条规定的上游犯罪的犯罪所得及其产生的收益，构成刑法第一百九十一条规定的洗钱罪，同时又构成刑法第三百一十二条规定的掩饰、隐瞒犯罪所得、犯罪所得收益罪的，依照刑法第一百九十一条的规定定罪处罚。

实施刑法第一百九十一条规定的洗钱行为，构成洗钱罪，同时又构成刑法第三百四十九条、第二百二十五条、第一百七十七条之一或者第一百二十条之一规定的犯罪的，依照处罚较重的规定定罪处罚。

第七条 认定洗钱罪应当以上游犯罪事实成立为前提。有下列情形的，不影响洗钱罪的认定：

（一）上游犯罪尚未依法裁判，但有证据证明确实存在的；

（二）有证据证明上游犯罪确实存在，因行为人逃匿未到案的；

（三）有证据证明上游犯罪确实存在，因行为人死亡等原因依法不予追究刑事责任的；

（四）有证据证明上游犯罪确实存在，但同时构成其他犯罪而以其他罪名定罪处罚的。

第八条 刑法第一百九十一条规定的"黑社会性质的组织犯罪的所得及其产生的收益"，是指黑社会性质组织及其成员实施相关犯罪的所得及其产生的收益，包括黑社会性质组织的形成、发展过程中，该组织及组织成员通过违法犯罪活动聚敛的全部财物、财产性权益及其孳息、收益。

第九条 犯洗钱罪，判处五年以下有期徒刑或者拘役，并处或者单处罚金的，判处一万元以上罚金；判处五年以上十年以下有期徒刑的，并处二十万元以上罚金。

第十条 符合本解释第一条、第二条的规定，行为人如实供述犯罪事实，认罪悔罪，并积极配合追缴犯罪所得及其产生的收益的，可以从轻处罚；犯罪情节轻微的，可以依法不起诉或者免予刑事处罚。

第十一条 单位实施洗钱犯罪的，依照本解释规定的相应自然人犯罪的定罪量刑标准，对单位判处罚金，并对其直接负责的主管人员和其他直接责任人员定罪处罚。

第十二条 本解释所称"上游犯罪"，是指刑法第一百九十一条规定的毒品犯罪、黑社会性质的组织犯罪、恐怖活动犯罪、走私犯罪、贪污贿赂犯罪、破坏金融管理秩序犯罪、金融诈骗犯罪。

第十三条 本解释自 2024 年 8 月 20 日起施行。《最高人民法院关于审理洗钱等刑事案件具体应用法律若干问题的解释》（法释〔2009〕15 号）同时废止。

最高人民法院
关于审理食品药品惩罚性赔偿纠纷案件
适用法律若干问题的解释

法释〔2024〕9 号

（2024 年 3 月 18 日最高人民法院审判委员会第 1918 次会议通过
2024 年 8 月 21 日最高人民法院公告公布
自 2024 年 8 月 22 日起施行）

为正确审理食品药品惩罚性赔偿纠纷案件，依法保护食品药品安全和消费者合法权益，根据《中华人民共和国民法典》、《中华人民共和国消费者权益保护法》、《中华人民共和国食品安全法》、《中华人民共和国药品管理法》等法律规定，结合审判实践，制定本解释。

第一条 购买者因个人或者家庭生活消费需要购买的食品不符合食品安全标准，购买后依照食品安全法第一百四十八条第二款规定请求生产者或者经营者支付惩罚性赔偿金的，人民法院依法予以支持。

没有证据证明购买者明知所购买食品不符合食品安全标准仍然购买的，人民法院应当根据购买者请求以其实际支付价款为基数计算价款十倍的惩罚性赔偿金。

第二条 购买者明知所购买食品不符合食品安全标准或者所购买药品是假药、劣药，购买后请求经营者返还价款的，人民法院应予支持。

经营者请求购买者返还食品、药品，如果食品标签、标志或者说明书不符合食品安全标准，食品生产者在采取补救措施且能保证食品安全的情况下可以继续销售的，人民法院应予支持；应当对食品、药品采取无害化处理、销毁等措施的，依照食品安全法、药品管理法的相关规定处理。

第三条 受托人明知购买者委托购买的是不符合食品安全标准的食品或者假药、劣药仍然代购，购买者依照食品安全法第一百四十八条第二款或者药品管理法第一百四十四条第三款规定请求受托人承担惩罚性赔偿责任的，人民法院应予支持，但受托人不以代购为业的除外。

以代购为业的受托人明知是不符合食品安全标准的食品或者假药、劣药仍然代购，向购买者承担惩罚性赔偿责任后向生产者追偿的，人民法院不予支持。受托人不知道是不符合食品安全标

530

准的食品或者假药、劣药而代购，向购买者承担赔偿责任后向生产者追偿的，人民法院依法予以支持。

第四条 食品生产加工小作坊和食品摊贩等生产经营的食品不符合食品安全标准，购买者请求生产者或者经营者依照食品安全法第一百四十八条第二款规定承担惩罚性赔偿责任的，人民法院应予支持。

食品生产加工小作坊和食品摊贩等生产经营的食品不符合省、自治区、直辖市制定的具体管理办法等规定，但符合食品安全标准，购买者请求生产者或者经营者依照食品安全法第一百四十八条第二款规定承担惩罚性赔偿责任的，人民法院不予支持。

第五条 食品不符合食品中危害人体健康物质的限量规定，食品添加剂的品种、使用范围、用量要求，特定人群的主辅食品的营养成分要求，与卫生、营养等食品安全要求有关的标签、标志、说明书要求以及与食品安全有关的质量要求等方面的食品安全标准，购买者依照食品安全法第一百四十八条第二款规定请求生产者或者经营者承担惩罚性赔偿责任的，人民法院应予支持。

第六条 购买者以食品的标签、说明书不符合食品安全标准为由请求生产者或者经营者支付惩罚性赔偿金，生产者或者经营者以食品的标签、说明书瑕疵不影响食品安全且不会对消费者造成误导为由进行抗辩，存在下列情形之一的，人民法院对生产者或者经营者的抗辩不予支持：

（一）未标明食品安全标准要求必须标明的事项，但属于本解释第八条规定情形的除外；

（二）故意错标食品安全标准要求必须标明的事项；

（三）未正确标明食品安全标准要求必须标明的事项，足以导致消费者对食品安全产生误解。

第七条　购买者以食品的标签、说明书不符合食品安全标准为由请求生产者或者经营者支付惩罚性赔偿金，生产者或者经营者以食品的标签、说明书虽不符合食品安全标准但不影响食品安全为由进行抗辩的，人民法院对其抗辩不予支持，但食品的标签、说明书瑕疵同时符合下列情形的除外：

（一）根据食品安全法第一百五十条关于食品安全的规定，足以认定标签、说明书瑕疵不影响食品安全；

（二）根据购买者在购买食品时是否明知瑕疵存在、瑕疵是否会导致普通消费者对食品安全产生误解等事实，足以认定标签、说明书瑕疵不会对消费者造成误导。

第八条　购买者以食品的标签、说明书不符合食品安全标准为由请求生产者或者经营者支付惩罚性赔偿金，食品的标签、说明书虽存在瑕疵但属于下列情形之一的，人民法院不予支持：

（一）文字、符号、数字的字号、字体、字高不规范，或者外文字号、字高大于中文；

（二）出现错别字、多字、漏字、繁体字或者外文翻译不准确，但不会导致消费者对食品安全产生误解；

（三）净含量、规格的标示方式和格式不规范，食品、食品添加剂以及配料使用的俗称或者简称等不规范，营养成分表、配料表顺序、数值、单位标示不规范，或者营养成分表数值修约间隔、"0"界限值、标示单位不规范，但不会导致消费者对食品安全产生误解；

（四）对没有特殊贮存条件要求的食品，未按照规定标示贮存条件；

（五）食品的标签、说明书存在其他瑕疵，但不影响食品安全且不会对消费者造成误导。

第九条 经营明知是不符合食品安全标准的食品或者明知是假药、劣药仍然销售、使用的行为构成欺诈，购买者选择依照食品安全法第一百四十八条第二款、药品管理法第一百四十四条第三款或者消费者权益保护法第五十五条第一款规定起诉请求经营者承担惩罚性赔偿责任的，人民法院应予支持。

购买者依照食品安全法第一百四十八条第二款或者药品管理法第一百四十四条第三款规定起诉请求经营者承担惩罚性赔偿责任，人民法院经审理认为购买者请求不成立但经营者行为构成欺诈，购买者变更为依照消费者权益保护法第五十五条第一款规定请求经营者承担惩罚性赔偿责任的，人民法院应当准许。

第十条 购买者因个人或者家庭生活消费需要购买的药品是假药、劣药，依照药品管理法第一百四十四条第三款规定请求生产者或者经营者支付惩罚性赔偿金的，人民法院依法予以支持。

第十一条 购买者依照药品管理法第一百四十四条第三款规定请求生产者或者经营者支付惩罚性赔偿金，生产者或者经营者抗辩不应适用药品管理法第一百四十四条第三款规定，存在下列情形之一的，人民法院对其抗辩应予支持：

（一）不以营利为目的实施带有自救、互助性质的生产、销售少量药品行为，且未造成他人伤害后果；

（二）根据民间传统配方制售药品，数量不大，且未造成他人伤害后果；

（三）不以营利为目的实施带有自救、互助性质的进口少量境外合法上市药品行为。

对于是否属于民间传统配方难以确定的，可以根据地市级以上药品监督管理部门或者有关部门出具的意见，结合其他证据作出认定。

行政机关作出的处罚决定或者行政机关、药品检验机构提供的检验结论、认定意见等证据足以证明生产、销售或者使用的药品属于假药、劣药的，不适用本条第一款规定。

第十二条　购买者明知所购买食品不符合食品安全标准，依照食品安全法第一百四十八条第二款规定请求生产者或者经营者支付价款十倍的惩罚性赔偿金的，人民法院应当在合理生活消费需要范围内依法支持购买者诉讼请求。

人民法院可以综合保质期、普通消费者通常消费习惯等因素认定购买者合理生活消费需要的食品数量。

生产者或者经营者主张购买者明知所购买食品不符合食品安全标准仍然购买索赔的，应当提供证据证明其主张。

第十三条　购买者明知食品不符合食品安全标准，在短时间内多次购买，并依照食品安全法第一百四十八条第二款规定起诉请求同一生产者或者经营者按每次购买金额分别计算惩罚性赔偿金的，人民法院应当根据购买者多次购买相同食品的总数，在合理生活消费需要范围内依法支持其诉讼请求。

第十四条　购买者明知所购买食品不符合食品安全标准，在短时间内多次购买，并多次依照食品安全法第一百四十八条第二款规定就同一不符合食品安全标准的食品起诉请求同一生产者或者经营者支付惩罚性赔偿金的，人民法院应当在合理生活消费需要范围内依法支持其诉讼请求。

人民法院可以综合保质期、普通消费者通常消费习惯、购买者的购买频次等因素认定购买者每次起诉的食品数量是否超出合理生活消费需要。

第十五条　人民法院在审理食品药品纠纷案件过程中，发现购买者恶意制造生产者或者经营者违法生产经营食品、药品的假象，以投诉、起诉等方式相要挟，向生产者或者经营者索取赔偿金，涉嫌敲诈勒索的，应当及时将有关违法犯罪线索、材料移送公安机关。

第十六条　购买者恶意制造生产者或者经营者违法生产经营食品、药品的假象，起诉请求生产者或者经营者承担赔偿责任的，人民法院应当驳回购买者诉讼请求；构成虚假诉讼的，人民法院应当依照民事诉讼法相关规定，根据情节轻重对其予以罚款、拘留。

购买者行为侵害生产者或者经营者的名誉权等权利，生产者或者经营者请求购买者承担损害赔偿等民事责任的，人民法院应予支持。

第十七条　人民法院在审理食品药品纠纷案件过程中，发现当事人的行为涉嫌生产、销售有毒、有害食品及假药、劣药，虚假诉讼等违法犯罪的，应当及时将有关违法犯罪线索、材料移送有关行政机关和公安机关。

第十八条　人民法院在审理食品药品纠纷案件过程中，发现违法生产、销售、使用食品、药品行为的，可以向有关行政机关、生产者或者经营者发出司法建议。

第十九条　本解释自 2024 年 8 月 22 日起施行。

本解释施行后尚未终审的民事案件，适用本解释；本解释施行前已经终审，当事人申请再审或者按照审判监督程序决定再审的民事案件，不适用本解释。

最高人民法院
关于大型企业与中小企业约定以第三方支付款项为付款前提条款效力问题的批复

法释〔2024〕11号

（2024年6月3日最高人民法院审判委员会第1921次会议通过
2024年8月27日最高人民法院公告公布
自2024年8月27日起施行）

山东省高级人民法院：

你院《关于合同纠纷案件中"背靠背"条款效力的请示》收悉。经研究，批复如下：

一、大型企业在建设工程施工、采购货物或者服务过程中，与中小企业约定以收到第三方向其支付的款项为付款前提的，因其内容违反《保障中小企业款项支付条例》第六条、第八条的规定，人民法院应当根据民法典第一百五十三条第一款的规定，认定该约定条款无效。

二、在认定合同约定条款无效后，人民法院应当根据案件具体情况，结合行业规范、双方交易习惯等，合理确定大型企业的付款期限及相应的违约责任。双方对欠付款项利息计付标准有约定的，按约定处理；约定违法或者没有约定的，按照全国银行间同业拆借中心公布的一年期贷款市场报价利率计息。大型企业以合同价款已包含对逾期付款补偿为由要求减轻违约责任，经审查抗辩理由成立的，人民法院可予支持。

最高人民检察院

关于印发最高人民检察院
第五十一批指导性案例的通知

（2024 年 4 月 2 日）

各省、自治区、直辖市人民检察院，解放军军事检察院，新疆生产建设兵团人民检察院：

经 2024 年 1 月 19 日最高人民检察院第十四届检察委员会第二十二次会议决定，现将李某诉湖北省某市人力资源和社会保障局、某市人民政府工伤保险资格认定及行政复议诉讼监督案等四件案例（检例第 205—208 号）作为第五十一批指导性案例（生效行政裁判监督主题）发布，供参照适用。

李某诉湖北省某市人力资源和社会保障局
某市人民政府工伤保险资格认定
及行政复议诉讼监督案

（检例第 205 号）

【关键词】

生效行政裁判监督　工伤认定　举证责任　行政抗诉　跟进监督

【要旨】

社会保险行政部门以劳动者上下班途中遭受的交通事故伤害"不能认定非本人主要责任"为由，不予认定工伤的，应当事实清楚、依据充分。在交通管理部门无法认定事故责任的情况下，事故非本人主要责任的举证责任不应由劳动者承担。生效行政裁判错误分配举证责任的，人民检察院应当依法监督。人民检察院对于行政抗诉案件经人民法院审理作出的判决、裁定仍然存在明显错误、符合抗诉条件的，可以依职权跟进监督。

【基本案情】

李某系湖北省某市某区某橱柜经营部（以下简称经营部）聘用的设计师。2014年7月5日下班时间前后，单位领导指派李某驾驶单位车辆送橱柜材料至客户家中。李某送完材料后驾车回家的途中，于20时左右在高新大道古米山加油站附近撞上道路中心花坛受伤。2014年10月20日，李某向某市人力资源和社会保障局（以下简称市人社局）申请认定工伤。市人社局以李某需提交相关部门出具的事故责任认定书为由，暂予中止工伤认定。处理案涉事故的交通大队称，李某所发生事故为单方事故，无法提供事故责任认定书，只能提供《交通事故证明》。李某撤回工伤认定申请。2015年3月，李某以经营部应承担赔偿责任为由，向法院提起民事诉讼。某市中级人民法院终审认为李某与经营部存在劳动关系，应当走工伤认定程序予以救济。2017年，李某再次向市人社局申请认定工伤。2017年6月20日，市人社局以李某受伤情形不能认定为在下班途中受到非本人主要责任的交通事故伤害为由，作出《不予认定工伤决定书》。李某提起行政复议，某市政府

538

作出《行政复议决定书》，认定市人社局的决定实体内容正确。2018年1月，李某提起行政诉讼，诉请法院撤销《不予认定工伤决定书》和《行政复议决定书》，判定其所受伤害属于工伤。

2018年3月28日，某市某区人民法院作出一审判决。该院认为，李某系完成领导交办的送货工作后，驾驶车辆返回家的途中发生交通事故，但未能证实该事故系李某非本人主要责任造成，市人社局作出不予认定工伤的决定并无不当。判决驳回李某要求认定工伤的诉讼请求。

李某不服提起上诉，某市中级人民法院于2018年6月15日作出二审判决，以相同理由驳回上诉。李某向湖北省高级人民法院申请再审，湖北省高级人民法院于2018年9月11日作出行政裁定，驳回再审申请。

【检察机关履职过程】

案件来源。李某向检察机关申请监督，湖北省某市人民检察院依法受理并审查后，提请湖北省人民检察院抗诉。

监督意见。湖北省人民检察院审查认为，李某受伤符合《工伤保险条例》第十四条第五项规定情形，属于因工外出期间，因工作原因受到伤害，应认定为工伤。根据《最高人民法院关于审理工伤保险行政案件若干问题的规定》第五条第二款，无证据表明李某外出从事的是违法或个人目的的行为，其受经营部负责人指派外出给客户送材料期间所受事故伤害应当认定为工伤。本案"非本人主要责任"的举证责任不应由李某承担。2019年12月26日，湖北省人民检察院向湖北省高级人民法院提出抗诉。

判决结果。湖北省高级人民法院于2020年8月28日作出行政判决，该院再审认为：李某系交通事故的当事人，有权要求交通管理部门对事故性质和责任作出认定，故本案在认定李某"下班途中受伤"的事实后，应当由其举证案涉交通事故非本人主要责任造成。鉴于李某未对此进行举证，应承担相应法律后果。判决维持原审判决。

跟进监督。湖北省人民检察院认为，湖北省高级人民法院行政判决适用法律错误，根据《人民检察院行政诉讼监督规则（试行）》第三十六条、《中华人民共和国行政诉讼法》第九十三条第二款和第九十一条第四项的规定，决定跟进监督。2020年12月9日，湖北省人民检察院向最高人民检察院提请抗诉。

最高人民检察院在全面审查卷宗的基础上，委托湖北省人民检察院补充调查，走访公安交通大队，与处理事故民警沟通交流等，并询问经营部用工者谢某。最高人民检察院办案人员当面听取李某意见，现场查看路况和环境。2021年6月8日，最高人民检察院向最高人民法院提出抗诉。抗诉认为：再审法院认定李某系下班途中受伤，案涉交通事故非本人主要责任的举证责任由李某承担，不符合法律规定。其一，李某已承担其应当承担的证明责任。市人社局不予认定李某构成工伤，应当提供李某符合不予认定工伤的依据。再审法院认定案涉交通事故非本人主要责任的举证责任由李某承担，不符合《中华人民共和国行政诉讼法》规定的关于行政机关应当对其作出的行政行为负有举证责任的法律原则。其二，根据《工伤保险条例》第五条、第十七条、第十九条的规定，社会保险行政部门负有认定工伤的行政职权以及对相关事实调查核实的职责。本案中，市人社局未尽到对相关事实调查核实的职责，依据公安交管部门事故证明，认定李某受伤害为单方事故，从而以不能认定为非本人主要责任，作出不予认定工伤决定，该认定缺乏事实依据。其三，李某发生交通事故受伤与

540

外出工作具有高度关联性。李某因完成单位领导指派的工作任务造成工作时间和路线的改变，相比于一般正常工作时间给其带来更多不确定的风险，而且没有证据显示李某返程回家途中存在从事与工作完全无关的个人活动，此种风险与外出工作具有相当程度的因果关系，风险的后果让李某承担有违公平合理原则。

监督结果。2022年4月19日，最高人民法院采纳最高人民检察院的抗诉意见，认为市人社局在工伤决定中认定李某不属"非本人主要责任"的情形，缺乏事实和法律依据，市人社局应承担举证不能的法律后果，判决撤销一审、二审、再审判决，撤销行政复议决定、撤销不予认定工伤决定，责令市人社局对李某的工伤认定申请重新作出决定。2022年7月4日，市人社局对李某的工伤认定申请作出认定工伤的处理决定。

【指导意义】

（一）人民检察院办理涉工伤保险资格认定类行政生效裁判监督案件，对人民法院行政生效裁判关于"非本人主要责任"举证责任分配不当、适用法律错误的情形应当依法提出监督意见。劳动者在上下班途中，受到非本人主要责任的交通事故伤害的，应当认定为工伤。交通管理部门出具的事故责任认定书是社会保险行政部门履行工伤认定职责的重要依据，在交通管理部门对事故无法作出责任认定，且用人单位未提供不是工伤的有效证据的情况下，社会保险行政部门应当根据《工伤认定办法》第九条至第十五条的相关规定，对工伤认定相关事实进行调查核实，对其所作的认定结论承担举证责任。生效行政判决错误分配举证责任的，人民检察院应当依法监督。

（二）对人民法院审理行政抗诉（再审检察建议）案件作出

的判决、裁定、调解书仍然存在明显错误符合抗诉条件的，人民检察院可以跟进监督。跟进监督是充分发挥行政诉讼监督职责，高质效办好每一个案件的重要手段。人民检察院依法提出抗诉（再审检察建议）后，人民法院经过再审作出的判决、裁定、调解书仍然存在事实认定错误、法律适用错误，人民检察院可以依职权再次提出抗诉或者提请上一级人民检察院抗诉，推动人民法院再审纠正错误裁判，维护司法公正和司法权威，保障国家法律的统一正确实施。

【相关规定】

《中华人民共和国行政诉讼法》第三十四条、第九十一条、第九十三条

《工伤保险条例》第五条、第十四条、第十五条、第十六条、第十七条、第十八条、第十九条

《最高人民法院关于审理工伤保险行政案件若干问题的规定》第一条、第五条

《人民检察院行政诉讼监督规则》第一百二十五条

《道路交通事故处理程序规定》（2008 年）第五十条（2017年修订后第六十七条）

《工伤认定办法》第六条、第九条、第十条、第十一条、第十二条、第十三条、第十四条、第十五条

某村委会诉黑龙江省某市不动产
登记中心行政登记诉讼监督案

（检例第 206 号）

【关键词】

生效行政裁判监督　信赖利益保护　起诉期限扣除　行政抗诉

【要旨】

判断起诉是否超过法定起诉期限以及是否存在非自身原因耽误起诉期限的情形，应当充分考虑行政相对人是否积极行使诉权，以及耽误起诉期限是否具有正当理由。公民、法人或其他组织通过申请行政复议主张权利，行政机关承诺自行纠错的，公民、法人或其他组织等待行政机关自行纠错的时间，符合《中华人民共和国行政诉讼法》第四十八条第一款规定的"其他不属于其自身的原因耽误起诉期限"的情形，应当在起诉期限中扣除。

【基本案情】

2006 年，某村委会与某公司签订联营协议。2012 年，某公司以联营建厂为由，向黑龙江省某市原国土资源局直属分局申请办理某村所有土地的集体土地使用权流转手续，某市人民政府为某公司颁发第 20120180 号《集体土地使用证》。2016 年，某市组建市不动产登记中心，承接不动产登记职责。2017 年 5 月，某村委会发现某公司伪造申请材料办理土地登记。2017 年 7 月，某村委会向黑龙江省人民政府提出行政复议，请求撤销该土地使用证。后某村委会撤回行政复议申请。

2019 年 4 月，某村委会以市不动产登记中心为被告向某区法院提起行政诉讼，请求撤销第 20120180 号《集体土地使用证》。某区人民法院于 2019 年 4 月 25 日作出行政裁定认为，某市原国土资源局直属分局于 2012 年为某公司办理《集体土地使用证》，某村委会提起诉讼的时间是 2019 年 4 月，该行政行为自作出之日起已超过五年，对某村委会的起诉，不予立案。某村委会向市中级人民法院提起上诉。市中级人民法院于 2019 年 7 月 24 日作出行政裁定认为，某村委会自称于 2017 年 5 月知道某市原国土资源局直属分局于 2012 年为某公司办理了《集体土地使用证》，某公司在办理该土地使用证过程中造假。某村委会于 2017 年向黑龙江省人民政府申请行政复议后，又撤回行政复议申请，黑龙江省人民政府于 2017 年 8 月 14 日作出《行政复议终止决定书》。某村委会于 2019 年 4 月起诉，超过了法律规定的起诉期限，一审法院裁定不予立案符合法律规定，裁定驳回上诉，维持原裁定。某村委会向黑龙江省高级人民法院申请再审，黑龙江省高级人民法院于 2020 年 3 月 25 日作出裁定，驳回再审申请。

【检察机关履职过程】

案件来源。某村委会向某市人民检察院申请监督。某市人民检察院依法受理并审查后，提请黑龙江省人民检察院抗诉。

调查核实。检察机关经阅卷、赴市不动产登记中心调查核实后查明：1. 2017 年 8 月 4 日，原市国土资源局直属分局向村委会作出《承诺书》。载明："我分局在为某公司办理土地登记发证时确实存在一定问题……决定按照《不动产登记暂行条例实施细则》的有关规定，在收到省政府《行政复议终止决定书》后10个工作日内，报请上级依法纠正，六个月内办结。"此后，某村委会向黑龙江省人民政府撤回行政复议申请，行政复议程序终止。2. 2018年12月9日，原市国土资源局直属分局作出《答复书》，载明："……已正式报请市局建议依法撤销20120180号《集体土地使用证》。"3. 2019年8月7日，某市自然资源和规划局出具《关于某村申请的答复》，载明："2017年8月4日，原市国土资源局直属分局出具《承诺书》自行纠正登记行为，后期由于人员变动及机构改革，将土地登记统一到不动产登记中心办理。2018年12月5日，我局按照国家督察局意见决定撤销原土地登记证书，由于不动产统一登记后土地登记相关法规已经废止，而不动产登记的相关法规中无撤销不动产登记的法律条款，致使至今没有撤销相关不动产登记。由于上述原因耽误了你村诉讼时间。"

监督意见。黑龙江省人民检察院审查认为：本案争议焦点是某村委会提起诉讼是否超过法定起诉期限。《中华人民共和国行政诉讼法》第四十八条第一款规定："公民、法人或者其他组织因不可抗力或者其他不属于其自身的原因耽误起诉期限的，被耽误的时间不计算在起诉期限内。"行政相对人基于对相关国家机关的信赖，等待其就相关争议事项进行处理的期间，应当从起诉期限中扣除。本案中，原市国土资源局直属分局2017年8月4日出具的《承诺书》、2018年12月9日作出的《答复书》，均明确承诺启动自行纠错的程序，直至二审裁定生效后，市自然资源和规划局出具《关于某村申请的答复》才明确表示因不动产统一登记后相关法律规定废止致使其承诺无法履行，且认可系行政机关的原因耽误了起诉期限。原市国土资源局直属分局与市自然资源和规划局作为不动产登记主管机关，其作出的自行纠正承诺对某村委会而言值得信赖，具有可期待性，某村委会等待其处理而耽误的期间，属于法律规定的"其他不属于当事人自身的原因耽误起诉期限"的情形，故本案自2017年8月4日原市国土资源局某分局出具《承诺书》承诺自行纠错至2019年8月7日市自然资源和规划局出具《关于某村申请的答复》明确表示已无法自行纠错期间，应当从起诉期限中扣除，某村委会提起诉讼未超过法定起诉期限，二审裁定不予立案确有错误。

监督结果。2021年12月4日，黑龙江省人民检察院向黑龙江省高级人民法院提出抗诉。黑龙江省高级人民法院于2022年2月15日作出裁定，对本案提审。2022年2月23日，黑龙江省高级人民法院作出再审裁定认为：某村委会自知晓具体行政行为后一直积极主张权利，其提起诉讼的时间虽超过法定起诉期限，亦是基于行政机关作出的明确承诺，有可期待性，属于"公民、法人或者其他组织因其他不属于自身的原因耽误起诉期限"的情形，依照《中华人民共和国行政诉讼法》第四十八条第一款规定，被耽误的时间不计算在起诉期限内。且在本案一、二审裁判后，某村委会又向行政机关主张权利，市自然资源和规划局又出具答复，明确表示承诺已无法履行，并认可系行政机关的原因耽误了起诉期限。综上，检察机关抗诉理由成立。裁定：撤销一、二审裁定；指令某区人民法院立案受理。某区人民法院于2023年2月9日作出判决认为，某公司提交的集体建设用地流转申报审核表中，村委会意见及乡政府意见栏所盖公章经司法鉴定为伪造公章，办证的前置条件不符合法律规定，该发证行为违法，应予撤销，判决撤销第20120180号《集体土地使用证》。某公司向市中级人民法院提出上诉。市中级人民法院于 2023 年 6 月 19 日作出判决认为，登记机关颁发第 20120180 号《集体土地使用证》的主要证据不足，依法应当予以撤销。判决驳回上诉，维持原判。

【指导意义】

公民、法人或者其他组织基于对行政机关自行纠错承诺的善意信赖，等待行政机关就相关争议事项进行处理，应当属于扣除行政诉讼起诉期限的情形。《中华人民共和国行政诉讼法》第四十八条第一款规定了行政诉讼起诉期限扣除制度。该制度作为起诉期限一般规定的例外，体现了保护当事人诉权与维护行政秩序的平衡，避免当事人因不属于其自身的原因而丧失司法救济途径。公民、法人或者其他组织不服行政机关作出的行政行为，可以依法向行政机关提出，行政机关明确拒绝纠正行政行为的，公民、法人或者其他组织应当在法律规定的期限内通过依法申请行政复议或者提起行政诉讼主张权利。公民、法人或者其他组织在提起诉讼前依法主张权利过程中，基于对行政机关承诺自行纠错的信赖，等待行政机关处理的期间，属于法律规定的"不属于其自身原因耽误起诉期限"，不计入法定起诉期限。

【相关规定】

《中华人民共和国行政诉讼法》第四十八条第一款

支某兰诉山东省某市自然资源和规划局宅基地使用权登记诉讼监督案

（检例第 207 号）

【关键词】

生效行政裁判监督　宅基地使用权登记　利害关系　诉权保护　行政抗诉

【要旨】

非本村集体经济组织成员基于继承和集体经济组织成员共同取得房屋所有权而占用农村宅基地，因不动产登记机构依据相关农村集体经济组织成员申请颁发集体土地使用证而侵犯其合法权益的，应当属于法律规定的利害关系人。人民法院生效行政裁定以相对人非案涉土地所属集体经济组织成员而无权获得宅基地使用权为由驳回起诉的，人民检察院应当依法进行监督。

【基本案情】

支某堂与李某英系山东省某市某村村民，二人生前育有三子一女，支某岱、支某柱（曾用名支某瑞）、支某来和支某兰。支某兰 1998 年 7 月 6 日将户口从某村迁出。

案涉宅基地的集体土地使用证原登记在支某堂名下。支某堂去世后，支某柱于 2015 年 11 月以继承方式取得房屋及案涉宅基地使用权，并以此为由向某市国土资源局（现某市自然资源和规划局）提出土地登记申请，并提供了某村村委会出具的证明和房屋继承协议。某市自然资源和规划局向支某柱颁发了集体土地使用权证。

支某兰认为某市自然资源和规划局的行政登记行为侵犯了其合法权益，于2018年10月12日向某区人民法院提起行政诉讼，请求依法撤销某市自然资源和规划局为支某柱颁发的集体土地使用权证。

2019年4月25日，某区人民法院作出行政裁定，认为农村集体土地使用权具有身份性、福利性，支某兰非案涉土地所在集体经济组织成员，对有关土地使用权证的变更无权提起诉讼，裁定驳回支某兰的起诉。支某兰不服一审裁定，向某市中级人民法院申请再审。2020年6月4日，某市中级人民法院作出再审裁定，驳回支某兰的再审申请。

【检察机关履职过程】

案件来源。支某兰向某区人民检察院申请监督。某区人民检察院经审查，于2021年6月22日提请某市人民检察院抗诉。

调查核实。检察机关审查案卷材料、询问当事人后，调取案涉土地登记原始档案，发现某市自然资源和规划局向支某柱颁发集体土地使用证的主要依据是房屋继承协议，该协议明确案涉宅基地上的房屋继承人有5人，但并未明确房屋由支某柱单独继承，所有继承人并未就遗产达成分割协议，也没有其他继承人明确表示放弃继承权的内容。

监督意见。某市人民检察院审查认为，依据《国土资源部、中央农村工作领导小组办公室、财政部、农业部关于农村集体土地确权登记发证的若干意见》规定，"已拥有一处宅基地的本农民集体成员、非本农民集体成员的农村或城镇居民，因继承房屋占用农村宅基地的，可按规定登记发证，在《集体土地使用证》记事栏应注记'该权利人为本农民集体原成员住宅的合法继承人'"。虽然起诉时支某兰并非某村村民，但其系某村村民支某堂的合法继承人，其对案涉宅基地上的房屋享有合法继承权，应属于案涉宅基地的利害关系人。支某兰认为某市自然资源和规划局以房屋继承协议为依据向支某柱颁发案涉集体土地使用证的行为，侵犯了其合法继承权，向人民法院提起诉讼，属于行政诉讼的受案范围。某区人民法院以支某兰非案涉土地所在集体经济组织成员，不能获得案涉土地使用权为由，认为其无权提起诉讼，裁定驳回起诉，适用法律确有错误。某市自然资源和规划局基于某村村委会加盖公章的房屋继承协议，向支某柱颁发集体土地使用证，认定事实的主要证据不足。

2021 年 6 月 25 日，某市人民检察院向某市中级人民法院提出抗诉。

监督结果。2021 年 11 月 17 日，某市中级人民法院作出行政裁定，认为检察机关提出的抗诉意见成立，该院予以采纳，裁定撤销原裁定，指令某区人民法院继续审理。

2022 年 9 月 26 日，某区人民法院作出行政判决，认为支某兰虽非某村村民，但其系某村村民支某堂的法定继承人之一，与案涉宅基地存在利害关系，具有原告资格。某市自然资源和规划局提供的证据显示，支某柱因继承取得被诉土地使用证，但继承协议仅列明了宅基地上房屋的继承人，并未写明房屋应由支某柱继承，故某市自然资源和规划局在审核某村村委会证明、房屋继承协议的过程中，未尽到审慎义务，作出被诉颁证行为证据不足，判决撤销某市自然资源和规划局为支某柱颁发的集体土地使用证。

　　某市自然资源和规划局、支某柱不服一审判决，提出上诉。2023年3月6日，某市中级人民法院作出行政判决，对一审裁判理由和结果予以认可。二审认为，根据《国土资源部、中央农村工作领导小组办公室、财政部、农业部关于农村集体土地确权登记发证的若干意见》（国土资发〔2011〕178号）第六条规定，非本农民集体成员的农村或城镇居民，因继承房屋占用农村宅基地的，可按规定登记发证，在《集体土地使用证》记事栏应注记"该权利人为本农民集体原成员住宅的合法继承人"。本案中，支某兰虽并非某村的集体经济组织成员，但通过取得案涉宅基地上房屋的继承份额，可以登记为案涉宅基地的使用权人。一审法院认定支某兰与案涉宅基地存在利害关系，具有原告主体资格，于法有据。《不动产登记暂行条例实施细则》第十四条规定："因继承、受遗赠取得不动产，当事人申请登记的，应当提交死亡证明材料、遗嘱或者全部法定继承人关于不动产分配的协议以及与被继承人的亲属关系材料等，也可以提交经公证的材料或者生效的法律文书。"不动产登记机构应当依法审查申请人提交的上述材料是否齐全，是否符合法定形式，并在职权范围内决定办理不动产登记的事宜。本案中，案涉继承协议书并未明确房屋应由支某柱继承，在所有继承人并未就遗产达成分割协议，也没有生效法律文书确认其他继承人丧失继承权或者其他继承人明确表示放弃继承权的情况下，部分继承人不能申请将案涉土地的集体土地使用证登记到自己名下。因此，某市自然资源和规划局为支某柱颁发的集体土地使用证属于主要证据不足之情形，依法应予以撤销。

【指导意义】

非本集体经济组织成员基于房屋继承提起的宅基地登记行政诉讼，人民法院以起诉人与被诉宅基地登记行为不存在利害关系为由裁定驳回起诉的，人民检察院应当依法进行监督。诉权是公民、法人或者其他组织依法享有的寻求司法救济的权利。《中华人民共和国行政诉讼法》规定，行政行为的相对人以及其他与行政行为有利害关系的公民、法人或者其他组织，有权提起诉讼。"外嫁女"继承农村宅基地上的房屋，根据房地一体原则，在房屋自然存续期间，可以占用宅基地并办理确权登记，成为宅基地的权利人。行政机关仅向本集体经济组织成员颁发土地使用证，侵犯了"外嫁女"合法权益。人民法院以"外嫁女"与被诉宅基地登记行为不存在利害关系为由驳回起诉的，人民检察院应当依法进行监督，有效保护诉权的同时，通过实体审理纠正错误登记行为，保障"外嫁女"等非本集体经济组织成员因继承房屋而享有的宅基地使用权。

【相关规定】

《中华人民共和国行政诉讼法》第二十五条第一款

《最高人民法院关于审理涉及农村集体土地行政案件若干问题的规定》第一条

国土资源部、中央农村工作领导小组办公室、财政部、农业部《关于农村集体土地确权登记发证的若干意见》

赵某诉内蒙古自治区某旗退役军人事务局给付烈士子女定期生活补助诉讼监督案

（检例第 208 号）

【关键词】

生效行政裁判监督　行政给付　烈士子女生活补助给付起始时间　再审检察建议　类案监督

【要旨】

给予烈士子女定期生活补助是落实我国抚恤优待制度的重要体现，行政机关应当主动履行职责，确保符合条件的行政相对人及时获得物质帮助。给予烈士子女生活补助的给付起始时间根据相关法律法规政策确定，不因烈士子女是否知悉相关法律法规和政策规定、提出申请时间不同而有所区别。人民法院对行政机关未按相关法律法规政策规定的程序、标准给付烈士子女生活补助的行为未予纠正，人民检察院应当依法监督。

【基本案情】

2012 年 1 月 20 日，《民政部、财政部关于给部分烈士子女发放定期生活补助的通知》（民发〔2012〕27 号，以下简称《通知》）规定，从 2011 年 7 月 1 日起，给居住在农村和城镇无工作单位、18 周岁之前没有享受过定期抚恤金待遇且年满 60 周岁的烈士子女发放定期生活补助。2012年2月16日，《内蒙古自治区民政厅、财政厅关于落实给部分烈士子女发放定期生活补助政策的实施意见》（内民政优〔2012〕32号，以下简称《意见》）规定负责烈士子女定期生活补助发放工作的行政机关要深入细致地做好调查摸底工作，认真准确地界定相关人员的身份，做到不错、不漏、不留死角，发放程序为个人申报、初审认定、建立档案。2019年1月，该职能由旗民政局转至旗退役军人事务局。

赵某轩在解放战争中牺牲被评为烈士。其子赵某（1946年3月出生，农民）得知该政策后，向旗退役军人事务局提出烈士子女定期生活补助申请并于2019年6月获得批准。自2019年7月起赵某开始享受定期生活补助。2021年初，赵某向旗退役军人事务局申请补发2011年7月至2019年6月的烈士子女定期生活补助。2021年7月，旗退役军人事务局作出《关于赵某要求履行行政职能申请的答复意见》，认为"赵某提出申请的时间为2018年12月5日，审批时间为2019年6月27日。自2019年7月赵某开始领取烈士子女补助金，旗退役军人事务局没有拒绝或拖延等不作为的行为。因此，不能补发你2011年7月1日至2019年6月30日的烈士子女补助金"。赵某向人民法院提起行政诉讼，请求撤销旗退役军人事务局的答复意见，并判决给付2011年7月至2019年6月的定期生活补助。

2021年11月10日，某旗人民法院作出行政判决，认为《意见》是为部分烈士子女发放定期生活补助的规范性文件。该《意见》明确了对领取定期生活补助人员身份核查认定的流程，即个人申报、初审认定、建立档案。本案中，旗退役军人事务局根据《意见》规定，对赵某的申报信息经过初审认定、建立档案，并自2019年7月开始为赵某发放生活补助金。现赵某要求补发2011年

554

7月1日至2019年6月30日期间的生活补助金，但其提供的证据不能证明其在《意见》下发后，向有关部门进行过个人申报，亦无法证明行政机关存在不作为的行为。因此，旗退役军人事务局按照政策规定作出不予补发生活补助的答复意见，程序正当，符合法律规定，驳回赵某的诉讼请求。一审判决生效后，赵某不服，向某市中级人民法院申请再审。2022年5月26日，某市中级人民法院作出裁定，驳回再审申请。

【检察机关履职过程】

案件来源。赵某向某旗人民检察院申请监督。

调查核实。某旗人民检察院审查案卷后开展了以下调查核实工作：一是向旗退役军人事务局确认赵某轩在解放战争中牺牲并于1983年11月被评为烈士。二是向旗退役军人事务局了解到赵某18周岁之前没有享受过定期抚恤金待遇。鉴于双方对是否应当补发抚恤金存在较大争议，为消除分歧、凝聚共识，某旗人民检察院组织召开公开听证会，邀请政协委员、人民监督员、律师参加，听取双方当事人意见。听证会后，听证员评议认为，对符合条件的人员以申请获批的时间划给付起始点，事实上限缩了行政给付范围，不当减损了行政相对人的权益。旗退役军人事务局应当从《通知》规定的2011年7月1日起给赵某发放定期生活补助。

监督意见。某旗人民检察院审查认为：1. 根据民政部、财政部《通知》和内蒙古自治区民政厅、财政厅《意见》规定，负责烈士子女定期生活补助发放工作的行政机关应当严格掌握政策，执行落实好政策，深入细致地做好调查摸底工作。旗退役军人事务局未能提供证据证明其与相关部门进行过统一调查、政策宣传等工作。行政机关履职不到位，原审判决认定旗退役军人事务局答复意见符合法律规定的主要证据不足。2.《中华人民共和国行政诉讼法》第三十四条第一款规定，"被告对作出的行政行为负有举证责任，应当提供作出该行政行为的证据和所依据的规范性文件"；第三十七条规定，"原告可以提供证明行政行为违法的证据。原告提供的证据不成立的，不免除被告的举证责任"。本案中，旗退役军人事务局始终未能提供漏报补报人员在文件实施后、个人申报前不能享受生活补助的法律和政策依据，亦不能提供证据证明其做了调查摸底工作。原审判决将举证责任分配给赵某一方，举证责任分配错误，属于适用法律错误。2022年9月，某旗人民检察院经检察委员会决定，向某旗人民法院提出再审检察建议。

监督结果。某旗人民法院采纳再审检察建议，于2022年12月30日作出再审判决，认为《通知》和《意见》是发放烈士子女定期生活补助金的依据。旗退役军人事务局提交的证据能证实赵某于2019年7月享受烈士子女生活补助金的情况，但不能证实赵某不应享受2011年7月1日至2019年6月30日期间的烈士子女补助金的情况。旗退役军人事务局作出的《关于赵某要求履行行政职能申请的答复意见》的主要证据不足，应予撤销。原审判决认定事实不清，适用法律错误，应予纠正。判决撤销原审判决和旗退役军人事务局的答复意见。旗退役军人事务局收到再审判决后，补发了赵某2011年7月1日至2019年6月30日的烈士子女定期生活补助3万余元。

根据旗退役军人事务局在听证会上反映的情况，某旗人民检察院依法调取了辖区内烈士子女名单、烈士子女定期生活补助金发放数据等，确认旗退役军人事务局对符合条件的其他23名烈士子女也未从2011年7月1日起计算发放定期生活补助，遂向旗退役军人事务局发出检察建议，建议其依法把握发放烈士子女定期生活补助的政策规定。旗退役军人事务局采纳检察建议，为其他 23 名烈士子女补发了生活补助，并表示在今后工作中将深入细致做好调查摸底工作，准确界定相关人员的身份，充分保障烈士子女的合法权益。

【指导意义】

（一）人民检察院办理行政诉讼监督案件，发现行政机关未依据相关法律法规和政策规定的给付时间为烈士子女发放生活补助，人民法院生效裁判未予纠正的，应当依法监督。我国宪法对国家和社会抚恤烈士家属作了明确规定，国防法、烈士褒扬条例、军人抚恤优待条例等作了具体规定。给予烈士子女定期生活补助是落实我国抚恤优待制度的重要体现，行政机关应当主动履行调查核实相对人情况、确定给付对象等职责，按照政策规定的给付起始时间和标准及时履行给付义务，不因相对人知悉政策、提出申请的时间有所区别。抚恤对象认为行政机关没有依法支付抚恤金的，应当先向行政机关提出，行政机关拒绝给付或者不予答复的，该抚恤对象有权提起行政诉讼。抚恤对象因不了解有关规定，迟延提出行政给付申请的，行政机关应当补发行政给付决定作出前抚恤对象应当享受的抚恤金待遇。人民法院对行政机关错误确定给付起始时间的行为未予纠正的，人民检察院应当依法提出监督意见。

（二）人民检察院在履行职责中发现行政机关未依法保障同等情况的其他相对人享受抚恤待遇的，可以制发检察建议督促其纠正。人民检察院在对个案提出监督意见的同时，可以针对行政机关未依法及时履行给付抚恤金义务，致使相对人合法权益受到侵害等普遍性问题，制发类案检察建议，督促行政机关依法履行职责，保障抚恤对象按照国家政策规定公平享受抚恤待遇。

【相关规定】

《中华人民共和国国防法》第六十六条

《烈士褒扬条例》第二条

《军人抚恤优待条例》第二条

《中华人民共和国行政诉讼法》第三十四条第一款、第三十七条、第七十条、第九十一条、第九十三条

《最高人民法院关于适用〈中华人民共和国行政诉讼法〉的解释》第一百一十九条、第一百二十二条

《人民检察院行政诉讼监督规则》第八十四条、第一百一十九条第二款、第一百二十条

最高人民检察院

关于印发最高人民检察院
第五十二批指导性案例的通知

（2024 年 4 月 23 日）

各省、自治区、直辖市人民检察院，解放军军事检察院，新疆生产建设兵团人民检察院：

经 2024 年 1 月 26 日最高人民检察院第十四届检察委员会第二十三次会议决定，现将朱某涉嫌盗窃不批捕复议复核案等四件案例（检例第 209—212 号）作为第五十二批指导性案例（不批捕不起诉复议复核及刑事追诉标准主题）发布，供参照适用。

朱某涉嫌盗窃不批捕复议复核案

（检例第 209 号）

【关键词】

盗窃罪　多次盗窃　情节显著轻微　不批捕复议复核

【要旨】

行为人虽然"多次盗窃"，但根据行为的客观危害、情节与行为人的主观恶性等综合考量，不具有严重社会危害性，不应受刑罚处罚的，属于情节显著轻微危害不大，不认为是犯罪，人民检察院应当依法作出不批捕决定。对复议复核案件，人民检察院应当开展实质审查，对复议案件，还应当另行指派检察官办理。

【基本案情】

犯罪嫌疑人朱某，女，1968 年 3 月出生，无业。

2021 年 7 月 4 日至 6 日，朱某在云南省昆明市五华区某单位附近散步时，先后三次将谢某在单位门口种植的十六盆多肉植物拿回家中。7 月 7 日 14 时许，谢某发现其种植的多肉植物被盗后报警。当日 19 时 40 分许，朱某到案发地散步准备再次盗窃多肉植物时，被保安发现并要求登记身份信息，其提供虚假信息后离开现场。7 月 15 日，民警通过视频监控锁定朱某并前往其住处附近寻找，邻居将该情况告知朱某后，朱某下楼向民警如实交代自己盗窃多肉植物的事实，并将所盗物品交还谢某。经鉴定，朱某盗窃的多肉植物共计价值 98 元。

【检察机关履职过程】

（一）审查逮捕

2021 年 7 月 15 日，昆明市公安局五华分局对朱某涉嫌盗窃案立案侦查，次日对其刑事拘留。7 月 26 日，五华分局以朱某涉嫌盗窃罪向昆明市五华区人民检察院提请批准逮捕。

昆明市五华区人民检察院审查认为，朱某在不同时间段内三次盗窃，应当认定为多次盗窃。但其盗窃对象价值微小，只有 98 元，案发后主动归还被盗财物，挽回被害人经济损失，属于情节显著轻微危害不大，根据刑法第十三条的规定，不认为是犯罪。2021 年 8 月 2 日，五华区人民检察院作出不批捕决定，并向公安机关送达不批捕理由说明书，当面向公安机关说明理由和依据。

（二）不批捕复议审查

2021 年 8 月 5 日，昆明市公安局五华分局认为朱某多次盗窃，符合刑法关于盗窃罪的规定，以情节显著轻微危害不大作出不批捕决定错误，且容易模糊违法与犯罪的界限，导致实践中不易执行，向检察机关提出复议。

昆明市五华区人民检察院另行指派检察官办理。检察官调阅案卷、讯问朱某，围绕案件事实、证据、原不批捕理由和复议理由等全面审查。经审查认为，朱某实施三次盗窃行为，符合刑法分则规定的多次盗窃，但刑法总则要求判断罪与非罪时应遵循是否具有严重社会危害性和应受刑罚处罚性。综合考量朱某的客观行为、主观目的、财物价值、追赃挽损等情况，属于情节显著轻微危害不大，不认为是犯罪。

2021 年 8 月 10 日，昆明市五华区人民检察院经检察委员会研究，维持原不批捕决定，并当面向公安机关说明检察机关作出复议决定的理由和依据。

（三）不批捕复核审查

2021 年 8 月 11 日，昆明市公安局五华分局提请昆明市人民检察院复核。公安机关认为，司法解释明确规定"二年内盗窃三次以上"的，应当认定为"多次盗窃"。朱某多次小额盗窃的行为可以评价为情节轻微，但不属于"情节显著轻微危害不大"。将"多次盗窃"的犯罪行为降格为行政违法行为，突破了刑法和行政法的边界，会导致公安机关办理多次盗窃案件时难以准确界定行政违法行为和犯罪行为。

在复核阶段，昆明市人民检察院检察官全面阅卷、核实证据，听取公安机关、下级人民检察院及朱某的意见。经审查认为，刑法规定"多次盗窃"意在惩处惯犯惯偷，朱某的行为系偶尔贪图小利，被盗的多肉植物价值仅为 98 元，且朱某在案发后主动归还被盗的多肉植物，没有造成被害人的经济损失。朱某的行为属于情节显著轻微危害不大，不认为是犯罪，对其行为可予以治安处罚。

昆明市人民检察院决定维持不批捕复议决定，于 2021 年 8 月 25 日向公安机关送达文书并当面释法说理。

（四）处理结果

2021 年 9 月 6 日，昆明市公安局五华分局撤销刑事案件，对朱某作出行政拘留十五日的处罚，因朱某此前已被刑事拘留，刑事拘留日期折抵行政拘留日期。

【指导意义】

（一）审查认定犯罪应当依法准确把握是否具有严重社会危害

性的本质特征。准确区分罪与非罪、违法与犯罪的界限，要善于从纷繁复杂的法律事实中准确把握实质法律关系，善于从具体法律条文中深刻领悟法治精神，善于在法理情的有机统一中实现公平正义。理解把握"多次盗窃"的规定，应坚持实质解释，不能简单认为只要"多次盗窃"就一律作为犯罪惩处。一方面应遵循"多次盗窃"与"数额较大、入户盗窃、携带凶器盗窃、扒窃"具有相当的危害性；另一方面要把分则与总则结合起来理解，根据刑法第十三条的规定，进一步审查其行为的社会危害性程度和是否应予刑罚处罚。对"多次盗窃"的，可以结合行为人实施盗窃的动机、目的、时间、地点、手段、对象、数额等情节综合判断是否认定为盗窃罪。如具有以破坏性手段多次盗窃的，以盗窃为业的，曾因盗窃受过刑事处罚或者行政处罚又多次盗窃的，多次盗窃残疾人、孤寡老人财物等情形的，应当以盗窃罪依法追诉。对于虽然多次盗窃，但行为人属于贪图小利、顺手牵羊，盗窃少量财物、价值较小的，应当认定为情节显著轻微危害不大，不认为是犯罪。

（二）办理复议复核案件，应当开展实质审查。对复议案件，人民检察院应当另行指派检察官办理，要注重听取公安机关的意见，审查、复核证据，加强沟通说理，必要时可以组织听证。对于经复议复核维持原不批捕决定的，人民检察院向公安机关送达复议复核决定时应当说明理由。

【相关规定】

《中华人民共和国刑法》第十三条、第二百六十四条

《中华人民共和国刑事诉讼法》（2018年修正）第九十条、第九十二条

《人民检察院刑事诉讼规则》（2019 年修订）第二百九十条、第二百九十一条

《最高人民法院、最高人民检察院关于办理盗窃刑事案件适用法律若干问题的解释》（法释〔2013〕8 号，2013 年 4 月 4 日起施行）第三条第一款

办案检察院：云南省昆明市人民检察院　云南省昆明市五华区人民检察院

承办检察官：吴云峰　段金艳　任君萍

案例撰写人：那文婷　殷露阳　吴云峰　段金艳

杨某涉嫌虚假诉讼不批捕复议案

（检例第 210 号）

【关键词】

虚假诉讼　篡改证据　综合履职　不批捕复议

【要旨】

认定虚假诉讼罪，应当把握行为人是否实施了捏造民事法律关系、虚构民事纠纷的行为。行为人虽然篡改部分证据，但当事人之间存在真实的民事法律关系、民事纠纷的，不认为是犯罪。人民检察院办理不批捕复议案件，应当加强与公安机关沟通，促进对复议决定的理解认同。对行为人的行为虽不构成犯罪，但妨害了司法秩序或者侵害了他人合法权益的，人民检察院应当提出检察建议，使行为人承担相应法律责任。

【基本案情】

犯罪嫌疑人杨某，男，1966 年 4 月出生，四川资阳某生态旅游开发有限公司法定代表人、董事长。

2018 年 3 月 8 日，杨某为扩大公司经营项目，引种柑橘树，经中间人介绍，与贺某等四名农户就购买 6.3 万株柑橘苗事宜协商一致。后由公司员工钟某以个人名义与上述农户分别签订协议。协议约定柑橘苗的定购数量、价格、质量和交付时间、方式及违约责任，但对交付标准、解除协议的条件及后果未约定。其中，对违约责任约定"如有违约，违约方应向守约方支付违约金（按照每株柑橘苗 5 元钱的标准计算）"。3 月 9 日，杨某安排钟某通过公司账户使用公司资金，按照每株 1 元钱的标准向上述农户支付预付款 6.3 万元。后因中间人死亡，其原承诺的由农户负责办理检验检疫手续迟迟未果，直至 2018 年 6 月 30 日履约期满，该协议仍未实际履行，柑橘苗未移挖。

因柑橘苗市场价格持续下降，且公司资金短缺，2020 年初，杨某向贺某等提出退还预付款 6.3 万元。在多次协商未果后，杨某将原协议甲方由"钟某"改为"四川资阳某生态旅游开发有限公司"，增加"植物检疫证书"为交付标准，伪造"如不能出具植物检疫证书，有权解除协议"以及"已收取的定金、柑橘苗款、其他任何款项应全额返还"等内容，于 2020 年 9 月 23 日向四川省简阳市人民法院起诉，请求判令"解除原协议""返还购苗款 6.3 万元及资金占有利息""支付违约金 2.52 万元"。法院两次组织开庭审理。庭审中，杨某未实际主张违约金问题。后因贺某等农户向法庭提交了原始协议，致使杨某篡改协议的行为被发现。法院认为，杨某提供的协议与原始协议在合同主体、合同内容方面存在差异，可能涉嫌虚假诉讼犯罪，于 2020 年 11 月 8 日将线索移送简阳市公安局。

【检察机关履职过程】

（一）审查逮捕

简阳市公安局于 2020 年 11 月 11 日立案侦查，于 2021 年 3 月 22 日对杨某刑事拘留，于 4 月 2 日以杨某涉嫌虚假诉讼罪向简阳市人民检察院提请批准逮捕。

简阳市人民检察院审查认为，杨某作为公司法定代表人代表公司与农户协商并支付预付款，柑橘苗的购买方名为钟某实为公司，贺某等农户对此是明知和认可的。因此，公司与农户之间存在真实的民事法律关系；杨某与农户协商退还预付款而未果，是属于发生在公司与农户之间的民事纠纷，农户对此也是明知和认可的；杨某虽然客观上实施了伪造协议履约人等行为，但主观上是为能够有权起诉，并非无中生有捏造虚假诉讼侵害他人合法权益。因此，杨某的行为不符合刑法第三百零七条之一 "以捏造的事实提起民事诉讼" 的规定，不构成虚假诉讼罪。

2021 年 4 月 9 日，简阳市人民检察院依法对杨某作出不批捕决定，并向公安机关送达了不批捕理由说明书，阐释了不批捕的理由。同日，杨某被释放。

（二）不批捕复议审查

2021 年 4 月 14 日，简阳市公安局认为杨某篡改民事合同主体，导致民事法律关系主体发生变化，并致使法院两次开庭审理，妨害正常司法秩序，已涉嫌构成虚假诉讼罪，检察机关作出不批捕决定有错误，向简阳市人民检察院提出复议。

简阳市人民检察院另行指派检察官办理。检察官调阅原案卷宗、讯问犯罪嫌疑人、询问关键证人，对证据进行了全面审查核实。经审查认为，根据刑法第三百零七条之一和《最高人民法院、最高人民检察院关于办理虚假诉讼刑事案件适用法律若干问题的解释》的规定，虚假诉讼罪的客观表现为采取伪造证据、虚假陈述等手段捏造民事法律关系，虚构民事纠纷，向人民法院提起诉讼的行为。根据查明的有关权利义务归属、资金支付主体等事实，可以认定原始协议中的甲方（即钟某）实际上并非民事法律关系主体，杨某篡改履约人，只是使原始协议形式上发生变化，并没有导致实际的民事法律关系主体发生变化。协议双方未实际履约、期满近两年后协商退还预付款但未果等事实，可以认定民事纠纷真实发生，并非虚构。杨某篡改协议，目的是能够通过提起诉讼解决纠纷，其"返还购苗款6.3万元"的主张，实为争议内容。因此，杨某的行为不符合虚假诉讼罪的规定。

2021年4月21日，简阳市人民检察院经检察委员会研究维持原不批捕决定。简阳市人民检察院在办理复议案件过程中，与公安机关座谈，主动加强沟通。公安机关对复议决定表示认可，未再提请复核。5月11日，公安机关依法撤销杨某涉嫌虚假诉讼案。

（三）综合履职

对办案中发现的杨某故意篡改证据的违法行为，简阳市人民检察院跟进监督，向简阳市人民法院提出依法给予杨某司法处罚的检察建议。2021年5月25日，法院对杨某作出罚款2万元的司法处罚决定。杨某接受处罚，按期缴纳了罚款。

【指导意义】

（一）办理虚假诉讼刑事案件应当审查行为人是否属于"以捏造的事实提起民事诉讼"。虚假诉讼罪的本质特征在于，行为人与他人之间不存在民事法律关系和民事纠纷，无中生有捏造民事法律关系和民事纠纷并提起民事诉讼。判断是否属于"无中生有"捏造民事法律关系和民事纠纷，应当坚持实质判断。如果行为人与他人之间实际上存在民事法律关系和民事纠纷，为了达到胜诉目的，篡改了部分证据，并没有从实质上改变原民事法律关系和民事纠纷的，不认定为虚假诉讼罪。如果构成其他违法犯罪的，按照有关规定追究法律责任。

（二）办理复议案件应当注重沟通，促进公安机关对复议决定的理解认同。人民检察院办理审查逮捕案件，经审查认为不构成犯罪的，应当依法作出不构成犯罪的不批捕决定。办理公安机关要求复议案件时，要注重听取公安机关的意见，充分阐明案件事实、不批捕及复议决定的理由和法律依据，促进形成共识。

（三）应当强化综合履职，提升检察监督质效。虚假诉讼行为侵害其他民事主体的合法权益，妨害司法公信、司法秩序。人民检察院在办案中应当强化综合履职，对虽然不构成犯罪，但破坏正常民事诉讼秩序，需要给予司法处罚的，应当依法及时将线索移送人民法院，并提出检察建议。

【相关规定】

《中华人民共和国刑法》第三百零七条之一第一款

《中华人民共和国刑事诉讼法》（2018 年修正）第九十二条

《人民检察院刑事诉讼规则》（2019 年修订）第二百九十条

《最高人民法院、最高人民检察院关于办理虚假诉讼刑事案件适用法律若干问题的解释》（法释〔2018〕17 号，2018 年 10 月 1 日起施行）第一条、第二条

《最高人民法院、最高人民检察院、公安部、司法部关于进一

步加强虚假诉讼犯罪惩治工作的意见》（法发〔2021〕10号，2021年3月10日起施行）第二条、第三条、第四条、第二十三条

办案检察院：四川省简阳市人民检察院

承办检察官：秦　敏　全青飞

案例撰写人：钱小军　罗　娜　周明伟　蒋琴琴

王某掩饰、隐瞒犯罪所得不批捕复议复核案

（检例第211号）

【关键词】

掩饰、隐瞒犯罪所得　明知　追诉标准　情节严重　不批捕复议复核

【要旨】

对掩饰、隐瞒犯罪所得、犯罪所得收益罪"明知"的认定，应当结合行为人的职业性质、认知能力、赃物形态、收购价格、所获收益等综合判断。人民检察院办理掩饰、隐瞒犯罪所得案件，应当根据案件具体事实、情节、后果及社会危害程度，结合上游犯罪的性质、上下游犯罪量刑均衡等综合判断，决定是否追诉、是否认定为"情节严重"。上级人民检察院办理不批捕复核案件，发现下级人民检察院复议决定有错误的，应当依法予以纠正。

【基本案情】

被告人徐某，男，1989年1月出生，建筑工地水电工。

被告人王某，男，1988年9月出生，废品收购站个体经营者。

568

2021 年 4 月至 5 月，在安徽省明光市某产业园工地从事水电工作的徐某，先后 24 次盗窃工地内脚手架扣件，分 29 次卖给经营废品收购站的王某。王某明知脚手架扣件来路不明，仍低价收购并付给徐某 19700 余元。被害人发现工地扣件丢失后报警。

2021 年 5 月 15 日，王某被抓获，徐某接民警电话通知到案。公安机关查扣被盗脚手架扣件 1201 个，已发还被害人。经价格认定，被盗脚手架扣件总价值 32400 元。后徐某退缴赃款。

【检察机关履职过程】

（一）审查逮捕

2021 年 5 月 15 日，安徽省明光市公安局对徐某涉嫌盗窃罪立案侦查，次日对王某涉嫌掩饰、隐瞒犯罪所得罪立案侦查，并对二人刑事拘留。5 月 21 日，以徐某涉嫌盗窃罪，王某涉嫌掩饰、隐瞒犯罪所得罪向明光市人民检察院提请批准逮捕。

明光市人民检察院审查认为，徐某实施盗窃犯罪，数额较大，依法可能判处徒刑以上刑罚，不逮捕可能实施新的犯罪，具有社会危险性；王某的行为不符合《最高人民法院关于审理掩饰、隐瞒犯罪所得、犯罪所得收益刑事案件适用法律若干问题的解释》（以下简称《解释》）第一条第一款规定的四种情形，在第二款"人民法院审理掩饰、隐瞒犯罪所得、犯罪所得收益刑事案件，应综合上游犯罪的性质、掩饰、隐瞒犯罪所得及其收益的情节、后果及社会危害程度等，依法定罪处罚"的规定没有明确、具体的标准的情况下，无法认定王某的行为构成掩饰、隐瞒犯罪所得罪。明光市人民检察院于 2021 年 5 月 28 日决定批准逮捕徐某，以王某不构成犯罪作出不批捕决定，并向公安机关送达不批捕理由说明书。王某当日被释放。

（二）不批捕复议审查

2021年5月31日，明光市公安局提出复议，认为王某明知徐某向其出售的脚手架扣件来路不明，仍29次予以收购，符合《解释》第三条第一款第（二）项"掩饰、隐瞒犯罪所得及其产生的收益十次以上，属于情节严重"的规定。根据刑法第三百一十二条的规定，应处三年以上七年以下有期徒刑。检察机关以不符合入罪标准作出不构成犯罪不批捕不当，应当批准逮捕。明光市人民检察院另行指派检察官审查。检察官经审查，并经检察长批准，于6月7日以同样理由决定维持原不批捕决定。

（三）不批捕复核审查

2021年6月8日，明光市公安局向滁州市人民检察院提请复核。滁州市人民检察院指派部门负责人审查。检察官调阅全案卷宗，听取公安机关与明光市人民检察院的意见。经审查认为，王某的行为虽然不符合《解释》第一条第一款规定的四种情形，但应当根据第二款的规定综合考量是否构成犯罪。作为上游盗窃犯罪的徐某，盗窃价值32400元的财物，犯罪事实已查明并被批准逮捕，下游的王某长期从事废品收购，以低价收购，且很多扣件都是整包的，可以认定其明知是犯罪所得，为获取非法利益连续多次低价收购，数额也远超修改前《解释》规定的三千元至一万元以上的数额标准，已涉嫌构成掩饰、隐瞒犯罪所得罪。考虑到王某归案后如实供述犯罪事实、自愿认罪认罚、愿意退赃，在综合评判其社会危险性后，经检察长批准，于6月18日作出无社会危险性不批捕的复核决定，并当面向公安机关说明理由。

（四）处理结果

2021年6月24日，明光市公安局以徐某涉嫌盗窃罪，王某涉嫌掩饰、隐瞒犯罪所得罪移送明光市人民检察院审查起诉。

明光市人民检察院审查认为，王某已涉嫌构成掩饰、隐瞒犯罪所得罪，但不属于"情节严重"的情形。对"情节严重"的认定不能单纯从形式上判断，王某基于掩饰、隐瞒的概括故意，在较短时间内对同一被害单位的同一类被盗物品多次收购，不宜机械地认定为"情节严重"。7月23日，明光市人民检察院以徐某涉嫌盗窃罪，王某涉嫌掩饰、隐瞒犯罪所得罪提起公诉。

2021年8月19日，明光市人民法院以盗窃罪判处徐某有期徒刑一年六个月，并处罚金一万八千元；以掩饰、隐瞒犯罪所得罪判处王某有期徒刑七个月，并处罚金八千元。宣判后，二被告人均未提出上诉，判决已生效。

【指导意义】

（一）办理掩饰、隐瞒犯罪所得案件，应当根据具体情节、后果、社会危害程度，以及上游犯罪的性质、危害后果等全面审查，决定是否追诉。认定"明知"时，应当结合行为人的职业性质、认知能力、赃物形态、收购价格、所获收益等综合判断。认定"情节严重"时，不能简单地以收赃次数作为判断标准，应当结合行为人的故意内容、收赃次数、赃物价值、持续时间、犯罪对象、危害后果，以及上下游犯罪的量刑均衡等综合判断。

（二）上级人民检察院办理复核案件，对不批捕及复议决定有错误的，要依法予以纠正。对公安机关提请复核的案件，人民检察院应当全面审查不批捕决定认定事实、适用法律是否正确，处理是否适当，是否违反法定程序，文书使用是否准确，法条援引有无错漏，释法说理是否充分，复议是否提出新事实、新证据等。对公安机关提请复核理由正确的，应依法予以采纳，纠正下级院的不当决定。

【相关规定】

《中华人民共和国刑法》第三百一十二条第一款

《中华人民共和国刑事诉讼法》（2018 年修正）第六十七条第一款，第八十一条第一款、第二款，第九十二条

《人民检察院刑事诉讼规则》（2019 年修订）第八十六条、第一百二十八条第一款、第一百三十四条、第二百九十条、第二百九十一条

《最高人民法院关于审理掩饰、隐瞒犯罪所得、犯罪所得收益刑事案件适用法律若干问题的解释》（法释〔2015〕11 号，2021年 4 月 7 日修正，2021 年 4 月 15 日起施行）第一条第二款、第三条第一款第二项

办案检察院：安徽省滁州市人民检察院　安徽省明光市人民检察院

承办检察官：杨　松

案例撰写人：杜　薇　刘　斌　王平伟　杨　松

茅某组织卖淫不起诉复议复核案

（检例第 212 号）

【关键词】

组织卖淫　容留卖淫　实质审查　上级复核纠正　不起诉复议复核

572

【要旨】

涉案场所内既有正规消费项目，又存在卖淫活动时，场所经营者辩称不知场所内有卖淫活动的，应全面审查在案证据，运用逻辑规则、经验法则分析判断其是否具有主观明知。场所经营者明知他人租赁其场所后以招募、雇佣等手段管理或者控制他人卖淫，仍为其提供场所，并管理、约定嫖资分配比例，管理卖淫场所和人员的，应当认定为组织卖淫罪。人民检察院办理不起诉复核案件，经审查认为下级人民检察院作出的不起诉决定确有错误的，应当依法指令下级人民检察院纠正，或者撤销、变更下级人民检察院作出的不起诉决定。

【基本案情】

被告人茅某，男，1967年5月出生，某浴场股东兼实际经营者。

茅某出资经营某浴场，并负责实际经营管理。自2012年12月开始，茅某明知王某（因犯组织卖淫罪被判刑）等人招募、雇佣卖淫人员卖淫，仍将浴场一楼包厢区租赁给王某等人，与王某等人约定嫖资分配比例，并管理卖淫场所。其间，王某等人负责管理卖淫人员，浴场负责统一收取嫖资，并按照约定比例先提取浴场获利，再将剩余嫖资转付给王某等人。经营期间，该浴场因存在卖淫嫖娼先后二次被公安机关罚款。2013年5月30日，浙江省天台县公安局从该浴场内当场查获卖淫人员6人。经查，该卖淫场所卖淫记录992次，共计非法获利30余万元，其中，茅某分得约10万元。

【检察机关履职过程】

(一) 审查逮捕

2013 年 5 月，浙江省天台县公安局对王某等人涉嫌组织卖淫罪立案侦查。其间，多次传唤茅某。茅某辩称浴场经营正规项目，由经理和出纳负责日常管理和包厢区对外租赁，自己对王某等人组织卖淫活动不知情。天台县公安局认为证实茅某犯罪的证据不足，未对其立案侦查。2018 年，台州市公安局在专项评查中认为，茅某负责浴场租赁、管理，有犯罪重大嫌疑，要求天台县公安局继续侦查。

2019 年 1 月 22 日，天台县公安局对茅某作出刑事拘留决定，并网上追逃。8 月 26 日，茅某投案，但仍称自己对浴场内存在卖淫活动不知情。天台县公安局认为，浴场工作人员证明包厢区租赁须经茅某同意，浴场经理证明曾受茅某指使规避涉黄检查，可以认定茅某明知王某等人从事卖淫活动仍为其提供场所，涉嫌容留卖淫罪，于 9 月 17 日向天台县人民检察院提请批准逮捕。

天台县人民检察院审查认为，在王某组织卖淫案中，浴场经理（因犯协助组织卖淫罪被判刑）和茅某互相推诿，均称浴场由对方管理，双方存在利害关系，故浴场经理证言证明力弱，且没有客观性证据，证明茅某主观明知的证据不足，于 2019 年 9 月 20 日作出不批捕决定，并提出补充侦查意见，要求公安机关调取合同等客观性证据，进一步查明卖淫活动商谈过程。天台县公安局补充调取出纳的证言，证明茅某负责浴场管理和资金结算。

(二) 审查起诉

2020 年 1 月 2 日，天台县公安局以茅某涉嫌容留卖淫罪移送审查起诉。天台县人民检察院两次退回补充侦查后，经检察委员会研究认为，证明茅某明知王某等人在浴场内从事卖淫活动的证据仍不足，于4月27日作出存疑不起诉决定。

（三）不起诉复议审查

天台县公安局认为，有证据证明茅某负责浴场管理、决定项目入场、提供账户收取资金、指使经理规避涉黄检查，可以认定茅某明知存在卖淫嫖娼活动仍为王某等人提供场所，已涉嫌容留卖淫罪，于2020年4月29日对不起诉决定提出复议。

天台县人民检察院另行指派部门负责人办理。经审阅全部案件材料、核实案件事实与证据、听取天台县公安局意见后认为，证明茅某明知浴场存在卖淫活动的证据未达到确实、充分的程度，经检察长批准，于2020年5月29日决定维持原不起诉决定，并当面向公安机关说明理由。

（四）不起诉复核审查

2020年6月4日，天台县公安局向台州市人民检察院提请复核。台州市人民检察院指派分管副检察长办理，审查了原案卷宗和已判决同案犯的卷宗，核实了案件关键证据，听取了天台县公安局和天台县人民检察院意见。经审查认为，茅某是该浴场的实际经营者，包括卖淫在内的浴场各项事务都由茅某管理、控制，结合浴场经营期间因卖淫嫖娼被行政处罚的事实，即使茅某不认罪，综合全案事实、证据，可以认定茅某明知王某等人在浴场内组织卖淫活动而为其提供场所，同时还负责卖淫资金的管理、结算，卖淫场所和卖淫人员的管理等，已涉嫌组织卖淫罪而非容留卖淫罪。

台州市人民检察院认为，原案在办理中对罪名适用把握不准、对证明标准把握不当，错误作出存疑不起诉决定，于2020年7月3日撤销天台县人民检察院的不起诉决定，并指导天台县人民检察院做好审查起诉和出庭公诉工作。

（五）处理结果

2020年7月3日，天台县人民检察院以涉嫌组织卖淫罪对茅某决定逮捕。茅某被逮捕后，自愿认罪认罚，供述组织卖淫的犯罪事实，并签署认罪认罚具结书。8月12日，天台县人民检察院以茅某涉嫌组织卖淫罪提起公诉。

2020年8月31日，天台县人民法院作出一审判决，采纳检察机关指控的事实、罪名及量刑建议，以茅某犯组织卖淫罪判处有期徒刑五年三个月，并处罚金二十万元。宣判后，茅某未提出上诉，判决已生效。

【指导意义】

（一）办理涉卖淫刑事案件时，对场所经营者辩解不知场所内有卖淫活动的，应当综合全案证据分析判断。当涉案场所内正规项目与卖淫行为并存时，对场所经营者辩称不知场所内有卖淫活动的，人民检察院认定其是否具有主观明知，应当审查在案证据证明方向是否一致、证据间是否相互印证，并结合场所经营者的职务、职权、有无规避检查以及场所是否曾因卖淫嫖娼受过处罚等因素，运用逻辑规则和经验法则分析行为人的辩解是否符合常理，综合全案证据予以判定。

（二）对于场所经营者为卖淫活动提供场所的同时，还对卖淫活动有管理、控制行为的，应当认定为组织卖淫罪。组织卖淫罪与容留卖淫罪的客观方面可能都有容留卖淫行为，但容留卖淫罪的要件限于提供场所，如果场所经营者明知他人租赁其场所并以招募、雇佣等手段管理或者控制他人卖淫，仍为其提供场所，并约定、管理嫖资分配比例、管理卖淫场所、人员和卖淫收入的，应当认定为组织卖淫罪。

（三）上级人民检察院办理不起诉复核案件，应当进行实质审查，认为下级人民检察院不起诉及复议决定错误的，应当依法予以纠正。公安机关对于不批捕不起诉决定提出复议复核，既是公安机关与检察机关相互制约的体现，也是检察机关内部监督、上级对下级开展监督的体现。要充分发挥通过复议复核程序防错纠偏、统一司法标准的作用，确保检察权的正确行使。对于重大、疑难、复杂的复议复核案件，提倡由部门负责人、分管副检察长或检察长办理。办理复核案件，应当调阅案卷，进行实质审查，并注意听取公安机关和下级人民检察院的意见，必要时要复核证据。经审查认为下级人民检察院作出的不起诉决定确有错误的，应当依法指令下级人民检察院纠正，或者撤销、变更下级人民检察院作出的不起诉决定，并指导下级人民检察院做好案件后续办理工作。

【相关规定】

《中华人民共和国刑法》第三百五十八条第一款、第三百五十九条

《中华人民共和国刑事诉讼法》（2018 年修正）第一百七十九条

《人民检察院刑事诉讼规则》（2019 年修订）第三百七十九条第二款、第三百八十条

《最高人民法院、最高人民检察院关于办理组织、强迫、引诱、容留、介绍卖淫刑事案件适用法律若干问题的解释》（法释〔2017〕13 号，2017 年 7 月 25 日施行）第一条、第八条第一款

办案检察院：浙江省台州市人民检察院　浙江省天台县人民检察院

承办检察官：吴曙光　毕　畅

案例撰写人：郦纪城　陈　佳　张国宏　毕　畅　陈俊英

第10辑

中华人民共和国未成年人保护法

（1991年9月4日第七届全国人民代表大会常务委员会第二十一次会议通过　2006年12月29日第十届全国人民代表大会常务委员会第二十五次会议第一次修订　根据2012年10月26日第十一届全国人民代表大会常务委员会第二十九次会议《关于修改〈中华人民共和国未成年人保护法〉的决定》第一次修正　2020年10月17日第十三届全国人民代表大会常务委员会第二十二次会议第二次修订　根据2024年4月26日第十四届全国人民代表大会常务委员会第九次会议《关于修改〈中华人民共和国农业技术推广法〉、〈中华人民共和国未成年人保护法〉、〈中华人民共和国生物安全法〉的决定》第二次修正）

目　录

578

第一章　总　　则

第一条　为了保护未成年人身心健康，保障未成年人合法权益，促进未成年人德智体美劳全面发展，培养有理想、有道德、有文化、有纪律的社会主义建设者和接班人，培养担当民族复兴大任的时代新人，根据宪法，制定本法。

第二条　本法所称未成年人是指未满十八周岁的公民。

第三条　国家保障未成年人的生存权、发展权、受保护权、参与权等权利。

未成年人依法平等地享有各项权利，不因本人及其父母或者其他监护人的民族、种族、性别、户籍、职业、宗教信仰、教育程度、家庭状况、身心健康状况等受到歧视。

第四条　保护未成年人，应当坚持最有利于未成年人的原则。处理涉及未成年人事项，应当符合下列要求：

（一）给予未成年人特殊、优先保护；

（二）尊重未成年人人格尊严；

（三）保护未成年人隐私权和个人信息；

（四）适应未成年人身心健康发展的规律和特点；

（五）听取未成年人的意见；

（六）保护与教育相结合。

第五条　国家、社会、学校和家庭应当对未成年人进行理想教育、道德教育、科学教育、文化教育、法治教育、国家安全教育、健康教育、劳动教育，加强爱国主义、集体主义和中国特色社会主义的教育，培养爱祖国、爱人民、爱劳动、爱科学、爱社会主义的公德，抵制资本主义、封建主义和其他腐朽思想的侵蚀，引导未成年人树立和践行社会主义核心价值观。

第六条 保护未成年人，是国家机关、武装力量、政党、人民团体、企业事业单位、社会组织、城乡基层群众性自治组织、未成年人的监护人以及其他成年人的共同责任。

国家、社会、学校和家庭应当教育和帮助未成年人维护自身合法权益，增强自我保护的意识和能力。

第七条 未成年人的父母或者其他监护人依法对未成年人承担监护职责。

国家采取措施指导、支持、帮助和监督未成年人的父母或者其他监护人履行监护职责。

第八条 县级以上人民政府应当将未成年人保护工作纳入国民经济和社会发展规划，相关经费纳入本级政府预算。

第九条 各级人民政府应当重视和加强未成年人保护工作。县级以上人民政府负责妇女儿童工作的机构，负责未成年人保护工作的组织、协调、指导、督促，有关部门在各自职责范围内做好相关工作。

第十条 共产主义青年团、妇女联合会、工会、残疾人联合会、关心下一代工作委员会、青年联合会、学生联合会、少年先锋队以及其他人民团体、有关社会组织，应当协助各级人民政府及其有关部门、人民检察院、人民法院做好未成年人保护工作，维护未成年人合法权益。

第十一条 任何组织或者个人发现不利于未成年人身心健康

或者侵犯未成年人合法权益的情形，都有权劝阻、制止或者向公安、民政、教育等有关部门提出检举、控告。

国家机关、居民委员会、村民委员会、密切接触未成年人的单位及其工作人员，在工作中发现未成年人身心健康受到侵害、疑似受到侵害或者面临其他危险情形的，应当立即向公安、民政、教育等有关部门报告。

有关部门接到涉及未成年人的检举、控告或者报告，应当依法及时受理、处置，并以适当方式将处理结果告知相关单位和人员。

第十二条　国家鼓励和支持未成年人保护方面的科学研究，建设相关学科、设置相关专业，加强人才培养。

第十三条　国家建立健全未成年人统计调查制度，开展未成年人健康、受教育等状况的统计、调查和分析，发布未成年人保护的有关信息。

第十四条　国家对保护未成年人有显著成绩的组织和个人给予表彰和奖励。

第二章　家庭保护

第十五条　未成年人的父母或者其他监护人应当学习家庭教育知识，接受家庭教育指导，创造良好、和睦、文明的家庭环境。

共同生活的其他成年家庭成员应当协助未成年人的父母或者其他监护人抚养、教育和保护未成年人。

第十六条　未成年人的父母或者其他监护人应当履行下列监护职责：

（一）为未成年人提供生活、健康、安全等方面的保障；

（二）关注未成年人的生理、心理状况和情感需求；

（三）教育和引导未成年人遵纪守法、勤俭节约，养成良好的思想品德和行为习惯；

（四）对未成年人进行安全教育，提高未成年人的自我保护意识和能力；

（五）尊重未成年人受教育的权利，保障适龄未成年人依法接受并完成义务教育；

（六）保障未成年人休息、娱乐和体育锻炼的时间，引导未成年人进行有益身心健康的活动；

（七）妥善管理和保护未成年人的财产；

（八）依法代理未成年人实施民事法律行为；

（九）预防和制止未成年人的不良行为和违法犯罪行为，并进行合理管教；

（十）其他应当履行的监护职责。

第十七条　未成年人的父母或者其他监护人不得实施下列行为：

（一）虐待、遗弃、非法送养未成年人或者对未成年人实施家庭暴力；

（二）放任、教唆或者利用未成年人实施违法犯罪行为；

（三）放任、唆使未成年人参与邪教、迷信活动或者接受恐怖主义、分裂主义、极端主义等侵害；

（四）放任、唆使未成年人吸烟（含电子烟，下同）、饮酒、赌博、流浪乞讨或者欺凌他人；

（五）放任或者迫使应当接受义务教育的未成年人失学、辍学；

（六）放任未成年人沉迷网络，接触危害或者可能影响其身心健康的图书、报刊、电影、广播电视节目、音像制品、电子出版物和网络信息等；

（七）放任未成年人进入营业性娱乐场所、酒吧、互联网上网服务营业场所等不适宜未成年人活动的场所；

（八）允许或者迫使未成年人从事国家规定以外的劳动；

（九）允许、迫使未成年人结婚或者为未成年人订立婚约；

（十）违法处分、侵吞未成年人的财产或者利用未成年人牟取不正当利益；

（十一）其他侵犯未成年人身心健康、财产权益或者不依法履行未成年人保护义务的行为。

第十八条 未成年人的父母或者其他监护人应当为未成年人提供安全的家庭生活环境，及时排除引发触电、烫伤、跌落等伤害的安全隐患；采取配备儿童安全座椅、教育未成年人遵守交通规则等措施，防止未成年人受到交通事故的伤害；提高户外安全保护意识，避免未成年人发生溺水、动物伤害等事故。

第十九条 未成年人的父母或者其他监护人应当根据未成年人的年龄和智力发展状况，在作出与未成年人权益有关的决定前，听取未成年人的意见，充分考虑其真实意愿。

第二十条 未成年人的父母或者其他监护人发现未成年人身心健康受到侵害、疑似受到侵害或者其他合法权益受到侵犯的，应当及时了解情况并采取保护措施；情况严重的，应当立即向公安、民政、教育等部门报告。

第二十一条 未成年人的父母或者其他监护人不得使未满八周岁或者由于身体、心理原因需要特别照顾的未成年人处于无人看护状态，或者将其交由无民事行为能力、限制民事行为能力、患有严重传染性疾病或者其他不适宜的人员临时照护。

未成年人的父母或者其他监护人不得使未满十六周岁的未成

年人脱离监护单独生活。

第二十二条 未成年人的父母或者其他监护人因外出务工等原因在一定期限内不能完全履行监护职责的，应当委托具有照护能力的完全民事行为能力人代为照护；无正当理由的，不得委托他人代为照护。

未成年人的父母或者其他监护人在确定被委托人时，应当综合考虑其道德品质、家庭状况、身心健康状况、与未成年人生活情感上的联系等情况，并听取有表达意愿能力未成年人的意见。

具有下列情形之一的，不得作为被委托人：

（一）曾实施性侵害、虐待、遗弃、拐卖、暴力伤害等违法犯罪行为；

（二）有吸毒、酗酒、赌博等恶习；

（三）曾拒不履行或者长期怠于履行监护、照护职责；

（四）其他不适宜担任被委托人的情形。

第二十三条 未成年人的父母或者其他监护人应当及时将委托照护情况书面告知未成年人所在学校、幼儿园和实际居住地的居民委员会、村民委员会，加强和未成年人所在学校、幼儿园的沟通；与未成年人、被委托人至少每周联系和交流一次，了解未成年人的生活、学习、心理等情况，并给予未成年人亲情关爱。

未成年人的父母或者其他监护人接到被委托人、居民委员会、村民委员会、学校、幼儿园等关于未成年人心理、行为异常的通知后，应当及时采取干预措施。

第二十四条 未成年人的父母离婚时，应当妥善处理未成年子女的抚养、教育、探望、财产等事宜，听取有表达意愿能力未成年人的意见。不得以抢夺、藏匿未成年子女等方式争夺抚养权。

未成年人的父母离婚后，不直接抚养未成年子女的一方应当依照协议、人民法院判决或者调解确定的时间和方式，在不影响未成年人学习、生活的情况下探望未成年子女，直接抚养的一方应当配合，但被人民法院依法中止探望权的除外。

第三章　学校保护

第二十五条　学校应当全面贯彻国家教育方针，坚持立德树人，实施素质教育，提高教育质量，注重培养未成年学生认知能力、合作能力、创新能力和实践能力，促进未成年学生全面发展。

学校应当建立未成年学生保护工作制度，健全学生行为规范，培养未成年学生遵纪守法的良好行为习惯。

第二十六条　幼儿园应当做好保育、教育工作，遵循幼儿身心发展规律，实施启蒙教育，促进幼儿在体质、智力、品德等方面和谐发展。

第二十七条　学校、幼儿园的教职员工应当尊重未成年人人格尊严，不得对未成年人实施体罚、变相体罚或者其他侮辱人格尊严的行为。

第二十八条　学校应当保障未成年学生受教育的权利，不得违反国家规定开除、变相开除未成年学生。

学校应当对尚未完成义务教育的辍学未成年学生进行登记并劝返复学；劝返无效的，应当及时向教育行政部门书面报告。

第二十九条　学校应当关心、爱护未成年学生，不得因家庭、身体、心理、学习能力等情况歧视学生。对家庭困难、身心有障碍的学生，应当提供关爱；对行为异常、学习有困难的学生，应当耐心帮助。

学校应当配合政府有关部门建立留守未成年学生、困境未成年学生的信息档案，开展关爱帮扶工作。

第三十条　学校应当根据未成年学生身心发展特点，进行社会生活指导、心理健康辅导、青春期教育和生命教育。

　　第三十一条　学校应当组织未成年学生参加与其年龄相适应的日常生活劳动、生产劳动和服务性劳动，帮助未成年学生掌握必要的劳动知识和技能，养成良好的劳动习惯。

　　第三十二条　学校、幼儿园应当开展勤俭节约、反对浪费、珍惜粮食、文明饮食等宣传教育活动，帮助未成年人树立浪费可耻、节约为荣的意识，养成文明健康、绿色环保的生活习惯。

　　第三十三条　学校应当与未成年学生的父母或者其他监护人互相配合，合理安排未成年学生的学习时间，保障其休息、娱乐和体育锻炼的时间。

　　学校不得占用国家法定节假日、休息日及寒暑假期，组织义务教育阶段的未成年学生集体补课，加重其学习负担。

　　幼儿园、校外培训机构不得对学龄前未成年人进行小学课程教育。

　　第三十四条　学校、幼儿园应当提供必要的卫生保健条件，协助卫生健康部门做好在校、在园未成年人的卫生保健工作。

　　第三十五条　学校、幼儿园应当建立安全管理制度，对未成年人进行安全教育，完善安保设施、配备安保人员，保障未成年人在校、在园期间的人身和财产安全。

　　学校、幼儿园不得在危及未成年人人身安全、身心健康的校舍和其他设施、场所中进行教育教学活动。

　　学校、幼儿园安排未成年人参加文化娱乐、社会实践等集体活动，应当保护未成年人的身心健康，防止发生人身伤害事故。

　　第三十六条　使用校车的学校、幼儿园应当建立健全校车安全管理制度，配备安全管理人员，定期对校车进行安全检查，对校车驾驶人进行安全教育，并向未成年人讲解校车安全乘坐知识，培养未成年人校车安全事故应急处理技能。

第三十七条　学校、幼儿园应当根据需要，制定应对自然灾害、事故灾难、公共卫生事件等突发事件和意外伤害的预案，配备相应设施并定期进行必要的演练。

未成年人在校内、园内或者本校、本园组织的校外、园外活动中发生人身伤害事故的，学校、幼儿园应当立即救护，妥善处理，及时通知未成年人的父母或者其他监护人，并向有关部门报告。

第三十八条　学校、幼儿园不得安排未成年人参加商业性活动，不得向未成年人及其父母或者其他监护人推销或者要求其购买指定的商品和服务。

学校、幼儿园不得与校外培训机构合作为未成年人提供有偿课程辅导。

第三十九条　学校应当建立学生欺凌防控工作制度，对教职员工、学生等开展防治学生欺凌的教育和培训。

学校对学生欺凌行为应当立即制止，通知实施欺凌和被欺凌未成年学生的父母或者其他监护人参与欺凌行为的认定和处理；对相关未成年学生及时给予心理辅导、教育和引导；对相关未成年学生的父母或者其他监护人给予必要的家庭教育指导。

对实施欺凌的未成年学生，学校应当根据欺凌行为的性质和程度，依法加强管教。对严重的欺凌行为，学校不得隐瞒，应当及时向公安机关、教育行政部门报告，并配合相关部门依法处理。

第四十条　学校、幼儿园应当建立预防性侵害、性骚扰未成年人工作制度。对性侵害、性骚扰未成年人等违法犯罪行为，学校、幼儿园不得隐瞒，应当及时向公安机关、教育行政部门报告，并配合相关部门依法处理。

学校、幼儿园应当对未成年人开展适合其年龄的性教育，提高未成年人防范性侵害、性骚扰的自我保护意识和能力。对遭受性侵害、性骚扰的未成年人，学校、幼儿园应当及时采取相关的保护措施。

第四十一条 婴幼儿照护服务机构、早期教育服务机构、校外培训机构、校外托管机构等应当参照本章有关规定，根据不同年龄阶段未成年人的成长特点和规律，做好未成年人保护工作。

第四章 社会保护

第四十二条 全社会应当树立关心、爱护未成年人的良好风尚。

国家鼓励、支持和引导人民团体、企业事业单位、社会组织以及其他组织和个人，开展有利于未成年人健康成长的社会活动和服务。

第四十三条 居民委员会、村民委员会应当设置专人专岗负责未成年人保护工作，协助政府有关部门宣传未成年人保护方面的法律法规，指导、帮助和监督未成年人的父母或者其他监护人依法履行监护职责，建立留守未成年人、困境未成年人的信息档案并给予关爱帮扶。

居民委员会、村民委员会应当协助政府有关部门监督未成年人委托照护情况，发现被委托人缺乏照护能力、怠于履行照护职责等情况，应当及时向政府有关部门报告，并告知未成年人的父母或者其他监护人，帮助、督促被委托人履行照护职责。

第四十四条 爱国主义教育基地、图书馆、青少年宫、儿童活动中心、儿童之家应当对未成年人免费开放；博物馆、纪念馆、科技馆、展览馆、美术馆、文化馆、社区公益性互联网上网服务场所以及影剧院、体育场馆、动物园、植物园、公园等场所，应当按照有关规定对未成年人免费或者优惠开放。

国家鼓励爱国主义教育基地、博物馆、科技馆、美术馆等公共场馆开设未成年人专场，为未成年人提供有针对性的服务。

国家鼓励国家机关、企业事业单位、部队等开发自身教育资源，设立未成年人开放日，为未成年人主题教育、社会实践、职业体验等提供支持。

国家鼓励科研机构和科技类社会组织对未成年人开展科学普及活动。

第四十五条 城市公共交通以及公路、铁路、水路、航空客运等应当按照有关规定对未成年人实施免费或者优惠票价。

第四十六条 国家鼓励大型公共场所、公共交通工具、旅游景区景点等设置母婴室、婴儿护理台以及方便幼儿使用的坐便器、洗手台等卫生设施，为未成年人提供便利。

第四十七条 任何组织或者个人不得违反有关规定，限制未成年人应当享有的照顾或者优惠。

第四十八条 国家鼓励创作、出版、制作和传播有利于未成年人健康成长的图书、报刊、电影、广播电视节目、舞台艺术作品、音像制品、电子出版物和网络信息等。

第四十九条 新闻媒体应当加强未成年人保护方面的宣传，对侵犯未成年人合法权益的行为进行舆论监督。新闻媒体采访报道涉及未成年人事件应当客观、审慎和适度，不得侵犯未成年人的名誉、隐私和其他合法权益。

第五十条 禁止制作、复制、出版、发布、传播含有宣扬淫秽、色情、暴力、邪教、迷信、赌博、引诱自杀、恐怖主义、分裂主义、极端主义等危害未成年人身心健康内容的图书、报刊、电影、广播电视节目、舞台艺术作品、音像制品、电子出版物和网络信息等。

第五十一条　任何组织或者个人出版、发布、传播的图书、报刊、电影、广播电视节目、舞台艺术作品、音像制品、电子出版物或者网络信息，包含可能影响未成年人身心健康内容的，应当以显著方式作出提示。

第五十二条　禁止制作、复制、发布、传播或者持有有关未成年人的淫秽色情物品和网络信息。

第五十三条　任何组织或者个人不得刊登、播放、张贴或者散发含有危害未成年人身心健康内容的广告；不得在学校、幼儿园播放、张贴或者散发商业广告；不得利用校服、教材等发布或者变相发布商业广告。

第五十四条　禁止拐卖、绑架、虐待、非法收养未成年人，禁止对未成年人实施性侵害、性骚扰。

禁止胁迫、引诱、教唆未成年人参加黑社会性质组织或者从事违法犯罪活动。

禁止胁迫、诱骗、利用未成年人乞讨。

第五十五条　生产、销售用于未成年人的食品、药品、玩具、用具和游戏游艺设备、游乐设施等，应当符合国家或者行业标准，不得危害未成年人的人身安全和身心健康。上述产品的生产者应当在显著位置标明注意事项，未标明注意事项的不得销售。

第五十六条　未成年人集中活动的公共场所应当符合国家或者行业安全标准，并采取相应安全保护措施。对可能存在安全风险的设施，应当定期进行维护，在显著位置设置安全警示标志并标明适龄范围和注意事项；必要时应当安排专门人员看管。

大型的商场、超市、医院、图书馆、博物馆、科技馆、游乐场、车站、码头、机场、旅游景区景点等场所运营单位应当设置搜寻走失未成年人的安全警报系统。场所运营单位接到求助后，应当立即启动安全警报系统，组织人员进行搜寻并向公安机关报告。

公共场所发生突发事件时，应当优先救护未成年人。

第五十七条 旅馆、宾馆、酒店等住宿经营者接待未成年人入住，或者接待未成年人和成年人共同入住时，应当询问父母或者其他监护人的联系方式、入住人员的身份关系等有关情况；发现有违法犯罪嫌疑的，应当立即向公安机关报告，并及时联系未成年人的父母或者其他监护人。

第五十八条 学校、幼儿园周边不得设置营业性娱乐场所、酒吧、互联网上网服务营业场所等不适宜未成年人活动的场所。营业性歌舞娱乐场所、酒吧、互联网上网服务营业场所等不适宜未成年人活动场所的经营者，不得允许未成年人进入；游艺娱乐场所设置的电子游戏设备，除国家法定节假日外，不得向未成年人提供。经营者应当在显著位置设置未成年人禁入、限入标志；对难以判明是否是未成年人的，应当要求其出示身份证件。

第五十九条 学校、幼儿园周边不得设置烟、酒、彩票销售网点。禁止向未成年人销售烟、酒、彩票或者兑付彩票奖金。烟、酒和彩票经营者应当在显著位置设置不向未成年人销售烟、酒或者彩票的标志；对难以判明是否是未成年人的，应当要求其出示身份证件。

任何人不得在学校、幼儿园和其他未成年人集中活动的公共场所吸烟、饮酒。

第六十条 禁止向未成年人提供、销售管制刀具或者其他可能致人严重伤害的器具等物品。经营者难以判明购买者是否是未成年人的，应当要求其出示身份证件。

第六十一条　任何组织或者个人不得招用未满十六周岁未成年人，国家另有规定的除外。

营业性娱乐场所、酒吧、互联网上网服务营业场所等不适宜未成年人活动的场所不得招用已满十六周岁的未成年人。

招用已满十六周岁未成年人的单位和个人应当执行国家在工种、劳动时间、劳动强度和保护措施等方面的规定，不得安排其从事过重、有毒、有害等危害未成年人身心健康的劳动或者危险作业。

任何组织或者个人不得组织未成年人进行危害其身心健康的表演等活动。经未成年人的父母或者其他监护人同意，未成年人参与演出、节目制作等活动，活动组织方应当根据国家有关规定，保障未成年人合法权益。

第六十二条　密切接触未成年人的单位招聘工作人员时，应当向公安机关、人民检察院查询应聘者是否具有性侵害、虐待、拐卖、暴力伤害等违法犯罪记录；发现其具有前述行为记录的，不得录用。

密切接触未成年人的单位应当每年定期对工作人员是否具有上述违法犯罪记录进行查询。通过查询或者其他方式发现其工作人员具有上述行为的，应当及时解聘。

第六十三条　任何组织或者个人不得隐匿、毁弃、非法删除未成年人的信件、日记、电子邮件或者其他网络通讯内容。

除下列情形外，任何组织或者个人不得开拆、查阅未成年人的信件、日记、电子邮件或者其他网络通讯内容：

（一）无民事行为能力未成年人的父母或者其他监护人代未成

592

年人开拆、查阅;

（二）因国家安全或者追查刑事犯罪依法进行检查;

（三）紧急情况下为了保护未成年人本人的人身安全。

第五章　网络保护

第六十四条　国家、社会、学校和家庭应当加强未成年人网络素养宣传教育，培养和提高未成年人的网络素养，增强未成年人科学、文明、安全、合理使用网络的意识和能力，保障未成年人在网络空间的合法权益。

第六十五条　国家鼓励和支持有利于未成年人健康成长的网络内容的创作与传播，鼓励和支持专门以未成年人为服务对象、适合未成年人身心健康特点的网络技术、产品、服务的研发、生产和使用。

第六十六条　网信部门及其他有关部门应当加强对未成年人网络保护工作的监督检查，依法惩处利用网络从事危害未成年人身心健康的活动，为未成年人提供安全、健康的网络环境。

第六十七条　网信部门会同公安、文化和旅游、新闻出版、电影、广播电视等部门根据保护不同年龄阶段未成年人的需要，确定可能影响未成年人身心健康网络信息的种类、范围和判断标准。

第六十八条　新闻出版、教育、卫生健康、文化和旅游、网信等部门应当定期开展预防未成年人沉迷网络的宣传教育，监督网络产品和服务提供者履行预防未成年人沉迷网络的义务，指导家庭、学校、社会组织互相配合，采取科学、合理的方式对未成年人沉迷网络进行预防和干预。

任何组织或者个人不得以侵害未成年人身心健康的方式对未

成年人沉迷网络进行干预。

第六十九条　学校、社区、图书馆、文化馆、青少年宫等场所为未成年人提供的互联网上网服务设施，应当安装未成年人网络保护软件或者采取其他安全保护技术措施。

智能终端产品的制造者、销售者应当在产品上安装未成年人网络保护软件，或者以显著方式告知用户未成年人网络保护软件的安装渠道和方法。

第七十条　学校应当合理使用网络开展教学活动。未经学校允许，未成年学生不得将手机等智能终端产品带入课堂，带入学校的应当统一管理。

学校发现未成年学生沉迷网络的，应当及时告知其父母或者其他监护人，共同对未成年学生进行教育和引导，帮助其恢复正常的学习生活。

第七十一条　未成年人的父母或者其他监护人应当提高网络素养，规范自身使用网络的行为，加强对未成年人使用网络行为的引导和监督。

未成年人的父母或者其他监护人应当通过在智能终端产品上安装未成年人网络保护软件、选择适合未成年人的服务模式和管理功能等方式，避免未成年人接触危害或者可能影响其身心健康的网络信息，合理安排未成年人使用网络的时间，有效预防未成年人沉迷网络。

第七十二条　信息处理者通过网络处理未成年人个人信息的，应当遵循合法、正当和必要的原则。处理不满十四周岁未成年人个人信息的，应当征得未成年人的父母或者其他监护人同意，但法律、行政法规另有规定的除外。

未成年人、父母或者其他监护人要求信息处理者更正、删除未成年人个人信息的，信息处理者应当及时采取措施予以更正、删除，但法律、行政法规另有规定的除外。

第七十三条　网络服务提供者发现未成年人通过网络发布私密信息的，应当及时提示，并采取必要的保护措施。

第七十四条　网络产品和服务提供者不得向未成年人提供诱导其沉迷的产品和服务。

网络游戏、网络直播、网络音视频、网络社交等网络服务提供者应当针对未成年人使用其服务设置相应的时间管理、权限管理、消费管理等功能。

以未成年人为服务对象的在线教育网络产品和服务，不得插入网络游戏链接，不得推送广告等与教学无关的信息。

第七十五条　网络游戏经依法审批后方可运营。

国家建立统一的未成年人网络游戏电子身份认证系统。网络游戏服务提供者应当要求未成年人以真实身份信息注册并登录网络游戏。

网络游戏服务提供者应当按照国家有关规定和标准，对游戏产品进行分类，作出适龄提示，并采取技术措施，不得让未成年人接触不适宜的游戏或者游戏功能。

网络游戏服务提供者不得在每日二十二时至次日八时向未成年人提供网络游戏服务。

第七十六条　网络直播服务提供者不得为未满十六周岁的未成年人提供网络直播发布者账号注册服务；为年满十六周岁的未成年人提供网络直播发布者账号注册服务时，应当对其身份信息进行认证，并征得其父母或者其他监护人同意。

第七十七条　任何组织或者个人不得通过网络以文字、图片、音视频等形式，对未成年人实施侮辱、诽谤、威胁或者恶意损害形象等网络欺凌行为。

遭受网络欺凌的未成年人及其父母或者其他监护人有权通知网络服务提供者采取删除、屏蔽、断开链接等措施。网络服务提供者接到通知后，应当及时采取必要的措施制止网络欺凌行为，防止信息扩散。

第七十八条 网络产品和服务提供者应当建立便捷、合理、有效的投诉和举报渠道，公开投诉、举报方式等信息，及时受理并处理涉及未成年人的投诉、举报。

第七十九条 任何组织或者个人发现网络产品、服务含有危害未成年人身心健康的信息，有权向网络产品和服务提供者或者网信、公安等部门投诉、举报。

第八十条 网络服务提供者发现用户发布、传播可能影响未成年人身心健康的信息且未作显著提示的，应当作出提示或者通知用户予以提示；未作出提示的，不得传输相关信息。

网络服务提供者发现用户发布、传播含有危害未成年人身心健康内容的信息的，应当立即停止传输相关信息，采取删除、屏蔽、断开链接等处置措施，保存有关记录，并向网信、公安等部门报告。

网络服务提供者发现用户利用其网络服务对未成年人实施违法犯罪行为的，应当立即停止向该用户提供网络服务，保存有关记录，并向公安机关报告。

第六章　政府保护

第八十一条 县级以上人民政府承担未成年人保护协调机制具体工作的职能部门应当明确相关内设机构或者专门人员，负责承担未成年人保护工作。

乡镇人民政府和街道办事处应当设立未成年人保护工作站或者指定专门人员，及时办理未成年人相关事务；支持、指导居民委员会、村民委员会设立专人专岗，做好未成年人保护工作。

第八十二条　各级人民政府应当将家庭教育指导服务纳入城乡公共服务体系，开展家庭教育知识宣传，鼓励和支持有关人民团体、企业事业单位、社会组织开展家庭教育指导服务。

第八十三条　各级人民政府应当保障未成年人受教育的权利，并采取措施保障留守未成年人、困境未成年人、残疾未成年人接受义务教育。

对尚未完成义务教育的辍学未成年学生，教育行政部门应当责令父母或者其他监护人将其送入学校接受义务教育。

第八十四条　各级人民政府应当发展托育、学前教育事业，办好婴幼儿照护服务机构、幼儿园，支持社会力量依法兴办母婴室、婴幼儿照护服务机构、幼儿园。

县级以上地方人民政府及其有关部门应当培养和培训婴幼儿照护服务机构、幼儿园的保教人员，提高其职业道德素质和业务能力。

第八十五条　各级人民政府应当发展职业教育，保障未成年人接受职业教育或者职业技能培训，鼓励和支持人民团体、企业事业单位、社会组织为未成年人提供职业技能培训服务。

第八十六条　各级人民政府应当保障具有接受普通教育能力、能适应校园生活的残疾未成年人就近在普通学校、幼儿园接受教育；保障不具有接受普通教育能力的残疾未成年人在特殊教育学校、幼儿园接受学前教育、义务教育和职业教育。

各级人民政府应当保障特殊教育学校、幼儿园的办学、办园条件，鼓励和支持社会力量举办特殊教育学校、幼儿园。

第八十七条　地方人民政府及其有关部门应当保障校园安全，监督、指导学校、幼儿园等单位落实校园安全责任，建立突发事件的报告、处置和协调机制。

第八十八条　公安机关和其他有关部门应当依法维护校园周边的治安和交通秩序，设置监控设备和交通安全设施，预防和制止侵害未成年人的违法犯罪行为。

第八十九条　地方人民政府应当建立和改善适合未成年人的活动场所和设施，支持公益性未成年人活动场所和设施的建设和运行，鼓励社会力量兴办适合未成年人的活动场所和设施，并加强管理。

地方人民政府应当采取措施，鼓励和支持学校在国家法定节假日、休息日及寒暑假期将文化体育设施对未成年人免费或者优惠开放。

地方人民政府应当采取措施，防止任何组织或者个人侵占、破坏学校、幼儿园、婴幼儿照护服务机构等未成年人活动场所的场地、房屋和设施。

第九十条　各级人民政府及其有关部门应当对未成年人进行卫生保健和营养指导，提供卫生保健服务。

卫生健康部门应当依法对未成年人的疫苗预防接种进行规范，防治未成年人常见病、多发病，加强传染病防治和监督管理，做好伤害预防和干预，指导和监督学校、幼儿园、婴幼儿照护服务机构开展卫生保健工作。

教育行政部门应当加强未成年人的心理健康教育，建立未成年人心理问题的早期发现和及时干预机制。卫生健康部门应当做好未成年人心理治疗、心理危机干预以及精神障碍早期识别和诊断治疗等工作。

第九十一条　各级人民政府及其有关部门对困境未成年人实施分类保障，采取措施满足其生活、教育、安全、医疗康复、住房等方面的基本需要。

第九十二条　具有下列情形之一的，民政部门应当依法对未成年人进行临时监护：

（一）未成年人流浪乞讨或者身份不明，暂时查找不到父母或者其他监护人；

（二）监护人下落不明且无其他人可以担任监护人；

（三）监护人因自身客观原因或者因发生自然灾害、事故灾难、公共卫生事件等突发事件不能履行监护职责，导致未成年人监护缺失；

（四）监护人拒绝或者怠于履行监护职责，导致未成年人处于无人照料的状态；

（五）监护人教唆、利用未成年人实施违法犯罪行为，未成年人需要被带离安置；

（六）未成年人遭受监护人严重伤害或者面临人身安全威胁，需要被紧急安置；

（七）法律规定的其他情形。

第九十三条　对临时监护的未成年人，民政部门可以采取委托亲属抚养、家庭寄养等方式进行安置，也可以交由未成年人救助保护机构或者儿童福利机构进行收留、抚养。

临时监护期间，经民政部门评估，监护人重新具备履行监护职责条件的，民政部门可以将未成年人送回监护人抚养。

第九十四条　具有下列情形之一的，民政部门应当依法对未成年人进行长期监护：

（一）查找不到未成年人的父母或者其他监护人；

（二）监护人死亡或者被宣告死亡且无其他人可以担任监护人；

（三）监护人丧失监护能力且无其他人可以担任监护人；

（四）人民法院判决撤销监护人资格并指定由民政部门担任监护人；

（五）法律规定的其他情形。

第九十五条 民政部门进行收养评估后，可以依法将其长期监护的未成年人交由符合条件的申请人收养。收养关系成立后，民政部门与未成年人的监护关系终止。

第九十六条 民政部门承担临时监护或者长期监护职责的，财政、教育、卫生健康、公安等部门应当根据各自职责予以配合。

县级以上人民政府及其民政部门应当根据需要设立未成年人救助保护机构、儿童福利机构，负责收留、抚养由民政部门监护的未成年人。

第九十七条 县级以上人民政府应当开通全国统一的未成年人保护热线，及时受理、转介侵犯未成年人合法权益的投诉、举报；鼓励和支持人民团体、企业事业单位、社会组织参与建设未成年人保护服务平台、服务热线、服务站点，提供未成年人保护方面的咨询、帮助。

第九十八条 国家建立性侵害、虐待、拐卖、暴力伤害等违法犯罪人员信息查询系统，向密切接触未成年人的单位提供免费查询服务。

第九十九条 地方人民政府应当培育、引导和规范有关社会组织、社会工作者参与未成年人保护工作，开展家庭教育指导服务，为未成年人的心理辅导、康复救助、监护及收养评估等提供专业服务。

第七章　司法保护

第一百条　公安机关、人民检察院、人民法院和司法行政部门应当依法履行职责，保障未成年人合法权益。

第一百零一条　公安机关、人民检察院、人民法院和司法行政部门应当确定专门机构或者指定专门人员，负责办理涉及未成年人案件。办理涉及未成年人案件的人员应当经过专门培训，熟悉未成年人身心特点。专门机构或者专门人员中，应当有女性工作人员。

公安机关、人民检察院、人民法院和司法行政部门应当对上述机构和人员实行与未成年人保护工作相适应的评价考核标准。

第一百零二条　公安机关、人民检察院、人民法院和司法行政部门办理涉及未成年人案件，应当考虑未成年人身心特点和健康成长的需要，使用未成年人能够理解的语言和表达方式，听取未成年人的意见。

第一百零三条　公安机关、人民检察院、人民法院、司法行政部门以及其他组织和个人不得披露有关案件中未成年人的姓名、影像、住所、就读学校以及其他可能识别出其身份的信息，但查找失踪、被拐卖未成年人等情形除外。

第一百零四条　对需要法律援助或者司法救助的未成年人，法律援助机构或者公安机关、人民检察院、人民法院和司法行政部门应当给予帮助，依法为其提供法律援助或者司法救助。

法律援助机构应当指派熟悉未成年人身心特点的律师为未成年人提供法律援助服务。

法律援助机构和律师协会应当对办理未成年人法律援助案件的律师进行指导和培训。

第一百零五条　人民检察院通过行使检察权，对涉及未成年人的诉讼活动等依法进行监督。

第一百零六条 未成年人合法权益受到侵犯，相关组织和个人未代为提起诉讼的，人民检察院可以督促、支持其提起诉讼；涉及公共利益的，人民检察院有权提起公益诉讼。

第一百零七条 人民法院审理继承案件，应当依法保护未成年人的继承权和受遗赠权。

人民法院审理离婚案件，涉及未成年子女抚养问题的，应当尊重已满八周岁未成年子女的真实意愿，根据双方具体情况，按照最有利于未成年子女的原则依法处理。

第一百零八条 未成年人的父母或者其他监护人不依法履行监护职责或者严重侵犯被监护的未成年人合法权益的，人民法院可以根据有关人员或者单位的申请，依法作出人身安全保护令或者撤销监护人资格。

被撤销监护人资格的父母或者其他监护人应当依法继续负担抚养费用。

第一百零九条 人民法院审理离婚、抚养、收养、监护、探望等案件涉及未成年人的，可以自行或者委托社会组织对未成年人的相关情况进行社会调查。

第一百一十条 公安机关、人民检察院、人民法院讯问未成年犯罪嫌疑人、被告人，询问未成年被害人、证人，应当依法通知其法定代理人或者其成年亲属、所在学校的代表等合适成年人到场，并采取适当方式，在适当场所进行，保障未成年人的名誉权、隐私权和其他合法权益。

人民法院开庭审理涉及未成年人案件，未成年被害人、证人一般不出庭作证；必须出庭的，应当采取保护其隐私的技术手段和心理干预等保护措施。

第一百一十一条　公安机关、人民检察院、人民法院应当与其他有关政府部门、人民团体、社会组织互相配合，对遭受性侵害或者暴力伤害的未成年被害人及其家庭实施必要的心理干预、经济救助、法律援助、转学安置等保护措施。

第一百一十二条　公安机关、人民检察院、人民法院办理未成年人遭受性侵害或者暴力伤害案件，在询问未成年被害人、证人时，应当采取同步录音录像等措施，尽量一次完成；未成年被害人、证人是女性的，应当由女性工作人员进行。

第一百一十三条　对违法犯罪的未成年人，实行教育、感化、挽救的方针，坚持教育为主、惩罚为辅的原则。

对违法犯罪的未成年人依法处罚后，在升学、就业等方面不得歧视。

第一百一十四条　公安机关、人民检察院、人民法院和司法行政部门发现有关单位未尽到未成年人教育、管理、救助、看护等保护职责的，应当向该单位提出建议。被建议单位应当在一个月内作出书面回复。

第一百一十五条　公安机关、人民检察院、人民法院和司法行政部门应当结合实际，根据涉及未成年人案件的特点，开展未成年人法治宣传教育工作。

第一百一十六条　国家鼓励和支持社会组织、社会工作者参与涉及未成年人案件中未成年人的心理干预、法律援助、社会调查、社会观护、教育矫治、社区矫正等工作。

第八章　法律责任

第一百一十七条　违反本法第十一条第二款规定，未履行报告义务造成严重后果的，由上级主管部门或者所在单位对直接负责的主管人员和其他直接责任人员依法给予处分。

第一百一十八条　未成年人的父母或者其他监护人不依法履行监护职责或者侵犯未成年人合法权益的，由其居住地的居民委员会、村民委员会予以劝诫、制止；情节严重的，居民委员会、村民委员会应当及时向公安机关报告。

公安机关接到报告或者公安机关、人民检察院、人民法院在办理案件过程中发现未成年人的父母或者其他监护人存在上述情形的，应当予以训诫，并可以责令其接受家庭教育指导。

第一百一十九条　学校、幼儿园、婴幼儿照护服务等机构及其教职员工违反本法第二十七条、第二十八条、第三十九条规定的，由公安、教育、卫生健康、市场监督管理等部门按照职责分工责令改正；拒不改正或者情节严重的，对直接负责的主管人员和其他直接责任人员依法给予处分。

第一百二十条　违反本法第四十四条、第四十五条、第四十七条规定，未给予未成年人免费或者优惠待遇的，由市场监督管理、文化和旅游、交通运输等部门按照职责分工责令限期改正，给予警告；拒不改正的，处一万元以上十万元以下罚款。

第一百二十一条　违反本法第五十条、第五十一条规定的，由新闻出版、广播电视、电影、网信等部门按照职责分工责令限期改正，给予警告，没收违法所得，可以并处十万元以下罚款；拒不改正或者情节严重的，责令暂停相关业务、停产停业或者吊销营业执照、吊销相关许可证，违法所得一百万元以上的，并处违法所得一倍以上十倍以下的罚款，没有违法所得或者违法所得不足一百万元的，并处十万元以上一百万元以下罚款。

第一百二十二条　场所运营单位违反本法第五十六条第二款规定、住宿经营者违反本法第五十七条规定的，由市场监督管理、应急管理、公安等部门按照职责分工责令限期改正，给予警告；拒不改正或者造成严重后果的，责令停业整顿或者吊销营业执照、吊销相关许可证，并处一万元以上十万元以下罚款。

第一百二十三条　相关经营者违反本法第五十八条、第五十九条第一款、第六十条规定的，由文化和旅游、市场监督管理、烟草专卖、公安等部门按照职责分工责令限期改正，给予警告，没收违法所得，可以并处五万元以下罚款；拒不改正或者情节严重的，责令停业整顿或者吊销营业执照、吊销相关许可证，可以并处五万元以上五十万元以下罚款。

第一百二十四条　违反本法第五十九条第二款规定，在学校、幼儿园和其他未成年人集中活动的公共场所吸烟、饮酒的，由卫生健康、教育、市场监督管理等部门按照职责分工责令改正，给予警告，可以并处五百元以下罚款；场所管理者未及时制止的，由卫生健康、教育、市场监督管理等部门按照职责分工给予警告，并处一万元以下罚款。

第一百二十五条　违反本法第六十一条规定的，由文化和旅游、人力资源和社会保障、市场监督管理等部门按照职责分工责令限期改正，给予警告，没收违法所得，可以并处十万元以下罚款；拒不改正或者情节严重的，责令停产停业或者吊销营业执照、吊销相关许可证，并处十万元以上一百万元以下罚款。

第一百二十六条　密切接触未成年人的单位违反本法第六十二条规定，未履行查询义务，或者招用、继续聘用具有相关违法犯罪记录人员的，由教育、人力资源和社会保障、市场监督管理等部门按照职责分工责令限期改正，给予警告，并处五万元以下罚款；拒不改正或者造成严重后果的，责令停业整顿或者吊销营业执照、吊销相关许可证，并处五万元以上五十万元以下罚款，对直接负责的主管人员和其他直接责任人员依法给予处分。

第一百二十七条 信息处理者违反本法第七十二条规定，或者网络产品和服务提供者违反本法第七十三条、第七十四条、第七十五条、第七十六条、第七十七条、第八十条规定的，由公安、网信、电信、新闻出版、广播电视、文化和旅游等有关部门按照职责分工责令改正，给予警告，没收违法所得，违法所得一百万元以上的，并处违法所得一倍以上十倍以下罚款，没有违法所得或者违法所得不足一百万元的，并处十万元以上一百万元以下罚款，对直接负责的主管人员和其他责任人员处一万元以上十万元以下罚款；拒不改正或者情节严重的，并可以责令暂停相关业务、停业整顿、关闭网站、吊销营业执照或者吊销相关许可证。

第一百二十八条 国家机关工作人员玩忽职守、滥用职权、徇私舞弊，损害未成年人合法权益的，依法给予处分。

第一百二十九条 违反本法规定，侵犯未成年人合法权益，造成人身、财产或者其他损害的，依法承担民事责任。

违反本法规定，构成违反治安管理行为的，依法给予治安管理处罚；构成犯罪的，依法追究刑事责任。

第九章 附 则

第一百三十条 本法中下列用语的含义：

（一）密切接触未成年人的单位，是指学校、幼儿园等教育机构；校外培训机构；未成年人救助保护机构、儿童福利机构等未成年人安置、救助机构；婴幼儿照护服务机构、早期教育服务机构；校外托管、临时看护机构；家政服务机构；为未成年人提供医疗服务的医疗机构；其他对未成年人负有教育、培训、监护、救助、看护、医疗等职责的企业事业单位、社会组织等。

（二）学校，是指普通中小学、特殊教育学校、中等职业学校、专门学校。

（三）学生欺凌，是指发生在学生之间，一方蓄意或者恶意通过肢体、语言及网络等手段实施欺压、侮辱，造成另一方人身伤害、财产损失或者精神损害的行为。

第一百三十一条 对中国境内未满十八周岁的外国人、无国籍人，依照本法有关规定予以保护。

第一百三十二条 本法自 2021 年 6 月 1 日起施行。

中华人民共和国国防教育法

（2001 年 4 月 28 日第九届全国人民代表大会常务委员会第二十一次会议通过 根据 2018 年 4 月 27 日第十三届全国人民代表大会常务委员会第二次会议《关于修改〈中华人民共和国国境卫生检疫法〉等六部法律的决定》修正 2024 年 9 月 13 日第十四届全国人民代表大会常务委员会第十一次会议修订）

目　　录

第一章 总 则

第一条 为了普及和加强国防教育,发扬爱国主义精神,促进国防建设和社会主义精神文明建设,根据宪法和《中华人民共和国国防法》、《中华人民共和国教育法》,制定本法。

第二条 国家在全体公民中开展以爱国主义为核心,以履行国防义务为目的,与国防和军队建设有关的理论、知识、技能以及科技、法律、心理等方面的国防教育。

国防教育是建设和巩固国防的基础,是增强民族凝聚力、提高全民素质的重要途径。

第三条 国防教育坚持以马克思列宁主义、毛泽东思想、邓小平理论、"三个代表"重要思想、科学发展观、习近平新时代中国特色社会主义思想为指导,坚持总体国家安全观,培育和践行社会主义核心价值观,铸牢中华民族共同体意识,使全体公民增强国防观念、强化忧患意识、掌握国防知识、提高国防技能,依法履行国防义务。

第四条 坚持中国共产党对国防教育工作的领导,建立集中统一、分工负责、军地协同的国防教育领导体制。

第五条 中央全民国防教育主管部门负责全国国防教育工作的指导、监督和统筹协调。中央国家机关各部门在各自的职责范围内负责国防教育工作。中央军事委员会机关有关部门按照职责分工,协同中央全民国防教育主管部门开展国防教育。

县级以上地方全民国防教育主管部门负责本行政区域内国防教育工作的指导、监督和统筹协调;其他有关部门在规定的职责范围内开展国防教育工作。驻地军事机关协同地方全民国防教育主管部门开展国防教育。

第六条　国防教育贯彻全民参与、长期坚持、讲求实效的方针，实行经常教育与集中教育相结合、普及教育与重点教育相结合、理论教育与行为教育相结合的原则，针对不同对象确定相应的教育内容分类组织实施。

第七条　中华人民共和国公民都有接受国防教育的权利和义务。

普及和加强国防教育是全社会的共同责任。

一切国家机关和武装力量、各政党和各人民团体、企业事业组织、社会组织和其他组织，都应当组织本地区、本部门、本单位开展国防教育。

第八条　国防动员、兵役、退役军人事务、国防科研生产、边防海防、人民防空、国防交通等工作的主管部门，依照本法和有关法律、法规的规定，开展国防教育。

工会、共产主义青年团、妇女联合会和其他群团组织，应当在各自的工作范围内开展国防教育。

第九条　中国人民解放军、中国人民武装警察部队按照中央军事委员会的有关规定开展国防教育。

第十条　国家支持、鼓励社会组织和个人开展有益于国防教育的活动。

第十一条　对在国防教育工作中做出突出贡献的组织和个人，按照国家有关规定给予表彰、奖励。

第十二条　每年九月的第三个星期六为全民国防教育日。

第二章　学校国防教育

第十三条　学校国防教育是全民国防教育的基础，是实施素质教育的重要内容。

教育行政部门应当将国防教育列入工作计划，加强对学校国防教育的组织、指导和监督，并对学校国防教育工作定期进行考核。

学校应当将国防教育列入学校的工作和教学计划，采取有效措施，保证国防教育的质量和效果。

第十四条　小学和初级中学应当将国防教育的内容纳入有关课程，将课堂教学与课外活动相结合，使小学生具备一定的国防意识、初中学生掌握初步的国防知识和国防技能。

小学和初级中学可以组织学生开展以国防教育为主题的少年军校活动。教育行政部门、共产主义青年团和其他有关部门应当加强对少年军校活动的指导与管理。

小学和初级中学可以根据需要聘请校外辅导员，协助学校开展多种形式的国防教育活动。

第十五条　高中阶段学校应当在有关课程中安排专门的国防教育内容，将课堂教学与军事训练相结合，使学生掌握基本的国防理论、知识和技能，具备基本的国防观念。

普通高等学校应当设置国防教育课程，加强国防教育相关学科建设，开展形式多样的国防教育活动，使学生掌握必要的国防理论、知识和技能，具备较强的国防观念。

第十六条　学校国防教育应当与兵役宣传教育相结合，增强学生依法服兵役的意识，营造服兵役光荣的良好氛围。

第十七条　普通高等学校、高中阶段学校应当按照规定组织学生军事训练。

普通高等学校、高中阶段学校学生的军事训练，由学校负责军事训练的机构或者军事教员组织实施。

学校组织军事训练活动，应当采取措施，加强安全保障。

驻地军事机关应当协助学校组织学生军事训练。

第十八条 中央全民国防教育主管部门、国务院教育行政部门、中央军事委员会机关有关部门负责全国学生军事训练工作。

县级以上地方人民政府教育行政部门和驻地军事机关应当加强对学生军事训练工作的组织、指导和监督。

第十九条 普通高等学校、高中阶段学校应当按照学生军事训练大纲，加强军事技能训练，磨练学生意志品质，增强组织纪律性，提高军事训练水平。

学生军事训练大纲由国务院教育行政部门、中央军事委员会机关有关部门共同制定。

第三章　社会国防教育

第二十条 国家机关应当根据各自的工作性质和特点，采取多种形式对工作人员进行国防教育。

国家机关工作人员应当具备较高的国防素养，发挥在全民国防教育中的模范带头作用。从事国防建设事业的国家机关工作人员，应当学习和掌握履行职责所必需的国防理论、知识和技能等。

各地区、各部门的领导人员应当依法履行组织、领导本地区、本部门开展国防教育的职责。

第二十一条 负责培训国家工作人员的各类教育机构，应当将国防教育纳入培训计划，设置适当的国防教育课程。

国家根据需要选送地方和部门的负责人到有关军事院校接受培训，学习和掌握履行领导职责所必需的国防理论、知识和技能等。

第二十二条 企业事业组织应当将国防教育列入职工教育计划，结合政治教育、业务培训、文化体育等活动，对职工进行国防教育。

承担国防科研生产、国防设施建设、国防交通保障等任务的企业事业组织，应当根据所担负的任务，制定相应的国防教育计划，有针对性地对职工进行国防教育。

社会组织应当根据各自的活动特点开展国防教育。

第二十三条 省军区（卫戍区、警备区）、军分区（警备区）和县、自治县、不设区的市、市辖区的人民武装部按照国家和军队的有关规定，结合政治教育和组织整顿、军事训练、执行勤务、征兵工作以及重大节日、纪念日活动，对民兵进行国防教育。

民兵国防教育，应当以基干民兵和担任领导职务的民兵为重点，建立和完善制度，保证受教育的人员、教育时间和教育内容的落实。

预备役人员所在单位应当按照有关规定开展预备役人员教育训练。

第二十四条 居民委员会、村民委员会应当将国防教育纳入社会主义精神文明建设的内容，结合征兵工作、拥军优属以及重大节日、纪念日活动，对居民、村民进行国防教育。

居民委员会、村民委员会可以聘请退役军人协助开展国防教育。

第二十五条 文化和旅游、新闻出版、广播电视、电影、网信等部门和单位应当根据形势和任务的要求，创新宣传报道方式，通过发挥红色资源教育功能、推出优秀文艺作品、宣传发布先进典型、运用新平台新技术新产品等形式和途径开展国防教育。

中央和省、自治区、直辖市以及设区的市的广播电台、电视台、报刊、新闻网站等媒体应当开设国防教育节目或者栏目，普及国防知识。

第二十六条　各地区、各部门应当利用重大节日、纪念日和重大主题活动等，广泛开展群众性国防教育活动；在全民国防教育日集中开展主题鲜明、形式多样的国防教育活动。

第二十七条　英雄烈士纪念设施、革命旧址和其他具有国防教育功能的博物馆、纪念馆、科技馆、文化馆、青少年宫等场所，应当为公民接受国防教育提供便利，对有组织的国防教育活动实行免费或者优惠。

国防教育基地应当对军队人员、退役军人和学生免费开放，在全民国防教育日向社会免费开放。

第四章　国防教育保障

第二十八条　县级以上人民政府应当将国防教育纳入国民经济和社会发展规划以及年度计划，将国防教育经费纳入预算。

国家机关、事业组织、群团组织开展国防教育所需经费，在本单位预算经费内列支。

企业开展国防教育所需经费，在本单位职工教育经费中列支。

学校组织学生军事训练所需经费，按照国家有关规定执行。

第二十九条　国家鼓励企业事业组织、社会组织和个人捐赠财产，资助国防教育的开展。

企业事业组织、社会组织和个人资助国防教育的财产，由国防教育领域相关组织依法管理。

国家鼓励企业事业组织、社会组织和个人提供或者捐赠所收藏的具有国防教育意义的实物用于国防教育。使用单位对提供使用的实物应当妥善保管，使用完毕，及时归还。

第三十条　国防教育经费和企业事业组织、社会组织、个人资助国防教育的财产，必须用于国防教育事业，任何单位或者个人不得侵占、挪用、克扣。

第三十一条 具备下列条件的场所，可以由设区的市级以上全民国防教育主管部门会同同级军事机关命名为国防教育基地：

（一）有明确的国防教育主题内容；

（二）有健全的管理机构和规章制度；

（三）有相应的国防教育设施；

（四）有必要的经费保障；

（五）有显著的社会教育效果。

国防教育基地应当加强建设，不断完善，充分发挥国防教育功能。

各级全民国防教育主管部门会同有关部门加强对国防教育基地的规划、建设和管理，并为其发挥作用提供必要的保障。

被命名的国防教育基地不再具备本条第一款规定条件的，由命名机关撤销命名。

第三十二条 各级人民政府应当加强对具有国防教育意义的文物的调查、登记和保护工作。

第三十三条 全民国防教育使用统一的国防教育大纲。国防教育大纲由中央全民国防教育主管部门组织制定。

适用于不同类别、不同地区教育对象的国防教育教材，应当依据国防教育大纲由有关部门或者地方结合本部门、本地区的特点组织编写、审核。

第三十四条 各级全民国防教育主管部门应当组织、协调有关部门做好国防教育教员的选拔、培训和管理工作，加强国防教育师资队伍建设。

国防教育教员应当从热爱国防教育事业、具有扎实的国防理论、知识和必要的军事技能的人员中选拔，同等条件下优先招录、招聘退役军人。

第三十五条　中国人民解放军、中国人民武装警察部队应当根据需要，按照有关规定为有组织的国防教育活动选派军事教员，提供必要的军事训练场地、设施、器材和其他便利条件。

经批准的军营应当按照军队有关规定向社会开放。

第五章　法律责任

第三十六条　国家机关、人民团体、企业事业组织以及社会组织和其他组织违反本法规定，拒不开展国防教育活动的，由有关部门或者上级机关给予批评教育，并责令限期改正；拒不改正，造成恶劣影响的，对负有责任的领导人员和直接责任人员依法给予处分。

第三十七条　违反本法规定，侵占、挪用、克扣国防教育经费或者企业事业组织、社会组织、个人资助的国防教育财产的，由有关主管部门责令限期归还；对负有责任的领导人员和直接责任人员依法给予处分。不适用处分的人员，由有关主管部门依法予以处理。

第三十八条　侵占、破坏国防教育基地设施，损毁展品、器材的，由有关主管部门给予批评教育，并责令限期改正；有关责任人应当依法承担相应的民事责任；构成违反治安管理行为的，依法给予治安管理处罚。

第三十九条　寻衅滋事，扰乱国防教育工作和活动秩序的，或者盗用国防教育名义骗取钱财的，由有关主管部门给予批评教育，并予以制止；造成人身、财产或者其他损害的，应当依法承担相应的民事责任；构成违反治安管理行为的，依法给予治安管理处罚。

第四十条　负责国防教育的公职人员滥用职权、玩忽职守、徇私舞弊的，依法给予处分。

第四十一条　违反本法规定，构成犯罪的，依法追究刑事责任。

第六章　附　　则

第四十二条　本法自 2024 年 9 月 21 日起施行。

最高人民法院
关于适用〈中华人民共和国民法典〉
侵权责任编的解释（一）

法释〔2024〕12 号

（2023 年 12 月 18 日最高人民法院审判委员会第 1909 次会议通过
2024 年 9 月 25 日最高人民法院公告公布
自 2024 年 9 月 27 日起施行）

为正确审理侵权责任纠纷案件，根据《中华人民共和国民法典》、《中华人民共和国民事诉讼法》等法律规定，结合审判实践，制定本解释。

第一条　非法使被监护人脱离监护，监护人请求赔偿为恢复监护状态而支出的合理费用等财产损失的，人民法院应予支持。

第二条　非法使被监护人脱离监护，导致父母子女关系或者其他近亲属关系受到严重损害的，应当认定为民法典第一千一百八十三条第一款规定的严重精神损害。

第三条　非法使被监护人脱离监护，被监护人在脱离监护期间死亡，作为近亲属的监护人既请求赔偿人身损害，又请求赔偿监护关系受侵害产生的损失的，人民法院依法予以支持。

第四条 无民事行为能力人、限制民事行为能力人造成他人损害，被侵权人请求监护人承担侵权责任，或者合并请求监护人和受托履行监护职责的人承担侵权责任的，人民法院应当将无民事行为能力人、限制民事行为能力人列为共同被告。

第五条 无民事行为能力人、限制民事行为能力人造成他人损害，被侵权人请求监护人承担侵权人应承担的全部责任的，人民法院应予支持，并在判决中明确，赔偿费用可以先从被监护人财产中支付，不足部分由监护人支付。

监护人抗辩主张承担补充责任，或者被侵权人、监护人主张人民法院判令有财产的无民事行为能力人、限制民事行为能力人承担赔偿责任的，人民法院不予支持。

从被监护人财产中支付赔偿费用的，应当保留被监护人所必需的生活费和完成义务教育所必需的费用。

第六条 行为人在侵权行为发生时不满十八周岁，被诉时已满十八周岁的，被侵权人请求原监护人承担侵权人应承担的全部责任的，人民法院应予支持，并在判决中明确，赔偿费用可以先从被监护人财产中支付，不足部分由监护人支付。

前款规定情形，被侵权人仅起诉行为人的，人民法院应当向原告释明申请追加原监护人为共同被告。

第七条 未成年子女造成他人损害，被侵权人请求父母共同承担侵权责任的，人民法院依照民法典第二十七条第一款、第一千零六十八条以及第一千一百八十八条的规定予以支持。

第八条 夫妻离婚后，未成年子女造成他人损害，被侵权人请求离异夫妻共同承担侵权责任的，人民法院依照民法典第一千零六十八条、第一千零八十四条以及第一千一百八十八条的规定予以支持。一方以未与该子女共同生活为由主张不承担或者少承担责任的，人民法院不予支持。

离异夫妻之间的责任份额，可以由双方协议确定；协议不成的，人民法院可以根据双方履行监护职责的约定和实际履行情况等确定。实际承担责任超过自己责任份额的一方向另一方追偿的，人民法院应予支持。

第九条 未成年子女造成他人损害的，依照民法典第一千零七十二条第二款的规定，未与该子女形成抚养教育关系的继父或者继母不承担监护人的侵权责任，由该子女的生父母依照本解释第八条的规定承担侵权责任。

第十条 无民事行为能力人、限制民事行为能力人造成他人损害，被侵权人合并请求监护人和受托履行监护职责的人承担侵权责任的，依照民法典第一千一百八十九条的规定，监护人承担侵权人应承担的全部责任；受托人在过错范围内与监护人共同承担责任，但责任主体实际支付的赔偿费用总和不应超出被侵权人应受偿的损失数额。

监护人承担责任后向受托人追偿的，人民法院可以参照民法典第九百二十九条的规定处理。

仅有一般过失的无偿受托人承担责任后向监护人追偿的，人民法院应予支持。

第十一条 教唆、帮助无民事行为能力人、限制民事行为能力人实施侵权行为，教唆人、帮助人以其不知道且不应当知道行为人为无民事行为能力人、限制民事行为能力人为由，主张不承担侵权责任或者与行为人的监护人承担连带责任的，人民法院不予支持。

第十二条 教唆、帮助无民事行为能力人、限制民事行为能力人实施侵权行为，被侵权人合并请求教唆人、帮助人以及监护人承担侵权责任的，依照民法典第一千一百六十九条第二款的规定，教唆人、帮助人承担侵权人应承担的全部责任；监护人在未尽到监护职责的范围内与教唆人、帮助人共同承担责任，但责任主体实际支付的赔偿费用总和不应超出被侵权人应受偿的损失数额。

监护人先行支付赔偿费用后，就超过自己相应责任的部分向教唆人、帮助人追偿的，人民法院应予支持。

第十三条 教唆、帮助无民事行为能力人、限制民事行为能力人实施侵权行为，被侵权人合并请求教唆人、帮助人与监护人以及受托履行监护职责的人承担侵权责任的，依照本解释第十条、第十二条的规定认定民事责任。

第十四条 无民事行为能力人或者限制民事行为能力人在幼儿园、学校或者其他教育机构学习、生活期间，受到教育机构以外的第三人人身损害，第三人、教育机构作为共同被告且依法应承担侵权责任的，人民法院应当在判决中明确，教育机构在人民法院就第三人的财产依法强制执行后仍不能履行的范围内，承担与其过错相应的补充责任。

被侵权人仅起诉教育机构的，人民法院应当向原告释明申请追加实施侵权行为的第三人为共同被告。

第三人不确定的，未尽到管理职责的教育机构先行承担与其过错相应的责任；教育机构承担责任后向已经确定的第三人追偿的，人民法院依照民法典第一千二百零一条的规定予以支持。

第十五条 与用人单位形成劳动关系的工作人员、执行用人单位工作任务的其他人员，因执行工作任务造成他人损害，被侵权人依照民法典第一千一百九十一条第一款的规定，请求用人单位承担侵权责任的，人民法院应予支持。

个体工商户的从业人员因执行工作任务造成他人损害的，适用民法典第一千一百九十一条第一款的规定认定民事责任。

第十六条 劳务派遣期间，被派遣的工作人员因执行工作任务造成他人损害，被侵权人合并请求劳务派遣单位与接受劳务派遣的用工单位承担侵权责任的，依照民法典第一千一百九十一条第二款的规定，接受劳务派遣的用工单位承担侵权人应承担的全部责任；劳务派遣单位在不当选派工作人员、未依法履行培训义务等过错范围内，与接受劳务派遣的用工单位共同承担责任，但责任主体实际支付的赔偿费用总和不应超出被侵权人应受偿的损失数额。

劳务派遣单位先行支付赔偿费用后，就超过自己相应责任的部分向接受劳务派遣的用工单位追偿的，人民法院应予支持，但双方另有约定的除外。

第十七条 工作人员在执行工作任务中实施的违法行为造成他人损害，构成自然人犯罪的，工作人员承担刑事责任不影响用人单位依法承担民事责任。依照民法典第一千一百九十一条规定用人单位应当承担侵权责任的，在刑事案件中已完成的追缴、退赔可以在民事判决书中明确并扣减，也可以在执行程序中予以扣减。

第十八条 承揽人在完成工作过程中造成第三人损害的，人民法院依照民法典第一千一百六十五条的规定认定承揽人的民事责任。

被侵权人合并请求定作人和承揽人承担侵权责任的，依照民法典第一千一百六十五条、第一千一百九十三条的规定，造成损害的承揽人承担侵权人应承担的全部责任；定作人在定作、指示或者选任过错范围内与承揽人共同承担责任，但责任主体实际支付的赔偿费用总和不应超出被侵权人应受偿的损失数额。

定作人先行支付赔偿费用后，就超过自己相应责任的部分向承揽人追偿的，人民法院应予支持，但双方另有约定的除外。

第十九条 因产品存在缺陷造成买受人财产损害，买受人请求产品的生产者或者销售者赔偿缺陷产品本身损害以及其他财产损害的，人民法院依照民法典第一千二百零二条、第一千二百零三条的规定予以支持。

第二十条 以买卖或者其他方式转让拼装或者已经达到报废标准的机动车，发生交通事故造成损害，转让人、受让人以其不知道且不应当知道该机动车系拼装或者已经达到报废标准为由，主张不承担侵权责任的，人民法院不予支持。

第二十一条 未依法投保强制保险的机动车发生交通事故造成损害，投保义务人和交通事故责任人不是同一人，被侵权人合并请求投保义务人和交通事故责任人承担侵权责任的，交通事故责任人承担侵权人应承担的全部责任；投保义务人在机动车强制保险责任限额范围内与交通事故责任人共同承担责任，但责任主体实际支付的赔偿费用总和不应超出被侵权人应受偿的损失数额。

投保义务人先行支付赔偿费用后，就超出机动车强制保险责任限额范围部分向交通事故责任人追偿的，人民法院应予支持。

第二十二条 机动车驾驶人离开本车后，因未采取制动措施等自身过错受到本车碰撞、碾压造成损害，机动车驾驶人请求承保本车机动车强制保险的保险人在强制保险责任限额范围内，以及承保本车机动车商业第三者责任保险的保险人按照保险合同的约定赔偿的，人民法院不予支持，但可以依据机动车车上人员责任保险的有关约定支持相应的赔偿请求。

第二十三条 禁止饲养的烈性犬等危险动物造成他人损害，动物饲养人或者管理人主张不承担责任或者减轻责任的，人民法院不予支持。

第二十四条 物业服务企业等建筑物管理人未采取必要的安全保障措施防止从建筑物中抛掷物品或者从建筑物上坠落的物品造成他人损害，具体侵权人、物业服务企业等建筑物管理人作为共同被告的，人民法院应当依照民法典第一千一百九十八条第二款、第一千二百五十四条的规定，在判决中明确，未采取必要安全保障措施的物业服务企业等建筑物管理人在人民法院就具体侵权人的财产依法强制执行后仍不能履行的范围内，承担与其过错相应的补充责任。

第二十五条 物业服务企业等建筑物管理人未采取必要的安全保障措施防止从建筑物中抛掷物品或者从建筑物上坠落的物品造成他人损害，经公安等机关调查，在民事案件一审法庭辩论终结前仍难以确定具体侵权人的，未采取必要安全保障措施的物业服务企业等建筑物管理人承担与其过错相应的责任。被侵权人其余部分的损害，由可能加害的建筑物使用人给予适当补偿。

具体侵权人确定后，已经承担责任的物业服务企业等建筑物管理人、可能加害的建筑物使用人向具体侵权人追偿的，人民法院依照民法典第一千一百九十八条第二款、第一千二百五十四条第一款的规定予以支持。

第二十六条 本解释自 2024 年 9 月 27 日起施行。

本解释施行后，人民法院尚未审结的一审、二审案件适用本解释。本解释施行前已经终审，当事人申请再审或者按照审判监督程序决定再审的，适用当时的法律、司法解释规定。

最高人民法院　最高人民检察院
公安部　国家安全部　司法部
印发《关于依法惩治"台独"顽固分子分裂
国家、煽动分裂国家犯罪的意见》的通知

2024 年 5 月 26 日　　　　　法发〔2024〕8 号

各省、自治区、直辖市高级人民法院、人民检察院、公安厅
(局)、国家安全厅 (局)、司法厅 (局),解放军军事法院、军事
检察院、新疆维吾尔自治区高级人民法院生产建设兵团分院、新
疆生产建设兵团人民检察院、公安局、国家安全局、司法局:

　　为依法惩治"台独"顽固分子分裂国家、煽动分裂国家犯罪,
切实维护国家主权、统一和领土完整,根据《反分裂国家法》和
《中华人民共和国刑法》、《中华人民共和国刑事诉讼法》等法律
以及相关司法解释的规定,结合工作实际,最高人民法院、最高
人民检察院、公安部、国家安全部、司法部联合制定了《关于依
法惩治"台独"顽固分子分裂国家、煽动分裂国家犯罪的意见》,
现予以印发,请认真贯彻执行。

关于依法惩治"台独"顽固分子分裂国家、
煽动分裂国家犯罪的意见

　　为依法惩治"台独"顽固分子分裂国家、煽动分裂国家犯罪,

切实维护国家主权、统一和领土完整，根据《反分裂国家法》和《中华人民共和国刑法》、《中华人民共和国刑事诉讼法》等法律以及相关司法解释的规定，结合工作实际，制定本意见。

一、总体要求

1. 世界上只有一个中国，台湾是中国领土不可分割的一部分。极少数"台独"顽固分子大肆进行"台独"分裂活动，严重危害台湾海峡地区和平稳定，严重损害两岸同胞共同利益和中华民族根本利益。人民法院、人民检察院、公安机关、国家安全机关和司法行政机关要充分发挥职能作用，依法严惩"台独"顽固分子分裂国家、煽动分裂国家犯罪，坚决捍卫国家主权、统一和领土完整。

二、准确认定犯罪

2. 以将台湾从中国分裂出去为目的，组织、策划、实施下列行为之一的，依照刑法第一百零三条第一款的规定，以分裂国家罪定罪处罚：

（1）发起、建立"台独"分裂组织，策划、制定"台独"分裂行动纲领、计划、方案，指挥"台独"分裂组织成员或者其他人员实施分裂国家、破坏国家统一活动的；

（2）通过制定、修改、解释、废止台湾地区有关规定或者"公民投票"等方式，图谋改变台湾是中国一部分的法律地位的；

（3）通过推动台湾加入仅限主权国家参加的国际组织或者对外进行官方往来、军事联系等方式，图谋在国际社会制造"两个中国"、"一中一台"、"台湾独立"的；

（4）利用职权在教育、文化、历史、新闻传媒等领域大肆歪曲、篡改台湾是中国一部分的事实，或者打压支持两岸关系和平发展和国家统一的政党、团体、人员的；

（5）其他图谋将台湾从中国分裂出去的行为。

3. 在"台独"分裂犯罪集团中起组织、策划、指挥作用的，应当认定为刑法第一百零三条第一款规定的"首要分子"。

4. 实施本意见第二条规定的行为，具有下列情形之一的，应当认定为刑法第一百零三条第一款规定的"罪行重大"：

（1）直接参与实施"台独"分裂组织主要分裂活动的；

（2）实施"台独"分裂活动后果严重、影响恶劣的；

（3）其他在"台独"分裂活动中起重大作用的。

5. 实施本意见第二条规定的行为，具有下列情形之一的，应当认定为刑法第一百零三条第一款规定的"积极参加"：

（1）多次参与"台独"分裂组织分裂活动的；

（2）在"台独"分裂组织中起骨干作用的；

（3）在"台独"分裂组织中积极协助首要分子实施组织、领导行为的；

（4）其他积极参加的。

6. 实施本意见第二条规定行为的，对首要分子或者罪行重大的，处无期徒刑或者十年以上有期徒刑，其中对国家和人民危害特别严重、情节特别恶劣的，可以判处死刑；对积极参加的，处三年以上十年以下有期徒刑；对其他参加的，处三年以下有期徒刑、拘役、管制或者剥夺政治权利。

7. 以将台湾从中国分裂出去为目的，实施下列行为之一的，依照刑法第一百零三条第二款的规定，以煽动分裂国家罪定罪处罚：

（1）顽固宣扬"台独"分裂主张及其分裂行动纲领、计划、方案的；

（2）其他煽动将台湾从中国分裂出去的行为。

8. 实施本意见第七条规定的行为，情节严重、造成严重后果或者造成特别恶劣影响的，应当认定为刑法第一百零三条第二款规定的"罪行重大"。

9. 实施本意见第七条规定行为的，处五年以下有期徒刑、拘役、管制或者剥夺政治权利；首要分子或者罪行重大的，处五年以上有期徒刑。

10. 实施本意见第二条、第七条规定行为的，可以并处没收财产。

11. 与外国或者境外机构、组织、个人相勾结实施本意见第二条、第七条规定行为的，依照刑法第一百零六条的规定从重处罚。

12. "台独"顽固分子分裂国家、煽动分裂国家的犯罪行为有连续或者继续状态的，追诉期限从犯罪行为终了之日起计算。在公安机关、国家安全机关立案侦查或者人民法院受理案件以后，逃避侦查或者审判的，不受追诉期限的限制。

三、正确适用程序

13. 应当逮捕的犯罪嫌疑人如果在逃，公安机关、国家安全机关可以发布通缉令，采取有效措施，追捕归案。

14. 犯罪嫌疑人、被告人自愿如实供述自己的罪行，承认指控的犯罪事实，愿意接受处罚的，可以依法从宽处理。

15. "台独"顽固分子主动放弃"台独"分裂立场，不再实施"台独"分裂活动，并采取措施减轻、消除危害后果或者防止危害扩大，符合刑事诉讼法第一百八十二条第一款规定的，可以撤销案件、不起诉或者对涉嫌数罪中的一项或多项不起诉。

16. 犯罪嫌疑人、被告人依法享有辩护权利，除自己行使辩护权以外，还可以委托一至二人作为辩护人。

17. 对于需要及时进行审判，经最高人民检察院核准的"台独"顽固分子分裂国家、煽动分裂国家犯罪案件，犯罪嫌疑人、被告人在境外，公安机关、国家安全机关移送起诉，人民检察院认为犯罪事实已经查清，证据确实、充分，依法应当追究刑事责任的，可以向人民法院提起公诉。人民法院进行审查后，对于起诉书中有明确的指控犯罪事实，符合缺席审判程序适用条件的，应当决定开庭审判。

前款案件，由最高人民法院指定的中级人民法院组成合议庭进行审理。

18. 对人民检察院依照刑事诉讼法第二百九十一条第一款的规定提起公诉的"台独"顽固分子分裂国家、煽动分裂国家犯罪案件，人民法院立案后，应当将传票和起诉书副本送达被告人。传票和起诉书副本送达后，被告人未按要求到案的，人民法院应当开庭审理，依法作出判决，并对违法所得及其他涉案财产作出处理。

19. 人民法院缺席审判"台独"顽固分子分裂国家、煽动分裂国家犯罪案件，被告人有权委托或者由近亲属代为委托一至二名辩护人。在境外委托的，应当依照有关规定对授权委托进行公证、认证。

被告人及其近亲属没有委托辩护人的，人民法院应当通知法律援助机构指派律师为被告人提供辩护。被告人及其近亲属拒绝法律援助机构指派的律师辩护的，人民法院应当查明原因。理由正当的，应当准许，但被告人或者其近亲属应当在五日以内另行委托辩护人；被告人及其近亲属未另行委托辩护人的，人民法院应当在三日以内通知法律援助机构另行指派律师为其提供辩护。

20. 人民法院缺席审判"台独"顽固分子分裂国家、煽动分裂国家犯罪案件，应当将判决书送达被告人及其近亲属、辩护人。被告人或者其近亲属不服判决的，有权向上一级人民法院上诉。辩护人经被告人或者其近亲属同意，可以提出上诉。

人民检察院认为人民法院的判决确有错误的，应当向上一级人民法院提出抗诉。

四、附则

21. 对于"台独"顽固分子实施的资助危害国家安全犯罪活动罪等其他犯罪，可以参照本意见办理。

22. 本意见自发布之日起施行。

最高人民法院
关于发布第 40 批指导性案例的通知

2024 年 5 月 30 日　　　　　　　法〔2024〕112 号

各省、自治区、直辖市高级人民法院，解放军军事法院，新疆维吾尔自治区高级人民法院生产建设兵团分院：

经最高人民法院审判委员会讨论决定，现将江某某正当防卫案等五个案例（指导性案例 225—229 号），作为第 40 批指导性案例发布，供审判类似案件时参照。

指导性案例 225 号

江某某正当防卫案

（最高人民法院审判委员会讨论通过　2024 年 5 月 30 日发布）

关键词　刑事　正当防卫　未成年人　学生霸凌　防卫意图　防卫限度

裁判要点

1. 对于因学生霸凌引发的防卫行为与相互斗殴的界分，应当坚持主客观相统一原则，通过综合考量案发起因、是否为主要过错方、是否纠集他人参与打斗等情节，结合同年龄段未成年人在类似情境下的可能反应，准确判断行为人的主观意图和行为性质。不能仅因行为人面对霸凌时不甘示弱、使用工具反击等情节，就影响对其防卫意图的认定。

2. 对于防卫是否"明显超过必要限度"，应当立足防卫时的具体情境，从同年龄段未成年人一般认知的角度，综合学生霸凌中不法侵害的性质、手段、强度、危害后果和防卫的时机、手段、强度、损害后果等情节，考虑双方力量对比，作出合理判断。

基本案情

被告人江某某（系化名，时年 14 周岁）系湖南省某中学初中二年级学生。因江某某在春游时与同班某女同学聊天，同级邻班同学胡某认为江某某招惹其女朋友，要求江某某买烟赔礼道歉，否则就打江某某。之后江某某给胡某买了一包香烟，但胡某嫌烟不好不要，遂产生殴打江某某的意图。

2019 年 5 月 17 日上午早读课前，与被告人江某某不和的同班同学孙某某，伙同他人借故把江某某喊到厕所，扬言要殴打江某某。江某某有不甘示弱的言语回应（案发后其解释系找借口拖延，打算放学时跑掉）。当日早读下课后，江某某在上厕所时，孙某某、胡某等人又拉扯江某某，并踢了其一脚。后因上课时间到了，各自散去。第二节课下课后，孙某某邀约同学张某某、胡某等人帮忙殴打江某某，并向张某某指认正在厕所内的江某某。

午饭后，孙某某又邀约被害人陈某甲、陈某乙、吴某等帮忙殴打江某某。随后，孙某某等七人前往教室寻找被告人江某某，其他八人在厕所里等候。江某某拒绝前往，孙某某称若不去将强行带走，江某某被迫跟随前往，并将同学用于开药瓶的多功能折叠刀（非管制刀具，刃长约 4.5 厘米）藏在右手衣袖内。到达厕所后，孙某某、胡某、张某某及被害人陈某甲、陈某乙、吴某等十五人把江某某围住。陈某甲上前扼勒江某某的颈部，把江某某摔倒在地后，骑坐在其身上殴打，孙某某、胡某、张某某等人一拥而上进行踢打。在受到群殴之后，江某某掏出折叠刀乱挥，捅伤陈某甲腰背部，划伤吴某大腿。殴打持续约一分钟后，众人散开。江某某从地上爬了起来，背靠厕所蹲坑的矮墙坐在地上，站在江某某背后的陈某乙对其掌掴，江某某遂转身用折叠刀向陈某乙腹部捅刺一刀，张某某等人再次殴打江某某后离开。后陈某甲、陈某乙、吴某被送至学校医务室治疗。经鉴定，陈某甲、陈某乙的损伤程度为重伤二级，吴某的损伤程度为轻微伤。同年 8 月 7 日，江某某向公安机关投案。

湖南省吉首市人民检察院指控被告人江某某犯故意伤害罪，向湖南省吉首市人民法院提起公诉。被告人江某某及其辩护人认为：江某某在遭受学生霸凌时，实施防卫行为对不法侵害人造成损害，属于正当防卫，依法不负刑事责任。

裁判结果

湖南省吉首市人民法院于 2020 年 7 月 6 日作出刑事判决，认定被告人江某某的行为构成正当防卫，宣告江某某无罪。宣判后，湖南省吉首市人民检察院提出抗诉。二审期间，湖南省湘西土家族苗族自治州人民检察院申请撤回抗诉。湖南省湘西土家族苗族自治州中级人民法院于 2022 年 11 月 9 日作出刑事裁定，准许撤回抗诉。

裁判理由

被告人江某某因遭受多名学生霸凌而携带折叠刀被迫前往现场，在面临多人殴打时持刀反击，综合全案情节，应当认定其行为构成正当防卫，不负刑事责任。

首先，江某某在遭受学生霸凌时被迫反击，具有防卫意图。面对孙某某等人的霸凌，江某某明显处于被迫状态。此外，江某某面对孙某某等人的霸凌，虽曾有不甘示弱的言语，但不能以此认定江某某主动挑起争端。考虑未成年人身心特点，结合江某某所处具体情境，不能仅以江某某个别言语就认定其有斗殴故意，进而否定其具有防卫意图。

其次，江某某在被殴打时实施防卫，符合正当防卫的时间条件。江某某两次持刀反击，均处于不法侵害现实发生的时间段内：（1）面对十五人的包围，被对方勒颈摔倒在地，并遭到群殴，不法侵害已现实发生。（2）江某某倒地并被群殴持续约一分钟后，群殴行为虽然暂时停止，但是仍被对方从背后袭击掌掴，不法侵害显然仍在进行之中，并未结束。总之，江某某在被群殴、被群殴倒地仍遭对方掌掴的情况下，借助工具防卫反击时，不法侵害正在进行，符合正当防卫的时间条件。

最后，江某某因被殴打持刀防卫，没有明显超过必要限度。江某某系在被殴打的情况下被迫实施防卫，虽然不法侵害人未使

631

用工具，江某某使用刀具反击，但是江某某防卫使用的折叠刀并非管制刀具，而对方多达十五人，双方实力悬殊，且江某某先后两次被打倒在地并被群殴。江某某情急之下持刀自卫，在手段上合乎情理，反击行为限于对抗不法侵害，并非主动攻击对方，手段有所节制。故整体而言，防卫行为没有明显超过必要限度。

此外，根据未成年人保护法及相关规定，学校应当建立学生欺凌防控工作制度，对教职员工、学生等开展防治学生欺凌的教育和培训。对于学生欺凌事件，被欺凌者及周边同学要及时向老师、家长报告；学校对学生欺凌行为应当立即制止并依法处理，监护人对实施欺凌的学生应当加强管教，并配合学校和相关部门的处理。学校或者监护人未依法履行职责的，应当依法承担相应法律责任。

相关法条

《中华人民共和国刑法》第二十条

指导性案例 226 号

陈某某、刘某某故意伤害、虐待案

（最高人民法院审判委员会讨论通过 2024 年 5 月 30 日发布）

关键词 刑事 故意伤害罪 虐待罪 未成年人 家庭成员 以特别残忍手段致人重伤造成严重残疾

裁判要点

1. 与父（母）的未婚同居者处于较为稳定的共同生活状态的未成年人，应当认定为刑法第二百六十条规定的"家庭成员"。

2. 在经常性的虐待过程中，行为人对被害人实施严重暴力，主观上希望或者放任、客观上造成被害人轻伤以上后果的，应当认定为故意伤害罪；如果将该伤害行为独立评价后，其他虐待行为仍符合虐待罪构成要件的，应当以故意伤害罪与虐待罪数罪并罚。

3. 对于故意伤害未成年人案件，认定是否符合刑法第二百三十四条第二款规定的以特别残忍手段致人重伤造成"严重残疾"，应当综合考量残疾等级、数量、所涉部位等情节，以及伤害后果对未成年人正在发育的身心所造成的严重影响等因素，依法准确作出判断。

基本案情

被告人刘某某系被害人童某某（系化名，女，2014 年 3 月出生）的母亲。刘某某离婚后，童某某由刘某某直接抚养。2019 年 11 月，刘某某结识被告人陈某某，后恋爱并同居。

2020 年 2 月 13 日，被告人陈某某因童某某与父亲视频聊天而心生不满，遂对童某某实施打耳光、踢踹等行为，为此，刘某某将童某某带离陈某某住处，并向陈某某提出分手。2 月 17 日晚，陈某某来到刘某某住处，因分手之事迁怒于童某某，进门后直接将童某某踹倒在地，又对童某某头部、身体、腿部猛踹数脚。次日，刘某某带童某某就医治疗。童某某被诊断为：额部挫伤、颏部挫裂伤。此后，为躲避陈某某，刘某某带着童某某到朋友家暂住。其间，陈某某多次向刘某某表示道歉并请求原谅。同年 3 月 20 日，刘某某与陈某某恢复交往，并带着童某某搬入陈某某住处生活。

之后，在共同生活期间，被告人陈某某经常无故或者以管教孩子等各种借口，通过拳打脚踢、洗衣板殴打、烟头烫等方式伤害童某某，造成童某某身体多处受伤。陈某某还经常采取让童某某长时间跪洗衣板、吞烟头、冻饿、凌辱等方式体罚、虐待童某某。被告人刘某某作为童某某的母亲，未进行有效阻止，放任陈某某对童某某实施伤害和虐待，并时而参与，致童某某轻伤。

2020年5月中旬，被告人陈某某为童某某洗澡，因童某某认为水温不适，陈某某遂故意将水温反复调至最高和最低档位浇淋童某某。被告人刘某某听到童某某喊叫，进入卫生间查看，陈某某谎称水不热，刘某某遂关门离开。洗完澡后，陈某某将童某某带出浴室罚跪，刘某某发现童某某身上被烫出大面积水泡，仅为其擦涂烫伤膏，未及时送医治疗。直至同月下旬，童某某伤口感染严重，二被告人才将其送往医院救治。后经他人报警，二被告人被抓获归案。

经鉴定，童某某全身烧烫伤损伤程度达重伤二级（面部烫伤遗留浅表疤痕素改变，残疾等级为七级），另有五处损伤为轻伤一级（其中三处残疾等级为九级）和五处损伤为轻伤二级。另查明，被害人童某某治疗期间支出的医疗费、营养费等共计人民币202767.35元。

本案案发后，人民法院依法撤销被害人母亲刘某某对童某某的监护人资格，将抚养权从刘某某变更至被害人父亲，并联系心理医生定期对童某某进行心理辅导，协调解决其入学、生活困难等问题。

裁判结果

辽宁省抚顺市新抚区人民法院于2021年10月13日作出刑事附带民事判决：（1）被告人陈某某犯故意伤害罪，判处有期徒刑十五年；犯虐待罪，判处有期徒刑二年，决定执行有期徒刑十六年。（2）被告人刘某某犯故意伤害罪，判处有期徒刑二年；犯虐待罪，判处有期徒刑一年六个月，决定执行有期徒刑三年。（3）被告人陈某某赔偿附带民事诉讼原告人童某某人民币 202767.35 元。宣判后，没有上诉、抗诉，判决已发生法律效力。

裁判理由

被告人陈某某与被害人母亲刘某某系同居关系，其与刘某某及被害人童某某处于较为稳定的共同生活状态，已形成事实上的家庭关系。陈某某在与刘某某及童某某共同生活期间，以殴打、体罚、冻饿、凌辱等方式，长期、频繁地对童某某进行摧残、折磨，情节恶劣，已构成虐待罪。被告人刘某某作为童某某的母亲，未采取有效措施阻止、防范陈某某的虐待行为，一再放任，并时而参与，亦构成虐待罪。

在经常性、持续性的虐待过程中，被告人陈某某采用烟头烫、热水淋、拳打脚踢等暴力手段多次直接伤害童某某身体，造成被害人一处重伤、十处轻伤等严重后果，所涉故意伤害行为不能为虐待罪所评价，应当以故意伤害罪论处。被告人刘某某作为童某某的母亲，一再放任陈某某伤害童某某，并时而参与致童某某轻伤，其行为亦构成故意伤害罪。此外，二被告人经常性、持续性的虐待行为亦构成虐待罪，如对二被告人的犯罪行为仅以故意伤害罪论处，并不能全面评价其虐待行为，故应当以故意伤害罪与虐待罪数罪并罚。

根据刑法第二百三十四条的规定，以特别残忍手段致人重伤造成严重残疾的，处十年以上有期徒刑、无期徒刑或者死刑。对于一般故意伤害案件，通常将六级以上残疾视为"严重残疾"。本案中，被害人的身体受损伤程度经鉴定为七级残疾，但被害人身体不同部位遭受伤害造成多处残疾（一处七级残疾、三处九级残疾），对未成年人身心健康损害极其严重。基于此，从最大限度保护未成年人利益出发，经综合判断，将本案所涉情形认定为"以特别残忍手段致人重伤造成严重残疾"，以故意伤害罪对被告人陈某某判处有期徒刑十五年。

在共同犯罪中，被告人陈某某起主要作用，系主犯。被告人刘某某起次要作用，系从犯，到案后如实供述犯罪事实，真诚悔罪，认罪认罚；而且，对于陈某某实施的热水浇淋致童某某全身烧烫伤损伤程度达重伤二级（残疾等级为七级）的行为，刘某某并未直接参与。综合考量二被告人的动机、手段、情节、后果、社会危害性，以及主观恶性和人身危险性，法院依法作出如上判决。

相关法条

《中华人民共和国刑法》第二百三十四条、第二百六十条

指导性案例 227 号

胡某某、王某某诉德某餐厅、
蒋某某等生命权纠纷案

（最高人民法院审判委员会讨论通过　2024 年 5 月 30 日发布）

关键词　民事　生命权　未成年人　多因一果　侵权责任按份责任

裁判要点

1. 经营者违反法律规定向未成年人售酒并供其饮用，因经营者的过错行为导致未成年人饮酒后遭受人身损害的风险增加，并造成损害后果的，应当认定违法售酒行为与未成年人饮酒后发生的人身损害存在因果关系，经营者依法应当承担相应的侵权责任。

2. 经营者违反法律规定向未成年人售酒并供其饮用、同饮者或者共同从事危险活动者未尽到相应提醒和照顾义务，对该未成年人造成同一损害后果的，应当按照过错程度、原因力大小等因素承担相应的按份赔偿责任。遭受人身损害的未成年人及其监护人对同一损害的发生存在过错的，按照民法典第一千一百七十三条的规定，可以减轻侵权人的责任。

基本案情

胡某甲（殁年 15 周岁）系原告胡某某、王某某之子，其与蒋某某（时年 14 周岁）、陈某（时年 14 周岁）系重庆市某中学初中二年级学生。2018 年 5 月 19 日，胡某甲等人来到重庆市某县德某餐厅为蒋某某庆祝生日，胡某甲提议要喝酒庆祝，蒋某某同意，遂在德某餐厅购买了啤酒，并在该餐厅就餐饮用。胡某甲及蒋某某每人喝了两瓶啤酒后，陈某到达该餐厅。随后，三人又在该餐厅喝了四瓶啤酒。饭后，胡某甲提议外出玩耍，后遇见陈某某、邓某某、张某某、王某某等四人，七人相约至湖边玩耍。在湖边泡脚戏水过程中，胡某甲不慎后仰溺水。众人试图救援，但未能成功。

胡某某、王某某将德某餐厅、其他六名未成年人及其监护人、重庆市某中学等诉至法院，请求共同赔偿胡某甲的死亡赔偿金、丧葬费等损失。另查明，本案共餐和游玩的未成年人均系重庆市某中学初中二年级学生；在日常教学管理中，该中学已经履行教育机构职责，对学生进行了日常安全教育，并完成安全日志、教学笔记等工作。

裁判结果

重庆市垫江县人民法院于 2019 年 3 月 19 日作出民事判决：（1）由被告德某餐厅赔偿原告胡某某、王某某人民币 21183.36 元；

（2）由被告蒋某某的监护人赔偿原告人民币 3530.56 元；（3）由被告陈某的监护人赔偿原告人民币 2824.45 元；（4）由被告王某某的监护人赔偿原告人民币 1412.24 元；（5）由被告邓某某的监护人赔偿原告人民币 2118.34 元；（6）由被告陈某某的监护人赔偿原告人民币 2118.34 元；（7）由被告张某某的监护人赔偿原告人民币 2118.34 元；（8）被告重庆市某中学等不承担责任。宣判后，胡某某、王某某、德某餐厅不服，提起上诉。重庆市第三中级人民法院于 2019 年 8 月 8 日作出民事判决：驳回上诉，维持原判。

裁判理由

关于本案各被告是否应当对胡某甲的死亡承担赔偿责任的关键在于：各被告基于餐饮经营者、同饮者、同行者等身份在各自的义务范围内是否存在过错，以及该过错与胡某甲溺亡之间是否存在因果关系。

第一，关于原告方的责任判定。胡某甲溺水时为初中二年级学生，对自己的行为已经有了一定的认知及判断能力，且已接受学校日常安全教育。本案中，聚餐时胡某甲主动提议饮酒，饮酒后胡某甲实施了下湖戏水等危险行为，且下湖戏水也系由胡某甲提议。胡某甲对自己的死亡存在重大过错。二原告作为其监护人，日常即有放任胡某甲饮酒的情形，且事故发生在周末放假期间，其疏于对胡某甲的管理教育，未履行好监护人职责，对胡某甲的溺亡应当自行承担 90% 的损失。

第二，关于德某餐厅的责任判定。（1）关于德某餐厅是否应当对胡某甲的溺亡后果承担侵权责任。2012 年修正的未成年人保护法第三十七条规定："禁止向未成年人出售烟酒，经营者应当在显著位置设置不向未成年人出售烟酒的标志；对难以判明是否已成年的，应当要求其出示身份证件……"德某餐厅作为餐饮经营者，违反未成年人保护法的相关规定，向未成年人售酒，具有明显的违法性；德某餐厅既未通过要求酒水购买者出示身份证件等方式审慎判断其未成年人身份，亦未设置不得向未成年人出售烟酒的标志，还放任未成年人在餐厅内饮酒，具有明显过错。德某餐厅违法向胡某甲售酒并供其饮用，客观上增加了损害发生的风险，售酒行为与胡某甲溺亡后果之间具有一定的因果关系。因此，德某餐厅应当承担侵权责任。（2）关于德某餐厅责任承担形式的判定。本案中，德某餐厅和其他数个行为人之间在胡某甲溺亡这一损害后果产生前，并无共同意思联络，不构成共同侵权，不承担连带责任。售酒行为并非造成溺亡的直接原因，而是与下湖戏水玩耍等行为结合后，才促成损害后果的发生，单独的售酒行为并不能造成全部损害后果，故德某餐厅不应当对全部损害承担责任。德某餐厅向未成年人售酒并供其饮用，增加了未成年人酒后下湖戏水造成人身损害的风险，是导致其溺亡的间接原因。结合其过错程度、原因力大小，法院判决德某餐厅对胡某甲的溺亡承担6%的责任。

第三，关于蒋某某等六名未成年被告及其监护人的责任判定。蒋某某、陈某与胡某甲共同饮酒，酒后蒋某某、陈某、邓某某、陈某某、张某某与胡某甲一同到湖边玩耍并参与了下湖泡脚、戏水等危险行为，以上被告均知晓或者应当知晓胡某甲下湖具有危险性，蒋某某、陈某与其共饮，蒋某某、陈某、王某某、邓某某、陈某某、张某某未制止胡某甲下湖的危险行为，以上被告未能尽到相互照顾、提醒的义务，故对胡某甲的溺亡均应当承担责任。综合考虑蒋某某是生日聚会的组织者并参与饮酒、陈某参与饮酒、王某某下湖救援及其他人共同以不同形式参与救援，且六名被告均系限制民事行为能力人等情形，法院确定由蒋某某对胡某甲的溺亡承担 1%的责任，由陈某对胡某甲的溺亡承担 0.8%的责任，由王某某对胡某甲的溺亡承担 0.4%的责任，由邓某某、陈某某、张某某对胡某甲的溺亡各自承担 0.6%的责任。因该六名被告均系限制民事行为能力人，侵权责任依法由各自监护人承担。

此外，经营者违反未成年人保护法的相关规定向未成年人售酒，还应依法承担相应行政责任。本案宣判后，人民法院以司法建议方式向相关部门作了提醒。

相关法条

《中华人民共和国民法典》第一千一百六十五条、第一千一百七十二条、第一千一百七十三条（本案适用的是 2010 年 7 月 1 日施行的《中华人民共和国侵权责任法》第六条、第十二条、第二十六条）

《中华人民共和国未成年人保护法》第五十九条（本案适用的是 2012 年 10 月 26 日修正的《中华人民共和国未成年人保护法》第三十七条）

指导性案例 228 号

张某诉李某、刘某监护权纠纷案

（最高人民法院审判委员会讨论通过 2024 年 5 月 30 日发布）

关键词 民事 监护权 未成年人 婚姻关系存续期间 平等监护权

裁判要点

1. 在夫妻双方分居期间，一方或者其近亲属擅自带走未成年子女，致使另一方无法与未成年子女相见的，构成对另一方因履行监护职责所产生的权利的侵害。

2. 对夫妻双方分居期间的监护权纠纷，人民法院可以参照适用民法典关于离婚后子女抚养的有关规定，暂时确定未成年子女的抚养事宜，并明确暂时直接抚养未成年子女的一方有协助对方履行监护职责的义务。

基本案情

张某（女）与李某于 2019 年 5 月登记结婚，婚后在河北省保定市某社区居住。双方于 2020 年 11 月生育一女，取名李某某。2021 年 4 月 19 日起，张某与李某开始分居，后协议离婚未果。同年 7 月 7 日，李某某之父李某及祖母刘某在未经李某某之母张某允许的情况下擅自将李某某带走，回到河北省定州市某村。此时李某某尚在哺乳期内，张某多次要求探望均被李某拒绝。张某遂提起离婚诉讼，法院于 2022 年 1 月 13 日判决双方不准离婚。虽然双方婚姻关系依旧存续，但已实际分居，其间，李某某与李某、刘某共同生活，张某长期未能探望孩子。2022 年 1 月 5 日，张某以监护权纠纷为由提起诉讼，请求判令李某、刘某将李某某送回，并由自己依法继续行使对李某某的监护权。

裁判结果

河北省定州市人民法院于 2022 年 3 月 22 日作出民事判决：驳回原告张某的诉讼请求。宣判后，张某不服，提起上诉，河北省保定市中级人民法院于 2022 年 7 月 13 日作出民事判决：（1）撤销河北省定州市人民法院一审民事判决；（2）李某某暂由上诉人张某直接抚养；（3）被上诉人李某可探望李某某，上诉人张某对被上诉人李某探望李某某予以协助配合。

裁判理由

本案的争议焦点是：李某某之父李某、祖母刘某擅自带走李某某的行为是否构成侵权，以及如何妥善处理夫妻双方虽处于婚姻关系存续期间但已实际分居时，李某某的抚养监护问题。

第一，关于李某某之父李某、祖母刘某擅自带走李某某的行为是否对李某某之母张某构成侵权。民法典第三十四条第二款规定："监护人依法履行监护职责产生的权利，受法律保护。"第一千零五十八条规定："夫妻双方平等享有对未成年子女抚养、教育和保护的权利，共同承担对未成年子女抚养、教育和保护的义务。"父母是未成年子女的监护人，双方平等享有对未成年子女抚养、教育和保护的权利。在本案中，李某、刘某擅自将尚在哺乳期的李某某带走，并拒绝将李某某送回张某身边，致使张某长期不能探望孩子，亦导致李某某被迫中断母乳，无法得到母亲的呵护。李某和刘某的行为不仅不利于未成年人身心健康，也构成对张某因履行监护职责所产生的权利的侵害。一审法院以张某没有证据证明李某未抚养保护好李某某为由，判决驳回诉讼请求，系适用法律不当。

第二，关于婚姻关系存续期间，李某某的抚养监护应当如何处理。本案中，李某某自出生起直至被父亲李某、祖母刘某带走前，一直由其母亲张某母乳喂养，至诉前未满两周岁，属于低幼龄未成年人。尽管父母对子女均有平等的监护权，但监护权的具体行使应符合最有利于被监护人的原则。现行法律和司法解释对于婚内监护权的行使虽无明确具体规定，考虑到双方当事人正处于矛盾较易激化的分居状态，为最大限度保护未成年子女的利益，参照民法典第一千零八十四条"离婚后，不满两周岁的子女，以由母亲直接抚养为原则"的规定，李某某暂由张某直接抚养为宜。

张某在直接抚养李某某期间，应当对李某探望李某某给予协助配合。

相关法条

《中华人民共和国民法典》第三十四条、第一千零五十八条、第一千零八十四条、第一千零八十六条

《中华人民共和国未成年人保护法》第四条、第二十四条

指导性案例 229 号

沙某某诉袁某某探望权纠纷案

（最高人民法院审判委员会讨论通过 2024 年 5 月 30 日发布）

关键词 民事 探望权 未成年人 隔代探望 丧子老人

裁判要点

未成年人的父、母一方死亡，祖父母或者外祖父母向人民法院提起诉讼请求探望孙子女或者外孙子女的，人民法院应当坚持最有利于未成年人、有利于家庭和谐的原则，在不影响未成年人正常生活和身心健康的情况下，依法予以支持。

基本案情

沙某某系丁某某的母亲，其独生子丁某某与袁某某于 2016 年 3 月结婚，于 2018 年 1 月生育双胞胎男孩丁某甲、丁某乙。2018 年 7 月，丁某某因病去世。丁某甲、丁某乙一直与袁某某共同生活。沙某某多次联系袁某某想见孩子，均被袁某某拒绝。沙某某遂起诉请求每月 1 日、20 日探望孩子，每次两小时。

裁判结果

陕西省西安市新城区人民法院于 2021 年 6 月 18 日作出民事判

决：原告沙某某每月第一个星期探望丁某甲、丁某乙一次，每次不超过两小时，袁某某应予配合。宣判后，袁某某不服，提起上诉。陕西省西安市中级人民法院于 2021 年 9 月 28 日作出民事判决：驳回上诉，维持原判。

裁判理由

沙某某系丁某甲、丁某乙的祖母，对两个孩子的探望属于隔代探望。虽然我国法律并未对祖父母或者外祖父母是否享有隔代探望权作出明确规定，但探望权系与人身关系密切相关的权利，通常基于血缘关系产生；孩子的父、母一方去世的，祖父母与孙子女的近亲属关系不因父或母去世而消灭。祖父母隔代探望属于父母子女关系的延伸，符合我国传统家庭伦理观念，符合社会主义核心价值观及公序良俗。隔代探望除满足成年亲属对未成年人的情感需求外，也是未成年人获得更多亲属关爱的一种途径。特别是在本案沙某某的独生子丁某某已经去世的情况下，丁某甲、丁某乙不仅是丁某某和袁某某的孩子，亦系沙某某的孙子，沙某某通过探望孙子，获得精神慰藉，延续祖孙亲情，也会给两个孩子多一份关爱，有利于未成年人健康成长，袁某某应予配合。同时，隔代探望应当在有利于未成年人成长和身心健康，不影响未成年人及其母亲袁某某正常生活的前提下进行，探望前应当做好沟通。

相关法条

《中华人民共和国民法典》第十条、第一千零四十三条、第一千零四十五条、第一千零八十六条

第 11 辑

中华人民共和国文物保护法

(1982 年 11 月 19 日第五届全国人民代表大会常务委员会第二十五次会议通过 根据 1991 年 6 月 29 日第七届全国人民代表大会常务委员会第二十次会议《关于修改〈中华人民共和国文物保护法〉第三十条、第三十一条的决定》第一次修正 2002 年 10 月 28 日第九届全国人民代表大会常务委员会第三十次会议第一次修订 根据 2007 年 12 月 29 日第十届全国人民代表大会常务委员会第三十一次会议《关于修改〈中华人民共和国文物保护法〉的决定》第二次修正 根据 2013 年 6 月 29 日第十二届全国人民代表大会常务委员会第三次会议《关于修改〈中华人民共和国文物保护法〉等十二部法律的决定》第三次修正 根据 2015 年 4 月 24 日第十二届全国人民代表大会常务委员会第十四次会议《关于修改〈中华人民共和国文物保护法〉的决定》第四次修正 根据 2017 年 11 月 4 日第十二届全国人民代表大会常务委员会第三十次会议《关于修改〈中华人民共和国会计法〉等十一部法律的决

定》第五次修正　2024 年 11 月 8 日第十四届全国人民代表大会常务委员会第十二次会议第二次修订）

目　　录

第一章　总　　则

第一条　为了加强对文物的保护，传承中华民族优秀历史文化遗产，促进科学研究工作，进行爱国主义和革命传统教育，增强历史自觉、坚定文化自信，建设社会主义精神文明和物质文明，根据宪法，制定本法。

第二条　文物受国家保护。本法所称文物，是指人类创造的或者与人类活动有关的，具有历史、艺术、科学价值的下列物质遗存：

（一）古文化遗址、古墓葬、古建筑、石窟寺和古石刻、古壁画；

（二）与重大历史事件、革命运动或者著名人物有关的以及具有重要纪念意义、教育意义或者史料价值的近代现代重要史迹、实物、代表性建筑；

（三）历史上各时代珍贵的艺术品、工艺美术品；

（四）历史上各时代重要的文献资料、手稿和图书资料等；

（五）反映历史上各时代、各民族社会制度、社会生产、社会生活的代表性实物。

文物认定的主体、标准和程序，由国务院规定并公布。

具有科学价值的古脊椎动物化石和古人类化石同文物一样受国家保护。

第三条 文物分为不可移动文物和可移动文物。

古文化遗址、古墓葬、古建筑、石窟寺、古石刻、古壁画、近代现代重要史迹和代表性建筑等不可移动文物，分为文物保护单位和未核定公布为文物保护单位的不可移动文物（以下称未定级不可移动文物）；文物保护单位分为全国重点文物保护单位，省级文物保护单位，设区的市级、县级文物保护单位。

历史上各时代重要实物、艺术品、工艺美术品、文献资料、手稿、图书资料、代表性实物等可移动文物，分为珍贵文物和一般文物；珍贵文物分为一级文物、二级文物、三级文物。

第四条 文物工作坚持中国共产党的领导，坚持以社会主义核心价值观为引领，贯彻保护为主、抢救第一、合理利用、加强管理的方针。

第五条 中华人民共和国境内地下、内水和领海中遗存的一切文物，以及中国管辖的其他海域内遗存的起源于中国的和起源国不明的文物，属于国家所有。

古文化遗址、古墓葬、石窟寺属于国家所有。国家指定保护的纪念建筑物、古建筑、古石刻、古壁画、近代现代代表性建筑等不可移动文物，除国家另有规定的以外，属于国家所有。

国有不可移动文物的所有权不因其所依附的土地的所有权或

者使用权的改变而改变。

第六条　下列可移动文物，属于国家所有：

（一）中国境内地下、内水和领海以及中国管辖的其他海域内出土、出水的文物，国家另有规定的除外；

（二）国有文物收藏单位以及其他国家机关、部队和国有企业、事业单位等收藏、保管的文物；

（三）国家征集、购买或者依法没收的文物；

（四）公民、组织捐赠给国家的文物；

（五）法律规定属于国家所有的其他文物。

国有可移动文物的所有权不因其收藏、保管单位的终止或者变更而改变。

第七条　国有文物所有权受法律保护，不容侵犯。

属于集体所有和私人所有的纪念建筑物、古建筑和祖传文物以及依法取得的其他文物，其所有权受法律保护。文物的所有者必须遵守国家有关文物保护的法律、法规的规定。

第八条　一切机关、组织和个人都有依法保护文物的义务。

第九条　国务院文物行政部门主管全国文物保护工作。

地方各级人民政府负责本行政区域内的文物保护工作。县级以上地方人民政府文物行政部门对本行政区域内的文物保护实施监督管理。

县级以上人民政府有关部门在各自的职责范围内，负责有关的文物保护工作。

第十条　国家发展文物保护事业，贯彻落实保护第一、加强管理、挖掘价值、有效利用、让文物活起来的工作要求。

第十一条　文物是不可再生的文化资源。各级人民政府应当重视文物保护，正确处理经济建设、社会发展与文物保护的关系，确保文物安全。

基本建设、旅游发展必须把文物保护放在第一位，严格落实文物保护与安全管理规定，防止建设性破坏和过度商业化。

第十二条 对与中国共产党各个历史时期重大事件、重要会议、重要人物和伟大建党精神等有关的文物，各级人民政府应当采取措施加强保护。

第十三条 县级以上人民政府应当将文物保护事业纳入本级国民经济和社会发展规划，所需经费列入本级预算，确保文物保护事业发展与国民经济和社会发展水平相适应。

国有博物馆、纪念馆、文物保护单位等的事业性收入，纳入预算管理，用于文物保护事业，任何单位或者个人不得侵占、挪用。

国家鼓励通过捐赠等方式设立文物保护社会基金，专门用于文物保护，任何单位或者个人不得侵占、挪用。

第十四条 县级以上人民政府及其文物行政部门应当加强文物普查和专项调查，全面掌握文物资源及保护情况。

县级以上人民政府文物行政部门加强对国有文物资源资产的动态管理，按照国家有关规定，及时报送国有文物资源资产管理情况的报告。

第十五条 国家支持和规范文物价值挖掘阐释，促进中华文明起源与发展研究，传承中华优秀传统文化，弘扬革命文化，发展社会主义先进文化，铸牢中华民族共同体意识，提升中华文化影响力。

第十六条 国家加强文物保护的宣传教育，创新传播方式，增强全民文物保护的意识，营造自觉传承中华民族优秀历史文化遗产的社会氛围。

新闻媒体应当开展文物保护法律法规和文物保护知识的宣传报道，并依法对危害文物安全、破坏文物的行为进行舆论监督。

博物馆、纪念馆、文物保管所、考古遗址公园等有关单位应当结合参观游览内容有针对性地开展文物保护宣传教育活动。

第十七条　国家鼓励开展文物保护的科学研究，推广先进适用的文物保护技术，提高文物保护的科学技术水平。

国家加强文物保护信息化建设，鼓励开展文物保护数字化工作，推进文物资源数字化采集和展示利用。

国家加大考古、修缮、修复等文物保护专业人才培养力度，健全人才培养、使用、评价和激励机制。

第十八条　国家鼓励开展文物利用研究，在确保文物安全的前提下，坚持社会效益优先，有效利用文物资源，提供多样化多层次的文化产品与服务。

第十九条　国家健全社会参与机制，调动社会力量参与文化遗产保护的积极性，鼓励引导社会力量投入文化遗产保护。

第二十条　国家支持开展考古、修缮、修复、展览、科学研究、执法、司法等文物保护国际交流与合作，促进人类文明交流互鉴。

第二十一条　县级以上人民政府文物行政部门或者有关部门应当公开投诉、举报方式等信息，及时受理并处理涉及文物保护的投诉、举报。

第二十二条　有下列事迹之一的单位或者个人，按照国家有关规定给予表彰、奖励：

（一）认真执行文物保护法律、法规，保护文物成绩显著的；

（二）为保护文物与违法犯罪行为作坚决斗争的；

（三）将收藏的重要文物捐献给国家或者向文物保护事业捐

赠的；

（四）发现文物及时上报或者上交，使文物得到保护的；

（五）在考古发掘、文物价值挖掘阐释等工作中做出重大贡献的；

（六）在文物保护科学技术方面有重要发明创造或者其他重要贡献的；

（七）在文物面临破坏危险时，抢救文物有功的；

（八）长期从事文物工作，做出显著成绩的；

（九）组织、参与文物保护志愿服务，做出显著成绩的；

（十）在文物保护国际交流与合作中做出重大贡献的。

第二章　不可移动文物

第二十三条　在文物普查、专项调查或者其他相关工作中发现的不可移动文物，应当及时核定公布为文物保护单位或者登记公布为未定级不可移动文物。公民、组织可以提出核定公布文物保护单位或者登记公布未定级不可移动文物的建议。

国务院文物行政部门在省级和设区的市级、县级文物保护单位中，选择具有重大历史、艺术、科学价值的确定为全国重点文物保护单位，或者直接确定为全国重点文物保护单位，报国务院核定公布。

省级文物保护单位，由省、自治区、直辖市人民政府核定公布，并报国务院备案。

设区的市级和县级文物保护单位，分别由设区的市、自治州人民政府和县级人民政府核定公布，并报省、自治区、直辖市人民政府备案。

未定级不可移动文物，由县级人民政府文物行政部门登记，报本级人民政府和上一级人民政府文物行政部门备案，并向社会公布。

第二十四条　在旧城区改建、土地成片开发中，县级以上人民政府应当事先组织进行相关区域内不可移动文物调查，及时开展核定、登记、公布工作，并依法采取保护措施。未经调查，任何单位不得开工建设，防止建设性破坏。

第二十五条　保存文物特别丰富并且具有重大历史价值或者革命纪念意义的城市，由国务院核定公布为历史文化名城。

保存文物特别丰富并且具有重大历史价值或者革命纪念意义的城镇、街道、村庄，由省、自治区、直辖市人民政府核定公布为历史文化街区、村镇，并报国务院备案。

历史文化名城和历史文化街区、村镇所在地县级以上地方人民政府应当组织编制专门的历史文化名城和历史文化街区、村镇保护规划，并纳入有关规划。

历史文化名城和历史文化街区、村镇的保护办法，由国务院制定。

第二十六条　各级文物保护单位，分别由省、自治区、直辖市人民政府和设区的市级、县级人民政府划定公布必要的保护范围，作出标志说明，建立记录档案，并区别情况分别设置专门机构或者专人负责管理。全国重点文物保护单位的保护范围和记录档案，由省、自治区、直辖市人民政府文物行政部门报国务院文物行政部门备案。

未定级不可移动文物，由县级人民政府文物行政部门作出标志说明，建立记录档案，明确管理责任人。

县级以上地方人民政府文物行政部门应当根据不同文物的保护需要，制定文物保护单位和未定级不可移动文物的具体保护措施，向本级人民政府报告，并公告施行。

文物行政部门应当指导、鼓励基层群众性自治组织、志愿者等参与不可移动文物保护工作。

第二十七条　各级人民政府制定有关规划，应当根据文物保护的需要，事先由有关部门会同文物行政部门商定本行政区域内不可移动文物的保护措施，并纳入规划。

县级以上地方人民政府文物行政部门根据文物保护需要，组织编制本行政区域内不可移动文物的保护规划，经本级人民政府批准后公布实施，并报上一级人民政府文物行政部门备案；全国重点文物保护单位的保护规划由省、自治区、直辖市人民政府批准后公布实施，并报国务院文物行政部门备案。

第二十八条　在文物保护单位的保护范围内不得进行文物保护工程以外的其他建设工程或者爆破、钻探、挖掘等作业；因特殊情况需要进行的，必须保证文物保护单位的安全。

因特殊情况需要在省级或者设区的市级、县级文物保护单位的保护范围内进行前款规定的建设工程或者作业的，必须经核定公布该文物保护单位的人民政府批准，在批准前应当征得上一级人民政府文物行政部门同意；在全国重点文物保护单位的保护范围内进行前款规定的建设工程或者作业的，必须经省、自治区、直辖市人民政府批准，在批准前应当征得国务院文物行政部门同意。

第二十九条　根据保护文物的实际需要，经省、自治区、直辖市人民政府批准，可以在文物保护单位的周围划出一定的建设控制地带，并予以公布。

在文物保护单位的建设控制地带内进行建设工程，不得破坏文物保护单位的历史风貌；工程设计方案应当根据文物保护单位的级别和建设工程对文物保护单位历史风貌的影响程度，经国家规定的文物行政部门同意后，依法取得建设工程规划许可。

第三十条 在文物保护单位的保护范围和建设控制地带内，不得建设污染文物保护单位及其环境的设施，不得进行可能影响文物保护单位安全及其环境的活动。对已有的污染文物保护单位及其环境的设施，依照生态环境有关法律法规的规定处理。

第三十一条 建设工程选址，应当尽可能避开不可移动文物；因特殊情况不能避开的，应当尽可能实施原址保护。

实施原址保护的，建设单位应当事先确定原址保护措施，根据文物保护单位的级别报相应的文物行政部门批准；未定级不可移动文物的原址保护措施，报县级人民政府文物行政部门批准；未经批准的，不得开工建设。

无法实施原址保护，省级或者设区的市级、县级文物保护单位需要迁移异地保护或者拆除的，应当报省、自治区、直辖市人民政府批准；迁移或者拆除省级文物保护单位的，批准前必须征得国务院文物行政部门同意。全国重点文物保护单位不得拆除；需要迁移的，必须由省、自治区、直辖市人民政府报国务院批准。未定级不可移动文物需要迁移异地保护或者拆除的，应当报省、自治区、直辖市人民政府文物行政部门批准。

依照前款规定拆除国有不可移动文物，由文物行政部门监督实施，对具有收藏价值的壁画、雕塑、建筑构件等，由文物行政部门指定的文物收藏单位收藏。

本条规定的原址保护、迁移、拆除所需费用，由建设单位列入建设工程预算。

第三十二条 国有不可移动文物由使用人负责修缮、保养；非国有不可移动文物由所有人或者使用人负责修缮、保养，县级以上人民政府可以予以补助。

不可移动文物有损毁危险，所有人或者使用人不具备修缮能力的，县级以上人民政府应当给予帮助；所有人或者使用人具备修缮能力但拒不依法履行修缮义务的，县级以上人民政府可以给予抢救修缮，所需费用由所有人或者使用人承担。

对文物保护单位进行修缮，应当根据文物保护单位的级别报相应的文物行政部门批准；对未定级不可移动文物进行修缮，应当报县级人民政府文物行政部门批准。

文物保护单位的修缮、迁移、重建，由取得文物保护工程资质证书的单位承担。

对不可移动文物进行修缮、保养、迁移，必须遵守不改变文物原状和最小干预的原则，确保文物的真实性和完整性。

县级以上人民政府文物行政部门应当加强对不可移动文物保护的监督检查，及时发现问题隐患，防范安全风险，并督促指导不可移动文物所有人或者使用人履行保护职责。

第三十三条　不可移动文物已经全部毁坏的，应当严格实施遗址保护，不得在原址重建。因文物保护等特殊情况需要在原址重建的，由省、自治区、直辖市人民政府文物行政部门报省、自治区、直辖市人民政府批准；全国重点文物保护单位需要在原址重建的，由省、自治区、直辖市人民政府征得国务院文物行政部门同意后报国务院批准。

第三十四条　国有文物保护单位中的纪念建筑物或者古建筑，除可以建立博物馆、文物保管所或者辟为参观游览场所外，改作其他用途的，设区的市级、县级文物保护单位应当经核定公布该文物保护单位的人民政府文物行政部门征得上一级人民政府文物行政部门同意后，报核定公布该文物保护单位的人民政府批准；

省级文物保护单位应当经核定公布该文物保护单位的省、自治区、直辖市人民政府文物行政部门审核同意后，报省、自治区、直辖市人民政府批准；全国重点文物保护单位应当由省、自治区、直辖市人民政府报国务院批准。国有未定级不可移动文物改作其他用途的，应当报告县级人民政府文物行政部门。

第三十五条　国有不可移动文物不得转让、抵押，国家另有规定的，依照其规定。建立博物馆、文物保管所或者辟为参观游览场所的国有不可移动文物，不得改作企业资产经营；其管理机构不得改由企业管理。

依托历史文化街区、村镇进行旅游等开发建设活动的，应当严格落实相关保护规划和保护措施，控制大规模搬迁，防止过度开发，加强整体保护和活态传承。

第三十六条　非国有不可移动文物不得转让、抵押给外国人、外国组织或者国际组织。

非国有不可移动文物转让、抵押或者改变用途的，应当报相应的文物行政部门备案。

第三十七条　县级以上人民政府及其有关部门应当采取措施，在确保文物安全的前提下，因地制宜推动不可移动文物有效利用。

文物保护单位应当尽可能向社会开放。文物保护单位向社会开放，应当合理确定开放时间和游客承载量，并向社会公布，积极为游客提供必要的便利。

为保护不可移动文物建立的博物馆、纪念馆、文物保管所、考古遗址公园等单位，应当加强对不可移动文物价值的挖掘阐释，开展有针对性的宣传讲解。

第三十八条　使用不可移动文物，必须遵守不改变文物原状和最小干预的原则，负责保护文物本体及其附属文物的安全，不得损毁、改建、添建或者拆除不可移动文物。

对危害不可移动文物安全、破坏不可移动文物历史风貌的建筑物、构筑物，当地人民政府应当及时调查处理；必要时，对该建筑物、构筑物依法予以拆除、迁移。

第三十九条 不可移动文物的所有人或者使用人应当加强用火、用电、用气等的消防安全管理，根据不可移动文物的特点，采取有针对性的消防安全措施，提高火灾预防和应急处置能力，确保文物安全。

第四十条 省、自治区、直辖市人民政府可以将地下埋藏、水下遗存的文物分布较为集中，需要整体保护的区域划定为地下文物埋藏区、水下文物保护区，制定具体保护措施，并公告施行。

地下文物埋藏区、水下文物保护区涉及两个以上省、自治区、直辖市的，或者涉及中国领海以外由中国管辖的其他海域的，由国务院文物行政部门划定并制定具体保护措施，报国务院核定公布。

第三章　考古发掘

第四十一条 一切考古发掘工作，必须履行报批手续；从事考古发掘的单位，应当取得国务院文物行政部门颁发的考古发掘资质证书。

地下埋藏和水下遗存的文物，任何单位或者个人都不得私自发掘。

第四十二条 从事考古发掘的单位，为了科学研究进行考古发掘，应当提出发掘计划，报国务院文物行政部门批准；对全国重点文物保护单位的考古发掘计划，应当经国务院文物行政部门审核后报国务院批准。国务院文物行政部门在批准或者审核前，应当征求社会科学研究机构及其他科研机构和有关专家的意见。

第四十三条 在可能存在地下文物的区域，县级以上地方人民政府进行土地出让或者划拨前，应当由省、自治区、直辖市人民政府文物行政部门组织从事考古发掘的单位进行考古调查、勘探。可能存在地下文物的区域，由省、自治区、直辖市人民政府文物行政部门及时划定并动态调整。

进行大型基本建设工程，或者在文物保护单位的保护范围、建设控制地带内进行建设工程，未依照前款规定进行考古调查、勘探的，建设单位应当事先报请省、自治区、直辖市人民政府文物行政部门组织从事考古发掘的单位在工程范围内有可能埋藏文物的地方进行考古调查、勘探。

考古调查、勘探中发现文物的，由省、自治区、直辖市人民政府文物行政部门根据文物保护的要求与建设单位共同商定保护措施；遇有重要发现的，由省、自治区、直辖市人民政府文物行政部门及时报国务院文物行政部门处理。由此导致停工或者工期延长，造成建设单位损失的，由县级以上地方人民政府文物行政部门会同有关部门听取建设单位意见后，提出处理意见，报本级人民政府批准。

第四十四条 需要配合进行考古发掘工作的，省、自治区、直辖市人民政府文物行政部门应当在勘探工作的基础上提出发掘计划，报国务院文物行政部门批准。国务院文物行政部门在批准前，应当征求社会科学研究机构及其他科研机构和有关专家的意见。

确因建设工期紧迫或者有自然破坏危险，对古文化遗址、古墓葬急需进行抢救发掘的，由省、自治区、直辖市人民政府文物行政部门组织发掘，并同时补办审批手续。

第四十五条　凡因进行基本建设和生产建设需要的考古调查、勘探、发掘，所需费用由建设单位列入建设工程预算。

县级以上人民政府可以通过适当方式对考古调查、勘探、发掘工作给予支持。

第四十六条　在建设工程、农业生产等活动中，任何单位或者个人发现文物或者疑似文物的，应当保护现场，立即报告当地文物行政部门；文物行政部门应当在接到报告后二十四小时内赶赴现场，并在七日内提出处理意见。文物行政部门应当采取措施保护现场，必要时可以通知公安机关或者海上执法机关协助；发现重要文物的，应当立即上报国务院文物行政部门，国务院文物行政部门应当在接到报告后十五日内提出处理意见。

依照前款规定发现的文物属于国家所有，任何单位或者个人不得哄抢、私分、藏匿。

第四十七条　未经国务院文物行政部门报国务院特别许可，任何外国人、外国组织或者国际组织不得在中国境内进行考古调查、勘探、发掘。

第四十八条　考古调查、勘探、发掘的结果，应当如实报告国务院文物行政部门和省、自治区、直辖市人民政府文物行政部门。

考古发掘的文物，应当登记造册，妥善保管，按照国家有关规定及时移交给由省、自治区、直辖市人民政府文物行政部门或者国务院文物行政部门指定的国有博物馆、图书馆或者其他国有收藏文物的单位收藏。经省、自治区、直辖市人民政府文物行政部门批准，从事考古发掘的单位可以保留少量出土、出水文物作为科研标本。

考古发掘的文物和考古发掘资料，任何单位或者个人不得侵占。

第四十九条 根据保证文物安全、进行科学研究和充分发挥文物作用的需要，省、自治区、直辖市人民政府文物行政部门经本级人民政府批准，可以调用本行政区域内的出土、出水文物；国务院文物行政部门经国务院批准，可以调用全国的重要出土、出水文物。

第四章 馆藏文物

第五十条 国家鼓励和支持文物收藏单位收藏、保护可移动文物，开展文物展览展示、宣传教育和科学研究等活动。

有关部门应当在设立条件、社会服务要求、财税扶持政策等方面，公平对待国有文物收藏单位和非国有文物收藏单位。

第五十一条 博物馆、图书馆和其他文物收藏单位对其收藏的文物（以下称馆藏文物），必须按照国家有关文物定级标准区分文物等级，设置档案，建立严格的管理制度，并报主管的文物行政部门备案。

县级以上地方人民政府文物行政部门应当建立本行政区域内的馆藏文物档案；国务院文物行政部门应当建立全国馆藏一级文物档案和其主管的国有文物收藏单位馆藏文物档案。

第五十二条 文物收藏单位可以通过下列方式取得文物：

（一）购买；

（二）接受捐赠；

（三）依法交换；

（四）法律、行政法规规定的其他方式。

国有文物收藏单位还可以通过文物行政部门指定收藏或者调拨方式取得文物。

660

文物收藏单位应当依法履行合理注意义务，对拟征集、购买文物来源的合法性进行了解、识别。

第五十三条　文物收藏单位应当根据馆藏文物的保护需要，按照国家有关规定建立、健全管理制度，并报主管的文物行政部门备案。未经批准，任何单位或者个人不得调取馆藏文物。

文物收藏单位的法定代表人或者主要负责人对馆藏文物的安全负责。文物收藏单位的法定代表人或者主要负责人离任时，应当按照馆藏文物档案办理馆藏文物移交手续。

第五十四条　国务院文物行政部门可以调拨全国的国有馆藏文物。省、自治区、直辖市人民政府文物行政部门可以调拨本行政区域内其主管的国有文物收藏单位馆藏文物；调拨国有馆藏一级文物，应当报国务院文物行政部门备案。

国有文物收藏单位可以申请调拨国有馆藏文物。

第五十五条　文物收藏单位应当改善服务条件，提高服务水平，充分发挥馆藏文物的作用，通过举办展览、科学研究、文化创意等活动，加强对中华民族优秀的历史文化和革命传统的宣传教育；通过借用、交换、在线展览等方式，提高馆藏文物利用效率。

文物收藏单位应当为学校、科研机构开展有关教育教学、科学研究等活动提供支持和帮助。

博物馆应当按照国家有关规定向公众开放，合理确定开放时间和接待人数并向社会公布，采用多种形式提供科学、准确、生动的文字说明和讲解服务。

第五十六条　国有文物收藏单位之间因举办展览、科学研究等需借用馆藏文物的，应当报主管的文物行政部门备案；借用馆藏一级文物的，应当同时报国务院文物行政部门备案。

非国有文物收藏单位和其他单位举办展览需借用国有馆藏文物的，应当报主管的文物行政部门批准；借用国有馆藏一级文物的，应当经国务院文物行政部门批准。

文物收藏单位之间借用文物的，应当签订借用协议，协议约定的期限不得超过三年。

第五十七条 已经依照本法规定建立馆藏文物档案、管理制度的国有文物收藏单位之间可以交换馆藏文物；交换馆藏文物的，应当经省、自治区、直辖市人民政府文物行政部门批准，并报国务院文物行政部门备案。

第五十八条 未依照本法规定建立馆藏文物档案、管理制度的国有文物收藏单位，不得依照本法第五十五条至第五十七条的规定借用、交换其馆藏文物。

第五十九条 依法调拨、交换、借用馆藏文物，取得文物的文物收藏单位可以对提供文物的文物收藏单位给予合理补偿。

文物收藏单位调拨、交换、出借文物所得的补偿费用，必须用于改善文物的收藏条件和收集新的文物，不得挪作他用；任何单位或者个人不得侵占。

调拨、交换、借用的文物必须严格保管，不得丢失、损毁。

第六十条 禁止国有文物收藏单位将馆藏文物赠与、出租、出售或者抵押、质押给其他单位、个人。

第六十一条 国有文物收藏单位不再收藏的文物退出馆藏的办法，由国务院文物行政部门制定并公布。

第六十二条 修复馆藏文物，不得改变馆藏文物的原状；复制、拍摄、拓印馆藏文物，不得对馆藏文物造成损害。修复、复制、拓印馆藏二级文物和馆藏三级文物的，应当报省、自治区、直辖市人民政府文物行政部门批准；修复、复制、拓印馆藏一级文物的，应当报国务院文物行政部门批准。

不可移动文物的单体文物的修复、复制、拍摄、拓印，适用前款规定。

第六十三条 博物馆、图书馆和其他收藏文物的单位应当按照国家有关规定配备防火、防盗、防自然损坏的设施，并采取相应措施，确保收藏文物的安全。

第六十四条 馆藏一级文物损毁的，应当报国务院文物行政部门核查处理。其他馆藏文物损毁的，应当报省、自治区、直辖市人民政府文物行政部门核查处理；省、自治区、直辖市人民政府文物行政部门应当将核查处理结果报国务院文物行政部门备案。

馆藏文物被盗、被抢或者丢失的，文物收藏单位应当立即向公安机关报案，并同时向主管的文物行政部门报告。

第六十五条 文物行政部门和国有文物收藏单位的工作人员不得借用国有文物，不得非法侵占国有文物。

第五章　民间收藏文物

第六十六条 国家鼓励公民、组织合法收藏，加强对民间收藏活动的指导、管理和服务。

第六十七条 文物收藏单位以外的公民、组织可以收藏通过下列方式取得的文物：

（一）依法继承或者接受赠与；

（二）从文物销售单位购买；

（三）通过经营文物拍卖的拍卖企业（以下称文物拍卖企业）购买；

（四）公民个人合法所有的文物相互交换或者依法转让；

（五）国家规定的其他合法方式。

文物收藏单位以外的公民、组织收藏的前款文物可以依法流通。

第六十八条 禁止买卖下列文物:

(一)国有文物,但是国家允许的除外;

(二)国有不可移动文物中的壁画、雕塑、建筑构件等,但是依法拆除的国有不可移动文物中的壁画、雕塑、建筑构件等不属于本法第三十一条第四款规定的应由文物收藏单位收藏的除外;

(三)非国有馆藏珍贵文物;

(四)国务院有关部门通报或者公告的被盗文物以及其他来源不符合本法第六十七条规定的文物;

(五)外国政府、相关国际组织按照有关国际公约通报或者公告的流失文物。

第六十九条 国家鼓励文物收藏单位以外的公民、组织将其收藏的文物捐赠给文物收藏单位或者出借给文物收藏单位展览和研究。

文物收藏单位应当尊重并按照捐赠人的意愿,对受赠的文物妥善收藏、保管和展示。

国家禁止出境的文物,不得转让、出租、抵押、质押给境外组织或者个人。

第七十条 文物销售单位应当取得省、自治区、直辖市人民政府文物行政部门颁发的文物销售许可证。

文物销售单位不得从事文物拍卖经营活动,不得设立文物拍卖企业。

第七十一条 依法设立的拍卖企业经营文物拍卖的,应当取得省、自治区、直辖市人民政府文物行政部门颁发的文物拍卖许可证。

文物拍卖企业不得从事文物销售经营活动，不得设立文物销售单位。

第七十二条　文物行政部门的工作人员不得举办或者参与举办文物销售单位或者文物拍卖企业。

文物收藏单位及其工作人员不得举办或者参与举办文物销售单位或者文物拍卖企业。

禁止设立外商投资的文物销售单位或者文物拍卖企业。

除文物销售单位、文物拍卖企业外，其他单位或者个人不得从事文物商业经营活动。

第七十三条　文物销售单位不得销售、文物拍卖企业不得拍卖本法第六十八条规定的文物。

文物拍卖企业拍卖的文物，在拍卖前应当经省、自治区、直辖市人民政府文物行政部门依照前款规定进行审核，并报国务院文物行政部门备案。

文物销售单位销售文物、文物拍卖企业拍卖文物，应当如实表述文物的相关信息，不得进行虚假宣传。

第七十四条　省、自治区、直辖市人民政府文物行政部门应当建立文物购销、拍卖信息与信用管理系统，推动文物流通领域诚信建设。文物销售单位购买、销售文物，文物拍卖企业拍卖文物，应当按照国家有关规定作出记录，并于销售、拍卖文物后三十日内报省、自治区、直辖市人民政府文物行政部门备案。

拍卖文物时，委托人、买受人要求对其身份保密的，文物行政部门应当为其保密；法律、行政法规另有规定的除外。

第七十五条　文物行政部门在审核拟拍卖的文物时，可以指定国有文物收藏单位优先购买其中的珍贵文物。购买价格由国有文物收藏单位的代表与文物的委托人协商确定。

第七十六条　银行、冶炼厂、造纸厂以及废旧物资回收单位，应当与当地文物行政部门共同负责拣选掺杂在金银器和废旧物资中的文物。拣选文物除供银行研究所必需的历史货币可以由中国人民银行留用外，应当移交当地文物行政部门。移交拣选文物，应当给予合理补偿。

第六章　文物出境进境

第七十七条　国有文物、非国有文物中的珍贵文物和国家禁止出境的其他文物，不得出境；依照本法规定出境展览，或者因特殊需要经国务院批准出境的除外。

国家禁止出境的文物的具体范围，由国务院文物行政部门规定并公布。

第七十八条　文物出境，应当经国务院文物行政部门指定的文物进出境审核机构审核。经审核允许出境的文物，由国务院文物行政部门颁发文物出境许可证，从国务院文物行政部门指定的口岸出境。

任何单位或者个人运送、邮寄、携带文物出境，应当向海关申报；海关凭文物出境许可证放行。

第七十九条　文物出境展览，应当报国务院文物行政部门批准；一级文物超过国务院规定数量的，应当报国务院批准。

一级文物中的孤品和易损品，禁止出境展览。

出境展览的文物出境，由文物进出境审核机构审核、登记。海关凭国务院文物行政部门或者国务院的批准文件放行。出境展览的文物复进境，由原审核、登记的文物进出境审核机构审核查验。

第八十条　文物临时进境，应当向海关申报，并报文物进出境审核机构审核、登记。文物进出境审核机构发现临时进境的文物属于本法第六十八条规定的文物的，应当向国务院文物行政部门报告并通报海关。

临时进境的文物复出境，必须经原审核、登记的文物进出境审核机构审核查验；经审核查验无误的，由国务院文物行政部门颁发文物出境许可证，海关凭文物出境许可证放行。

第八十一条 国家加强文物追索返还领域的国际合作。国务院文物行政部门依法会同有关部门对因被盗、非法出境等流失境外的文物开展追索；对非法流入中国境内的外国文物，根据有关条约、协定、协议或者对等原则与相关国家开展返还合作。

国家对于因被盗、非法出境等流失境外的文物，保留收回的权利，且该权利不受时效限制。

第七章　法律责任

第八十二条 违反本法规定，地方各级人民政府和县级以上人民政府有关部门及其工作人员，以及其他依法履行公职的人员，滥用职权、玩忽职守、徇私舞弊的，对负有责任的领导人员和直接责任人员依法给予处分。

第八十三条 有下列行为之一的，由县级以上人民政府文物行政部门责令改正，给予警告；造成文物损坏或者其他严重后果的，对单位处五十万元以上五百万元以下的罚款，对个人处五万元以上五十万元以下的罚款，责令承担相关文物修缮和复原费用，由原发证机关降低资质等级；情节严重的，对单位可以处五百万元以上一千万元以下的罚款，由原发证机关吊销资质证书：

（一）擅自在文物保护单位的保护范围内进行文物保护工程以外的其他建设工程或者爆破、钻探、挖掘等作业；

（二）工程设计方案未经文物行政部门同意，擅自在文物保护单位的建设控制地带内进行建设工程；

（三）未制定不可移动文物原址保护措施，或者不可移动文物原址保护措施未经文物行政部门批准，擅自开工建设；

（四）擅自迁移、拆除不可移动文物；

（五）擅自修缮不可移动文物，明显改变文物原状；

（六）擅自在原址重建已经全部毁坏的不可移动文物；

（七）未取得文物保护工程资质证书，擅自从事文物修缮、迁移、重建；

（八）进行大型基本建设工程，或者在文物保护单位的保护范围、建设控制地带内进行建设工程，未依法进行考古调查、勘探。

损毁依照本法规定设立的不可移动文物保护标志的，由县级以上人民政府文物行政部门给予警告，可以并处五百元以下的罚款。

第八十四条　在文物保护单位的保护范围或者建设控制地带内建设污染文物保护单位及其环境的设施的，由生态环境主管部门依法给予处罚。

第八十五条　违反本法规定，有下列行为之一的，由县级以上人民政府文物行政部门责令改正，给予警告或者通报批评，没收违法所得；违法所得五千元以上的，并处违法所得二倍以上十倍以下的罚款；没有违法所得或者违法所得不足五千元的，并处一万元以上五万元以下的罚款：

（一）转让或者抵押国有不可移动文物；

（二）将建立博物馆、文物保管所或者辟为参观游览场所的国有不可移动文物改作企业资产经营，或者将其管理机构改由企业管理；

668

（三）将非国有不可移动文物转让或者抵押给外国人、外国组织或者国际组织；

（四）擅自改变国有文物保护单位中的纪念建筑物或者古建筑的用途。

第八十六条 历史文化名城的布局、环境、历史风貌等遭到严重破坏的，由国务院撤销其历史文化名城称号；历史文化街区、村镇的布局、环境、历史风貌等遭到严重破坏的，由省、自治区、直辖市人民政府撤销其历史文化街区、村镇称号；对负有责任的领导人员和直接责任人员依法给予处分。

第八十七条 有下列行为之一的，由县级以上人民政府文物行政部门责令改正，给予警告或者通报批评，没收违法所得；违法所得五千元以上的，并处违法所得二倍以上十倍以下的罚款；没有违法所得或者违法所得不足五千元的，可以并处五万元以下的罚款：

（一）文物收藏单位未按照国家有关规定配备防火、防盗、防自然损坏的设施；

（二）文物收藏单位法定代表人或者主要负责人离任时未按照馆藏文物档案移交馆藏文物，或者所移交的馆藏文物与馆藏文物档案不符；

（三）国有文物收藏单位将馆藏文物赠与、出租、出售或者抵押、质押给其他单位、个人；

（四）违反本法规定借用、交换馆藏文物；

（五）挪用或者侵占依法调拨、交换、出借文物所得的补偿费用。

第八十八条 买卖国家禁止买卖的文物或者将国家禁止出境的文物转让、出租、抵押、质押给境外组织或者个人的，由县级以上人民政府文物行政部门责令改正，没收违法所得、非法经营的文物；违法经营额五千元以上的，并处违法经营额二倍以上十倍以下的罚款；没有违法经营额或者违法经营额不足五千元的，并处一万元以上五万元以下的罚款。

文物销售单位、文物拍卖企业有前款规定的违法行为的，由县级以上人民政府文物行政部门没收违法所得、非法经营的文物；违法经营额三万元以上的，并处违法经营额二倍以上十倍以下的罚款；没有违法经营额或者违法经营额不足三万元的，并处五万元以上二十五万元以下的罚款；情节严重的，由原发证机关吊销许可证书。

第八十九条　未经许可擅自从事文物商业经营活动的，由县级以上人民政府文物行政部门责令改正，给予警告或者通报批评，没收违法所得、非法经营的文物；违法经营额三万元以上的，并处违法经营额二倍以上十倍以下的罚款；没有违法经营额或者违法经营额不足三万元的，并处五万元以上二十五万元以下的罚款。

第九十条　有下列情形之一的，由县级以上人民政府文物行政部门责令改正，给予警告或者通报批评，没收违法所得、非法经营的文物；违法经营额三万元以上的，并处违法经营额二倍以上十倍以下的罚款；没有违法经营额或者违法经营额不足三万元的，并处五万元以上二十五万元以下的罚款；情节严重的，由原发证机关吊销许可证书：

（一）文物销售单位从事文物拍卖经营活动；

（二）文物拍卖企业从事文物销售经营活动；

（三）文物拍卖企业拍卖的文物，未经审核；

（四）文物收藏单位从事文物商业经营活动；

（五）文物销售单位、文物拍卖企业知假售假、知假拍假或者进行虚假宣传。

第九十一条 有下列行为之一的，由县级以上人民政府文物行政部门会同公安机关、海上执法机关追缴文物，给予警告；情节严重的，对单位处十万元以上三百万元以下的罚款，对个人处五千元以上五万元以下的罚款：

（一）发现文物隐匿不报或者拒不上交；

（二）未按照规定移交拣选文物。

第九十二条 文物进出境未依照本法规定申报的，由海关或者海上执法机关依法给予处罚。

第九十三条 有下列行为之一的，由县级以上人民政府文物行政部门责令改正；情节严重的，对单位处十万元以上三百万元以下的罚款，限制业务活动或者由原发证机关吊销许可证书，对个人处五千元以上五万元以下的罚款：

（一）改变国有未定级不可移动文物的用途，未依照本法规定报告；

（二）转让、抵押非国有不可移动文物或者改变其用途，未依照本法规定备案；

（三）国有不可移动文物的使用人具备修缮能力但拒不依法履行修缮义务；

（四）从事考古发掘的单位未经批准擅自进行考古发掘，或者不如实报告考古调查、勘探、发掘结果，或者未按照规定移交考古发掘的文物；

（五）文物收藏单位未按照国家有关规定建立馆藏文物档案、管理制度，或者未将馆藏文物档案、管理制度备案；

（六）未经批准擅自调取馆藏文物；

（七）未经批准擅自修复、复制、拓印文物；

（八）馆藏文物损毁未报文物行政部门核查处理，或者馆藏文物被盗、被抢或者丢失，文物收藏单位未及时向公安机关或者文物行政部门报告；

（九）文物销售单位销售文物或者文物拍卖企业拍卖文物，未按照国家有关规定作出记录或者未将所作记录报文物行政部门备案。

第九十四条　文物行政部门、文物收藏单位、文物销售单位、文物拍卖企业的工作人员，有下列行为之一的，依法给予处分；情节严重的，依法开除公职或者吊销其从业资格证书：

（一）文物行政部门和国有文物收藏单位的工作人员借用或者非法侵占国有文物；

（二）文物行政部门、文物收藏单位的工作人员举办或者参与举办文物销售单位或者文物拍卖企业；

（三）因不负责任造成文物保护单位、珍贵文物损毁或者流失；

（四）贪污、挪用文物保护经费。

前款被开除公职或者被吊销从业资格证书的人员，自被开除公职或者被吊销从业资格证书之日起十年内不得担任文物管理人员或者从事文物经营活动。

第九十五条　单位违反本法规定受到行政处罚，情节严重的，对单位直接负责的主管人员和其他直接责任人员处五千元以上五万元以下的罚款。

第九十六条　违反本法规定，损害他人民事权益的，依法承担民事责任；构成违反治安管理行为的，由公安机关依法给予治安管理处罚；构成犯罪的，依法追究刑事责任。

第九十七条　县级以上人民政府文物行政部门依法实施监督

检查，可以采取下列措施：

（一）进入现场进行检查；

（二）查阅、复制有关文件资料，询问有关人员，对可能被转移、销毁或者篡改的文件资料予以封存；

（三）查封、扣押涉嫌违法活动的场所、设施或者财物；

（四）责令行为人停止侵害文物的行为。

第九十八条　监察委员会、人民法院、人民检察院、公安机关、海关、市场监督管理部门和海上执法机关依法没收的文物应当登记造册，妥善保管，结案后无偿移交文物行政部门，由文物行政部门指定的国有文物收藏单位收藏。

第九十九条　因违反本法规定造成文物严重损害或者存在严重损害风险，致使社会公共利益受到侵害的，人民检察院可以依照有关诉讼法的规定提起公益诉讼。

第八章　附　　则

第一百条　文物保护有关行政许可的条件、期限等，本法未作规定的，适用《中华人民共和国行政许可法》和有关法律、行政法规的规定。

第一百零一条　本法自 2025 年 3 月 1 日起施行。

中华人民共和国反洗钱法

（2006年10月31日第十届全国人民代表大会常务委员会第二十四次会议通过 2024年11月8日第十四届全国人民代表大会常务委员会第十二次会议修订）

目　　录

第一章　总　　则

第一条　为了预防洗钱活动，遏制洗钱以及相关犯罪，加强和规范反洗钱工作，维护金融秩序、社会公共利益和国家安全，根据宪法，制定本法。

第二条　本法所称反洗钱，是指为了预防通过各种方式掩饰、隐瞒毒品犯罪、黑社会性质的组织犯罪、恐怖活动犯罪、走私犯罪、贪污贿赂犯罪、破坏金融管理秩序犯罪、金融诈骗犯罪和其他犯罪所得及其收益的来源、性质的洗钱活动，依照本法规定采取相关措施的行为。

预防恐怖主义融资活动适用本法；其他法律另有规定的，适用其规定。

第三条 反洗钱工作应当贯彻落实党和国家路线方针政策、决策部署，坚持总体国家安全观，完善监督管理体制机制，健全风险防控体系。

第四条 反洗钱工作应当依法进行，确保反洗钱措施与洗钱风险相适应，保障正常金融服务和资金流转顺利进行，维护单位和个人的合法权益。

第五条 国务院反洗钱行政主管部门负责全国的反洗钱监督管理工作。国务院有关部门在各自的职责范围内履行反洗钱监督管理职责。

国务院反洗钱行政主管部门、国务院有关部门、监察机关和司法机关在反洗钱工作中应当相互配合。

第六条 在中华人民共和国境内（以下简称境内）设立的金融机构和依照本法规定应当履行反洗钱义务的特定非金融机构，应当依法采取预防、监控措施，建立健全反洗钱内部控制制度，履行客户尽职调查、客户身份资料和交易记录保存、大额交易和可疑交易报告、反洗钱特别预防措施等反洗钱义务。

第七条 对依法履行反洗钱职责或者义务获得的客户身份资料和交易信息、反洗钱调查信息等反洗钱信息，应当予以保密；非依法律规定，不得向任何单位和个人提供。

反洗钱行政主管部门和其他依法负有反洗钱监督管理职责的部门履行反洗钱职责获得的客户身份资料和交易信息，只能用于反洗钱监督管理和行政调查工作。

司法机关依照本法获得的客户身份资料和交易信息，只能用于反洗钱相关刑事诉讼。

国家有关机关使用反洗钱信息应当依法保护国家秘密、商业秘密和个人隐私、个人信息。

第八条 履行反洗钱义务的机构及其工作人员依法开展提交大额交易和可疑交易报告等工作，受法律保护。

第九条 反洗钱行政主管部门会同国家有关机关通过多种形式开展反洗钱宣传教育活动，向社会公众宣传洗钱活动的违法性、危害性及其表现形式等，增强社会公众对洗钱活动的防范意识和识别能力。

第十条 任何单位和个人不得从事洗钱活动或者为洗钱活动提供便利，并应当配合金融机构和特定非金融机构依法开展的客户尽职调查。

第十一条 任何单位和个人发现洗钱活动，有权向反洗钱行政主管部门、公安机关或者其他有关国家机关举报。接受举报的机关应当对举报人和举报内容保密。

对在反洗钱工作中做出突出贡献的单位和个人，按照国家有关规定给予表彰和奖励。

第十二条 在中华人民共和国境外（以下简称境外）的洗钱和恐怖主义融资活动，危害中华人民共和国主权和安全，侵犯中华人民共和国公民、法人和其他组织合法权益，或者扰乱境内金融秩序的，依照本法以及相关法律规定处理并追究法律责任。

第二章 反洗钱监督管理

第十三条 国务院反洗钱行政主管部门组织、协调全国的反洗钱工作，负责反洗钱的资金监测，制定或者会同国务院有关金融管理部门制定金融机构反洗钱管理规定，监督检查金融机构履行反洗钱义务的情况，在职责范围内调查可疑交易活动，履行法律和国务院规定的有关反洗钱的其他职责。

国务院反洗钱行政主管部门的派出机构在国务院反洗钱行政主管部门的授权范围内，对金融机构履行反洗钱义务的情况进行监督检查。

第十四条 国务院有关金融管理部门参与制定所监督管理的金融机构反洗钱管理规定，履行法律和国务院规定的有关反洗钱的其他职责。

有关金融管理部门应当在金融机构市场准入中落实反洗钱审查要求，在监督管理工作中发现金融机构违反反洗钱规定的，应当将线索移送反洗钱行政主管部门，并配合其进行处理。

第十五条 国务院有关特定非金融机构主管部门制定或者国务院反洗钱行政主管部门会同其制定特定非金融机构反洗钱管理规定。

有关特定非金融机构主管部门监督检查特定非金融机构履行反洗钱义务的情况，处理反洗钱行政主管部门提出的反洗钱监督管理建议，履行法律和国务院规定的有关反洗钱的其他职责。有关特定非金融机构主管部门根据需要，可以请求反洗钱行政主管部门协助其监督检查。

第十六条 国务院反洗钱行政主管部门设立反洗钱监测分析机构。反洗钱监测分析机构开展反洗钱资金监测，负责接收、分析大额交易和可疑交易报告，移送分析结果，并按照规定向国务院反洗钱行政主管部门报告工作情况，履行国务院反洗钱行政主管部门规定的其他职责。

反洗钱监测分析机构根据依法履行职责的需要，可以要求履行反洗钱义务的机构提供与大额交易和可疑交易相关的补充信息。

反洗钱监测分析机构应当健全监测分析体系，根据洗钱风险状况有针对性地开展监测分析工作，按照规定向履行反洗钱义务的机构反馈可疑交易报告使用情况，不断提高监测分析水平。

第十七条 国务院反洗钱行政主管部门为履行反洗钱职责，可以从国家有关机关获取所必需的信息，国家有关机关应当依法提供。

国务院反洗钱行政主管部门应当向国家有关机关定期通报反洗钱工作情况，依法向履行与反洗钱相关的监督管理、行政调查、监察调查、刑事诉讼等职责的国家有关机关提供所必需的反洗钱信息。

第十八条 出入境人员携带的现金、无记名支付凭证等超过规定金额的，应当按照规定向海关申报。海关发现个人出入境携带的现金、无记名支付凭证等超过规定金额的，应当及时向反洗钱行政主管部门通报。

前款规定的申报范围、金额标准以及通报机制等，由国务院反洗钱行政主管部门、国务院外汇管理部门按照职责分工会同海关总署规定。

第十九条 国务院反洗钱行政主管部门会同国务院有关部门建立法人、非法人组织受益所有人信息管理制度。

法人、非法人组织应当保存并及时更新受益所有人信息，按照规定向登记机关如实提交并及时更新受益所有人信息。反洗钱行政主管部门、登记机关按照规定管理受益所有人信息。

反洗钱行政主管部门、国家有关机关为履行职责需要，可以依法使用受益所有人信息。金融机构和特定非金融机构在履行反洗钱义务时依法查询核对受益所有人信息；发现受益所有人信息错误、不一致或者不完整的，应当按照规定进行反馈。使用受益所有人信息应当依法保护信息安全。

本法所称法人、非法人组织的受益所有人，是指最终拥有或者实际控制法人、非法人组织，或者享有法人、非法人组织最终收益的自然人。具体认定标准由国务院反洗钱行政主管部门会同国务院有关部门制定。

第二十条 反洗钱行政主管部门和其他依法负有反洗钱监督管理职责的部门发现涉嫌洗钱以及相关违法犯罪的交易活动，应当将线索和相关证据材料移送有管辖权的机关处理。接受移送的机关应当按照有关规定反馈处理结果。

第二十一条 反洗钱行政主管部门为依法履行监督管理职责，可以要求金融机构报送履行反洗钱义务情况，对金融机构实施风险监测、评估，并就金融机构执行本法以及相关管理规定的情况进行评价。必要时可以按照规定约谈金融机构的董事、监事、高级管理人员以及反洗钱工作直接负责人，要求其就有关事项说明情况；对金融机构履行反洗钱义务存在的问题进行提示。

第二十二条 反洗钱行政主管部门进行监督检查时，可以采取下列措施：

（一）进入金融机构进行检查；

（二）询问金融机构的工作人员，要求其对有关被检查事项作出说明；

（三）查阅、复制金融机构与被检查事项有关的文件、资料，对可能被转移、隐匿或者毁损的文件、资料予以封存；

（四）检查金融机构的计算机网络与信息系统，调取、保存金融机构的计算机网络与信息系统中的有关数据、信息。

进行前款规定的监督检查，应当经国务院反洗钱行政主管部门或者其设区的市级以上派出机构负责人批准。检查人员不得少于二人，并应当出示执法证件和检查通知书；检查人员少于二人或者未出示执法证件和检查通知书的，金融机构有权拒绝接受检查。

第二十三条 国务院反洗钱行政主管部门会同国家有关机关评估国家、行业面临的洗钱风险，发布洗钱风险指引，加强对履行反洗钱义务的机构指导，支持和鼓励反洗钱领域技术创新，及时监测与新领域、新业态相关的新型洗钱风险，根据洗钱风险状况优化资源配置，完善监督管理措施。

第二十四条 对存在严重洗钱风险的国家或者地区，国务院反洗钱行政主管部门可以在征求国家有关机关意见的基础上，经国务院批准，将其列为洗钱高风险国家或者地区，并采取相应措施。

第二十五条 履行反洗钱义务的机构可以依法成立反洗钱自律组织。反洗钱自律组织与相关行业自律组织协同开展反洗钱领域的自律管理。

反洗钱自律组织接受国务院反洗钱行政主管部门的指导。

第二十六条 提供反洗钱咨询、技术、专业能力评价等服务的机构及其工作人员，应当勤勉尽责、恪尽职守地提供服务；对于因提供服务获得的数据、信息，应当依法妥善处理，确保数据、信息安全。

国务院反洗钱行政主管部门应当加强对上述机构开展反洗钱有关服务工作的指导。

第三章　反洗钱义务

第二十七条 金融机构应当依照本法规定建立健全反洗钱内部控制制度，设立专门机构或者指定内设机构牵头负责反洗钱工作，根据经营规模和洗钱风险状况配备相应的人员，按照要求开

680

展反洗钱培训和宣传。

金融机构应当定期评估洗钱风险状况并制定相应的风险管理制度和流程，根据需要建立相关信息系统。

金融机构应当通过内部审计或者社会审计等方式，监督反洗钱内部控制制度的有效实施。

金融机构的负责人对反洗钱内部控制制度的有效实施负责。

第二十八条 金融机构应当按照规定建立客户尽职调查制度。

金融机构不得为身份不明的客户提供服务或者与其进行交易，不得为客户开立匿名账户或者假名账户，不得为冒用他人身份的客户开立账户。

第二十九条 有下列情形之一的，金融机构应当开展客户尽职调查：

（一）与客户建立业务关系或者为客户提供规定金额以上的一次性金融服务；

（二）有合理理由怀疑客户及其交易涉嫌洗钱活动；

（三）对先前获得的客户身份资料的真实性、有效性、完整性存在疑问。

客户尽职调查包括识别并采取合理措施核实客户及其受益所有人身份，了解客户建立业务关系和交易的目的，涉及较高洗钱风险的，还应当了解相关资金来源和用途。

金融机构开展客户尽职调查，应当根据客户特征和交易活动的性质、风险状况进行，对于涉及较低洗钱风险的，金融机构应当根据情况简化客户尽职调查。

第三十条 在业务关系存续期间，金融机构应当持续关注并评估客户整体状况及交易情况，了解客户的洗钱风险。发现客户进行的交易与金融机构所掌握的客户身份、风险状况等不符的，应当进一步核实客户及其交易有关情况；对存在洗钱高风险情形的，必要时可以采取限制交易方式、金额或者频次，限制业务类型，拒绝办理业务，终止业务关系等洗钱风险管理措施。

金融机构采取洗钱风险管理措施，应当在其业务权限范围内按照有关管理规定的要求和程序进行，平衡好管理洗钱风险与优化金融服务的关系，不得采取与洗钱风险状况明显不相匹配的措施，保障与客户依法享有的医疗、社会保障、公用事业服务等相关的基本的、必需的金融服务。

第三十一条 客户由他人代理办理业务的，金融机构应当按照规定核实代理关系，识别并核实代理人的身份。

金融机构与客户订立人身保险、信托等合同，合同的受益人不是客户本人的，金融机构应当识别并核实受益人的身份。

第三十二条 金融机构依托第三方开展客户尽职调查的，应当评估第三方的风险状况及其履行反洗钱义务的能力。第三方具有较高风险情形或者不具备履行反洗钱义务能力的，金融机构不得依托其开展客户尽职调查。

金融机构应当确保第三方已经采取符合本法要求的客户尽职调查措施。第三方未采取符合本法要求的客户尽职调查措施的，由该金融机构承担未履行客户尽职调查义务的法律责任。

第三方应当向金融机构提供必要的客户尽职调查信息，并配合金融机构持续开展客户尽职调查。

第三十三条 金融机构进行客户尽职调查，可以通过反洗钱行政主管部门以及公安、市场监督管理、民政、税务、移民管理、电信管理等部门依法核实客户身份等有关信息，相关部门应当依法予以支持。

国务院反洗钱行政主管部门应当协调推动相关部门为金融机

构开展客户尽职调查提供必要的便利。

第三十四条　金融机构应当按照规定建立客户身份资料和交易记录保存制度。

在业务关系存续期间，客户身份信息发生变更的，应当及时更新。

客户身份资料在业务关系结束后、客户交易信息在交易结束后，应当至少保存十年。

金融机构解散、被撤销或者被宣告破产时，应当将客户身份资料和客户交易信息移交国务院有关部门指定的机构。

第三十五条　金融机构应当按照规定执行大额交易报告制度，客户单笔交易或者在一定期限内的累计交易超过规定金额的，应当及时向反洗钱监测分析机构报告。

金融机构应当按照规定执行可疑交易报告制度，制定并不断优化监测标准，有效识别、分析可疑交易活动，及时向反洗钱监测分析机构提交可疑交易报告；提交可疑交易报告的情况应当保密。

第三十六条　金融机构应当在反洗钱行政主管部门的指导下，关注、评估运用新技术、新产品、新业务等带来的洗钱风险，根据情形采取相应措施，降低洗钱风险。

第三十七条　在境内外设有分支机构或者控股其他金融机构的金融机构，以及金融控股公司，应当在总部或者集团层面统筹安排反洗钱工作。为履行反洗钱义务在公司内部、集团成员之间共享必要的反洗钱信息的，应当明确信息共享机制和程序。共享反洗钱信息，应当符合有关信息保护的法律规定，并确保相关信息不被用于反洗钱和反恐怖主义融资以外的用途。

第三十八条　与金融机构存在业务关系的单位和个人应当配

合金融机构的客户尽职调查，提供真实有效的身份证件或者其他身份证明文件，准确、完整填报身份信息，如实提供与交易和资金相关的资料。

单位和个人拒不配合金融机构依照本法采取的合理的客户尽职调查措施的，金融机构按照规定的程序，可以采取限制或者拒绝办理业务、终止业务关系等洗钱风险管理措施，并根据情况提交可疑交易报告。

第三十九条 单位和个人对金融机构采取洗钱风险管理措施有异议的，可以向金融机构提出。金融机构应当在十五日内进行处理，并将结果答复当事人；涉及客户基本的、必需的金融服务的，应当及时处理并答复当事人。相关单位和个人逾期未收到答复，或者对处理结果不满意的，可以向反洗钱行政主管部门投诉。

前款规定的单位和个人对金融机构采取洗钱风险管理措施有异议的，也可以依法直接向人民法院提起诉讼。

第四十条 任何单位和个人应当按照国家有关机关要求对下列名单所列对象采取反洗钱特别预防措施：

（一）国家反恐怖主义工作领导机构认定并由其办事机构公告的恐怖活动组织和人员名单；

（二）外交部发布的执行联合国安理会决议通知中涉及定向金融制裁的组织和人员名单；

（三）国务院反洗钱行政主管部门认定或者会同国家有关机关认定的，具有重大洗钱风险、不采取措施可能造成严重后果的组织和人员名单。

对前款第一项规定的名单有异议的，当事人可以依照《中华人民共和国反恐怖主义法》的规定申请复核。对前款第二项规定的名单有异议的，当事人可以按照有关程序提出从名单中除去的申请。对前款第三项规定的名单有异议的，当事人可以向作出认定的部门申请行政复议；对行政复议决定不服的，可以依法提起行政诉讼。

反洗钱特别预防措施包括立即停止向名单所列对象及其代理人、受其指使的组织和人员、其直接或者间接控制的组织提供金融等服务或者资金、资产，立即限制相关资金、资产转移等。

第一款规定的名单所列对象可以按照规定向国家有关机关申请使用被限制的资金、资产用于单位和个人的基本开支及其他必需支付的费用。采取反洗钱特别预防措施应当保护善意第三人合法权益，善意第三人可以依法进行权利救济。

第四十一条　金融机构应当识别、评估相关风险并制定相应的制度，及时获取本法第四十条第一款规定的名单，对客户及其交易对象进行核查，采取相应措施，并向反洗钱行政主管部门报告。

第四十二条　特定非金融机构在从事规定的特定业务时，参照本章关于金融机构履行反洗钱义务的相关规定，根据行业特点、经营规模、洗钱风险状况履行反洗钱义务。

第四章　反洗钱调查

第四十三条　国务院反洗钱行政主管部门或者其设区的市级以上派出机构发现涉嫌洗钱的可疑交易活动或者违反本法规定的其他行为，需要调查核实的，经国务院反洗钱行政主管部门或者其设区的市级以上派出机构负责人批准，可以向金融机构、特定非金融机构发出调查通知书，开展反洗钱调查。

反洗钱行政主管部门开展反洗钱调查，涉及特定非金融机构的，必要时可以请求有关特定非金融机构主管部门予以协助。

金融机构、特定非金融机构应当配合反洗钱调查，在规定时限内如实提供有关文件、资料。

开展反洗钱调查，调查人员不得少于二人，并应当出示执法证件和调查通知书；调查人员少于二人或者未出示执法证件和调查通知书的，金融机构、特定非金融机构有权拒绝接受调查。

第四十四条 国务院反洗钱行政主管部门或者其设区的市级以上派出机构开展反洗钱调查，可以采取下列措施：

（一）询问金融机构、特定非金融机构有关人员，要求其说明情况；

（二）查阅、复制被调查对象的账户信息、交易记录和其他有关资料；

（三）对可能被转移、隐匿、篡改或者毁损的文件、资料予以封存。

询问应当制作询问笔录。询问笔录应当交被询问人核对。记载有遗漏或者差错的，被询问人可以要求补充或者更正。被询问人确认笔录无误后，应当签名或者盖章；调查人员也应当在笔录上签名。

调查人员封存文件、资料，应当会同金融机构、特定非金融机构的工作人员查点清楚，当场开列清单一式二份，由调查人员和金融机构、特定非金融机构的工作人员签名或者盖章，一份交金融机构或者特定非金融机构，一份附卷备查。

第四十五条 经调查仍不能排除洗钱嫌疑或者发现其他违法犯罪线索的，应当及时向有管辖权的机关移送。接受移送的机关应当按照有关规定反馈处理结果。

客户转移调查所涉及的账户资金的，国务院反洗钱行政主管部门认为必要时，经其负责人批准，可以采取临时冻结措施。

接受移送的机关接到线索后，对已依照前款规定临时冻结的资金，应当及时决定是否继续冻结。接受移送的机关认为需要继续冻结的，依照相关法律规定采取冻结措施；认为不需要继续冻结的，应当立即通知国务院反洗钱行政主管部门，国务院反洗钱行政主管部门应当立即通知金融机构解除冻结。

临时冻结不得超过四十八小时。金融机构在按照国务院反洗钱行政主管部门的要求采取临时冻结措施后四十八小时内，未接到国家有关机关继续冻结通知的，应当立即解除冻结。

第五章　反洗钱国际合作

第四十六条　中华人民共和国根据缔结或者参加的国际条约，或者按照平等互惠原则，开展反洗钱国际合作。

第四十七条　国务院反洗钱行政主管部门根据国务院授权，负责组织、协调反洗钱国际合作，代表中国政府参与有关国际组织活动，依法与境外相关机构开展反洗钱合作，交换反洗钱信息。

国家有关机关依法在职责范围内开展反洗钱国际合作。

第四十八条　涉及追究洗钱犯罪的司法协助，依照《中华人民共和国国际刑事司法协助法》以及有关法律的规定办理。

第四十九条　国家有关机关在依法调查洗钱和恐怖主义融资活动过程中，按照对等原则或者经与有关国家协商一致，可以要求在境内开立代理行账户或者与我国存在其他密切金融联系的境外金融机构予以配合。

第五十条　外国国家、组织违反对等、协商一致原则直接要求境内金融机构提交客户身份资料、交易信息，扣押、冻结、划转境内资金、资产，或者作出其他行动的，金融机构不得擅自执行，并应当及时向国务院有关金融管理部门报告。

除前款规定外，外国国家、组织基于合规监管的需要，要求境内金融机构提供概要性合规信息、经营信息等信息的，境内金融机构向国务院有关金融管理部门和国家有关机关报告后可以提供或者予以配合。

前两款规定的资料、信息涉及重要数据和个人信息的，还应当符合国家数据安全管理、个人信息保护有关规定。

第六章　法律责任

第五十一条　反洗钱行政主管部门和其他依法负有反洗钱监督管理职责的部门从事反洗钱工作的人员有下列行为之一的，依法给予处分：

（一）违反规定进行检查、调查或者采取临时冻结措施；

（二）泄露因反洗钱知悉的国家秘密、商业秘密或者个人隐私、个人信息；

（三）违反规定对有关机构和人员实施行政处罚；

（四）其他不依法履行职责的行为。

其他国家机关工作人员有前款第二项行为的，依法给予处分。

第五十二条　金融机构有下列情形之一的，由国务院反洗钱行政主管部门或者其设区的市级以上派出机构责令限期改正；情节较重的，给予警告或者处二十万元以下罚款；情节严重或者逾期未改正的，处二十万元以上二百万元以下罚款，可以根据情形在职责范围内或者建议有关金融管理部门限制或者禁止其开展相关业务：

（一）未按照规定制定、完善反洗钱内部控制制度规范；

（二）未按照规定设立专门机构或者指定内设机构牵头负责反洗钱工作；

688

（三）未按照规定根据经营规模和洗钱风险状况配备相应人员；

（四）未按照规定开展洗钱风险评估或者健全相应的风险管理制度；

（五）未按照规定制定、完善可疑交易监测标准；

（六）未按照规定开展反洗钱内部审计或者社会审计；

（七）未按照规定开展反洗钱培训；

（八）应当建立反洗钱相关信息系统而未建立，或者未按照规定完善反洗钱相关信息系统；

（九）金融机构的负责人未能有效履行反洗钱职责。

第五十三条　金融机构有下列行为之一的，由国务院反洗钱行政主管部门或者其设区的市级以上派出机构责令限期改正，可以给予警告或者处二十万元以下罚款；情节严重或者逾期未改正的，处二十万元以上二百万元以下罚款：

（一）未按照规定开展客户尽职调查；

（二）未按照规定保存客户身份资料和交易记录；

（三）未按照规定报告大额交易；

（四）未按照规定报告可疑交易。

第五十四条　金融机构有下列行为之一的，由国务院反洗钱行政主管部门或者其设区的市级以上派出机构责令限期改正，处五十万元以下罚款；情节严重的，处五十万元以上五百万元以下罚款，可以根据情形在职责范围内或者建议有关金融管理部门限制或者禁止其开展相关业务：

（一）为身份不明的客户提供服务、与其进行交易，为客户开立匿名账户、假名账户，或者为冒用他人身份的客户开立账户；

（二）未按照规定对洗钱高风险情形采取相应洗钱风险管理

措施；

（三）未按照规定采取反洗钱特别预防措施；

（四）违反保密规定，查询、泄露有关信息；

（五）拒绝、阻碍反洗钱监督管理、调查，或者故意提供虚假材料；

（六）篡改、伪造或者无正当理由删除客户身份资料、交易记录；

（七）自行或者协助客户以拆分交易等方式故意逃避履行反洗钱义务。

第五十五条　金融机构有本法第五十三条、第五十四条规定的行为，致使犯罪所得及其收益通过本机构得以掩饰、隐瞒的，或者致使恐怖主义融资后果发生的，由国务院反洗钱行政主管部门或者其设区的市级以上派出机构责令限期改正，涉及金额不足一千万元的，处五十万元以上一千万元以下罚款；涉及金额一千万元以上的，处涉及金额百分之二十以上二倍以下罚款；情节严重的，可以根据情形在职责范围内实施或者建议有关金融管理部门实施限制、禁止其开展相关业务，或者责令停业整顿、吊销经营许可证等处罚。

第五十六条　国务院反洗钱行政主管部门或者其设区的市级以上派出机构依照本法第五十二条至第五十四条规定对金融机构进行处罚的，还可以根据情形对负有责任的董事、监事、高级管理人员或者其他直接责任人员，给予警告或者处二十万元以下罚款；情节严重的，可以根据情形在职责范围内实施或者建议有关金融管理部门实施取消其任职资格、禁止其从事有关金融行业工作等处罚。

国务院反洗钱行政主管部门或者其设区的市级以上派出机构

依照本法第五十五条规定对金融机构进行处罚的，还可以根据情形对负有责任的董事、监事、高级管理人员或者其他直接责任人员，处二十万元以上一百万元以下罚款；情节严重的，可以根据情形在职责范围内实施或者建议有关金融管理部门实施取消其任职资格、禁止其从事有关金融行业工作等处罚。

前两款规定的金融机构董事、监事、高级管理人员或者其他直接责任人员能够证明自己已经勤勉尽责采取反洗钱措施的，可以不予处罚。

第五十七条 金融机构违反本法第五十条规定擅自采取行动的，由国务院有关金融管理部门处五十万元以下罚款；情节严重的，处五十万元以上五百万元以下罚款；造成损失的，并处所造成直接经济损失一倍以上五倍以下罚款。对负有责任的董事、监事、高级管理人员或者其他直接责任人员，可以由国务院有关金融管理部门给予警告或者处五十万元以下罚款。

境外金融机构违反本法第四十九条规定，对国家有关机关的调查不予配合的，由国务院反洗钱行政主管部门依照本法第五十四条、第五十六条规定进行处罚，并可以根据情形将其列入本法第四十条第一款第三项规定的名单。

第五十八条 特定非金融机构违反本法规定的，由有关特定非金融机构主管部门责令限期改正；情节较重的，给予警告或者处五万元以下罚款；情节严重或者逾期未改正的，处五万元以上五十万元以下罚款；对有关负责人，可以给予警告或者处五万元以下罚款。

第五十九条 金融机构、特定非金融机构以外的单位和个人未依照本法第四十条规定履行反洗钱特别预防措施义务的，由国务院反洗钱行政主管部门或者其设区的市级以上派出机构责令限期改正；情节严重的，对单位给予警告或者处二十万元以下罚款，对个人给予警告或者处五万元以下罚款。

第六十条　法人、非法人组织未按照规定向登记机关提交受益所有人信息的，由登记机关责令限期改正；拒不改正的，处五万元以下罚款。向登记机关提交虚假或者不实的受益所有人信息，或者未按照规定及时更新受益所有人信息的，由国务院反洗钱行政主管部门或者其设区的市级以上派出机构责令限期改正；拒不改正的，处五万元以下罚款。

第六十一条　国务院反洗钱行政主管部门应当综合考虑金融机构的经营规模、内部控制制度执行情况、勤勉尽责程度、违法行为持续时间、危害程度以及整改情况等因素，制定本法相关行政处罚裁量基准。

第六十二条　违反本法规定，构成犯罪的，依法追究刑事责任。

利用金融机构、特定非金融机构实施或者通过非法渠道实施洗钱犯罪的，依法追究刑事责任。

第七章　附　　则

第六十三条　在境内设立的下列机构，履行本法规定的金融机构反洗钱义务：

（一）银行业、证券基金期货业、保险业、信托业金融机构；

（二）非银行支付机构；

（三）国务院反洗钱行政主管部门确定并公布的其他从事金融业务的机构。

第六十四条　在境内设立的下列机构，履行本法规定的特定非金融机构反洗钱义务：

（一）提供房屋销售、房屋买卖经纪服务的房地产开发企业或者房地产中介机构；

（二）接受委托为客户办理买卖不动产，代管资金、证券或者其他资产，代管银行账户、证券账户，为成立、运营企业筹措资金以及代理买卖经营性实体业务的会计师事务所、律师事务所、公证机构；

（三）从事规定金额以上贵金属、宝石现货交易的交易商；

（四）国务院反洗钱行政主管部门会同国务院有关部门根据洗钱风险状况确定的其他需要履行反洗钱义务的机构。

第六十五条 本法自 2025 年 1 月 1 日起施行。

中华人民共和国能源法

（2024 年 11 月 8 日第十四届全国人民代表大会
常务委员会第十二次会议通过）

目　录

第一章 总 则

第一条 为了推动能源高质量发展，保障国家能源安全，促进经济社会绿色低碳转型和可持续发展，积极稳妥推进碳达峰碳中和，适应全面建设社会主义现代化国家需要，根据宪法，制定本法。

第二条 本法所称能源，是指直接或者通过加工、转换而取得有用能的各种资源，包括煤炭、石油、天然气、核能、水能、风能、太阳能、生物质能、地热能、海洋能以及电力、热力、氢能等。

第三条 能源工作应当坚持中国共产党的领导，贯彻新发展理念和总体国家安全观，统筹发展和安全，实施推动能源消费革命、能源供给革命、能源技术革命、能源体制革命和全方位加强国际合作的能源安全新战略，坚持立足国内、多元保障、节约优先、绿色发展，加快构建清洁低碳、安全高效的新型能源体系。

第四条 国家坚持多措并举、精准施策、科学管理、社会共治的原则，完善节约能源政策，加强节约能源管理，综合采取经济、技术、宣传教育等措施，促进经济社会发展全过程和各领域全面降低能源消耗，防止能源浪费。

第五条 国家完善能源开发利用政策，优化能源供应结构和消费结构，积极推动能源清洁低碳发展，提高能源利用效率。

国家建立能源消耗总量和强度双控向碳排放总量和强度双控全面转型新机制，加快构建碳排放总量和强度双控制度体系。

第六条 国家加快建立主体多元、统一开放、竞争有序、监管有效的能源市场体系，依法规范能源市场秩序，平等保护能源市场各类主体的合法权益。

第七条　国家完善能源产供储销体系，健全能源储备制度和能源应急机制，提升能源供给能力，保障能源安全、稳定、可靠、有效供给。

第八条　国家建立健全能源标准体系，保障能源安全和绿色低碳转型，促进能源新技术、新产业、新业态发展。

第九条　国家加强能源科技创新能力建设，支持能源开发利用的科技研究、应用示范和产业化发展，为能源高质量发展提供科技支撑。

第十条　国家坚持平等互利、合作共赢的方针，积极促进能源国际合作。

第十一条　县级以上人民政府应当加强对能源工作的组织领导和统筹协调，及时研究解决能源工作中的重大问题。

县级以上人民政府应当将能源工作纳入国民经济和社会发展规划、年度计划。

第十二条　国务院能源主管部门负责全国能源工作。国务院其他有关部门在各自职责范围内负责相关的能源工作。

县级以上地方人民政府能源主管部门负责本行政区域能源工作。县级以上地方人民政府其他有关部门在各自职责范围内负责本行政区域相关的能源工作。

第十三条　县级以上人民政府及其有关部门应当采取多种形式，加强对节约能源、能源安全和能源绿色低碳发展的宣传教育，增强全社会的节约能源意识、能源安全意识，促进形成绿色低碳的生产生活方式。

新闻媒体应当开展节约能源、能源安全和能源绿色低碳发展公益宣传。

第十四条　对在能源工作中做出突出贡献的单位和个人，按

695

照国家有关规定给予表彰、奖励。

第二章 能源规划

第十五条 国家制定和完善能源规划，发挥能源规划对能源发展的引领、指导和规范作用。

能源规划包括全国综合能源规划、全国分领域能源规划、区域能源规划和省、自治区、直辖市能源规划等。

第十六条 全国综合能源规划由国务院能源主管部门会同国务院有关部门组织编制。全国综合能源规划应当依据国民经济和社会发展规划编制，并与国土空间规划等相关规划衔接。

全国分领域能源规划由国务院能源主管部门会同国务院有关部门依据全国综合能源规划组织编制。

国务院能源主管部门会同国务院有关部门和有关省、自治区、直辖市人民政府，根据区域经济社会发展需要和能源资源禀赋情况、能源生产消费特点、生态环境保护要求等，可以编制跨省、自治区、直辖市的区域能源规划。区域能源规划应当符合全国综合能源规划，并与相关全国分领域能源规划衔接。

第十七条 省、自治区、直辖市人民政府能源主管部门会同有关部门，依据全国综合能源规划、相关全国分领域能源规划、相关区域能源规划，组织编制本省、自治区、直辖市的能源规划。

设区的市级人民政府、县级人民政府需要编制能源规划的，按照省、自治区、直辖市人民政府的有关规定执行。

第十八条 编制能源规划，应当遵循能源发展规律，坚持统筹兼顾，强化科学论证。组织编制能源规划的部门应当征求有关部门、相关企业和行业组织以及有关专家等方面的意见。

能源规划应当明确规划期内能源发展的目标、主要任务、区

696

域布局、重点项目、保障措施等内容。

第十九条 能源规划按照规定的权限和程序报经批准后实施。经批准的能源规划应当按照规定予以公布。

第二十条 组织编制能源规划的部门应当就能源规划实施情况组织开展评估。根据评估结果确需对能源规划进行调整的，应当报经原批准机关同意，国家另有规定的除外。

第三章　能源开发利用

第二十一条 国家根据能源资源禀赋情况和经济社会可持续发展的需要，统筹保障能源安全、优化能源结构、促进能源转型和节约能源、保护生态环境等因素，分类制定和完善能源开发利用政策。

第二十二条 国家支持优先开发利用可再生能源，合理开发和清洁高效利用化石能源，推进非化石能源安全可靠有序替代化石能源，提高非化石能源消费比重。

国务院能源主管部门会同国务院有关部门制定非化石能源开发利用中长期发展目标，按年度监测非化石能源开发利用情况，并向社会公布。

第二十三条 国务院能源主管部门会同国务院有关部门制定并组织实施可再生能源在能源消费中的最低比重目标。

国家完善可再生能源电力消纳保障机制。供电企业、售电企业、相关电力用户和使用自备电厂供电的企业等应当按照国家有关规定，承担消纳可再生能源发电量的责任。

国务院能源主管部门会同国务院有关部门对可再生能源在能源消费中的最低比重目标以及可再生能源电力消纳责任的实施情况进行监测、考核。

第二十四条　国家统筹水电开发和生态保护，严格控制开发建设小型水电站。

开发建设和更新改造水电站，应当符合流域相关规划，统筹兼顾防洪、生态、供水、灌溉、航运等方面的需要。

第二十五条　国家推进风能、太阳能开发利用，坚持集中式与分布式并举，加快风电和光伏发电基地建设，支持分布式风电和光伏发电就近开发利用，合理有序开发海上风电，积极发展光热发电。

第二十六条　国家鼓励合理开发利用生物质能，因地制宜发展生物质发电、生物质能清洁供暖和生物液体燃料、生物天然气。

国家促进海洋能规模化开发利用，因地制宜发展地热能。

第二十七条　国家积极安全有序发展核电。

国务院能源主管部门会同国务院有关部门统筹协调全国核电发展和布局，依据职责加强对核电站规划、选址、设计、建造、运行等环节的管理和监督。

第二十八条　国家优化煤炭开发布局和产业结构，鼓励发展煤矿矿区循环经济，优化煤炭消费结构，促进煤炭清洁高效利用，发挥煤炭在能源供应体系中的基础保障和系统调节作用。

第二十九条　国家采取多种措施，加大石油、天然气资源勘探开发力度，增强石油、天然气国内供应保障能力。

石油、天然气开发坚持陆上与海上并重，鼓励规模化开发致密油气、页岩油、页岩气、煤层气等非常规油气资源。

国家优化石油加工转换产业布局和结构，鼓励采用先进、集约的加工转换方式。

国家支持合理开发利用可替代石油、天然气的新型燃料和工业原料。

第三十条 国家推动燃煤发电清洁高效发展，根据电力系统稳定运行和电力供应保障的需要，合理布局燃煤发电建设，提高燃煤发电的调节能力。

第三十一条 国家加快构建新型电力系统，加强电源电网协同建设，推进电网基础设施智能化改造和智能微电网建设，提高电网对可再生能源的接纳、配置和调控能力。

第三十二条 国家合理布局、积极有序开发建设抽水蓄能电站，推进新型储能高质量发展，发挥各类储能在电力系统中的调节作用。

第三十三条 国家积极有序推进氢能开发利用，促进氢能产业高质量发展。

第三十四条 国家推动提高能源利用效率，鼓励发展分布式能源和多能互补、多能联供综合能源服务，积极推广合同能源管理等市场化节约能源服务，提高终端能源消费清洁化、低碳化、高效化、智能化水平。

国家通过实施可再生能源绿色电力证书等制度建立绿色能源消费促进机制，鼓励能源用户优先使用可再生能源等清洁低碳能源。

公共机构应当优先采购、使用可再生能源等清洁低碳能源以及节约能源的产品和服务。

第三十五条 能源企业、能源用户应当按照国家有关规定配备、使用能源和碳排放计量器具。

能源用户应当按照安全使用规范和有关节约能源的规定合理使用能源，依法履行节约能源的义务，积极参与能源需求响应，扩大绿色能源消费，自觉践行绿色低碳的生产生活方式。

国家加强能源需求侧管理，通过完善阶梯价格、分时价格等制度，引导能源用户合理调整用能方式、时间、数量等，促进节约能源和提高能源利用效率。

第三十六条 承担电力、燃气、热力等能源供应的企业，应当依照法律、法规和国家有关规定，保障营业区域内的能源用户获得安全、持续、可靠的能源供应服务，没有法定或者约定事由不得拒绝或者中断能源供应服务，不得擅自提高价格、违法收取费用、减少供应数量或者限制购买数量。

前款规定的企业应当公示服务规范、收费标准和投诉渠道等，并为能源用户提供公共查询服务。

第三十七条 国家加强能源基础设施建设和保护。任何单位或者个人不得从事危及能源基础设施安全的活动。

国务院能源主管部门会同国务院有关部门协调跨省、自治区、直辖市的石油、天然气和电力输送管网等能源基础设施建设；省、自治区、直辖市人民政府应当按照能源规划，预留能源基础设施建设用地、用海，并纳入国土空间规划。

石油、天然气、电力等能源输送管网设施运营企业应当提高能源输送管网的运行安全水平，保障能源输送管网系统运行安全。接入能源输送管网的设施设备和产品应当符合管网系统安全运行的要求。

第三十八条 国家按照城乡融合、因地制宜、多能互补、综合利用、提升服务的原则，鼓励和扶持农村的能源发展，重点支持革命老区、民族地区、边疆地区、欠发达地区农村的能源发展，提高农村的能源供应能力和服务水平。

县级以上地方人民政府应当统筹城乡能源基础设施和公共服务体系建设，推动城乡能源基础设施互联互通。

农村地区发生临时性能源供应短缺时，有关地方人民政府应当采取措施，优先保障农村生活用能和农业生产用能。

第三十九条 从事能源开发利用活动，应当遵守有关生态环境保护、安全生产和职业病防治等法律、法规的规定，减少污染物和温室气体排放，防止对生态环境的破坏，预防、减少生产安全事故和职业病危害。

第四章　能源市场体系

第四十条 国家鼓励、引导各类经营主体依法投资能源开发利用、能源基础设施建设等，促进能源市场发展。

第四十一条 国家推动能源领域自然垄断环节独立运营和竞争性环节市场化改革，依法加强对能源领域自然垄断性业务的监管和调控，支持各类经营主体依法按照市场规则公平参与能源领域竞争性业务。

第四十二条 国务院能源主管部门会同国务院有关部门协调推动全国统一的煤炭、电力、石油、天然气等能源交易市场建设，推动建立功能完善、运营规范的市场交易机构或者交易平台，依法拓展交易方式和交易产品范围，完善交易机制和交易规则。

第四十三条 县级以上人民政府及其有关部门应当强化统筹调度组织，保障能源运输畅通。

能源输送管网设施运营企业应当完善公平接入和使用机制，按照规定公开能源输送管网设施接入和输送能力以及运行情况的信息，向符合条件的企业等经营主体公平、无歧视开放并提供能源输送服务。

第四十四条 国家鼓励能源领域上下游企业通过订立长期协议等方式，依法按照市场化方式加强合作、协同发展，提升能源市场风险应对能力。

国家协同推进能源资源勘探、设计施工、装备制造、项目融资、流通贸易、资讯服务等高质量发展，提升能源领域上下游全链条服务支撑能力。

第四十五条 国家推动建立与社会主义市场经济体制相适应，主要由能源资源状况、产品和服务成本、市场供求状况、可持续发展状况等因素决定的能源价格形成机制。

依法实行政府定价或者政府指导价的能源价格，定价权限和具体适用范围以中央和地方的定价目录为依据。制定、调整实行政府定价或者政府指导价的能源价格，应当遵守《中华人民共和国价格法》等法律、行政法规和国家有关规定。能源企业应当按照规定及时、真实、准确提供价格成本等相关数据。

国家完善能源价格调控制度，提升能源价格调控效能，构建防范和应对能源市场价格异常波动风险机制。

第四十六条 国家积极促进能源领域国际投资和贸易合作，有效防范和应对国际能源市场风险。

第五章 能源储备和应急

第四十七条 国家按照政府主导、社会共建、多元互补的原则，建立健全高效协同的能源储备体系，科学合理确定能源储备的种类、规模和方式，发挥能源储备的战略保障、宏观调控和应对急需等功能。

第四十八条 能源储备实行政府储备和企业储备相结合，实物储备和产能储备、矿产地储备相统筹。

政府储备包括中央政府储备和地方政府储备，企业储备包括企业社会责任储备和企业其他生产经营库存。

能源储备的收储、轮换、动用，依照法律、行政法规和国家有关规定执行。

国家完善政府储备市场调节机制，采取有效措施应对市场大幅波动等风险。

第四十九条 政府储备承储运营机构应当依照法律、行政法规和国家有关规定，建立健全内部管理制度，加强储备管理，确保政府储备安全。

企业社会责任储备按照企业所有、政策引导、监管有效的原则建立。承担社会责任储备的能源企业应当按照规定的种类、数量等落实储备责任，并接受政府有关部门的监督管理。

能源产能储备的具体办法，由国务院能源主管部门会同国务院财政部门和其他有关部门制定。

能源矿产地储备的具体办法，由国务院自然资源主管部门会同国务院能源主管部门、国务院财政部门和其他有关部门制定。

第五十条 国家完善能源储备监管体制，加快能源储备设施建设，提高能源储备运营主体专业化水平，加强能源储备信息化建设，持续提升能源储备综合效能。

第五十一条 国家建立和完善能源预测预警体系，提高能源预测预警能力和水平，及时有效对能源供求变化、能源价格波动以及能源安全风险状况等进行预测预警。

能源预测预警信息由国务院能源主管部门发布。

第五十二条 国家建立统一领导、分级负责、协调联动的能源应急管理体制。

县级以上人民政府应当采取有效措施，加强能源应急体系建设，定期开展能源应急演练和培训，提高能源应急能力。

第五十三条 国务院能源主管部门会同国务院有关部门拟定全国的能源应急预案，报国务院批准后实施。

国务院能源主管部门会同国务院有关部门加强对跨省、自治区、直辖市能源应急工作的指导协调。

省、自治区、直辖市人民政府根据本行政区域的实际情况，制定本行政区域的能源应急预案。

设区的市级人民政府、县级人民政府能源应急预案的制定，由省、自治区、直辖市人民政府决定。

规模较大的能源企业和用能单位应当按照国家规定编制本单位能源应急预案。

第五十四条 出现能源供应严重短缺、供应中断等能源应急状态时，有关人民政府应当按照权限及时启动应急响应，根据实际情况和需要，可以依法采取下列应急处置措施：

（一）发布能源供求等相关信息；

（二）实施能源生产、运输、供应紧急调度或者直接组织能源生产、运输、供应；

（三）征用相关能源产品、能源储备设施、运输工具以及保障能源供应的其他物资；

（四）实施价格干预措施和价格紧急措施；

（五）按照规定组织投放能源储备；

（六）按照能源供应保障顺序组织实施能源供应；

（七）其他必要措施。

能源应急状态消除后，有关人民政府应当及时终止实施应急处置措施。

第五十五条 出现本法第五十四条规定的能源应急状态时，能源企业、能源用户以及其他有关单位和个人应当服从有关人民政府的统一指挥和安排，按照规定承担相应的能源应急义务，配合采取应急处置措施，协助维护能源市场秩序。

因执行能源应急处置措施给有关单位、个人造成损失的，有关人民政府应当依法予以补偿。

第六章　能源科技创新

第五十六条　国家制定鼓励和支持能源科技创新的政策措施，推动建立以国家战略科技力量为引领、企业为主体、市场为导向、产学研深度融合的能源科技创新体系。

第五十七条　国家鼓励和支持能源资源勘探开发、化石能源清洁高效利用、可再生能源开发利用、核能安全利用、氢能开发利用以及储能、节约能源等领域基础性、关键性和前沿性重大技术、装备及相关新材料的研究、开发、示范、推广应用和产业化发展。

能源科技创新应当纳入国家科技发展和高技术产业发展相关规划的重点支持领域。

第五十八条　国家制定和完善产业、金融、政府采购等政策，鼓励、引导社会资金投入能源科技创新。

第五十九条　国家建立重大能源科技创新平台，支持重大能源科技基础设施和能源技术研发、试验、检测、认证等公共服务平台建设，提高能源科技创新能力和服务能力。

第六十条　国家支持依托重大能源工程集中开展科技攻关和集成应用示范，推动产学研以及能源上下游产业链、供应链协同创新。

第六十一条　国家支持先进信息技术在能源领域的应用，推动能源生产和供应的数字化、智能化发展，以及多种能源协同转换与集成互补。

第六十二条　国家加大能源科技专业人才培养力度，鼓励、支持教育机构、科研机构与企业合作培养能源科技高素质专业人才。

第七章 监督管理

第六十三条 县级以上人民政府能源主管部门和其他有关部门应当按照职责分工，加强对有关能源工作的监督检查，及时查处违法行为。

第六十四条 县级以上人民政府能源主管部门和其他有关部门按照职责分工依法履行监督检查职责，可以采取下列措施：

（一）进入能源企业、调度机构、能源市场交易机构、能源用户等单位实施现场检查；

（二）询问与检查事项有关的人员，要求其对有关事项作出说明；

（三）查阅、复制与检查事项有关的文件、资料、电子数据；

（四）法律、法规规定的其他措施。

对能源主管部门和其他有关部门依法实施的监督检查，被检查单位及其有关人员应当予以配合，不得拒绝、阻碍。

能源主管部门和其他有关部门及其工作人员对监督检查过程中知悉的国家秘密、商业秘密、个人隐私和个人信息依法负有保密义务。

第六十五条 县级以上人民政府能源主管部门和其他有关部门应当加强能源监管协同，提升监管效能，并可以根据工作需要建立能源监管信息系统。

有关单位应当按照规定向能源主管部门和其他有关部门报送相关信息。

第六十六条 国务院能源主管部门会同国务院有关部门加强

能源行业信用体系建设，按照国家有关规定建立信用记录制度。

第六十七条 因能源输送管网设施的接入、使用发生的争议，可以由省级以上人民政府能源主管部门进行协调，协调不成的，当事人可以向人民法院提起诉讼；当事人也可以直接向人民法院提起诉讼。

第六十八条 任何单位和个人对违反本法和其他有关能源的法律、法规的行为，有权向县级以上人民政府能源主管部门或者其他有关部门举报。接到举报的部门应当及时依法处理。

第八章　法律责任

第六十九条 县级以上人民政府能源主管部门或者其他有关部门的工作人员违反本法规定，滥用职权、玩忽职守、徇私舞弊的，依法给予处分。

第七十条 违反本法规定，承担电力、燃气、热力等能源供应的企业没有法定或者约定事由拒绝或者中断对营业区域内能源用户的能源供应服务，或者擅自提高价格、违法收取费用、减少供应数量、限制购买数量的，由县级以上人民政府能源主管部门或者其他有关部门按照职责分工责令改正，依法给予行政处罚；情节严重的，对有关主管人员和直接责任人员依法给予处分。

第七十一条 违反本法规定，能源输送管网设施运营企业未向符合条件的企业等经营主体公平、无歧视开放并提供能源输送服务的，由省级以上人民政府能源主管部门或者其他有关部门按照职责分工责令改正，给予警告或者通报批评；拒不改正的，处相关经营主体经济损失额二倍以下的罚款；情节严重的，对有关主管人员和直接责任人员依法给予处分。

第七十二条 违反本法规定，有下列情形之一的，由县级以上人民政府能源主管部门或者其他有关部门按照职责分工责令改正，给予警告或者通报批评；拒不改正的，处十万元以上二十万元以下的罚款：

（一）承担电力、燃气、热力等能源供应的企业未公示服务规范、收费标准和投诉渠道等，或者未为能源用户提供公共查询服务；

（二）能源输送管网设施运营企业未按照规定公开能源输送管网设施接入和输送能力以及运行情况信息；

（三）能源企业未按照规定提供价格成本等相关数据；

（四）有关单位未按照规定向能源主管部门或者其他有关部门报送相关信息。

第七十三条 违反本法规定，能源企业、能源用户以及其他有关单位或者个人在能源应急状态时不服从有关人民政府的统一指挥和安排、未按照规定承担能源应急义务或者不配合采取应急处置措施的，由县级以上人民政府能源主管部门或者其他有关部门按照职责分工责令改正，给予警告或者通报批评；拒不改正的，对个人处一万元以上五万元以下的罚款，对单位处十万元以上五十万元以下的罚款，并可以根据情节轻重责令停业整顿或者依法吊销相关许可证件。

第七十四条 违反本法规定，造成财产损失或者其他损害的，依法承担民事责任；构成违反治安管理行为的，依法给予治安管理处罚；构成犯罪的，依法追究刑事责任。

第九章 附 则

第七十五条 本法中下列用语的含义：

（一）化石能源，是指由远古动植物化石经地质作用演变成的

708

能源，包括煤炭、石油和天然气等。

（二）可再生能源，是指能够在较短时间内通过自然过程不断补充和再生的能源，包括水能、风能、太阳能、生物质能、地热能、海洋能等。

（三）非化石能源，是指不依赖化石燃料而获得的能源，包括可再生能源和核能。

（四）生物质能，是指利用自然界的植物和城乡有机废物通过生物、化学或者物理过程转化成的能源。

（五）氢能，是指氢作为能量载体进行化学反应释放出的能源。

第七十六条 军队的能源开发利用管理，按照国家和军队有关规定执行。

国家对核能开发利用另有规定的，适用其规定。

第七十七条 中华人民共和国缔结或者参加的涉及能源的国际条约与本法有不同规定的，适用国际条约的规定，但中华人民共和国声明保留的条款除外。

第七十八条 任何国家或者地区在可再生能源产业或者其他能源领域对中华人民共和国采取歧视性的禁止、限制或者其他类似措施的，中华人民共和国可以根据实际情况对该国家或者该地区采取相应的措施。

第七十九条 中华人民共和国境外的组织和个人实施危害中华人民共和国国家能源安全行为的，依法追究法律责任。

第八十条 本法自 2025 年 1 月 1 日起施行。

第 12 辑

中华人民共和国两用物项出口管制条例

（2024 年 9 月 18 日国务院第 41 次常务会议通过
2024 年 9 月 30 日中华人民共和国国务院令第 792 号公布
自 2024 年 12 月 1 日起施行）

第一章　总　　则

第一条　为了维护国家安全和利益，履行防扩散等国际义务，加强和规范两用物项出口管制，根据《中华人民共和国出口管制法》（以下简称出口管制法）等法律，制定本条例。

第二条　国家对两用物项的出口管制，适用本条例。

本条例所称两用物项，是指既有民事用途，又有军事用途或者有助于提升军事潜力，特别是可以用于设计、开发、生产或者使用大规模杀伤性武器及其运载工具的货物、技术和服务，包括相关的技术资料等数据。

本条例所称出口管制，是指国家对从中华人民共和国境内向境外转移两用物项，以及中华人民共和国公民、法人和非法人组织向外国组织和个人提供两用物项，包括两用物项的贸易性出口及对外赠送、展览、合作、援助和以其他方式进行的转移，采取禁止或者限制性措施。

第三条 两用物项出口管制工作坚持中国共产党的领导，坚持总体国家安全观，维护国际和平，统筹高质量发展和高水平安全，完善两用物项出口管制管理和服务，提升两用物项出口管制治理能力。

两用物项的出口及其相关活动，应当遵守法律、行政法规和国家有关规定，不得损害国家安全和利益。

第四条 国家出口管制工作协调机制负责组织、指导两用物项出口管制工作，统筹协调两用物项出口管制重大事项。国务院商务主管部门负责两用物项出口管制工作，国家其他有关部门按照职责分工负责两用物项出口管制有关工作。国务院商务主管部门和国家其他有关部门应当密切配合，加强信息共享。

省、自治区、直辖市人民政府商务主管部门可以受国务院商务主管部门的委托，开展两用物项出口管制有关工作。

第五条 国务院商务主管部门会同国家有关部门建立两用物项出口管制专家咨询机制，为两用物项出口管制工作提供咨询意见。专家应当维护国家安全和利益，客观、公正、科学、严谨地提供咨询意见，并对咨询中所知悉的国家秘密、工作秘密、商业秘密和个人隐私、个人信息等依法负有保密义务。

第六条 国务院商务主管部门拟订并发布两用物项出口管制合规指南，鼓励和引导出口经营者以及为出口经营者提供货运、第三方电子商务交易平台和金融等服务的经营者建立健全两用物项出口管制内部合规制度，依法规范经营。

第七条 国务院商务、外交主管部门会同国家其他有关部门加强两用物项出口管制国际合作，参与有关国际规则的制定。

国务院商务主管部门根据缔结或者参加的条约、协定，或者按照平等互惠原则，与其他国家和地区、国际组织等开展两用物项出口管制合作与交流。国家其他有关部门按照职责分工开展两用物项出口管制相关合作与交流。

第八条　有关商会、协会等行业自律组织应当依照法律法规和章程的规定，为其成员提供与两用物项出口管制有关的信息咨询、宣传培训等服务，加强行业自律。

第二章　管制政策

第九条　国务院商务主管部门会同国家有关部门制定、调整两用物项出口管制政策，其中重大政策应当报国务院批准，或者报国务院、中央军事委员会批准。

第十条　国务院商务主管部门会同外交、海关等国家有关部门可以结合下列因素对两用物项出口目的国家和地区进行评估，确定风险等级，采取相应的管制措施：

（一）对国家安全和利益的影响；

（二）履行防扩散等国际义务的需要；

（三）履行我国缔结或者参加的条约、协定的需要；

（四）执行联合国安全理事会作出的具有约束力的相关决议和措施等的需要；

（五）其他需要考虑的因素。

第十一条　国务院商务主管部门依据出口管制法和本条例的规定，根据两用物项出口管制政策，按照规定程序会同国家有关部门制定、调整两用物项出口管制清单，并及时公布。

制定、调整两用物项出口管制清单可以以适当方式征求有关企业、商会、协会等方面意见，必要时开展产业调查和评估。

第十二条　根据维护国家安全和利益、履行防扩散等国际义务的需要，经国务院批准，或者经国务院、中央军事委员会批准，国务院商务主管部门可以对两用物项出口管制清单以外的货物、技术和服务实施临时管制，并予以公告。临时管制的实施期限每次不超过2年。临时管制实施期限届满前应当及时进行评估，根据评估结果作出以下决定：

（一）不再需要实施管制的，取消临时管制；

（二）需要继续实施管制但不宜列入两用物项出口管制清单的，延长临时管制，延长临时管制不超过2次；

（三）需要长期实施管制的，列入两用物项出口管制清单。

第十三条 根据维护国家安全和利益、履行防扩散等国际义务的需要，经国务院批准，或者经国务院、中央军事委员会批准，国务院商务主管部门会同国家有关部门可以禁止特定两用物项的出口，或者禁止特定两用物项向特定目的国家和地区、特定组织和个人出口。

第三章 管制措施

第一节 两用物项出口许可

第十四条 国家对两用物项的出口实行许可制度。

出口两用物项出口管制清单所列两用物项或者实施临时管制的两用物项，出口经营者应当向国务院商务主管部门申请许可。

相关货物、技术和服务存在出口管制法第十二条第三款规定情形的，出口经营者应当依照出口管制法和本条例的规定向国务院商务主管部门申请许可。法律、行政法规、军事法规另有规定的，从其规定。

出口经营者应当了解拟出口货物、技术和服务的性能指标、主要用途等，确定其是否属于两用物项；无法确定的，可以向国

713

务院商务主管部门提出咨询，国务院商务主管部门应当及时答复。出口经营者提出咨询的，应当同时提供拟出口货物、技术和服务的性能指标、主要用途以及无法确定是否属于两用物项的原因。

第十五条 出口两用物项应当依照出口管制法和本条例的规定获得单项许可、通用许可，或者以登记填报信息方式获得出口凭证。

单项许可允许出口经营者在出口许可证件载明的范围、条件和有效期内，向单一最终用户进行一次特定两用物项出口。单项许可的有效期不超过 1 年，有效期内完成出口的，出口许可证件自动失效。

通用许可允许出口经营者在出口许可证件载明的范围、条件和有效期内，向单一或者多个最终用户进行多次特定两用物项出口。通用许可的有效期不超过 3 年。

以登记填报信息方式获得出口凭证出口的，出口经营者应当在特定两用物项每次出口前向国务院商务主管部门办理登记，按照规定如实填报相关信息获得出口凭证后，凭出口凭证自行出口。

第十六条 出口经营者申请单项许可，应当通过书面方式或者数据电文方式向国务院商务主管部门提出申请，如实填写两用物项出口申请表，并提交下列材料：

（一）申请人的法定代表人、主要经营管理人以及经办人的身份证明；

（二）与两用物项出口有关的合同、协议的副本或者其他证明文件；

（三）两用物项的技术说明或者检测报告；

（四）两用物项的最终用户和最终用途证明文件；

（五）国务院商务主管部门要求提交的其他材料。

出口经营者建立两用物项出口管制内部合规制度且运行良好，具有相关两用物项出口记录和相对固定的出口渠道及最终用户的，可以向国务院商务主管部门申请通用许可。申请通用许可，除前款规定的材料外，还应当提交下列材料：

（一）两用物项出口管制内部合规制度运行情况说明；

（二）两用物项出口许可证件申领及使用情况说明；

（三）两用物项出口渠道及最终用户有关情况说明。

第十七条　国务院商务主管部门应当自受理两用物项出口许可申请之日起，单独或者会同国家有关部门依照出口管制法和本条例的规定对出口许可申请进行审查，在 45 个工作日内作出准予或者不予许可的决定。准予许可的，由国务院商务主管部门颁发出口许可证件；不予许可的，应当书面告知申请人。

对国家安全和利益有重大影响的两用物项出口，国务院商务主管部门应当会同国家有关部门报国务院批准，或者报国务院、中央军事委员会批准。需要报国务院批准，或者报国务院、中央军事委员会批准的，不受前款规定出口许可审查期限的限制。

国务院商务主管部门对出口许可申请进行审查，依法需要组织鉴别，征询专家意见，或者对出口经营者、最终用户进行实地核查的，所需时间不计算在本条第一款规定的出口许可审查期限内。

第十八条　出口经营者应当按照出口许可证件载明的范围、条件和有效期出口两用物项并报告实际出口运输、运抵、安装、使用等情况。

出口许可证件有效期内，出口经营者需要改变两用物项的种类、出口目的国家和地区、最终用户、最终用途等关键要素的，应当依照本条例的规定重新申请两用物项出口许可，交回原出口许可证件，并暂时停止出口。

出口许可证件有效期内，出口经营者需要改变两用物项出口涉及的其他非关键要素的，应当向国务院商务主管部门提出变更两用物项出口许可申请，如实提交有关证明材料，暂时停止使用出口许可证件。国务院商务主管部门应当自受理变更申请之日起20个工作日内作出是否准予变更的决定，并书面告知出口经营者。准予变更的，颁发新的出口许可证件，并注销原出口许可证件；不予变更的，出口经营者应当按照原出口许可证件载明的范围、条件和有效期出口两用物项。

国务院商务主管部门发现准予两用物项出口许可所依据的出口管制法第十三条规定的因素发生重大变化的，应当通知出口经营者暂时停止使用出口许可证件。经核查，有关变化可能对国家安全和利益、履行防扩散等国际义务产生重大风险的，应当依法撤回、撤销或者要求出口经营者申请变更相关两用物项出口许可；没有前述风险的，应当及时通知出口经营者恢复使用相关出口许可证件。

第十九条 出口特定两用物项符合下列情形之一的，国务院商务主管部门允许出口经营者在每次出口前以登记填报信息方式获得出口凭证后自行出口：

（一）进境检修、试验或者检测后在合理期限内复运给原出口地的原最终用户；

（二）出境检修、试验或者检测后在合理期限内复运进境；

（三）参加在中华人民共和国境内举办的展览会，在展览会结束后立即原样复运回原出口地；

（四）参加在中华人民共和国境外举办的展览会，在展览会结束后立即原样复运进境；

（五）民用飞机零部件的出境维修、备品备件出口；

（六）国务院商务主管部门规定的其他情形。

前款规定的特定两用物项出口要素发生变化的，出口经营者应当重新登记填报信息获得新的出口凭证，或者依据本条例第十六条的规定申请单项许可或者通用许可。

出口经营者知道或者应当知道出口不再符合本条第一款规定情形，或者接到国务院商务主管部门通知的，应当立即停止出口并向国务院商务主管部门报告。

第二十条　出口经营者有下列情形之一的，不得申请通用许可或者以登记填报信息方式获得出口凭证：

（一）单位因两用物项出口管制违法行为受过刑事处罚，或者其与两用物项出口相关的直接负责的主管人员和其他直接责任人员因两用物项出口管制违法行为受过刑事处罚；

（二）5年内因两用物项出口管制违法行为受过行政处罚且情节严重；

（三）属于列入本条例第二十八条规定的管控名单内的境外组织和个人在中华人民共和国境内设立的独资企业、代表机构、分支机构；

（四）国务院商务主管部门规定的其他情形。

已经获得通用许可或者以登记填报信息方式获得出口凭证的出口经营者出现前款规定情形的，国务院商务主管部门应当撤销其已经获得的出口许可证件；需要继续出口的，出口经营者应当依照本条例第十六条第一款的规定申请单项许可。

第二十一条　出口货物的发货人或者代理报关企业出口两用物项时，应当向海关交验由国务院商务主管部门颁发的出口许可证件，并按照国家有关规定办理出口报关手续；不能提供出口许可证件的，海关不予放行。

第二十二条 出口货物的发货人未向海关提交或者未如实交验由国务院商务主管部门颁发的出口许可证件，海关有证据表明出口货物可能属于两用物项出口管制范围的，应当向出口货物发货人提出质疑，出口货物发货人应当向海关提供出口货物合同、性能指标、主要用途等证明材料。在质疑期间，海关可以向国务院商务主管部门提出组织鉴别，并根据国务院商务主管部门作出的鉴别结论依法处置。在质疑、鉴别期间，海关对出口货物不予放行。

出口货物存在本条例第十四条第三款、第十八条第四款、第二十五条规定情形，国务院商务主管部门知悉相关情况的，应当及时通知海关；海关收到国务院商务主管部门通知时，出口货物已向海关申报出口但尚未放行的，应当不予放行并依法处置。

第二节　最终用户和最终用途管理

第二十三条 国务院商务主管部门建立两用物项最终用户和最终用途风险管理制度，对两用物项的最终用户和最终用途进行评估、核查，加强最终用户和最终用途管理。

第二十四条 出口经营者申请两用物项出口许可时应当提交最终用户出具的最终用户和最终用途证明文件。国务院商务主管部门可以要求出口经营者同时提交由最终用户所在国家和地区政府机构出具或者认证的最终用户和最终用途证明文件。

两用物项的最终用户应当按照国务院商务主管部门要求作出承诺，未经国务院商务主管部门允许，不得擅自改变两用物项的最终用途或者向任何第三方转让。

第二十五条 出口经营者、进口商发现两用物项出口存在下列情形的，应当立即停止出口，向国务院商务主管部门报告并配

718

合核查；国务院商务主管部门依据本条例第十八条规定予以处理：

（一）两用物项最终用户、最终用途已经改变或者可能改变；

（二）两用物项最终用户和最终用途证明文件存在伪造、变造、失效等情形；

（三）以欺骗、贿赂等不正当手段获取两用物项最终用户和最终用途证明文件。

第二十六条 国务院商务主管部门依法开展两用物项最终用户和最终用途核查，有关组织和个人应当予以配合。进口商、最终用户未在规定期限内配合核查、提供有关证明材料，导致无法核实两用物项最终用户、最终用途的，国务院商务主管部门可以将有关进口商、最终用户列入关注名单。

出口经营者向列入关注名单的进口商、最终用户出口两用物项，不得申请通用许可或者以登记填报信息方式获得出口凭证；申请单项许可时，应当提交对列入关注名单的进口商、最终用户的风险评估报告，并作出遵守出口管制法律法规和相关要求的承诺。许可审查期限不受本条例第十七条第一款规定期限的限制。

本条第一款规定的进口商、最终用户配合核查，经核实不存在擅自改变最终用途、擅自向第三方转让等情形的，国务院商务主管部门可以将其移出关注名单。

第二十七条 出口经营者应当妥善保存与两用物项出口有关的最终用户和最终用途证明文件以及合同、发票、账册、单据、业务函电等相关资料，保存期限不少于 5 年。法律、行政法规另有规定的，从其规定。

第三节　管控名单

第二十八条 国务院商务主管部门依职权或者根据有关方面的建议、举报，可以决定将有下列情形之一的进口商、最终用户列入管控名单：

（一）违反最终用户或者最终用途管理要求；

（二）可能危害国家安全和利益；

（三）将两用物项用于恐怖主义目的。

进口商、最终用户有下列情形之一，危害国家安全和利益的，按照前款规定执行：

（一）将两用物项用于设计、开发、生产或者使用大规模杀伤性武器及其运载工具；

（二）被国家有关部门依法采取禁止或者限制有关交易、合作等措施。

依照本条例第二十六条规定列入关注名单的进口商、最终用户存在本条第一款、第二款规定情形的，国务院商务主管部门可以将其列入管控名单，同时移出关注名单。

第二十九条 国务院商务主管部门可以根据情节轻重和具体情况，对列入管控名单的进口商、最终用户采取下列一种或者几种措施：

（一）禁止有关两用物项交易；

（二）限制有关两用物项交易；

（三）责令中止有关两用物项出口；

（四）其他必要的措施。

出口经营者不得违反规定与列入管控名单的进口商、最终用户进行有关两用物项交易。特殊情况下确需进行有关交易的，出口经营者应当向国务院商务主管部门提出申请，经批准后可以与该进口商、最终用户进行相应的交易并按要求报告。

第三十条 列入管控名单的进口商、最终用户配合国务院商务主管部门调查，如实陈述有关事实，停止违法行为，主动采取措施，消除危害后果，按要求作出并履行承诺，不再有本条例第二十八条规定情形的，可以向国务院商务主管部门申请移出管控名单。国务院商务主管部门可以根据实际情况，作出将其移出管控名单的决定。

第四章　监督检查

第三十一条　国家建立健全两用物项出口管制执法协作制度，加强全过程监管，及时发现、制止和查处两用物项出口违法行为。

国务院商务主管部门依法对两用物项出口活动开展监督执法。

第三十二条　国务院商务主管部门单独或者会同国家有关部门依法对两用物项出口活动进行监督检查、对涉嫌违法行为进行调查，有关组织和个人应当予以配合，不得拒绝、阻碍。

进行监督检查、案件调查的执法人员不得少于2人，应当主动出示执法证件和相关法律文书，可以采取出口管制法第二十八条规定的措施；少于2人或者未出示执法证件和相关法律文书的，被检查、调查的组织和个人有权拒绝。

第三十三条　国务院商务主管部门依职权或者根据海关提出的组织鉴别需要，组织开展相关两用物项鉴别，可以委托有关专业机构或者相关领域专家提供鉴别意见。

第三十四条　国务院商务主管部门依职权或者根据有关方面的建议、举报，发现有关组织和个人存在两用物项出口违法风险的，可以采取监管谈话、出具警示函等措施。

第三十五条　出口经营者发现或者接到国务院商务主管部门通知，其出口活动存在本条例第十四条第三款、第十八条第四款、第二十五条规定情形的，应当及时将有关情况报告国务院商务主管部门，按要求采取措施消除或者减轻危害，并配合调查处理。

第三十六条　任何组织和个人不得为两用物项出口管制违法行为提供代理、货运、寄递、报关、第三方电子商务交易平台和金融等服务。提供代理、货运、寄递、报关、第三方电子商务交易平台和金融等服务的经营者发现涉嫌两用物项出口管制违法行为的，应当及时向国务院商务主管部门报告，国务院商务主管部门应当及时核实、处理。

第三十七条　国务院商务主管部门根据国内进口经营者和最终用户的申请，可以向其他国家和地区政府出具最终用户和最终用途说明文件，并对相关事宜实施管理。

国内进口经营者和最终用户申请最终用户和最终用途说明文件，应当按照国务院商务主管部门要求如实提交有关材料，严格履行获得说明文件时作出的承诺，并接受国务院商务主管部门的监督检查。

第三十八条　中华人民共和国公民、法人、非法人组织接到外国政府提出的与出口管制相关的访问、现场核查等要求，应当立即向国务院商务主管部门报告。未经国务院商务主管部门同意，不得接受或者承诺接受外国政府的相关访问、现场核查等。

第五章　法律责任

第三十九条　出口经营者有下列行为之一的，依照出口管制法第三十四条的规定进行处罚：

（一）未经许可擅自出口两用物项；

（二）超出出口许可证件载明的范围、条件和有效期出口两用物项；

（三）出口禁止出口的两用物项；

（四）以改造、拆分为部件或者组件等方式规避许可出口两用物项；

（五）存在本条例第十八条规定情形，违规使用许可证件出口。

第四十条 出口经营者违反本条例规定，未履行报告义务的，给予警告，责令改正；情节严重的，没收违法所得，违法经营额50万元以上的，并处违法经营额5倍以上10倍以下罚款；没有违法经营额或者违法经营额不足50万元的，并处50万元以上300万元以下罚款。

提供代理、货运、寄递、报关、第三方电子商务交易平台和金融等服务的经营者违反本条例第三十六条规定，未履行报告义务的，给予警告，责令改正，可以处10万元以下罚款；情节严重的，并处10万元以上50万元以下罚款。

第四十一条 教唆、帮助出口经营者、进口商、最终用户规避出口管制法和本条例的规定实施违法行为的，给予警告，责令停止违法行为，没收违法所得，违法所得10万元以上的，并处违法所得3倍以上5倍以下罚款；没有违法所得或者违法所得不足10万元的，并处10万元以上50万元以下罚款。

第四十二条 国内进口经营者和最终用户违反其向国务院商务主管部门作出承诺的，给予警告，责令改正，没收违法所得，违法经营额50万元以上的，并处违法经营额3倍以上5倍以下罚款；没有违法经营额或者违法经营额不足50万元的，并处30万元以上300万元以下罚款。国务院商务主管部门可以自处罚决定生效之日起5年内不受理其提出的最终用户和最终用途说明文件办理申请。

第四十三条 违反本条例规定，擅自接受或者承诺接受外国政府提出的与出口管制相关的访问、现场核查等要求的，给予警

723

告，并处 50 万元以下罚款；情节严重的，并处 50 万元以上 300 万元以下罚款；情节特别严重的，责令停业整顿。

第四十四条 提供咨询、鉴别意见的专家、专业机构违反职业道德和本条例规定的，予以通报批评、责令限期整改；情节严重的，取消其咨询、鉴别资格，并依法追究相应法律责任。

第四十五条 本条例规定的两用物项出口管制违法行为，由国务院商务主管部门进行处罚；法律、行政法规规定由海关处罚的，由其依照出口管制法和本条例进行处罚。

第四十六条 违反出口管制法和本条例规定，危害国家安全和利益的，除依照出口管制法和本条例规定处罚外，还应当依照有关法律、行政法规、部门规章的规定进行处理和处罚。

违反出口管制法和本条例规定，构成犯罪的，依法追究刑事责任。

第六章 附　则

第四十七条 出口管制法第二条规定的其他与维护国家安全和利益、履行防扩散等国际义务相关的货物、技术、服务等物项的出口管制，适用本条例。

两用物项中监控化学品的出口管制，适用《中华人民共和国监控化学品管理条例》的规定；《中华人民共和国监控化学品管理条例》未规定的事项，由国务院工业和信息化主管部门依照出口管制法和本条例执行。

《中华人民共和国导弹及相关物项和技术出口管制条例》所附《导弹及相关物项和技术出口管制清单》第一部分所列物项和技术的出口，纳入军品出口管理清单，依照《中华人民共和国军品出口管理条例》及其他有关规定办理。

第四十八条 两用物项的过境、转运、通运、再出口或者从海关特殊监管区域和保税监管场所向境外出口，依照出口管制法和本条例的有关规定执行。具体办法由国务院商务主管部门会同海关总署制定。

在中华人民共和国境内，两用物项在海关特殊监管区域和保税监管场所之间进出，或者由海关特殊监管区域和保税监管场所外进入海关特殊监管区域和保税监管场所，无需办理出口许可证件，由海关实施监管。

第四十九条 境外组织和个人在中华人民共和国境外向特定目的国家和地区、特定组织和个人转移、提供下列货物、技术和服务，国务院商务主管部门可以要求相关经营者参照本条例有关规定执行：

（一）含有、集成或者混有原产于中华人民共和国的特定两用物项在境外制造的两用物项；

（二）使用原产于中华人民共和国的特定技术等两用物项在境外制造的两用物项；

（三）原产于中华人民共和国的特定两用物项。

第五十条 本条例自 2024 年 12 月 1 日起施行。《中华人民共和国核两用品及相关技术出口管制条例》、《中华人民共和国导弹及相关物项和技术出口管制条例》、《中华人民共和国生物两用品及相关设备和技术出口管制条例》和《有关化学品及相关设备和技术出口管制办法》同时废止。

城市公共交通条例

（2024年8月19日国务院第39次常务会议通过
2024年10月17日中华人民共和国国务院令第793号公布
自2024年12月1日起施行）

第一章 总　　则

　　第一条　为了推动城市公共交通高质量发展，提升城市公共交通服务水平，保障城市公共交通安全，更好满足公众基本出行需求，促进城市现代化建设，制定本条例。

　　第二条　本条例所称城市公共交通，是指在城市人民政府确定的区域内，利用公共汽电车、城市轨道交通车辆等公共交通工具和有关系统、设施，按照核定的线路、站点、时间、票价等运营，为公众提供基本出行服务。

　　第三条　国家实施城市公共交通优先发展战略，综合采取规划、土地、财政、金融等方面措施，保障城市公共交通发展，增强城市公共交通竞争力和吸引力。

　　国家鼓励、引导公众优先选择公共交通作为机动化出行方式。

　　第四条　城市公共交通工作应当坚持中国共产党的领导，坚持以人民为中心，坚持城市公共交通公益属性，落实城市公共交通优先发展战略，构建安全、便捷、高效、绿色、经济的城市公共交通体系。

　　第五条　城市人民政府是发展城市公共交通的责任主体。

城市人民政府应当加强对城市公共交通工作的组织领导，落实城市公共交通发展保障措施，强化对城市公共交通安全的监督管理，统筹研究和协调解决城市公共交通工作中的重大问题。

国务院城市公共交通主管部门及其他有关部门和省、自治区人民政府应当加强对城市公共交通工作的指导。

第六条 城市人民政府应当根据城市功能定位、规模、空间布局、发展目标、公众出行需求等实际情况和特点，与城市土地和空间使用相协调，统筹各种交通方式，科学确定城市公共交通发展目标和发展模式，推动提升城市公共交通在机动化出行中的分担比例。

第七条 承担城市公共交通运营服务的企业（以下简称城市公共交通企业）由城市人民政府或者其城市公共交通主管部门依法确定。

第八条 国家鼓励和支持新技术、新能源、新装备在城市公共交通系统中的推广应用，提高城市公共交通信息化、智能化水平，推动城市公共交通绿色低碳转型，提升运营效率和管理水平。

第二章 发展保障

第九条 城市综合交通体系规划应当明确公共交通优先发展原则，统筹城市交通基础设施建设，合理配置和利用各种交通资源，强化各种交通方式的衔接协调。城市人民政府根据实际情况和需要组织编制城市公共交通规划。

建设城市轨道交通系统的城市应当按照国家有关规定编制城市轨道交通线网规划和建设规划。

城市综合交通体系规划、城市公共交通规划、城市轨道交通线网规划和建设规划应当与国土空间规划相衔接，将涉及土地和空间使用的合理需求纳入国土空间规划实施监督系统统筹保障。

第十条　城市人民政府有关部门应当根据相关规划以及城市发展和公众出行需求情况，合理确定城市公共交通线路，布局公共交通场站等设施，提高公共交通覆盖率。

城市人民政府应当组织有关部门开展公众出行调查，作为优化城市公共交通线路和场站布局的依据。

第十一条　新建、改建、扩建居住区、交通枢纽、学校、医院、体育场馆、商业中心等大型建设项目，应当统筹考虑公共交通出行需求；建设项目批准、核准文件要求配套建设城市公共交通基础设施的，建设单位应当按照要求建设相关设施并同步投入使用。

城市公共交通基础设施建设应当符合无障碍环境建设要求，并与适老化改造相结合。

第十二条　城市人民政府应当依法保障城市公共交通基础设施用地。城市公共交通基础设施用地符合规定条件的，可以以划拨、协议出让等方式供给。

在符合国土空间规划和用途管制要求且不影响城市公共交通功能和规模的前提下，对城市公共交通基础设施用地可以按照国家有关规定实施综合开发，支持城市公共交通发展。

第十三条　城市人民政府应当根据城市公共交通实际和财政承受能力安排城市公共交通发展所需经费，并纳入本级预算。

国家鼓励、引导金融机构提供与城市公共交通发展相适应的金融服务，加大对城市公共交通发展的融资支持力度。

国家鼓励和支持社会资本依法参与城市公共交通基础设施建设运营，保障其合法权益。

第十四条　城市公共交通票价依法实行政府定价或者政府指

导价，并建立动态调整机制。鼓励根据城市公共交通服务质量、运输距离以及换乘方式等因素，建立多层次、差别化的城市公共交通票价体系。

制定、调整城市公共交通票价，应当统筹考虑企业运营成本、社会承受能力、交通供求状况等因素，并依法履行定价成本监审等程序。

第十五条 城市公共交通企业在保障公众基本出行的前提下，可以开展定制化出行服务业务。定制化出行服务业务可以实行市场调节价。

第十六条 城市人民政府应当组织有关部门，在对城市公共交通企业开展运营服务质量评价和成本费用年度核算报告审核的基础上，综合考虑财政承受能力、企业增收节支空间等因素，按照规定及时给予补贴补偿。

第十七条 城市人民政府可以根据实际情况和需要，按照统筹公共交通效率和整体交通效率、集约利用城市道路资源的原则，设置公共交通专用车道，并实行科学管理和动态调整。

第三章　运营服务

第十八条 城市人民政府城市公共交通主管部门应当通过与城市公共交通企业签订运营服务协议等方式，明确城市公共交通运营有关服务标准、规范、要求以及运营服务质量评价等事项。

城市公共交通企业应当遵守城市公共交通运营有关服务标准、规范、要求等，加强企业内部管理，不断提高运营服务质量和效率。

城市公共交通企业不得将其运营的城市公共交通线路转让、出租或者变相转让、出租给他人运营。

第十九条　城市公共交通企业应当按照运营服务协议或者城市人民政府城市公共交通主管部门的要求配备城市公共交通车辆，并按照规定设置车辆运营服务标识。

第二十条　城市公共交通企业应当通过便于公众知晓的方式，及时公开运营线路、停靠站点、运营时间、发车间隔、票价等信息。鼓励城市公共交通企业通过电子站牌、出行信息服务系统等信息化手段为公众提供信息查询服务。

第二十一条　城市公共交通企业应当加强运营调度管理，在保障安全的前提下提高运行准点率和运行效率。

第二十二条　城市公共交通企业不得擅自变更运营线路、停靠站点、运营时间或者中断运营服务；因特殊原因需要临时变更运营线路、停靠站点、运营时间或者暂时中断运营服务的，除发生突发事件或者为保障运营安全等采取紧急措施外，应当提前向社会公告，并向城市人民政府城市公共交通主管部门报告。

第二十三条　因大型群众性活动等情形出现公共交通客流集中、正常运营服务安排难以满足需求的，城市公共交通企业应当按照城市人民政府城市公共交通主管部门的要求，及时采取增开临时班次、缩短发车间隔、延长运营时间等措施，保障运营服务。

第二十四条　乘客应当按照票价支付票款；对拒不支付票款的，城市公共交通企业可以拒绝其进站乘车。

城市公共交通企业应当依照法律、法规和国家有关规定，对相关群体乘坐公共交通工具提供便利和优待。

第二十五条　城市公共交通企业应当建立运营服务质量投诉处理机制并向社会公布，及时妥善处理乘客提出的投诉，并向乘客反馈处理结果；乘客对处理结果不满意的，可以向城市人民政府城市公共交通主管部门申诉，城市人民政府城市公共交通主管部门应当及时作出答复。乘客也可以直接就运营服务质量问题向城市人民政府城市公共交通主管部门投诉。

第二十六条　城市人民政府城市公共交通主管部门应当定期组织开展城市公共交通企业运营服务质量评价,并将评价结果向社会公布。

第二十七条　未经城市人民政府同意,城市公共交通企业不得终止运营服务;因破产、解散终止运营服务的,应当提前30日向城市人民政府城市公共交通主管部门报告,城市人民政府城市公共交通主管部门应当及时采取指定临时运营服务企业、调配运营车辆等措施,确保运营服务不中断;需要重新确定承担城市公共交通运营服务企业的,城市人民政府或者其城市公共交通主管部门应当按照规定及时确定。

第四章　安全管理

第二十八条　城市公共交通企业应当遵守有关安全生产的法律、法规和标准,落实全员安全生产责任,建立健全安全生产管理制度和安全生产责任制,保障安全经费投入,构建安全风险分级管控和隐患排查治理双重预防机制,增强突发事件防范和应急能力。

第二十九条　城市公共交通建设工程的勘察、设计、施工、监理应当遵守有关建设工程管理的法律、法规和标准。

城市公共交通建设工程涉及公共安全的设施应当与主体工程同步规划、同步建设、同步投入使用。

第三十条　城市公共交通企业投入运营的车辆应当依法经检验合格,并按照国家有关标准配备灭火器、安全锤以及安全隔离、紧急报警、车门紧急开启等安全设备,设置明显的安全警示标志。

城市公共交通企业应当按照国家有关标准对车辆和有关系统、设施设备进行维护、保养，确保性能良好和安全运行。

利用城市公共交通车辆或者设施设备设置广告的，应当遵守有关广告管理的法律、法规，不得影响城市公共交通运营安全。

第三十一条　城市公共交通企业直接涉及运营安全的驾驶员、乘务员、调度员、值班员、信号工、通信工等重点岗位人员（以下统称重点岗位人员），应当符合下列条件：

（一）具有履行岗位职责的能力；

（二）无可能危及运营安全的疾病；

（三）无暴力犯罪和吸毒行为记录；

（四）国务院城市公共交通主管部门规定的其他条件。

除符合前款规定条件外，城市公共汽电车驾驶员还应当取得相应准驾车型机动车驾驶证，城市轨道交通列车驾驶员还应当按照国家有关规定取得相应职业准入资格。

第三十二条　城市公共交通企业应当定期对重点岗位人员进行岗位职责、操作规程、服务规范、安全防范和应急处置基本知识等方面的培训和考核，经考核合格的方可上岗作业。培训和考核情况应当建档备查。

城市公共交通企业应当关注重点岗位人员的身体、心理状况和行为习惯，对重点岗位人员定期组织体检，加强心理疏导，及时采取有效措施防范重点岗位人员身体、心理状况或者行为异常导致运营安全事故发生。

城市公共交通企业应当合理安排驾驶员工作时间，防止疲劳驾驶。

第三十三条　城市公共交通企业应当依照有关法律、法规的规定，落实对相关人员进行安全背景审查、配备安保人员和相应设施设备等安全防范责任。

第三十四条 城市公共交通企业应当加强对客流状况的日常监测；出现或者可能出现客流大量积压时，应当及时采取疏导措施，必要时可以采取临时限制客流或者临时封站等措施，确保运营安全。

因突发事件或者设施设备故障等原因危及运营安全的，城市公共交通企业可以暂停部分区段或者全线网运营服务，并做好乘客疏导和现场秩序维护等工作。乘客应当按照城市公共交通企业工作人员的指挥和引导有序疏散。

第三十五条 乘客应当遵守乘车规范，维护乘车秩序。

乘客不得携带易燃、易爆、毒害性、放射性、腐蚀性以及其他可能危及人身和财产安全的危险物品进站乘车；乘客坚持携带的，城市公共交通企业应当拒绝其进站乘车。

城市轨道交通运营单位应当按照国家有关规定，对进入城市轨道交通车站的人员及其携带物品进行安全检查；对拒不接受安全检查的，应当拒绝其进站乘车。安全检查应当遵守有关操作规范，提高质量和效率。

第三十六条 任何单位和个人不得实施下列危害城市公共交通运营安全的行为：

（一）非法拦截或者强行上下城市公共交通车辆；

（二）非法占用城市公共交通场站或者出入口；

（三）擅自进入城市轨道交通线路、车辆基地、控制中心、列车驾驶室或者其他禁止非工作人员进入的区域；

（四）向城市公共交通车辆投掷物品或者在城市轨道交通线路上放置障碍物；

（五）故意损坏或者擅自移动、遮挡城市公共交通站牌、安全

警示标志、监控设备、安全防护设备;

（六）在非紧急状态下擅自操作有安全警示标志的安全设备;

（七）干扰、阻碍城市公共交通车辆驾驶员安全驾驶;

（八）其他危害城市公共交通运营安全的行为。

城市公共交通企业发现前款规定行为的，应当及时予以制止，并采取措施消除安全隐患，必要时报请有关部门依法处理。

第三十七条 城市人民政府有关部门应当按照职责分工，加强对城市公共交通运营安全的监督管理，建立城市公共交通运营安全工作协作机制。

第三十八条 城市人民政府城市公共交通主管部门应当会同有关部门制定城市公共交通应急预案，报城市人民政府批准。

城市公共交通企业应当根据城市公共交通应急预案，制定本单位应急预案，报城市人民政府城市公共交通主管部门、应急管理部门备案，并定期组织演练。

城市人民政府应当加强城市公共交通应急能力建设，组织有关部门、城市公共交通企业和其他有关单位联合开展城市公共交通应急处置演练，提高突发事件应急处置能力。

第三十九条 城市人民政府应当健全有关部门与城市公共交通企业之间的信息共享机制。城市人民政府城市公共交通主管部门、城市公共交通企业应当加强与有关部门的沟通，及时掌握气象、自然灾害、公共安全等方面可能影响城市公共交通运营安全的信息，并采取有针对性的安全防范措施。有关部门应当予以支持、配合。

第四十条 城市人民政府应当将城市轨道交通纳入城市防灾减灾规划，完善城市轨道交通防范水淹、火灾、冰雪、雷击、风暴等设计和论证，提高城市轨道交通灾害防范应对能力。

第四十一条　城市轨道交通建设单位组织编制城市轨道交通建设工程可行性研究报告和初步设计文件，应当落实国家有关公共安全和运营服务的要求。

第四十二条　城市轨道交通建设工程项目依法经验收合格后，城市人民政府城市公共交通主管部门应当组织开展运营前安全评估，通过安全评估的方可投入运营。城市轨道交通建设单位和运营单位应当按照国家有关规定办理建设和运营交接手续。

城市轨道交通建设工程项目验收以及建设和运营交接的管理办法由国务院住房城乡建设主管部门会同国务院城市公共交通主管部门制定。

第四十三条　城市人民政府应当组织有关部门划定城市轨道交通线路安全保护区，制定安全保护区管理制度。

在城市轨道交通线路安全保护区内进行作业的，应当征得城市轨道交通运营单位同意。作业单位应当制定和落实安全防护方案，并在作业过程中对作业影响区域进行动态监测，及时发现并消除安全隐患。城市轨道交通运营单位可以进入作业现场进行巡查，发现作业危及或者可能危及城市轨道交通运营安全的，应当要求作业单位采取措施消除安全隐患或者停止作业。

第四十四条　城市人民政府城市公共交通主管部门应当定期组织开展城市轨道交通运营安全第三方评估，督促运营单位及时发现并消除安全隐患。

第五章　法律责任

第四十五条　城市公共交通企业以外的单位或者个人擅自从事城市公共交通线路运营的，由城市人民政府城市公共交通主管部门责令停止运营，没收违法所得，并处违法所得 1 倍以上 5 倍以下的罚款；没有违法所得或者违法所得不足 1 万元的，处 1 万元以上 5 万元以下的罚款。

城市公共交通企业将其运营的城市公共交通线路转让、出租或者变相转让、出租给他人运营的，由城市人民政府城市公共交通主管部门责令改正，并依照前款规定处罚。

第四十六条 城市公共交通企业有下列行为之一的，由城市人民政府城市公共交通主管部门责令改正；拒不改正的，处 1 万元以上 5 万元以下的罚款：

（一）未遵守城市公共交通运营有关服务标准、规范、要求；

（二）未按照规定配备城市公共交通车辆或者设置车辆运营服务标识；

（三）未公开运营线路、停靠站点、运营时间、发车间隔、票价等信息。

第四十七条 城市公共交通企业擅自变更运营线路、停靠站点、运营时间的，由城市人民政府城市公共交通主管部门责令改正；拒不改正的，处 1 万元以上 5 万元以下的罚款。

城市公共交通企业擅自中断运营服务的，由城市人民政府城市公共交通主管部门责令改正；拒不改正的，处 5 万元以上 20 万元以下的罚款。

城市公共交通企业因特殊原因变更运营线路、停靠站点、运营时间或者暂时中断运营服务，未按照规定向社会公告并向城市人民政府城市公共交通主管部门报告的，由城市人民政府城市公共交通主管部门责令改正，可以处 1 万元以下的罚款。

第四十八条 城市公共交通企业违反本条例规定，未经城市人民政府同意终止运营服务的，由城市人民政府城市公共交通主管部门责令改正；拒不改正的，处 10 万元以上 50 万元以下的罚款。

第四十九条 城市公共交通企业有下列行为之一的，由城市人民政府城市公共交通主管部门责令改正，可以处 5 万元以下的罚款，有违法所得的，没收违法所得；拒不改正的，处 5 万元以上 20 万元以下的罚款：

（一）利用城市公共交通车辆或者设施设备设置广告，影响城市公共交通运营安全；

（二）重点岗位人员不符合规定条件或者未按照规定对重点岗位人员进行培训和考核，或者安排考核不合格的重点岗位人员上岗作业。

第五十条 在城市轨道交通线路安全保护区内进行作业的单位有下列行为之一的，由城市人民政府城市公共交通主管部门责令改正，暂时停止作业，可以处 5 万元以下的罚款；拒不改正的，责令停止作业，并处 5 万元以上 20 万元以下的罚款；造成城市轨道交通设施损坏或者影响运营安全的，并处 20 万元以上 100 万元以下的罚款：

（一）未征得城市轨道交通运营单位同意进行作业；

（二）未制定和落实安全防护方案；

（三）未在作业过程中对作业影响区域进行动态监测或者未及时消除发现的安全隐患。

第五十一条 城市人民政府及其城市公共交通主管部门、其他有关部门的工作人员在城市公共交通工作中滥用职权、玩忽职守、徇私舞弊的，依法给予处分。

第五十二条 违反本条例规定，构成违反治安管理行为的，由公安机关依法给予治安管理处罚；构成犯罪的，依法追究刑事责任。

第六章　附　　则

第五十三条　用于公共交通服务的城市轮渡，参照本条例的有关规定执行。

第五十四条　城市人民政府根据城乡融合和区域协调发展需要，统筹推进城乡之间、区域之间公共交通一体化发展。

第五十五条　本条例自 2024 年 12 月 1 日起施行。

最高人民法院
关于发布第 41 批指导性案例的通知

2024 年 11 月 25 日　　　　　　　　　法〔2024〕253 号

各省、自治区、直辖市高级人民法院，解放军军事法院，新疆维吾尔自治区高级人民法院生产建设兵团分院：

经最高人民法院审判委员会讨论决定，现将新某航运有限公司诉中国机某国际合作股份有限公司海上货物运输合同纠纷案等七个案例（指导性案例 230-236 号），作为第 41 批指导性案例发布，供审判类似案件时参照。

新某航运有限公司诉中国机某国际合作股份有限公司海上货物运输合同纠纷案

（最高人民法院审判委员会讨论通过 2024 年 11 月 25 日发布）

关键词 民事/海上货物运输合同/契约托运人/实际托运人/目的港无人提货/赔偿责任

裁判要点

根据《中华人民共和国海商法》第四十二条的规定，托运人既包括与承运人订立海上货物运输合同的契约托运人，也包括向承运人交付货物的实际托运人。在收货人没有向承运人主张提货或者行使其他权利的情况下，因目的港无人提货而产生的费用和风险由作为海上货物运输合同缔约方的契约托运人承担，实际托运人对此不承担赔偿责任。

基本案情

新某航运有限公司（以下简称新某航运公司）诉称：中国机某国际合作股份有限公司（以下简称中国机某国际公司）向其订舱出运一批货物，共计 26 个 40 尺集装箱，从中国天津新港运至泰国林查班港，新某航运公司接受订舱。2018 年 7 月 2 日案涉货物装上"C 某"轮 031S 航次，新某航运公司签发了指示提单，中国机某国际公司为提单记载的托运人。货物于 2018 年 7 月 14 日运抵目的港，但始终无人提货，产生集装箱超期使用费、码头堆存费等损失。故请求判令中国机某国际公司赔偿集装箱超期使用费、码头堆存费等损失，并返还集装箱。

中国机某国际公司辩称：中国机某国际公司并非案涉海上货物运输合同的契约托运人，而仅为实际托运人。中国机某国际公司已按照其与案外人海某企业有限公司（以下简称海某公司）签订的贸易合同交付案涉货物，并将提单等议付单据全部提交银行并取得货款，此后对案涉货物既不享有任何权利，也不应承担任何责任。中国机某国际公司对目的港无人提货不存在任何过错。在中国机某国际公司不实际占有案涉集装箱的情况下，新某航运公司请求中国机某国际公司返还集装箱，亦没有法律依据。

法院经审理查明：2018 年 3 月，海某公司与中国机某国际公司签订了贸易合同，约定由海某公司向中国机某国际公司购买一批货物（无缝钢管），装运港为中国天津新港，目的港为泰国林查班港，付款条件为不可撤销的即期信用证。为履行上述贸易合同，海某公司于 2018 年 5 月 11 日与天津晟某国际物流有限公司（以下简称晟某公司）签订了集装箱代理协议，委托晟某公司为案涉货物提供货运代理服务。接受委托后，晟某公司委托天津福某国际货运代理有限公司（以下简称福某公司）订舱，福某公司又向新某航运公司订舱。新某航运公司接受订舱后，于 2018 年 7 月 2 日将装载于 26 个 40 尺集装箱内的案涉货物装船出运。本次贸易为 FOB（Free On Board，装运港船上交货）价格条件成交，由货物买方海某公司负责订立运输货物的合同，卖方中国机某国际公司负责将货物装上买方指定的船舶。案涉指示提单记载，托运人为中国机某国际公司，收货人凭指示，承运人为新某航运公司，通知方为海某公司。新某航运公司通过订舱公司收取了运费及相关费用。2018 年 7 月 14 日，案涉货物运抵目的港泰国林查班港并完成卸载，至案件审理时仍存放在目的港无人提取。

另查明，中国机某国际公司已通过向开证银行提交提单议付的方式收到了全部货款。

裁判结果

天津海事法院于 2019 年 12 月 26 日作出（2019）津 72 民初 1012 号民事判决：驳回原告新某航运有限公司的全部诉讼请求。一审宣判后，新某航运有限公司不服，提起上诉。天津市高级人民法院于 2020 年 11 月 27 日作出（2020）津民终 466 号民事判决：驳回上诉，维持原判。二审宣判后，新某航运有限公司申请再审。最高人民法院于 2021 年 12 月 9 日作出（2021）最高法民申 5588 号民事裁定：驳回新某航运有限公司的再审申请。

裁判理由

将货物安全运抵目的港并完成交付是海上货物运输合同承运人的义务。货物运抵目的港后，收货人应当及时提取货物。在收货人没有向承运人主张提货或者行使其他权利的情况下，因目的港无人提货导致承运人损失，应当由托运人承担赔偿责任。根据海商法第四十二条第三项的规定，托运人包括两种：一种是"本人或者委托他人以本人名义或者委托他人为本人与承运人订立海上货物运输合同的人"，即契约托运人；另一种是"本人或者委托他人以本人名义或者委托他人为本人将货物交给与海上货物运输合同有关的承运人的人"，即实际托运人。契约托运人是与承运人订立海上货物运输合同的人，对于货物在目的港能够被收货人提取负有责任，对因目的港无人提货而产生的经济损失负有赔偿责任。而实际托运人不是与承运人订立海上货物运输合同的人，只是向承运人交付货物的人，收货人也并非由其指定，不应对因目的港无人提货而产生的经济损失承担赔偿责任。

本案中，虽然案涉提单记载的托运人为中国机某国际公司，但案涉海上货物运输合同系海某公司委托他人为其与新某航运公司订立，运费系其委托他人向新某航运公司支付，货物系中国机某国际公司向新某航运公司交付。可见，中国机某国际公司符合海商法第四十二条第三项规定的实际托运人而非契约托运人的法律特征。案涉货物在目的港无人提取，根据合同相对性原则，在中国机某国际公司与新某航运公司不存在运输合同关系，且案涉提单已随信用证流转、中国机某国际公司并未持有亦未主张提单权利的情况下，中国机某国际公司无需就目的港无人提货产生的损失向新某航运公司承担赔偿责任，相关费用和风险应当由契约托运人承担。同时，中国机某国际公司并未占有并掌控案涉集装箱，亦无需承担返还集装箱的责任。

相关法条

《中华人民共和国海商法》第 42 条

指导性案例 231 号

东莞市丰某海运有限公司诉东营市
鑫某物流有限责任公司海难救助纠纷案

（最高人民法院审判委员会讨论通过 2024 年 11 月 25 日发布）

关键词 民事/海难救助/救助款项/同一船舶所有人

裁判要点

同一船舶所有人的船舶之间进行海难救助，参与救助的船舶应当被视为独立的救助方。在救助船舶不存在《中华人民共和国海商法》第一百八十七条规定的情形时，其依照海商法第一百九十一条的规定获得的救助款项，不因与其属同一船舶所有人的遇险船舶的过失而被取消或者减少。

基本案情

2016 年 1 月 1 日，东营市鑫某物流有限责任公司（以下简称东营鑫某物流公司）与山东万某集团东营港航有限公司签订仓储协议，东营鑫某物流公司租用山东万某集团东营港航有限公司罐号为 V-6105 和 V-6106 的两座油罐。

"某盛油 9" 轮和 "某盛油 16" 轮的船舶所有人均为东莞市丰某海运有限公司（以下简称东莞丰某海运公司）。2017 年 1 月 10 日，"某盛油 16" 轮从山东万某集团东营港航有限公司罐号为 V-6106 的油罐中装载汽油 6500 吨。2017 年 1 月 16 日，停靠在东营港南港池 16#泊位的 "某盛油 16" 轮在进行汽油装货作业过程中，由于 "某盛油 16" 轮机舱和泵舱间的横隔壁存在缝隙及人员管理、操作等方面存在过失导致汽油泄漏进入泵舱、机舱，造成了危及人员、船舶和港口安全的重大险情。东营海事处执法人员在巡查中发现后向东营市海上搜救中心报告。当地政府成立了 "某盛油 16" 轮险情应急处置工作组。根据东营市海上搜救中心和险情应急处置工作组的安排和要求，包括东莞丰某海运公司在内的多家单位参与了抢险救助工作。2017 年 1 月 19 日，东莞丰某海运公司调派 "某盛油 9" 轮进港参加救助。1 月 22 日 19 点左右，"某盛油 16" 轮船上装载汽油全部过驳至 "某盛油 9" 轮。2 月 7 日中午，"某盛油 16" 轮泵舱、机舱经过清污、驱气、通风后，测氧测爆达到正常数值，险情解除。

东莞丰某海运公司向青岛海事法院提起诉讼，请求判令东营鑫某物流公司（装载汽油的所有人）·支付海难救助报酬、相应利息，并承担诉讼费用。诉讼中，东营鑫某物流公司辩称："某盛油 16" 轮对案涉事故具有过失。"某盛油 16" 轮、"某盛油 9" 轮的船舶所有人均为东莞丰某海运公司。根据海商法第一百八十七条的规定，东莞丰某海运公司因自己的过失应当被取消或者减少救助报酬。

另，险情解除后，参与抢险救助工作的其他单位以东营鑫某物流公司与东莞丰某海运公司为被告就海难救助报酬向青岛海事法院提起诉讼。2020 年 11 月 19 日，东营鑫某物流公司与参与抢险救助的其他单位在青岛海事法院执行过程中达成执行和解协议，东营鑫某物流公司支付了海难救助报酬及相应利息。

裁判结果

青岛海事法院于 2019 年 9 月 26 日作出（2019）鲁 72 民初 137 号民事判决：驳回东莞市丰某海运有限公司的诉讼请求。一审宣判后，东莞市丰某海运有限公司不服，提起上诉。山东省高级人民法院于 2020 年 3 月 16 日作出（2020）鲁民终 14 号民事判决：一、撤销青岛海事法院（2019）鲁 72 民初 137 号民事判决；二、东营市鑫某物流有限责任公司自本判决生效之日起十日内向东莞市丰某海运有限公司支付海难救助报酬人民币 1290384 元及相应利息；三、驳回东莞市丰某海运有限公司的其他诉讼请求。二审宣判后，东营市鑫某物流有限责任公司申请再审。最高人民法院于 2020 年 11 月 23 日作出（2020）最高法民申 4813 号民事裁定：驳回东营市鑫某物流有限责任公司的再审申请。

裁判理由

为鼓励同一船舶所有人的船舶参与海难救助，避免不公平地剥夺参与救助船员应得的救助款项，以及公平保护各船舶保险人的利益，海商法第一百九十一条规定："同一船舶所有人的船舶之间进行的救助，救助方获得救助款项的权利适用本章规定。"该条规定了同一民事主体所有的船舶之间的救助同样可以产生救助款

744

项请求权。海商法第一百八十七条规定："由于救助方的过失致使救助作业成为必需或者更加困难的，或者救助方有欺诈或者其他不诚实行为的，应当取消或者减少向救助方支付的救助款项。"该条规定了海难救助中救助款项的取消或者减少的情形。

根据我国诉讼制度，不得以船舶的名义提起诉讼。但是，在确定救助报酬的问题上，可以把救助船舶作为一个独立的单位。当引发救助的事故是因遇险船舶的驾驶、管货不当所致，与遇险船舶属同一所有人的救助船舶的救助款项请求权不应当受到影响。不能仅因两船属同一所有人，而混同两船在救助关系中的过失与责任。遇险船舶在驾驶、管货过程中存在过失并导致海难事故发生的，不应当视为救助船舶的过失。海商法第一百八十七条规定中的"救助方"应当被理解为救助船舶，而不是救助船舶的所有人。只要救助船舶不存在海商法第一百八十七条规定情形的，其获得的救助款项就不应当被取消或者减少。

本案中，虽然"某盛油16"轮与"某盛油9"轮属于同一船舶所有人，但"某盛油9"轮作为救助船舶，对于案涉海难事故的发生并无过失，东营鑫某物流公司亦未举证证明该轮在救助作业过程中存在欺诈或者其他不诚实行为，故"某盛油9"轮的救助报酬不因"某盛油16"轮在海难事故中的过失而被取消或者减少。

相关法条

《中华人民共和国海商法》第 187 条、第 191 条

某牧实业股份有限公司诉帕某海运公司
海上货物运输合同纠纷案

（最高人民法院审判委员会讨论通过　2024 年 11 月 25 日发布）

关键词　民事/海上货物运输合同/货损举证责任/提单批注

裁判要点

根据《中华人民共和国海商法》第七十六条的规定，承运人签发提单时对装载货物表面状况不良未作批注，应当承担由此引起的不利后果。但是，承运人对于货物表面状况是否如实批注，应当依据其签发提单时是否具备观察货物表面状况的客观条件，以及所作判断是否符合通常标准进行综合考量。

基本案情

原告某牧实业股份有限公司（以下简称某牧实业公司）诉称：某牧实业公司从美国进口一批玉米酒糟粕（以下简称酒糟），由帕某海运公司所属的"某巴"轮承运。帕某海运公司签发了案涉货物提单，记载重量 54999.642 吨。货物到达广州新沙港，卸货时发现部分船舱内货物有严重变色、结块和焦糊味等现象。经委托相关检测机构进行勘察和检测，货物亨特（Hunter）色度 L 值（以下简称亨特色度 L 值）、粗蛋白含量等与货物原来品质严重不符，受损数量共计 20931.98 吨。故请求判令帕某海运公司赔偿损失、利息，并承担诉讼费用。

被告帕某海运公司辩称：案涉货物不存在变色或货损情况。亨特色度 L 值需要专业实验室检测，船长和承运人没有义务对这一货物品质指标进行检测，也没有义务在提单进行批注。案涉货物在装运时已经呈现不同颜色，船员已尽到合理谨慎的管货义务，未使得货物在运输过程中变色或色值加深。某牧实业公司主张的损失没有事实依据，故请求驳回某牧实业公司的诉讼请求。

法院经审理查明：某牧实业公司与某粮（美国）有限公司签订销售合同，购买酒糟，总重量 5 万吨，亨特色度 L 值 50 或者以上。2015 年 8 月 26 日，南某代理公司代表"某巴"轮船长签发提单，提单抬头写明北美谷物提单，与北美谷物 1973 格式航次租船合同同时使用。装船由兰某贸易集团公司代表某粮（美国）有限公司装船，装船时货物外表状况良好。收货人凭指示，通知方某牧实业公司。货物描述和装载情况：DDGS（酒糟），54999.642 吨，装载于 1 至 7 舱，清洁提单，运费按照租约，租约日期 2015 年 3 月 11 日，运输条款见背面，对托运人所称重量、质量、数量未知。帕某海运公司为案涉船舶"某巴"轮的光船租赁人。拉某海事集团于 2015 年 8 月 28 日出具该批酒糟质量报告，写明通过装货港取样，分析结果为"某巴"轮装载的案涉货物亨特色度 L 值 50.8。

2015 年 10 月 14 日，"某巴"轮抵达广州新沙港开始卸货。在卸货过程中，某牧实业公司认为发生货损向船方提出索赔，为此某牧实业公司向中国某认证集团广东有限公司（以下简称中国某认证公司）申请对 6-2B 和 7-4B 仓库内的 20931.98 吨酒糟进行检验。中国某认证公司于 2016 年 3 月 14 日出具检验报告，记载检验人员于 2015 年 10 月 24 日前往广州新沙港码头仓库对某牧公司申报的堆存于 6-2B 仓库和 7-4B 仓库内共 20931.98 吨酒糟进行现场查看并抽取代表性样品，认定显示亨特色度 L 值 42.5。

大连某杰海上保险公估有限公司接受委托于 2015 年 10 月 16

747

日至 24 日登抵"某巴"轮，代表该轮船东进行检验和调查，并安排通某标准技术服务有限公司（以下简称通某标准技术公司）检验人员监督卸货、检查货物状况及取样。在检验中，检验人员没有发现能对该轮的适航和适货性产生影响的不正常状况，该轮货舱水密完整性良好。通某标准技术公司出具检验报告，称检验人员于 2015 年 10 月 19 日至 24 日在广州新沙港监督案涉货物的卸载，并在仓库内系统采集小样，认定整船货混样检验亨特色度 L 值 48.66。

另，根据 2015 年 8 月的装货港检验报告、装货记录及装货照片，案涉货物装载一部分是在码头由传输带装船，另一部分是通过抓斗由驳船装载，装货时 42 艘驳船装载货物的颜色不同，上述货物被装运至"某巴"轮的各个不同货舱。

裁判结果

广州海事法院于 2018 年 12 月 29 日作出（2016）粤 72 民初 705 号民事判决：一、帕某海运公司赔偿某牧实业股份有限公司货物损失人民币 9862112.57 元及利息；二、驳回某牧实业股份有限公司的其他诉讼请求。一审宣判后，帕某海运公司不服，提起上诉。广东省高级人民法院于 2020 年 4 月 8 日作出（2019）粤民终 807 号民事判决：驳回上诉，维持原判。二审宣判后，帕某海运公司申请再审。最高人民法院提审本案，并于 2023 年 6 月 21 日作出（2022）最高法民再 14 号民事判决：一、撤销广东省高级人民法院（2019）粤民终 807 号民事判决和广州海事法院（2016）粤 72 民初 705 号民事判决；二、驳回某牧实业股份有限公司的诉讼请求。

裁判理由

本案为海上货物运输合同货损纠纷，争议焦点有二：一是案涉货物在承运人责任期间是否发生货损；二是帕某海运公司是否因未在提单上如实批注而承担赔偿责任。

一、案涉货物在承运人责任期间是否发生货损

某牧实业公司未有效举证证明案涉货物的颜色、品质在承运人帕某海运公司的运输责任期间发生变化并导致损失。具体而言：1. 案涉货物酒糟并没有国际统一的等级系统或者品质标准，亨特色度 L 值是反映货物颜色明亮程度的检测数值。颜色深浅与原材料、生产过程、温度等有关，也有可能因运输过程中热源加热或者水分含量过量导致颜色变深。故而，不同颜色并不表示一定存在质量问题。2. 中国某认证公司与拉某海事集团分别所作检验的货物范围、取样制样方式、检测标准均不相同，结论并不具有绝对的可比性。中国某认证公司检验报告不足以证明案涉货物颜色在运输过程中发生变化导致货损。3. 帕某海运公司提交的证据可以证明案涉货物在装船时已经呈现不同颜色并被装载在船舶的不同货舱，且卸货港与装货港的货物状态基本相符。4. 并无证据证明案涉船舶存在不适货的缺陷，亦无证据证明承运人存在管货不当导致因热源加热或者水分含量过量造成货物颜色变深。

二、帕某海运公司是否因未在提单如实批注而承担赔偿责任

某牧实业公司主张，帕某海运公司在装货港没有谨慎核实货物的表面状况，未在提单中如实批注案涉货物在装船时已经存在深浅颜色混杂的不良状况，应当承担未如实批注给某牧实业公司造成的损失。海商法第七十六条规定："承运人或者代其签发提单的人未在提单上批注货物表面状况的，视为货物的表面状况良好。"据此，承运人有权就其所认为的装载货物表面状况不良作出批注，如果未批注，将承担由此引起的不利后果。因此，承运人应当适当且谨慎地行使提单批注权。就本案而言，判定帕某海运

公司是否因未在提单如实批注而承担赔偿责任，应当依据是否具备观察货物表面状况的客观条件，以及所作判断是否符合通常标准进行综合考量。

首先，案涉货物属于大宗散货，根据装货港记录，系分别通过传送带和抓斗进行装载。装货过程中，货舱充满灰尘，码头用帆布对舱口进行了遮盖以避免粉尘污染。在此情况下，使得船员很难清晰、全面观察到所有货物的表面状况，不具备怀疑货物表面状况异常的客观条件。

其次，船长、船员并非酒糟鉴定的专家，对颜色亮度并不具备专业判断能力，且亨特色度 L 值需要实验室精密仪器测试，数值相近情况下凭肉眼很难分辨差别，承运人根据正常的知识和通常的判断标准作出货物表面状况良好的判断符合常理。承运人帕某海运公司根据装货情况，签发记载"装船时货物外表状况良好"的提单，并无不当。

再次，酒糟因原材料、加工方式等多种因素导致可能存在多种颜色，颜色不同表示内在品质不一，但不属于货物发生损坏的表征，并不代表货物表面状况不良。法律并未规定承运人对运输货物的内在品质负有批注义务，故酒糟的颜色并非承运人法定的批注范围。且托运人在订舱时未向帕某海运公司特别申报案涉货物的颜色要求，即使案涉货物在装运港呈现不同颜色，帕某海运公司及其代理人接收货物并签发记载"装船时货物外表状况良好"的清洁提单也并无不当。

综上，某牧实业公司要求帕某海运公司承担未如实批注责任，缺乏事实和法律依据，帕某海运公司对此不应承担赔偿责任。

相关法条

《中华人民共和国海商法》第 46 条、第 76 条

指导性案例 233 号

常州宏某石化仓储有限公司等诉宁波天某海运有限公司船舶触碰损害责任纠纷案

（最高人民法院审判委员会讨论通过 2024 年 11 月 25 日发布）

关键词 民事/船舶触碰损害责任/海事赔偿责任限制基金/限制性债权/码头营运损失/优先受偿

裁判要点

对船舶触碰造成码头财产损坏及由此引起的码头营运损失等相应损失的赔偿请求，根据《中华人民共和国海商法》第二百零七条第一款第一项的规定，责任人可以限制赔偿责任；上述赔偿请求中，根据海商法第二百一十条第一款第四项的规定，可以优先受偿的仅指造成码头财产损坏的赔偿请求，并不包括由此引起的码头营运损失的赔偿请求。

基本案情

2017 年 7 月 5 日 20 点左右，宁波天某海运有限公司（以下简称宁波天某海运公司）经营的"天某 18"轮装载水渣 48810 吨从河北京唐港启航，驶往江苏常州港。2017 年 7 月 9 日 22 点左右，"天某 18"轮船首与靠泊在常州某润化工长江码头（以下简称某润码头）3#泊位的"双某海"轮右舷中后部发生碰撞。在"双某海"轮的挤压下，导致常州宏某石化仓储有限公司（以下简称常州宏某仓储公司）所属的某润码头部分坍塌、管线撕裂，管线内气液泄漏并爆燃。2017 年 12 月 25 日，常州海事局作出《水上交通事故调查结论书》，认定"天某18"轮负事故的全部责任。因案涉船舶触碰事故，常州宏某仓储公司支付码头修复费约人民币69247776.87元（以下币种同），造成码头营运损失约65844974元，并支付抢险施救费等费用。

事故发生后，案涉码头的保险人华某财产保险有限公司江苏省分公司（以下简称华某保险江苏分公司）先后向常州宏某仓储公司支付保险赔款55380000元。此后，常州宏某仓储公司同意将已取得保险赔款部分保险标的的一切权益转让给华某保险江苏分公司。

2017年7月31日，宁波天某海运公司向武汉海事法院申请设立海事赔偿责任限制基金。2017年9月28日，常州宏某仓储公司向武汉海事法院申请对案涉债权予以登记。2017年12月27日，武汉海事法院作出（2017）鄂72民特39号民事裁定，准许宁波天某海运公司设立数额为2442041特别提款权及其利息的海事赔偿责任限制基金。常州宏某仓储公司不服，提起上诉。2018年5月7日，湖北省高级人民法院作出（2018）鄂民终619号民事裁定，维持武汉海事法院民事裁定。后宁波天某海运公司通过提供现金及担保的方式，在武汉海事法院依法设立海事赔偿责任限制基金。2018年7月27日，武汉海事法院作出（2017）鄂72民特59号之二民事裁定书，裁定准许常州宏某仓储公司的债权登记申请。

2017年8月24日，常州宏某仓储公司等向武汉海事法院提起诉讼，请求判令：宁波天某海运公司赔偿案涉事故造成的各项损失；受损码头修复费和码头营运损失较其他非人身伤亡赔偿请求债权在宁波天某海运公司设立的海事赔偿责任限制基金数额内优先受偿。华某保险江苏分公司申请作为共同原告参加本案诉讼，请求判令：宁波天某海运公司赔偿码头损坏修复费用 55380000 元及利息；前述诉请债权较其他非人身伤亡赔偿请求在宁波天某海运公司设立的海事赔偿责任限制基金内优先受偿。

裁判结果

武汉海事法院于 2020 年 7 月 29 日作出（2017）鄂 72 民初 1563 号民事判决：一、宁波天某海运有限公司赔偿常州宏某石化仓储有限公司码头修复费损失人民币 13867776.87 元及利息；二、宁波天某海运有限公司赔偿华某财产保险有限公司江苏省分公司码头修复费损失人民币 55380000 元及利息；三、宁波天某海运有限公司赔偿常州宏某石化仓储有限公司海难救助费损失人民币 1468480 元及利息；四、宁波天某海运有限公司赔偿华某财产保险有限公司江苏省分公司海难救助费损失人民币 3700000 元及利息；五、驳回常州宏某石化仓储有限公司的其他诉讼请求；六、驳回华某财产保险有限公司江苏省分公司的其他诉讼请求。上述赔款在判决生效后十日内一次付清，在宁波天某海运有限公司设立的海事赔偿责任限制基金中进行分配，其中第一、第二项赔款在基金分配过程中应予以优先受偿。

一审宣判后，常州宏某石化仓储有限公司不服，提起上诉，请求依法撤销一审判决，判令宁波天某海运有限公司赔偿常州宏某石化仓储有限公司码头营运损失 65844974 元及利息，并判令该项债权在宁波天某海运有限公司设立的海事赔偿责任限制基金中优先受偿。湖北省高级人民法院经审理认为，常州宏某石化仓储有限公司关于码头营运损失及利息的请求，具有事实和法律依据，应予支持；但其关于该项债权应当在海事赔偿责任限制基金中优先受偿的请求，于法无据，不予支持。鉴此，湖北省高级人民法院于 2021 年 8 月 11 日作出（2021）鄂民终 15 号民事判决：一、撤销武汉海事法院（2017）鄂72民初1563号民事判决；二、宁波天某海运有限公司赔偿常州宏某石化仓储有限公司码头修复费损失人民币13867776.87元及利息；三、宁波天某海运有限公司赔偿华某财产保险有限公司江苏省分公司码头修复费损失人民币55380000元及利息；四、宁波天某海运有限公司赔偿常州宏某石化仓储有限公司海难救助费损失人民币1468480元及利息；五、宁波天某海运有限公司赔偿华某财产保险有限公司江苏省分公司海难救助费损失人民币3700000元及利息；六、宁波天某海运有限公司赔偿常州宏某石化仓储有限公司码头营运损失人民币65844974元及利息；七、驳回常州宏某石化仓储有限公司的其他诉讼请求；八、驳回华某财产保险有限公司江苏省分公司的其他诉讼请求。上述赔款在宁波天某海运有限公司设立的海事赔偿责任限制基金中进行分配，其中第二、第三项赔款在基金分配过程中应予以优先受偿。

裁判理由

海事赔偿责任限制是海商法特有的法律制度之一，是指发生海损事故给他人造成财产损失或者人身伤亡时，作为责任人的船舶所有人、经营人和承租人等可依据法律的规定，将其赔偿责任限制在一定限额内的赔偿制度。海商法第二百零七条对责任人可以限制赔偿责任的限制性债权范围作出了明确规定。该条第一款第一项规定，在船上发生的或者与船舶营运、救助作业直接相关的人身伤亡或者财产的灭失、损坏，包括对港口工程、港池、航道和助航设施造成的损坏，以及由此引起的相应损失的赔偿请求，责任人可以限制赔偿责任。本案中，案涉船舶触碰事故造成常州宏某仓储公司的损失，常州宏某仓储公司有权要求责任人承担赔偿责任。华某保险江苏分公司作为案涉码头保险人，在对常州宏某仓储公司履行相应保险赔偿义务后，亦有权在保险赔偿范围内要求责任人承担赔偿责任。常州宏某仓储公司和华某保险江苏分公司的赔偿请求包括码头修复费、抢险施救费及因码头严重受损，不能正常经营导致的码头营运损失，均属于上述法律规定的限制性债权，故责任人宁波天某海运公司有权依照该条规定限制赔偿责任。

海事赔偿责任限额是责任主体依法对人身伤亡、非人身伤亡等所有限制性债权的最高赔偿额。海商法第二百一十条对海事赔偿责任限额的计算标准及各类限制性债权的受偿顺序作出了规定。该条第一款第四项规定："在不影响第（三）项关于人身伤亡赔偿请求的情况下，就港口工程、港池、航道和助航设施的损害提出的赔偿请求，应当较第（二）项中的其他赔偿请求优先受偿。"根据上述规定，在非人身伤亡的限制性赔偿请求中，就港口工程、港池、航道和助航设施的损害提出的赔偿请求，可以优先于其他赔偿请求受偿。该条规定中的损害仅指因事故造成港口工程、港池、航道和助航设施的直接财产损害，并不包括因事故引起的其他相应损失。据此，就本案而言，对案涉触碰事故造成码头修复费用的赔偿请求可以优先受偿，而对事故造成码头营运损失的赔偿请求不能优先受偿。

综上，常州宏某仓储公司在本案中请求赔偿的码头营运损失应当在宁波天某海运公司设立的海事赔偿责任限制基金中受偿，但不能优先于非人身伤亡的其他赔偿请求受偿。

相关法条

《中华人民共和国海商法》第 207 条、第 210 条

南京华某船务有限公司申请
设立海事赔偿责任限制基金案

（最高人民法院审判委员会讨论通过 2024 年 11 月 25 日发布）

关键词　民事/申请设立海事赔偿责任限制基金/基金数额/远洋运输船舶/沿海运输船舶

裁判要点

同一海事事故中当事船舶的海事赔偿限额，有应当依照《中华人民共和国海商法》第二百一十条第一款或者《关于不满 300 总吨船舶及沿海运输、沿海作业船舶海事赔偿限额的规定》第三条规定计算的，无论该船舶是否申请设立海事赔偿责任限制基金或者主张海事赔偿责任限制，其他当事船舶的海事赔偿限额均不适用《关于不满 300 总吨船舶及沿海运输、沿海作业船舶海事赔偿限额的规定》第四条的规定。

基本案情

南京华某船务有限公司（以下简称南京华某船务公司）所有的"华某洲"轮为从事国内沿海及长江中下游普通货船运输的海船（2986 总吨）。2020 年 11 月 21 日，"华某洲"轮与万某航运（新加坡）有限公司所有的新加坡籍"某春"轮（27800 总吨）在珠江口 32#锚地水域附近发生碰撞，造成两船部分损害，"某春"轮船载集装箱及货物部分落水。

2020 年 12 月 28 日，南京华某船务公司就"华某洲"轮与"某春"轮的碰撞事故可能引起的所有非人身伤亡的赔偿责任，依照《关于不满 300 总吨船舶及沿海运输、沿海作业船舶海事赔偿限额的规定》（以下简称《责任限额规定》）第四条的规定，向广州海事法院申请设立 291081 特别提款权的海事赔偿责任限制基金（按照赔偿限额的 50% 计算）。万某航运（新加坡）有限公司未申请设立海事赔偿责任限制基金。

广州海事局、万某航运（新加坡）有限公司对南京华某船务公司的主体资格和事故所涉的债权性质未提出异议，但对海事赔偿责任限制基金数额提出异议，认为案涉事故的当事船舶之一"某春"轮为新加坡籍船舶，事故航次为新加坡至中国广州南沙港，根据《责任限额规定》第五条的规定，"华某洲"轮应当适用海商法第二百一十条第一款规定的标准计算海事赔偿责任限制基金的数额，不能适用《责任限额规定》第四条关于按照赔偿限额的 50% 计算的规定，故南京华某船务公司申请海事赔偿责任限制基金限额应当设定为 582162 特别提款权及相应利息。

裁判结果

广州海事法院于 2021 年 4 月 2 日作出（2021）粤 72 民特 5 号民事裁定：一、准许申请人南京华某船务有限公司提出的设立海事赔偿责任限制基金的申请；二、海事赔偿责任限制基金数额为 582162 特别提款权及利息；三、申请人南京华某船务有限公司应在本裁定生效之日起三日内以人民币或本院认可的担保设立海事赔偿责任限制基金。逾期不设立基金的，按自动撤回申请处理。裁定作出后，各方当事人均未提起上诉，裁定已发生法律效力。

裁判理由

本案为申请设立海事赔偿责任限制基金案件，争议焦点为："华某洲"轮设立基金的数额是否应当按照海商法第二百一十条第一款规定的海事赔偿责任限额的 50% 计算。

海事赔偿责任限额是责任主体依法对人身伤亡、非人身伤亡等所有限制性债权的最高赔偿额。海商法第二百一十条第一款对总吨位300吨以上远洋运输船舶海事赔偿限额的计算规则作了明确规定，即按照不同吨位适用不同标准。在此基础上，海商法第二百一十条第二款规定："总吨位不满300吨的船舶，从事中华人民共和国港口之间的运输的船舶，以及从事沿海作业的船舶，其赔偿限额由国务院交通主管部门制定，报国务院批准后施行。"据此，经国务院批准，原交通部于1993年11月印发《责任限额规定》，对不满300总吨远洋运输船舶的赔偿限额计算标准作出规定，并在第四条规定了从事中华人民共和国港口之间的沿海货物运输或沿海作业船舶的海事赔偿责任限额按照远洋运输船舶责任限额的50%计算的特别规则。同时，对于在同一事故中既有远洋运输船舶，又有沿海运输或作业船舶的，《责任限额规定》第五条规定："同一事故中的当事船舶的海事赔偿限额，有适用《中华人民共和国海商法》第二百一十条或者本规定第三条规定的，其他当事船舶的海事赔偿限额应当同样适用。"该条规定实际确立了"就高不就低"的规则，旨在实现对同一事故当事人的平等保护。据此，只要同一事故中的当事船舶系适用海商法第二百一十条第一款或者《责任限额规定》第三条规定计算责任限额的船舶，无论其是否申请设立海事赔偿责任限制基金或者主张海事赔偿责任限制，该事故中其他从事中华人民共和国港口之间货物运输或者沿海作业的当事船舶也应当按照吨位适用同样的规定计算海事赔偿限额，不能再适用《责任限额规定》第四条关于按照赔偿限额的50%计算的规定。

本案中，案涉海事事故为"华某洲"轮与"某春"轮发生碰撞。"华某洲"轮为从事国内沿海及长江中下游普通货船运输的海船，"某春"轮为新加坡籍船舶，且事故航次为新加坡至中国广州南沙港。"某春"轮为300总吨以上的远洋船舶，属于应当依照海商法第二百一十条第一款规定确定赔偿限额的船舶。无论"某春"轮是否申请设立海事赔偿责任限制基金或者援引海事赔偿责任限制抗辩，"华某洲"轮的海事赔偿限额均应当按照其吨位计算，不能按照赔偿限额的50%计算。据此，由于"华某洲"轮为300总吨以上的船舶，故"华某洲"轮的海事赔偿限额应当与"某春"轮同样适用海商法第二百一十条第一款的规定。

综上，对于广州海事局和万某航运（新加坡）有限公司提出的南京华某船务公司无权依照《责任限额规定》第四条计算责任限额的异议，人民法院依法予以支持。

相关法条

《中华人民共和国海商法》第210条

《关于不满300总吨船舶及沿海运输、沿海作业船舶海事赔偿限额的规定》（交通部令1993年第5号）第3条、第4条、第5条

指导性案例235号

S航运有限公司申请承认外国法院民事判决案

（最高人民法院审判委员会讨论通过 2024年11月25日发布）

关键词 民事/申请承认外国法院民事判决/互惠关系/个案审查/事实互惠/法律互惠

裁判要点

人民法院对申请或者请求承认和执行外国法院民事判决、裁定进行审查，认定是否存在互惠关系时，不以相关外国法院对人

民法院民事判决、裁定先行给予承认和执行为必要条件。如果根据相关国家的法律，人民法院作出的民事判决、裁定可以得到该国法院承认和执行，且该国没有以不存在互惠关系为由拒绝承认和执行人民法院判决、裁定先例的，可以认定我国与该国存在承认和执行民事判决、裁定的互惠关系。

基本案情

2010年3月5日，S航运有限公司与某华（香港）轮船公司签订3份定期租船合同，将3艘船舶出租给某华（香港）轮船公司。2010年3月25日，某华物流控股（集团）有限公司（以下简称某华物流公司）向S航运有限公司出具3份保函，为某华（香港）轮船公司履行上述租船合同提供担保。3份保函均约定适用英国法，诉讼提交位于伦敦的英国高等法院审理。因某华（香港）轮船公司迟延支付租金，S航运有限公司依据保函约定向英国高等法院对某华物流公司提起诉讼。某华物流公司到庭应诉。2015年3月18日，英国高等法院作出〔2015〕EWHC 718（Comm）号判决，支持S航运有限公司的诉求。此后英国高等法院又对债权数额和诉讼费用等作出核定，分别于2015年4月27日和2016年10月3日作出命令、2016年11月1日作出最终费用证书、2018年5月17日作出修正命令。某华物流公司不服，向英国上诉法院提出上诉。2016年10月7日，英国上诉法院作出〔2016〕EWCA Civ 982号判决，对某华物流公司的上诉予以驳回。此后英国上诉法院又于2016年10月7日和2017年5月8日作出命令。某华物流公司未履行生效裁判确定的义务。S航运有限公司遂请求我国法院裁定承认英国高等法院、英国上诉法院的上述判决，以及相关一系列法院命令。某华物流公司辩称：我国与英国未缔结或参加相互承认和执行法院判决、裁定的国际条约，也未建立相应的互惠关系。

裁判结果

上海海事法院于 2022 年 3 月 17 日作出（2018）沪 72 协外认 1 号民事裁定：承认英国高等法院于 2015 年 3 月 18 日作出的〔2015〕EWHC 718（Comm）号判决及其在该案下于 2015 年 4 月 27 日、2016 年 10 月 3 日作出的命令、2016 年 11 月 1 日作出的最终费用证书和 2018 年 5 月 17 日作出的修正命令；承认英国上诉法院于 2016 年 10 月 7 日作出的〔2016〕EWCA Civ 982 号判决及其在该案下于 2016 年 10 月 7 日、2017 年 5 月 8 日作出的命令。

裁判理由

本案系申请承认外国法院民事判决案。根据《中华人民共和国民事诉讼法》（2021 年修正）第二百八十九条的规定，人民法院对申请或者请求承认和执行的外国法院作出的发生法律效力的判决、裁定，依照中华人民共和国缔结或者参加的国际条约，或者按照互惠原则进行审查。由于我国与英国之间尚没有缔结或者参加相互承认和执行法院民事判决、裁定的国际条约，故应当以互惠原则作为是否承认英国法院判决的审查依据。

互惠原则是国际私法中平等互利原则的具体体现。我国民事诉讼法并未将互惠原则限定为必须是相关外国法院对我国法院民事判决、裁定先行承认和执行。当然，如果相关外国法院已有对我国法院民事判决、裁定予以承认和执行的先例，自然可以认定我国与该国存在承认和执行民事判决、裁定的事实互惠关系。然而，即便没有承认和执行我国民事判决、裁定的先例，但如果根据作出判决的外国法院所在国的法律，其承认和执行他国法院判决、裁定的条件与我国法律规定的条件实质相同或者更为宽松，则可以认定我国法院作出的民事判决、裁定在同等情形下可以得到该国法院的承认和执行。在此前提下，如果该国法院没有以不存在互惠关系为由拒绝承认和执行我国法院民事判决、裁定先例的，可以认定我国与该国存在法律上的互惠关系。

就本案而言，申请人 S 航运有限公司未举证英国法院有承认和执行我国法院民事判决、裁定的先例，不能证明我国与英国存在承认和执行民事判决、裁定的事实互惠关系。但是，从英国法院具体操作来看，外国法院的判决、裁定在英国寻求承认和执行时，需按英国的普通法规则，以外国法院的判决、裁定为依据，在英国法院重新提起诉讼；如果符合承认和执行的条件，英国法院将作出一个与原判决基本一致的判决，再按英国法规定的执行程序予以执行。这也是英美法系国家的惯常做法。根据英国法律，其并不以存在相关条约作为承认和执行外国法院判决、裁定的必要条件，并无证据证明我国法院判决、裁定在英国法院承认和执行存在法律障碍，亦未发现英国法院曾以不存在互惠关系为由不予承认和执行我国法院判决、裁定，故可以认定我国与英国存在法律上的互惠关系。案涉英国法院判决并不存在违反我国法律基本原则或者损害我国国家主权、安全、社会公共利益的情形。

综上，尽管我国与英国没有缔结或者参加相互承认和执行法院民事判决、裁定的国际条约，但本案可以根据互惠原则对案涉英国法院判决予以承认。

本案裁定承认英国法院判决后，英国高等法院于 2022 年 12 月对我国浙江杭州法院的两起判决予以承认。

相关法条

《中华人民共和国民事诉讼法》第 299 条（本案适用的是 2021 年修正的《中华人民共和国民事诉讼法》第 289 条）

指导性案例 236 号

环某船舶租赁有限责任公司诉天某财富有限公司船舶碰撞损害责任纠纷案

（最高人民法院审判委员会讨论通过 2024 年 11 月 25 日发布）

关键词 民事/船舶碰撞损害责任/涉外/协议选择/准据法

裁判要点

根据《中华人民共和国涉外民事关系法律适用法》第四十四条的规定，涉外船舶碰撞损害责任纠纷案件当事人在船舶碰撞事故发生后协议选择适用法律的，按照其协议确定纠纷适用的准据法。

基本案情

2022 年 9 月 27 日，天某财富有限公司所属的"某风"轮（巴拿马籍油轮），在马六甲海峡追越环某船舶租赁有限责任公司（以下简称环某船舶公司）所属的"某娅"轮（利比里亚籍集装箱轮）过程中，因"某风"轮舵机故障并操纵不当，导致两轮发生碰撞。2022 年 12 月，环某船舶公司向宁波海事法院申请扣押正在宁波舟山港维修的"某风"轮，并于 2023 年 1 月提起诉讼，请求判令天某财富有限公司赔偿船体损失、船期损失等合计人民币 58108824.77 元及利息。天某财富有限公司提起反诉，请求判令环某船舶公司赔偿其各项损失人民币 38115057.62 元及利息。宁波海事法院将本诉与反诉合并。庭审中，原告、被告一致选择适用中国法律。

裁判结果

宁波海事法院适用中国法律对案件进行审理，并于 2024 年 2

月 7 日作出（2023）浙 72 民初 314 号民事判决：一、天某财富有限公司赔偿环某船舶租赁有限责任公司损失人民币 37182079.93元；二、环某船舶租赁有限责任公司赔偿天某财富有限公司损失人民币 3094472.96 元；三、上述两项相抵，天某财富有限公司应于本判决生效之日起十日内赔偿环某船舶租赁有限责任公司损失人民币 34087606.97 元及利息损失；四、天某财富有限公司应于本判决生效之日起十日内向环某船舶租赁有限责任公司支付诉前保全申请费人民币 4500 元；五、驳回环某船舶租赁有限责任公司的其他诉讼请求；六、驳回天某财富有限公司的其他反诉请求。一审宣判后，双方当事人均未提起上诉，判决已发生法律效力，且天某财富有限公司已经主动履行判决义务。

裁判理由

本案系涉外船舶碰撞损害责任纠纷。宁波海事法院根据环某船舶公司的申请，依据《中华人民共和国海事诉讼特别程序法》相关规定扣押了"某风"轮。该法第十九条规定："海事请求保全执行后，有关海事纠纷未进入诉讼或者仲裁程序的，当事人就该海事请求，可以向采取海事请求保全的海事法院或者其他有管辖权的海事法院提起诉讼，但当事人之间订有诉讼管辖协议或者仲裁协议的除外。"环某船舶公司据此向宁波海事法院提起诉讼，宁波海事法院对本案具有管辖权。

《中华人民共和国海商法》第二百七十三条第一款规定："船舶碰撞的损害赔偿，适用侵权行为地法律。"涉外民事关系法律适用法第四十四条规定："侵权责任，适用侵权行为地法律，但当事人有共同经常居所地的，适用共同经常居所地法律。侵权行为发生后，当事人协议选择适用法律的，按照其协议。"虽然海商法作为特别法，没有明确规定船舶碰撞纠纷当事人可以选择适用法律，但涉外民事关系法律适用法对当事人选择侵权责任适用的法律作了明确规定。故船舶碰撞纠纷当事人选择适用法律并不属于选择无效的情形。就本案而言，双方当事人均系在马绍尔群岛共和国注册的公司，案涉两船船籍国分别为巴拿马和利比里亚。庭审中，原告、被告一致提出本案侵权责任纠纷适用中国法律。由于涉外民事关系法律适用法已对当事人协议选择侵权责任适用法律作了明确规定，故应当认定本案原告、被告双方适用中国法律的选择有效。

相关法条

《中华人民共和国涉外民事关系法律适用法》第 3 条、第 44 条

《中华人民共和国海商法》第 273 条

《中华人民共和国海事诉讼特别程序法》第 19 条

司法文件选 2024 年第 1—12 辑
分类编目索引

总　　类

刑　　事

民商事

行政与国家赔偿

其　　他

指导性案例